James Rankin Young

Der Krieg der Vereinigten Staaten mit Spanien und ihre Kämpfe zu Wasser und zu Lande

James Rankin Young

Der Krieg der Vereinigten Staaten mit Spanien und ihre Kämpfe zu Wasser und zu Lande

ISBN/EAN: 9783743303898

Hergestellt in Europa, USA, Kanada, Australien, Japan

Cover: Foto ©ninafisch / pixelio.de

Manufactured and distributed by brebook publishing software (www.brebook.com)

James Rankin Young

Der Krieg der Vereinigten Staaten mit Spanien und ihre Kämpfe zu Wasser und zu Lande

Der Krieg

-- der --

Vereinigten Staaten mit Spanien

-- und --

Ihre Kämpfe zu Wasser und zu Lande.

Hochinteressante Schilderungen der Zerstörung des „Maine", des
glorreichen Dewey'schen Sieges bei Manila, der Vernichtung der
spanischen Flotte zu Santiago, der Gefechte bei El Caney
und bei San Juan, der Uebergabe von Santiago,
Besitznahme von Porto Rico und des Ab
schlusses des Krieges;

— dazu —

Eingehende Schilderungen früherer amerikanischer Seeschlachten
u. dgl. m.

Von James Rankin Young,

Congreßabgeordneter und vormals Schriftführer des Bundesfenats.

Unter Mitwirkung des

J. Hampton Moore,

Bekannten Schriftstellers und Zeitungs-Correspondenten.

Mit prachtvollen Holzschnitten reichlich ausgestattet.

Vorrede zur deutschen Ausgabe.

Der soeben zum vorläufigen Abschlusse gelangte Krieg mit Spanien hat voraussichtlich für die Ver. Staaten den Beginn einer neuen Aera bezeichnet. Unser Land hat der Welt seinen Willen kundgegeben, in Zukunft seine Stimme zur Geltung zu bringen, entschlossen zu sein, wenn es sich um Regelung des Geschickes von Ländern handelt, welche irgendwie in die Interessensphäre der Ver. Staaten hineinfallen, oder wo die Humanität Einschreiten verlangt. Nach Ansicht des Congresses und des Präsidenten der Ver. Staaten mußte spanischer Mißwirthschaft auf Cuba und in Westindien überhaupt ein Ende gemacht werden. Ein Krieg, das Einsetzen der eigenen nationalen Kraft zur Beseitigung dieses Krebsschadens der neuen Welt erschien für die Interessen unseres Landes vortheilhafter, als die Fortdauer der dem Geiste der Jetztzeit so sehr widersprechenden Barbarei, die ihren Schauplatz unmittelbar vor unseren Thoren hatte. Menschlichkeit, die Friedensmission der Ver. Staaten, wie sie in der Verfassung dargelegt ist, schienen ebenso, wie die Rechte amerikanischer Bürger, welche auf Cuba so oft verletzt worden waren, zu verlangen, daß unser Land seine Autorität geltend mache und für die Ehre seiner Flagge mit seiner Macht zu Wasser und zu Lande eintrete. Daß die Maine-Katastrophe, welche so vielen braven Matrosen und Soldaten das Leben kostete, einen weiteren Anstoß zur Herbeiführung des Kriegszustandes zwischen den Ver. Staaten und Spanien gegeben, ist allbekannt.

Ultima ratio bellum! Diese Theorie acceptirten auch die Ver. Staaten. Präsident McKinley war bemüht gewesen, eine ehrenvolle und billige Regelung unserer Differenzen mit Spanien durch friedliche Verhandlungen zu erlangen, so lange noch ein Schimmer von Hoffnung blieb, daß dieselben erfolgreich sein könnten; er kannte ja die furchtbaren Schrecken eines Krieges aus eigener Erfahrung und wußte sehr wohl, welche Opfer ein solcher dem Lande auferlegen würde. Der Congreß zögerte lange, die Imitative zu ergreifen, bis er schließlich dem allgemeinen Drängen nachgab und den Stein in's Rollen brachte. Als alle Bemühungen des Präsidenten, eine friedliche Lösung der Schwierigkeiten herbeizuführen, vergeblich schienen, nahmen beide Häuser jenen Beschluß an, der die Räumung Cuba's durch Spanien eventuell bewaffnetes Einschreiten der Ver. Staaten forderte.

III

Es ist nicht mehr unsere Sache, zu fragen, ob die Kriegserklärung mit Recht oder Unrecht erfolgte. Die Zeit dazu ist vorüber. Der Congreß und der Präsident haben diese Frage erledigt, und wir sahen, als ein geeintes Volk, uns der ernsten Wirklichkeit eines Kampfes gegen einen gemeinsamen Feind gegenüber — eines Kampfes, der mit dem Niedergange der Flagge des stolzen Spaniens und neuem Ruhme für die Sterne und Streifen sein Ende fand. Kein Amerikaner, dessen Herz in Sympathie mit den Institutionen seines Landes schlägt, dessen Seele von dem Abel des glorreichen „Geistes von '76" erfüllt ist, konnte zögern und schwanken in einer Sachlage, deren Ausgang mit der Ehre unserer Nation in so unzertrennlichem Zusammenhange steht.

Aufrichtigstes Vertrauen in unsere nationale Regierung, höchster und selbstlosester Patriotismus, allgemeines Eingreifen und Einstimmen des amerikanischen Volkes waren es, was die Situation erforderte. Da all' diese Kräfte zusammenwirkten, so war nur ein Resultat möglich: Daß die Ver. Staaten hoch unter den Nationen der Erde emporstiegen, daß sie an „Onkel Sam's" Vermögen, die Menschheit zu heben und den Frieden zu erhalten, selbst auf Kosten eines Krieges, um so weniger zweifeln.

J. R. J.

Einleitung.

Der Krieg der Ver. Staaten gegen Spanien liegt hinter uns. In den meisten Fällen ist ein Krieg als ein Uebel anzusehen, aber die Geschichte zeigt auch, daß selbst für so friedliebende Nationen, wie die unsrige, es Zeiten giebt, da Mißstände, die lange Zeit geduldig ertragen wurden, länger nicht ertragen werden können, ohne daß Ehre und Selbstachtung leiden.

Spanien's Herrschaft auf der Insel Cuba hat so erbarmungslos gehaust, hat solchen Abscheu und solche Unruhe in unserem Lande erregt, daß man den Krieg thatsächlich der Fortdauer der scheußlichen Barbarei unmittelbar vor unseren Thoren vorziehen zu müssen glaubte. Menschlichkeit, unsere nationale Friedensliebe sowohl, wie die Rechte amerikanischer Bürger auf Cuba und im Seeverkehr, — abgesehen von der gerechterweise sofort zu verlangenden Entschädigung für den auf so verrätherische Weise herbeigeführten Untergang des Schlachtschiffes Maine und den Tod seiner tapferen Besatzung, -- erheischten es, daß unser Land seine Autorität geltend mache und prompt für die Ehre seiner Flagge eintrete.

Als äußerstes Abhülfsmittel mußten wir demgemäß Krieg wählen. Der Präsident der Ver. Staaten hatte, da er wohl wußte, welche furchtbaren Opfer an Leben und Gut nöthig sein würden, wenn man sich zum Krieg mit einer fremden Macht entschlösse, die Verhandlungen zur Herbeiführung einer ehrenvollen und friedlichen Regelung unserer Differenzen mit Spanien bis zur äußersten Grenze fortsetzen lassen. Auch der Congreß wartete, bis seine Geduld erschöpft war, und erst, nachdem alle Versuche des Präsidenten in jener Richtung fehlgeschlagen waren, faßte er seine Beschlüsse, welche die Räumung Cuba's durch Spanien und die Beseitigung aller Beschwerdepunkte durch Waffengewalt forderten.

Was auf diesen Seiten folgt, deren beredte und ergreifende Sprache hauptsächlich der talentvollen Arbeit eines Anderen zu verdanken ist, giebt die Geschichte des Krieges weiter. Diese Geschichte besteht aus einer Reihe historisch merkwürdiger Ereignisse, welche das patriotische Feuer des amerikanischen Volkes anfachen müssen; und weiter aus Ansichten und Aeußerungen von Staatsmännern und Soldaten, die des Interessanten und Anregenden unendlich viel bieten. ▼

Wie sich dann die Ereignisse in rascher Folge abspielten, ist auf den Seiten dieses Buches in anschaulicher Weise, hauptsächlich nach den Mittheilungen von Augenzeugen berichtet. Nachdem das Land durch seine gesetzgebenden Körperschaften und seine Executive sich für den Krieg mit Spanien entschieden hatte, hörte jede Diskussion der Frage, ob ein solcher Krieg berechtigt sei oder nicht, selbstverständlich auf; einmüthig that das amerikanische Volk sein Bestes, um den Kampf zu einem Triumph der Sterne und der Streifen zu gestalten. Nicht zum wenigsten zeigten sich wiederum die Deutsch-Amerikaner als patriotische Bürger des Landes; deutsche militärische Organisationen bildeten sich in vielen Staaten und der Procentsatz der Deutsch-Amerikaner, welche im Heer und auf der Flotte dem Feinde gegenüber gestanden haben, ist ein sehr hoher. Der Geist von 1776 war von Neuem in allen Theilen des amerikanischen Volkes lebendig und der Ausgang des Krieges zeigte, daß die Söhne der Väter nicht unwerth seien! Getragen und gestützt von dem im reichsten Maße ihr dargebrachten Vertrauen des Volkes konnte unsere Regierung ihren Mitbürgern jedes Opfer zumuthen, das zur Wahrung der nationalen Ehre, zur kräftigen Geltendmachung der amerikanischer Interessen nothwendig erschien. Glänzende Erfolge sind der Lohn für diese Opferwilligkeit und die Resultate des kurzen Krieges gehen jetzt schon weit darüber hinaus, was bei seinem Beginn gehofft und erwartet werden konnte: die Ver. Staaten sind mit einem Schlage in die Reihe der Großmächte eingetreten und werden von nun an ein gewichtiges Wort mitzureden haben; sie haben aber auch der Welt die Lehre gegeben, daß auch im Kriege die Menschlichkeit nicht außer Acht gelassen zu werden brauche, und daß „Uncle Sam", wenn er Krieg führt, doch sein Endziel, die Menschheit zu heben und eine friedliche Entwickelung ihrer Interessen zu fördern, stets im Auge behält.

vi

Inhalts-Verzeichniß.

Erster Abschnitt.
Der Krieg gegen Spanien.

AMERICAN PEACE COMMISSIONERS

WILLIAM McKINLEY
PRESIDENT OF THE UNITED STATES

TOTAL DESTRUCTION OF THE SPANISH FLEET NEAR SANTIAGO

UNITED STATES BATTLESHIP OREGON

Twin screw; length, 348 feet; breadth, 69 feet 3 inches; draft, 24 feet; displacement, 10,288 tons; speed, 16.79 knots. Main battery, four 13-inch, eight 8-inch and four 6-inch breech loading rifles. Secondary battery, twenty 6-pounder and six 1-pounder rapid-fire guns, and four gatlings. Armor on sides, 18 inches. 32 Officers, 441 Men. Cost, $3,180,000.

MANNING A FIGHTING TOP ON A MODERN MAN OF WAR

UNITED STATES FORCES CAPTURING THE INTRENCHMENTS AT SANTIAGO

CAMP OF UNITED STATES REGULARS IN CUBA

UNITED STATES CAVALRY RECONNOITERING

TRAINING CARRIER PIGEONS FOR NAVAL SERVICE

COMMANDER RICHARD WAINWRIGHT

PASTIMES OF OUR GALLANT TARS ON SHIPBOARD

PREPARING A TORPEDO BOAT FOR ACTION

GENERAL RUSSELL A. ALGER
SECRETARY OF WAR

GENERAL TORAL SURRENDERING SANTIAGO TO GENERAL SHAFTER

A UNITED STATES CRUISER IN SEARCH OF CONTRABAND OF
WAR—OVERHAULING A MERCHANTMAN

SINKING OF THE DON ANTONIO DE ULLOA IN MANILA BAY

Erster Abschnitt.

Der Krieg gegen Spanien.

I. Kapitel.

Ursachen des Streits.

In der Frühe des 19. April 1898, in der zweiten Stunde waren im Washingtoner Congreß eine Reihe Beschlüsse zur Annahme gelangt, die thatsächlich den freundschaftlichen Beziehungen der Vereinigten Staaten zu Spanien ein Ziel setzten. Seit acht Tagen dauerten die aufregenden Debatten, die dem vorhergingen, und die Scenen, die sich dabei abspielten, erinnerten lebhaft an das Vorspiel des großen Bürgerkrieges. Tagelang drängte sich auf den Zuschauerbühnen der Häuser des Congresses die Menge, während in den Gängen und vor dem Kapitol Tausende vergeblich Einlaß zu erlangen suchten. Und diese Theilnahme, die sich in Washington kundgab, fand ihren Wiederhall im ganzen Lande.

In den Hallen des Congresses regnete es Reden und es gab sich das aufrichtige Bemühen kund, zu einem befriedigenden, gerechten Entschlusse zu gelangen, zuletzt aber schwand jede Uneinigkeit und beide Häuser waren thatsächlich eines Sinnes. Was für Meinungsverschiedenheiten auch zu Tage getreten waren, das eine Gefühl beherrschte Alle: das Gefühl der patriotischen Ergebenheit für die Regierung, der feste Entschluß, für deren Handlungsweise einzutreten. Wir sind Amerikaner. Ueber uns weht das Sternenbanner, das da ist das Wahrzeichen der Freiheit. Wo das Vaterland uns ruft, wo die Vaterlandsliebe und die Ehre es erheischen, da sind wir Eins und zu jedem Opfer bereit für die Erhaltung unserer Regierung. — Das war die Stimmung, die von Californien bis Maine, vom mexikanischen Meerbusen bis nach den Seen Alle erfüllte; eine gewaltige Woge der patriotischen Begeisterung wälzte sich über dieses Land.

Die vom Congreß gefaßten Beschlüsse nahmen Bezug auf die erschreckenden Zustände, die länger als drei Jahre in nächster Nähe unserer Grenze auf Cuba herrschten, das sittliche Gefühl des amerikanischen Volkes verletzten und

die chriſtliche Geſittung ſchändeten, — Zuſtände, die mit der Vernichtung des
amerikaniſchen Schlachtſchiffes „Maine", das ſich beſuchsweiſe im Hafen von
Havana aufhielt, und dem Untergange von 266 Matroſen und Offizieren des=
ſelben ihren Gipfelpunkt erreichten und ſich unmöglich auf die Dauer ertragen
ließen. Das cubaniſche Volk ſei, hieß es weiter, unabhängig und frei und
ſ o l l t e von Rechtswegen unabhängig und frei ſein. Es ſei deshalb Pflicht
unſerer Regierung, zu verlangen und es werde hiermit verlangt, daß die ſpani=
ſche Regierung auf ihre Macht auf Cuba Verzicht leiſte und ihre Truppen und
Schiffe aus Cuba und den Gewäſſern Cuba's zurückziehe. Noch mehr; der Prä=
ſident wurde durch die Beſchlüſſe ermächtigt und angewieſen, die geſammte See=
und Landmacht der Vereinigten Staaten aufzubieten und die Staatstruppen in
dem Umfange unter die Waffen zu rufen, als nöthig ſein möge, um dieſen Be=
ſchlüſſen Wirkſamkeit zu verleihen. Dabei ſtellten die Vereinigten Staaten jede
Abſicht oder Neigung in Abrede, auf der Inſel eine Souveränität und Juris=
diktion auszuüben, es ſei denn zur Wiederherſtellung des Friedens und ſie gaben
ihren Entſchluß kund, alsdann die Herrſchaft und die Regierung der Inſel den
Bewohnern zu überlaſſen.

Der Bruch mit Spanien kam durchaus nicht unerwartet und war ſchon lange
im ganzen Lande lebhaft erörtert worden. Es war die einmüthige Anſicht, daß
der ſchlechten ſpaniſchen Regierung auf Cuba ein Ende gemacht, für die dortigen
entſetzlichen Zuſtände eine Abhülfe geſchaffen werden müſſe. Den cubaniſchen
Patrioten, die für die Freiheit kämpften, wandte ſich eine Theilnahme zu, wie ſie
von einem Volke, das ſich mit dem Schwerte ſeine Unabhängigkeit errungen, zu
erwarten ſtand. Und doch waren viele conſervative Elemente einem jeden
Schritt, der zum Kriege führen konnte, abgeneigt und gaben ſich der Hoffnung
hin, daß es gelingen möge, dieſe heikle Angelegenheit ohne Anrufung der Waffen
zu ſchlichten. Die Macht der Ereigniſſe war aber ſtärker als dieſer Wunſch und
alle Bemühungen eines friedliebenden Volkes, einen Austrag mit den Waffen zu
verhüten, erwieſen ſich als fruchtlos.

Es dürfte für einen jeden verſtändigen Leſer klar ſein, daß einer ſolch ernſten
Sache, wie der Krieg zweier großen Nationen iſt, viel vorhergegangen ſein muß,
was ſchließlich unvermeidlich dazu führte. Die Umſtände, die zur amerikani=
ſchen Revolution führten, ſind in dem unvergänglichen Schriftſtück, der Unab=
hängigkeits=Erklärung, eingehend dargelegt und auf Grund derſelben haben die
Kolonien an das ruhige Urtheil der Menſchheit appellirt. Aehnlich hat die große
Maſſe des Volkes, die ſich in Sachen des Krieges gegen Spanien auf Seiten des
Congreſſes geſtellt hat, das Gefühl gehabt, daß zur Einmiſchung zwiſchen Cuba

und Spanien gerechter Grund vorhanden ſei, zu einer Einmiſchung, deren Ergeb=
niß die Unabhängigkeit dieſer Inſel ſein müſſe. Der Präſident hat die Veran=
laſſung dazu in der Botſchaft, die er am 11. April d. J. dem Congreß zugeſtellt,
klar auseinandergeſetzt.

Die Botſchaft des Präſidenten.

Dieſe Botſchaft werden wir an dieſer Stelle wiedergeben, da dieſelbe eine
bündige Darlegung der Streitpunkte enthält und eine wichtige Staatsſchrift bil=
det, die der Aufbewahrung wohl werth iſt.

Die Botſchaft lautet:

„Der Verfaſſungsvorſchrift getreu, die dem Präſidenten auferlegt, dem Congreß
von Zeit zu Zeit Mittheilungen über den Stand der Union zu machen und
deſſen Erwägung die Maßnahmen vorzuſchlagen, die er für nöthig und angebracht
erachtet, wird es meine Pflicht, mich an Sie wegen der ſchweren Kriſis zu wenden,
die in den Beziehungen der Ver. Staaten zu Spanien in Folge des Krieges
eingetreten iſt, der ſeit mehr als drei Jahren auf unſerer Nachbarinſel Cuba
gewüthet hat. Ich thue das wegen der intimen Verbindung der cubaniſchen
Frage mit dem Stande unſerer eigenen Union und der einſchneidenden Beziehung,
welche die Schritte, die zu ergreifen unſerem Lande jetzt obliegt, nothwendiger
Weiſe zu der überlieferten Politik unſerer Regierung haben müſſen, ſollen ſie
mit den von den Gründern der Republik niedergelegten und von allen nach=
folgenden Adminiſtrationen gewiſſenhaft beobachteten Vorſchriften überein=
ſtimmen.

Die jetzige Erhebung iſt nur eine Fortſetzung des früheren zehnjährigen
Aufſtandes, welcher den Ver. Staaten behufs ſtrikter Bewahrung der Neu=
tralität große Koſten auferlegte, ihrem Handel rieſige Verluſte bereitete, und
an grauſamer, barbariſcher und unciviliſirter Kriegführung ohne Beiſpiel
daſtand. Dieſelben Erſcheinungen hat der ſeit dem Februar 1895 wüthende
Aufſtand gezeigt. Im April 1896 war die Lage der Dinge ſo unerträglich
geworden, daß Präſident Cleveland Schritte zur Herbeiführung einer Ver=
ſöhnuug that, aber Spanien wollte ſich auf nichts wie unbedingte Unter=
werfung der Inſurgenten unter die allein von ihm zu ſtellenden Bedingungen
einlaſſen. Es dehnte ſtatt deſſen die Politik der Verwüſtung und Concen=
tration, die zuerſt nur für Pinar del Rio angeordnet war, auf den ganzen
von ihm beherrſchten Theil der Inſel aus, zog die Bevölkerung iu die Gar=
niſionſtädte zuſammen, ließ die Felder verwüſten, die Häuſer und Fabriken

niederbrennen, und das Land völlig unbewohnbar machen. Beim Beginn meiner Adminiſtration war dieſe Politik in den Provinzen Santa Clara, Matanzas, Havana und Pinar del Rio durchgeführt worden. Ueber 300,000 Menſchen waren in oder bei den Städten verſammelt worden, die ſelbſt verarmt, nicht im Stande waren, dieſelben mit dem Nöthigſten zu unterſtützen. In Folge deſſen ſind dieſelben wie die Fliegen gefallen; in letzter Zeit hat die Sterblichkeit unter ihnen mehr als 50 Prozent betragen. Endlich ſind zwar um die Garniſonen herum Zonen geſchaffen, in denen die Felder beſtellt werden durften, aber die Erlaubniß konnte nichts nutzen, da nur halbverhungerte

Gen. Stewart L. Woodford

Weiber und Kinder und hülfloſe Greiſe zur Beſtellung vorhanden waren. Es iſt das nicht Kriegführung, ſondern Vernichtung; ihr Ziel, die Wüſte und das Grab.

Mittlerweiſe hatte ſich die Lage auf Cuba etwas verändert. Die Inſurgenten hatten die lebhafte Thätigkeit, die ſie im zweiten Jahre des Aufſtandes gezeigt, und bis vor die Thore von Havana brachte, eingeſtellt, und ſich auf einen hartnäckigen Widerſtand in den öſtlichen Provinzen beſchränkt. Aber ihre Unterwerfung erſchien ſo fern wie je.

Meine Botſchaft im Dezember gab einen Ueberblick über die Lage und zählte die Schritte auf, die gethan waren, um einen Weg zu einer ehrenvollen Beilegung zu finden. Die Ermordung des Premierminiſters Canovas führte zu einem Regierungswechſel in Spanien. Die frühere Adminiſtration, die ſich Unterjochung ohne Gnade zur Richtſchnur genommen hatte, machte der einer liberaleren Partei Platz, die ſchon ſeit langer Zeit eine Reformpolitik mit Selbſtverwaltung für Cuba und Portorico vertrat. Die durch ihren neuen Geſandten General Woodford gemachten und auf eine ſofortige und wirkſame Beſſerung der Lage auf der Inſel gerichteten Eröffnungen dieſer Regierung, wurden, wenn auch nicht bis zu dem Grade der Zuläſſigkeit einer Vermittelung in irgend einer Form angenommen, doch mit der Zuſicherung beantwortet, daß Cuba ſofort und ohne das Ende des Krieges abzuwarten, die Selbſtverwaltung in fortſchrittlichſter Form angeboten und

daß bei der Fortſetzung der Feindſeligkeiten mehr Menſchlichkeit geübt werden
ſollte. Zugleich mit dieſen Erklärungen ſetzte die neue Regierung die ſchon
von ihrer Vorgängerin begonnene Politik fort, ihrer freundſchaftlichen Rückſicht für dieſe Nation Ausdruck zu geben, indem ſie die wegen irgend welcher
angeblichen Verbindung mit dem Aufſtand unter Anklage befindlichen amerikaniſchen Bürger in Freiheit ſetzte, ſo daß Ende November niemand, der in
irgend einer Weiſe zum Schutz unſererſeits berechtigt war, in einem ſpaniſchen
Gefängniß verblieb.

Die Reconcentrados.

Während dieſer Unterhandlungen riefen der zunehmende Nothſtand und die
furchtbare Sterblichkeit unter den unglücklichen Reconcentrados ernſtliche Aufmerkſamkeit hervor. Der Erfolg, der die beſchränkten Maßnahmen zur Unterſtützung der amerikaniſchen Bürger darunter begleitet hatte, veranlaßte eine Er-
weiterung des Planes, um der großen Maſſe der Dulder zu helfen. Und ein
Vorſchlag zu dieſem Zwecke fand bei den ſpaniſchen Behörden Annahme. Das
in Folge davon eingeſetzte centrale cubaniſche Unterſtützungs-Comite in New
York hat bereits *200,000 in Geld und Lebensmitteln vertheilt, und mehr iſt
auf dem Wege. Die Lebensmittel brauchen keinen Zoll zu zahlen, und für den
Transport nach dem Innern iſt Vorſorge getroffen; Tauſende von Menſchenleben ſind auf dieſe Weiſe bereits gerettet.

Die Nothwendigkeit für eine Beſſerung der Lage der Reconcentrados iſt
von der ſpaniſchen Regierung anerkannt worden. Vor einigen Tagen ſind
die Erlaſſe des General Weyler widerrufen worden; die Reconcentrados haben,
wie es heißt, Erlaubniß erhalten, in die Heimath zurückzukehren; öffentliche
Arbeiten ſind angeordnet und $600,000 zu ihrer Unterſtützung bewilligt worden.

Der Krieg auf Cuba iſt ſolcher Art, daß er nur mit gänzlicher Erſchöp-
fung des einen oder anderen Theils, oder beider, ſein Ende finden könnte.
Dem aber kann die civiliſirte Welt, und ganz ſicher die Ver. Staaten, nicht
ruhig zuſchauen. Aus wahrer Freundſchaft zu den Spaniern ebenſowohl wie
zu den Cubanern habe ich deshalb eine Beendigung des Krieges herbeizuführen verſucht, indem ich am 27. März, als Ergebniß vieler Vorſtellungen und
gewechſelter Noten, der ſpaniſchen Regierung Vorſchläge für einen Waffen-
ſtillſtand bis zum 1. Oktober gemacht habe, zum Zweck von Friedensunterhandlungen, für die ich meine Dienſte anbot. Zugleich habe ich den ſofortigen Widerruf des Reconcentrations-Erlaſſes verlangt, und die Erlaubniß,

bie Reconcentrados unterſtützen zu dürfen. Die Antwort des ſpaniſchen Kabinets traf am 31. März ein. Es erbot ſich, um Frieden auf Cuba herbeizuführen, die Vorbereitungen dazu der Inſularregierung zu überlaſſen, da deren Zuſtimmung zu dem endgültigen Ergebniß nothwendig ſein würde. Da das cubaniſche Parlament aber erſt am 4. Mai zuſammentrete, würde die ſpaniſche Regierung ihrerſeits nichts gegen eine ſofortige Einſtellung der Feindſeligkeiten haben, falls die Inſurgenten dieſelben vom Obergeneral nachſuchten, der die Zeit und die Bedingungen feſtſtellen ſolle. — Steht es auch nicht im ſpaniſchen Memorandum, ſo geht doch aus den erklärenden Berichten Gen. Woodforb's hervor, baß die ſpaniſche Regierung bereit iſt, ber Inſelregierung umfaſſende Vollmacht zur Abſchließung des Friedens mit den Inſurgenten zu ertheilen, nicht aber ob das durch birekte Unterhanblungen ober inbirekt durch Geſetzgebung geſchehen ſoll.

Die Vorſchläge geſcheitert.

Mit dieſer Enttäuſchung bereitenden Aufnahme ſeiner Vorſchläge ſeitens Spaniens endeten die Bemühungen des Präſidenten um ſofortigen Frieden. In meiner letzten Jahresbotſchaft ſagte ich: „Von den unverſuchten Schritten verbleiben: Anerkennung der Inſurgenten als Kriegführende; Anerkennung der Unabhängigkeit Cuba's; neutrale Einmiſchung, um den Krieg durch Auferlegung eines vernünftigen Ausgleichs zwiſchen den Parteien zu beenden, und Intervention zu Gunſten der einen oder anderen Partei. Von gewaltſamer Einverleibung ſpreche ich nicht, denn an die darf nicht gedacht werden. Das würde, nach unſerer Auffaſſung der öffentlichen Moral, verbrecheriſchem Angriff gleichkommen." Ich beſprach dieſe verſchiedenen Alternativen im Lichte der maßvollen Worte des Präſidenten Grant im Jahre 1875, als er nach ſieben Jahren blutiger, zerſtörender und grauſamer Barbareien auf Cuba zu dem Schluſſe gelangte, baß die Anerkennung der Unabhängigkeit Cuba's unthunlich und nicht zu rechtfertigen ſei, und die Anerkennung der Cubaner als Kriegführende unter der Parole des Völkerrechts nicht zuläſſig ſei. Ich verweilte namentlich bei letzterer Frage und deutete die Unbequemlichkeiten und poſitiven Gefahren einer Anerkennung als Kriegführende an, da ſie, ohne in irgend einer Weiſe unſeren Einfluß in dem den Feindſeligkeiten unterworfenen Gebiet vermehren zu können, die Laſt der Aufrechterhaltung der Neutralität auf unſerem eigenen Gebiet nur noch vermehren würde.

Seitdem hat ſich nichts ereignet, was meine Anſicht in dieſer Beziehung ändern könnte und ich erkenne jetzt gerade ſo wie bamals, baß die Erlaſſung einer Neutralitätsproklamation — auf welche Weiſe die ſogenannte Anerkennung als Kriegführende kundgethan wird — für ſich allein und ohne andere Schritte, nichts zur Erreichung des Zieles, auf das wir hinarbeiten, nämlich ſofortige Beruhigung Cuba's und Aufhören des auf der Inſel herrſchenden Elendes, beitragen kann.

Präcedenzfälle.

Wenden wir uns der Frage der Anerkennung der Unabhängigkeit der jetzigen Regierung der Inſurgenten auf Cuba zu, ſo finden wir Präcedenzfälle in unſerer Geſchichte von der früheſten Zeit an. Dieſelben ſind gut zuſammen gefaßt in Präſident Jackſon's Botſchaft an den Congreß vom 21. Dezember 1836 bezüglich der Frage der Anerkennung der Unabhängigkeit Texas'. Er ſagte: „In all den Streitfragen, die aus den Revolutionen Frankreichs, aus den Zwiſtigkeiten betreffs der Mannſchaften Portugals und Spaniens, der Trennung der amerikaniſchen Beſitzungen von euro-

Der verſtorbene Senor Canovas. — Premier-Miniſter von Spanien.

päiſchen Regierungen und den zahlreichen und beſtändig vorkommenden Kämpfen um die Herrſchaft im ſpaniſchen Amerika hervorgegangen ſind, hat unſere Regierung, in Uebereinſtimmung mit unſeren gerechten Grundſätzen ſtets ſo gehandelt, daß wir ſelbſt unter den kritiſchſten Umſtänden allen Tadel vermieden und uns nichts Schlimmeres zugezogen haben, als eine vorübergehende Entfremdung derjenigen, gegen welche wir zu entſcheiden gezwungen waren. Es iſt damit der Welt kund gethan worden, daß die übereinſtimmende Politik und Praxis der Ver. Staaten dahin geht, alle Einmiſchung in Streitigkeiten zu vermeiden, die ſich blos auf die innere Regierung anderer Nationen beziehen und gegebenen Falles die Autorität der bie Oberherrſchaft habenden Partei ohne Rückſicht auf unſere beſonderen Intereſſen und Anſichten über die Vorzüge der urſprünglichen Streitfrage anzuerkennen. Alſo in dieſer wie in jeder anderen ſchwierigen Lage, beruht die Sicherheit in ſtrengem Feſthalten am Prinzip.

„In dem Streite zwiſchen Spanien und den aufſtändiſchen Colonien warteten wir ruhig ab, nicht nur, bis die Fähigkeit der neuen Staaten, ſich ſelber zu ſchützen, feſtgeſtellt war, ſondern auch, bis die Gefahr, daß ſie auf's Neue wieder unterworfen werden konnten, vollſtändig vorüber war. Erſt dann wurden ſie anerkannt. Dies war auch unſer Verfahren Mexico gegenüber.

„In Bezug auf Mexico iſt ja wahr, daß die Civil-Behörde von Mexico vertrieben, ſeine Invaſions-Armee geſchlagen, das Oberhaupt der Republik ſelbſt gefangen genommen und alle gegenwärtige Gewalt, die neuorganiſirte Regierung zu kontroliren, innerhalb ſeiner Grenzen verſchwunden iſt. Aber auf der anderen Seite zeigt ſich auch eine Ungleichheit phyſiſcher Kraft auf Seiten Texas'. Die Republik Mexico ſammelt unter einem anderen Präſidenten und einem neuen Führer ihre Streitkräfte und droht mit einem neuen Einfall, um die verlorene Herrſchaft wiederzugewinnen.

„Auf Grund dieſes drohenden Einfalls kann die Unabhängigkeit von Texas als zeitweilig aufgehoben angeſehen werden und wenn auch nichts Eigenthümliches in der Lage der Ver. Staaten und Texas' wäre, könnte doch unſere Anerkennung ſeiner Unabhängigkeit in einer ſolchen Kriſis kaum als verträglich mit jener weiſen Zurückhaltung angeſehen werden, mit welcher wir uns bisher alle ähnlichen Fragen zu behandeln verpflichtet erachtet haben.“

Andrew Jackſon erwog dann das Riſiko, daß den Ver. Staaten ſelbſt-ſüchtige Beweggründe untergeſchoben werden könnten im Hinblick auf den früheren Anſpruch unſererſeits an das Territorium von Texas und die ausgeſprochene Abſicht der Texaner, die Anerkennung der Unabhängigkeit zu ſuchen, um dann den Anſchluß Texas' an die Union folgen zu laſſen und ſchloß mit den Worten: „Die Klugheit ſchreibt deshalb vor, daß wir noch warten und unſere jetzige Stellung beibehalten, wenn nicht bis Mexico ſelbſt oder eine der fremden Großmächte die Unabhängigkeit der neuen Regierung anerkennt, ſo doch wenigſtens ſo lange, bis der Verlauf der Zeit oder der Lauf der Ereigniſſe die Fähigkeit der Bevölkerung jenes Landes, ihre Regierung aufrecht zu erhalten, gezeigt haben. Keine der ſtreitenden Parteien

hat Urfache, fich über das Verfahren zu beklagen. Indem wir daffelbe ein=
fchlagen, führen wir nur die lange beftehende Politik unferer Regierung aus,
eine Politik, die uns Achtung und Einfluß im Auslande gefichert und Ver=
trauen daheim eingeflößt hat." Dies find die Worte des entfchloffenen und vaterlandsliebenden Jackfon.
Sie find ein Beweis, daß die Ver. Staaten außer der vom öffentlichen Gefetz
als Bedingung der Anerkennung der Unabhängigkeit durch eine neutrale Macht
feftgefetzten Probe, fich in Fällen, wie diefe, noch die weitere Bedingung auferlegt
haben, daß die Anerkennung der Unabhängigkeit eines Staates nicht eher erfolgt,
als bis die Gefahr, daß ein aufgeftandener Staat vom Mutterlande wieder
unterjocht wird, gänzlich vorüber ift. Diefe höchfte Probe wurde in Wirklichkeit
im Falle von Texas gemacht. Der Congreß, an welchen Präfident Jackfon die
Frage als eine, die „vielleicht zum Kriege führe und deshalb ein geeigneter Ge=
genftand zur vorherigen Verftändigung mit jenem Körper fei, durch den allein
Krieg erklärt werden könne und von dem alle Mittel zur Führung deffelben ge=
liefert werden müßten" verwies, überließ die Frage der Anerkennung von Texas
dem Gutdünken des Präfidenten und traf nur Vorkehrungen für die Abfendung
eines diplomatifchen Agenten, falls der Präfident fich überzeugt haben follte, daß
die Republik Texas ein unabhängiger Staat geworden fei.

Als folcher wurde er vom Präfidenten Van Buren anerkannt, welcher am 7.
März 1837 einen Gefchäftsträger ernannte, nachdem Mexico einen Verfuch, das
texanifche Gebiet zurückzuerobern, aufgegeben hatte.

In meiner Botfchaft vom vergangenen Dezember fagte ich: „Es ift ernftlich
zu erwägen, ob die cubanifche Erhebung ohne allen Zweifel die Merkmale eines
Staatswefens befitzt, die allein die Anerkennung als Kriegführende verlangen
können. Daffelbe Erforderniß muß ficherlich ebenfo ernftlich erwogen werden,
wenn es fich um die wichtigere Frage der Anerkennung der Unabhängigkeit han=
delt. Ich bin der Meinung, daß es weder weife noch klug fein würde, wenn
diefe Regierung gegenwärtig die Unabhängigkeit der fogenannten Cubanifchen
Republik anerkennen wollte."

Solche Anerkennung ift nicht nöthig, um die Ver. Staaten in den Stand zu
fetzen, fich einzumifchen und der Infel den Frieden zu bringen. Wenn wir jetzt
irgend eine befondere Regierung auf Cuba anerkennen, fo könnte uns das die
Verlegenheit einer internationalen Verpflichtung gegen die fo anerkannte Orga=
nifation bringen. Im Falle der Einmifchung würde unfer Verhalten der
Billigung oder Mißbilligung folcher Regierungen unterworfen fein; wir würden
uns ihren Anweifungen fügen müffen und in das Verhältniß eines befreundeten

Verbündeten treten. Stellt ſich ſpäter heraus, daß ſich auf der Inſel eine Re= gierung befindet, welche im Stande iſt, die Pflichten und Funktionen einer be= ſonderen Nation zu erfüllen, und die alle Attribute und Formen der Nationali= tät aufweiſt, ſo kann die Anerkennung ſchnell und prompt erfolgen.

Neue Mittel und Wege.

Es bleiben jetzt noch die Alternativen der Einmiſchung, ſei es als unparteii= ſcher Neutraler, durch Auferlegung eines vernünftigen Ausgleichs, oder als thätiger Verbündeter der einen oder anderen Partei. In erſterer Hinſicht darf nicht vergeſſen werden, daß während der letzten Monate das Verhalten der Ver. Staaten thatſächlich das freundlicher Einmiſchung in mannigfacher Weiſe gewe= ſen, die immer auf Ausübung eines mächtigen Einfluſſes für ein ſchließliches friedliches, allen Betheiligten gerecht werdendes und für alle gleich ehrenvolles Ergebniß gerichtet waren. Alle unſere bisherigen Handlungen ſind von dem ernſtlichen, ſelbſtloſen Wunſche nach Frieden und Wohlfahrt auf Cuba getragen geweſen, unbeeinflußt durch Streitigkeiten mit Spanien und unbefleckt vom Blute amerikaniſcher Bürger.

Die gewaltſame Einmiſchung der Ver. Staaten als Neutraler, um den Krieg zu beendigen, auf das Gebot der Menſchlichkeit hin und indem wir den vielen Fällen folgen, wo benachbarte Staaten dazwiſchen getreten ſind, um dem hoff= nungsloſen Dahinſchlachten von Menſchenleben durch innere Kämpfe außerhalb ihrer Grenzen ein Ziel zu ſetzen, läßt ſich durch Vernunftgründe rechtfertigen. Aber ſie bringt friedlichen Zwang auf beide ſtreitenden Parteien, und die Er= zwingung eines Waffenſtillſtands mit ſich, der zum endgültigen Abſchluß führen kann.

Dieſe Gründe ſind kurz folgende: 1. Die Menſchlichkeit, und um den Bar= bareien, dem Blutvergießen, dem Hunger und dem entſetzlichen Elend ein Ende zu machen, welche dort jetzt herrſchen, und denen Einhalt zu thun oder die zu mildern die ſtreitenden Parteien entweder unfähig oder nicht willens ſind. Zu ſagen, daß uns die Sache nichts angeht, weil das Alles in einem anderen Lande, einer anderen Nation gehörig vor ſich geht, iſt nicht zuläſſig. Es iſt gerade unſere Pflicht, weil es dicht vor unſerer Thür geſchieht.

2. Wir ſchulden es unſeren Bürgern auf Cuba, daß wir ihnen den Schutz und die Schadloshaltung für Leben und Eigenthum gewähren, welche keine Regie= rung dort giebt oder geben will, und zu dieſem Zwecke den Bedingungen ein Ende machen, durch die ſie des geſetzlichen Schutzes beraubt werden.

3. Die Einmischung kann durch den sehr schweren Schaden, den der Handel unseres Volkes erlitten hat, und durch die nutzlose Zerstörung des Eigenthums und die Verwüstung der Insel gerechtfertigt werden.

4. Und, was von der allergrößten Wichtigkeit ist, die gegenwärtigen Zustände auf Cuba bilden eine stete Drohung für unser Volk und verursachen unserer Regierung ungeheure Auslagen. Bei einem solchen Kampfe, der Jahre hindurch auf einer Insel tobt, die in so geringer Entfernung von uns liegt, und mit wel= cher unser Volk so großen Handels= und Geschäftsverkehr hat, wo ferner Leben und Freiheit unserer Bürger in beständiger Gefahr schweben, ihr Eigenthum zerstört wird und sie selbst ruinirt werden, wo unsere Handelsschiffe Gefahr lau= fen, angesichts unseres eigenen Landes von Kriegsschiffen einer fremden Nation weggenommen zu werden, die Flibustierexpeditionen endlich, die wir gänzlich zu verhindern machtlos sind, ferner die aus den Zuständen entstehenden Streit= fragen und Verwickelungen, alle diese Fragen und noch andere, die ich nicht zu erwähnen brauche, bilden eine stete Drohung für unseren Frieden und zwingen uns, mit einer Nation, mit der wir im Frieden leben, thatsächlich auf halbem Kriegsfuß zu stehen.

Die Vernichtung des „Maine".

Diese Elemente der Gefahr und Unordnung, auf welche bereits hingewiesen ist, sind in auffallender Weise durch ein tragisches Ereigniß illustrirt worden, welches das amerikanische Volk auf's Tiefste erschüttert hat. Ich habe bereits dem Congreß den Bericht des Flottenuntersuchungsgerichts über die in der Nacht des 15. Februar im Hafen von Havana erfolgte Zerstörung des Schlachtschiffes „Maine" zugestellt. Die Zerstörung dieses prächtigen Schiffes hat das Herz der Nation mit unaussprechlichem Entsetzen erfüllt. 258 brave Matrosen und Marinesoldaten und zwei Offiziere unserer Flotte, wurden, während sie in einem vermeintlich freundschaftlichen Hafen im Schlummer lagen, in den Rachen des Todes geschleudert, Trauer und Noth suchten ihre Wohnungen heim und die Nation wurde von Kummer erfüllt.

Das Flottenuntersuchungsgericht, welches, was nicht erst bemerkt zu werden braucht, das vollste Vertrauen der Regierung genießt, ist einstimmig zu der Ent= scheidung gekommen, daß die Zerstörung des „Maine" durch eine Explosion von Außen, nämlich durch eine unterseeische Mine verursacht wurde. Es hat sich nicht angemaßt, die Verantwortlichkeit festzustellen. Diese Frage bleibt noch zu erledigen.

Auf jeden Fall iſt die Zerſtörung des „Maine" durch was immer für eine
äußere Urſache, der beſte Beweis dafür, daß auf Cuba unerträgliche Zuſtände
herrſchen, die es der ſpaniſchen Regierung unmöglich machen, einem ameriſani-
ſchen Schiffe, welches ſich in friedlicher Miſſion im dortigen Hafen befindet, Sicherheit zu gewähren.

Indem ich ferner in dieſer Verbindung auf den kürzlichen diplomatiſchen
Schriftwechſel Bezug nehme, bemerke ich, daß eine Depeſche von unſerem Geſandten in Spanien vom 26. März die Angabe enthält, daß der ſpaniſche Mi-
niſter des Auswärtigen ihm verſichert habe, Spanien werde Alles thun, was
Ihre und Gerechtigkeit in der Maine-Angelegenheit verlangten.

Die oben erwähnte Erwiderung vom 31. März enthielt ebenfalls eine Erklärung von Seiten Spaniens, daß es bereit ſei, die Streitfrage betreffs der
Maine-Kataſtrophe einem Schiedsgericht zu unterbreiten. Hierauf habe ich nicht
erwidert.

Präſident Grant ſagte im Jahre 1873 über den damaligen Krieg auf Cuba
und über die anſcheinend endloſe Dauer deſſelben, wie folgt: In einem ſolchen
Falle bin ich der Meinung, daß andere Nationen gezwungen ſein werden, die
Verantwortlichkeit zu übernehmen, die ihnen zukommt und ernſtlich die einzig
möglichen Maßregeln, Vermittelung und Einmiſchung, zu erwägen. Vielleicht
in Folge der großen Waſſerfläche, welche die Inſel von der Halbinſel trennt,
haben die ſtreitenden Parteien nicht den Fond von Vertrauen in ſich, daß ſie auf
die Stimme der Vernunft hören, wenn Leidenſchaft und Aufregung die Herrſchaft
führen. Als daher in der erſten Zeit des Krieges die Ver. Staaten ihre guten
Dienſte in redlicher Abſicht, ohne eigenſüchtige Zwecke, anboten, wurden dieſelben
von Spanien abgelehnt, wenngleich mit der Erklärung, daß dieſe guten Dienſte
in ſpäter Zeit nöthig ſein würden. Daß dieſe Zeit aber gekommen ſei, iſt von
Spanien nicht angedeutet worden.

Und trotzdem dauert der Krieg fort mit allen ſeinen Schreckniſſen und allen
Nachtheilen für die Intereſſen der Ver. Staaten und anderer Nationen. Jede
Partei iſt vollauf fähig, der anderen großen Nachtheil und Schaden zuzufügen,
wenngleich vollkommen unfähig, eine Schlichtung des Streites herbeizuführen.
Unter dieſen Umſtänden ſcheint das Einſchreiten anderer, entweder durch Vermittelung oder durch Einmiſchung das einzige Mittel zu ſein, zu welchem früher
oder ſpäter für die Beendigung des Streites Zuflucht genommen werden muß."

In der letzten Jahresbotſchaft meines unmittelbaren Vorgängers hieß es
über den gegenwärtigen Kampf: Wenn Spaniens Unfähigkeit, erfolgreich mit
dem Aufſtande fertig zu werden, offenbar geworden iſt, und ſich gezeigt hat, daß

Spaniens Souveränität erloſchen iſt, und wenn ein hoffnungsloſer Kampf für ihre Wiederherſtellung in einen Kampf ausgeartet iſt, der nichts weiter bedeutet, als das nutzloſe Opfern von Menſchenleben und die vollſtändige Zerſtörung des Kampfobjekts ſelbſt, dann wird eine Lage geſchaffen, in welcher unſere Verpflichtungen gegen die Souveränität Spaniens höheren Verpflichtungen weichen müſſen, die anzuerkennen und zu erfüllen wir kaum zögern können.

In meiner letzten Botſchaft an den Congreß vom Dezember v. J. habe ich mich über die Frage wie folgt geäußert: Die nächſte Zukunft wird zeigen, ob die unumgängliche Beendigung eines für Spanien wie Cuba gerechten und für unſere mit der Wohlfahrt Cuba's ſo eng verknüpften Intereſſen billigen Friedens wahrſcheinlich erlangt werden kann. Wenn nicht, dann werden die Ver. Staaten andere Maßregeln eingreifen müſſen. Wenn dieſe kommt, dann werden dieſe Maßregeln auf Grund unanfechtbaren Rechtes beſchloſſen werden.

Indem wir unſeres Rechtes gewiß ſind, uns ſelbſt alles Unrechts enthalten und nur von wahren patriotiſchen Erwägungen uns leiten laſſen, wird die Regierung nach wie vor wachſamen Auges die Rechte und das Eigenthum amerikaniſcher Bürger wahren und ſich keine Mühe verdrießen laſſen, durch friedliche Maßregeln einen Frieden zu Stande zu bringen, der zugleich ehrenhaft und dauernd iſt. Wenn es ſich ſpäter zeigen ſollte, daß es unſere Pflicht iſt, im Namen der Civiliſation und Menſchlichkeit gewaltſam einzuſchreiten, dann wird dies von unſerer Seite nur geſchehen, weil die Nothwendigkeit eines ſolchen Vorgehens ſo klar ſein wird, daß wir dabei die Unterſtützung und die Billigung der civiliſirten Welt auf unſerer Seite haben.

Bis jetzt hat ſich gezeigt, daß der Zweck, zu dem Spanien den Krieg geführt hat, nicht erreicht werden kann. Das Feuer des Aufſtandes mag aufflackern oder unter der Aſche glimmen, ausgelöſcht werden kann es, wie ſich gezeigt hat, durch die jetzt angewandten Methoden nicht. Die einzige Hoffnung, daß die unerträglich gewordenen Zuſtände abgeſtellt werden können, liegt in einer gewaltſamen Pacifizirung Cuba's. Im Namen der Menſchlichkeit, im Namen der Geſittung, im Namen der gefährdeten amerikaniſchen Intereſſen, die uns das Recht geben und die Pflicht auferlegen, zu handeln, erkläre ich, daß der Krieg auf Cuba aufhören muß.

Der Congreß ſoll handeln.

Ich erſuche deshalb den Congreß um die Ermächtigung für den Präſidenten, eine vollſtändige und baldige Beendigung der Feindſeligkeiten zwiſchen der ſpaniſchen Regierung und dem cubaniſchen Volke herbeizuführen, ſowie die Errich-

tung einer feſten Regierung, die die Ordnung aufrecht zu erhalten, Frieden und
Ruhe zu ſichern und ihren Verpflichtungen nachzukommen, und Frieden und
Ruhe und die Sicherheit ihrer Bürger ſowohl wie der unſrigen zu gewährleiſten
vermag, und ſich hierzu der Land= und Seemacht der Ver. Staaten nach Be=
darf zu bedienen.

Und im Intereſſe der Menſchlichkeit und um zur Erhaltung des Lebens der
darbenden Bewohner der Inſel beizutragen, empfehle ich, daß die Vertheilung
von Lebensmitteln und anderen Vorräthen fortgeſetzt, und daß eine Bewilligung
aus dem Bundesſchatze gemacht werde, um die Wohlthätigkeit unſerer Bürger zu
ergänzen.

Die Frage ſteht jetzt beim Congreß. Es iſt eine feierliche Verantwortlichkeit.

Ich habe jedes Mittel erſchöpft, um dem unerträglichen Zuſtande der Dinge,
der ſich ſozuſagen vor unſerer Thüre abſpielt, abzuhelfen. Bereit, jede mir von der
Verfaſſung und dem Geſetz auferlegte Verpflichtung auszuführen, erwarte ich
Ihr Vorgehen.

Geſtern und ſeit der Abfaſſung vorſtehender Botſchaft, wurde mir amtlich
mitgetheilt, daß das letzte Dekret der Königin-Regentin von Spanien den Gene=
ral Blanco anweiſt, behufs Anbahnung und Erleichterung des Friedens, eine
Einſtellung der Feindſeligkeiten zu proklamiren, über deren Dauer und Einzel=
heiten mir noch keine Mittheilung zugegangen iſt. Dieſe Thatſache wird, bei
den feierlichen Berathungen, in die Sie einzutreten im Begriff ſtehen, von Ihnen
in gerechter und ſorgfältiger Weiſe berückſichtigt werden. Wird dieſe Maßregel
von Erfolg gekrönt, dann werden unſere Beſtrebungen als eines chriſtlichen
friedliebenden Volkes erfüllt werden. Schlägt ſie fehl, dann wird ſie eine wei=
tere Rechtfertigung für unſer geplantes Vorgehen bilden.

William McKinley.

Im Weißen Hauſe, den 11. April 1898.

Die vom Präſidenten in ſeiner Botſchaft angeführten Gründe bildeten die
eigentliche Veranlaſſung des Krieges der Ver. Staaten mit Spanien. Man
empfand es, daß die Lage des cubaniſchen Volkes nicht mehr geduldet werden
konnte und das um ſo mehr, als Rechte der amerikaniſchen Bürger dabei in
Frage kamen und unſere Handelsbeziehungen auf dem Spiele ſtanden. Unſere
Bürger waren auf den Verdacht hin, mit den Aufſtändiſchen zu ſympathiſiren,
der Verhaftung ausgeſetzt. Das Hab und Gut derſelben wurde vielfach will
kürlich vernichtet und der Krieg brachte ihnen ſchweren Schaden. Es war ganz
natürlich, daß das die Entrüſtung des amerikaniſchen Volkes erregte und das

Verlangen nach rief, jenen Scheußlichkeiten auch um den Preis eines Krieges ein Ende zu machen. Den 1895 im Januar auf Cuba entbrannten Aufstand hatte Spanien vergeblich zu bewältigen versucht. Ab und zu waren nach Cuba mehr als zweihunderttausend Mann Truppen geschickt worden, um die Ruhe wieder herzustellen, den Aufständischen aber, deren wohl niemals über fünfzig= tausend gewesen sind, gelang es, sich in einem großen Theil der Insel zu behaup= ten, und eine Wiederherstellung der Macht Spaniens zu verhindern.

Scheußlichkeiten der spanischen Soldaten.

Die von spanischen Truppen bei dem Versuche, den Aufstand niederzuwerfen, verübten Scheußlichkeiten haben alle Welt mit Entsetzen erfüllt. Die Washing= toner Regierung haben sich längere Zeit der Einmischung enthalten, weil man annahm, die Macht Spaniens werde schließlich obsiegen, der Friede wieder her= gestellt werden. Als man sich überzeugt, daß dies nicht geschehen werde, riß dem amerikanischen Volke die Geduld und einmüthig verlangte es nun, daß etwas geschehe, um diesem Kampfe ein Ende zu machen und der Insel eine Allen gleich gerecht werdende Verwaltung zu geben.

Der Leser weiß, daß jene Erhebung auf Cuba nicht die erste gewesen. Ueber ein halbes Jahrhundert lang war die Insel am Rande der Revolution, die ab und zu hell aufloderte und von den Spaniern nur mit übermenschlicher Gewalt gedämpft wurde. Längere Zeit hindurch herrschte in Cuba eine chronisch ge= wordene Unzufriedenheit, die durch die maßlose Bedrückung, deren die hoch= müthigen Gewalthaber sich schuldig machten, hervorgerufen wurde, ein Kampf, in dem sich unerhörte Tyrannei mit Unabhängigkeitssinn stritten.

II. Kapitel.

Beschleunigung der Kriegsrüstungen.

Ehe es noch feststand, daß es mit Spanien zum Kriege kommen werde, hatte die amerikanische Regierung bereits Schritte gethan, zum Kampfe gerüstet zu sein. Im Flottenministerium und im Kriegsministerium herrschte eine fieberhafte Thätigkeit. Dazu war umsomehr Grund vorhanden, als wir uns seit dem Bürgerkriege eines ungestörten Friedens erfreuten und nicht wie die Länder Europa's ein großes Heer unterhielten, auch keine mächtige Flotte besaßen, wenn man den Maßstab an den Flotten einiger anderer Länder anlegen wollte.

Die patriotische Haltung der Presse und der Mitglieder der beiden Häuser des Congreßes stellte es außer Zweifel, daß, wohin auch der Streit mit Spanien führen möge, die Regierung eine kräftige Unterstützung finden werde. Auf die Bewilligung hinlänglicher Geldmittel konnte man mit Bestimmtheit rechnen und ebenso zuversichtlich konnte man sich auf den militärischen Beistand der Staaten zur Vertheidigung der Landesfarben verlassen. Die Anwerbung von Rekruten für Flotte und Heer nahmen schon früh ihren Anfang und zu Tausenden meldeten sich die Freiwilligen zum Dienste. In der Auswahl des Materials wurde mit der größten Vorsicht verfahren und nur eine Minderheit der Kampflustigen vermochten die Prüfung zu bestehen. Trotzdem war es klar, daß es, falls es zum Kriege käme, an Mannschaften nicht mangeln werde.

Das Kriegsministerium entwarf den Plan zur Ansammlung des regulären Heeres an gewissen Punkten des Südens, da man erwartete, daß Cuba der Kampfplatz und es gerathen sein werde, auf dieser Insel ein Besatzungsheer zu landen. Die Eisenbahnen machten sich anheischig, Truppen auf dem Fleck zu befördern und große Bestellungen auf Kriegsbedürfnisse wurden bedingungsweise gemacht. Der Congreß stellte dem Präsidenten ohne Widerspruch 50 Millionen Dollars zur Verfügung. Man wußte, daß ein großer Theil des Geldes zum Ankauf von Kriegsschiffen verwandt werden sollte und nach Europa wurden sofort Bevollmächtigte entsandt, um die Schiffe, die zum Kauf angeboten wurden, in Augenschein zu nehmen und sich auch solcher zu versichern, die noch im Bau begriffen waren.

Die Auftritte im Kapitol.

Die Bewilligung eines Kredits von 50 Millionen wurde bereits erwähnt. Die Sache kam am 8. März vor das Bundesabgeordnetenhaus und die Auf-

ADMIRAL W. S. SCHLEY

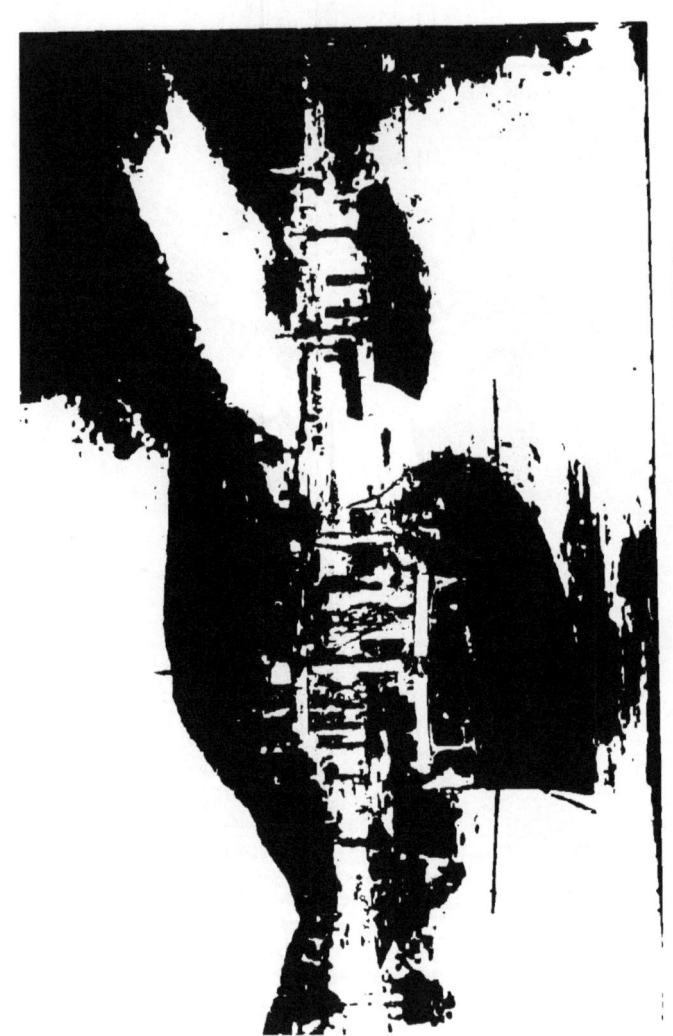

DESTRUCTIVE BOMBARDMENT BY MODERN WARSHIPS

HOISTING A TORPEDO ON BOARD A MAN-OF-WAR

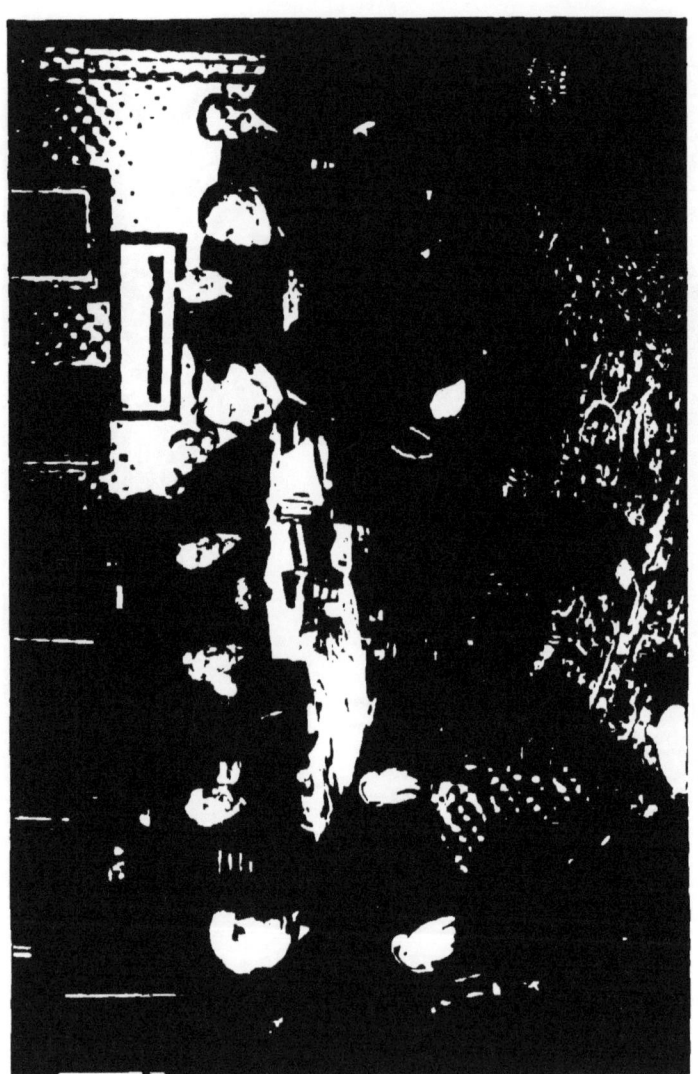

PRESIDENT McKINLEY AND HIS CABINET

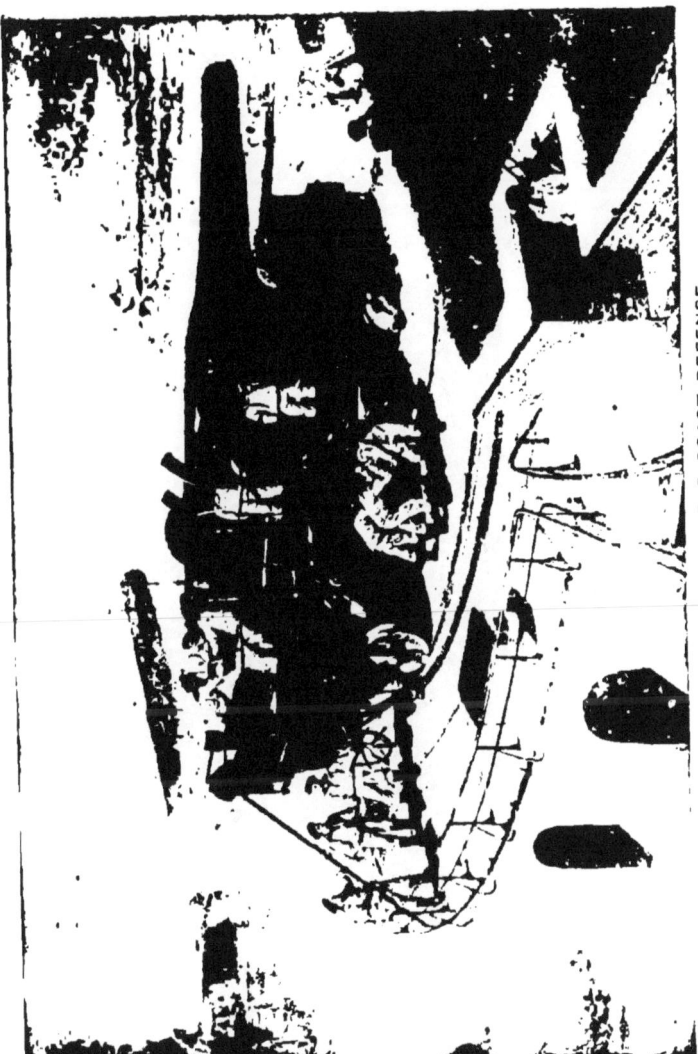

REVOLVING GUN USED FOR COAST DEFENSE

GATLING GUN DRILL ON SHIPBOARD

MAJOR-GENERAL FITZHUGH LEE

MUSKET DRILL ON BOARD A MAN-OF-WAR

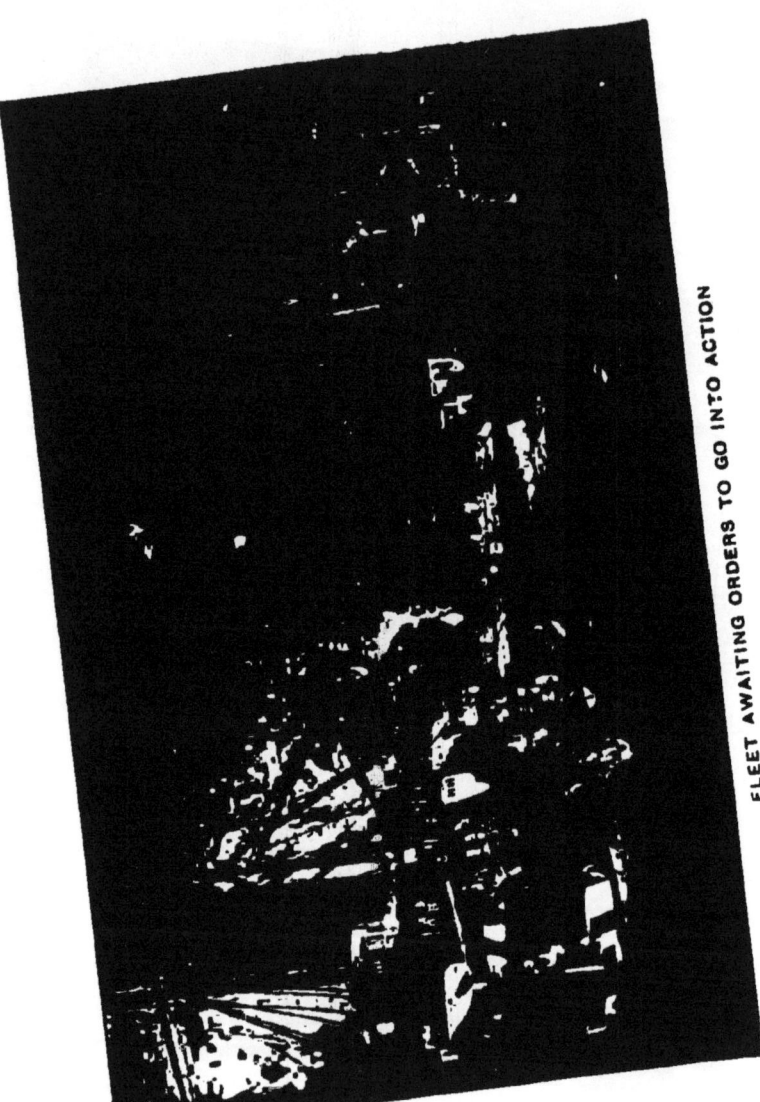

FLEET AWAITING ORDERS TO GO INTO ACTION

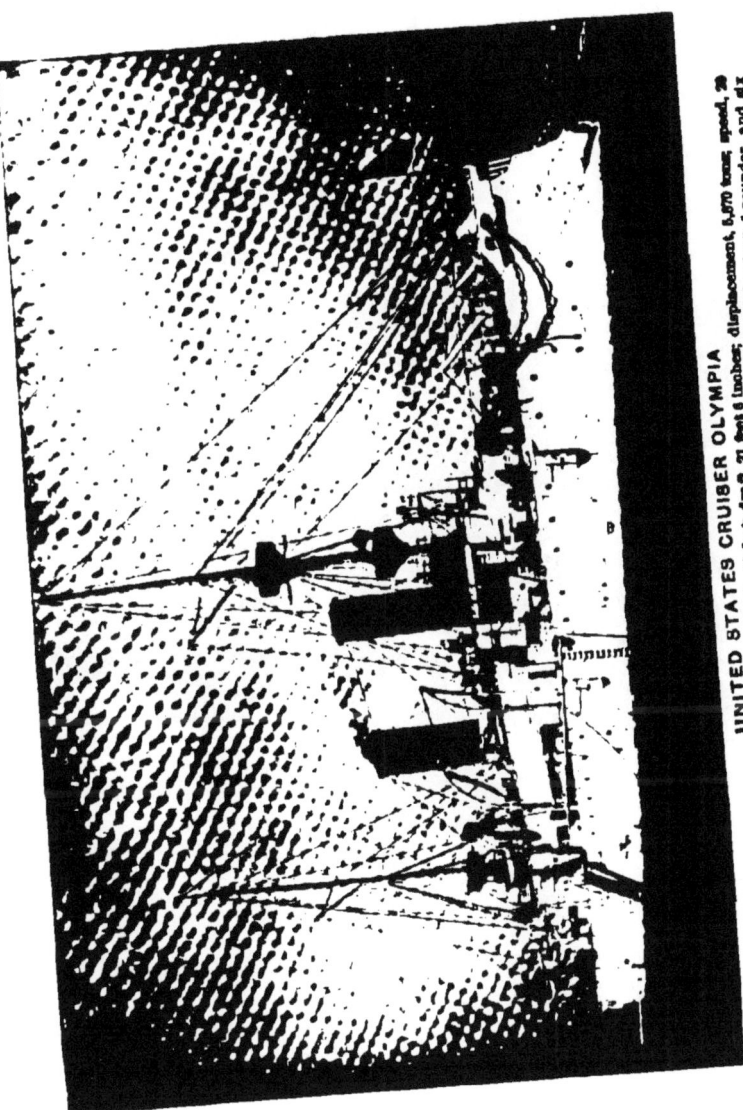

UNITED STATES CRUISER OLYMPIA

Twin screw; length on water line, 340 feet; breadth, 53 feet; draft, 21 feet 6 inches; displacement, 5,870 tons; speed, 20 knots. Main battery, four 8-inch guns and ten 5-inch rapid-fire guns. Secondary battery, fourteen 6-pounder, and six 1-pounder rapid-fire guns, and four gatlings. Protected steel deck from 2 in. 3/4, 20 Officers 200 Men Cost 1 769 000

HEROES IN OUR WAR WITH SPAIN

REAR ADMIRAL C. S. NORTON

UNITED STATES CRUISER CHICAGO

Twin screw; length, 325 feet; breadth, 48 feet; draft, 19 feet displacement, 4,500 tons; speed, 15 knots Main battery, four 8 inch, eight 6 inch and two 5-inch breech loading rifles. Secondary battery, nine 6-pounder and four 1-pounder rapid-fire guns, two 37-millimetre Hotchkiss revolving cannon and two gatlings. Thickness of protective deck 1½ inches on the slope and flat 5% Officers 576 Men Cost, $889,000

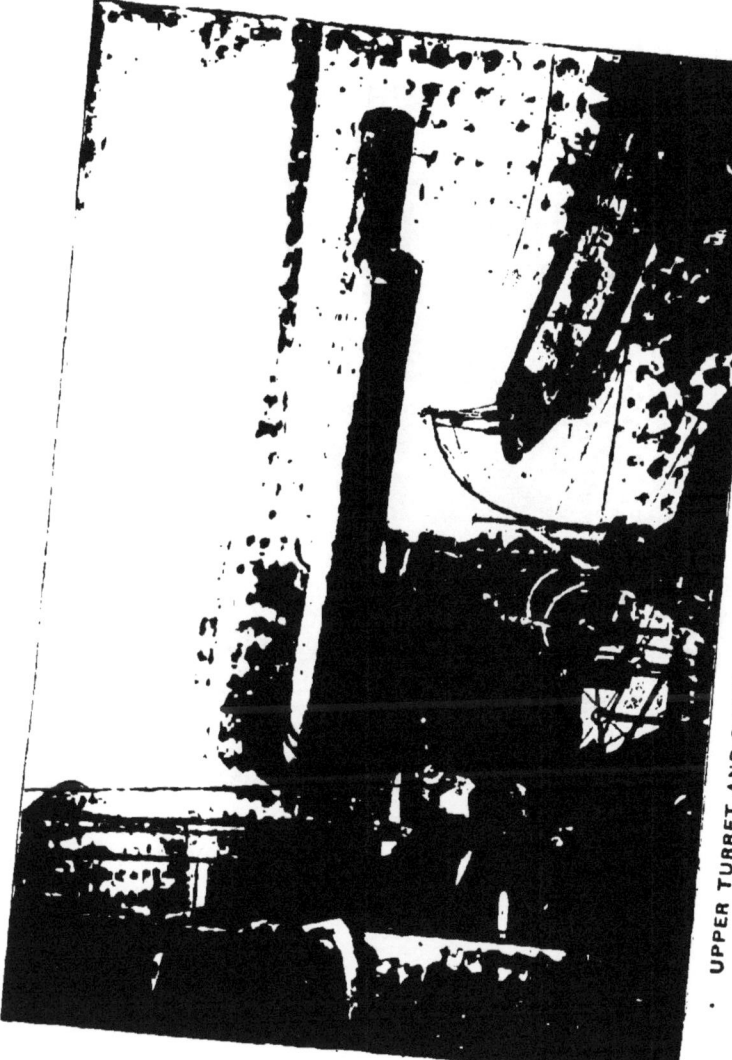

UPPER TURRET AND 8-INCH GUNS ON THE BATTLESHIP MASSACHUSETTS

GENERAL WESLEY MERRITT

tritte, die ſich dabei abſpielten, ſind für alle Zeugen derſelben unvergeßlich. Dicht gedrängt ſtand die Menge auf der Zuſchauerbühne des Hauſes und des Senats. Die Abgeordneten und Senatoren hatten ſich außerordentlich zahlreich eingefunden und alle bekundeten das lebhafteſte Intereſſe. Im Hauſe erklärte

General Nelſon A. Miles.

der Vorſitzende des Geldausſchuſſes, Abg. Cannon: Ich geſtehe aufrichtig, daß ich jene Bewilligung von 50 Millionen Dollars als eine Bewilligung für den Frieden, nicht für den Krieg auffaſſe, und im ähnlichen Sinne ſprach ſich der Abgeordnete Sayers aus Texas aus.

Der Budgetausſchuß des Abgeordnetenhauſes trat Vormittags um elf Uhr zuſammen und trat ſofort in die Berathung der Vorlage ein; der Vorſitzende, Cannon, ſetzte dem Ausſchuß bei verſchloſſenen Thüren die Veranlaſſung der Einreichung der Vorlage auseinander mit der Verſicherung, es ſei der Wunſch des Präſidenten McKinley ſelbſt, daß in Anbetracht der ernſten Sachlage und

G 3

der Wahrſcheinlichkeit eines Kriegs, jene bedeutende Summe der Regierung zur
Verfügung geſtellt werde. Wiewohl der Präſident ſich der Hoffnung hingebe,
einen Krieg verhüten zu können, befürchte er doch, daß ihm dies nicht gelingen
werde und er wünſche, nicht nur auf den Krebit und die Tapferkeit dieſer Nation
rechnen zu können, ſondern auch für den Nothfall das baare Geld in der Hand
zu haben.

Eine Woge der Begeiſterung.

Es wurde einmüthig die Einberichtung der Vorlage beſchloſſen. Im Abge-
ordnetenhauſe wurde dieſelbe mit einem Beifallsſturm aufgenommen, der das
Haus in ſeinen Fugen erzittern machte. Der kriegeriſche Geiſt war zum Ausbruche gelangt, die Ehre der Nation mußte um jeden Preis erhalten werden.
Bis an die Thüre war die Zuſchauerbühne gepackt voll und in den Gängen ſtieß
und drängte ſich eine dichte Menſchenmenge; im Saale war jedes Mitglied auf
dem Plaß. Ein eiſerner Entſchluß ſtand auf der Stirn der Parteiführer auf
beiden Seiten des Hauſes geſchrieben, aber über allen lagerte auch ein tiefer
Ernſt, denn man ſtand im Begriff, einen Schritt von größter Tragweite zu thun.
Sobald das Protokoll verleſen war, eröffnete der Sprecher die Sitzung und
unter lautloſer Stille erhob ſich der Abg. Cannon und legte den Beſchluß vor, zur
Nationalvertheidigung die Summe von fünfzig Millionen Dollars anzuweiſen.

Sofortige Abſtimmung verlangt.

Der Demokrat Wheeler, ehemaliger Reitergeneral der Konföberirten, entfaltete die allgemeine Begeiſterung, als der Clerk zur Verleſung der Bill ſchritt
und ein neuer Beifallsſturm durchtobte das Haus beim Schlußſatze. Eine drei-
ſtündige Vordebatte wurde angeordnet, was den Meiſten noch zu viel war, doch
beſtand Abg. Cannon darauf, daß er an dem mit der demokratiſchen Minderheit
vereinbarten Programm feſthalten müſſe. Die Debatte wurde von Cannon eröffnet. Kurz und bündig erläuterte derſelbe die Beſtimmungen, betonte die
Einmüthigkeit des Comites und beſtritt entſchieden, daß die Bewilligung als
Drohung gegen Spanien aufzufaſſen ſei; weit entfernt davon ſollte das Geld
nur dazu dienen, den Frieden durch die Rüſtung auf den Krieg zu förbern.

Dem republikaniſchen Parteiführer folgte der Führer der demokratiſchen
Minderheit, Abg. Sayers aus Texas mit einer Erklärung, welche die Einmüthigkeit des Ausſchuſſes hervorhob. Auch er betonte den Friedenscharakter
der Maßnahmen. Nur um eine weiſe Vorſicht handle es ſich: Die Ausrüſtung

Fort Moultrie—Hafen von Charleston.

des Präsidenten mit der Gewalt, nach Vertagung des Kongresses für unsere Würde einzutreten. Er sprach das Vertrauen aus, das Geld werde bewilligt und sorgsam verausgabt werden. Was ihn anlange, so stehe er keinen Augen= blick an, dem Präsidenten in dessen Bemühen, die Würde und die Ehre des amerikanischen Volkes zu wahren, beizustehen.

Der Demokrat Dockery aus Missouri bemerkte: die Zeit zum Handeln sei ge= kommen und das amerikanische Volk stände vor einem bedeutungsvollen Schritte, ein Schritt, den Ehre und Vaterlandsliebe ihm zu thun geböte. Aller Partei= haber müsse dabei verstummen, alle wie Ein Mann ihre Schuldigkeit thun. Das amerikanische Volk habe von seinen Vorfahren das unschätzbare Gut der Frei= heit geerbt und in jetziger Stunde dürfte kein Mißton die Einigkeit stören.

Auch der Demokrat Livingston aus Georgia trat kräftig für die Maßnahme ein. Den jetzigen zwingenden Umständen müsse sich jedermann beugen, nur hätte, wenn die Regierung vor einem Jahre ihre Schuldigkeit gethan, die jetzige Geldausgabe vermieden werden können. Die Demokraten würden indessen auch gegenwärtig einem entschiedenen Vorgehen nichts in den Weg legen; dieselben würden, so es noth thäte, nicht 50, sondern 500 Millionen auswerfen und ver= langten bloß, daß der Präsident rasch einschreite und ohne Zaudern für die Würde und die Ehre Amerikas eintrete.

Auch die Südlichen einig.

Hierauf trat unter allseitiger Spannung der Demokrat Allen aus Mississippi auf. Man darf von mir erwarten, so hub derselbe an, daß ich mich in dem jetzigen hochwichtigen Augenblicke nicht in Schweigen hülle. In launiger Weise, aber durch und durch patriotisch, schilderte Redner die zwingende Nothwendigkeit, der Regierung alle nur erforderlichen Mittel zur Verfügung zu stellen. Weiter verlangten die Leute im Süden nichts. Die Leute im Süden wären weder extrem, noch Jingo's, sie blickten der Sachlage ruhig ins Auge und verlangten, daß die Traditionen und Einrichtungen des Landes geschützt würden. Keine Ueberstürzung werde verlangt, aber die Gewährung jeder Forderung nach Geld oder Truppen, deren es bedürfe, um die Fahne des Landes hoch zu halten. In ähnlichem Sinne sprach der Arkansasser Demokrat McRae, der die jetzige Lage als die bedeutungsvollste, der das Land sich noch in einem halben Jahrhundert gegenüber befand, bezeichnete. Diese Maßregel ließe sich nur als eine Maßregel der Noth rechtfertigen, als das verdiene sie aber die Unterstützung eines Jeden und im ganzen Lande dürfte nur eine Stimme darüber herrschen. Im Noth=

Fort Warren—Hafen von Boston.

37

falle würde er dafür sein, zur Wahrung der Würde und der Ehre dieses Landes diese Summe auf jeden erforderlichen Betrag zu erhöhen.

Auch der Populist Bell aus Colorado trat für die Maßnahme allen Ernstes ein. „Heute giebt es nicht Populisten, Republikaner und Demokraten, sondern nur Bürger Amerika's. Es ist heute nicht die Zeit dazu, uns darüber zu verbreiten, was sein könnte, es genügt, daß wir wissen, daß der Zeitpunkt da ist, wo die Regierung der Unterstützung bedarf. Was mich anlangt, so glaube ich nicht, daß eine Annahme dieser Bill den Krieg bedeutet, eher noch den Frieden. Wie dem aber auch sei, es kann sein, daß das Geld zur Landesvertheidigung gebraucht wird und da müssen alle Parteirücksichten, alle Rücksichten, die in der geographischen Eintheilung des Landes begründet sind, schweigen. Ich hoffe es wird sich hier kein Widerspruch erheben und ich bin meinerseits bereit, die Verausgabung ganz dem Präsidenten zu überlassen.

Mein Vaterland! Mein einzig Vaterland.

Auch der Republikaner Northway aus Ohio betrachtete diese Vorlage nicht als kriegerische Maßnahme, sondern eher dazu bestimmt, den Frieden zu erhalten. Nichtsdestoweniger wüßten wir alle recht gut, daß ein kriegerischer Geist durchs Land ginge und daß unsere Beziehungen mit Spanien jenen Schritt unbedingt erheischten. Er freue sich, daß die Abgeordneten als Patrioten und nicht als Parteigänger sprächen, was ihn an die Worte des Dichters erinnerte:

> Breathes there a man with soul so dead,
> Who never to himself hath said,
> This is my own, my native land.

Er hoffe, es werde von diesem Gelde kein Heller ausgegeben werden müssen, müßte es aber sein, so wäre er bereit noch Millionen anzuweisen.

Grosvenor pries den Patriotismus des Präsidenten McKinley und fuhr dann fort: „Wir sind Republikaner, oder Demokraten, oder Populisten, aber was wir auch seien, wir sind Jeder der Fahne unseres Landes treu ergeben. Einen begeisternderen Anblick könnte es heute nirgends in der Welt geben, als die Kundgebungen der Macht eines großen Volkes und einer freiheitlichen Regierung für die Erhaltung der Fahne seines Landes nicht nur und der Hoheit der Verfassung, sondern auch seiner Ehre und Würde, deren Zeuge wir in den letzten Wochen waren. Vieles ist geschehen, um das Blut in den Adern des amerikanischen Volkes rascher pulsiren zu machen, viel, um ihm den Kopf zu verrücken. Das

Bild aber, das sich der Welt darbot, war das Bild eines Volkes, das mit Ruhe jede Frage, die sich ihm aufwarf, erörterte, und wie die Gefahr Schritt um Schritt näher rückte, zerstob jedweder Unterschied. Mehr als die 50 Millionen Dollars ist das Bewußtsein für das amerikanische Volk werth, daß das große Herz jenes Volkes nur für seine Regierung schlägt. Es bedurfte nur der Veranlassung dazu, um das Volk des ganzen Landes eins zu machen."

Glänzend erfüllte Pflicht.

„Ich war schon lange der Meinung, ein Krieg könnte nach jener Richtung hin dem Lande nützen, die Kundgebungen der jüngsten 30 Tage und deren Kulmination, die heute und morgen in diesem Kapitol stattfinden soll, sind der Beweis für die Einigkeit eines mächtigen Volkes. Wie großartig wurde an die Erfüllung jener Aufgabe herangeschritten und wie großartig wurde sie erfüllt! Zweifeln am amerikanischen Volke! Zweifeln am Charakter seine Exekutive! Der Mann, der bei Antietam und im virginischen Thale gekämpft, der den denkwürdigen Feldzug Sheridan's mitgemacht, der als Jüngling und als Mann im Feuer gestanden: — hegt jemand Zweifel an dessen Treue, dessen Muth, dessen Vaterlandsliebe?! Mit Ruhe und mit Ueberlegung wog er jeden Schritt ab; mit Ruhe und mit Ueberlegung wog er jeden Umstand ab, mit Ruhe und mit Ueberlegung standen hinter ihm 70 Millionen Menschen, voll Vertrauen auf ihn, voll Vertrauen auf den Patriotismus dieses Volkes, fest zu der Treue haltend, die uns auf tausend Schlachtfeldern wurde, welche die Union erhalten. Welch ein erhabenes Schauspiel! Ich habe vor einigen Tagen an dieser Stelle gesagt, ich habe zu lange gelebt, um nicht zu wissen, daß dieses Volk ein einiges Volk ist; ich fühlte es stets, daß die Thaten in 1861 bis 1865 umsonst geschehen, daß das Blut dort umsonst geflossen, wenn es am Ende jener langen Zeit kein einiges Volk gab! Gottlob! Meine Hoffnung wurde erfüllt und die Treue Aller ist heute das Losungswort von Jung und Alt, von Groß und Klein." Redner schloß damit, daß er erklärte, er würde die Maßnahme nicht als Kriegsmaßnahme auffassen.

Der Demokrat Settle aus Kentucky pries die Charaktereigenschaften McKinley's. Er habe den Demokraten in Kentucky gesagt, er werde McKinley in allem Guten, was derselbe unternehmen könnte, unterstützen, und dieses Gelöbniß werde er halten. Er bedauerte, daß die Gelegenheit hierzu sich nicht früher bot. Der Republikaner Warner aus Illinois sagte, ein Jeder, der lesen und schreiben könne, wisse, daß die Maßnahme eine Kriegsmaßnahme ist und ein Krieg, so erklärte er nachdrücklichst, ist einem unehrenhaften Frieden vorzuziehen.

Kein Wort des Widerspruchs.

Als die Sache zur Abstimmung vorgelegt worden war, erhob sich das ganze Haus, um seine Zustimmung auszudrücken, Cannon aber bestand auf namentlicher Abstimmung, weil so viele Abgeordneten wünschten, ihre Abstimmung in das Protokoll eingetragen zu sehen. Mit Stimmeneinhelligkeit wurde die Bill

Fort Hamilton—New Yorker Hafen.

angenommen und auch der Sprecher gab, allem Herkommen zuwider, seine Stimme ab. Als der Sprecher verkündigt hatte: Ja, 311; Nein, Niemand! da brauste ein Beifallssturm durch das Haus.

Als am 9. März auch im Senat die Sache zur Verhandlung kam, war die Gallerie bis auf den letzten Platz besetzt und draußen in den Gängen stand noch eine lange Menschenkette, die ihre Neugierde nicht befriedigen konnte. Auch die

Bänke der Senatoren waren dicht besetzt. Nach Erledigung der Vorgeschäfte erhob sich der Vorsitzende des Budgetausschusses, Hale, und kündigte in einfachen Worten die Vorlage an. Die Vorlage wurde unter lautlosem Schweigen der Versammlung verlesen. Die namentliche Abstimmung ergab die einstimmige Annahme der Bill mit 76 Stimmen.

Damit war der Ball in's Rollen gebracht. Sofort wurden Schritte gethan, die Küste in Vertheidigungszustand zu setzen; Kriegsschiffe wurden angeschafft, Forts verstärkt, Geschütze, wo es noth that, aufgestellt, Schießbedarf eiligst nach den Depots verschifft, die Häfen wurden mit Torpedos und unterseeischen Minen geschützt und alle Anstreugungen wurden gemacht, das Land vor einem feindlichen Angriff zu schützen.

An der atlantischen Küste und namentlich in den Badeorten befürchtete man eine Beschießung durch die spanische Flotte; diese Befürchtungen wurden aber meist verlacht und sie haben sich auch hinlänglich als grundlos erwiesen. Offiziere des Heeres und der Flotte wurden sofort angewiesen, sich mit ihren Mannschaften in Kriegsbereitschaft zu setzen. Die Milizen erhielten gleichen Befehl. Tag und Nacht herrschte in den Arsenalen und den Schiffsbauhöfen eine emsige Thätigkeit. Von allen Seiten strömten die Anerbietungen, Rekruten aufzubringen, herbei, zum Theil von den Veteranen der „Grand Army,“ die begierig waren, dem Vaterlande auf's Neue ihre Dienste zu widmen. Wiewohl Jeder begierig war, den bewaffneten Zusammenstoß zu vermeiden, war doch Jeder entschlossen, für die Ehre des Landes den letzten Blutstropfen zu vergießen.

III. Kapitel.
Die Geschichte des Schlachtschiffes Maine.

Durch die Zerstörung des Kreuzers erster Klasse, Maine, im Hafen von Havana in der Nacht des 15. Februar 1898, wodurch nicht allein der Verlust des Schiffes, sondern auch der augenblickliche Tod von 266 unserer tapferen Matrosen und Marinesoldaten herbeigeführt wurde, wurde die bereits verwickelte Lage noch bedeutend schwieriger gemacht, wurde die Erbitterung aller amerikanischen Bürger erregt, und ein Geist der Rache heraufbeschworen, der nicht mehr unterdrückt werden konnte. Nicht allein unsere Regierung in Washington, sondern die ganze Nation war von demselben Gefühl beseelt und allenthalben wurden heftige Verwünschungen über den spanischen Verrath laut.

Die Annahme von Seiten Spaniens, daß die Zerstörung des Maine ein Unfall war, der durch die Explosion seiner eigenen Munitonsmagazine herbeigeführt wurde, wurde von Anfang an nicht angenommen, und später, nach der Veröffentlichung des Berichtes der Untersuchungsbehörde der Flotte, gänzlich verworfen.

In diesem Bericht wurden, wie sofort dargethan werden wird, die spanischen Beamten in Havana für die furchtbare Katastrophe verantwortlich gemacht, denn in dem Bericht wurde klar bewiesen, daß die Explosion durch eine unterseeische Mine herbeigeführt worden war.

Der Maine nach Havana geschickt.

Es wird für den Leser von Interesse sein, einen genauen Bericht über den Verlust eines unserer Kreuzer erster Klasse zu erhalten, ein Ereigniß, das mit der späteren Handlungsweise des Congresses, und den von unserer Regierung an Spanien gestellten Forderungen, viel zu thun hat.

Als am 24. Januar vom Flottensekretär die Mittheilung kam, daß das Schlachtschiff zweiter Klasse, Maine, den Befehl erhalten habe, nach Havana zu gehen, gab sich im nationalen Abgeordnetenhause eine starke Bewegung kund. Fast sämmtliche Mitglieder verlangten Krieg. Im nördlichen Flügel des Kapitols fand weder eine Bewegung statt, noch äußerte sich irgend welche Erregung. Die Senatoren hegen in Folge ihrer Ueberlieferungen sehr verschiedene Ansichten über derartige Angelegenheiten. Die Sendung des Schlachtschiffes Maine nach Havana wäre an und für sich nur der Erwähnung werth gewesen, wenn nicht

42

allenthalben eine andere Auffassung davon stattgefunden hätte, und wenn nicht durch den Telegraphen allerlei Gerüchte von Washington aus verbreitet worden wären.

Präsident McKinley verfolgte in den cubanischen Angelegenheiten die Politik Cleveland's, und führte so langsam ein neues politisches Verfahren ein, daß nur die Eingeweihten die Entwicklung eines meisterhaften Schachzuges internationalen Charakters zu bemerken im Stande waren.

Kriegsschiffe in cubanischen Gewässern.

Man glaubte, daß Deutschland oder Oesterreich, oder diese beiden Mächte, über einen offenen Akt unsererseits, welche die Zustimmung der civilisirten Welt nicht haben würde, in Widerspruch mit diesem Lande gerathen könnten. Diese Thatsache muß im Gedächtniß behalten werden, um die Politik unserer Regierung zu verstehen. Deutsche Kriegsschiffe befanden sich in der Nähe von Havana, und dies war für den scharfen Beobachter auffallend. Wirkliche Staatsmänner dieses Landes hatten dies lange vorhergesehen, und deshalb hatte der Flottenminister im Oktober 1897 bekannt gemacht, daß im folgenden Winter das nordatlantische Geschwader zu Winterübungen nach den Dry Tortugas geschickt werden würde. In der geeigneten Zeit begab sich dann, im Einklang mit der völlig entwickelten Politik der Regierung, das Geschwader nach jener Gegend. Die deutschen Kriegsschiffe erschienen, und das Schlachtschiff Maine ging nach Havana. Der ganze Plan kam zur Ausführung.

Unter den bestehenden Umständen hätte eine internationale Anfrage über die Entsendung eines mächtigen Schlachtschiffes von diesem Lande nach Havana erhoben werden können, aber man muß im Auge behalten, daß, weil es eine natürliche und freundschaftliche Handlungsweise von Seiten Deutschlands war, Kriegsschiffe nach Havana zu schicken, es auch vollständig in der Ordnung war, daß die Ver. Staaten ein Kriegsschiff dort hinschickten.

Von Deutschland wurde nichts Anstößiges damit beabsichtigt, weshalb also sollte es unserer Regierung übelgenommen werden, wenn sie ein Kriegsschiff zu einem freundschaftlichen Besuch nach einem spanischen Hafen schickte? Alles dies schien so vollständig selbstverständlich, daß zu irgend welcher Beunruhigung nicht die geringste Veranlassung vorhanden war.

Demgemäß traf das amerikanische Schlachtschiff Maine, unter dem Befehl des Capitäns Charles D. Sigsbee, das am 24. Januar von Key West, in Florida, abgegangen war, am Morgen des 25., um 11 Uhr, in Havana ein, und wurde von den Forts und den Kriegsschiffen begrüßt.

Gleich nach der Ankunft des Maine stattete der Lieutenant Albert Medrano, als Vertreter des Hafencapitäns, des Contreadmirals Jose Pastor, dem amerikanischen Schlachtschiff den gebräuchlichen Höflichkeitsbesuch ab. Die Ankunft des Kriegsschiffes hatte einigermaßen Erstaunen, und nicht unbeträchtliche Neugierde erregt.

Gen. Lee — Der. Staaten Consul zu Havana.

Am Nachmittag besuchte ein Lieutenant des spanischen Kreuzers Alfonso XII., des spanischen Flaggschiffes, den Maine, und ebenso auch ein Offizier des deutschen Kreuzers Gneisenau. Beide Besuche wurden vom Capitän Sigsbee erwidert, welcher um 6 Uhr beim Contreadmiral Vicente Manterola, im Admiralitätsgebäude, und beim Contreadmiral Pastor vorsprach, worauf er eine längere Conferenz mit dem Generalconsul Lee hatte. Der Generalconsul erwiderte den Besuch des Capitäns Sigsbee am folgenden Tage.

Der Maine war nach Havana gekommen, um vom Generalconsul Lee Befehle zu erhalten. Kapitän Sigsbee sprach sich äußerst befriedigend über den ihm zu Theil gewordenen freundschaftlichen und höflichen Empfang aus. Der Maine befand sich auf einer friedlichen Mission. Die amerikanischen Zeitungscorresponbenten gaben dem Capitän Sigsbee, dem Generalconſul Lee und einer Anzahl ſpaniſcher Offiziere ein Bankett. Während mehrerer Abende waren die Werften von Menſchenmaſſen angefüllt, die das amerikaniſche Kriegsſchiff ſehen wollten, während der Maine ſeinen Scheinwerfer auf das Arſenal und die Befeſtigungs- werke richtete.

Die Nachricht von der furchtbaren Kataſtrophe.

Am 16ten Februar wurde das ganze Land durch die Nachricht erſchüttert, daß das amerikaniſche Schlachtſchiff Maine im Hafen von Havana durch eine geheim- nißvolle Exploſion zerſtört worden ſei. Den letzten Berichten nach betrug der Verluſt an Menſchenleben 253, einſchließlich von zwei Offizieren. Das Un- glück veranlaßte in Waſhington die größte Aufregung, und während zur Zeit nichts Genaues in Erfahrung gebracht werden konnte, wurde in verſchiedenen Kreiſen ein ſtarker Verdacht rege, daß die Exploſion kein Unfall geweſen ſei.

Der Flottenminiſter Long ſagte, daß die Nachrichten aus Havana andeuteten, daß ein Unfall vorliege, daß die Nachrichten aber ſo wichtig ſeien, daß eine gründliche Unterſuchung nothwendig ſein werde, um den Urſprung der Exploſion zu ermitteln. Bis dahin war noch kein anderes Kriegsſchiff nach Havana ge- ſchickt worden, und General Lee berichtete, daß dort vollſtändige Ruhe herrſche.

Senatoren und Congreßabgeordnete zögerten, über die Sache eine Meinung zu äußern, ſagten aber, daß eine ſofortige und genaue Unterſuchung ſtattfinden müſſe. Nach einer Annahme war mit den Kohlen, welche der Maine in Havana an Board genommen hatte, Dynamit auf das Schiff eingeſchmuggelt worden. Die erſte Depeſche der aſſociirten Preſſe war vom 16ten Februar da- tirt, und lautete folgendermaßen:

„Geſtern Abend, ein viertel vor zehn Uhr, fand an Bord des amerikaniſchen Schlachtſchiffes Maine, im Hafen von Havana, eine furchtbare Exploſion ſtatt. Viele wurden getödtet und verwundet. Alle Böte des ſpaniſchen Kreuzers Alfonſo XII. leiſten Beiſtand; die Veranlaſſung zur Exploſion iſt nicht bekannt. Die verwundeten Seeleute des Maine haben keine Erklärung dafür. Man glaubt, daß der Kreuzer völlig zerſtört iſt. Die ganze Stadt wurde durch die Exploſion erſchüttert.

Der Correſpondent der aſſociirten Preſſe ſprach mit mehreren verwundeten Seeleuten, und hörte von ihnen daß die Exploſion ſtattfand während ſie ſchliefen, ſo daß ſie nichts Näheres über die Veranlaſſung angeben konnten. In Havana herrſcht die wildeſte Aufregung, und die Werften ſind mit tauſenden von Menſchen angefüllt. Man glaubte, daß die Exploſion in einem kleinen

Pulvermagazin stattgefunden hatte. Was von dem Maine noch übrig geblieben war, brannte gegen elf Uhr noch. Capt. Sigsbee und mehrere andere Offiziere sind gerettet. Man glaubt daß über hundert Mann von der Besatzung umge= kommen sind, aber es ist unmöglich, jetzt Näheres darüber zu erfahren.

Sofortige Hülfe für die Verletzten.

Der Admiral Manterola hat Böte aller Art zum Beistand des Maine und der Verletzten entsandt. Die Mitglieder der Feuerwehr von Havana nehmen sich sorgfältig der Verwundeten an, die ans Land gebracht werden. Es ist ein schrecklicher Anblick. Der Generalcapitän Blanco hat den Behörden von Havana befohlen, Schritte zu thun, um der Besatzung des Maine nach Kräften zu helfen. Der Correspondent der associirten Presse war in einem der Bote des Kreuzers Alfonso XII. in der Nähe des Maine, und hat andere Verwundete gesehen, welche die Angabe der früher Befragten bestätigen, daß sie geschlafen hätten, als die Explosion stattfand.

Capt. Sigsbee sagt, daß die Explosion im Bug des Schiffes stattfand. Den anderen Offizieren wurde der Befehl gegeben, sich so gut wie möglich zu retten. Die letzteren, welche buchstäblich aus ihren Betten geworfen wurden, und sich in ihren Nachtkleidern befanden, gaben ihre Befehle mit der größten Kaltblütigkeit. Um halb zwölf Uhr stand das Schiff noch in Flammen. Zuerst wurde ange= nommen, daß in dem Pulvermagazin in Santa Barbara eine unterseeische Ex= plosion von Pulver oder Dynamit stattgefunden habe. Admiral Manterola glaubt, daß die erste Explosion durch eine Granate stattfand, die über die Flotten= station geworfen wurde.

Das folgende Telegramm des Capt. Sigsbee an den Flottensekretär enthielt die erste Nachricht von der Explosion: „Maine im Hafen von Havana um 9 Uhr 40 Minuten in die Luft geflogen und zerstört. Viele Verwundete, und ohne Zweifel noch mehr ertrunken und getödtet. Die Verwundeten und Andere an Bord des spanischen Kriegsschiffes, und eines Dampfers der Ward Linie. Schicken Sie Leuchtthurmdampfer von Key West für die Besatzung. Einige Stücke von der Ausrüstung noch über Wasser. Niemand hat weitere Kleider, als was er auf dem Leibe hatte. Die öffentliche Meinung sollte sich bis auf weiteren Bericht jedes Urtheils enthalten. Alle Offiziere wahrscheinlich gerettet. Von Jenkins und Merritt noch nichts gehört. Viele spanische Offiziere, ein= schließlich eines Vertreters des Generals Blanco, jetzt bei mir mit Beileids= kundgebungen. Sigsbee."

Beschädigung eines Schlachtschiffes durch einen Torpedo.

Verſuch einer Erklärung der Exploſion.

Die in der Depeſche erwähnten Offiziere waren der Lieutenant J. W. Jenkins und der Hülfsingenieur D. R. Merritt. Nach dem Wortlaut der Depeſche hielt es das Flottendepartement für möglich, daß dieſe Offiziere zur Zeit der Explo= ſion an Land waren. Spätere Nachforſchungen jedoch ergaben, daß ſie ſich unter den Umgekommenen befanden. Die Leiche des Lieutenants Jenkins wurde nach ſeiner Heimath in Pittsburg gebracht, und dort unter allgemeiner Betheiligung ſeiner Mitbürger beerdigt. Im Laufe des nächſten Tages liefen beim Flottendepartement nicht=amtliche Berichte darüber ein, und in einem der= ſelben hieß es, daß der Maine erſt zwei Stunden nach der Exploſion geſunken ſei. Dadurch kamen die Flottenbeamten zu der Annahme, daß die Exploſion von innen ſtattfand, und durch Verrath herbeigeführt wurde. Es wurde die Anſicht ausgeſprochen, daß ſie durch Dynamit in den Kohlen veranlaßt wurde, welche von den Spaniern geliefert, und in Havana an Bord genommen waren. Es war im Flottendepartement eine bekannte Thatſache, daß ſchon früher von Spanien der Verſuch gemacht worden war, in bie er Weiſe Exploſivſtoffe an Bord zu ſchmuggeln, beſonders in Havana. Ein hoher Flottenoffizier ſagte, daß bei der Einnahme von Kohlen die größte Vorſicht beobachtet worden ſei, weil man gewußt habe, daß im vergangenen Jahr von Spanien der Verſuch gemacht worden ſei, Handelsſchiffe dadurch in die Luft zu ſprengen, daß ſtarke Exploſivſtoffe in große Stücke Kohlen geſteckt worden waren. Man wußte, daß dies bei einem oder zwei Schiffen der Ward-Linie verſucht worden war, und die Beamten ſagten, daß ſie faſt auf jedes Stück Kohle zu achten hatten, das an Bord genommen wurde.

Der Präſident weigerte ſich, faſt irgend einen der Beſucher zu ſehen, die am Morgen nach dem Weißen Hauſe ſtrömten, weil um zehn Uhr die vier Mitglie= der des Cabinets, die ſich in der Stadt befanden, nach dem Weißen Hauſe be= rufen wurden. Die Sekretäre Long und Gage erſchienen ſofort, und waren mit dem Präſidenten in Berathung, als die Depeſche aus Havana ohne Unterſchrift eintraf. Im Laufe des Tages ſteigerte ſich die Aufregung, nicht allein im Flottendepartement, ſondern auch auf der Straße. Senator Thurſton, der um ſeine Anſicht über die Sache befragt wurde, erklärte in der beſtimmteſten Weiſe, daß ein Verrath begangen ſei, und daß wahrſcheinlich ein Krieg die Folge ſein werde.

Senator Burrows jedoch erklärte während ſeines Beſuches im Weißen Hauſe, daß die Exploſion durch einen unglücklichen Zufall herbeigeführt worden ſei.

Sekretär Long schickte im Namen des Präsidenten folgendes Beileidstele-
gramm an Capt. Sigsbee: „Der Präsident beauftragt mich, für ihn und das
Volk der Ver. Staaten, den Offizieren und der Besatzung des Maine sein tiefstes
Beileid auszudrücken, und wünscht, daß nichts gespart werden möge, um sich der
Ueberlebenen anzunehmen, und für die Beerbigung der Todten zu sorgen.
John D. Long, Sekretär."

Die Depesche vom Kapitän des Maine.

Der Präsident ließ seine Einladungen für diesen und den folgenden Abend,
wegen des der amerikanischen Flotte zugestoßenen Unglückes, zurücknehmen.
Während sich der Sekretär Long bei dem Präsidenten befand, wurde ihm fol-
gende Depesche vom Capt. Sigsbee, dem Befehlshaber des Maine überbracht:
„Rathe, sofort ein Hülfsfahrzeug zu schicken. Maine außer einigen Trümmern
unter Wasser; die meiste Arbeit muß jetzt von Tauchern geschehen. Jenkins
und Merritt noch immer vermißt; wenig Hoffnung für ihre Rettuag. 24
Offiziere unverletzt gerettet; 18 Mann von der Besatzung; Verwundete an
Bord des Dampfers der Ward-Linie, im Stadthospital und im Hotel, 59.
Alle anderen sind mit dem Schiff untergegangen. Umgekommen oder vermißt,
253. Weder ein Offizier, noch ein Seemann hat, mit wenigen Ausnahmen, mehr
als einen Anzug, und der ist vom Hafenwasser durchtränkt. Die geretteten
Offiziere sind unverletzt. Werde eine Liste der Verwundeten und Geretteten
telegraphiren. Olivette geht heute Nachmittag, um ein Uhr, nach Key West ab.
Werde mit dem Dampfer die geretteten Offiziere, außer mir selbst, und Wainwright, Holman, Henneberger, Ray und Holden, nach Key West schicken. Werde
drei unbeschädigte Böte dem Hafencapitän zum Aufbewahren übergeben. Will
alle Verwundeten in das Hospital in Havana bringen lassen. Sigsbee."

Bericht eines Offiziers an Bord.

Capt. Sigsbee war auf Deck als die Explosion stattfand; dies war im Bug
des Schiffes. Eine Schildwache im Bug war unverletzt; er hatte nichts Verdächtiges gesehen. Ein Offizier sagte über die Explosion folgendes: „Ich lag
in meiner Koje; als ich auf Deck kam, war vorne Feuer ausgebrochen; es wehte
eine kräftige Brise. Dem Befehl, „alle Mann an Deck", wurde sofort Folge
geleistet, und die Leute und Offiziere waren völlig kaltblütig. Es wurden die
größten Anstrengungen gemacht, das Feuer zu löschen, aber ohne Erfolg. Die
Flammen verbreiteten sich schnell, und es erfolgten mehrere Explosionen. Die

G 4

Munitionsmagazine wurden erbrochen und die Exploſivſtoffe über Bord gewor=
fen   In einer halben Stunde war es klar, daß das Schiff nicht gerettet werden
konnte. Durch die erſte Explosion wurden Viele verlezt, aber die Zahl derſel=
ben läßt ſich nicht angeben.   Ich wurde über Bord gedrängt, und erinnere mich
nichts mehr, bis ich den Werſt erreichte."

Zwei Cabinetsmitglieder, welche längere Zeit bei dem Präſidenten geweſen
waren, erklärten, daß nach Allem, was man gehört habe, der Verluſt des Maine
einem Unfall zuzuſchreiben ſei. Capitän Sigsbee erklärte in ſeinen Depeſchen
aus Havana, daß er noch nicht im Stande ſei, darüber eine Meinung zu äußern.

Wie bereits angegeben, verurſachte die Nachricht von der Exploſion des Maine
in Waſhington die größte Aufregung. Die Morgenzeitungen brachten nur die
einfache Thatſache, aber um 9 Uhr erſchienen ſchon Extraausgaben, die ſchreck=
liche Nachricht verbreitete ſich ſchnell, und allgemein ſchien die Anſicht vorzuherr=
ſchen, daß dadurch neue und ernſtliche Verwickelungen mit Spanien herbeigeführt
werden würden. Einige Zeitungen erklärten die Exploſion für einen ſpaniſchen
Verrath, aber Sekretär Long, welcher um 8½ Uhr im Weißen Hauſe erſchien,
ſagte, daß ſie nach ſeiner Anſicht ein Unfall ſei, und verlangte, wie Capitän
Sigsbee, daß ſich die öffentliche Meinung gedulden möge, bis die wahre Urſache
der Exploſion ermittelt ſein werde.

Es muß zugegeben werden, daß die allgemeine Meinungsäußerung dahinging,
daß es ein ſehr eigenthümlicher Unfall ſei, der unter dem Bug des Schiffes habe
ſtattfinden können, und die Flottenoffiziere und Beamten des Flottendeparte=
ments erklärten unumwunden, daß es ihrer Anſicht nach kein Unfall geweſen ſei.

Die Depeſchen des Generals Lee und des Capitäns Sigsbee, in denen erklärt
wird, daß keine Kriegsſchiffe nöthig ſeien, und der Flottenminiſter gebeten wurde,
keine zu ſchicken, ſchienen die Beamten zu überzeugen, daß keine große Gefahr
im Anzuge ſei.

Ein ausführlicher Bericht mit Ungeduld erwartet.

Es machte ſich die größte Beſorgniß fühlbar, weil ſich unter ſo eigenthümli=
chen Umſtänden ſo viele amerikaniſche Seeleute in Havana befanden, und dadurch
ein Zuſammenſtoß mit den Spaniern herbeigeführt werden könnte, wie es mit
den Seeleuten des Kreuzers Baltimore vor einigen Jahren in Chile der Fall
geweſen war.

„Ich glaube nicht, daß bei der Explosion im Maine ein Verrath ſtattfand,"
ſagte der Flottenminiſter Long, als er am Morgen, um 9 Uhr, aus dem Weißen

Hause kam. „Nach der Thatsache urtheilend, daß Capitän Sigsbee von der öffentlichen Meinung die Einstellung eines Urtheils verlangt, daß General Lee meldet, daß es aussieht, als ob die Explosion durch ein Pulvermagazin entstand, und daß die Absendung von Kriegsschiffen nicht verlangt wird, bin ich der Ansicht, daß es ein Unglück war, und zwar ein ganz schreckliches. Ich glaube nicht, daß irgend eine Veranlassung zu ernstlicher Beunruhigung vorhanden ist. Ich habe soeben den Präsidenten gesehen; wir haben noch keine weiteren Depeschen erhalten, erwarten aber genauere Nachrichten gegen Abend. Der General Lee telegraphiert, daß keine Schiffe nöthig sind, es werden auch jetzt keine hingeschickt werden, jedoch werden wir aber später an Stelle des Maine ein Schiff hinschicken. Wir müssen jetzt die Entwicklung der Sache abwarten. Capitän Sigsbee hat die Angelegenheit unter sich, und wir haben volles Vertrauen zu ihm. Die Depesche, die ich ihm heute Morgen übersandt habe, drückt die Ansicht des Präsidenten über die Sache aus."

Darauf wurde im Einklang mit Capitän Sigsbee's Gesuch der Leuchtthurmtender Mangrove nach Havana gesandt.

Der Verdacht des Verrathes wird stärker.

Der Präsident befürchtete keine ernstlichen Verwickelungen über die Sache, und sagte, daß, ehe nicht eine genaue Nachricht eingetroffen sei, dieselbe wie ein Unfall aussehe. Diese Ansicht wurde jedoch von den Congreßabgordneten und vielen Beamten nicht getheilt. Wegen der dürftigen Nachrichten, die nach Washington kamen, und des verdächtigen Charakters der Explosion, war das Gefühl, daß es mehr wie ein bloßer Unfall gewesen sei, sehr erklärlich.

Die Bemühungen des Flottenministers, die Annahme, daß die Explosion geplant sei, nicht aufkommen zu lassen, war nur eine Vorsichtsmaßregel. Der Sekretär war so wenig im Stande, über die Veranlassung der Explosion ein Urtheil zu fällen, wie das Publikum, mit der Ausnahme, daß er die Vorsichtsmaßregeln kannte, die an Bord eines Schiffes gegen derartige Unfälle genommen wurden. Anzudeuten, daß es kein Unfall gewesen sei, wäre eine grobe Indiscretion von seiner Seite gewesen, und er mußte es daher als einen Unfall betrachten, bis das Gegentheil bewiesen werden konnte. Zu gleicher Zeit deutete Alles, was das Flottendepartement darüber erfahren konnte, darauf hin, daß die Explosion eine beabsichtigte gewesen war.

Die Nachricht von der Zerstörung des Maine wurde in der spanischen Gesandtschaft in Washington mit Schrecken vernommen, und gab Veranlassung zu

Entsendung eines Torpedos zur Zerstörung eines Schiffes.

52

vielen Ausdrücken des Bedauerns. In den Morgenstunden erhielt Senor du Bosc, der spanische Geschäftsträger, von Generalcapitän Blanco eine Depesche, welche um 2 Uhr Morgens aufgegeben war. In derselben hieß es: „Mit tiefem Bedauern muß ich Sie benachrichtigen, daß das amerikanische Schiff Maine durch einen unglücklichen Zufall, in diesem Hafen, wie man annimmt, durch die Explosion der elektrischen Kraftanlage, in die Luft geflogen ist. Unmittelbar nach dem Unfall geschah Alles, um nach Kräften Hülfe zu leisten, wobei die Marinefeuerwehr und sämmtliche Generäle in Havana, darunter mein Stabschef, persönlich mitwirkten. Es hat Todte und Verwundete gegeben. Ich habe einen Adjutanten abgesandt, um dem amerikanischen Consul alle Unterstützung anzubieten, die er wünschen mag. Ich werde Näheres telegraphieren, sobald dies zu erlangen ist. Blanco."

Die spanische Erklärung des Unfalles.

Senor du Bosc sprach sein tiefstes Bedauern über den Unfall aus. Er sagte: „Natürlich betrachte ich das schreckliche Unglück nur als einen Unfall, wie dies auch von den Behörden von Havana allgemein angenommen wird."

Befragt, ob der Unfall möglicher Weise eine ungünstige Wirkung auf die Beziehungen zwischen Spanien und den Ver. Staaten ausüben könnte, stellte er dies entschieden in Abrede, indem er betonte, daß die Explosion einzig und allein einem Unfall zuzuschreiben sei.

Senor du Bosc eilte sofort nach dem Eintreffen des Telegrammes von Blanco, nach dem Staatsdepartement, um der Regierung sein tiefstes Beileid auszudrücken, und dem Sekretär Sherman und dem Untersekretär Day die Depesche des Generalcapitäns mitzutheilen. Beiden gegenüber sprach er persönlich und amtlich sein größtes Bedauern über den Unfall aus.

Als James Rowe, der Schiffskoch, befragt wurde, wie die Explosion entstanden sei, erwiderte er: „Ich weiß es nicht; ich legte mich um 8 Uhr in meine Hängematte und hörte drei Glasen schlagen. Dann erinnere ich mich an nichts mehr, bis ich fühlte, daß ich fortwährend hin- und hergeworfen wurde, und durch eine dichte Rauchwolke auf Deck niederfiel. Ich raffte mich auf und fand, daß das Oberdeck auf einer Seite unter Wasser lag, dann sprang ich über Bord, um mit dem Strudel nicht in die Tiefe gerissen zu werden. Ich wurde von einem Boot des spanischen Kriegsschiffes aufgenommen, das auch noch vier andere Seeleute rettete."

Wollte seinen Namen nicht nennen.

Ein armer Bursche, dessen Gesicht bis zur Unkenntlichkeit entstellt war, lag auf einem Feldbette im Hospital in Novava; als er nach seinem Namen gefragt wurde, murmelte er mit seinen schrecklich geschwollenen Lippen: „meine Leute würden besorgt sein wenn ich Ihnen das sagen würde".

Eine Zeit lang vermutheten Viele, daß die Explosion in dem Magazin ent» standen war, in welchem die Schießbaumwolle für die Torpedos aufbewahrt wurde. Das Schiff lag mit dem Bug vollständig unter Wasser und nur ein Theil des Sternes ragte darüber hervor. Die Explosion, durch welche die ganze Stadt erschüttert wurde, verursachte die größte Aufregung; sämmtliche elektrische Lichter wurden durch die gewaltige Erschütterung ausgelöscht. Die Dampfspritzen fuhren von einem Ende zum andern in der Stadt, und Niemand wußte genau, wo die Explosion stattgefunden hatte.

Der Mittelpunkt des Interesses über das dem Maine zugestoßene Unglück wurde sofort nach Washington übertragen, und in beiden Häusern des Congresses wurden $200,000 bewilligt, um den Rumpf des verunglückten Schiffes wieder zu heben. Im Senat rief die Berathung über Allen's Beschluß, vom Senat eine Untersuchung des Unfalles vornehmen zu lassen, eine hitzige Debatte hervor. Senator Mason, aus Illinois, griff die Regierung wegen ihrer angeblichen Verheimlichung der Thatsache, scharf an. In seiner Erwiederung zur Verthei• digung der Regierung, sagte Senator Wolcott, aus Colorado, daß der Krieg nahe bevorstehen möge, daß wir aber der Krisis mit der einer großen Nation zukommenden Würde entgegentreten sollten.

Das Flottendepartement wurde vom Capt. Sigsbee benachrichtigt, daß die Taucher sofort am Wrack des „Maine" ihre Arbeiten beginnen würden.

Capt. Sigsbee schilderte die Leichenfeier für die Umgekommenen als eine der eindrucksvollsten, die je in Havana stattfanden.

Der spanische Kreuzer Biscaya kam am 18. Februar auf der Höhe von Sandy Hool an, und ging am nächsten Morgen im Hafen von New York vor Anker. Die Polizeibehörde traf besondere Vorsichtsmaßregeln, um jede feindselige Kund= gebung, während der Anwesenheit des Schiffes im Hafen, zu verhüten.

Beileidstelegramme von auswärts.

Die Nachricht von der Zerstörung der „Maine" rief nicht allein bei dem ame= rikanischen Volke, sondern auch auswärts die größte Aufregung hervor, und es

trafen sofort Beileidstelegramme in Washington ein, darunter eins von der Kö=
nigin Victoria, worin sie ihre Sympathie mit dem amerikanischen Volke bei dem
furchtbaren Unfall, der unsere Flotte betroffen hatte, aussprach.

Aehnliche Telegramme liefen vom deutschen Kaiser, von dem Präsidenten
Faure von Frankreich und von anderen Ländern ein, worin von Allen der große
Schrecken über die furchtbare Katastrophe, welche so viele Menschenleben kostete,
zum Ausdruck gebracht wurde.

Bald gelangten von den Marinesoldaten an Bord des „Maine" nähere Ein=
zelheiten über die Explosion zur Veröffentlichung. Lieutenant John J. Blandin
aus Baltimore, einer der Ueberlebenden, gab eine Schilderung von dem Unfall,
worin er erklärte, daß es längere Zeit dauerte, ehe er sich davon zu erinnern im
Stande war, was in den ersten zehn Minuten nach der Explosion geschah.

Lieutenant Blandin sagte: „Ich hatte Wachtdienst, und als die Leute unter
Deck waren, schaute ich in die Luken hinunter, und über Bord. Alles schien in
bester Ordnung zu sein. Ich ging nach dem Quarterdeck, hinter die Thüren,
wie dies am Abend nach acht Uhr erlaubt ist, und setzte mich an der Backbord=
seite einige Minuten lang nieder. Dann ging ich nach der Steuerbordseite, und
setzte mich dort hin. Ich befand mich in einer etwas trüben Stimmung, und saß
so still da, daß der Lieutenant J. Hood zu mir hintrat und mich lachend fragte,
ob ich schlafe, worauf ich ihm erwiderte, daß ich Wachtdienst habe."

„Kaum hatte ich dies gesagt, als plötzlich ein dumpfes Getöse stattfand.
Wollte Gott, daß ich dasselbe und die darauf folgenden Scenen vergessen könnte.
Dann kam eine scharfe Explosion. — Einige sagten, es seien mehrere gewesen, —
aber ich kann mich nur einer einzigen erinnern. Mir schien es, als ob das Ge=
räusch von der Backbordseite im vorderen Theil des Schiffes komme. Gleich
darauf kam ein vollständiger Hagel von Trümmern aller Art, von großen Cement=
stücken, von Holzsplittern, zerbrochenen Eisenstangen und sonstigen Trümmern,
die durch eine Explosion umhergeschleudert werden konnten."

„Ich wurde von einem Stück Cement am Kopf getroffen, war aber nicht ver=
letzt, und war im Nu wieder auf den Füßen. Lieutenant Hood war nach dem
hinteren Theile des Schiffes gelaufen, und wollte, wie es mir schien, über Bord
springen. Ich rief ihn an und er antwortete, daß er nach dem Heck geeilt sei,
um bei dem Herunterlassen der Böte zu helfen. Als ich ihn, nach kaum einer
Minute, erreicht hatte, watete ich schon bis zu den Knieen im Wasser, und im
nächsten Augenblick strömte das Wasser über das Quarterdeck. In der Nähe
des Hecks fand ich Capitän Sigsbee, welcher seine Kaltblütigkeit vollständig be=

wahrt hatte, und bald erschienen auch die anderen Offiziere dort, außer Jenkins und Merritt."

Sigsbee's Befehl zum Verlassen des Schiffes.

„Capitän Sigsbee befahl ein größeres Boot und das „Jig" herunter zu lassen, und die Offiziere und Mannschaften, die sich mittlerweile versammelt hatten, ließen die Böte herunter, und retteten eine Anzahl von Leuten, die sich im Wasser befanden.

Darauf befahl Capitän Sigsbee dem Lieutenant Commander Wainwright, nach vorne zu gehen, um sich von dem Umfang des Schadens zu überzeugen, und zu sehen, ob noch Leute von der Mannschaft gerettet, oder ob die Flammen gelöscht werden könnten, die gleich nach der Explosion ausgebrochen waren, und sich schnell verbreitet hatten, so lange sich noch irgend etwas Brennbares über Wasser befand."

Bei seiner Rückkehr berichtete der Lieutenant Commander Wainwright von der furchtbaren Ausdehnung der Katastrophe, worauf Capitän Sigsbee den Befehl zum Verlassen des Schiffes gab."

„Mittlerweile trafen vier Böte vom spanischen Kreuzer Alfons XII. ein, und gleich darauf noch zwei Böte vom Dampfer City of Washington, von der Ward-Linie. Capitän Sigsbee war der letzte Mann, der das Schiff verließ, und that dies in seinem eigenen Jig."

„Ueber den Ursprung der Explosion habe ich keine Erklärung, und kann mir auch keine darüber geben. Ich, und viele Andere, hatten gehört, daß sich im Hafen von Havana eine Menge Torpedos befänden, aber die Offiziere, deren Pflicht es war, dies zu ermitteln, hatten erklärt, daß nichts davon gefunden worden sei. Ich persönlich glaube nicht, daß die Spanier irgend etwas mit der Katastrophe zu thun hatten. Wir befanden uns, soweit es Vorsichtsmaßregeln betraf, mit dem Maine in einer eigenthümlichen Lage. Wir waren Freunde, in einem befreundeten, oder angeblich befreundeten Hafen, und konnten nicht auf jedes Boot feuern, oder es einem Verhör unterwerfen, das an Bord kam, ehe wir nicht wußten, daß es in feindlicher Absicht kam. Ich wünschte zu Gott, daß ich den Vorfall vergessen könnte; ich habe zwei Schiffbrüche mitgemacht, und genug davon gehabt. Aber das donnernde Getöse, als ob in der Tiefe des Meeres ein Erdbeben zum Ausbruch gekommen sei, werde ich noch lange Zeit nicht vergessen, und die aus dem Innern des Schiffes ansteigende Feuersäule sehe ich immer noch, selbst wenn ich die Augen zumache."

Ein Marineſoldat meldet, daß das Schiff in die Luft geflogen.

Ein Correſpondent eines New Yorker Blattes brachte noch einige Einzelheiten: „Während der traurigen Vorgänge, die ſich bei dem Begräbniſſe der aufgefun=benen Leichen abſpielte, ſtanden die Zuſchauer dicht gedrängt auf den Kais und Werften, und es wurde mir berichtet, daß in der Menge einige frohlockende Aeußerungen gemacht wurden, und daß einige Leute aus den niederen Klaſſen über das „Yankee=Maſſacre,“ wie ſie es bezeichneten, ſich freuten. Ich für meine Perſon habe nur Sympathiebezeugungen wahrgenommen. Das Ereigniß war zu gewaltig, um nicht ſogar internationale Eiferſucht und tief empfundenen Haß zu unterdrücken. Nur im Regierungsgebäude bemerkte ich Zeichen der Befrie=digung. Capitän Sigsbee trägt das Unglück wie ein amerikaniſcher Offizier und Gentleman. Sogar in ſeiner äußeren Erſcheinung erinnerte Nichts an das ſchreckliche Unglück. Er empfing den ſpaniſchen Polizeicommandanten ſo gleich=müthig als wäre ſein Schiff nicht zerſtört und ſeine Leute nicht zerquetſcht und ertrunken.

„Als die Kataſtrophe erfolgte, ſoll Capitän Sigsbee gerade in ſeiner Cabine einen Brief an ſeine Frau geſchrieben haben. Alle Lichter erloſchen ſofort. Capitän Sigsbee rannte hinaus und lief gegen eine Marineordonanz, die in=mitten der Schreie, des Jammers, der Flammen und des Grauens in der Dunkelheit ſtreng vorſchriftsmäßig grüßte und ſagte: „Sir, ich habe Ihnen zu melden, daß das Schiff in die Luft geflogen und im Sinken iſt.“

„Der Name des wackeren Marineſoldaten iſt William Anthony. Als ich mit ihm darüber ſprach, ſagte er: Oh, das iſt nicht der Rede werth; ein jeder Yankee=Seemann würde dasſelbe thun. Dieſelbe Kaltblütigkeit konnte man überall unter der Mannſchaft bemerken und als die Boote mit ihrer zerfleiſchten Ladung das Wrack verließen, um dieſelbe nach dem Hoſpital zu überführen, war kein Hinundherreden, keine Aufregung zu bemerken. Die Offiziere erfüllten ruhig die Pflichten, die ihnen oblagen. Die Uebrigen verhielten ſich ruhig. Alle ertrugen dieſes Feuerunglück ſo ſtandhaft, wie einſt jene, das Wüthen des Orkans im Hafen von Apia, die im Untergehen drei Cheers für das Britiſche Kriegsſchiff Calliope ausbrachten.

„Die Berichterſtatter der Madrider Zeitungen ſandten von der Ahnung des Kommenden erfüllte Depeſchen nach Hauſe und in dem Theile des Palaſtes, wo die Civilbehörden ihren Sitz hatten, ſtieß man auf erregte Geſichter und knapp bemeſſene Höflichkeit. Als ich Sekretär Congaſto erſuchte, mit mir den General Solano dazu zu bereden, daß er die Depeſchen der Offiziere der Maine wieder

durch das Cabel befördern lasse, erwiderte er mir kühl, daß dies ihn nichts an-
ginge und General Solano darüber allein die Verfügung hätte."

Eine Untersuchungskommission, die aus Capitän Sampson von der Jowa,
Capitän Chadwick von der New York, Capitän Marix von der Vermont und
dem kommandirenden Lieutenant Potter von der New York bestand, ging nach
Havana und machte sich sofort daran, die Ursachen der Explosion zu untersuchen, die das Kriegsschiff zerstörte.

Je weiter diese Untersuchung vorschritt, desto unwahrscheinlicher wurde es,
daß irgend ein Beweis dafür entdeckt werden könnte, daß das Unglück durch
einen Zufall herbeigeführt wäre. Die Taucher, welche in den vorderen Theil
des Wracks eindrangen, fanden daß das ganze Vordertheil des Schiffes von
einem Punkt gleich hinter dem vorderen Thurme um 15 oder 20 Grad nach dem
Steuerbord zu herumgebogen war. Jener Theil des Fahrzeuges war ein wüster
Haufe von Trümmern und zusammengedrehten und verbogenen Platten."

Befund des Gerichts.

Nachfolgend bringen wir den vollen Wortlaut des Berichtes des Unter-
suchungsgerichtes, das eingesetzt war die Ursachen des Unglücks der Maine in
Havana aufzuklären:

U. S. St. Jowa, Key West, Fla., Montag, 21. März 1898.

Nach vollständiger und reiflicher Prüfung aller ihm vorliegender Zeugenaus-
sagen befindet der Gerichtshof, wie folgt:

1. Daß das Kriegsschiff Maine am 21. Januar 1898 in den Hafen von
Havana einlief und von dem regulären Regierungslotsen nach Boje No. 4, in
fünfeinhalb bis sechs Faden tiefem Wasser gebracht wurde. Der Generalconsul der Ver. Staaten in Havana hatte die Behörden an jenem Platze am vorhergehenden Abend von der beabsichtigten Ankunft der Maine in Kenntniß gesetzt.

2. Der Zustand der Disciplin an Bord der Maine war ausgezeichnet, und
alle Befehle und Anordnungen die auf die Fürsorge für das Schiff und seine
Sicherheit Bezug hatten, waren genau ausgeführt. Alle Munition war in
Uebereinstimmung mit den gegebenen Befehlen verstaut und, so oft Munition gehandhabt wurde, wurden die geeigneten Vorsichtsmaßregeln getroffen. Nichts
war in irgend einem der Magazine oder Geschoßräume verstaut, das nicht er-
laubterweise dort verstaut werden durfte.

Schlüssel an ihrem richtigen Platze gefunden.

Die Magazine und Geschoßräume wurden stets wieder verschlossen, so oft man sie geöffnet hatte, und nach der Zerstörung der Maine wurden die Schlüssel an ihrem richtigen Platze in der Kabine des Capitäns gefunden, und Alles war an jenem Abend um 8 Uhr als sicher gemeldet worden. Das einzige Magazin, welches einen ungehörigen Hitzegrad aufwies war das hintere Zehnzoll-Magazin und dies explodirte nicht, als der Maine zerstört wurde.

Die Torpedozünder waren alle im hinteren Theile des Schiffes unter der großen Kajüte verstaut und veranlaßten weder die Zerstörung der Maine noch wirkten sie überhaupt dabei mit. Die Schießbaumwollzünder und Schlagröhren waren in der hinteren Kabine verstaut, weitab von dem Schauplatze der Explosion.

Auf Oellumpen wurde an Bord der Maine sorgsam achtgegeben, um Gefahr zu vermeiden. Besondere hierauf bezügliche Befehle waren von dem kommandirenden Offizier ausgegeben. Firnisse, Trockensubstanzen, Alkohol und andere leicht brennbare Stoffe dieser Art waren auf oder unter dem Hauptdeck der Maine verstaut und standen mit der Zerstörung der Maine in durchaus keiner Verbindung. Das Droguenlager war hinten unter der großen Kajüte und fern von dem Schauplatze der Explosion aufbewahrt. Gefährliche Vorräthe irgend welcher Art waren in keinem der anderen Magazine aufbewahrt.

Die Kohlen-Bunker wurden täglich inspicirt. Von diesen Bunkers in der Nähe der nach vorne liegenden Magazine und Geschoßräume waren vier leer, nämlich „B 3, B 4, B 5 und B 6." „A 5" war an jenem Tage benutzt worden und „A 16" war angefüllt mit frischer Kohle. Diese Kohle war genau untersucht worden, bevor sie an Bord genommen wurde. Der Bunker, in dem sie verstaut war, war von drei Seiten immer zugänglich und in damals auch von der vierten, da die Bunkers „B 4" und „B 6" leer waren. Dieser Bunker „A 16" war am Montage von dem dienstthuenden Ingenieur-Offizier revidirt worden.

Die Explosion nicht durch die Kessel verursacht.

Die Feueralarmapparate in den Bunkers arbeiteten richtig, und niemals ereignete sich an Bord des Maine der Fall von plötzlicher Entzündung von Kohle. Die zwei hinteren Kessel des Schiffes wurden zur Zeit des Unglücks benutzt, aber nur für Nebenzwecke, mit einem vergleichsweise geringen Dampfdruck und von einer zuverlässigen Wache bedient. Diese Kessel konnten die Explosion des

Schiffes nicht verurſacht haben. Die vier vorderen Keſſel ſind inzwiſchen von den Tauchern gefunden worden und befinden ſich in einem guten Zuſtande.

In der Nacht der Vernichtung des Maine war Alles als ſicher für die Nacht um 8 Uhr Abends von verläßlichen Leuten rapportirt worden. Zur Zeit der Zerſtörung des Maine herrſchte Ruhe auf dem Schiffe und der Gedanke an Un= fälle, wie ſie durch Bewegungen der Leute an Bord veranlaßt werden, iſt daher faſt ausgeſchloſſen.

3. Die Zerſtörung des Maine ereignete ſich um 9 Uhr 40 Minuten am Abend des 15. Februar 1898 in dem Hafen von Havana, Cuba, und das Schiff lag bei derſelben Boje verankert, zu der es bei ſeiner Ankunft gebracht worden war.

Es fanden zwei Exploſionen von deutlich verſchiedenem Charakter ſtatt, mit einem ſehr kurzen, aber deutlich wahrnehmbaren Zeitraum dazwiſchen, und das Vordertheil des Schiffes erhob ſich ganz unverkennbar zur Zeit der erſten Exploſion.

Die erſte Exploſion hatte mehr die Natur eines Knalles wie bei einem Kano= nenſchuß, während die zweite Exploſion lauter und von größerem Umfange war, und länger dauerte. Dieſe zweite Exploſion wurde nach der Meinung des Ge= richtshofes durch die theilweiſe Exploſion von zweien oder mehreren der vorderen Magazine des Maine veranlaßt.

Die Beweiſe hierfür wurden hauptſächlich von den Tauchern geliefert und waren nicht der Art, daß ſie den Gerichtshof in den Stand ſetzten, ſich eine fer= tige Anſicht über den Zuſtand des Wrackes zu bilden, obwohl feſtgeſtellt wurde, daß der hintere Theil des Schiffes thatſächlich unbeſchädigt war und in dieſem Zuſtande ſehr wenige Minuten nach Zerſtörung des vorderen Theiles ſank.

Durch Zeugenausſagen feſtgeſtellte Thatſachen.

4. Die folgenden Thatſachen wurden jedoch in Hinſicht auf den vorderen Theil des Schiffes durch Zeugenausſagen feſtgeſtellt: Jener Theil der Backbord= ſeite des Schutzverdeckes, der ſich ungefähr von Spann 30 bis Spann 41 er= ſtreckt, wurde nach hinten und nach der Backbordſeite geſchleudert; das Haupt= verdeck, von ungefähr Spanne 30 bis Spanne 41, wurde nach hinten geſchleu= dert, etwas nach Steuerbord hin, ſo daß der mittlere Theil des Oberbaues auf dem hinteren Theile zu liegen kam.

Das war, nach Anſicht des Gerichthofes, verurſacht durch die theilweiſe Ex= ploſion von zweien oder mehreren Magazinen des Maine.

5. Bei Spann 17 wurde die äußere Wand des Schiffes von einem Punkte, 11½ Fuß von der Mittellinie des Schiffes an und 6 Fuß über dem Kiel, wenn

derselbe in seiner normalen Lage ist, über den Wasserspiegel emporgeschleudert, so daß dieselbe etwa 24 Fuß höher lag, als sie gelegen hätte, wenn das Schiff in unbeschädigtem Zustande gesunken wäre. Der äußere Bodenbelag ist in Gestalt eines umgekehrten V gebogen, der hintere Theil desselben ungefähr 15 Fuß breit und 32 Fuß lang (von Spanne 17 zu Spanne 25) ist auf sich selbst zurückgeklappt mit der Richtung auf die Fortsetzung desselben Plattenbelages nach vorne zu.

Bei Spann 18 ist der vertikale Kiel gebrochen und der Flachkiel ist in einem ähnlichen Winkel verbogen wie der äußere Plattenbelag des Bodens. Dieser Bruch befindet sich jetzt ungefähr 6 Fuß unter dem Wasserspiegel und ungefähr 30 Fuß über seiner normalen Lage.

Nach der Ansicht des Gerichtshofes hat eine solche Wirkung nur durch die Explosion einer Mine hervorgebracht werden können, die unter dem Boden des Schiffes ungefähr bei Spann 18 etwas nach der Backbordseite des Schiffes hin gelegt war.

6. Der Gerichtshof entscheidet, daß der Untergang des Maine bei dieser Gelegenheit in keiner Weise einem Fehler oder der Nachlässigkeit Seitens der Offiziere oder der Mannschaft besagten Schiffes zuzuschreiben ist.

7. Nach Ansicht des Gerichtshofes wurde der Maine durch die Explosion einer unterseeischen Mine, welche die theilweise Explosion zweier ihrer vorderen Magazine veranlaßte, zerstört.

8. Der Gerichtshof ist nicht im Stande, Beweismaterial zu erhalten, um für die Zerstörung des Maine irgend eine Person oder irgend welche Personen verantwortlich halten zu können.

W. T. Sampson, Capitän, U. S. N., Präsident.

A. Marix, Kommandirender Lieutenant, U. S. N., Auditeur.

Kein unglücklicheres Ereigniß als die Zerstörung des Maine hätte zu jener Zeit eintreten können. Die Resultate der Untersuchung wurden von der Bevölkerung allgemein in dem Sinne aufgefaßt, daß die Explosion durch eine unterseeische Mine veranlaßt, und nur einer einzigen Quelle zuzuschreiben wäre. Frei und offen wurde die Ansicht ausgesprochen, daß beinahe dreihundert unserer Matrosen und Marinesoldaten durch spanische Verrätherei ihr Leben eingebüßt hätten. Dadurch trat die Angelegenheit in eine neue und ernsthaftere Phase und der kriegerische Geist, von dem das Volk schon erfüllt war, wurde noch mehr entfacht. Bald wurde der Ruf: „Gedenket des Maine!" allgemeine und überall gehörte Parole.

IV. Kapitel.

Die amerikanische Marine.

Als 1881 Minister Hunt eine Commission einsetzte, um über die Schaffung einer Flotte, wie sie die nationale Politik unabweisbar erforderte, Bestimmungen zu treffen, war die Anzahl der zum Kreuzen verwendbaren Kriegsschiffe 37, mit Einschluß eines erster Klasse Kreuzers (Tennessee) von 1480 Tonnen, 14 zweiter Klasse mit von 1100 bis 4000, und 22 dritter Klasse Kreuzern mit 900 bis 1900 Tonnen Gehalt.

Vier dieser Schiffe mit weniger als 1400 Tonnen hatten Panzer, die anderen waren von Holz. Ihre Zerstörungsfähigkeit war unbedeutend und bei dem geringen Werth ihrer Maschinen ihre Geschwindigkeit klein. Zwar gab der Dienst auf ihnen mehreren tausend Seeleuten Beschäftigung und gewährte den grabuirten Kadetten von Annapolis Gelegenheit, fremde Länder zu sehen, zwar hielt die über ihnen flatternde Stern- und Streifenflagge das patriotische Gefühl wach; aber für einen etwaigen Krieg mit Nationen in Besitz einer modernen Marine waren die amerikanischen Schiffe werthlos.

Geschütze und Armirung.

Neben diesen Kreuzern, die nie alle zu gleicher Zeit in Dienst waren, zählte die Flotte 13 armirte einthürmige Monitors (4ter Klasse) mit einem Tonnengehalt von 1800 bis 2100. Während des Bürgerkrieges gebaut, hatten sie darum nur geringe Geschwindigkeit, ja die meisten von ihnen hatten seit jener Zeit still gelegen. Drei waren für die Hafenvertheidigung bestimmt — im Hudson, im Delaware und in den Hampton Roads. Es war mehr ein Kriegspielen; für den Ernstfall war man kaum gerüstet. —

Die Armirung der Flotte war folgende: Glatte Vorderlader verschiedenen Kalibers 2233; drehbare gezogene 40 Pfund Vorderlader 77 (Parrots); verschiedenartige Vor- und Hinterlader in gezogene Geschütze umgewandelt, 87. Alle außer den letzten waren veraltet. In seinem Bericht von jenem Jahre (81) sagt der Flottensekretär: „Bei nicht einer modernen weitreichenden Kanone in der Marine und bei nur 87 des Beibehaltens werthen Geschützen erscheint die Wichtigkeit des Strebens nach Marineartillerie offenbar, falls die Marine überhaupt fortbestehen soll." Der Sekretär empfiehlt sodann, daß die hölzernen Fahrzeuge durch neue Eisen- und Stahlkreuzer ersetzt würden.

Die Commission empfahl, daß die alten Holzschiffe durch moderne stählerne, 70 an Zahl ersetzt werden sollten, 43 für den Seedienst und 27 als Reserve, und zwar sollten jedes Jahr 7 gebaut werden. Kraft der Congreßbeschlüsse vom 5. August 1882 und vom 3. März 1883 wurden für den Bau von 3 Kreuzern, einem Depeschenboot und 3 doppeltthürmigen Monitors Angebote erbeten. Die Kreuzer, einer von 4500 Tonnen, die andern von je 2500, sollten von Stahl und in Geschwindigkeit und Gefechtstüchtigkeit jedem ähnlichen Fahrzeuge auf dem Meere gewachsen sein.

Fertigstellung der Monitors.

Auf ein Angebot in Höhe von $2,440,000 erhielt John Roach von Chester, Pa, den Kontrakt für den Bau der Kreuzer und des Depeschenboots. Vor Ende 1883 wurden 4 doppeltthürmige Monitors, die, weil zwischen den Marineſach= verständigen Zweifel über ihre Zweckmäßigkeit bestanden hatten, bis da Jahre lang unvollendet gelegen hatten, fertig gestellt, nämlich: der Puritan, die Amphi= trite und der Terror zu Philadelphia, und der Monadnock an der Küste des Stillen Ozeans.

Noch bevor die drei Kreuzer vom Stapel waren, empfahl die Commission un= verweilt drei weitere Kreuzer zu bauen, ferner zwei Kanonenboote von 1500 und zwei von 750 Tonnen (alle sieben zusammen zu einem Kostenvoranschlag von $4,283,000); ferner einen Stahlwidder (Ram), ein Kreuzertorpedoboot und zwei Hafentorpedoböte. —

Inzwischen hatte man Schritte gethan, viele der veralteten Schiffe, von denen manche nichts mehr als Hulls (abgetakelte Rümpfe) waren, aus der Flotte aus= zumerzen. Zu Folge einem am 5. August 1882 angenommenen Congreß= beschlusse, wurden 47 Schiffe aus dem Register gestrichen. 24 derselben wurden für $384,753 verkauft, die übrigen vermochten keine Käufer anzulocken und wur= den vernichtet.

Es ist von Interesse, hier ein wenig Halt zu machen und zu rekapituliren, welche Schiffe zu Beginn des Jahres 1884 in Dienst waren, kurz bevor die Chicago, Boston und Atlanta, die ersten Kreuzer der modernen Marine, vom Stapel liefen.

Vor Ende 1884 wurden die kleineren von Roach erbauten Kreuzer, Atlanta und Boston, und das Depeschenboot Dolphin zu Chester vom Stapel gelassen, und im folgenden Jahre die Chicago. Ebenfalls in 1884 wurden die doppel= thürmigen Monitors Puritan, Amphitrite und Terror mit eigens für sie gebauter Maschinerie ausgestattet.   In diesem Jahre empfahl die Flottencommission ferner den Bau eines Kreuzers von 4500 Tonnen, eines von 3000, eines De= peschenbootes von 1500 Tonnen; ferner den Bau von zwei armirten Kanonen= booten von je 1500 Tonnen, eines leichten Kanonenbootes mit 750 Tonnen Ge= halt, eines stählernen Widderschiffes (Ram), eines Hochseetorpedobootes, zweier Hafentorpedoböte und eines armirten Fahrzeuges von nicht mehr als 7000 Tonnen Raummaaß.

Der Anfang des Baues einer neuen Flotte.

Sekretär Chandler gab seinen Rath dahin ab, daß mehrere moderne Kreuzer jährlich 10 Jahre lang gebaut würden.   Er war es hauptsächlich, der den An= stoß zur Schaffung einer modernen Marine gab, dadurch, daß er darauf drang, veraltete Schiffe weder umzubauen noch auszubessern, sobald die Kosten dafür 20 Prozent der ursprünglichen Kosten des Baues überstiegen.

In 1887 ward der alte erster Klasse=Kreuzer Tennessee mit sechs andern eben= falls aufgegebenen Fahrzeugen für $125,705 verkauft.   Es waren damals im Bau 11 nicht armirte Stahlschiffe, nämlich sechs Kreuzer, vier Kanonenboote, und ein Torpedoboot.   Die Flotte bestand (alle fertigen Schiffe gerechnet) aus dreizehn veralteten einthürmigen Monitors, zwölf nicht armirten Stahl= und Eisenschiffen, welche den damaligen Schlachtschifftypus darstellten, ferner 28 hölzernen Dampfern, 10 Seglern, die nur als Schul= und Hospitalschiffe benutzt wurden, und 12 eisernen und hölzernen Schleppbooten.

Um ein wenig zurückzugreifen: Geschützbohrer von mehr als 6 Zoll Kaliber, Panzer, Stahlachsen, Schnellfeuer= und Maschinengeschütze und Torpedos konn= ten vor 1885 nur aus Europa beschafft werden.   Die Midvale Stahlwerke zu Nicetown, Pa., stellten allerdings Geschützbohrer von 3, 5 und 6 Zoll Kaliber her, und auch die Cambria Eisenwerke hatten einige vorzügliche kleine Bohrer producirt, die 8=zölligen Kanonen der Chicago, Boston und Atlanta aber und die 10=zölligen des Miantonomoh wurden mit Bohrapparaten hergestellt, die man in England kaufte und auf dem Washingtoner Schiffsbauhofe, in den Süd Boston Eisenwerken und der Westpointer Gießerei zum Gebrauch zusammen= stellte.

Die Geschützcommission, deren Präsident Admiral Sampson war, hatte in 1883 die hauptsächlichsten Stahlkanonenwerke Europa's und der Ver. Staaten besucht und empfahl im nächsten Jahre, daß Stahlbohrer und Geschützmaterial hinfort durch Privatunternehmungen geliefert würden, und daß die Regierung

LIEUT. R. P. HOBSON

ADMIRAL GEORGE DEWEY
The Hero of Manila

UNITED STATES TROOPS INVADING CUBA

GALLANT CHARGE BY GENERAL WHEELER'S CAVALRY

THATCHED HUTS OF NATIVES OF PORTO RICO

COPYRIGHT, 1899, I Y J. B. JORDAN

UNITED STATES CRUISER SAN FRANCISCO

Twin screw; length, 310 feet; breadth, 49 feet 2 inches; draft , feet 9 inches; displacement, 4,098 tons. Speed, 19¾ knots. Main battery, twelve 6-inch breech loading rifles. Se ndary battery, four 6-pounder, four 8-pounder and two 1-pounder rapid-fire guns, three 87-millimetre Hotchkiss revolving cannon and four gatlings. T7 inkones of protective deck, 3 inches on the slopes and 2 inches on the flat. 33 Officers, 350 Men. Cost, $1,428,000.

BOMBARDMENT OF SAN JUAN BY ADMIRAL SAMPSON'S FLEET

THURSDAY, MAY 12, 1898

ADMIRAL W. T. SAMPSON

COMMODORE JOHN C. WATSON

UNITED STATES CRUISER NEWARK

Protected steel cruiser; twin screw; length, 310 feet; breadth, 49 feet 2 inches; draft 19 feet; displacement, 4,098 tons; speed, 19 knots. Main battery, twelve 6-inch breech loading rifles. Secondary battery, four 6-pounder, four 3-pounder, and two 1-pounder rapid-firing guns, four revolving cannon, and four gatlings. 34 Officers, 350 Men. Cost $1,248,000

UNITED STATES CRUISER CINCINNATI

Protected cruiser; twin screw; length, 300 feet; breadth, 42 feet; draft, 18 feet; displacement, 3,213 tons; speed, 19 knots. Main battery, ten 5-inch and one 6-inch rapid-fire guns. Secondary battery, eight 6-pounder and two 1-pounder rapid-fire guns and two gatlings. 20 Officers, 292 Men. Cost, $1,100,000.

Q'JAY, SHIPPING AND CUSTOM HOUSE—SAN JUAN

STREET SCENE IN SAN JUAN—PORTO RICO

GENERAL W. R. SHAFTER

SANTIAGO DE CUBA

Formerly the Capital of Cuba, and now the chief town of the eastern department of the Island. Stands on a bay on the south coast, and has a harbor, deep, well protected and fortified. Population, 74,300

LANDING OF GENERAL SHAFTER'S ARMY NEAR SANTIAGO—CUBA

Fabriken unterhalte, in denen das gelieferte Material verarbeitet und zusammengefügt werde. In Uebereinstimmung mit diesen Vorschlägen ward der Washingtoner Schiffsbauhof als Artilleriewerkstatt für die Marine und das Watervliet Arsenal zu Troy als die für das Heer ausgewählt. Von 1887 wurden hierzuland keine Schnellfeuer- und Revolverkanonen hergestellt. In jenem Jahre aber ordnete das Flottendepartement bei der Hotchkiß Geschütz Company den Bau von 94 Schnellfeuer- und Revolvergeschützen zum Preise von $121,400 an.

Panzer für Kriegsschiffe.

Es war Ende der 80er Jahre als zum ersten Male in diesem Lande Panzerplatten für Kriegsfahrzeuge gegossen wurden. Im August 1886 sicherte Sekretär Whitney die Bewilligung von $4,000,000 für Panzer und $2,128,000 für Geschütze auf im Bau begriffenen oder bewilligten Schiffen. Zugleich erbat er sich Angebote auf Lieferung von 6700 Tonnen Panzerstahl und 1200 Tonnen Geschützbohrstahl. Die Bethlehem Eisen-Comp. erhielt den Auftrag, sie mußte contraktgemäß in 2½ Jahren ein Stahlwerk bauen und im Februar 1890 mit der Ablieferung der Platten und Bohrer beginnen. Der Preis der ersteren sollte $3,610,707, der letzteren $851,513 sein.

Der Bau der Marinegeschützwerkstätte zu Washington ward 1887 in Angriff genommen. Vor Ende 1889 waren 8, 10, 12 und sogar 16 zöllige Kanonen, zugleich mit ausgezeichnetem Panzerstahl, Stahlachsen für starke Maschinen, Schnellfeuer-, Maschinen- und Dynamit-Kanonen und Torpedos von amerikanischen Handwerkern hergestellt. Um 1890 stellte es sich heraus, daß die Bethlehem Eisen Comp. nicht im Stande sei, mit der Nachfrage nach Panzer-Platten Schritt zu halten, obwohl sie es am Unternehmungsgeist nicht hatte fehlen lassen und gute Resultate erzielt hatte.

Daraufhin ging Sekretär Tracy mit Carnegie, Phipps & Co. von Pittsburg auf einen Contrakt ein, ihre Werkstätten dem Bau von Panzerplatten anzupassen. Der Auftrag belief sich auf 5900 Tonnen. In 5 Jahren, seit die Herstellung von Schiffspanzern in diesem Lande begonnen wurde, waren Platten geliefert, die, wie die Proben erwiesen haben, allen irgendwo auswärts fabrizierten überlegen waren.

Der Dynamit-Kreuzer.

Der furchtbare Dynamitkanonen-Kreuzer Vesuv ward 1888 vom Stapel gelassen. Seine 15-zölligen Geschütze, eine Erfindung von Mefford aus Ohio, und verbessert von Capitän Edmund L. G. Zalinski, sind 55 Fuß lang und schleu-

G 5

dern bei einem Winkel von 16 Grad vermittels comprimirter Luft Projektile von 500 bis 600 Pfund (bestehend aus Explosivgelatine und Dynamit) auf eine (engl.) Meile, oder Geschosse von 100 bis 200 Pfund auf eine Entfernung von 4000 Yards. Das Explosivgeschoß wird durch Elektrizität abgefeuert, und nach allgemeiner Annahme würde ein Treffer irgend ein Schlachtschiff zerstören müssen.

Ein Jahr nach seinem Stapellauf feuerte der Vesuv 15 Schüsse aus seinen Kanonen in 16 Minuten 15 Sekunden; das Luft-Reservoir war groß genug zur Aufnahme von 30 Bomben. Während des Jahres 1889 wurden die Kreuzer Baltimore und Charleston und die Kanonenboote Yorktown und Petrel in Auftrag gegeben, und die Kreuzer Philadelphia und San Francisco, das Kanonenboot Concord und das Torpedoboot Cushing liefen vom Stapel. Letzteres zu Bristol, R. J., von den Herreshoff's gebaut und nach dem Seehelben W. B. Cushing, der zu Plymouth, N. C., das Rammschiff Albemarle der Conföderirten in die Luft sprengte, benannt, war das erste Torpedoboot der neuen Flotte.

In demselben Jahre wurden an dem Küstenvertheidiger Monterey Aenderungen vorgenommen, indem an Stelle des englischen Musters der von dem Schiffs-baumeister Hitchborn erfundene „Barbette"-Thurm trat. An weittragenden Geschützen wurden bis zum Ende dieses Jahres zwei 5-zöllige, 48 6-zöllige, acht 8-zöllige und drei 10-zöllige vollendet.

In 1890 ward nur ein Schiff, der Panzerkreuzer Newark vom Stapel gelassen; dagegen sah das Jahr 1891 den „Handelsschützer" und „Kreuzer-Zerstörer" New York und den Monitor Monterey im Wasser.

Die Marine-Reserve der Meeresuferstaaten erhielt während dieses Jahres vom Congreß die willkommene Bewilligung von $25,000 für Equipirung. Es entfielen von dieser Hülfstruppe auf New York 342, Californien 371, Massachusetts 238, North Carolina 101, Rhode Island 54 und Texas 43 Mann. Seither haben andere Staaten, zumal die an den großen Seen, sich dieser Organisation angeschlossen.

Gewaltige schwimmende Batterien.

Das folgende Jahr, 1892, war ein Hauptjahr; es liefen das Schlachtschiff Texas, die Panzerkreuzer Olympia, Columbia, Raleigh und Cincinnati, der ungepanzerte Kreuzer Marblehead und die Kanonenboote Castine und Bancroft vom Stapel. Auf Stapel blieben die Schlachtschiffe Indiana, Massachusetts und Oregon, letztere Schwesterschiffe. Der Congreß bewilligte den Bau des Schlachtschiffes Jowa und des armirten Kreuzers Brooklyn. Bis zum 1. November dieses Jahres wurden an großen Kanonen gebaut: 28 4-zöllige, 11 5-zöllige, 18 6-zöllige, 4 8-zöllige, 17 10-zöllige und 5 12-zöllige.

Ein großer Fortschritt wurde auch in der Herstellung der Panzerplatten gemacht. Nach manchen Versuchen, die seine gewaltige Ueberlegenheit darthaten, wählte man den nach dem Harvey-Prozeß carbonisirten und gehärteten Nickelstahl als Plattenmaterial, nachdem man gefunden, daß die besten englischen und französischen Panzer von Geschossen aus 6-zölligen Kanonen zerschmettert oder durchbohrt wurden, während dieselben Projektile aus denselben Geschossen an den Harvey-Platten geringe Spuren zurückließen, aber selbst in Stücke zersplitterten. Auch 9-zöllige Kanonen konnten diese amerikanischen Panzerplatten nicht durchbohren, sondern ihnen nur Risse beibringen.

Ebenso konnte sich das Flottenamt in diesem Jahre wegen Erlangung von Bomben von der Carpenter Stahl Comp. beglückwünschen, da dieselben die auswärtigen Fabrikate weit übertrafen. Auch das amerikanische rauchfreie Pulver erwies sich als das bessere. Anfangs nur für 6-zöllige Geschütze angefertigt, dehnte man seine Anwendung stufenweis auf größere Kaliber aus. Es ist zu beachten, daß jede Geschützklasse, wenn Trefferfolg erzielt werden soll, eine besondere Art Pulver, die sich erst nach Experimenten bestimmen läßt, erfordert. Z. B. beim 6-zölligen Geschütz erhält man mit einer Ladung von 26 Pfund rauchfreien Pulvers eine Anfangsgeschwindigkeit von 2467 Fuß in der Sekunde. Der Druck im Rohr ward auf 13.9 Tonnen auf den Quadratzoll geschätzt. Beim Gebrauch gewöhnlichen Pulvers sind die Zahlen 2100 für die Anfangsschnelligkeit und 14 für den Druck.

Die obgenannte Carpenter Stahl Comp. zu Reading, Pa., hatte in 1890 begonnen, Geschosse nach dem Firminy-Prozeß herzustellen; und um dieselbe Zeit schloß die Regierung mit der Ver. Staaten Projektil Comp. zu Brooklyn und der „American Projectile Co." zu Boston Verträge auf Lieferung von gewöhnlichen stählernen, nicht für die Verwendung gegen Panzerplatten berechneten, Hohlgeschossen ab. Braunes, langsam verbrennendes Pulver für die schwersten Geschütze wird von der Du Pont Pulver Comp. hergestellt, die auf einen Auftrag der Regierung hin auch eine Schießbaumwollfabrik angelegt hat.

Neue Erwerbungen für die Marine.

Auf Veranlassung des Marine-Departements kauften E. W. Bliß & Co. in Brooklyn für das Gebiet der Vereinigten Staaten die Patente und Geheimnisse des Whitehead-Torpedos und wurde mit der Firma ein Contract für die Lieferung von 100 1-zölligen Torpedos neuesten Systems abgeschlossen. Seit November 1891 sind schwere Geschütze jeden Kalibers in den Vereinigten Staaten gebaut und keines zeigte weder bei der Probefahrt noch später im Dienst Fehler oder Minderwerthigkeit, ein so bemerkenswerthes Resultat, daß es zweifelhaft ist, ob die Fabrikanten Englands oder des Continents gleiches leisten können.

Die neue Marine wurde mächtig gestärkt durch Anschaffung der erstklassigen Schlachtschiffe Indiana, Massachusetts und Oregon von demselben System und mit einem Raumgehalt von 10,288 Tonnen; sie wurden 1893 von Stapel gelassen. Klassificiert als Küsten-Schlachtschiffe, beträgt ihr mittlerer Tiefgang 24 Fuß, so daß sie in Häfen einlaufen können, deren Einfahrt für moderne Schlachtschiffe nicht tief genug ist. Während sie nicht zu Kreuzern bestimmt sind, können ihre Kohlenbunker höchstens 1,800 Tonnen halten, die für eine Reise von 16,000 Knoten bei einer Fahrgeschwindigkeit von 16 Knoten die Stunde genügen. Aber wenn ihre Bunkers volle Ladung haben, reicht der Panzer dieser Schiffe nur wenige Zoll über den Wasserspiegel, ein Umstand, der sie unfähig zum sicheren Schießen machen kann, auch den Aufenthalt auf Deck im Falle eines Orkans für die Bemannung unsicher machen würde. Die 13zölligen Geschütze auf diesen Leviathans geben bedeutend mehr Wirkung, als die 100-Tonnen-Geschütze einiger englischer und italienischer Schiffe, da sie schnell abgeprotzt werden können. Die Geschosse der letzteren haben allerdings größere Durchschlags-kraft, aber dies wird aufgehoben durch die größere Schnelligkeit, mit der die amerikanischen Geschütze bedient werden können. Die Hülfsbatterie von 8-zölligen Geschützen, welche diese Küstenvertheidigungs-Schiffe führen, hat nichts ähnliches in den europäischen Marinen. Sie soll sowohl der offenen Barbette mit leicht gedecktem Geschütz überlegen sein, wie auch dem italienischen System, bei dem die Wasserlinie und die Maschinerie keinen anderen Schutz haben, als das Panzerbed.

Der geschützte Kreuzer Minneapolis und das Widderschiff Kathabin wurden ebenfalls im Jahre 1893 von Stapel gelassen. 1895 verließ der vorzüglich armierte Kreuzer Brooklyn die Rhede, das beste Schiff seiner Art, wie es so vorzüglich wahrscheinlich in keiner anderen Marine gefunden werden kann. Das mächtige erstklassige Schlachtschiff Iowa, welches die Geschwindigkeit eines Kreuzers besitzt, wurde 1897 von Stapel gelassen und in demselben Jahre von der Regierung angenommen.

Benutzung der Ocean-Dampfer.

Das Post-Subsidien-Gesetz von 1891 bestimmte behufs Verstärkung der Marine im Fall eines Krieges die Benutzung sehr schneller Ocean-Dampfer, die von der Regierung für Beförderung der Post Zuschuß erhalten. Nach Paragraph 10 können solche Schiffe genommen und als Transportschiffe oder Kreuzer verwendet werden, wobei die Eigenthümer den thatsächlichen Werth, wenn nöthig nach Abschätzung, bezahlt erhalten. Paragraph 7 bestimmt, daß Seeoffiziere freiwillig Dienst auf diesen Postdampfern nehmen können, indem sie Dienste in der Handelsflotte thun bei Halbsold. Die Schiffe der "American Line" (früher bekannt als die "Inman Line," ehe sie in das amerikanische Schiffsregister aufgenommen wurde), die New York, Paris, St. Louis und St. Paul, wurden von der Regierung als Hülfskreuzer kraft des Post-Subsidien-Vertrages gechartert.

Von den Schiffen obengenannter Art sind der Detroit, Montgomery, Marblehead, Marion und Mohican, ungeschützte moderne Kreuzer aus Stahl; die Bennington, Concord, Yorkton, Castine und Machias sind moderne Kanonenboote, ebenso die Wilmington, Helena und Nashville, die als leicht gebaute Kanonenboote bekannt sind, und die Annapolis, Vicksburg, Wheeling, Marietta und Newport, welche schwere Kanonenboote sind. Die einthürmigen Monitors datiren zurück auf den Bürgerkrieg und sind aus Eisen. Die kleinen Kreuzer Alert und Ranger und das Kanonenboot Monocacy sind gleichfalls aus Eisen. Der Hartford ist aus Holz, wie auch der Adams, Alliance, Essex, Enterprise und Thetis. Der Katahdin ist der Ammen-Widder.

Viert-klassige in Bau schließen den schon erwähnten Dynamit-Kreuzer Vesuvius ein. Die modernen Kanonenboote Bancroft, Pinta und der Petrel; die altmodischen Kreuzer Michigan und Yantic und das Transportschiff Fern und andere werden beständig hinzugefügt.

Indienst-Stellung der Kriegsschiffe.

Die Indienst-Stellung eines Kriegsschiffes ist stets eine eindrucksvolle Feierlichkeit. Sie war außerordentlich eindrucksvoll und erhebend bei Gelegenheit der Indienst-Stellung des Monitors Miantonomoh und des Widderschiffes Katahdin auf dem League Island-Schiffsbauhof zu Philadelphia am 10. März. Die Uebergabe des Schiffes besagt stets Dienst, aber wer an Bord konnte sagen, was für Dienst für den Miantonomoh und den Katahdin zu erwarten war? Während der Morgenstunden war auf dem Schiffsbauhof Alles mit den letzten Vorbereitungen beschäftigt. Matrosen und Seesoldaten, frisch von dem Hospitalschiffe Vermont in Brooklyn, überflutheten das alte Hospitalschiff Richmond und die Offiziere rapportierten Kapitän Casey, dem Kommandeur des Schiffsbauhofes, während an den beiden Schiffen selbst Arbeiter die letzte Hand anlegten und Stewarts das Gepäck unter Deck verstauten.

So sah es ungefähr eine halbe Stunde vor dem für die Festlichkeit festgesetzten Zeitpunkt aus; dann kam auf ein Glockenzeichen die Bemannung des Miantonomoh über die Laufplanken der Richmond, und hinter ihnen die Bemannung des Katahdin, geführt von einem Trompeter in rothem Rock und hohem Helm. Die Besatzung des Miantonomoh wurde auf der einen Seite des Decks aufgestellt, auf der anderen Seite Kapitän Mortimer L. Johnson mit Kapitän Casey. Auf einen Trompetenruf wurden die Sterne und Streifen, der Union Jack und die Flagge des kommandierenden Officiers gehißt. Kapitän Johnson las die Order, die ihm das Kommando über den Monitor gab, dann wünschte Kapitän Casey ihm Erfolg und die Feierlichkeit war beendet. Eine gleiche Feierlichkeit wurde einige Minuten später auf der Katahdin abgehalten.

Kriegsschiffe theilt man in zwei Klassen ein, Angriffs- und Vertheidigungsschiffe. Die Miantonomoh und die Katahdin gehören zur letzteren Klasse. Ersterer ist ein zwei-thürmiger Monitor, von gleichem Tonnengehalt (3,990 Tonnen) wie der Terror. Die volle Bemannung beträgt 150 Mann. Die Katahdin ist ein Hafen-Vertheidigungs-Widder von 2,155 Tonnen und erfordert ungefähr 70 Mann Besatzung. Beide Schiffe sind in Reparatur gewesen. Jedes führt 4 Geschütze in der Haupt-Batterie.

Berühmter Monitor.

Die Geschichte des Miantonomoh datirt zurück auf den Bürgerkrieg. Der Bau wurde 1862 begonnen. Fertiggestellt war sie in Dienst bis 1874, wo sie zwecks Umbau aufs Trockendock gebracht wurde. 1876 wurde sie zum zweiten Male vom Stapel gelassen, mit vollständig eisernem Rumpf und doppelten Boden. Sie wurde nicht vor 1891 fertiggestellt, in welchem Jahre sie förmlich in Dienst gestellt wurde. Es soll augenblicklich kein Schiff geben, das im Stande wäre, den Miantonomoh zu besiegen. Sie ist hauptsächlich zur Hafenvertheidigung bestimmt. Jeder ihrer beiden Thürme führt zwei moderne Geschütze. Außer den großen Geschützen führt sie an ihrem Oberdeck vier sechszöllige Hotchkiß-Schnellfeuer-Geschütze, neben zwei kleineren Geschützen in ihrem Mastkorb.

Die Katahdin hat man das Wunder der amerikanischen Marine genannt. Sie ist ebenso wie die Miantonomoh für Hafenvertheidigung bestimmt. Ihre Angriffswaffe ist ein Widder, während sie zur Vertheidigung vier Schnellfeuer geschütze führt. Sie ist gepanzert nach Anordnungen des Contre-Admiral Daniel Ammen.

Kein Schiff unserer Flotte erregte so viel erwartungsvolles Interesse, denn die Katahbin ist ein Ramschiff und das Rammen gilt, nachdem es während des Bürgerkrieges eine große Rolle gespielt, im Seekrieg eine Taktik vom zweifelhaften Werth.

Seeschlachten werden nicht mehr auf kurze Entfernungen geschlagen. Entern und Handgemenge, wie Nelson es liebte, ist abgekommen. Die Katahbin sollte es nun mit einer ganz entgegengesetzten Kampfmethode versuchen, bei der der Nachtkampf die Hauptrolle spiele und es weniger auf seemännisches Wissen wie auf Kaltblütigkeit, richtiges Urtheil und eiserne Nerven ankam. Dazu hat sich ihr aber vorläufig keine Gelegenheit geboten.

Ein Monstrum der Zerstörungswissenschaft.

Der folgende Bericht über einen Besuch an Bord dieses einzigen Schiffes ist interessant: „Jedem, der fragen mag, wie eine Kajüte in einer solchen Zerstörungsmaschine aussieht, werde ich einfach sagen, daß sie unter der Wasserlinie liegt und man zu ihr herunter auf einer ziemlich steilen und nicht übermäßig breiten Treppe gelangt. Fenster, Teppiche, Tapeten, Bric-a-Brac und derlei Dinge fehlen. Die Wände werden von sieben Zoll kalten Eisen's gebildet und ein oder zwei Säbel und ein Offiziershut bilden das einzige Schmuckstück. Doch nicht ganz! Auf dem kleinen, festgeschrobenen Tisch steht ein Veilchenstrauß und erfüllt den düsteren Raum mit seinem lieblichen Dufte.

„Ich sagte zu Capitän Wilbe: Ich vermuthe, daß Sie im Geiste die Action des Schiffes durchgegangen sind und wissen, wie Sie bei jeder vorkommenden Gelegenheit zu handeln haben."

„O gewiß! Doch das Unerwartete tritt oft ein und man muß auf alle Möglichkeiten vorbereitet sein. Im Fall einer Schlacht würde die Katahbin wahrscheinlich bis zu einem gewissen Zeitpunkt bescheiden hinter einem Schlachtschiffe liegen, dann aber: „Drauf, Jungens!" Einige Schüsse mit rauchentwickelndem Pulver, um unsern Ausbruch zu verdecken, würden folgen und dann würden wir den Feind angreifen, nachdem wir vorher einige unserer Compartments mit Wasser gefüllt haben, um uns noch tiefer sinken zu lassen. Dann ein kräftiger Stoß auf 20 Knoten Entfernung, und — herunter mit den Rettungsbooten, um die ertrinkenden Feinde zu retten!"

„Er lachte und sagte, das wäre das Programm, wie es ihm von einem alten Marineoffizier entwickelt worden wäre. „In Wirklichkeit jedoch," fuhr er fort, „wird man sich nach den Umständen richten müssen, und es ist schwer, Voraussagungen zu machen. Die wahrscheinliche Entfernung für einen Rammstoß in voller Fahrt würde etwa eine halbe Meile betragen. Mit einem solchen Angriff würden wir unserem Vaterlande einen Dienst erweisen können, falls wir nicht von einem Torpeboot oder Torpebootzerstörer vorher abgefaßt wurden oder einen Schuß aus einem 10-zölligen Geschütz erhielten. Zweifellos würde der Feind nach uns ausspähen und in jener kurzen Spanne gewiß nicht faulenzen.

Wenn sich das Unerwartete begeben sollte.

„Angenommen, der Rammdorn der Katahdin ließe sich nicht wieder zurück= ziehen?

„Das ist eines von diesen unerwarteten Ereignissen. Wenn unsere Maschine zufällig beschädigt würde, so daß wir die Verbindung mit unserem verwundeten Feind nicht lösen könnten, so würden wir das ganze Leck so ziemlich ausfüllen, so daß wenig Wasser hineinströmen könnte; die Terror aber oder die Texas oder die Iowa oder sonst irgend ein Schiff, würden sehen, was für uns gethan wer= den könnte."

„Während der Capitän mich so unterhielt, besah ich mir das kleine, schwim= mende Gefängniß und dachte daran, wie wenige Menschen dieser mächtigen Na= tion wohl darum wissen, auf wie viel die tapferen Männer Verzicht leisten, die für sie Schlachten schlagen. Capitän Wilde ist ein sehr gut aussehender Mann, gegen 50 Jahre alt, mit einem ziemlich blühenden Gesicht; der ernste Eindruck, den sein kräftiges Kinn und entschlossener Mund machen, wird durch ein Paar großer brauner Augen gemildert. Er ist gegen fünf Fuß zehn Zoll groß und macht eine hübsche Figur in seiner Interimsuniform. Das Marineamt hat augenscheinlich gewußt, weshalb es ihm das Kommando der Katahdin gege= ben hat."

V. Kapitel.

Amerika's gewaltige Schlachtschiffe.

Das Schlachtschiff erster Klasse Jowa ist das stärkste Schiff der Flotte im Kampfe auf hoher See, weil es einen großen Vorrath von Kohlen einnehmen kann, wodurch ihm als Kreuzer mehr Seeraum gestattet wird, und weil es ferner einen starken Panzer hat, mit schweren Geschützen ausgerüstet ist.

Das Schiff Minneapolis ist das schnellste Fahrzeug der Flotte; bei der amtlichen Probefahrt machte es auf einer Strecke von achtundachtzig Meilen, im Durchschnitt 23.07 Knoten die Stunde.

Die Columbia, deren Geschwindigkeit bei der Probefahrt, auf einer ähnlichen Strecke, 22.81 Knoten betrug, hat sich durch schnelle Fahrten über den atlantischen Ozean, von Europa aus ausgezeichnet, obgleich sie den besten Handelsdampfern in der Geschwindigkeit nicht gleich kam. Diese Schiffe, wie die Jowa, können 2000 Tonnen Kohlen einnehmen, aber ihre Pferdekraft ist selbstverständlich viel größer.

Die beiden Kreuzer haben, obgleich ihnen der Panzer fehlt, ein geschütztes Deck, Schutz für die Geschütze, einen doppelten Boden, und auf jeder Seite der Kessel eine fünf Fuß dicke Schutzwand. Die Ausdehnung ihrer nominellen Kreuzfahrt beträgt 26,240 Meilen. Sie haben drei Schrauben, von denen die mittlere nur für lange Fahrten benutzt wird, während die beiden anderen stillstehen.

Der Stolz der Flotte.

Die Kreuzer von der Klasse der Brooklyn und New York sind der Stolz der Flotte. Außer ihren stark gepanzerten Stahldecks, und einem leichten Seitenpanzer, haben sie einen cellulosen Gürtel. In der Wasserverdrängung hat die Brooklyn ein Uebergewicht von etwas mehr als tausend Tonnen; außerdem ist sie fünfzehn Fuß länger. Bei der Flottenrevue in Kiel war die Brooklyn der Liebling der Sachverständigen der Flottenoffiziere. Sie ist jedoch kein so schönes Schiff wie die New York. Die langen, dünnen Schornsteine der Brooklyn sind nicht schön, aber es wird dadurch ein außergewöhnlich starker Zug erzeugt, und ihr hohes Vorderdeck giebt ihr ein schwerfälliges Aussehen, aber sie wird dadurch in den Stand gesetzt, die achtzölligen Kanonen zehn Fuß höher als auf dem New York zu stellen, den sie überhaupt an Armirung übertrifft.

Der Texas und der unglückliche Maine sollten gleichfalls Schwesterschiffe werden, wichen aber dadurch von einander ab, daß die großen Geschütze auf dem Maine paarweise in Thürmen, die in ovalen Geschützbänken eingeschlossen waren, auf dem Texas aber wie auf der Italia der italienischen Flotte einzeln in von schrägen Schanzen geschützen Thürmen untergebracht wurden.

Oregon, Massachusetts und Indiana sind einander so gleich, wie es beim Schiffsbau überhaupt möglich sein kann. Drei fast identische geschützte Kreuzer sind Newark, Philadelphia und San Francisco. Die Bauart ist eine durchaus amerikanische. Sie haben auf eine Länge von hundertundsiebenundzwanzig Fuß einen doppelten Boden, der den Maschinen- und Kesselraum deckt, und, wie alle unsere modernen Schiffe, wasserdichte Abtheilungen. Das Baumaterial besteht aus sogenanntem weichem Stahl. Maschinen, Kessel, Magazinen, Granaten- und Torpedolager, sowie der Steuerapparat sind durch eine Stahldecke geschützt, und Maschinen und Kessel außerdem noch, wie auf modernen Kriegsschiffen üblich, durch die Kohlenräume einer Gefahr möglichst entrückt.

Die Ventilation geschieht durch Exhaustion, und jedes Schiff hat eine ausgezeichnete elektrische Anlage und mächtige Scheinwerfer. Der Kreuzer Olympia ist der verkleinerte New York, nur hat er keine Seitenpanzer. Dafür hat er jedoch ein Schutzdeck, welches sich unter der Wasserlinie an den Rumpf in einem Winkel von dreißig Graden anschließt und bei einer Dicke von vier dreiviertel Zoll auf den Mitschiffs-Böschungen, von drei Zoll auf den Vorder- und Achter-Böschungen und von zwei Zoll im Centrum ein sehr guter Ersatz für einen Seitenpanzer ist.

Kleinere Kreuzer.

Der Raleigh und Cincinnati werden Schwesterschiffe genannt, doch hat der Letztere einen um etwa achthundert Tonnen größeren Tonnengehalt. Sie sind an der Wasserlinie von einem mit Cellulose gefüllten Fangdamm umgeben und haben die Takellage eines zweimastigen Schooners. Der Raleigh war das erste ganze Schiff der neuen Marine, das von der Regierung gebaut wurde. Die ungeschützten Kreuzer Detroit, Montgomery und Marblehead sind nach demselben Plane gebaut, der eine kleine Unterabtheilung den wasserdichten Abtheilungen in der Gegend der Ladelinie zum Schutze gegen Beschädigung einschließt.

In der Nähe der Maschinenräume sind Kasten, um das Eindringen des Wassers in die großen Abtheilungen in der Mitte des Fahrzeuges zu verhindern, wenn es von einem Geschosse getroffen worden ist. Eine dünne Deckpanzerung bedeckt die Maschinerie, Dynamos und Magazine. An den außer Bord befindlichen Enden liegt es drei Fuß unter der Wasserlinie, sodaß, wenn das Schiff nahe oder eben unter der Labelinie durchbohrt wird, die die Kessel, Maschinen und Magazine bergenden Abtheilungen wahrscheinlich nicht überfluthet werden. Da sie einen geringen Tiefgang haben und es verhältnißmäßig wenig kostet, sie in Kriegsbereitschaft zu halten, gehören diese ungeschützten Kreuzer zu den nütz= lichsten Fahrzeugen der Marine.

Beschreibung der Baltimore.

Die Baltimore ist der erste geschützte Kreuzer, der von den Cramps gebaut wurde, und ist allgemein als das Schiff bekannt, das im Jahre 1890 Ericson's Leiche nach Schweden brachte. Der Logenraum für die Bemannung ist groß und sie ist sowohl für die Offiziere als die Mannschaft wegen ihrer vortrefflichen Einrichtungen und Bequemlichkeiten eines der angenehmsten Schiffe in der neuen Marine. Von ihren vier achtzölligen gezogenen Hinterladern sind zwei auf dem Vorderkastell und zwei auf dem Hintertheil in Geschützbänken aufgestellt.

Boston und Atlanta, die früheren einbedigen Roach=Kreuzer, wurden nach einem Plane entworfen, der eine Abänderung des Esmeralda=Musters war. Ihre achtzölligen Geschütze stehen in Geschützbänken auf dem Hauptdeck staffel= förmig vor und hinter dem Oberbau; die sechszölligen, Schnellfeuer und schwere= ren Maschinengeschütze führt sie in dem mittleren Oberbau.

Der Roach-Kreuzer Chicago hat ein Doppeldeck und ist, wie die Anderen, theilweise geschützt. Seine vier achtzölligen Geschütze stehen auf dem Ueberlauf, 24 Fuß über der Wasserlinie, auf dem Geschützdeck acht= und fünfzöllige. Der Charleston ist auch nach dem Esmeralda=Muster gebaut, hat aber die Verbesse= rung, daß sich seiner ganzen Länge nach ein Schutzdeck über ihn ausdehnt. Die achtzölligen Geschütze befinden sich auf der Mittellinie des Schiffes. Yorktown, Concord und Bennington sind, obwohl sie Kanonenboote genannt werden, theil= weise geschützte Kreuzer. Sie führen zwei sechszöllige Geschütze auf dem Vorder= kastell, zwei auf dem Hintertheil und zwei mittschiffs.

Der Widder Katahdin ist auf dem Papier ein furchtbares Schiff. Er wurde von Admiral Ammen entworfen und kann zur Anbohrung eines feindlichen Schiffes soweit versenkt werden, bis nur noch sein Rücken, der Schornstein und die Luftschachte über Wasser bleiben. Der Widder ist aus Gußstahl, 10 Fuß lang und mit Längsschienen verbunden, sodaß sich die Gewalt des Stoßes über das ganze Schiff vertheilen kann. Der Schätzung nach entspricht die Kraft des Stoßes, wenn der Widder mit einer Geschwindigkeit von 17 Knoten ein Schiff anrennt, dem Schlage eines Hammers im Gewichte von 2000 Tonnen. Eine Kraft, der jedes schwimmende Fahrzeug unterliegen mußte.

Geschütze von ungeheurer Zerstörungskraft.

Wir wollen hier zu schildern versuchen, was unsere Schlachtschiffe so außerordentlich kampftüchtig macht. Schwer gepanzert und mit weittragenden Geschützen von mächtiger Durchschlagskraft ausgerüstet, sind sie, jedes eine schwimmende Festung, geeignet, den Sturm einer Seeschlacht auszuhalten. Ein
schneller Kreuzer mag dem Feinde im Nothfalle den Rücken kehren, aber von
einem langsamer zu bewegenden Schlachtschiffe erwartet man, daß es auch unter
den ungünstigsten Umständen bis zum letzten Augenblicke standhält.

Zum besseren Verständniß wird ein Vergleich zwischen den verschiedenen
Typen unserer Schlachtschiffe beitragen. Warum sollte man die Indiana für
einen furchtbaren Feind halten? Fürs Erste hat ihr stählerner Gürtelpanzer
die ungewöhnliche Dicke von 18 Zoll, sodaß es kaum zweifelhaft ist, daß sie selbst
das heftigste Treffen überstehen kann. Sie könnte von einem Dynamitkreuzer,
wie dem Vesubius vernichtet werden, — d. h. wenn sie in der Nacht oder Dämmerung überrascht würde, und könnte von demselben Schicksale durch die Explosion einer unterseeischen Mine ereilt werden. Aber im Kampf der Geschütze und
bei einem Wettstreite der Panzerplatten könnte die Indiana es fast mit jedem
Kriegsschiff aufnehmen. Ihre Armirung ist eine furchtbare. Sie besteht aus
vier dreizehnzölligen Kanonen von 67 Tonnen in Thürmen und acht achtzölligen
gleichfalls in Thürmen, die die schwereren flankiren. Die Maschinerie für die
Handhabung der 67 Tonnen-Geschütze ist so sinnreich, daß ein Mann sie mittelst
Handräber und Hebel in dem Zielstande des Thurmes niedriger stellen und in
einem Bogen von 270 Grad bewegen kann. Die Thürme werden durch hybrau-
lische Maschinen gedreht, die in dem Schutzbach der Geschützbänke untergebracht
sind. Sechsundzwanzig Fuß über dem Wasser starren achtzöllige Kanonen aus
vier Thürmen hinab, eine Höhe, die selbst bei schwerem Seegange ein wirksames
Feuer gestattet. Ihre Geschosse würden wahrscheinlich nicht abgelenkt werden,
wenn sie die Wellenkämme streifen. Auf dem Hauptdeck hat die Indiana noch
vier sechszöllige Kanonen und ihre Breitseite von zwanzig sechspfündigen
Schnellfeuergeschützen müßte in der Nähe schreckliche Verwüstung anrichten.

Zwanzig Schuß in der Minute.

Bei der Bedienung dieser kleinen Feuerschlünde stehen die Kanoniere auf
Gittern, die, wenn nicht in Gebrauch, vertikal herabhängen. Aus diesen Geschützen können in einer Minute zwanzig $2\frac{1}{4}$ Granaten abgefeuert werden, die
auf eine Entfernung von 1,000 Yards dreizölliges Eisen durchbohren, und von

ihrem Feuer bestrichen könnte ein bei Zeiten bemerktes Torpedoboot nie nahe genug kommen, um sein Torpedo abzufeuern.   Sechs kleine Einpfünder vervollständigen die Armirung der Jubiana, des Massachusetts und Oregon.
Der Bau des Rumpfes der Judiana bedarf kurzer Erwähnung.   Sie hat
thatsächlich zwei Rümpfe, einen inneren und äußeren, die, beide wasserdicht, durch
drei und einen halben Fuß von einander getrennt sind.   Der Raum zwischen
ihnen ist der Quere nach durch Spanten, die an beide Rumpfwandungen ange-
genietet sind, abgetheilt, und diese Abtheilungen durch andere Spanten und
Träger, die an die Kreuzbalken genietet sind und längsschiffs laufen, wiederum
in Unterabtheilungen zerlegt, die sämmtlich wasserdicht gemacht sind.   Ein gegen
das Fahrzeug gerichtetes Torpedo würde die innere Wandung wahrscheinlich
nicht durchbrechen, sollte aber dennoch ein Loch hineinkommen, so könnte das
Einströmen durch die wasserdichten Verschläge auf diese Stelle beschränkt werden.
Deshalb wäre es schwer die Jnbiana zum Sinken zu bringen, wahrscheinlich
könnte sie eine Schlacht durchmachen, ohne sich ihre großen Thürme untauglich
machen zu lassen, die aus einem massiven, runden Stahlmantel von siebzehn Zoll
Dicke bestehen, der sich auf einer kreisförmigen Schiene dreht.   Von der Spitze
des Thurmes läuft bis zu 4½ Fuß unter die Wasserlinie ein stählerner 17 und
18 Zoll dicker Mantel zum Schutze für die Geschützmannschaft, den Drehapparat
und die Munition.   Der Panzer ist so stark, daß es selbst bei vielen Treffern
auffallend sein müßte, wenn ein Schuß ihn durchbohrte und den Thurm demon-
tirte.

Schutz für den Commandeur.

Es giebt in der Welt kein sichereres Schiff für einen Kampf als die Jnbiana.
Der Thurm, wo der Commandeur steht und von dem aus er den Kampf lei-
tet, bildet die Basis des Kriegsmastes und ist mit 12 Zoll dickem Stahl bekleidet.
Hoch genug über den Zielstand des vorderen Thurmes, um einen Ueberblick des
Gefechtsfeldes zu gestatten, sind horizontale Einschnitte, durch die der Comman-
deur unverwandt hinaussieht.   Durch Sprachrohre und elektrische Apparate ist
er in jedem Stadium des Kampfes Meister seines Schiffes, der Maschinen, der
Batterien und des Steuers.

Die Jnbiana ist mit sieben Torpedoröhren ausgerüstet, die am Bug und
Stern und von den Seiten auf dem Schlaideck in Betrieb gesetzt werden.   Ein
Whitehead-Torpedo, wie es die Jnbiana, wenn nahe genug vom Feinde, benutzt,
wiegt 835 Pfund und zerfällt in drei Abtheilungen: Eine enthält eine Ladung
Schießbaumwolle, die durch Contakt abgefeuert wird; die Zweite ist mit Luft

unter einem Drucke von 1,300 Pfund auf den Quadratzoll gefüllt, und die
Dritte beherbergt eine pneumatische Maschine zum Betriebe der Schrauben=
propeller.

Das Torpedo wird durch comprimirte Luft oder eine kleine Ladung Pulver
aus dem festen Schußrohre herausgetrieben, wobei die Erschütterung die Ma=
schine im Torpedo in Bewegung setzt. Auf eine Distanz von 400 Yards schießt
das Torpedo mit einer Geschwindigkeit von 40 Knoten per Stunde, auf 800
Yards 37 Knoten per Stunde dahin und explodiert, wenn es das Ziel trifft.
Außer den festen Torpedorohren am Bug und Stern hat die Indiana bewegliche
Rohre, die mit Kugel= und Zapfengelenken an die Seiten des Schiffes befestigt,
so daß sie wie Breitseite=Geschütze gehandhabt werden können.

Zwei Scheinwerfer von 100,000 Kerzen Leuchtkraft und ein Distanzmesser auf
dem Dache des Lootsenhauses zu jeder Seite des Kriegsmastes, ferner zwei ähn=
liche Scheinwerfer und ein Distanzmesser auf dem Oberdeck vervollständigen die
Vertheidigungs= und Angriffsausrüstung der Indiana und ihrer Schwester=
schiffe. Diese allgemeine Beschreibung paßt annähernd auf alle unsere großen
Schlachtschiffe, die sich nur durch die Dicke und Vertheilung der Panzer= und
Deckplatten, die Anordnung der Thürme und das Kaliber der Kanonen unter=
scheiden.

Vollständig befriedigendes Resultat.

Bemerkenswerth ist, daß die europäischen Erfinder an dem Indiana=Typ
tadelten, daß die Thürme mit den achtzölligen Kanonen, abweichend von der all=
gemeinen Regel 26 Fuß hoch über dem Wasser placirt wurden, indem sie be=
haupteten, daß diese Anordnung das Schiff oberlastig machen würde. Versuche
bewiesen jedoch, daß sie im Unrecht sind, obwohl noch nachgewiesen werden muß,
daß dieser Typ auch bei schwerem Wetter in einer Seeschlacht vollständig zu=
friedenstellende Dienste leistet.

Bei Schießproben stellte es sich heraus, daß die acht= und sechszölligen Kano=
nen, um nicht mit den Thürmen der 13 zölligen Geschütze in Conflikt zu gerathen,
nicht, wie man angenommen hatte direkt über Bug und Stern hinweg abgefeuert
werden könnten. Sobald die Geschütze näher als 10 Grad von der Schiffsaxe
gerichtet wurden, machte die Gewalt der Lusterschütterung den Aufenthalt in den
Zielständen der großen Thürme unmöglich. Es wurden deshalb die nöthigen
Vorkehrungen getroffen, um eine weitere Annäherung der Visirlinie an die
Schiffsaxe als 10 Grad zu verhindern.

Bei dem Entwurf der Pläne für den Kearsarge-Kentucky Typ versuchte man diese Schwierigkeit durch ein System von Doppeldeck-Thürmen zu überwinden, indem man die 13 zölligen Geschütze auf das untere Deck, die achtzölligen auf ein vorspringendes oberes Deck stellte. In jedem Doppeldeck-Thurm, wovon sich einer am Stern und einer am Bug befindet, führt der Kearsarge zwei 13-zöllige und zwei 8 zöllige Geschütze.

Für Hafenvertheidigung und Dienst in ruhigem Wasser hat die Marine keine verwendbareren Schiffe als die doppelthürmigen Monitors Miantonomoh, Amphitrite, Monadnock, Terror, Puritan und Monterey. Das Muster für diese nur wenig aus dem Wasser ragenden und schwer zu treffenden schwimmenden Festungen war Ericsson's Monitor aus den Zeiten des Bürgerkrieges. Der in San Francisco gebaute Monterey ist von modernerem Muster als die anderen, deren Kiele schon 1874 gelegt wurden, deren Bau sich aber jahrelang hinschleppte, da man keine Verwendung für sie zu haben schien. Eine zeitlang blieben sie sogar mit ihren Maschinen an Bord, aber ohne Panzer und Geschütze brach liegen.

Am 3. März 1885 aber, als sich das Interesse für die Marine durch die Einführung der Roach-Kreuzer wieder belebte, bewilligte der Congreß $3,178,046 zur Vollendung dieser Monitors. Vier, die Amphitrite, Monadnock, Terror und Miantonomoh haben 3990 Tonnen Gehalt, und vier zehnzöllige Geschütze. Der Puritan ist ein Schiff von 6000 Tonnen und führt vier 12-zöllige Geschütze.

Die Rümpfe sind von Eisen, haben eine innere und äußere Wand und wasserdichte Abtheilungen; doppelte Böden gehen in die Seitenwände des Schiffes über und reichen bis ungefähr drei Fuß von der Wasserlinie hinauf, wo der Seitenpanzer beginnt. Der sieben Fuß hohe Stahlgürtel, der mittschiffs auf dem Puritan 12 Zoll, auf dem Miantonomoh und der Amphitrite 9 Zoll und auf dem Terror 7 Zoll dick ist, wird nach den Enden zu dünner.

Vortrefflicher Bau.

Die glatte Fläche des Hauptdecks, dessen Schutzplatten auf dem Puritan dicker als auf den anderen Monitors sind, wird von dem Oberbau, den Geschützbänken und Thürmen unterbrochen. Die Thürme aus 11½-zölligem Stahl drehen sich innerhalb und nahe der oberen Kante der Geschützbänke, welche fast fünf Fuß über dem Hauptdecke hervorragen. Auf dem Oberbau je zwei vierzöllige Kanonen, Sechspfünder, Dreipfünder und Einpfünder, sämmtlich Schnellfeuergeschütze.

Die Bedienungsmannschaft der vierzölligen Kanonen ist durch einen zwei-
zölligen Schild, der sich mit den Kanonen dreht, gedeckt. Terror und Monadnock
führen an Stelle der vierzölligen Kanonen, zwei Sechspfünder.

Obwohl die Monitors nur für Hafenvertheidigung bestimmt sind, könnten sie
doch auch bei gewöhnlichem Wetter auf hoher See in einer Schlacht verwandt
werden, und hätten wegen ihres niedrigen Bords die beste Aussicht unbeschädigt
davon zu kommen. Der Miantonomoh war dazu ausersehen, den Salut bei
der Enthüllung der Ericsson Statue abzufeuern und fiel in der Flottenparade
bei der Columbusfeier in New York allgemein in's Auge.

Der doppeltthürmige Monitor Monterey ist aus Stahl gebaut und hat ein
gewölbtes Deck, einen doppelten Boden und 110 wasserdichte Abtheilungen.
Ein Panzergürtel von 13 Zoll macht sie als Hafenvertheidigungsschiff fast unver-
wundbar gegen Geschosse, die nothwendigerweise aus großer Entfernung gefeuert
werden müßten. Der Kriegsmast ist mit Maschinengeschützen und einem
Scheinwerfer ausgerüstet. Nach der Küstenstadt, welche früher die Hauptstadt
von Ober-Californien war, benannt, hat die Monterey die Aufgabe den Hafen
von San Francisco zu vertheidigen.

Während die Indiana acht 8-zöllige Geschütze in vier an den vier Ecken der
mittleren gepanzerten Batterie stehenden Thürmen führt, können der Kearsarge
und Kentucky nicht nur ihre vier 8-zölligen Geschütze auf jeder Breitseite concentriren, sondern auch jedes Paar auf einem ununterbrochenen Bogen von 270
Grad über Bug oder Stern drehen. Die Lufterschütterung beim Abfeuern der
oberen Kanonen belästigt die Mannschaft in dem unteren 13-zölligen Thurm
nicht im Geringsten.

Das Doppelthurm-System.

Dieses Thurmsystem spart das Gewicht von zwei Thürmen und vier Kanonen
nebst Munition. Es steht mit dem alten Grundsatze im Widerspruch, daß die
Geschützstände so weit wie möglich von einander getrennt sein sollten, um bei einem
glücklichen Treffer eine ernstliche Gefahr zu vermeiden. Noch ein anderer Ein-
wand wird gegen das Doppelthurm-System erhoben, nämlich, daß beide Ge-
schützarten zu gleicher Zeit gedreht werden müssen. Das würde, wenn es unter
Umständen wünschenswerth wäre, die 13- und 8-zölligen Kanonen nach verschiedenen Richtungen gegen den Feind zu gebrauchen, von Nachtheil sein.

Die Jowa wurde ursprünglich als „seetüchtiges Schlachtschiff No. 1" bezeichnet. Sie wird als eine Combination der Kreuzereigenschaften des New York

und der Gefechtstüchtigkeit des typischen Schlachtschiffes betrachtet. Ein 7½ Fuß breiter und 14 Zoll dicker Panzergürtel schützt 196 Fuß ihrer Länge und 12 Zoll dicke Gürtel verbinden die Enden dieser Seitengürtel. So bildet sie eine gepanzerte Citadelle, an deren Enden runde, 16 Zoll dicke Geschützbänke mit 14=zölligen Thürmen stehen, von denen jeder zwei 12=zöllige Kanonen mit parallelen Axen enthält.

Zu dem Wasserliniengürtel kommt noch ein zweiter 4=zölliger Panzergürtel, der von einem großen Thurm zum andern läuft und eine zweite Citadelle bildet, an deren vier Ecken sich 8=zöllige Geschützbänke mit 5½=zölligen Drahtthürmen befinden, die jeder zwei 8=zöllige Kanonen haben. Die 12=zölligen Geschütze in dem vorderen Thurme und alle 8=zölligen stehen in gleicher Höhe, 25 Fuß über der mittleren Wasserlinie. Der Gefechtsmast hat drei Tops. Weiteren Schutz gewähren der Jowa ein schräges Stahldeck und die Cellulose, die hinter ihren Platten gepackt ist.

Aus Allem wird man ersehen, daß beim Bau unserer großartigen Seestreiter die neuesten Verbesserungen und die furchtbarste Armirung in Anwendung gebracht sind. Sie sind ungeheure, für vernichtenden Kampf gerüstete schwimmende Batterien und repräsentiren Alles, was die Erfahrung der Seekriege bis auf die Gegenwart gelehrt hat. Man könnte sich schwer vorstellen, wodurch diese Ungeheuer noch wirksamer und schrecklicher für den Kampf gemacht werden könnten.

G 6

VI. Kapitel.

Torpedoboote und ihre Zerstörer.

In der Flotte, die Spanien kurz vor dem Kriege mit den Ver. Staaten nach den Canarischen Inseln schickte, waren sieben Torpedoboote und sechs Torpedoboot-Zerstörer, von welch' Letzteren wir nicht einen Einzigen in unserer Marine hatten.

Ein Torpedoboot-Zerstörer ist einfach ein Fahrzeug, das schnell genug ist, um die kleineren Torpedoboote zu fangen, weshalb sie eine Geschwindigkeit von 30 Knoten oder mehr haben, und das groß genug ist, um wenigstens 12-pfündige Schnellfeuergeschütze außer anderen von kleinerem Kaliber zu führen. Die neue Yacht Mayflower, welche die Regierung gekauft hatte, war schwer genug, um diese Geschütze zu tragen, hatte aber nicht die nöthige Geschwindigkeit. Einige kleine Torpedoboote haben die nöthige Geschwindigkeit, aber nicht die erforderliche Größe, um eine Batterie 12-pfündiger Schnellfeuergeschütze tragen zu können. Schnelligkeit und Größe sind gleich wesentlich.

Werth der Torpedoboot-Zerstörer.

Welchen Werth fremde Nationen den Torpedoboot-Zerstörern beilegen, geht daraus hervor, daß England davon nicht weniger als 97 besitzt, die alle seit 1893 gebaut sind. Die Ver. Staaten brachten im Bürgerkriege das Torpedo zu einer damals und seit dann von keiner fremden Nation erreichten Entwicklung, verabsäumten aber andere als die kleineren Torpedoboote zu bauen und zur Zeit, da dies geschrieben wird, befindet sich nicht ein einziges Torpedoboot diesseits des atlantischen Oceans, das sich mit einem der sechs Zerstörer der spanischen Flotte messen könnte. Unsere auswärtigen Marine-Attachés und Commandeur Brownson versuchten einige Zerstörer in Europa zu kaufen, aber alle Bemühungen waren vergeblich.

Das spanische Torpedoboot Ariete wurde von Thornycroft & Co. in Chiswick, England, im Jahre 1881 gebaut. Es ist 147 Fuß lang, 14 Fuß breit, hat einen Tiefgang von etwas über 4 Fuß und 97 Tonnen Gehalt. Seine beiden Schrauben werden durch Maschinen von 1600 Pferdekräften getrieben und seine Geschwindigkeit beträgt 26 Knoten. Ueberdies vergleiche man die enorme Pferdekraft der spanischen Zerstörer, 6000 in einem 225 Fuß langen

82

Fahrzeuge, das dadurch eine Geschwindigkeit von 28 bis 30 Knoten erhält. Die Ariete hat zwei Torpedorohre und vier 3-pfündige Schnellfeuerkanonen. Ihre Besatzung besteht aus 23 Mann, während die der Zerstörer dreimal so stark ist.

Mustergültig für ihre Klasse.

Die Fame, im Jahre 1896 gleichfalls von Thornycroft & Co. gebaut, hat eine Länge von 210, eine Tiefe von 31½ Fuß, eine Breite von 21 Fuß, einen Tiefgang von 5 Fuß 8 Zoll und bei einem Gehalt von nur 300 Tonnen vermöge ihrer Maschinen von 5400 Pferdekräften eine Geschwindigkeit von über 30 Knoten. Sie führt zwei Torpedorohre für 18-zöllige Whitehead-Torpedos, einen Zwölfpfünder und fünf 6-pfündige Schnellfeuerkanonen. Ihre Besatzung ist mit Offizieren 58 Mann stark.

Spaniens Torpedoboot-Zerstörer sind: der Furor, Terror, Audaz, Osado, Pluton und die Proserpina, sämmtlich in den Jahren 1896 und 1897 gebaut.

Die Marine der Vereinigten Staaten besitzt keine furchtbare Flottille von Torpedobooten, aber die verfügbaren sind Muster ihrer Klasse und nach Hinzufügung zahlreicher neuer Boote — ungefähr zwanzig sind in verschiedenen Werften im Bau — werden wir Spanien, das in dieser Beziehung ziemlich stark ist, bald überholen. Die amerikanischen Torpedoboote rangiren von kleinen Dingern, wie der Stiletto, mit 31 Tonnen Gehalt und 359 Pferdekräften, bis zu furchtbaren Fahrzeugen, wie der Stringham, der 340 Tonnen Gehalt und 7200 Pferdekräfte haben soll. Einige werden drei, andere nur zwei Torpedorohre haben. Die Flottille in aktivem Dienste besteht aus folgenden Booten: Cushing, 105 Tonnen und 1720 Pferdekräfte; Ericsson, 120 und 1800; Foot, 142 und 2000; Winslow, 142 und 2000; Gwin, 46½ und 850; Talbot, 46½ und 850; Porter, Dupont, Somers und Manley kürzlich im Auslande gekauft. Zur Zeit schreitet der Bau von 12 Torpedobooten in verschiedenen Theilen der Vereinigten Staaten rasch fort.

Bei den englischen Flottenmanövern im Jahre 1896 bewiesen die Zerstörer ihre Fähigkeiten. „Ein weiteres Resultat von äußerster Wichtigkeit und Bedeutung," sagen die Londoner "Times" in einem Artikel über die Manöver, „ist die vollständige Ueberlegenheit, welche der Zerstörer deutlich über das Torpedoboot gezeigt hat. ‚Thatsächlich,' schreibt unser Correspondent bei der Reserve-Flotte, ‚wagten die Torpedoboote sich wegen der Zerstörer nicht aus dem Hafen, welche außen warteten und sich selbst im Sturm auf hoher See hielten'."

Das Abschießen der Torpedos.

Der von Herreshoffs gebaute „Cushing" war das erste seetüchtige Torpedoboot der neuen amerikanischen Marine. Er ist 137.5 Fuß lang, 15.05 breit,
9.21 tief, hat einen Gehalt von 2240 Tonnen und 4.5 Fuß Tiefgang. Seine
Deck- und Bodenpanzerung ist $\frac{3}{16}$ bis $\frac{1}{4}$ Zoll dick. Seine 10 wasserdichten
Verschläge haben sämmtlich doppelte Rahmen. Die Gefechtsthürme sind aus
$\frac{1}{4}$-zölligen Stahlplatten. Die Torpedos können mittelst elektrischer Leitungen
aus ihren drei Röhren vom Commandeur im Gefechtsthurme abgeschossen werden. Mit zwei Quadrupel-Expansionsmaschinen kann er eine Geschwindigkeit
von 23 Knoten entwickeln. Die Kohlenräume des Cushing fassen 37 Tonnen
und er kann bei einer Schnelligkeit von 10 Knoten die Stunde 3000 Meilen
unter Dampf sein. Die Armirung besteht aus drei sechspfündigen gezogenen
Hotchkißhinterladungs-Schnellfeuergeschützen und zwei oder mehr Gatling-
Kanonen.

Eine andere viel schnellere Torpedoboot-Gattung ist der Porter, früher No. 6
genannt, der bei einer Probefahrt auf eine Distanz von 60 Meilen eine Durch-
schnitts-Geschwindigkeit von 29.74 Knoten die Stunde beibehielt. Der Porter
durchschneidet das Wasser fast ohne jedes Geräusch und würde daher in Kriegszeiten zuerst zu nächtlichen Angriffen beordert werden. Er ist 175 Fuß lang
und hat drei Torpedorohre und schnellfeuernde Einpfünder. Seine Platirung
ist, um Gewicht zu sparen, äußerst dünn.

Zugestandenermaßen wird unsere Marine einen ausgezeichneten Torpedoboot-
Zerstörer haben, sobald der „Bailey", einer der drei Zerstörer, für die der
Congreß Bewilligungen gemacht hat, vollendet ist. Er ist nach Theodorus Bailey,
dem nach Farragut nächst höheren Commandeur auf dem Missisippi, benannt,
und seine Erbauer Charles L. Seabury & Co. in Morris Heights, haben ein
Boot von 33 Knoten Geschwindigkeit die Stunde zu liefern versprochen.

Der „Bailey" ist 205 Fuß lang, 19 breit, 13 Fuß 5 Zoll tief, und hat im akti-
ven Dienst eine Wasserverdrängung von 265 Tonnen. Die Armirung besteht
aus vier 6-pfündigen Schnellfeuerkanonen und drei 18-zölligen Torpedorohren.
Die Maschinen haben 5,600 Pferdekräfte, oder über die Hälfte mehr als die
Umbria. Das beim Bau verwendete Metall ist selbstverständlich sehr dünn.

Große Geschwindigkeit im Wasser.

Als die selbstthätigen Torpedos, wie die von Whitehead und Howell erfun-
denen, bei den Flotten-Sachverständigen in Aufnahme kamen, wurden besondere

Boote gebaut, mit diesen furchtbaren unterseeischen Projektilen Krieg zu führen.

Ein „Fisch" oder „automobiles" Torpedo ist cigarrenförmig, ungefähr 6 Fuß lang und enthält außer einer Ladung von 200 bis 500 Pfund Schießbaumwolle eine umfangreiche und feine Maschinerie zur Fortbewegung mittelst der am hinteren Ende befindlichen Schraube, und zur Steuerung. Sowie das Torpedo in's Wasser kommt, nimmt es gerade unter dem Meeresspiegel eine horizontale Lage ein und entwickelt eine Geschwindigkeit von 25 bis 30 Meilen die Stunde. Die in ihm in Form von comprimirter Luft oder eines schweren, kurz vor dem Abschießen in Rotation gesetzten Rades aufgespeicherte Kraft reicht gewöhnlich aus, um es eine Meile oder weiter zu treiben.

Theils wird das Torpedo durch Wasserdruck, theils durch eine kleine Pulver= ladung, mitunter sogar nur mit der Hand aus dem Rohre getrieben, woraus zu ersehen ist, daß sich innerhalb des Rohres kein großer Druck äußert und nur ein geringer oder gar kein Rückstoß erfolgt. Das Rohr kann daher leicht und ohne besondere Montirung hergestellt werden. Sehr oft hat es eine feste Stellung und mündet, mit einem geeigneten Verschluß versehen, unter der Wasserlinie des Bootes in das Meer. Es kann jedoch auch beweglich sein, um das Zielen mit dem Torpedo zu erleichtern.

Ursprünglich beabsichtigte man, daß ein Torpedoboot nicht sehr weit aus sei= ner Operationsbasis herausgehen sollte, um einen Angriff zu machen. Entweder sollte es sich auf die Hafenvertheidigung beschränken, oder sich in der Nähe der Flotte halten, der es beigegeben war. Es mochte beständig im Wasser bleiben oder an Bord eines Schlachtschiffes oder Kreuzers mitgeführt werden, um, wenn letztere in fernen Wassern vor Anker gingen, zum Dienst wieder in See gesetzt zu werden. Aus diesem Grunde war und ist ein Torpedoboot noch ein kleines und ziemlich gebrechliches Fahrzeug, und insofern es dazu bestimmt war, seine Arbeit verstohlen zu thun und sich nicht in einen allgemeinen Kampf einzulassen, waren die Schußrohre und Torpedos seinerzeit seine einzige Bewaffnung.

Bald aber kamen zwei andere Arten von Fahrzeugen mit Benutzung derselben Projektile auf, nämlich das „Torpedo=Kanonenboot" und der „Torpedoboot= Zerstörer" oder „Jäger". Das Kanonenboot ist ursprünglich ein kleines Kriegsschiff, nahezu oder ganz so groß wie ein Kreuzer dritter Klasse. Seine Wasserverdrängung kann von 500 bis 1000 Tonnen betragen und seine Geschwin= digkeit übersteigt selten 20 Knoten. Zu seiner übrigen Armirung sind in zwei= ter Linie und nebenher Torpedorohre beigefügt, gerade so wie zu der Ausrüstung moderner schneller Kreuzer. Das „Torpedo=Kanonenboot" ist jedoch eine Schiffsart, von der man selbst jenseits des Atlantischen Oceans selten etwas hört.

Geleitſchiffe für kleinere Fahrzeuge.

Ein ähnliches Fahrzeug iſt das deutſche „Torpedo-Diviſionsboot". Es iſt dazu beſtimmt, eine Torpedoflotte zu ihrer Vertheidigung oder Verſorgung mit Projektilen zu begleiten. Ein ſolches Diviſionsboot mag Torpedorohre für den Gebrauch im Nothfalle haben, aber ſeine Hauptfunktion iſt, die kleinen Dinger zu eskortiren; ſeine Schnelligkeit iſt kaum größer als 20 oder 22 Knoten.

Ein „Zerſtörer" oder „Jäger" iſt nicht nur größer und ſeetüchtiger als ein Torpedoboot, ſondern auch viel ſchneller. Er führt ſelbſtverſtändlich Torpedo-rohre und Torpedos, hat aber auch eine ſtarke Batterie kleinkaliberiger Schnell-feuergeſchütze und mächtige Maſchinen. Für die britiſche Marine wurden im Jahre 1894 42 Zerſtörer der Havock-Klaſſe beſtellt, die eine Schnelligkeit von 26 oder 27 Knoten haben ſollten. Eines dieſer Fahrzeuge, der Boxer, zeigte mit ſeinen 4600 Pferdekraft-Maſchinen, bei einer Waſſerverdrängung von nur 220 Tonnen, eine Schnelligkeit von 30 Knoten. Das Verhältniß der Maſchi-nenkraft zur Größe wird man beſſer beurtheilen können, wenn man ſich vergegen-wärtigt, daß ein ſchneller amerikaniſcher Kreuzer mit einer Waſſerverdrängung von 7475 Tonnen Maſchinen hat, die 21,500 Pferdekräfte entwickeln können.

Nicht zufrieden mit der Schnelligkeit des Boxers, gab die britiſche Admirali-tät noch weitere 44 Zerſtörer in Contract, von denen die Mehrzahl ein Ge-ſchwindigkeits Minimum von 30 Knoten und ein Maximum von nahezu 35 Knoten haben ſollte.

Die Armirung des Havock beſteht aus drei Torpedorohren, einem zwölfpfün-bigen und zwei ſechspfündigen Schnellfeuergeſchützen. Der typiſche Zerſtörer hat gewöhnlich ſechs oder acht Geſchütze und einen gut gepanzerten Gefechtsthurm mit einem Scheinwerfer; zwei Eigenſchaften, von äußerſter Wichtigkeit, da die „Zerſtörer" und „Jäger" dazu beſtimmt ſind, viel kleinere Fahrzeuge einzuholen und zu zerſtören, die gewöhnlich unter dem Mantel der Dunkelheit ihr Weſen treiben und außerdem eine Farbe haben, die ſie faſt unſichtbar macht.

Torpedo-Ausrüſtung der Kreuzer.

Dieſe Gattung von Fahrzeugen wird mitunter und zwar mit Recht „ſeetüch-tiges Torpedoboot" genannt. Der Tonnengehalt iſt ſelten oder nie weniger als 200 Tonnen. Richtige Torpedoboote haben eine Geſchwindigkeit von 18 bis 25 Knoten und werden in drei Klaſſen eingetheilt. Die erſte Klaſſe hat eine Waſ-ſerverdrängung von 80 bis 100 Tonnen, die zweite von 50 oder 60 Tonnen, während die dritte kaum mehr als eine Barkaſſe iſt und gewöhnlich an Deck eines größeren Schiffes mitgeführt wird. Ein moderner Kreuzer hat drei oder vier eigene Torpedorohre, die oberhalb der Wasserlinie münden, und braucht deshalb nicht besondere Boote mit sich zu führen, um seine Torpedos abzuschießen.

Jahre lang hat die britische Admiralität die Politik verfolgt, Torpedoboote zu bauen, die bei rauhem Wetter nicht in See stechen konnten, obwohl sie bereits eine Anzahl solcher Fahrzeuge hatte.

Das Sims-Edison'sche Fischtorpedo, welches das Ingenieur-Departement der Armee als Beihülfe für die verankerten unterseeischen Minen adoptirt hat, die gelegt werden, um die Annäherung an unsere Küstenstädte zu verhindern, ist in der That ein unterseeisches Boot, dessen Bemannung — Maschinist, Kanonie- und Steuermann — in einer Person am Ufer verschmolzen ist, unter deren Lei- tung und Controle es heimtückisch, ungesehen und unerwartet zum Angriff eilt,

Unterseeisches Boot, durch Electrizität arbeitend.

bis eine verderbliche Explosion den stahlgepanzerten „Goliath" zerreißt, mit dem der kleine „David" des Meeres um das Wegerecht gestritten hat.

Diese unterseeische Waffe, deren Maschine, Schrauben, Steuerapparat und explodirende Batterien mittelst elektrischer Leitung einem Fingerdrucke auf Mei- lenweite gehorchen, besteht aus einem brotförmigen, kupfernen Floß, unter welchem das Torpedo, eine hohle Spindel von 23 Fuß Länge, mit sich verjün- genden Enden, mittelst stählernen Bolzen fest angebracht ist. Dasselbe zerfällt in fünf wunderbar construirte Abtheilungen, von denen jede einen bestimmten Zweck erfüllt.

Vom Bug aus gerechnet enthält die Abtheilung No. 1 eine Ladung von 300 Pfund Dynamit oder explosiver Gelatine; No. 2 einen Luftraum für die Schwimmkraft; No. 3 die Rolle des elektrischen Kabels, welches den Strom für den Motor, für die Explosion der Ladung und für den Betrieb des Steuerappa- rates liefert; No. 4 den Motor für die Schraube und No. 5 endlich den Steuer- apparat.

Besondere elektrische Indicatoren zeigen sofort an, falls das Torpedo auf Drahtnetze oder andere Hindernisse, mit denen sich blockirende Schiffe zu schützen bemühen, stoßen sollte. Der schräge Stahlbolzen am Bug ist scharf geschliffen, um Hindernisse zu durchschneiden. Sollte das nicht gelingen, so kann das Torpedo nach dem Willen seines Lenkers entweder untertauchen und auf der anderen Seite des Hindernisses wieder in die Höhe steigen, oder explodiren und so einem folgenden „Fisch" den Weg zur Vernichtung eines gepanzerten Gegners bahnen.

Zur Orientirung des die Steuerung besorgenden Mannes sind an dem Floß vorn und hinten zwei senkrechte Stangen angebracht, die am Tage rothe und weiße Kugeln und im Dunkeln entsprechend farbige elektrische Lichter tragen, die gegen den Feind zu verdeckt sind. Bei einer Schußweite von 2½ Meilen zu einer Geschwindigkeit von 21 Meilen die Stunde, muß sich diese Angriffswaffe sehr wirksam erweisen.

Schlachtschiffe sind Tag und Nacht auf der Hut vor ihren kleinen Feinden und unterhalten, sobald ein Torpedoboot in Schußweite entdeckt wird, aus allen für den Zweck verfügbaren Geschützen ein heftiges Feuer auf das waghalsige kleine Boot. Das Torpedoboot ist ein gebrechliches, geschwindes Ding und ein Schuß genügt, es zu vernichten, ja ein Schnellfeuergeschütz allein könnte das Werk vollbringen. Selbst bei einem nächtlichen Angriff spricht die Wahrscheinlichkeit dafür, daß die Scheinwerfer des Schlachtschiffes ein Torpedoboot entdecken, wobei es dann eine Frage der Schnelligkeit zwischen dem Torpedoboot und den Kanonieren des Schiffes sein würde, wer zuerst den vernichtenden Schlag auszuführen vermag.

Flottenoffiziere rechnen mit der Zerstörung eines großen Prozentsatzes von Torpedobooten in einer Schlacht, und selbst ein unterseeisches Boot mag leicht zum Sarg für seine Bemannung werden. Immerhin würde die Möglichkeit, ein Schlachtschiff mit nicht größerem Verluste als dem eines unterseeischen Bootes und einer kleinen Anzahl Leute, zu zerstören, ein entschiedener Vortheil zur Gewinnung des Sieges sein. Die jüngeren Flottenoffiziere halten ein Commando auf diesen gefahrvollen Booten für sehr wünschenswerth, während die älteren gern auf dem Schlachtschiffe bleiben.

Furchtbare Zerstörungs-Maschinen.

In der Schlacht bei Yalu wurden zehn japanische Matrosen durch die beim Abfeuern ihrer eigenen Geschütze verursachte Lufterschütterung getödtet. Ein japanisches Fahrzeug hatte bei Explosion einer einzigen Bombe 30 Todte und

70 Verwundete, ein Anderes 14 Todte und 27 Verwundete. Selbst kleine Bomben richteten großes Unheil an; so wurden z. B. durch die Explosion einer ganz kleinen Bombe vier Leute getödtet und sechs verwundet.

Unter den bei Jalu getödteten oder verwundeten 298 Leuten kamen Kopfwunden am häufigsten vor, sie betrugen 21.15 Prozent der Gesammtzahl. Dann kamen der Reihe nach Wunden des übrigen Körpers, der oberen und unteren Gliedmaßen, des Unterleibes und der Lendengegend, der Brust und des Rückens, während der Hals am wenigsten zu leiden hatte.

Für einen so anstrengenden Dienst, wie er in der Marine gefordert wird, werden uur die besten Leute gewünscht, und die Einmusterungsbestimmungen sind strenge.

Es dürfte nicht unangebracht sein, hier die Anforderungen zu erwähnen, die an einen Marinerekruten gestellt werden.

Gute Gesundheit und geeignetes Alter sind die Grundbedingungen für Alle die in die Flotte der Ver. Staaten eintreten wollen, andernfalls kann der Applikant, wenn er auch noch so gute geistige Fähigkeiten oder Erfahrungen besitzt nicht auf Annahme rechnen. Wünscht der Rekrut einen bestimmten Dienst zu versehen, so muß er zum Beweise seiner Fähigkeit für den Platz sich einer Prüfung unterziehen.

Im Allgemeinen werden die Rekruten in folgende Klassen eingetheilt: Maschinisten, Soldaten, minder geübte Seeleute und Seeleute. Unter Maschinisten werden auch Heizer, Kohlenträger, Oeler u. s. w. gerechnet. Der Applikant für diese Klasse muß ein Alter von 21 bis 35 Jahren haben und erfolgreich das vorgeschriebene Examen bestehen, das die Kenntniß der Hauptzüge seiner besonderen Arbeit erfordert.

Die Soldaten müssen körperlich gesund und 21 bis 25 Jahre alt sein, die minder geübten Seeleute 21 bis 30 Jahre und außerdem eine zweijährige Erfahrung zur See haben. Die Seeleute endlich müssen eine vierjährige Erfahrung hinter sich und ein Alter von 21 bis 35 Jahren haben.

Leute über 35 Jahre werden nur angenommen wenn keine anderen aufzutreiben sind. Schiffsköche, Apotheker und dergleichen Plätze werden mit gründlich erfahrenen Leuten besetzt. Das Gehalt stellt sich von 19 bis 75 Dollars im Monat. Alle Applikanten müssen Bürger der Ver. Staaten sein.

Die Scheinwerfer im Seekriege.

Da Torpeboboote und ihre Zerstörer zur Deckung ihrer Operationen oft von der Dunkelheit abhängig sind, ist es in erster Linie von Wichtigkeit, Mittel zur

Entdeckung ihrer Bewegungen anzuwenden, weshalb der elektrische Scheinwerfer in Gebrauch gekommen ist.

Auf allen modernen Dampfschiffen der Kriegs- und Handelsflotte wird die Elektrizität in ebenso ausgedehntem Maße und zu denselben Zwecken benutzt wie auf dem Lande. Zur Beleuchtung im Innern dient natürlich das Glühlicht. Die Sund-Dampfer, die schwimmenden Paläste des Hudson und die Oceandampfer führen für gelegentlichen Gebrauch auch außen hoch oben ein Bogenlicht. Bei Durchkreuzung des Oceans braucht ein Schiff außen keine Beleuchtung, außer wenn es in den Hafen einläuft und landet. Unter diesen Umständen bietet ein starkes Bogenlicht dem Lotsen eine große Hülfe für die Auffindung der Bojen und der Dockschleppe.

Die auf dem Schiffe angewandten Lampen unterscheiden sich von den gewöhnlichen Straßenlampen dadurch, daß sie ihre Strahlen nicht gleichmäßig nach allen Richtungen hin werfen, sondern ein Hohlspiegel hinter ihnen angebracht ist, um das Licht zu concentriren. Genauer ausgedrückt müßte es heißen, daß die Curve des Reflektors eine Parabel ist, in deren Focus das Bogenlicht angebracht ist; die Strahlen werden daher fast parallel zu einander in einem Bündel von großer Intensität zurückgeworfen, anstatt sich überallhin zu zerstreuen.

Beleuchtet Nähe und Ferne.

Licht und Spiegel sind in einem vorn zum Schutz gegen Regen und Wind mit Glas bedecktem Metallcylinder eingeschlossen. Obwohl der Scheinwerfer gewöhnlich fast horizontal steht, kann er doch auch so gestellt werden, daß die Bahn des Lichtes sich etwas aufwärts oder abwärts neigt, und ist so eingerichtet, daß die darunter stehende Wache ihn mittelst eines Handrades vollständig im Kreise herumdrehen kann. So kann das Wasser nah und fern zu beiden Seiten des Curses mit dem Lichte bestrichen werden.

Dieser Scheinwerfer ist auch in ausgedehntem Maße in der Marine im Gebrauch. Alle Kreuzer, Schlachtschiffe und Torpedobootjäger sind mit einem oder mehreren derselben versehen, deren Größe und Leuchtkraft je nach dem Dienst den sie zu leisten haben, verschieden ist. Die Reflektoren oder Cylinder haben einen Durchmesser von 18 bis 30 Zoll und eine Länge von 2 bis 3 Fuß.

Das gewöhnliche Straßen-Bogenlicht verbraucht ungefähr 10 Amperes und hat eine Leuchtkraft von 1,200 Kerzen. Die größten von unserer Regierung benützten Scheinwerfer erfordern 90 Amperes und würden daher etwa 10,000 Kerzen Leuchtkraft haben. Diese Lichtmessung ist jedoch eine complicirte Sache und wird im einzelnen Falle wesentlich durch die Anwendung des parabolischen Spiegels beeinflußt.

Bei klarem Wetter kann man den vom Scheinwerfer eines Schiffes ausgehenden Schein 15 bis 20 Meilen weit sehen und wirkt noch in einer Entfernung von 6 Meilen fast blendend auf das Auge. Die Segel eines Schooners kann man bei dieser Beleuchtung mit einem Glase von dem mit dem Scheinwerfer versehenen Schiffe aus auf 10 oder 15 Meilen weit bemerken.

Aber die Hauptaufgabe dieses Apparates ist bei Kriegsschiffen die Entdeckung von Torpedobooten. Diese winzigen Fahrzeuge haben nicht nur einen kleinen Oberbau, sondern sind, um dem Meere gleich auszusehen, dunkelgrau, dunkelgrün oder mit einer ähnlichen Farbe angestrichen. Deutschland zieht eine blaugraue, Frankreich eine Bleifarbe für seine Torpedoboote vor. Die letztere war bei dem Almirante Condell und Almirante Lynch in Anwendung gebracht, die im Chilenischen Bürgerkriege unbemerkt in den Hafen von Iquique einbrangen. Die amerikanischen Torpedoboote Stiletto und Cushing, welche im Jahre 1894 ohne von den mit Scheinwerfern Wache haltenden Seeoffizieren bemerkt zu werden, erfolgreich in den Hafen von Newport einbrangen, waren fast schwarz, nachdem sie vorher einen olivengrünen Anstrich gehabt hatten.

Verstohlene nächtliche Angreifer.

Selbstverständlich kann ein solches Boot nicht auf eine solche Distanz wie ein Schiffssegel entdeckt werden. Man erwartet von einem Torpedoboote, daß es, selbst wenn der Strahl des Scheinwerfers direkt darauf fällt, nicht eher als zwei oder drei Meilenweit sichtbar wird. Es erfordert wirklich ein wunderbar scharfes Auge, ein gutes Marineglas und fortgesetztes Drehen des Scheinwerfers von einer Seite zur anderen, um einen solchen Angreifer auf eine Entfernung von einer Meile zu entdecken. Sicherlich ist die Wahrscheinlichkeit der Entdeckung für das Boot, um so größer, je näher es dem Schiffe, das es anzugreifen versucht, kommt. Aber wenn es nur noch eine Meile davon ist, braucht es nur noch drei Minuten — kaum so viel — um dicht an das Fahrzeug zu kommen und ein Torpedo abzuschießen, und das ist eine sehr kurze Zeit, um ein leichtes Schnellfeuer auf das Boot zu eröffnen und es in Grund zu bohren. Ueber den Werth der Scheinwerfer für die Jagd auf Torpedoboote herrscht übrigens unter den Sachverständigen eine große Meinungsverschiedenheit.

VII. Kapitel.

Spanien's historische Armada.

Spanien war einst die Beherrscherin der Welt. Seine Marine war der aller anderen Länder überlegen und war noch zu Anfang dieses Krieges nach der Anzahl seiner Schiffe ein nicht zu unterschätzender Gegner. Spaniens Seemacht war damals noch bedeutend stärker als seine Landmacht, trotzdem für die erstere seit Jahrhunderten nicht viel geschehen ist. Das Land ist in dieser Beziehung hinter den anderen europäischen Nationen weit zurückgeblieben.

Die Geschichte der großen spanischen Armada beweist nicht nur den hohen Rang, den Spanien einst als Seemacht einnahm, sondern giebt auch den Zeitpunkt an, von dem an seine Macht im Schwinden war und sein früherer Ruhm in grellen Contrast zu seiner jetzigen Stellung in der Welt tritt.

Bemerkenswerthe Gruppe von Seecapitänen.

Am Nachmittag des 19. Juli 1588 saß in Bowling Green on the Hoe, in Plymouth, eine Gesellschaft von englischen Capitänen zusammen, deren Gleichen es nie wieder, selbst nicht in jenem Orte, aus dem so viele Helden der englischen Marine hervorgegangen, gegeben hat. Da sah man Sir Francis Drake, den ersten englischen Weltumsegler, den Schrecken aller spanischen Küsten, in der alten wie in der neuen Welt; ferner Sir John Hawkins, den rauhen Helden mancher gefahrvollen Reise und schwerer Kämpfe in den afrikanischen und amerikanischen Gewässern. Da sah man ferner Sir Martin Frobisher, einer der Ersten, die die Arctischen Gewässer in der Hoffnung durchkreuzten, jene vielgesuchte nordwestliche Durchfahrt zu finden. Da war ferner der Ober-Admiral Englands, Lord Howard von Effingham, der für sein Vaterland Alles wagte und den Muth gehabt hatte, einen gemessenen Befehl der Königin außer Acht zu lassen. der besagte, daß ein Theil der Flotte abgetakelt werden solle, da der Feind zurückgeschlagen und seine Schiffe vom Sturm zerschellt seien. Die letztere Nachricht erwies sich als übertrieben und Lord Howard (den Zeitgenossen als einen muthigen, aber ebenso vorsichtigen wie erfahrenen Seemann, der bei der Marine in hoher Achtung stand, bezeichneten) beschloß daher, es lieber auf die Ungnade seiner Herrin ankommen und auf seine eigene Verantwortung hin die Schiffe kampfbereit zu lassen, als England schwerer Gefahr auszusetzen und es seines Hauptschutzes zu berauben.

92

Ein anderer Seeheld der Königin Elisabeth, Sir Walter Raleigh, hatte damals den Auftrag erhalten, die Landmacht von Cornwall zu verstärken und auszurüsten. Sir Walter Raleigh mußte jedoch wohl die Gelegenheit wahrgenommen haben, sich bei dem erfahrenen Lord-Admiral und den andern hohen Offizieren, die mit der Flotte in Plymouth lagen, Rath zu holen, denn wir sehen ihn in jener Gruppe in Bowling Green on the Hoe. Außer den genannten Führern waren noch manche brave und geschickte Seeleute zugegen, die Alle mit echtem Seemannshumor die zeitweilige Dienstfreiheit genossen.

Sie waren mit der im Hafen liegenden Flotte gekommen, die soeben von einer Kreuzfahrt nach Corunna zurückgekehrt war, wo man genaue Nachrichten über die wirkliche Beschaffenheit und die Bewegungen der feindlichen Armada zu erhalten gehofft hatte. Lord Howard hatte in Erfahrung gebracht, daß seine Feinde, obwohl sie von dem Sturm arg gelitten, noch immer gefährliche Gegner waren, und da er fürchtete, daß ein Theil der spanischen Flotte während seiner Abwesenheit nach England gehen werde, war er nach der Devonshire Küste zurückgeeilt. Er nahm seine Stellung vor Plymouth wieder ein und erwartete dort Nachrichten über die Annäherung der Spanier.

Drake war mit mehreren anderen der hohen Offiziere beim Kegelspiel beschäftigt, als ein kleines bewaffnetes Fahrzeug mit vollen Segeln in den Hafen einfuhr. Der Commandant desselben landete eilig und schritt schnell der Stelle zu, auf der der Lord-Admiral mit seinen Capitänen stand. Sein Name war Fleming und er war der Befehlshaber eines schottischen Fahrzeuges. Er meldete den englischen Offizieren, daß er die spanische Armada am Morgen gegenüber der cornwallischen Küste gesehen habe.

Nach Empfang dieser aufregenden Nachricht begannen die Capitäne sofort nach dem Hafen aufzubrechen und nach ihren Booten zu rufen; aber Drake hielt seine Kameraden kaltblütig zurück und bestand darauf, daß das Spiel zu Ende gespielt werden sollte. Er meinte, es sei immer noch Zeit genug, sowohl das Spiel zu gewinnen, als auch die Spanier zu schlagen. Das Spiel wurde dann auch wirklich beendet, und Drake und seine Freunde verfuhren dabei mit einem Ernst, einer Kaltblütigkeit, als wenn sie ihre Geschütze auf den Feind richteten. Nach Beendigung des Spieles begaben sich alle an Bord und begannen leichten Herzens die Vorbereitungen gegen den feindlichen Angriff.

Inzwischen war durch Boten und Signale die Nachricht von dem Erscheinen der Armada, soweit thunlich, in England verbreitet worden, um womöglich jede Stadt und jede Ortschaft zu benachrichtigen, daß der Feind endlich erschienen sei. In allen Seehäfen wurde es sofort lebendig, überall wurden Leute bewaffnet und beritten gemacht, doch England's ſtärkſter Schuß lag auch jetzt wieder in ſeiner Flotte. Dieſe hatte ſich in Anbetracht des widrigen Windes mit Mühe aus dem Hafen von Plymouth herausgearbeitet; der Lord-Admiral hatte weſtlich ſeine Aufſtellung genommen und hielt ſcharfen Ausguck nach der Armada, deren Herannahen denn auch ſehr bald von cornwalliſchen Fiſcherbooten und durch Signale von den Klippen von Cornwall angekündigt wurde.

England in großer Gefahr.

Das England der Neuzeit iſt ſo ſtark und das heutige Spanien ſo ſchwach, daß man ſich weder eine Vorſtellung von dem vollen Umfang der Gefahr in welcher England damals angeſichts der Macht und des Ehrgeizes Spaniens ſtand, machen kann, noch die Wichtigkeit jener Kriſe in der Weltgeſchichte zu ermeſſen vermag. Englands Streitkräfte, die es der ungeheuren Macht Philipp's II. entgegen zu ſetzen hatte, waren nur gering, denn es hatte keinen einzigen Bundesgenoſſen außer den Holländern und dieſe mußten ſelbſt alle Kräfte entſpannen, um in ihrem Unabhängigkeitskampfe gegen den ſpaniſchen Weltbeherrſcher nicht zu unterliegen. Philipp II. dagegen war abſoluter Herr eines allen anderen Staaten der Welt in jeder Beziehung ſoweit überlegenen Reiches, daß ſein Plan, es zu einer Univerſal-Monarchie zu machen, vollkommen ausführbar erſchien; zudem beſaß Philipp II. ſowohl den Ehrgeiz als auch die zur Ausführung eines ſolchen Planes nöthige eiſerne Entſchloſſenheit.

Seit dem Sturz des römiſchen Reiches hatte es keine ſolche überwältigende Macht in der Welt gegeben. Obgleich im Mittelalter die Hauptmächte Europas ſich in zahlreichen harten Kämpfen miteinander maßen, und mehrere ihrer Herrſcher zeitweilig als mächtige Eroberer angeſehen wurden, ſo errang doch Keiner von ihnen damals eine Machtſtellung, wie ſie zur Befriedigung fortgeſetzter Eroberungsgelüſte erforderlich iſt.

Berühmtheit der ſpaniſchen Armee.

Philipp genoß den großen Vortheil an der Spitze einer mächtigen, wohl disciplinirten und gut ausgerüſteten Armee zu ſtehen und zwar zu einer Zeit, in der eine ſtehende Armee zu den Seltenheiten gehörten. Der Ruf der ſpaniſchen Truppen war ein wohlverdienter und beſonders die Infanterie galt als die beſte der Welt. Auch ſeine Flotte war viel zahlreicher und weit beſſer ausgerüſtet, als die irgend einer anderen europäiſchen Macht; zudem ſetzten ſeine Soldaten und Matroſen, ſowohl in ihre eigenen, als auch in die Tüchtigkeit ihrer

Befehlshaber ein Vertrauen, wie es nur eine Reihe erfolgreicher Kriegszüge hervorrufen kann.

Wohl hatte Philipp die Enttäuschung erleben müssen, daß sich die Bewohner der Niederlande gegen seine Oberhoheit auflehnten und es war ihm auch nicht gelungen alle die Besitzungen die sein Vater ihm hinterlassen hatte, unter das spanische Scepter zurückzubringen, aber er hatte eine große Anzahl Städte und Distrikte, die sich gegen ihn aufgelehnt, unterjocht. Belgien waren alle aufständischen Gelüste gründlich ausgetrieben worden und nur noch Holland und die sechs anderen nördlichen Staaten widerstanden seiner Waffengewalt.

Die fortwährenden Kämpfe hatten Philipp's Armee zu einer so kriegstüchtigen gemacht, daß es für sie unter der Führung ihres großen Generals, dem Herzog von Parma, keine unüberwindlichen Hindernisse mehr gab und man sich bei jedem Unternehmen, wie schwierig es auch sein mochte, absolut auf sie verlassen konnte. Alexander Farnese, Herzog von Parma, General-Feldmarschall der spanischen Armeen und der Gouverneur der spanischen Besitzungen in den Niederlanden, war zweifelsohne das größte militärische Genie seines Zeitalters. Er wurde von seinen Truppen vergöttert, deren Zuneigung er sich zu erwerben wußte, ohne ihre Disciplin zu lockern oder seine eigene Autorität zu vermindern und es war daher nicht zu verwundern, daß sie das unbedingteste Vertrauen in seine Führerschaft setzten. Als politischer Leiter genoß er ein ebenso hohes Ansehen, wie man seine großen administrativen Talente bewunderte.

Farnese, ein militärisches Genie.

Aeußerst gelassen und umsichtig im Entwerfen seiner Pläne, aber rasch und entschieden wenn der Augenblick da war den entscheidenden Schlag zu führen, vorsichtig jedes mögliche Risiko erwägend, und bemüht die Bevölkerung des eroberten Gebietes durch ehrliches Worthalten, Mäßigung und Leutseligkeit für sich zu gewinnen, war Farnese einer der gewaltigsten Feldherrn, die je an der Spitze einer Armee ausgezogen nicht nur Schlachten zu gewinnen, sondern auch Eroberungen zu machen. Es war ein Glück für England, und damit für die ganze Welt, daß es verschont blieb von dem Schicksal, die Arena seiner Thätigkeit zu werden.

Die Verlust, welchen Spanien in den Niederlanden erlitten hatte, schien mehr als aufgewogen durch den Erwerb Portugals, welches Philipp im Jahre 1580 ganz unterwarf. Und zwar war nicht nur dies alte Königreich sondern zugleich die Früchte der überseeischen Unternehmungen der Portugiesen, in seine

Hände gefallen. Die sämmtlichen portugiesischen Colonien in Amerika, Afrika und Ostindien erkannten die Souveranität des spanischen Königs an, welcher also nicht nur die ganze iberische Halbinsel unter seinem Scepter vereinigte, sondern auch ein überseeisches Reich an sich gebracht hatte, welches allein wenig an Reichthum und Ausdehnung hinter demjenigen zurückstand, welches er bei seiner Thronbesteigung geerbt hatte.

Der glänzende Sieg, den seine Flotte zusammen mit den päpstlichen und venezianischen Galeeren bei Lepanto über die Türken erfochten hatte, verlieh seinem Ruhme in der ganzen Christenheit neuen Schimmer; und als er 35 Jahre regiert hatte schien die Lebenskraft seines Reiches ungemindert, der Ruhm der spanischen Waffen hatte zugenommen und war in stetigem Zunehmen.

Nur ein unbesiegter Feind.

Nur eine einzige Nation hatte ihm bisher thätig, hartnäckig und erfolgreich widerstanden, England. England hatte seine rebellischen Unterthanen in Flandern ermuthigt, und hatte ihnen in Mannschaften und Geld die Hülfe gewährt, ohne welche er sie längst in den Staub getreten hätte. Englische Schiffe hatten seine Colonieen geplündert, hatten seine Oberherrschaft in der neuen und der alten Welt angefochten; hatten seinen Geschwadern schimpfliche Niederlagen beigebracht, und hatten endlich sogar an den Küsten Spaniens Städte eingenommen und seine Waffenplätze verbrannt.

Die Engländer hatten Philip persönliche Beleidigungen zugefügt. Auf der Bühne machten sie ihn lächerlich, und dieser Hohn (wie oft der Fall) erregte die Wuth des Königs heftiger als die ihm zugefügten Verluste. Persönlicher und politischer Racheburst trieb ihn daher, England anzugreifen. Sobald England einmal besiegt war, mußten sich die Holländer ergeben, Frankreich war ihm nicht gewachsen, das deutsche Kaiserreich war ihm nicht feindlich, und so würde eine Universalmacht das sichere Resultat einer Besiegung dieses Feindes sein.

Länger als ein Jahr rüstete er sich mit unausgesetztem Eifer. In Ostende betrieb er Verhandlungen während dieser Zeit, in welcher die spanischen Befehlshaber alles Mögliche vorschützten, um den wahren Zweck der Ansammlung so gewaltiger Massen von Schiffen und Truppen zu erklären; Philipp selbst aber in seiner Wuth gab sich keine Mühe, seine Absichten zu verschleiern; und Elisabeth und ihre fähigen Minister bezweifelten keinen Augenblick, daß die Rüstungen gegen England gerichtet seien.

CAPTAIN CHARLES D. SIGSBEE

JOHN D. LONG
SECRETARY OF THE NAVY

UNITED STATES GUNBOAT PETREL.

Single screw; length, 176 feet 3 inches; breadth, 31 feet; draft, 11 feet 7 inches; displacement, 892 tons; speed, 12 knots. Main battery, four 6-inch breech loading rifles. Secondary battery, two 3-pounder and one 1-pounder rapid-fire guns and two 37-millimetre Hotchkiss revolving cannon and two gatlings. 10 Officers, 122 Men. Cost $247,000.

REAR ADMIRAL SICARD

GENERAL NELSON A. MILES

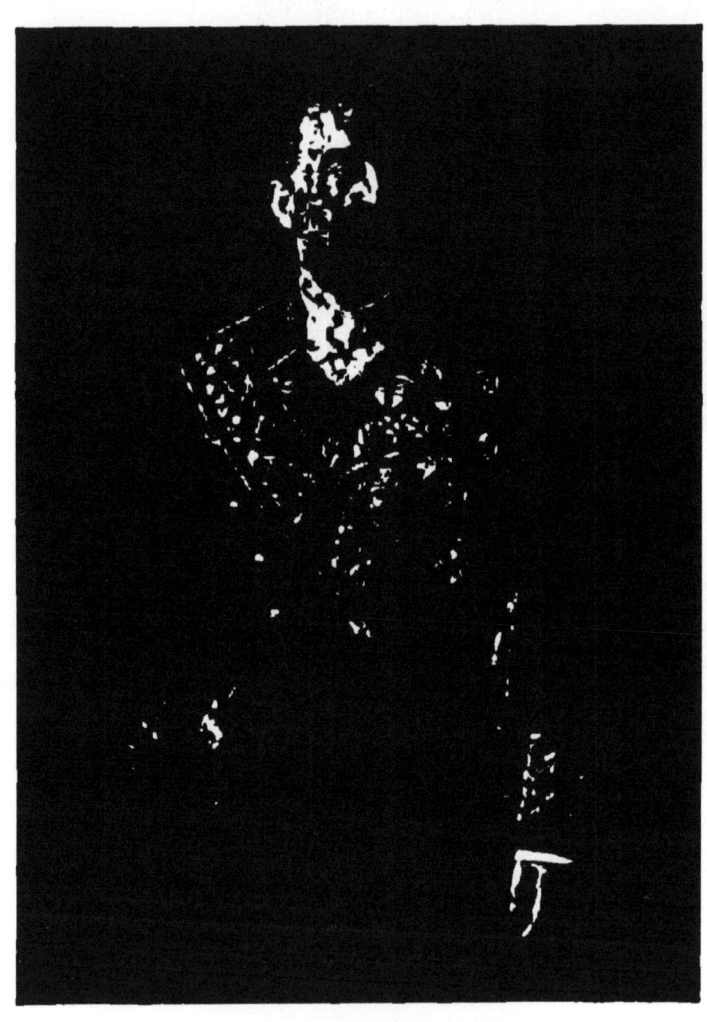

MARSHALL RAMON BLANCO
SPANISH CAPTAIN-GENERAL AT HAVANA

SAILORS RECREATION—DANCING THE HORNPIPE

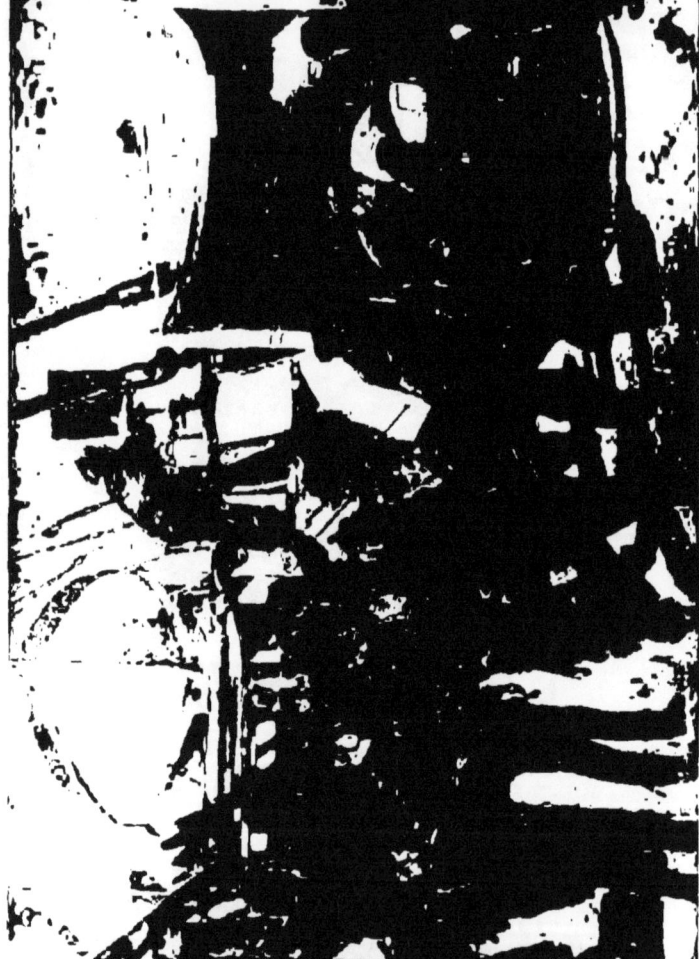

ACTION EXERCISE ON BOARD A BATTLESHIP

MARIA CHRISTINA—QUEEN REGENT OF SPAIN

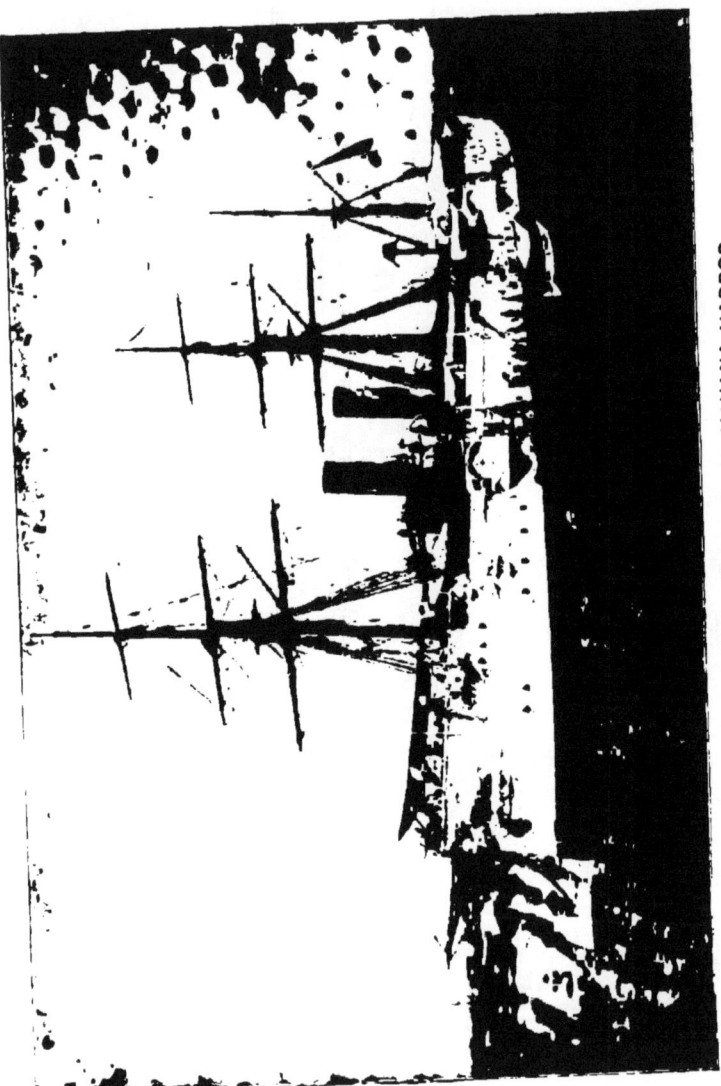

SPANISH CRUISER ALFONSO XII. IN HAVANA HARBOR

TRAINING A PIVOT GUN ON A WARSHIP

GREAT AMERICAN VICTORY IN THE HARBOR OF MANILA

QUICK-FIRING PRACTICE WITH A SIX-POUNDER HOTCHKISS GUN

SPAR-DECK VIEW ON THE KEARSARGE—"UP ALL HAMMOCKS"

SCENE ON BOARD A SCHOOLSHIP—CADETS CHEERING
THE LIFE-BOAT

CAPTAIN ROBLEY D. EVANS OF THE BATTLESHIP "IOWA"

England wittert Gefahr.

Die Gefahr wurde weise erkannt, und man beugte ihr mit Entschlossenheit vor. Die Königin sandte Rundschreiben an die Statthalter ihrer Provinzen mit dem Ersuchen, „die tüchtigsten Männer ihrer Gebiete zu berufen, ihnen die Sachlage aus einander zu setzen und sie zu warnen, daß Jedermanns Heimath, Freiheit, Familie, Gut und Blut und besonders das Bekenntniß der wahren Religion Christi bedroht sei." Auch sollten sie ihnen das unerhörte und unsägliche Elend vor Augen halten, welches die nahen Niederlande unter spanischem Joche erduldeten und welches auch England zu erreichen drohe.

„Uns scheint," sagte die Königin, „daß in den meisten Provinzen ein größerer Vorrath von Kriegsmaterial für Reiter und Fußsoldaten bereit stehen sollte, als berichtet ist, so daß Alles bereit sein möge zu energischem Widerstande oder zur Vertheidigung unserer Person. Wir zweifeln nicht, daß Ihr diesen Wünschen auf's Eifrigste nachkommen werdet und wir halten uns versichert, daß der Allmächtige seinen Segen den treuen Herzen spenden wird, welche für uns und das Vaterland erglühen, damit alle Unternehmungen jedes Feindes zu nichte werden, zu ihrer Beschämung, zu Euer Wohl und Gott zum Ruhme."

Aehnliche Briefe ergingen auch an die hohen Adeligen und an Städte. Der Primas wandte sich an die Geistlichkeit um Beisteuern; und alle Klassen der Bevölkerung entsprachen dem Aufruf mit freigebigem Eifer, so daß mehr als das Verlangte aufgebracht wurde.

Die prahlerischen Drohungen der Spanier hatten die Nation gereizt und das ganze Volk brannte vor Begier den bevorstehenden Angriff gebührend zurückzuweisen. In kürzester Zeit war jedes Fleckchen des Landes mit Bewaffneten zu Fuß und zu Pferde besetzt, und man drillte und übte, und vereinigte sich zu größeren Verbänden, wie es in England nie zuvor gesehen war. Keine Kosten wurden gescheut, um Pferde, Harnische, Waffen, Pulver und Blei herbeizuschaffen, oder nur in jeder Grafschaft die nöthigen Pioniere, Wagen und Lebensmittel an der Hand zu haben.

Und hierzu trug Jeder nach Vermögen bei. Viele boten ihre persönlichen Dienste ohne Entschädigung an, Andere gaben Geld her für Waffen und Munition oder um die Soldaten damit zu besolden: etwas ganz Unerhörtes in England oder irgendwo. Und der Beweggrund für diese Freigebigkeit war der Gedanke, daß wo Alles auf dem Spiele stehe, man nicht darauf denken dürfe, einen Theil zu retten.

Die löwenmuthige Königin zeigte sich ihres opferfreudigen Volkes würdig

G 7

Bei Tilbury wurde ein großes Lager errichtet und Elisabeth ritt dort durch die Reihen und flößte den Offizieren und Soldaten Muth ein durch ihren Anblick und ihre Worte. Eine ihrer Ansprachen ist uns erhalten und soll hier angeführt werden, obgleich sie schon so oft abgedruckt ist:

Ansprache der Königin.

„Mein getreues Volk! Einige von den Wächtern Unserer Sicherheit haben Uns zu überreden gesucht, daß es gefährlich sei, das Volk zu bewaffnen, daß Verrath zu befürchten sei; aber Ich versichere Euch, daß Ich in mein treues Volk niemals Mißtrauen setzen werde Tyrannen mögen sich fürchten! Ich habe stets so gelebt, daß ich, mit Gottes Hülfe, die loyalen Herzen und das Wohl= wollen meiner Unterthanen als meine größte Stärke und meinen sichersten Schutz betrachten dürfe. Und so bin Ich jetzt unter euch getreten, nicht zur Erholung oder zum Vergnügen, sondern mit dem Entschluß, in der heißen Schlacht mit euch zu leben oder zu sterben, für meinen Gott und mein Reich und mein Volk meine Ehre und mein Blut herzugeben.

Mein Leib ist der eines schwachen Weibes, aber ich habe das Herz und den Magen eines Königs, und zwar eines Königs von England! Ich halte es für einen Schimpf, daß Parma oder Spanien oder sonst ein Fürst Europas es wagt die Grenzen meines Reiches zu überschreiten. Eher als solche Beschimpfung erleiden, will Ich selber die Waffen ergreifen, will selber euer Führer sein, und euer Richter, um jede eurer Leistungen im Felde zu belohnen. Eure Opfer= willigkeit beweist, daß Ihr Belohnungen und Auszeichnungen verdient, und bei meinem fürstlichen Worte! Ihr sollt sie erhalten.

Gegenwärtig soll mein Generallieutenant mich vertreten, welcher der edelste und würdigste Diener ist, den je ein Fürst hatte, und Ich zweifle nicht, daß durch euren Gehorsam gegen meinen Feldherrn, durch eure Eintracht im Lager und durch eure Tapferkeit im Felde wir bald einen ruhmvollen Sieg erringen werden über diesen Feind meines Gottes, meines Reiches und meines Volkes."

Die Rathgeber der Königin.

Einige unter den Rathgebern der Königin empfahlen ihr, die Regierung solle ihre ganze Sorgfalt und alle Mittel auf die Rüstung der Armee verwenden, um den Feind beim Versuche der Landung mit einer Küstenschlacht zu begrüßen. Aber der weisere Rath solcher Männer wie Raleigh drang durch. Sie bestan=

ben darauf, daß es wichtig sei eine Flotte auszurüsten, welche den Spaniern zur
See entgegenkäme und sie, wenn möglich, gar nicht ans Land heranließe.

In seinem großen Werke „Weltgeschichte" nimmt Raleigh bei der Beschreibung des ersten Punischen Krieges Gelegenheit, seinen Gedankengang über die
richtige Politik Englands angesichts einer drohenden Invasion darzulegen.
Zweifellos giebt er uns darin das Wesentliche seines Rathes an die Königin
Elisabeth, und die Worte eines solchen Mannes über einen solchen Gegenstand
haben ein allgemeines und dauerndes Interesse, weit hinaus über ihre unmittel-
bare Veranlassung.

Raleigh sagt: „Ich halte bestimmt dafür, daß es das Beste sein wird, den
Feind abzuhalten unseren Boden zu betreten; mißlingt dies, dann müssen wir
dafür sorgen, daß er wünscht, er wäre zu Hause geblieben. Sollte der letztere
Fall eintreten, so werden wir so viele Umstände zu erwägen haben, daß ich mich
damit hier nicht befassen kann.

Wenn wir uns hier auf die Frage beschränken, ob England ohne die Hülfe
einer Flotte im Stande sein wird, eine Landung des Feindes zu verhindern, so
muß ich bekennen, daß ich es nicht glaube, und daß ich daher einen Versuch, es
zu thun, für höchst gefährlich halte; denn die Ermuthigung des Feindes durch
einen ersten Sieg und die Entmuthigung der Unseren durch eine Niederlage und
darauf folgende Invasion könnte die schlimmsten Gefahren im Gefolge haben."

Diese Beweisgründe Raleigh's haben heute im Zeitalter der Dampfschiffe
doppelte und dreifache Gültigkeit. Andererseits kann aber auch eine Vertheidi-
gungsarmee vermittels eines strategisch angelegten Eisenbahnsystems, und mit
Hülfe des Telegraphen, so schnell concentrirt werden, um einem mit Landung
drohenden Feinde gegenüberzutreten, oder mühelos den Schiffen des Feindes

parallel zu manövriren, daß der gute Sir Walter darüber wohl noch mehr staunen würde, wenn er es sehen könnte, als über den Anblick von Schiffen, welche ohne die Hülfe des Windes oder der Strömung hin und her gleiten.

Ganze Armeen können fast windschnell von Ort zu Ort befördert werden, aber trotzdem kann man nie absolut sicher sein, rechtzeitig eine genügende Streitmacht an einem gegebenen Orte haben zu können; so daß trotz des großen Umschwunges der Verhältnisse Raleigh's Politik von jeder Nation in einem Vertheidigungskriege noch heute befolgt werden sollte.

Sicherlich war es diese Politik, welche England in den Zeiten der Armada rettete, wenn nicht vor Eroberung, so doch vor beklagenswerthem Unheil. Wenn die Spanier gelandet wären, so würden sie allerdings auf heroischen Widerstand gestoßen sein. Aber die Geschichte weist so viele Beispiele auf von der Ueberlegenheit gedienter Truppen über neu ausgehobene, wie zahlreich und muthig diese auch sein mochten, daß wir von Englands kriegerischem Ruhme unbeschadet sagen dürfen, es war ein Glück für England, daß es nicht zum Landkrieg kam. Dies ist besonders wahr, wenn wir das hohe militärische Genie des Herzogs von Parma mit der Unfähigkeit des Earls von Leicester vergleichen, den die beklagenswerthe Günstlingswirthschaft an Elisabeth's Hofe, der schlimmste Makel an ihrem Charakter, an die Spitze der englischen Streitkräfte gestellt hatte.

Die englische Seemacht.

Die königliche Flotte bestand dazumal aus nicht mehr als 36 Schiffen; aber man preßte die verwendlichen Kauffahrer in allen Häfen des Landes in den Dienst, und die Bürger von London, Bristol und den übrigen großen Handelsplätzen legten ebenso freigebigen Eifer im Ausrüsten und Bemannen von Schiffen an den Tag, wie der Hof- und Landadel im Aufstellen von Truppen. Die seefahrende Küstenbevölkerung, ohne Unterschied des Ranges oder der Klasse, war von demselben Geiste beseelt: 17,472 Seeleute stellten sich, um in die Flotte eingereiht zu werden.

Man brachte 191 Schiffe zusammen, mit einem Tonnengehalt von 31,985. Darunter war ein Schiff von 1100 Tonnen, eins von 1000 Tonnen, eins von 900, zwei von 800, drei von 600, fünf von 500, fünf von 400, sechs von 300, sechs von 250 und zwanzig von 200. Die Uebrigen waren alle kleiner.

Die Holländer wurden um Hülfe gebeten, und, wie Stowe sich ausdrückt, „sie ließen sich nicht lumpen, sondern schickten 60 Schiffe, mit begeisterter Mannschaft, nicht so sehr als Hülfe für England, als in eigener Sache gegen den gemeinsamen

Philipp II.—König von Spanien.

Feind. Sie sahen die große Gefahr, die ihnen drohte, falls England unterläge, und so kämpften sie mit unübertrefflicher Tapferkeit."

Betreffs der Anzahl und Ausrüstung der spanischen Schiffe haben wir genauere Nachrichten als über die englische Flotte: Es waren im Ganzen 127 große Schiffe, welche 19,295 Soldaten, 8460 Seeleute, außer den Galeeren= sklaven zum Rudern, und 2431 Kanonen führten.

An Zahl der Schiffe war also die englische Flotte der spanischen überlegen, aber an Größe und Stärke stand sie weit hinter ihr zurück, ihr Tonnengehalt war nur halb so groß wie der des Gegners. In der Zahl und Schwere der Kanonen war das Mißverhältniß noch größer. Außerdem mußte der englische Admiral seine Streitmacht theilen: Lord Henry Seymour erhielt den Auftrag, mit 40 der besten holländischen und englischen Schiffe die feindlichen Häfen in Flandern zu blockiren und den Herzog von Parma am Auslaufen aus Dünkirchen zu verhindern.

Die „unüberwindliche Armada", wie die Spanier in ihrem Uebermuth sie nannten, segelte vom Tajo am 29. Mai ab, wurde aber nahe Corunna von einem Sturm befallen, der sie mit großem Verlust zum Einlaufen in diesen Hafen zwang. Die ersten übertriebenen Nachrichten von diesem Unglück ließen den englischen Hof annehmen, daß die Invasion in diesem Jahre nicht stattfinden würde. Aber der englische Admiral segelte nach Corunna, überzeugte sich, wie die Sachen standen und kehrte nach Plymouth zurück.

Die Armada segelt nach England.

Am 12. Juli ging die Armada zum zweiten Mal unter Segel. Der Herzog von Medina Sidonia hatte vom König Philipp den Befehl, bei der Einfahrt in den Kanal sich der französischen Küste nahe zu halten, einem Angriff seitens der Engländer auszuweichen und bis nach Calais zu fahren, wo das Geschwader des Herzogs von Parma sich mit ihm vereinigen sollte. Aber in der Hoffnung, die englische Flotte in Plymouth zu überraschen und zu zerstören, mißachtete der spanische Admiral diesen Befehl und kreuzte den Kanal; als er aber sah, daß Lord Howard ihm entgegensegelte, änderte er seinen Plan wieder, und entschloß sich nun, stetig auf Calais und Dünkirchen zu halten, und sich gegen Angriffe der Engländer defensiv zu verhalten.

Taktik des englischen Admirals.

Am Sonnabend, den 20. Juli, kam Lord Effingham in Sicht seines gewalti= gen Gegners. Die Armada segelte in der Formation einer Sichel, welche von

Spitze zu Spitze ungefähr 7 Meilen maß. Ein Südwestwind wehte, und die Flotte segelte langsam vorwärts. Die Engländer ließen sie vorüberfahren, folgten ihnen dann und begannen den Angriff.

In dem Verfolgungskampf wurden einige der besten spanischen Schiffe gekapert; eine größere Anzahl wurde arg beschädigt, während die englischen Schiffe sich vorsichtig von ihren riesigen Gegnern fern hielten, aber schnell und gewandt manövrirten und vergleichsweise geringe Verluste erlitten. Jeder neue Tag erhöhte den Eifer und Muth der Angreifer und führte ihnen neue Schiffe zu.

Raleigh, Oxford, Cumberland und Sheffield kamen hinzu, und „die großen Herren Englands heuerten Schiffe von allen Seiten, übernahmen selbst das Commando und kamen einmüthig herbei, um ihrer Königin und dem Vaterlande zu dienen und Ruhm zu erwerben."

Raleigh preist die Taktik des englischen Admirals mit Recht. Er sagt: „Wer mit Glück zur See kämpfen will, muß geschickt seine Schiffe wählen; er muß überzeugt sein, daß Kühnheit allein nicht ausreicht, und muß wissen, daß ein großer Unterschied besteht zwischen einem aufgelösten Fernkampf und einem Entern. Die Kanonen eines langsamen Schiffes machen eben so große Löcher, wie die eines schnellen, und eben so tiefe.

Schiffe ohne Rücksicht auf ihr Größen- und Stärkeverhältniß zu entern, ist Sache eines Narren; durch solche thörichte Tollkühnheit ging Peter Strossie bei den Azoren verloren, als er gegen den Marquis Santa Cruza kämpfte. Und Lord Charles Howard hätte das gleiche Schicksal gehabt im Jahre 1588, wenn er nicht besser berathen gewesen wäre als die vielen übelgesinnten Narren, welche seine Taktik kritisirten.

Die Spanier hatten ein Heer an Bord, er hatte keins; sie hatten mehr Schiffe als er, höher gebaut und mit stärkerem Geschütz; so daß er England sehr gefährdet hätte, wenn er sich mit diesen großen Schiffen auf ein Ringen eingelassen hätte, denn zwanzig Mann in Vertheidigung sind einem Hundert gewachsen, die angreifen und entern, während hier die Spanier hundert Vertheidiger gegen zwanzig Angreifer standen. Aber unser Admiral kannte seinen Vortheil und hielt ihn fest; hätte er das nicht gethan, so hätte er nicht verdient, seinen Kopf zu behalten."

Der spanische Admiral zeigte ebenfalls große Einsicht und Festigkeit beim Befolgen der Vorschriften, welche er erhalten hatte, und am 27. Juli brachte er seine Flotte richtig nach der Rhede von Calais, zwar in beschädigtem Zustand, aber doch als Ganzes. Einen schweren Irrthum aber hatte der König von

Spanien betreffs der Zahl und Energie der englischen und holländischen Schiffe begangen.

Die letzteren waren zahlreich genug, der Armada selbst Schach zu bieten und zugleich Parma's Flotille zu blockiren. Der größere Theil von Seymours Geschwader verließ die Gegend bei Dünkirchen, wo es gekreuzt hatte, und stieß zu dem englischen Admiral bei Calais; die Holländer aber bemannten fünfunddreißig gute Schiffe, mit einer starken Macht von Soldaten an Bord, alle an's Seeleben gewöhnt, und mit diesen blockirten sie die flämischen Häfen, die in Parma's Gewalt waren. Dennoch waren der spanische Admiral und Parma entschlossen, sich zu vereinigen, und das mußten die Engländer verhindern, so daß kühnere Maßregeln nöthig wurden.

Der Angriff bei Calais.

Die Armada lag bei Calais, die größten Schiffe in der dem Feinde zugekehrten Linie, „wie starke Burgen, welche keinen Angriff scheuen", während die kleineren Schiffe hinter ihnen lagen. Der englische Admiral konnte sie so nicht angreifen ohne sich sehr in Nachtheil zu bringen, und daher schickte er in der Nacht des 29. acht Feuerschiffe zwischen sie hinein, mit fast derselben Wirkung wie die der Schiffe welche die Griechen so oft in ihren Freiheitskriegen gegen die Türken angewendet haben.

Die Spanier warfen ihre Ankerketten über Bord und stachen in größter Hast und Verwirrung in See. Eine der größten Galeeren collidirte mit einer anderen und gerieth auf den Sand. Die Flotte zerstreute sich längs der Küste und nur unter großen Schwierigkeiten war es bei Tagesanbruch möglich den Signalen des Admirals gemäß sich um ihn nahe Graveline zu sammeln. Jetzt war der günstige Augenblick da sie anzugreifen und es ihnen unmöglich zu machen, Parmas Flotille gegen England loszulassen. Und diese Gelegenheit wurde nicht unbenutzt gelassen.

Drake und Fenner waren die ersten englischen Capitäne, welche die schwerfälligen Kolosse angriffen; dann kamen Fenton, Southwell, Burton, Croß, Raynor und dann der Lord Admiral, mit Lord Thomas Howard und Lord Sheffield. Die Spanier waren nur darauf bedacht, zusammen zu bleiben, und wurden von den Engländern über Dünkirchen hinausgejagt, weit fort von dem Herzog von Parma, welchem beim Anblick ihrer Niederlage zu Muthe gewesen sein muß, wie einer Tigerin der man ihre Jungen raubt. Dies war in der

Die Armee im Einzuge am britischen Canal.

That der letzte und der entscheidende Kampf zwischen den beiden Flotten. Vielleicht kann derselbe nicht besser beschrieben werden, als in den Worten des zeitgenössischen Schriftstellers, wie wir sie bei Hakluyt lesen.

Beschreibung der Schlacht.

„Am Morgen des 29. Juli, nach den Schrecken der Nacht, hatte die spanische Flotte sich wieder geordnet und war in Sicht von Graveline, als sie von den Engländern aufs Tapferste und Wüthendste angegriffen wurde. Die Engländer hatten wieder den Wind für sich, und die Spanier gaben lieber die Vortheile der Rhede von Calais und des Windes bei Dünkirchen auf, als daß sie ihre Ordnung änderten, oder ihre Kräfte theilten. Sie verhielten sich vollständig defensiv.

„Obgleich manche ausgezeichnete und kriegstüchtige Schiffe in der englischen Flotte waren, so waren doch kaum 22 darunter welche den 90 großen spanischen Schiffen gewachsen waren. Daher verließen sich die Engländer auf ihre größere Gewandtheit, durch welche sie im Stande waren, hin und her zu segeln, wie sie wollten, und sie setzten den Spaniern sofort zu und wagten sich so nahe, daß sie denselben oft auf die Länge einer Lanze nahe kamen, und so unaufhörlich gaben sie eine Breitseite nach der andern ab, aus großen und kleinen Geschützen und Gewehren, und zwar vom Morgen bis zum Abend ohne Ruhe, daß sie alle Munition verschossen.

„Sie mußten deswegen schließlich von der Verfolgung abstehen, besonders da die spanischen Schiffe wegen ihrer Größe und durch ihr Zusammenhalten den Vortheil hatten, daß ein Nahkampf, Schiff gegen Schiff außer Frage war. Die Engländer vermeinten daher, daß sie tüchtiges geleistet hätten, indem sie die Spanier zuerst von Calais und dann von Dünkirchen vertrieben hatten, und sie so verhindert seien, ihre Macht mit der des Herzogs von Parma zu vereinigen. Auch hatten sie dieselben ja von Englands Küste fern gehalten.

„Die Spanier erlitten an dem Tage großen Schaden. Viele ihrer Schiffe waren durch und durch geschossen. Zwar hatten auch sie tapfer auf die englischen Schiffe gefeuert aber mit verhältnißmäßig geringer Wirkung. Die Engländer verloren kein Schiff, und nicht einen Mann von Bedeutung; eine sorgfältige Untersuchung ergab, daß die Engländer in der ganzen Zeit in welcher die Spanier in englischen Gewässern waren, keine hundert Mann verloren. Freilich wurde Sir Francis Drake's Schiff an vierzig Stellen durchlöchert, und seine Kajüte wurde von zwei Kugeln durchschossen, und gegen das Ende der Schlacht

Rückzug der Reste der spanischen Armada.

geschah es, daß einem Herrn, welcher sich ermüdet hingelegt hatte, das Bett unterm Leibe fortgeschossen wurde.

„Als der Earl von Northhumberland und Sir Charles Blunt beim Mittag= essen saßen, schlug die Kugel einer Karthaune mitten durch ihre Kajütte, berührte ihre Füße und riß zwei dabeistehende um. Viele solche Unfälle kamen vor, die aufzuzählen zu weitläufig wäre."

Es gereicht der englischen Regierung nicht zum Ruhme, daß die Flotte so ge= ringen Vorrath an Munition hatte, daß sie unfähig war, die Zerstörung der Feinde zu beenden. Jedoch war genug erreicht. Viele der größten spanischen Schiffe waren gesunken oder genommen. Und der spanische Admiral, am Er= folge verzweifelnd, floh nordwärts mit einem südlichen Winde, in der Hoffnung um Schottland herum nach Spanien zurückfahren zu können ohne der englischen Flotte noch einmal zu begegnen.

Lord Effingham ließ die Blockade des Geschwaders des Herzogs von Parma durch eine Flotille fortsetzen; aber Parma war weise genug seine Truppen bald nach einem günstigeren Felde zu senden. Der Lord=Admiral selber und Drake verfolgten die überwindliche Armada, wie sie jetzt hieß, eine Strecke nordwärts, bis dieselbe von der schottischen Küste fort nach Norwegen zu steuern schien. Dann hielten sie es für das Beste, mit den Worten Drakes: sie der wilden, un= gastlichen Nordsee zu überlassen.

Die Leiden und Verluste der Spanier auf ihrer Flucht um Schottland und Irland herum sind allgemein bekannt. Von der ganzen Armada kamen nur 53 schwer beschädigte Schiffe an die spanische Küste zurück, welche sie so prächtig und stolz verlassen hatten.

Spanien's Niederlage.

Wir haben eine drastische Beschreibung der Niederlage der Armada in einem Briefe, welchen der tapfere Vice=Admiral Drake schrieb, als Antwort auf lü= genhafte Berichte, durch welche die Spanier ihren Schaden zu verdecken suchten. Er beschreibt die Scenen, an welchen er so wichtigen Antheil nahm, wie folgt:

Sie haben sich nicht geschämt, in verschiedenen Druckwerken große Siege zu verkünden, die sie gegen unser Reich erfochten zu haben vorgeben, und solche Lügen über alle Theile von Frankreich, Italien und anderswo zu verbreiten. Aber bald darauf wurde allen Völkern völlig offenbar, daß ihre Flotte, die sie unüberwindlich nannten, und die aus 129 Schiffen bestand, nicht nur spanischen, sondern verstärkt durch die größten Schiffe der Portugiesen, Florentiner und an= derer Nationen, daß diese gewaltige Flotte, sage ich, von 30 Kriegsschiffen Ih=

rer Majestät, und einigen Kauffahrern durch die weise, tapfere und nützliche
Führung des Lords Charles Howard, England's Admiral, geschlagen und
durch einander gejagt wurde von Lizard in Cornwall erst bis Portland, wo sie
schimpflicherweise den Don Pedro de Baldez mit seinem gewaltigen Schiff im
Stich ließen; dann von Portland nach Calais, wo sie Hugh de Moncado verlo-
ren samt den Galeeren unter seiner Führung; und von Calais, nachdem sie mit
Feuer von ihrem Ankerplatz vertrieben waren, wurden sie aus dem Bereich von
England gejagt, um Schottland und Irland herum.

Dort hofften sie, um der gleichen Religion willen, Hülfe zu finden. Viele
von ihren Schiffen wurden an der felsigen Küste zerschellt und die, welche landeten, in großer Zahl, wurden zersprengt, erschlagen oder gefangen genommen
und von Dorf zu Dorf nach England gebracht, in Halftern zusammengekoppelt.
In England ließ die Königin, in ihrer wahrhaft fürstlichen und unüberwindli-
lichen Gesinnung sie nicht hinrichten, sondern, unwillig, sie zu behalten und zu
füttern, schickte sie sie allesammt in ihr Vaterland zurück, um dort die großen
Errungenschaften ihrer unüberwindlichen und furchtbaren Flotte zu erzählen und
zu bezeugen.

Fehlschlag der Unternehmung.

„Die Zahl der Soldaten, die fürchterliche Größe ihrer Schiffe, die Namen
der Führer jedes Geschwaders, nebst allen anderen, ihre Vorräthe an Lebensmitteln und Munition — alles das wurde gedruckt, und die Flotte und Heer als
unbesiegbar hingestellt, für die es kein Hinderniß gäbe; und mit all ihrer großen
und furchtbaren Prahlerei haben sie doch während der ganzen langen Fahrt um
England herum nicht ein einziges unserer Schiffe in den Grund gebohrt oder
genommen, nicht einmal eine Barke, oder Pinasse, oder ein Ruderboot, noch
haben sie auch nur einen Schafstall in unserem Lande verbrannt.‟

Dies ist die drastische Beschreibung des Mißerfolges der weltberühmten Armada. Und seit der Zeit bis heute hat Spanien sich niemals mit England zur
See messen können.

VIII. Kapitel.
Große Geschütze und Küstenvertheidigung.

Als unser Krieg mit Spanien ausbrach, wandte sich die Aufmerksamkeit sogleich den Städten und Häfen unserer Atlantischen Küste zu. Die Aufgabe, dieselben in vertheidigungsfähigen Zustand zu setzen, wurde sofort in Angriff genommen, und zwar energisch. Es galt für durchaus geboten, sich so eilig wie möglich gegen Angriffe durch eine feindliche Flotte zu rüsten.

Zur Darlegung dessen, was in dem Ausdruck „Küstenvertheidigung" einbegriffen ist, führen wir hier an, was der Major G. Sydenham Clarke, von dem kgl. britischen Geniecorps, in seinem Werke über Fortifikationen, das 1890 erschien, sagt:

„Wie stark die Vertheidigung eines Hafens sein muß — d. h. die Zahl und Art der Kanonen — hängt einzig von der Panzerung der Schiffe ab, deren Angriff erwartet wird. Es ist daher unmöglich, die Kosten einer Küstenvertheidigung zu veranschlagen, ohne eine gründliche Kenntniß der starken und schwachen Seiten moderner Kriegsschiffe und ihrer Verwendbarkeit in einem gegebenen Gewässer.

Die nächste Frage bezieht sich auf die Position, welche vertheidigt werden soll, mit Rücksicht auf die Erfordernisse der Marine-Strategen einerseits und lokale Verhältnisse andererseits. Sobald die Positionen bestimmt sind, muß ihre geographische Lage rücksichtlich der möglichen Basis der feindlichen Nation definirt werden. Es ist möglich für jeden Hafen die wahrscheinlichste Form und Stärke des Angriffs festzustellen, d. h. die Zahl und Art der Schiffe, und dann Zahl und Art der erforderlichen Geschütze und die Verwendbarkeit unterseeischer Minen. Diese Fragen können nur von Sachverständigen beantwortet werden, die gewohnt sind, solche Umstände in Betracht zu ziehen. Nur Seeoffiziere können entscheiden, ob eine zehnzöllige Kanone, die einen zwanzigzölligen Panzer von Schmiedeeisen auf 1,000 Meter durchschlägt, auf Sandy Hook nöthig ist, oder ob ein Minenfeld sich empfiehlt für einen Handelshafen von so eigenthümlicher Beschaffenheit wie Galveston. Erst wenn diese Fragen entschieden sind, beginnt die Arbeit des Landoffiziers.

Nachdem der Seemann die wahrscheinliche Form und Stärke des Angriffs festgestellt hat, kann der Soldat bestimmen, wie stark die Garnison sein muß. Dies giebt natürlich eine ideale Vertheidigung. Zur Vollkommenheit gebracht ist sie nur in Deutschland."

110

Küstengeschütze und Seeminen.

Die Funktionen, welche eine Küstenvertheidigung haben kann, sind dreierlei: Erstens — Die Benutzung eines Hafens seitens des Feindes als Zuflucht oder Landungsplatz zu verhindern.

Zweitens — Einen Hafen oder eine Einfahrt zu versperren und den Feind vom Binnengewässer auszuschließen.

Drittens — Die Beschießung einer Werfte, Stadt oder eines Kriegshafens zu verhindern.

Dem ersten Zweck werden meistens Kanonen am besten entsprechen. Unter-seeische Minen, unterstützt von Schnellfeuergeschützen zu Bekämpfung von kleinen Fahrzeugen, wie Booten, könnten den zweiten Zweck erfüllen; aber in fast jedem Hafen unseres Landes ist die unbeschränkte Einfahrt befreundeter Schiffe von erster Wichtigkeit, und außer, wo die Benutzung von Minen keinerlei gefährliche Beschränkung zur Folge hat, müssen Geschütze zur Hand sein. Auch für den dritten Fall müssen immer Kanonen dienen, aber auch Minen können verwendet werden mit der obengenannten Bedienung.

Bei der Placirung der Geschütze müssen die folgenden Gesichtspunkte im Auge behalten werden:

Erstens — Das Feuer muß da am wirksamsten sein, wo die Schifffahrt bei der Annäherung am schwierigsten ist.

Zweitens — Ein wirksames Feuer muß möglich sein überall da, von wo aus das feindliche Schiff im Stande wäre Schaden anzurichten, in dem Vertheidi-gungswerk selbst oder in der Werfte, Stadt oder Hafen.

Eine Beschießung durch Kriegsschiffe ist mehr oder weniger ein Schreckgespenst. Wenn man den geringen Vorrath an Munition in Betracht zieht, welchen mo-derne Kriegsschiffe führen und den mäßigen Erfolg, der sich erzielen läßt, so wird es unwahrscheinlich, daß ein unbesetztes Fort ernstlich bombardiert werden wird, besonders in großer Entfernung von der Basis des Feindes. Und Kriegs-schiffe werden ein Bombardement nicht unternehmen, wo sie selbst in wirksames Feuer gerathen.

Uneinnehmbare Küstenwerke.

Das für die Küstenvertheidigung zu Gebote stehende Material ist mannigfach und gewaltig: Kanonen, Minen, Torpedos, Scheinwerfer und Platzfinder. Indessen sind die Schiffe unfähiger zum Angriff geworden, wenn sie nicht speziell für diesen Zweck gebaut sind und selbst dann ist ihre Panzerung verhältnißmäßig schwach.   Bei weitem der größere Theil der modernen Flotten kann sich nicht auf einen Kampf mit modernen Küstengeschützen einlassen, und Operationen zur See ohne cooperirende Landmacht werden in Zukunft kaum noch gegen Küsten= werke unternommen werden, ausgenommen wenn besondere Gründe vorliegen für die Annahme daß die Vertheidigung schwach oder unwirksam ist.

Während jedoch die Wissenschaft für die Küstenvertheidigung viel gethan hat, verlangt sie auch mehr von den Vertheidigern.   Die verschiedenen Elemente der Vertheidigung bestens zu controlliren und zu birigiren ist keine leichte Aufgabe. Mehr als je ist es nöthig, daß die Organisation in Friedenszeiten vollkommen entwickelt wird und daß die Mannschaften eine gründlich und umfassende Aus= bildung erhalten.   Fehlt dies, so ist nicht nur eine Ausnutzung der gewaltigen Waffen, welche die Wissenschaft uns zur Verfügung stellt, ausgeschlossen, sondern die complizierten Waffen werden selbst gefährlich.   Die Organisation eines Hafens für den Kampf muß ebenso vollkommen sein wie die des Kriegsschiffes.

Außer unterseeischen Minen und Torpedos muß eine Küstenvertheidigung, wie oben angedeutet, schweres Geschütz haben.   Es besteht ein großer Contrast zwischen den großen Kanonen, wie sie in den Tagen des Bürgerkrieges und nach demselben gebraucht wurden, und den modernen weittragenden Geschützen auf versenkbarem Lager.   Sehen wir uns einmal die alte Batterie in Fort Monroe an!   Da sind 3 glatte Vorderlader mit dem enormen Kaliber von 15 Zoll. Sie schleuderten massive Kugeln, mit geringer Durchschlagkraft und verhältniß= mäßig kurzer Flugbahn.   In allen älteren Küstenforts findet man diese veral= teten Kanonen, und in einigen Forts, wo dieselben so plazirt sind, daß der Feind beinahe vor ihren Mündungen passiren müßte, würde man sie benutzen im Nothfalle.

Versenkbare Geschütze.

Nun wollen wir uns einmal zu den modernen 10-zölligen gezogenen Hinter= ladern wenden, auf versenkbaren Unterlagen.   Beim Gebrauch rauchlosen Pul= vers wird nur ein Blitz gesehen — kein Rauch — und sonst nichts.   Nach dem Schuß verschwindet die Kanone augenblicklich.   Die äußere Erscheinung läßt nicht auf das Wesen der Batterie schließen, geschwiegen denn auf die Position des Geschützes.   Die Front der Verschanzung besteht aus 40 Fuß festgestampf= ter Erde, mit Rasen belegt und sieht von außen aus wie ein Erdwall oder ein Hügel mit regelmäßigen Linien.   Dahinter sind 30 Fuß Cement.   Die Maga= zine sind unterirdisch und in ziemlicher Entfernung hinter den Geschützen und durch gedeckte Gallerien mit ihnen verbunden.

Der Kanonier visiert nicht längs des Laufes des Geschützes, sondern derjenige, welcher ihm das Ziel giebt kann Meilen davon sein. Jeder Hafen ist auf einer Karte in numerirte Quadrate zerlegt und das ganze Gebiet eines strategischen Punktes steht unter einem Offizier. In New York befindet sich dieser Offizier in Fort Wadworth auf Staten Island bei den Narrows.

Sobald ein feindliches Schiff naht, wird seine Position durch den Platzfinder genau bestimmt, seine Fahrgeschwindigkeit wird berechnet und darnach die Position welche es in, sagen wir, 5 Minuten einnehmen wird.

Diese Information wird an die Commandanten aller Batterien telegraphirt, und Befehl gegeben sich bereit zu halten in einem gegebenen Augenblick auf einen bestimmten Punkt auf der Karte zu feuern. Sobald der Augenblick da ist wird jedes Geschütz welches den Punkt beherrscht abgefeuert. Ein Blitz, ein entsetzlicher Krach und das Projektil befindet sich auf seinem Wege der Zerstörung. Niemand bei den Kanonen hat das Ziel gesehen und doch haben einige Projektile getroffen.

Offiziere erklären, daß kein Mensch die Arbeit an den modernen Geschützen länger als 4 oder 5 Stunden ertragen kann. Die Lufterschütterung kann sich niemand vorstellen, der nicht dabei gewesen. Leute, welche 50 oder 100 Fuß weit vom Geschütz stehen, werden umgeworfen, Blutgefäße bersten, Trommelfelle im Ohr werden zerrissen, und selbst die stärksten Nerven leiden.

Unsere Rüstung war so eilig, daß in wenigen Küstenforts 12-zöllige Hinterlader Mörser als Haubitzen aufgestellt wurden. Diese haben natürlich keine versenkbaren Lager. Das tausendpfündige Geschoß dieser improvisirten Haubitzen hat natürlich enorme Zerstörungskraft, aber eine kurze Flugbahn — weit weniger als die 8 oder 10 Meilen der gezogenen Geschütze.

Schnellfeuer-Geschütze.

Aus der Klasse der kleineren Geschütze ist besonders das spanische Schnellfeuer-Geschütz interessant. Es ähnelt den amerikanischen Hotchkiß-Geschützen sehr, und schleudert 30 bis 50 dreipfündige Perkussions-Bomben in der Minute. Wenige moderne Waffen sind so fürchterlich als die Schnellfeuer-Geschütze kleinen Kalibers. Aus ihnen besteht die sekundäre Batterie eines Kriegschiffes, und sie sind besonders nützlich beim Vertreiben der Torpedoboote. Sie können auch, wenn die Kriegsschiffe einander nahe genug kommen, einen Hagel von explodirenden Geschossen auf das Deck des Gegners schleudern und alle seine Kanoniere fortfegen.

G 8

Diese Geschütze beruhen auf dem Prinzip der Revolver. Sie haben eine Arm-
rast und einen Griff wie eine Pistole. Zwei Mann sind nöthig zur Bedienung,
einer zum Zielen, einer zum Füllen der Kammer mit Munition.

Für die Verwendung am Lande werden diese enggebohrten Schnellfeuer-Geschütze auf Lafetten montirt und können von Pferden oder Menschen gezogen
werden. Ein solches Geschütz kam in der Schlacht von Wounded Knee Creek
im Kriege gegen die Sioux 1890 zur Verwendung, und mähte die Indianer
buchstäblich nieder. Kartätschen oder Shrapnel können ebensogut verfeuert
werden, wie Perkussionsgeschosse. Die letztgenannten haben genügend Durchschlagskraft, um aus einer Backsteinmauer in der Entfernung von anderthalb
Meilen ein Sieb zu machen.

Das neueste Schnellfeuer-Geschütz, der automatische Colt, hat eine sonderbare
Construktion, aber Seeoffiziere behaupten, daß jedes dieser Geschütze einem Regiment Infanterie gleichwerthig ist. Dieser Typ gilt als das merkwürdigste
und wirksamste aller kleineren Geschütze im Besitz unserer Regierung. Die Bohrung ist geringer noch als bei dem Krag-Jorgensen Gewehr, mit dem unser
Heer versehen ist, nämlich 0.236 Zoll. Der automatische Colt feuert 400
Schüsse in der Minute und streicht seitwärts oder auf- und abwärts. Er ist
eine der grausamsten Waffen, die je erfunden sind.

Die Geschützfabrik Watervliet.

Nach dem Auffliegen des Maine zeigte sich eine sehr erhöhte Thätigkeit in der
großen Geschützfabrik der Ver. Staaten in Watervliet, New York. Ueber 500
Mann wurden angestellt und arbeiteten wie die Biber, um die erforderlichen Geschütze für die Küstenvertheidigung herzustellen. In jeder Abtheilung der vielen
Werkstätten wurde die Arbeit in größter Hast betrieben.

In der Werkstatt, wo die großen Geschütze angefertigt werden, giebt es Interessantes genug zu sehen. Als Präsident McKinley seinen Besuch machte,
empfing er einen gewaltigen Eindruck. Er wendete sich zum Kriegsminister
Alger und bemerkte: „Das ist doch ein wunderbarer Anblick," und Alger
stimmte ihm bei.

Die große Fabrik wurde 1888 speciell für die Herstellung von Geschützen für
die Küstenvertheidigung erbaut. Sobald als ein Geschütz fertig ist, wird es auf
die Probe gestellt und an seinen Bestimmungsort gesandt. Die Fabrik ist fast
eine Viertelmeile lang und 200 Fuß breit. Die Gesammtkosten der Anlage und
Maschinerie beliefen sich auf über 3 Millionen Dollars. Die Maschinen sind
von neuester und solidester Construction.

Die kleineren Gebäude, in welchen die Feld= und Belagerungsgeschütze herge=
stellt werden, sind ungefähr halb so groß als das Hauptgebäude und bedecken
ein Areal von 35,000 Fuß. Der Bau des Hauptgebäudes wurde 1890 be=
gonnen, der der anderen Gebäude bedeutend später.

Die Fabrik Watervliet hat ungefähr zweihundert 8=, 10= und 12=zöllige Küsten=
geschütze und eine große Anzahl von 12=zölligen Mörsern geliefert. Die größte
Kanone, welche aus dieser Werkstatt hervorgegangen ist, war ein 12=zölliger
Hinterlader. Sie war 40 Fuß lang, wog 57 Tonnen, und warf ein Geschoß,
tausend Pfund schwer, zehn Meilen weit.

Unser gewaltigstes Geschütz.

Der 16=zöllige Hinterlader ist das größte Geschütz in der Welt. Das Kriegs=
ministerium hat die Absicht, dieses Ungethüm auf den Romer Shoals auf einem
besonders gebauten Fundamente aufzustellen. Zum Schutz wird der Kanone
und der Mannschaft ein Thurm dienen. Von den Romer Shoals aus wird sie
alle Fahrwasser bestreichen, welche in den Hafen von New York führen.

Man behauptet, daß kein Kriegsschiff heute auf dem Wasser schwimmt, dessen
Panzer dem Geschoß dieser Kanone widerstehen kann. Seine Kraft ist die eines
in voller Fahrt befindlichen Schiffes von 2000 Tonnen. Das Geschoß würde
jeden Panzer, den ein Schiff tragen könnte zerschmettern oder rissig machen oder
niederwerfen. Ein Durchbohren kommt kaum in Betracht.

Das Kaliber ist 16 Zoll. Die Länge ist 49 Fuß 2 Zoll. Das Hintertheil,
die Kammer, hat einen Durchmesser von 5 Fuß. Das Geschoß wiegt etwas mehr
als 2,300 Pfund, also mehr als eine Tonne Metall. Die schwersten Geschosse
Englands haben nicht mehr als 2000 Pfund gewogen.

Die Pulverladung wiegt beinahe 1000 Pfund. Wenn die höchste Elevation
angewandt werden könnte, so würde das Geschoß über 16 Meilen weit fliegen.
Die größte Entfernung auf welche man je in England gefeuert hat war 12
Meilen. Das war bei dem berühmten „Jubiläumsschuß“. Die Vereinigten
Staaten hatten sich bisher niemals auf ein schwereres Geschütz versucht für die
Küstenvertheidigung als eine 12=zöllige Kanone, welche ungefähr 50 Tonnen
wiegt. Zur 16=zölligen Kanone ist das also ein Sprung von 76 Tonnen Ge=
wichtszunahme.

Ein Vermögen in einer Kanone.

Der erste Kern für die neue 16=zöllige Kanone wurde im Oktober 1897 in
Bethlehem gegossen. Er war für das Rohr bestimmt und wog 82,800 Pfund.

Auch die Jacke wurde damals gegossen. Sie wiegt 90,000 Pfund. Die größte Vorsicht mußte bei der Anfertigung dieser gewaltigen Waffe beobachtet werden. Wenn eine Jacke oder ein Reifen sich schief zusammengezogen hätte, so könnte dies das Ganze verdorben haben. Alle Messungen wurden bis auf drei hundertstel eines Zolles herab gemacht. Bei dem schließlichen Einschneiden der Züge mußte die gewaltige Metallmasse langsam auf einer Riesen-Drehbank gedreht werden, während das Werkzeug seinen Pfad durch die Bohrung schnitt. Alles in der Kanone gebrauchte Metall wurde flüssig comprimirt. Die Specificationen verlangten die schärfsten physikalischen Proben, und sie wurden auf das Gewissenhafteste befolgt. Probestücke wurden von allen geschmiedeten Theilen genommen und auf ihre Widerstandskraft beim Ziehen, Biegen und Brechen geprüft. Schließlich mußte jeder Theil geschmiedet werden. Das Rohr, zum Beispiel wurde erst gegossen, und dann gebohrt.

Die Herstellung der Kanone war ein kostspieliges Unternehmen. Sie kostete ungefähr $120,000. Die Herstellungskosten per Tonne sind durchschnittlich $1000 für unsere Regierung. Die Lafette und der Thurm für die Riesenkanone kostete eben soviel wie die Kanone selbst und das Lager des Fundaments brachte die Kosten auf eine Hauptsumme von $390,000. Fünfzig Fuß tief reicht das Fundament in die Erde hinein, und es ist in Steinmörtel aufgeführt.

Es war dem Kriegsministerium unmöglich vor dem Jahre 1897 eine so gewaltige Kanone vom Congreß zu erlangen, wegen der Kosten. Als die Angelegenheit das letzte mal zur Debatte kam, erklärte der Brigadier-General Flagler, der Generalfeldzeugmeister, daß ein Hafen wie New York zum wenigsten eine Kanone besitzen sollte, welche imstande sei irgend ein feindliches Schiff in seinem Versuch einzulaufen, zu hemmen wenn alle anderen Geschütze sich dazu unfähig erzeigt hätten. Mit anderen Worten, das 16-zöllige Geschütz soll als die Rettung des Hafens gelten, wenn alle anderen Vertheidigungsmittel versagen. Die Durchschlagskraft des neuen Geschützes soll nach einer Schätzung größer sein, als die Widerstandskraft irgend eines Panzers, welcher jetzt von einem Schiffe geführt wird. Die Erbauer der Kanone sind sich darüber einig, daß in dieser Beziehung die neue Kanone stärker ist als alle bisher construirten Waffen.

Kanonen und Panzer.

Eine in England für das Kriegsschiff Sans Pareil erbaute 16-zöllige Kanone wurde gegen eine mehr als 28 Zoll dicke Panzer-Platte abgefeuert und schlug nicht nur durch, sondern fuhr auch noch durch eine 20 Fuß eichene Wiederlage, durch 5 Fuß Granit, elf Fuß Steinmörtel und 6 Fuß Backstein. Aber diese so wirk-

same Kanone dauerte nicht lange. Nach mehreren Schüssen zeigte sich ein merk=
liches Sinken des Rahmens vorwärts von dem Schildzapfen. Man suchte die=
sem Uebelstande abzuhelfen, aber weitere Schüsse brachten denselben Fehler wie=
der zu Tage. England montirte zwei 110 Tonnen=Geschütze auf der Benbor,
zwei auf der Sans Pareil und zwei auf der Victoria. Die letzteren gingen mit
der Victoria im Mittelländischen Meere unter. Diejenigen auf der Sans
Pareil sind unbrauchbar geworden und die auf der Benbor sollen auch nicht mehr
viel taugen.

Krupp hat mehr Glück gehabt als die englische Regierung. Er hat mehrere
Riesengeschütze für die italienische Regierung erbaut, welche über 110 Tonnen
wogen. Die schwerste für Italien construirte Kanone hatte ein Gewicht von 119
Tonnen. Sie ist jetzt in einem italienischen Küstenvertheidigungswerk montirt.
Nach einem Bericht hat Krupp eine Schwesterkanone dieser zuletzt erwähnten 200
mal abgefeuert ohne die geringste Beschädigung der Waffe. Die Regierung der
Vereinigten Staaten gebrauchte die Vorsicht bei der neuen 16=zölligen Kanone
sehr breite Ringe anzuwenden. Es ist nicht wünschenswerth, daß die Größen=
verhältnisse dieser Ringe bekannt werden, aber man erwartet zuversichtlich, daß
man keinerlei solche Schwierigkeiten, wie sie sich bei dem englischen Geschütz zeig=
ten, bei dem neuen amerikanischen finden wird.

Die große Krupp=Kanone, welche in Chicago ausgestellt war und welche da=
mals die größte in der Welt war, wog 120 Tonnen. Sie war 45.93 Fuß
lang und ein Kaliber von 16.5 Zoll. Das aus ihr geschossene Projektil wog
2,204 Pfund. Sechzehn Schüsse sind aus ihr abgefeuert worden, und zwar in
den meisten Fällen mit einer Pulverladung von 903 Pfund. Die Fluggeschwin=
digkeit des Geschosses war etwas über 1,900 Fuß per Sekunde. Die Durch=
schlagskraft einer Vollkugel von dieser Krupp Kanone beim niedrigsten Visir ist
3.53 Fuß Panzer; auf 2,280 Yard 3.26 Fuß und auf 6,500 Yard 3.01 Fuß.
Es wird behauptet, daß die neue amerikanische Kanone alle diese Zahlen hinter
sich lassen wird.

Amerikanischer Fortschritt in Herstellung von Kanonen.

Die großen Kanonen, mit welchen die Schlachtschiffe und Kreuzer ausgerüstet
sind, machen einen der interessantesten Bestandtheile dieser schwimmenden Festun=
gen aus. Seit dem amerikanischen Bürgerkrieg hat eine vollständige Umwälzung
in der Herstellung von Kanonen stattgefunden. Der genannte Krieg brachte das
erste Panzerschiff hervor, den Monitor, welcher für die Kanonen jener Zeit un=
durchdringlich war. Es war damals zuerst die Rede von gezogenen Kanonen,

und bald waren sie eine vollendete Thatsache, und britische Schiffe wurden mit solchen ausgerüstet. Einige gezogene Geschütze hatte man schon im Jahre 1860 erbaut, und eine gezogene 15-zöllige Riesenkanone war am Strande bei Fort Monroe montirt. Seit jener Zeit hat ein Wetteifer bestanden zwischen Panzer und gezogenem Geschütz. Bald war der erstere voraus, bald das letztere, aber bis jetzt ist noch kein Panzer gemacht worden, den nicht sogleich ein neues Geschütz mit verbesserten und gehärteten Projectilen zu durchbohren vermocht hätte.

Bis zum Jahre 1865 waren alle Kanonen von Gußeisen, und da der größte Druck am Hinterende des Geschützes war, so machte man es viel dicker und schwerer als das Vorderende. Die Kanonen, welche in der Werfte zu League Island bei Philadelphia liegen, sind noch nach dem alten gußeisernen Rodman-Typ, nach ihrem Erfinder benannt, der ein namhafter amerikanischer Seeoffizier war. Am Schlusse des Krieges waren fast alle Forts und alle Schiffe mit solchen ausgerüstet. Als die gezogenen Geschütze aufkamen, entschloß man sich, diese alten gußeisernen Kanonen dadurch verwendbar zu machen, daß man ein gezogenes Rohr in sie einsetzte. Dazu wurde die Kanone erhitzt und dehnte sich aus, und zog sich dann beim Abkühlen fest um die Stahlröhre zusammen. Viele Kanonen wurden so geändert. Der Erfinder der Methode hieß Palliser.

Aber die schnellen Fortschritte, welche in der Construction von schweren Waffen gemacht wurden, und das Verlangen nach Kanonen, welche die verbesserten Panzerplatten zu durchschlagen vermochten, ließen diese adoptirten Geschütze bald als gänzlich veraltet erscheinen, und um das Jahr 1890, als die Monitors mit 2 Thürmen für die Flotte umgebaut wurden, wurden sie mit dem neuen Modell von 10-zölligen gezogenen Geschützen versehen, den ersten ihrer Art in unserer Flotte. Sie sind ganz von Stahl und wurden in der Geschützfabrik in den Marinewerken bei Washington construirt.

Im Jahre 1883 wurde eine Commission Sachverständiger, mit Admiral Sampson als Vorsitzenden, abgeschickt, um ausländische Waffenfabriken zu besuchen, und sie erstattete im Jahre 1884 Bericht, in welchem sie empfahl, daß Schmiedestahl-Geschütztheile und -Material von privaten Werken gewonnen würden, während die Regierung in eigenen Fabriken dieses Material zu Geschützen verarbeite. In Folge dieses Gutachtens wurde die Fabrik in der Washington Marine Werft etablirt, um dort die Geschütze für die Marine herzustellen, und eine Fabrik in Watervliet bei Troy, N. P)., für die Kanonen des Heeres. Der erste Contract für Material wurde der Bethlehem Iron Company im Jahre 1887 zugesprochen, für die Herstellung von Geschütztheilen und Panzerplatten. Alle unsere modernen Geschütze sind daher seit jener Zeit entstanden.

Die neuen Geschütze und ihre Handhabung.

Eine der bemerkenswerthesten Abweichungen in den neuen Modellen von dem alten Typ ist die große Länge der Rohre. Einige sind 40 Fuß lang. Die vier 10-zölligen Kanonen des Miantonomoh sind 32 Fuß lang. Der Zweck dieser großen Länge ist, die Wirkung der Ausdehnungskraft des explodirenden Pulvers auf das Geschoß zu verlängern. Das in Anwendung kommende Schießpulver verbrennt langsam. Wenn es auf einmal verbrannte und also augenblicklich sich in Gas verwandelte, so würde jede es enthaltende Kanone sofort zerplatzen. Dynamit und Schießbaumwolle, welche augenblicklich verbrennen, würden diese Wirkung haben, und sind daher unbrauchbar.

Große Geschütze sind natürlich sehr schwer, von 60 bis 100 Tonnen. Sie können also nicht durch Menschenhand gerichtet werden, sondern man hat groß-artige hydraulische Maschinen, durch welche sie gedreht werden und welche die großen Geschosse einheben. Die Geschosse sind kegelförmig und werden in die Geschoßkammer am hinteren Ende eingeführt; die Geschoßkammer wird durch Entfernung des Verschlußblocks geöffnet. Der Verschlußblock wird durch eine halbe Drehung in Position gebracht. Nach der Oeffnung wird er in Angeln aus dem Wege gedreht. Die ganze Manipulation geht sehr schnell vor sich.

Acht Mann bilden die Bedienung einer Kanone, von denen jeder seine ganz bestimmte Arbeit hat. Die Munition ist fix und fertig zum Einführen in die Geschoßkammer. Durch hydraulische Kraft wird sie in die Höhe gehoben und auf einen kleinen Rollwagen gelegt, welcher auf einem Geleise läuft. Ein Kol-ben schiebt dann die Munition selbstthätig in die Kammer, welche dann sofort verschlossen wird. Die Kanone kann nicht abgefeuert werden, bis alle Theile in richtiger Lage sind.

Zehn Schüsse in siebzehn Sekunden.

Alle Geschütze, deren Bohrung weiter ist als sechs Zoll, müssen mit Maschinen geladen und gerichtet werden. Es würde sehr unpraktisch sein, die 250-pfündi-gen Geschosse für die 8-zölligen Kanonen, die 500-pfündigen für die 10-zölligen, die 850-pfündigen für die 11-zölligen, oder gar die 1100-pfündigen für die 13-zölligen, durch Menschenhand heben zu lassen. Die Geschwindigkeit, mit welcher gefeuert werden kann, hängt von der Größe der Kanonen ab und von deren Voll-kommenheit des Mechanismus für ihre Handhabung. Die großen Geschütze der amerikanischen Marine werden so schnell gehandhabt wie die irgend einer frem-den Nation.

Die Munition für die kleineren Geschütze, „Schnellfeuer-Geschütze" genannt, wird mit der Hand eingeführt. Aus den Magazinen wird sie durch eine hydrau= lische Maschine heraufbesördert, aber in die Geschoßkammer des Geschützes wird die Munition mit der Hand gebracht. Die Feuerungs=Geschwindigkeit hängt daher von der Geschicklichkeit der Bedienung ab. Die Geschütze, welche 6=pfün= dige Geschosse schleudern, können in 17 Sekunden 10 Mal abgefeuert werden, während eine 6=zöllige Kanone höchstens drei oder vier Mal in der Minute ab= geschossen werden kann. Diese kleinen Geschütze ruhen auf einem Ständer, wie ein Teleskop, und können nach allen Richtungen gedreht werden.

Interessant ist die moderne Methode, die rückschlagende Wirkung eines Schus= ses auszugleichen. Früher montirte man große Geschütze in Forts und auf Schiffen auf einer schiefen Ebene, auf welcher die Lafette auf Rädern lief. Der Rückstoß trieb die Kanone diese schiefe Ebene hinauf und sie lief dann von selbst wieder an ihren Platz. Heute wird dieselbe Wirkung durch die Elasticität des pneumatischen Druckes erzielt.

Die großen Geschütze in den Thürmen der Miantonomoh und anderer Moni= tors ihrer Klasse, werden nicht durch eine Bewegung des Geschützes selbst gerich= tet sondern durch eine Drehung des Thurmes. Ihre Elevation erhalten sie na= türlich, wie bisher, durch ein Heben oder Senken des Rohres. Es ist erstaunlich, mie welcher Leichtigkeit diese großen Massen von Stahl gedreht werden. Eine volle Umdrehung eines Thurmes geschieht in 10 Sekunden. Ein Schuß kann abgegeben und dann das Geschütz sofort gedreht werden, so daß das Geschütz nicht vom Feinde beschädigt werden kann.

Die berühmte Mosquito-Flotte.

Die interessanteste Abtheilung der Küstenvertheidigung ist vielleicht die soge= nannte „Mosquito=Flotte". Der Name „Mosquito", in seiner Anwendung auf die „zweite Vertheidigungslinie" der Marine, behagt den See=Offizieren gar nicht. Diese Mittel zur Vertheidigung werden von dem Marine=Ministerium sehr ernsthaft genommen, und sie leisten in der Beschützung der 3000 Meilen langen Küste von Maine bis zum Golf von Mexiko große Dienste. Es gehören dazu ungefähr 130 Schiffe von allen Größen und Arten, Zollkutter, Schlepper, Leuchtthurmtender, Yachten, Fluß= und Hafendampfer, und allerlei sonstige Fahrzeuge, die nur eine Kanone führen und nur einige Meilen in See gehen können. Zur leichteren Disposition über diese Schiffe ist die Atlantische wie die Golf=Küste in 8 Distrikte eingetheilt, identisch mit den Distrikten, welche für den Leuchtthurmdienst bereits bestanden.

Zur Bemannung dieser Fahrzeuge ist die ganze Stärke der See-Miliz der Küstenstaaten erforderlich. Die Mannschaften von jedem Staat werden so weit wie dies möglich ist den Schiffen zugewiesen, welche die Küsten des Staates ab-patrolliren. Die Schiffe sind so vertheilt, daß an Punkten, wo die Küste am schwächsten an Hafenvertheidigungswerken ist, die größte Zahl von Schiffen an-gehäuft ist. In der Höhe von New York sind jedoch sehr viele stationirt um mit den Signalstationen am Land in Berührung zu bleiben.

Tag und Nacht sind eine bestimmte Anzahl dieser kleinen Fahrzeuge ziemlich weit von der Küste stationirt, wo sie langsam hin und her dampfen, ganz wie ein Wachposten und zu ganz demselben Zweck — nämlich um von der Annäherung des Feindes rechtzeitig Meldung zu machen. Diese Wachen bleiben ungefähr 8 Stunden auf ihrem Posten, nach welcher Zeit andere Fahrzeuge hinausfahren um sie abzulösen. Es giebt 3 Linien von Wachen — die äußere, 25 Meilen vom Lande, die zweite in der Mitte zwischen der ersten und dem Lande, und die dritte längs der Küste. Ein vollständig eingeübtes Signalsystem dient dazu, die Nach-richten von der äußeren Linie zu der mittleren und von dieser zu der Küstenlinie zu bringen, die sich dann mit der nächsten Signalstation in Verbindung setzt, welche ihrerseits durch den Telegraphen die Batterien verständigt, welche sich so-fort in Bereitschaft setzen, dem Feinde einen warmen Empfang zu bereiten, falls er Annäherung wagen sollte.

Leistungen der Mosquito-Flotte.

Unter gewissen Umständen könnte es rathsam und sogar nöthig werden für diese kleinen Fahrzeuge sich dem Feinde auf Schußweite zu nähern und ihn mit ihren weittragenden, kleinkalibrigen Kanonen zu belästigen wie ein Schwarm von Mosquitos. Eine Anzahl von ihnen könnte ganz wohl eine kleine Kreuzerflotte welche ihnen in Schußweite käme, verjagen. Auch führen einige der größeren Fahrzeuge der Mosquito-Flotte Schnellfeuer-Geschütze von sehr großem Kaliber, daß sie auf 100 Yard vier oder fünf Zoll Eisen durchschießen können.

Die größten Schiffe der Mosquito-Flotte sind wohl bewaffnet mit wirksamen Schnellfeuergeschützen großen Modells, während die kleinsten, wie Yachten, Schlepper und Zollkutter Maschinengewehre und 6-Pfünder führen. Sie sind nicht zum Angriffskampf bestimmt außer im äußersten Nothfall, sondern dienen, wie gesagt, nur zum Bewachen der Küste und zum Melden der feindlichen An-näherung.

Beim Erblicken eines feindlichen Kriegsschiffes oder Kaperschiffes fährt also so ein kleines Schiff schleunigst zur nächsten Signalstation und die Nachricht wird

sofort ans Hauptquartier telegraphirt, und von dort an die betreffenden An=
griffspunkte weitergegeben. Dies setzt die Batterien in Stand, sich auf den Be=
such des Eindringlings vorzubereiten und die Kriegsschiffe über die Bewegungen
der feindlichen Schiffe auf dem Laufenden zu erhalten. Folglich besteht die
Mosquito-Flotte hauptsächlich aus flachgehenden Schnellseglern, die mit Leich=
tigkeit in flache Meeresstellen, Buchten und Flußmündungen einlaufen können
um der Verfolgung durch einen Feind zu entgehen.

Ungefähr 60 Signal=Stationen sind längs der Küste errichtet, vorzugsweise
in der Nähe von Leuchtthürmen. Im Ganzen genommen nimmt die Mosquito=
Flotte, ungeachtet des spöttischen Lächelns, welches ihre Erwähnung in Marine=
kreisen hervorruft, in unserem Küstenvertheidigungssystem einen wichtigen Platz
ein, und ist von nicht geringem Werth.

IX. Kapitel.

Führer der Bundes-Marine.

Contre-Admiral William F. Sampson, Commandeur des Geschwaders des Nord-Atlantischen Oceau, verdankt seine hohe Stellung nicht seiner Abstammung, sondern vielmehr seiner Fähigkeit, mit klarem Blicke zu erkennen, was geschehen muß, sowie seiner Eigenschaft, zu handeln und nicht zu reden, die er von seinem Vater geerbt hat.

„Der rechte Mann am rechten Platze!" „Er weiß, was er zu thun hat, und thut es!" — so sprachen sich hohe Offiziere aus, als sie von der Ernennung Sampson's zum Geschwader-Chef hörten. Muth und zurückhaltendes Wesen sind Admiral Sampson's Haupteigenschaften.

Er ist Sachverständiger ersten Ranges in Hinsicht auf das Geschützwesen, hat sich aber zugleich mit allen seemännischen Fachwissenschaften auf das gründlichste beschäftigt. Seine Kenntnisse von moderner Panzerung und Armirung beruhen auf ernstester Arbeit, sind ausgedehnt und vielseitig und daher von größtem Nutzen für sein Vaterland, ebenso wie sein gründliches Verständniß des Gebrauchs und verhältnißmäßigen Werthes von Sprengstoffen, das er sich durch jahrelange ernste Studien und gefahrvolle Experimente erworben hat.

Meister der Seemannskunst.

Welcher Werth auf seine Ansicht gelegt wird, läßt sich am besten aus der Thatsache ersehen, daß er verschiedentlich von Kreuzfahrten zurückberufen wurde, um als Mitglied von Behörden zu fungiren, denen die Erledigung wichtiger Fragen übertragen war. So hat er an den Entwürfen für den Wiederaufbau der Marine mitgewirkt, wurde vielfach zu Rathe gezogen, wenn es sich um den Entwurf von Schiffsplänen handelte, und wurde erst kürzlich zum Vorsitzer der mit Untersuchung der Maine-Katastrophe betrauten Commission ernannt. Als der Krieg mit Spanien ausbrach gab man ihm, im Vertrauen auf sein stets berühmtes klares Urtheil in Auffaßung der Situation, das Commando als Rear-Admiral.

Und doch erscheint dieser Mann, dessen Persönlichkeit eine so große Bedeutung durch die ihm übertragene Verantwortung erhalten hat, eher als ein Gelehrter denn als ein Seemann und Führer von Panzerschiffen.

Admiral Sampson ist groß und schlank; seine Schultern sind etwas abgerundet. Haar und Bart sind grau, unter scharf markirten Brauen liegen blaue, höchst ausdrucksvolle Augen. Ein Mann von wenigen Worten, läßt er sich durch nichts aus seiner Ruhe bringen; er ist, wenn es darauf ankommt, kurz entschlossen. Seine kurze Ausdrucksweise hat ihn verschiedentlich in den Verdacht der Unhöflichkeit gebracht, die aber bei näherer Bekanntschaft stets verschwunden ist.

Als „Billy" Sampson bekannt.

In seiner Heimath in Wayne County, N. Y., wird Admiral Sampson jetzt noch „Billy" Sampson genannt. Dort verbringt er lustige Tage mit alten Kameraden und zeigt sich ebenso zwanglos wie in seiner Jugend, in der er hart zu kämpfen hatte. Geboren in Palmyra, N. Y., am 9. Februar 1840, lernte er schon in früher Jugend kennen, was Armuth und harte Arbeit bedeuten. Sein Vater war ein einfacher Arbeiter, der ihm eine gute Erziehung nicht geben konnte. Mühsam mußte er sich durch das Studium von Büchern in der wenig freien Zeit zwischen Holzsägen und ähnlicher Arbeit die nothwendigsten Kenntnisse aneignen; die Landschule konnte er nur mit großen Unterbrechungen besuchen, aber sein Wissensdrang wurde dadurch nicht verringert. Repräsentant E. B. Morgan erlangte im Jahre 1857, daß Jung-Sampson als „Midshipman" in die Marine-Akademie aufgenommen wurde, nachdem Herr W. H. Southwick in Palmyra, der sich lebhaft für den energischen jungen Mann interessierte, Morgan auf denselben aufmerksam gemacht hatte. Nach vierjährigem Aufenthalt in Annapolis bestand Sampson als erster seiner Klasse die Abgangsprüfung. Im Bürgerkriege bewies er große Tüchtigkeit und erwarb sich allgemeine Anerkennung, wiewohl er beim Ausbruch der Feindseligkeit zu jung war, um ein Commando zu erhalten. Nachdem er als „Master" auf der Fregatte „Potomac" gedient, wurde er im Sommer 1862 zum Unter-Lieutenant befördert. Als solcher diente er auf dem Schulschiff „John Adams", auf der „Patapsco", dem nordatlantischen Blokadegeschwader und auf der Dampffregatte „Colorado", Flagschiff des europäischen Geschwaders.

In die Luft geflogen.

Im Januar 1865 erhielt Lieutenant Sampson, damals Führer des Panzers „Patapsco", von dem Admiral den Auftrag, in den Hafen von Charleston, der damals blokirt wurde, hineinzugehen und alle unterseeischen Minen und Torpedos zu vernichten — eine höchst gefährliche Aufgabe. Kaum war der kleine

Panzer in den Hafen hineingedampf, als Kugeln von allen Seiten auf ihn herab-regneten. Lieutenaut Sampson stand auf der Brücke in höchst exponirter Stel-lung und sah seine Leute rings um ihn herum fallen. Aber während er die Matrosen unter Deck beorderte, blieb er selbst ruhig auf seinem Platze stehen. Plötzlich schwieg das Feuer, während die „Patapsco" weiter dampfte, nun er-folgte eine furchtbare Explosion und das kleine Schiff wurde mit schrecklicher Ge-walt in die Höhe geschleudert. Schäumende Wassermassen und Flammen stiegen in die Luft, weitere Explosionen folgten rasch aufeinander und dann versank das in Stücke zerrissene Schiff. Der junge Offizier war etwa 100 Fuß weiter ge-schleudert worden und wurde dort aufgefischt; ebenso 25 Mann der Besatzung, während 70 Mann ihren Tod fanden.

Lieutenant Sampson wurde 1866 zum Lieutenant-Commandeur befördert, als er auf dem „Colorado" diente; von 1868 bis 1871 lehrte er an der Marine-Akademie; 1872—1873 befand er sich auf der Fregatte „Congreß". Zum Commandeur ernannt, erhielt er in 1874 den Befehl über den „Alert" und war dann vom Anfang 1876 bis Ende 1878 wieder an die Marine-Akademie com-mandiert. Im Jahre 1879 war er in China als Commandant der „Swatara"; er war der erste Commandant der „Jowa" und hat auch die „San Francisco" befehligt.

Seine Vorträge über Torpedowesen am Naval War College in Newport fan-den hohe Anerkennung; mit Lieutenant Joseph Strauß zusammen entwarf er die Pläne für Doppeldeck oder doppelthürmige Panzerschiffe, welche an den im Bau begriffenen Schiffen „Kearsage" und „Kentucky" erprobt werden sollen. Als Artillerie-Inspektor der Kriegswerft in Washington war er an dem Bau der großartigen Geschützgießerei bethätigt, und von 1893 bis 1897 wirkte er als Chef der Artillerie in der Abtheilung des Marine-Departements.

Liebe zur Heimath.

Mormon Hill-Farm in New York gehört der Familie Sampson; dort sucht der Admiral Erholung als Gast seines Bruders, der auf der Farm wohnt. Jene berühmten goldenen Platten des Buches Mormon, welche Joseph Smith entdeckt haben soll, sollen dort vergraben gewesen sein. Während der Admiral von kriegerischen Arbeiten in Anspruch genommen ist, lebt seine Familie in der denkbar friedlichsten Umgebung. Als die Anzeichen kamen, daß er seine Familie längere Zeit nicht sehen können würde, brachte er sie nach dem stillen, malerisch gelegenen Orte Glen Ridge in New Jersey, wo er sie vor allen Gefahren sicher wußte.

In seinen Gewohnheiten ist Sampson höchst einfach. Nur ein Gedanke beherrscht ihn, und das ist: Die Bundes-Marine. Sein ganzes Leben ist seinem Berufe geweiht. Die ihm zufallenden gesellschaftlichen Pflichten erfüllt er taktvoll, aber er sucht nie Unterhaltung mit Gesellschaft. Sehr verschlossen, versteht er wie ein Diplomat Fragen auszuweichen, ohne zu verletzen; das hat er als Vorsitzer der „Maine"-Kommission bewiesen. Disciplin führt er auf's schärfste durch.

Ein scharfsichtiger, energischer Mann ist Sampson mit Theorie und Praxis in Seemannskunst so vertraut, wie Wenige; niemals impulsiv, niemals übereilt, ist er auch nie um einen Entschluß verlegen. Es würde unmöglich sein, einen Mann zu nennen, welchem die Marine und das Land mehr Vertrauen schenken könnte. Das wird nicht vermindert durch die Thatsache, daß er ein einfacher Mann ist von einfacher Herkunft, wie Lincoln es war, das Land, welches er vertheidigt, genau kennt, und in jeder Hinsicht ein selfmade man ist, der stets sich vertrauenswürdig erwiesen.

Contre-Admiral Schley.

Von anderen hohen Offizieren der Marine sei Contre-Admiral Winfield Scott Schley genannt, der zuerst Commandeur des „Fliegenden Geschwaders" war. Ein lebenslustiger Mann, ist er ein Freund eines guten Witzes und hat ein warmes Herz für seine Mitmenschen; Liebe zu Kindern ist eine seiner Charaktereigenschaften, und Kinder sind ihm deshalb sehr zugethan. An Land bewegt er sich in höchst ungezwungener, demokratischer Weise, so daß Fremde sofort zwanglos mit ihm verkehren können. In der Unterhaltung spricht der Admiral durchaus offen seine Ansicht aus, wenn er auch selbstverständlich über Dienstangelegenheiten eine gewisse Reserve zeigt. Aeußerlich ist er von sehr vortheilhafter Erscheinung, groß und kräftig gebaut; früher war er recht schlank, hat sich in den letzten Jahren aber ein stattliches Embonpoint erworben. Seinem raschen, lebhaften Wesen nach scheint Schley wenig englisches Blut in seinen Adern zu haben; er stammt aus einer bereits vor mehreren Generationen in Maryland eingewanderten rheinpfälzischen Familie.

Im Jahre 1863 verheirathete sich der damalige Lieutenant Schley, erst 23 Jahre alt, mit Fräulein Rebecca Franklin, Abkömmling einer alten Marylander Familie. Frau Schley ist heute noch eine hübsche Frau, die Jedermann durch ihr freundliches, wohlwollendes Lächeln für sich gewinnt. Eine feurige Patriotin, hat sie ihren Gatten begleitet, wenn er in den Krieg ziehen mußte, soweit es ihr gestattet wurde. Ebenso wie ihr Mann, sehr lebenslustig, ist sie bei ihrer

Umgebung äußerst beliebt, und jetzt noch stets bereit, sich an einem Tänzchen zu betheiligen oder eine lustige Unterhaltung zu führen.

Stets kampfbereit.

Thomas Schley, der Gründer des Maryländer Zweiges der Familie, ließ sich im vorigen Jahrhundert in Frederick, Md., nieder. Einer seiner Nachkommen, Henry Schley, ein Onkel des Admirals, focht unter General Winfield Scott im Kriege von 1812, weshalb sein Neffe diese Namen erhielt; ein anderer Onkel machte Scott's Zug nach Mexico mit.

Schley selbst wurde in dem kleinen Orte Richfield, in der Nähe von Frederick, Md., geboren. In seiner Jugend waren tolle Streiche sein Element; Lebens= gefahr kam für ihn nicht in Betracht, auf die höchsten Bäume kletterte er, um Vogelnester auszuheben, und unzählige Possen spielte er alten, würdigen Herren, die ihn aber trotzdem vergötterten. Prügeleien mit Altersgenossen bil= deten seine Hauptbeschäftigung, und auch als Cadett an der Marine-Akademie in Annapolis und junger Offizier war er stets bereit, sein Recht mit seinem Arm zu vertreten. Besondere Auszeichnung erwarb er sich an der Marine-Akademie nicht; als er im Jahre 1860 die Abgangsprüfung bestand, war er einer der untersten, doch waren daran nicht geringe Begabung oder Mangel an Verständ= niß schuld, sondern der Umstand, daß der Herr Cadett stets zu sehr mit Austüf= teln von losen Streichen beschäftigt war, als daß er hätte fleißig studiren können. Ernster genommen wurde von allen seinen Abenteuern nur jenes, als er einen Kameraden zu „einem Gang" herausforderte. Das war ein schweres Vergehen, aber die Sache wurde doch vertuscht, weil, wie Präsident Lincoln bald darauf bei einer ähnlichen Gelegenheit bemerkte, das amerikanische Volk stets bereit sei, einen Mann zu entschuldigen, dessen einzige Schuld darin bestände, daß er zu bereit sei, sich zu schlagen.

Im Kriege that Schley gute Dienste auf Blockadeschiffen; er war noch zu jung, um wichtigere Commandos zu erhalten, erwarb sich aber den Ruf eines tüchti= gen, zuverlässigen Offiziers. Wohl kein anderer amerikanischer Marineoffizier hat Gelegenheit gehabt, so vielseitige Erfahrung, im Krieg wie im Frieden, zu erwerben, wie es Schley beschieden war: In den Jahren 1861 bis 1865 war er activ im Bürgerkriege; 1865 unterdrückte er Unruhen, welche auf einer der Chincha=Inseln von 400 Chinesen begonnen waren, und landete außerdem in La Union in San Salvador, und besetzte das Zollhaus, um die durch eine Re= volution bedrohten amerikanischen Interessen zu schützen. Ebenso landete er im Jahre 1871 mit Seesoldaten auf Korea und trieb die Eingeborenen zu Paaren;

1876 züchtigte er Piraten in der Kongo-Mündung; 1884 rettete er den Nordpol-
forscher Greely; 1890 überführte er Ericson's Leiche nach Schweden; 1891
commandirte er die Baltimore vor Valparaijo und landete dort wiederum Seesoldaten; 1892 erhielt er einen Posten im Leuchtthurmdienst, mit dem Hauptquartier auf Staten Island; 1893 entwarf er die Pläne zur Betonnung des
New Yorker Hafens; 1895 wurde er, als Nachfolger vom Capitän Robley D.
Evans, „Fighting Bob", Commandant des Panzerkreuzers New York.

Hülfsexpedition für Greely.

Dazwischen fallen Reisen nach Japan und anderen Ländern, wissenschaftliche
Arbeiten, die Rettung schiffbrüchig gewordener Besatzungen 2c. Zwei Mal vor
Ausbruch des Krieges mit Spanien hat Admiral Schley bereits eine Rolle in
den Zeitungen gespielt. Im Jahre 1884 war er der erste Offizier, der sich frei-
willig erbot, den Zug nach dem hohen Norden zur Rettung des damaligen Lieu-
tenants Greely zu wagen. Auf jener Fahrt sollen verschiedene Offiziere Schley
Vorstellungen gemacht haben, daß er mit seinen Schiffen zu viel riskire; seine
Antwort lautete: „Meine Herren, es giebt Zeiten, wo man Alles daransetzen
muß, sein Ziel zu erreichen, und ein solcher Augenblick ist der jetzige!" Im
Triumph brachte er mit seinem, aus der Thetis, Bear und Alert bestehenden
Geschwader die Theilnehmer der Greely'schen Expedition nach St. Johns, N. F.
Beförderung und das Commando der damals neu gebauten Baltimore war
Schley's Belohnung. Als er im Jahre 1891 in aller Eile von seiner Fahrt
nach Schweden zurückkehren mußte, um nach Chile zu gehen, brannte er vor Be-
gierde, das schöne, stolze Schiff zu erproben. In Chile war damals wieder
einmal ein Bürgerkrieg ausgebrochen; der amerikanische Gesandte, Patrick Egan,
wurde beschuldigt, Partei genommen zu haben, und es herrschte daher große Erbitterung gegen die Amerikaner. Ihren Höhepunkt erreichte die kritische Situation, als zwei Matrosen der Baltimore in den Straßen von Valparaiso ermor-
det wurden, wobei die chilenische Polizei sich gänzlich unthätig verhielt. Schley
landete noch an demselben Tage, um Mitternacht, eine Abtheilung Seesoldaten;
das hat seiner Zeit scharfe Kritik herausgefordert, aber jedenfalls bewies es, daß
der amerikanische Capitän vor einem Kampfe nicht zurückschreckte, und das hat
vielleicht das gute Resultat gehabt, daß es zu einem bewaffneten Zusammenstoß
nicht gekommen ist. Eines Tages verbreitete sich in New York das Gerücht, die
Baltimore sei in die Luft geflogen, wie später die Maine im Hafen von Havana.
Thatsache war es, daß ein Krieg zwischen den Ver. Staaten und Chile unvermeidlich erschien; es hieß, die chilenischen Panzerkreuzer Esmeralda und Almirante

UNITED STATES ARMORED CRUISER NEW YORK

UNITED STATES TORPEDO BOAT CUSHING

UNITED STATES BATTLESHIP INDIANA

UNITED STATES PROTECTED CRUISER COLUMBIA

UNITED STATES MONITOR MIANTONOMOH

UNITED STATES BATTLESHIP TEXAS

UNITED STATES ARMORED CRUISER BROOKLYN

Cochran würden im Verein mit Torpedobooten die Baltimore angreifen. Letztere lag zur Zeit auf der Rhede von Valparaiso zwischen dem deutschen Kreuzer Leipzig und dem britischen Melpomene. Schley ersuchte die Commandanten der beiden Schiffe, ihren Ankerplatz zu ändern und ihm so klares Feld für seine Geschütze zu geben. Beide thaten es, aber es kam zu keinem Gefechte.

Indeß glaubte man in Washington doch wohl, daß Capitän Schley's Haltung etwas zu herausfordernd gewesen; seine Versetzung zum Leuchtthurm-Dienst wurde als dadurch veranlaßt angesehen. Erst im Jahre 1895 erhielt er wieder ein Schiffscommando.

Von seiner Mannschaft geehrt.

Eine schöne goldene Uhr, welche der Admiral trägt, ist das Geschent der Legislatur von Maryland nach der Rettung Greely's. Höher wird von ihm aber ein hübscher Ebenholzstock mit goldenem Griff geschätzt, eine Gabe der Besatzung der „Baltimore", als er das Commando dieses Schiffes abgab. Der Sprecher der Matrosen sagte bei Ueberreichung des Stockes: „Den Regulationen gemäß dürften wir einem unserer Offiziere ein Geschenk nicht machen; seitdem Sie aber das Commando des Schiffes abgaben, sind Sie nur ein Gentleman!"

Schley ist ein geborener Soldat; wo es seit Beginn des Krieges mit Spanien voraussichtlich zu einem Zusammenstoß kommen mußte, da sollte Schley selbstverständlich dabei sein. Er ist bestimmt, schlagfertig und kühn; entschließt sich rasch und hat unbegrenztes Selbstvertrauen. Sein Streben ist es stets, die Offensive zu ergreifen, den ersten Schlag zu führen. Als er zum Commandeur des Fliegenden Geschwaders ernannt wurde, soll er den Präsidenten ersucht haben, der von Spanien abgegangenen Flotte von Panzerkreuzern und Torpedoboot-Zerstörern entgegenfahren zu dürfen, da dieselbe eine schwere Gefahr für die Ver. Staaten bilde, und Spanien mit ihrer Absendung entschieden einen kriegerischen Act gethan habe. Die spanischen Schiffe sollten, ehe es zu spät sei, angehalten und zur Rückkehr aufgefordert werden, widrigenfalls man sie angreifen müßte. Später war es dann dem damaligen Commodore und jetzigem Admiral Schley vergönnt, vor Santiago die spanischen Schiffe, welche er überhaupt im amerikanischen Gewässer kaum lassen wollte, zu vernichten.

„Fighting Bob" Evans.

Noch ein weiterer Marineoffizier verdient speziell genannt zu werden: Einer der am besten bekannten Schiffscommandanten ist Capitän Robley D. Evans, dem die Führung des mächtigen Schlachtschiffes „Jowa" anvertraut wurde.

G 9

Capitän Evans besitzt Eigenschaften, die ihm das Interesse seiner Mitbürger gewinnen. Er geht kühn auf sein Ziel los und hat eine ganz besondere Art und
Weise, seiner Ansicht Ausdruck zu geben. Vom General „Pap" Thomas wird
erzählt, daß ein zufriedenes Lächeln über sein Gesicht zog, als er hörte, seine
Soldaten hätten ihm einen hübschen Beinamen gegeben; denn solch' ein Beiname
war Beweis dafür, daß sein Besitzer sich die Herzen und das Vertrauen seiner
Leute gewonnen hatte. Der Capitän der „Jowa" erfreut sich ebenfalls eines
solchen Beinamens: "Fighting Bob Evans" wird er genannt.

So manche Geschichte wird vom Capitän Evans erzählt. Von Geburt ist er
Virginier, und es heißt, seine Mutter habe, als der Süden sich von der Union
losjagte, ohne sein Wissen sein Abschiedsgesuch nach Washington gesandt. Der
junge Cadet setzte es jedoch durch, daß seine Resignation vom Marine-Departement abgelehnt wurde und trat sofort wieder ein. Von Utah wurde er im Jahre
1860 auf die Marine-Akademie gesandt, welche er im Jahre 1863 als Ensign
verließ. Bei dem Angriffe auf Fort Fisher landete er mit einer Abtheilung
Matrosen und Seesoldaten und wurde zweimal durch Gewehrschüsse verwundet,
deren Spuren noch bemerkbar sind; eine Medaille war seine Belohnung für seine
damals bewiesene Bravour. In einem anderen Gefecht, bei dem Angriff auf
Fort Sumter von der Wasserseite, erhielt er einen Schuß, der ihn zeitlebens
lahm machte. Er führte damals das Commando über zwei Geschütze. Eine
Kugel fuhr durch eine Luke, riß ein Loch in das Deck und zerschmetterte Evan's
Kniescheibe. Trotzdem ging der junge Offizier nicht unter Deck, sondern legte
sich in das von der Kugel gerissene Loch und commandirte so seine beiden Geschütze bis zum Ende des Gefechts. Mehrere Jahre lang war er Lehrer der
Seemannskunde an der Marine Akademie, und viele jüngere Offiziere waren
dort und auf Uebungsfahrten seine Schüler. Stets bestimmt und oft sarkastisch
in seinen Bemerkungen den jungen Offizieren gegenüber, ist er ebenso stets be-
strebt, sie zu tüchtigen Vorgesetzten heranzubilden. Ein Offizier, der Midshipman unter Evans war, erzählt, er habe eines Tages beim Segelexercieren einen
Fehler gemacht; Evans habe ihm vom Quarter-Deck zugerufen, herunterzukom-
men und sich das Heu aus den Haaren zu kämmen. „Es war eine recht scharfe
Zurechtweisung", meinte jener Offizier, „aber Evans glaubte wohl, damit seinen
Zweck zu erreichen, und das hat er!"

Kennt kein Zaudern.

Capitän Evans erhielt im Juli 1891 das Commando des Kanonenboots
„Yorktown", das zu jener Zeit, als die Beziehungen zwischen den Ver. Staaten

und Chile sehr gespannt waren, in den Hafen von Valparaiso einlief. Das Fahrzeug war nur klein und führte wenige Geschütze, aber sein Commandant ersetzte das durch eiserne Energie. Da die „Yorktown" unmittelbar gegenüber den Ha'enbatterien ankerte, so würde ein Schuß genügt haben, um sie zum Sinken zu bringen. Bald nach Ankunft des Schiffes nahmen die Chilenen Torpedo-Exercicien vor, die von einer Anzahl kleiner Fahrzeuge ausgeführt wurden, und da die „Yorktown" damals das einzige Schiff im Hafen war, so wurde sie als Angriffspunkt ausersehen, was Capitän Evans sehr wenig behagte. Eine Zeit lang stand er an Deck und beobachtete die Manöver der kleinen Fahrzeuge, bis er es nicht länger aushalten konnte. Er ließ das Schiff klar zum Gefecht machen und die Geschütze laden; dann fuhr er mit seinem Cutter an's Land und begab sich direkt zum Stadtkommandanten. Letzterem erklärte er ohne alle Umschweife, die Torpedoboote müßten binnen einer halben Stunde den Hafen verlassen haben; so geschah es auch.

Seinen Beinamen "Fighting Bob" hat sich Capitän Evans eben dort, in Valparaiso, erworben. Als der spanische Gesandte mit einer Anzahl Flüchtlinge an Bord seines Schiffes kam, ließ er einen Salut abfeuern und verbot sich in sehr energischer Weise irgend welche abfälligen Bemerkungen der Chilenen darüber. Verschiedene geflügelte Worte rühren von ihm her: Capitän Josiah Tattnall entschuldigte seine Theilnahme an dem Angriff der britischen Flotte auf die chinesischen Forts von Pei-Ho und den damit begangenen Neutralitätsbruch damit, daß „Blut dicker als Wasser sei!" — Lawrence's Ausruf: "Don't give up the ship!" gehört in dieselbe Kategorie, und von Evans wird u. A. berichtet, er habe gesagt, die spanische Sprache sollte, wenn es nach ihm ginge, in den nächsten fünf Jahren in der Hölle fast allein gehört werden!

Andere tüchtige Offiziere.

Capitän Henry C. Taylor, Commandant des Schlachtschiffs Indiana, ist ein Schulkamerad und Schwager Capitän Evans'. Er bestand im Mai 1863 das Abgangsexamen an der Marine-Akademie mit Auszeichnung, nachdem er den ganzen Lehrcursus in zwei Jahren acht Monaten durchgemacht hatte. Während der letzten Zeit des Bürgerkrieges leistete er ehrenvolle Dienste und gilt seitdem als einer der intelligentesten und am besten informirten Marine-Offiziere; seine bedeutenden Kenntnisse in der Marinestrategie brachte Capitän Taylor als Präsident des "Naval War College" zur Geltung. Einer der am meisten fortschrittlich gesinnten Marineoffiziere, hat er durch seine genaue Bekanntschaft

mit allen Zweigen des Dienstes sich für die Regierung von größtem Werth erwiesen, als die Vorbereitungen für den Krieg mit Spanien in aller Eile getroffen werden mußten.

Der Commandant des Monitors Puritan, Capitän Purnell F. Harrington,
trat im Jahre 1861 in die Marine-Akademie ein und bestand drei Jahre später
die Abgangsprüfung, so daß er auch aktiv an dem Bürgerkrieg theilnehmen
konnte. Das Torpedowesen ist sein specielles Fach und er gilt als Sachverständiger in allen Fragen, wo es sich um Explosionsgeschosse handelt.

Capitän Nicoll Ludlow, der den Monitor Terror commandirt, ist ein Classen-
genosse von Evans und Taylor, und Bruder Oberst Ludlow's vom Ingenieur-
Corps, dem die Befestigungen von Sandy Hook unterstellt sind. Er hat im
ganzen Lande viel Freunde und genießt den Ruf, sich im Krieg wie im Frieden
als sehr tüchtiger Offizier gezeigt zu haben.

Die Amphitrite, das Schwesterschiff der Terror, wird von Capitän C. J.
Barclay commandirt, der im Jahre 1860 in den Marinedienst trat und sich im
Bürgerkriege bereits auszeichnete. Er war „Master" auf der berühmten Cor-
vette Kearsarge und wurde nach Beendigung des Krieges Lieutenant. Eine
Anzahl Schiffe sind von ihm geführt worden, darunter die Alert drei Jahre
lang.

Capitän French E. Chadwick commandirt den Panzerträger New York, nachdem er Vorsteher des „Bureau of Equipment" gewesen, sowie Mitglied der Commission zur Untersuchung der Maine-Katastrophe. In die Marine-Akademie
trat er zu spät ein, um noch im Bürgerkrieg Dienste leisten zu können; er nimmt
trotzdem eine sehr angesehene Stellung in der Marine ein und erwarb sich große
Anerkennung als Commandant des Kreuzers Marblehead im Uebungsgeschwa-
der von 1890. Die Marine wirksamer zu machen ist das stetige Streben dieses
Offiziers und Pläne dazu beschäftigen ihn unausgesetzt. Er ist stets bemüht,
dahin zu wirken, daß unsere Marine aus allen modernen Verbesserungen Vortheil zieht.

Sehr populär.

Der Commandant des Schlachtschiffes Texas, Capitän John W. Philip, war
dem Range nach der vierte nach dem bisherigen Commodore Schley. Auf der
Marine-Akademie galt er als der beliebteste Schüler seiner Classe und dieser
Ruf ist ihm seitdem geblieben. Wohl kein Marineoffizier hat mehr Freunde
und weniger Feinde, als „Jack" Philip. Während des Bürgerkrieges war er
auf See und hat damals so viel wirklichen Kriegsdienst gethan, wie irgend

einer seiner Kameraden. Zum Lieutenant wurde er im Jahre 1862 ernannt; in demselben Jahre wurde er bei der Belagerung von Charlestown am Bein verwundet.

Das Schlachtschiff Massachusetts wird von Capitän Francis J. Higginson geführt, der ebenfalls bei Ausbruch des Bürgerkrieges sich auf der Marine-Akademie befand und sofort in den Krieg zog. Die Wegnahme des Kaperschiffes Judith, das Bombardement der Ports Jackson und St. Philip, die Vernichtung der Vertheidigungswerke von New Orleans und das Bombardement von Fort Sumter sind einige der Gefechte, in welchen sich Higginson für einen Schiffscommandeur vorbereitete. Lieutenant wurde er im zweiten Kriegsjahre; seitdem hat er sich bei seinen Kameraden höchste Achtung erworben und genießt allgemeines Vertrauen.

Admiral Miller wurde im vorigen Jahre mit dem Panzerträger Brooklyn nach Europa gesandt, um die amerikanische Regierung bei dem Jubiläum der Königin Victoria zu vertreten. Das Schiff wurde damals von Capitän Francis A. Cook commandirt, der dasselbe jetzt noch führt. Als die ersten Schüsse gegen Fort Sumter fielen, befand Capitän Cook sich ein Jahr auf der Marine-Akademie. Er verließ dieselbe dann sobald als möglich und diente auf dem Golf-Geschwader mit Auszeichnung. Seit Beendigung des Krieges hat er eine sehr erfolgreiche Carriere gemacht.

Wegen Tapferkeit befördert.

Capitän James H. Sands ebenfalls der 1860er Classe der Marine-Akademie angehörig, wie mehr als die Hälfte der Commandanten unserer besten Kriegsschiffe, commandirt die Columbia. Noch kein Jahr im Dienst, erwarb er sich bereits den Ruf eines tapferen Kämpfers. Während des Angriffs auf Fort Fisher empfahl ihn der „Board of Admirals" zweimal wegen Tapferkeit zur Beförderung.

Als Commandant der Minneapolis hat Capitän Theodore F. Jewell wenig Gelegenheit gehabt, sich im Kriege auszuzeichnen. Aber er hat viele wichtige Commandos gehabt, so war er Chef der Torpedo-Station, und er ist als sehr tüchtiger Offizier bekannt.

Viele andere ausgezeichnete Offiziere wären unter den Commandanten der kleineren Kreuzer und der Kanonenboote zu nennen; verschiedene derselben haben denselben Rang und dasselbe Dienstalter, wie die bereits erwähnten. So vor allen Capitän Colby M. Chester von der Cincinnati, der unter Farragut in der Schlacht in der Bai von Mobile gefochten. Bei der Enthüllung des Grant Denkmals in New York und bei der Marine-Parade auf dem Hudson vertrat er das Marinedepartement; später commandirte er ein Geschwader. Sämmtliche Commandanten der kleineren Schiffe sind Männer, die jederzeit die Führung der großen Schlachtschiffe übernehmen könnten.

Gehen wir das Verzeichniß der Lieutenant-Commandos und Lieutenants durch, so finden wir viele Officiere, die als vielversprechend gelten; verhältniß-mäßig noch jung, haben sie weniger, als die höheren Officiere Gelegenheit ge-habt sich auszuzeichnen. Sie brennen aber auf eine Gelegenheit, zu zeigen, aus welchem Holze sie geschnitzt sind.

Der Held von Manila.

Contre-Admiral George Dewey, der Held der Seeschlacht bei Manila, em-pfing seine Feuertaufe an Bord der ehemaligen Dampfschaluppe Mississippi, unter Farragut, bei Beginn des Bürgerkrieges. Er ist jetzt 61 Jahre alt; in Ver-mont geboren, wurde er im September 1854 von jenem Staate auf die Marine-Akademie gesandt. Vier Jahre später, als er die Abgangsprüfung bestanden, kam er auf die Dampffregatte Wabash, welche im Mittelmeer kreuzte. Sein Lieutenantspatent erhielt Dewey am 19. April 1861, acht Tage nach dem An-griff auf Fort Sumter, und unmittelbar darauf wurde er auf die Mississippi commandirt, um bei dem West-Golf-Geschwader Dienste zu thun. Er befand sich auf der Mississippi, als dieselbe mit Farragut's anderen Schiffen die Ein-fahrt in den Mississippi forcirte, und ebenso, als die Flotte dem Feuer der Forts unterhalb von New Orleans trotzte und die Uebergabe der Stadt erzwang. Sein Schiff gehörte damals zur Capitän Bailey Division der Flotte, welche Fort Philip angriff.

Der schwerste Kampf in welchen die Mississippi verwickelt wurde, war auch ihr letzter. Im März 1863 versuchte die Flotte die Batterien der Conföderir-ten bei Fort Hudson zu zerstören; einige Schiffe gelangten bis zu einer engen Stelle des Canals, wo sie sich Landbatterien, fast Mündung gegen Mündung gegenübersahen und den Rückzug antreten mußten. Die Mississippi war nicht soweit gekommen. In dem damals herrschenden Nebel und dem Pulverdampf war sie aufgelaufen. Gerade unter den Geschützen einer der stärksten Batterien saß das Schiff fest; innerhalb einer halben Stunde wurde es von 250 Geschossen getrof-fen und thatsächlich durchbohrt. Eine Möglichkeit, das Schiff zu halten, war nicht vorhanden, weshalb die Besatzung in die Boote flüchtete und am andern hier landete, nachdem es das Fahrzeug in Brand gesetzt. Bald darauf setzte sich das Schiff, dessen Belastung durch den Abzug der Mannschaft sehr verringert worden war, wieder in Bewegung und trieb ab, während die Flammen überall emporzüngelten und die geladenen Geschütze losgingen, bis schließlich das Feuer die Pulvermagazine ergriff und eine furchtbare Explosion das Ganze zum Abschluß brachte.

Eine lange, brillante Laufbahn.

Dewey wurde darauf auf das Dampfkanonenboot Agawan, zu dem nordatlantischen Blockadegeschwader gehörig, commandirt und nahm mit demselben an dem Angriffe auf Fort Fisher im December 1864 und Januar 1865 theil. Im März 1865 wurde er zum Lieutenant-Commandeur ernannt und diente als solcher auf der Kearsarge und der Colorado, Flaggschiff des europäischen Geschwaders; dann wurde er an die Marine-Akademie berufen. Sein erstes Seecommando erhielt er wieder im Jahre 1870, wo er die Narraganset führte. Commandeur wurde er im April 1872 und nahm als solcher mit jenem Schiff Vermessungen im Stillen Ocean vor, als er zum Leuchtthurm-Inspector und später zum Secretär der Leuchtthurm-Behörde ernannt wurde. Die Juniata commandirte er auf der asiatischen Station in 1882-83; im September 1884 wurde er Capitän und erhielt die Dolphin, damals ein ganz neues Schiff, welches zu dem neu gebildeten „weißen Geschwader" gehörte. Im Jahre darauf wurde er nach Europa gesandt, zur Uebernahme des Commandos des Flaggschiffes Pensacola und blieb dort bis 1888; alsdann wurde er Vorstand des Ausrüstungs-Rekrutirungs-Bureaus, mit dem Rang als Commandeur. Diesen Posten versah er bis 1893, wo er Mitglied der Leuchtthurm-Behörde wurde. Sein Patent als Commodore erhielt er am 28. Februar 1896, ungefähr zur selben Zeit wurde er Präsident des „Board of Inspection and Survey". Letzteren Posten vertauschte er dann im Januar dieses Jahres mit dem Commando der asiatischen Station.

X. Kapitel.
Vorgehen von Admiral Sampson's Flotte.

Die bereits im ersten Kapitel erwähnte Botschaft des Präsidenten an den Congreß über Cuba erging am 11. April. Nach eingehender Erörterung der in derselben enthaltenen schwerwiegenden Empfehlungen nahm der Congreß am 18 April gemeinsame Beschlüsse an, welche unsere Regierung ermächtigten, zur Zwecke der Unabhängigmachung Cuba's zu interveniren, die zugleich verlangten, daß Spanien seine Land= und Seestreitkräfte aus Cuba und cubanischen Gewässern zurückziehen sollte. An demselben Tage, an welchem Präsident McKinley diesen Beschlüssen seine Unterschrift gegeben hatte, wurde ein denselben entsprechendes Ultimatum an die spanische Regierung nach Madrid abgesandt. Der spanische Gesandte in Washington, Senor Polo y Bernabe, ersuchte zu gleicher Zeit um seine Pässe, erhielt dieselben und reiste nach Canada ab.

Der Krieg plötzlich zur Gewißheit geworden.

Am nächsten Tage, am 21. April, sandte Spanien dem Gesandten Woodford seine Pässe und löste so die letzten diplomatischen Beziehungen zwischen den beiden Regierungen. Die Ereignisse drängten also rasch und der plötzliche Ausbruch des Krieges war zur Gewißheit geworden. Im Kriegs= und im Marine=Departement waren umfassende Vorbereitungen begonnen worden. Das süd= atlantische Geschwader war bei Key West, Fla., versammelt. Der erste Schritt war, den Hafen von Havana zu blockiren und so viel wie möglich zu verhindern, daß spanische Schiffe Lebensmittel und Kriegsmaterial für den Feind nach cuba= nischen Häfen brachten.

Das nordatlantische Geschwader verließ am Morgen des 22. April um 5 Uhr 15 Min. Key West in der Richtung nach den Florida Straits; nur die Monitors „Terror" und „Puritan" und die kleineren Kreuzer blieben zurück. Grau be= gann die Dämmerung, als das mächtige Geschwader in aller Stille die Anker lichtete, und wie man annahm, um der Küste von Cuba zuzusteuern. Außer den genannten beiden Monitors wurden der Kreuzer „Marblehead", das Kanonen= boot „Helena", der Aviso „Dolphin" und die Torpedoboote „Cushing" und „Ericsson" zurückgelassen; die Torpedoboote „Dupont", „Porter", „Winslow" und „Foote" gingen mit dem Geschwader. Während der Nacht hatte ungewöhn=

liche Geschäftigkeit auf den Schiffen Beobachtern am Lande gezeigt, daß der lange erwartete Vorstoß gegen Havana unmittelbar bevorstehe; doch lag nichts offi= zielles vor, was es bestätigte.　Aus Washington wurde gemeldet, daß ein Vor= gehen während der nächsten Nacht wahrscheinlich sei, aber die am Land befind= lichen Marineoffiziere wollten von solchen Befehlen nichts wissen.　Als dann am Abend Signale sämmtliche Leute sofort auf die Schiffe beorderten, wurde das vielfach als eine Vorsichtsmaßregel angesehen, namentlich, da eine Anzahl Offi= ziere, unter ihnen mehrere vom Flaggenschiff, am Land blieben und Urlaub über Nacht hatten.

Auf die Schiffe beordert.

Gegen 11 Uhr Abends aber endete sich die Situation plötzlich, als vom Flag= genschiff der Befehl kam, daß alle am Land befindliche Mannschaft und Offiziere sofort auf das Schiff zurückkehren sollten.　Vor Mitternacht war keine goldbe= treßte Uniform und keine Blaujacke mehr in der Stadt zu sehen; bis auf einen oder zwei Matrosen, deren Kneipluft ihren Patriotismus überwog, befand sich kein Seemann des Geschwaders mehr in Key West.　Der Schauplatz der Hand= lung war nach dem Hafen verlegt, wo sich bis zum Tagesanbruch ein anziehen= des Panorama geboten hatte.　Längere Zeit hatte das Flaggenschiff etwa sieben Meilen weit heraus majestätisch an seinen Ankern sich geschaukelt, flankirt von den riesigen Schwesterschiffen, der „Jowa" und der „Indiana".　In Key West waren die hohen Schornsteine kaum sichtbar, während die Rümpfe unerkennbaren Schatten gleich in dem fernen Wasser lagen.　Dagegen hatte der innere Hafen ein desto lebhafteres Bild geboten, da Monitors, Kreuzer, Kanonenboote und kleinere, aber ernst aussehende Torpedoboote, welche geräuschlos zwischen den größeren Schiffen hin= und herhuschten, ihn füllten.　Beim Zwielicht war die Scene unverändert; das Signalisiren zwischen den weiterliegenden drei Schiffen und den näher am Land ankernden war, seitdem die Flotte sich dort versam= melte, die Regel gewesen; doch in der letzten Nacht blitzten verschiedene farbige Lichter fast unaufhörlich ihre Botschaften über den Horizont.　Die ersten Son= nenstrahlen brachen gerade vom Osten hervor und zwei Glockenschläge erklangen gerade von den Schiffen, als eine dünne und ungeübten Augen fast unsichtbare Lichtlinie am Horizont über die Stelle, wo das Flaggenschiff lag, erschien.　Einen oder zwei Augenblicke später ließ die „Cincinnati", welche auf der Höhe von Fort Taylor im inneren Hafen lag, farbige Lichter erscheinen und meldete, daß sie das Signal verstanden.　„Puritan" und „Helena" betheiligten sich an dieser leuch= tenden Conversation und bald glich der Himmel einem Kaleidoscop, wie Schiff

auf Schiff antwortete und immer neue Lichter Botschaften von höchster Wichtig
keit, die in der Geschichte eine Rolle spielen sollen, vermittelten. Was sie sagten,
konnte selbstverständlich an Land Niemand bestimmt wissen, aber wer dieses
Lichterspiel sah, glaubte sicher zu sein, daß es sofortiges Vorgehen bedeute.

Im Schutze der Nacht.

Die Botschaft brauchte nicht lange Zeit zu ihrer Ueberlieferung, doch war die
Sonne bereits aufgegangen, als der letzte Buchstabe erlosch. Dann sahen die
Augenzeugen des Schauspiels, daß die Bewegung der Flotte bereits unter dem
Schutze der Nacht begonnen hatte. Die großen Schiffe waren noch in weiter
Entfernung erkenntlich, während die anderen sich ihnen bedeutend genähert hatten und sich um das Flaggenschiff gruppirten. Es war genau 5 Uhr 42 Minuten Morgens, als die New York sich, ohne daß weitere Vorbereitungen sichtbar gewesen waren, in Bewegung setzte und majestätisch der Außenrhede zu-
dampfte; zugleich gab sie den anderen Schiffen das Signal, ebenfalls die Anker
zu lichten.

Am Lande befindlichen Zuschauern kam es vor, wie wenn die New York
etwas voraus wäre, während Jowa und Jubiana auf beiden Seiten, aber
in gewissem Abstande, folgten. Als das Geschwader sich dem Horizont näherte,
breiteten die Schiffe ihre Fahrlinie noch mehr aus, bis dieselbe etwa drei Meilen
lang zwischen den Spitzen des Halbmondes, den sie bildete, war. Aus dem
inneren Hafen waren die anderen Schiffe eins nach dem anderen herausgedampft;
mehrmals hielten sie dann wieder, bis die ganze Geschwaderformation segelfertig war. In welcher Reihenfolge die Schiffe fuhren, ließ sich vom Lande aus
nicht genau erkennen; vom höchsten Punkte in Key West schien es ein Halbkreis
zu sein. Im Gefolge der drei großen Schlachtschiffe waren die Kreuzer Cincinnati und Detroit, die Kanonenboote Nashville, Wilmington, Castine, Machias
und Newport, der Monitor Amphitrite, das Cabelreperatur-Boot Mangrove,
die Yacht Mayflower und das Torpedoboot Foote. Die mächtigen Monitors
Puritan und Terror sollten, wie es hieß, später folgen; der Kreuzer Marblehead
nahm Wasser ein, die Fern ging nach Tampa, um Munition für die Flotte zu
holen und nach Havana zu schaffen.

Abfahrt des Geschwaders.

Als Key West erwachte, sah es, daß die Entscheidung vor der Thüre stand und
der Spannung, was der nächste Tag bringen würde, ein Ende gemacht sei. Am
Abend vorher war die Situation noch gänzlich unverändert gewesen. Gerüchte

von Segelorders für die Flotte waren so häufig aufgetaucht und hatten sich so oft als unbegründet erwiesen, daß die Nachricht, die meisten Schiffe hätten den Hafen verlassen, zuerst nicht Glauben fand, dann aber machte sich Jedermann mit dem Gedanken vertraut, daß wichtige Ereignisse bevorstanden. Die Marine war, wie man wußte, kampfbegierig; der Maine war nicht vergessen worden und entschlossenen Muthes steuerte die Flotte gen Cuba. Ihre Abfahrt war kein so imposantes Schauspiel gewesen, wie erwartet worden: Im Gegentheil, es schien, wie wenn die Schiffe sich darum stritten, welches das erste sein sollte. Als das Flaggschiff in den Hafen gekommen und das Signal zur Abfahrt gegeben hatte, drehte es und steuerte direct auf die offene See, die Jowa und die Indiana dicht hinter ihm. Die Indiana hatte in Dry Tortugas Kohlen eingenommen, erhielt aber telegraphisch Segelorder und traf um Mitternacht wieder auf dem Ankerplatz ein. Von den anderen Schiffen lag das Kanonenboot Machias den drei großen am nächsten und drehte daher als erstes in Linie; die New York folgte. Von den dicht am Ufer liegenden Schiffen war die Amphitrite das erste; sie dampfte längs der Machias hin, ihr ungeheuer Geschütz weit über ihre niedrige Brüstung hervorstreckend. Dann kam die Nashville, deren vier Schornsteine sie von den anderen Kanonenboote unterscheiden, die Wilmington an ihrer Seite. Es folgte die Castine, die Cincinnati, welche sich etwas verspätet, da sie auf der Höhe von Fort Taylor von einem Schooner Kohlen eingenommen hatte, als das Abfahrtssignal gegeben wurde; den Schluß bildete die Mayflower. Die Monitors Puritan und Terror lagen inzwischen Seite an Seite und nahmen von einem großen, zwischen ihnen liegenden Boote Kohlen ein; ihre Decks waren gedrängt voll Offizieren und Blaujacken welche dem Seeschauspiel zuschauten. Etwa 20 Depeschenboote von Zeitungen folgten der Flotte, welche von erfahrenen cubanischen Lootsen geführt wurde; Juan Santo befand sich auf der New York, Pedro Hernandez auf der Cincinnati und Felize Losa auf der Indiana.

Die erste Prise.

Am 22. April erklärte Präsident McKinley die Blockade cubanischer Häfen; an demselben Tage wurde das erste spanische Schiff genommen. Als das Geschwader langsam in südlicher Richtung dampfte, wurde um 7 Uhr Morgens ein zweimastiges Schiff gesichtet, mit schwarzem Rumpf, weißem Aufbau und schwarzem Schornstein, der mit den spanischen Farben bemalt war; die spanische Flagge flatterte am Hintermast. Plötzlich brach die Nashville aus der Linie und ging mit Volldampf auf den Spanier los; einen Augenblick später wurde ein Schuß von der Steuerbord-Batterie der Nashville abgegeben, der etwa hundert Ellen weit davon das Wasser traf. Der Spanier war damals eine halbe Meile von der Nashville entfernt und setzte seine Fahrt fort, ohne den Schuß zu beachten. Etwa zwei Minuten lang setzte die Nashville die Jagd fort; dann erdröhnte

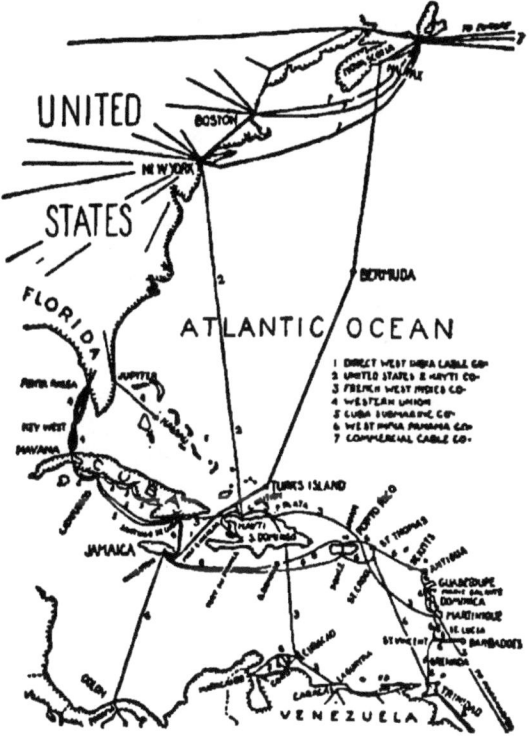

Karte, welche die Kabel-Linien auf dem Kriegsschauplatze veranschaulicht.

ein zweiter Schuß, der anscheinend etwa eine Klafter weit vom Bug des Spaniers vorbeiging und den Schaum von den Wogen eine Meile weit aufspritzen machte. Sofort wurde auf dem Spanier die Maschine gestoppt und die Flagge in aller Eile gesenkt. Um 7 Uhr 15 Min. kam die Nashville an den Spanier heran, ihre sämmtlichen Geschütze an der Steuerbordseite auf ihn richtend. Ein

Boot wurde herabgelassen und Ensign Magruder mit einer Prisenmannschaft von sechs Matrosen zur Uebernahme des Schiffes abgesandt. Es war der Dampfer Buena Ventura, der zwischen New York und Havana und westindischen Häfen Reisen machte. Auch das Torpeboboot Foote war inzwischen herangekommen und brachte die Papiere des Spaniers zum Flaggenschiff, das mit den anderen Schlachtschiffen beigelegt hatte. Eine Anzahl Schüsse wurden von der New York abgegeben, deren Bedeutung zuerst unverständlich war. Dann kehrte das Torpedoboot zur Nashville zurück und überbrachte die Ordre, die Buena Ventura festzuhalten; einige Augenblicke später dampfte die Nashville, von der Buena Ventura gefolgt, in der Richtung nach Key West ab. Als sie etwa eine Meile weit entfernt waren, hielten sie wiederum auf ein Signal Admiral Sampson's an, bis sie ihre Fahrt von neuem aufnahmen. Auf der Brücke des spanischen Schiffes waren fast beständig zwei Offiziere sichtbar; aber ein amerikanischer Matrose stand am Ruder, ein anderer auf der Brücke neben Ensign Magruder, und ein dritter bewachte das Hauptdeck. Die Matrosen waren mit Gewehren und Bajonetten bewaffnet, Magruder mit Säbel und Revolver.

Commandeur Lyons von der Dolphin übergab später dem Bundes-Distrikts-anwalt Stripling in Key West die Papiere des von der Nashville genommenen Spaniers. Während der Capitän desselben an Bord bleiben durfte, wurden die 28 Mann Besatzung auf die Dolphin gebracht und mußten beim Kohlen-fassen helfen. Die Nashville ging an demselben Nachmittag wieder in See, nachdem sie so den ersten Erfolg in dem soeben ausgebrochenen Kriege errungen.

Weitere Prisen.

Unter den Kanonen von Morro Castle nahm Admiral Sampson's Flotte am nächsten Tage zwei weitere Prisen: der spanische Dampfer Pedro, mit einer Ladung Reis, Eisen und Bier, wurde fortgenommen, gerade als er Havana verließ, um nach Santiago de Cuba zu gehen. Als sein Capitän, Bonet, die Nachricht erhielt, daß amerikanische Geschwader sei in Sicht, nahm das Schiff Ladung ein; da Bonet befürchtete, Havana könnte bombardiert werden, so ging er sofort in See. Aber sein Schiff war nicht rasch genug; es wurde von dem Flaggenschiff New York bemerkt, das sofort Jagd auf den Spanier machte. Mehrere Schüsse aus den leichteren Geschützen brachten das spanische Schiff nicht zum Stillstand, erst als ein schweres Geschoß über seinen Bug hinwegging, legte es bei, nachdem die Jagd zehn Meilen weit gegangen war.

Die dritte Prise wurde von der Ericsson genommen, gegen Tagesanbruch, unmittelbar vor der Einfahrt nach Havana. Es war ein kleiner Fischerschooner, der versuchte, vom Hafen auf die offene See zu kommen, aber von Lieutenant Usher, Commandant der Ericsson, bemerkt wurde. Da das amerikanische Schiff eine Prisenmannschaft nicht abgeben konnte, mußte das kleine spanische Boot vor dem Amerikaner hersegeln, bis sie auf die Cincinnati stießen, welche dann die Prise übernahm.

Reiche Beute.

Am Morgen des 26. April dampfte der Leuchtthurm-Tender Mangrove, das „Baby" der Flotte, stolz nach Key West hinein mit der reichsten, bisher in dem Kriege gemachten Beute, — einem viermal so großen Schiffe. Es war die Panama, Capitän Quevedo, ein großer Oceandampfer und Hülfskreuzer der spanischen Marine, der zwischen New York und Havana fuhr. 29 Passagiere, unter ihnen drei Frauen, ein Franzose und ein Mexikaner, und eine Besatzung von 72 Mann befanden sich auf dem Dampfer. Da die Panama zwei Zwölf-pfünder führte, hätte sie der kleinen Mangrove mit Leichtigkeit den Garaus machen können; letztere wurde daher bei der Einfahrt nach Key West von allen Schiffen, die sie passirte, mit lauten Hurrahs begrüßt.

Die Mangrove kreuzte unter Commando von Lieutenant-Commander Wm. H. Everett längs der Küste von Cuba, als um 5 Uhr 45 Min. Nachmittags, etwa 20 Meilen nördlich von Havana die Panama in Sicht kam. Zwei Schüsse, welche über ihren Bug gefeuert wurden, hatten keinen Erfolg, worauf Everett aus einer Entfernung von hundert Ellen dem auf Deck der Panama befindlichen Offizier zurief, sein Schiff werde zum Sinken gebracht werden, wenn es sich nicht ergebe. Wie die Offiziere der Mangrove zugestehen, erwarteten sie, die Zwölf-pfünder der Panama würden diese Drohung beantworten, — aber der Spanier legte sofort bei. Ensign Dayton ging an Bord der Prise.

Inzwischen war das Schlachtschiff Indiana herangekommen; Lieutenant-Commander Everett erstattete an Capitän Taylor Bericht, und Letzterer sandte Cadet Falcon mit fünfzehn Matrosen auf die Panama. Später befahl Admiral Sampson, daß Everett die Prise nach Key West bringen solle. Die Ladung des Schiffes bestand u. A. aus großer Masse von Mais, welcher für die hungerlei-denden Spanier auf Cuba bestimmt war; die Passagiere waren meistens spani-sche Flüchtlinge aus New York und anderen amerikanischen Städten. Capitän Quevedo nahm sich die Wegnahme seines Schiffes sehr zu Herzen; die Passagiere erklärten, nichts von der Blockade gehört zu haben; als sie das Suchlicht der

Mangrove sahen, glaubten sie, es sei ein spanisches Kriegsschiff. Die Schüsse belehrten sie eines Anderen; worauf die Frauen schreiend Schutz vor den amerikanischen Geschützen suchten, während der Capitän sich in seiner Kajüte einschloß. Von dem Kanonenboot Newport wurden die spanische Schaluppe Paquete und und der Schooner Piereneo, beide Küstenfahrer, auf der Höhe von Havana aufgebracht.

Kriegserklärung.

Während das südatlantische Geschwader so in Action trat, spielten sich in Washington andere wichtige Ereignisse ab. Am 23. April berief Präsident McKinley 125,000 Freiwillige auf zwei Jahre zu den Waffen, zu welcher Zahl die einzelnen Staaten und Territorien nach Verhältniß ihrer Bevölkerung ihre Contingente stellen sollten. Mit dem auf 60,000 Mann zu bringenden stehenden Heer sollte eine Armee von 186,000 Mann zur Verfügung sein; der größere Theil dieser Truppen war innerhalb von zwei Wochen marschbereit. 20,000 Mann des stehenden Heeres waren bereits in Chidamauga, New Orleans, Mobile und Tampa mobilisirt worden, um jederzeit zur Abfahrt nach Cuba bereit zu sein. In einer Botschaft an den Congreß empfahl der Präsident, unter Bezugnahme auf die vorgelegte diplomatische Correspondenz und die bereits getroffenen Maßregeln, Erlaß einer Erklärung, daß die Vereinigten Staaten und Spanien sich im Kriegszustande befänden. Ohne Debatte und namentliche Abstimmung beschloß das Abgeordnetenhaus so auf Antrag seines Comités für auswärtige Beziehungen; der Senat nahm ebenfalls in geheimer Sitzung, den Beschluß an, daß Krieg seit dem 21. April 1898 bestände. Sobald der Beschluß dem Präsidenten vorgelegt wurde, erhielt er die Unterschrift desselben. Zwei Tage vorher hatte Morro Castle, das stärkste Fort am Eingange zum Hafen von Havana, Feuer auf die amerikanischen Schiffe eröffnet, doch auf zu große Entfernung, als daß Schaden angerichtet werden konnte. Die Schiffe blieben in ihrer Stellung, ohne das Feuer zu erwidern.

Bombardement von Matanzas.

Das nächste Ereigniß von Bedeutung war das Bombardement von Matanzas durch Admiral Sampson's Flaggschiff, dem Panzerkreuzer New York, dem Monitor Puritan und dem Kreuzer Cincinnati, am 24. April. So energisch und heftig war das Feuern der amerikanischen Schiffe, daß innerhalb von 18 Minuten sämmtliche spanischen Geschütze zum Schweigen gebracht wurden, und während auf amerikanischer Seite Verluste nicht zu beklagen waren, mußten die

Spanier um so größere erlitten haben. Auf allen Schiffen wurde vorzüglich geschossen.

Kurz vor 1 Uhr wurde mit dem Angriff begonnen und in weniger als 20 Minuten war Alles vorüber. Die Spanier hatten eifrig an den Befestigungen von Punta Gordo gearbeitet, deren Vollendung Admiral Sampson verhindern wollte. Eine kleine Batterie am östlichen Ufer eröffnete Feuer auf die New York, was das Flaggschiff sofort mit seinen schweren Geschützen erwiderte. Etwa zwanzig 8-zöllige Geschosse wurden von den Batterien auf die amerikanischen Schiffe geschleudert, gingen aber sämmtlich zu kurz; eines oder zwei der selben sausten über Sampson's Schiff hinweg. Während die New York und die Cincinnati die Befestigungen von Matanzas beschossen, griff der Monitor Puritan die von Point Maya an. Dann ging das Flaggschiff näher an die Küste heran und beschoß Rubacaya Point und die Cincinnati richtete ihre Schüsse gegen die Befestigungen auf der Westseite der Bucht. Auf eine Entfernung von 7000 Ellen war das Feuern begonnen worden, die schließlich bis auf 3000 Ellen reducirt wurde.

Den letzten Schuß gab die Puritan mit einem ihrer zwölfpfündigen Geschütze ab; das Resultat war sofort sichtbar, da ein Theil der Befestigung in die Luft flog. Ohne Ausnahme waren die amerikanischen Schüsse gut gezielt; nach jedem Schusse zeigten dichte Staubwolken und ein Steinregen, daß derselbe gesessen. Die New York gab etwa alle drei Minuten einen Schuß ab; Cadet Boone feuerte den ersten ab, als Antwort auf den Gruß der spanischen Batterien.

XI. Kapitel.

Seeschlacht bei Manila.

Beim Ausbruch der Feindseligkeiten wurde der Commodore Dewey mit seinem Geschwader nach Asien entsandt, um gegen die Philippinen zu operiren. Anfangs wurde dieser Schachzug für unbedeutend gehalten, aber bald wurde es klar, daß eine Seeschlacht die Folge sein würde und daß ein Seesieg Dewey's wahrscheinlich die Uebergabe Manila nach sich ziehen und so der spanischen Herrschaft im fernen Osten einen tödtlichen Streich versetzen würde.

Die Erwartung auf große Neuigkeiten von Commodore Dewey's Flotte spannte sich schnell auf's Höchste. Es war wohl bekannt, daß der Commodore ein heroischer Draufgänger war, ein Mann von großer Entschiedenheit und Energie, und man nahm allgemein an, daß er Tüchtiges leisten werde. Auch täuschte man sich hierin nicht.

Schon am 1. Mai trug das Amerikanische Geschwader unter Dewey's Oberbefehl einen herrlichen und vollständigen Sieg über die spanische Philippinen-Flotte davon. Es war ein wüthender Kampf, der früh Morgens begann und mehrere Stunden anhielt. Die Tapferkeit der amerikanischen Seeleute war über alles Lob erhoben, und die Niederlage der Spanier war fast schimpflich zu nennen.

Das Zeichen zur Schlacht.

In der Nacht signalisierte Commodore Dewey seinen in der Subic-Bai, 50 Meilen nördlich von Manila liegenden Schiffen, die Schiffe „klar zum Gefecht" zu machen und ihm zu folgen. Das Flaggenschiff Olympia übernahm die Führung, und die drei Kreuzer Baltimore, Boston, Raleigh, die Kanonenboote Concord und Petrel, der Zollkutter McCulloch und die Transportschiffe Nanshan und Zafiro folgten. Am Abend vorher hatte eine Berathung der Kapitäne an Bord des Flaggenschiffes stattgefunden und es war beschlossen worden, daß der erste Schlag ein entscheidender sein sollte.

Um 4 Uhr 15 Minuten am nächsten Morgen meldete der Lugaus im Mastkorb der Olympia, er erblicke die spanische Flotte in Schlachtlinie zwischen Cavite und der Mündung des Manila-Hafens, welche ungefähr 8 Meilen von einander entfernt sind. Die spanische Flotte stand unter dem Befehl des Admirals Montejo und bestand aus den Kreuzern Reina Christina, Castilla, Velasco, Don Antonio de Ulloa, Don Juan de Austria, den Kanonenbooten General Lezo, El Cano, Isla de Cuba, Isla de Luzon und dem Aviso Marques del Cuero.

Der Angriff.

Der Angriff wurde mit furchtbarer Energie ausgeführt. Die Transport-
schiffe erhielten Befehl in sicherer Entfernung zu bleiben, und die Olympia und
Baltimore sollten das spanische Admiralschiff, die Reina Christina sowie die
Castilla, die beiden größten Schiffe des Feindes angreifen.

Sobald seine Schiffe dem Feinde die Steuerbord-Breitseite zeigen konnten begann Commodore Dewey eine entsetzliche Kanonade gegen die feindlichen Schiffe

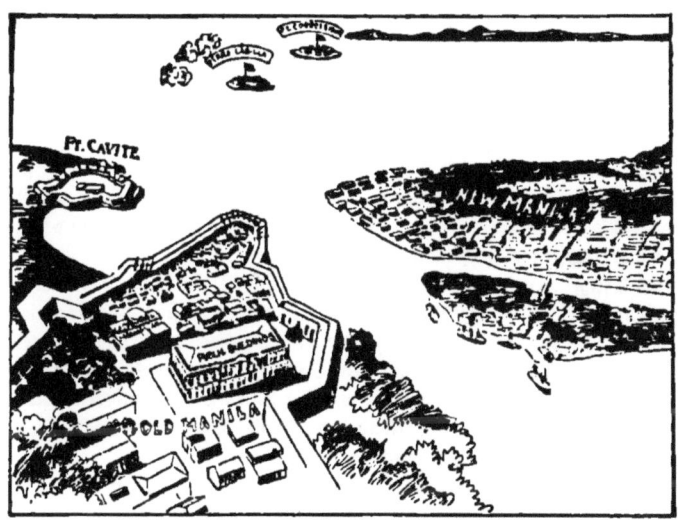

Manila, einschließlich der Forts von Cavite und Corregidor

und die hinter ihnen sichtbaren Schanzen. Jeder Schuß saß. Die Batterie d.
Olympia bestand aus vier 8-zölligen gezogenen, zehn 5-zölligen Schnellfeuer-
Geschützen, 14 Sechspfündern, 6 Einpfündern, 4 Maschinengeschützen und 6
Torpedo-Röhren. Die stärkste Batterie des Feindes befand sich auf der Reina
Christina: sechs 6.2-zöllige Hontoria, zwei 2.7-zöllige und drei 2.2-zöllige
Schnellfeuer-Geschütze, zwei 1.5-zöllige, 6 Dreipfünder, zwei Maschinengeschütze
und 5 Torpedo-Röhren.

Commodore Dewey leitete die Bewegungen des Geschwaders vom Gefechtsthurm der Olympia. Er brachte sein Schiff nahe an die Reina Christina heran
und ließ Bombe auf Bombe in dieselbe schleudern. Capitän Charles V. Gridley

von der Olympia war bei ihm. Die überlegene Treffsicherheit der Amerikaner und die größere Schwere ihrer Geschosse machten sich bald geltend. Das Feuer von spanischer Seite wurde unsicherer und langsamer.

Capitän Dyer von der Baltimore brachte sein Schiff nahe an die Castilla heran. Den vier 8-zölligen und sechs 6-zölligen Geschützen in ihrer Haupt= batterie standen auf der Castilla vier 5.9-zöllige Krupp-Kanonen, zwei 4.7= zöllige und drei 2.2-zöllige Geschütze gegenüber. Beide Schiffe hatten für Kreu= zer gute sekundäre Batterien. Das Gebrüll der Kanonen war entsetzlich. Von den spanischen Schanzen und Forts am Lande wurde unausgesetzt ein Feuer auf die amerikanische Flotte unterhalten. Die Schiffe waren in dichte Rauchwolken eingehüllt, welche die Morgenluft auf das Wasser herabbrückte, und das unauf= hörliche Krachen der Schnellfeuergeschütze und das Brüllen der großen Kanonen mischten sich zu gewaltigem Donner.

Die kleineren Schiffe, die Boston, Raleigh u. s. w. waren den ihnen gegen= überliegenden spanischen Kreuzern, Velano, Don Antonio de Ulloa an Größe und Geschoßstärke nicht ebenbürtig, aber durch schnelles Manövriren und schnelles Feuern erkämpften sie doch muthig den Sieg.

Das heftige Feuer von der Olympia vernichtete die Reina Cristina. Ein Schuß brachte ein Magazin auf der letzteren zur Explosion und sie gerieth in Flammen, und das Feuer griff trotz aller Anstrengungen der Spanier schnell um sich. Capitän Gridley führte nun sein Schiff halb um den Gegner herum, so daß er das Schiff mit einer Breitseite und die Forts mit der anderen bestreichen konnte. Die Masten des amerikanischen Schiffes wurden weggeschossen, aber nur wenige Geschosse drangen durch den Panzer.

Ein wohlgezielter Schuß von der Olympia fuhr durch den Gefechtsthurm der Reina Christina und tödtete den Befehlshaber, Capitän Cadasso. Der Admiral stand neben ihm. Als die Nachricht vom Tode ihres Capitäns die Mannschaft erreichte schien sie allen Muth zu verlieren. Sie hatten kaum Munition genug gehabt und da dieselbe jetzt fast zu Ende war und das Schiff lichterloh brannte, schien jede Anstrengung vergebens.

Tapferkeit des spanischen Admirals.

Da legte der spanische Admiral einen Beweis großer Tapferkeit ab. Als er sah, daß sein Flaggenschiff nicht zu retten und außer Gefecht gesetzt war, ließ er ein kleines Boot aussetzen und ließ sich von einer kühnen Mannschaft nach einem kleinen Kanonenboot, der Isla de Cuba, hinüberrudern, auf welches er seine

Flagge aufhißte. Die Amerikaner enthielten sich des Schießens auf den muthigen Admiral. Bald nachdem er die Reina Christina verlassen hatte, verzehrten sie die Flammen; die meisten von der Besatzung sprangen über Bord, nur um im Wasser umzukommen.

Inzwischen hatte Capitän Dyer das Schicksal der Castilla besiegelt. Wie das Flaggenschiff hatte auch sie ziemlich viel Holzwerk in sich, und als sie zwei Stunden im Gefecht gewesen war, fing sie Feuer. Auch rissen die amerikanischen Granaten und Torpedogeschosse große Löcher in ihre Seiten über und unter der Wasserlinie. Ihre Besatzung kämpfte auf's Tapferste, konnte aber nichts gegen den Feind ausrichten. Das Schiff wurde vollständig durchlöchert und in Stücke gerissen von dem Hagel von Eisen und Blei. Mannschaft und Offiziere wurden fast alle getödtet. Das Schiff brannte ganz aus und war nach der Schlacht nur noch eine rauchende Schale.

Um 8 Uhr waren die gefährlichsten spanischen Kriegsschiffe abgethan, und Commodore Dewey zog seine Schiffe um einige Meilen zurück. Hier wurden die Verwundeten in Pflege genommen, die Geschütze nachgesehen, einige Schäden ausgebessert und dann eine zweite Attacke vorbereitet, welche um 9 Uhr begann. Der Rauch war verschwunden und die spanische Flotte zeigte sich in ihrem erbärmlichen Zustand. Die Wirkung des amerikanischen Feuers wurde in ihrer ganzen Fürchterlichkeit offenbar.

Die Flotte dampfte wieder in Schlachtlinie vor und nahm den Geschützkampf mit derselben Stärke wieder auf. Durch den Verlust seiner besten Schiffe war der Feind an Zahl den Amerikanern jetzt nicht mehr überlegen. In der ersten halben Stunde wurde der spanische Kreuzer Don Juan de Austria erheblich beschädigt und der Befehlshaber getödtet. Die spanischen Forts zeigten sich thätiger und zogen sich dadurch größere Aufmerksamkeit zu; ein starkes Feuer wurde gegen dieselben gerichtet. Das Schiff Don Antonio de Ulloa wurde in den Grund gebohrt und die Mindanao außer Gefecht gesetzt.

Die Spanier sprengten mehrere ihrer Schiffe in die Luft, um sie nicht in die Hände der Amerikaner fallen zu lassen. Das amerikanische Flaggenschiff mit mehreren anderen erzwang sich den Eingang in den Hafen durch ein mörderisches Feuer gegen die Forts. Dann dampfte die ganze Flotte nach der Westseite der Bai und landete dort die Verwundeten.

Effect des Sieges.

Seeoffiziere in London betrachteten Dewey's That als einen großen Sieg, und die Welt stimmte ihnen bei.

In Madrid aber traf eine officielle Depesche des General-Gouverneurs der Philippinen, General-Lieutenant Correa, ein, welche die erste Hälfte der Schlacht wie folgt beschreibt:

„Gestern Nacht verkündeten die Batterien am Eingange der Bai die Ankunft des feindlichen Geschwaders, welches in der Dunkelheit den Durchgang forcirte. Bei Tagesanbruch nahm der Feind Position, ein starkes Feuer gegen Fort Cavite und das Arsenal eröffnend. Unsere Flotte engagirte den Feind unter dem Schutze der Cavite und Manila Forts in einem brillanten Gefecht. Schwerer Verlust zwang den Feind zu wiederholtem Manöveriren. Um 9 Uhr suchte das amerikanische Geschwader Zuflucht hinter den fremden Kauffahrern, an der Ost= seite der Bai.

Unsere Flotte erlitt bei der großen Ueberlegenheit des Feindes natürlich schwere Verluste. Die Maria Christina brennt und ein anderes Schiff, wahr= scheinlich der Don Juan de Austria, flog in die Luft. Der Verlust an Menschen= leben war groß. Capitän Cabasso, Commandant der Maria Christina ist unter den Getödteten. Weitere Einzelheiten kann ich jetzt nicht geben. Der Geist der Armee, Flotte und der Freiwilligen ist ausgezeichnet."

Der Marine-Minister, Admiral Bermejo, drückte seine hohe Zufriedenheit mit dem Heroismus der spanischen Seesoldaten aus und beglückwünschte telegraphisch Admiral Montejo und die tapfere Mannschaft.

Die officielle Depesche sagte nichts von einer Vernichtung amerikanischer Schiffe, meldete aber, daß die amerikanische Flotte schließlich hinter den Kauf= fahrern Anker warf.

Trotz der schweren Beschädigungen ihrer Schiffe glaubten die spanischen See= offiziere in Manila daher, daß das amerikanische Geschwader seine Operationen nur unter großen Schwierigkeiten würde fortsetzen können, da es ja keine Basis hatte, wo es Schäden ausbessern oder Kohlen oder Munition einnehmen könnte.

Eine zweite officielle Depesche von dem General-Gouverneur der Philippinen meldete in Madrid: „Unser Geschwader occupirt eine gute strategische Position bei Cavite. Die Ausrüstung der Freiwilligen dauert fort. Wir sind gerüstet, jeden Versuch einer Landung zurückzuweisen und die Integrität des Landes zu vertheidigen." Das klang schon anders.

Die Stadt Madrid gerieth in große Aufregung durch die ernsten Nachrichten, welche die Regierung nach den ersten Verheimlichungsversuchen doch bekannt ge= ben mußte. Die berittene Bürgerwehr wurde aufgerufen und mußte die Ord= nung in den Straßen aufrecht erhalten. Das Volk murrte, aber nichts Ernst= liches geschah.

Die Scene der Schlacht.

Die Seeschlacht fand nicht in einem engen Hafen, sondern auf einer sehr ausgedehnten Wasserfläche statt.   Die Entfernung von dem 15 Meilen breiten Ein-

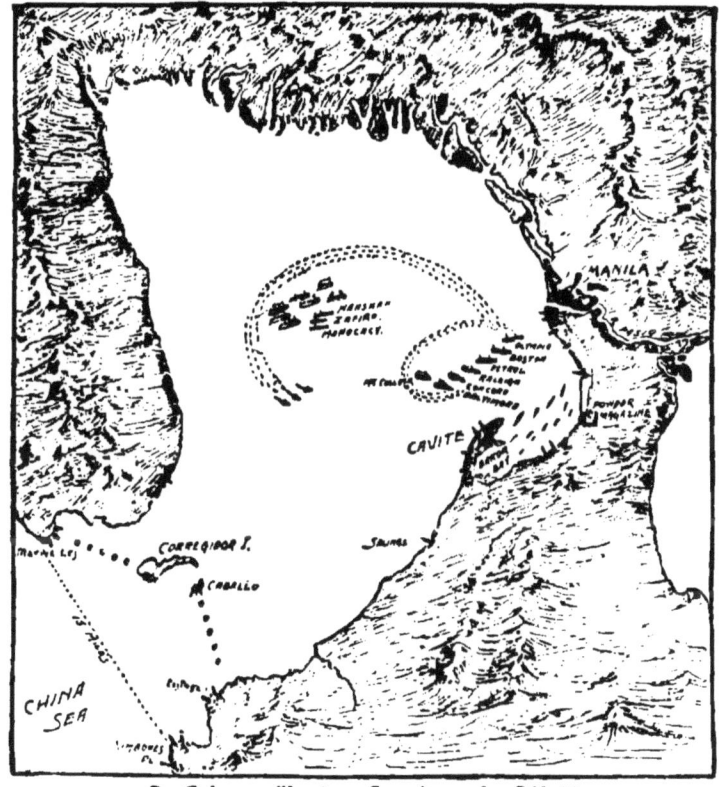

Der Hafen von Manila — Scene der großen Schlacht.

gang der Bai bis Manila beträgt ungefähr 30 Meilen.   Von der Stadt selbst
bis Cavite und den Forts ist es 6 bis 8 Meilen.   Von Cavite zum gegenüberliegenden westlichen Gestade 20 Meilen, und der tiefste Punkt der Bai im Norden ist 35 Meilen von Cavite.

Das Wasser ist sehr tief, so daß Commodore Dewey frei manöveriren konnte.

Nachdem er die Forts auf den Inseln Corregidor und Caballos passirt hatte, steuerte er direct auf die Stadt los, und als er sich ihr auf 3 Meilen genähert hatte, machte er kehrt und fuhr auf den Feind los, welcher in einem Arm der Bai, genannt Bakor Bai, lag, wo die Cavite Forts und die Küsten-Batterien von Manila ihn schützten. Der Hauptsache nach manövrirte die amerikanische Flotte so, daß sie in einer Ellipse mehrere Male an der feindlichen Linie vorüberfuhr, bis ihr Feuer seine Wirkung gethan hatte.

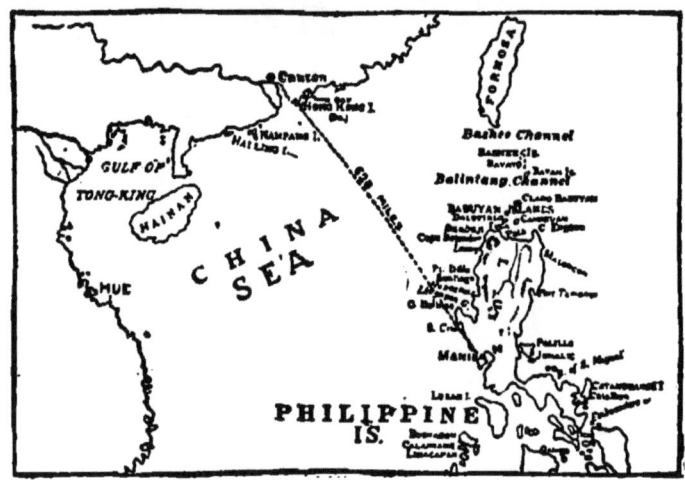

Kriegs-Schauplatz auf den Philippinen-Inseln.

Dann zog die Flotte sich nach den Transportschiffen zurück, im westlichen Theil der Bai, und die einfältigen Spanier in Manila hielten dies für eine Flucht. Aber Dewey wünschte nur seinen ermüdeten Mannschaften Zeit zu geben zum Verschnaufen und zur leiblichen Stärkung. Dann ging's wieder drauf los, und dies Mal wurde das Vernichtungswerk vollendet, an Schiffen und Forts. Weiter wurden noch die Batterien auf Corregidor zum Schweigen gebracht, um die Einfahrt frei zu machen, und damit war Dewey's Auftrag glänzend erledigt.

Manila.

Nach Berichten aus dem Marine-Ministerium in Washington war es nicht der Auftrag Dewey's, Manila zu bombardiren, ausgenommen im Nothfalle. Er sollte wohl die Stadt einnehmen, man glaubte jedoch nicht, daß eine allgemeine Beschießung derselben nöthig sein werde, um diesen Zweck zu erreichen. Selbst, wenn die spanische Garnison Widerstand leistete, glaubte man doch denselben durch einige wohlgezielte Schüsse von den Kriegsschiffen brechen zu können.

Man nahm an, daß nicht nur die feindliche Flotte, sondern auch die Land= befestigungen der Hauptsache nach zerstört seien. Soweit man wußte, bestand die Befestigung Manila's eigentlich nur in den Forts von Cavite.

In Marinekreisen hatte man kaum erwartet, daß Commodore Dewey so prompt und entschieden vorgehen würde und direct in den inneren Hafen hinein= fahren. Der Eingang zum Hafen war allerdings zu breit, um von den veral= teten Kanonen der Spanier bestrichen werden zu können, und das Wasser war zu tief, um wirksam durch Minen die Einfahrt unmöglich zu machen. Aber es war doch nicht sicher, daß die Einfahrt in den inneren Hafen nicht minirt war und es war jedenfalls eine große Kühnheit seitens Commodore Dewey, einzufahren ohne erst vorsichtig nach Minen zu suchen und dieselben unschädlich zu machen.

Manila hat eine Bevölkerung von 160,000, so daß es unwahrscheinlich er= schien, daß Commodore Dewey Mannschaften genug übrig habe, um die Stadt zu besetzen, wenn er nicht die Insurgenten dazu benutzen konnte, mit welchen er anscheinend in Unterhandlung stand.

Schley's Geschwader erfährt die Siegesnachricht.

An Bord des Flaggenschiffes Brooklyn, von Commodore Schley's Geschwader, nahe Fort Monroe, Virginia, wurde die Nachricht von Dewey's Sieg mit Freu= den begrüßt. Noch ehe die Zeitungsträger die Extrablätter brachten, hörte man gegen 8 Uhr Morgens Schüsse. Diese riefen große Aufregung hervor, da man nicht wußte, was sie bedeuteten, bis man erfuhr, daß Scorpion Salut geschossen hatte, um seinen Anschluß an das Geschwader zu markiren.

Der Salut wurde erwiedert, und dann kamen die Extrablätter an Bord. In kürzester Frist verbreitete sich die Nachricht und die Aufregung und der Jubel über das ganze Schiff waren groß. Offiziere und Mannschaften waren gleich enthusiastisch bei den täglichen Routine=Arbeiten, während die nicht im Dienst Befindlichen in kleinen Haufen die kurzen Nachrichten besprachen, wobei man ein „Hab's ja gesagt!" öfters hörte als etwas anderes.

Commodore Schley lehnte es ab, sich zu äußern, nur sagte er: „Das ließ sich von Dewey erwarten." Als nähere Einzelheiten einliefen, stieg der Jubel im=

mer höher, und weil die Brooklyn Commodore Dewey's erstes Flaggenschiff gewesen war, sandte man ihm folgende Botschaften:

„Die Brooklyn, welche Ihre erste Flagge trug, ist stolz auf Ihren
Sieg.   Offiziere und Mannschaft."

„Das Fliegende Geschwader an die Asiatische Flotte: Gut gemacht!
Wir gratulieren!   Schley."

Nur mit Mühe konnten die Leute von dienstwidrigen Ausbrüchen ihrer Begeisterung abgehalten werden als die Bulletins angeschlagen wurden und Commodore Schley meinte selbst: „Wenn die offiziellen Nachrichten ebenso gut wären
wie die Depeschen, so würde er den Leuten gestatten, sich heiser zu jubeln".

Die Schlacht bei Manila machte es klar, daß Spanien ungenügend auf einen
Krieg vorbereitet war, und der Unwille des Volkes in Madrid war berechtigt.
Andererseits stellte es sich heraus, wie zweckmäßig die ganz im Stillen vorgenommenen aber stetigen Rüstungen der Vereinigten Staaten gewesen waren.
Die Schießübungen der Marine waren glänzend gerechtfertigt. Binnen 8 Tagen
nach der Kriegserklärung war die amerikanische Flotte 700 Meilen gesegelt und
hatte einen entscheidenden Schlag geführt. Ein solcher Anfang war doppelt
wichtig, da er den Sieger begeisterte, und in die Reihen der Spanier überall
Verwirrung und Entmuthigung hineintrug.

Wirkung in Washington und Madrid.

Die auswärtigen Gesandtschaften in Washington zeigten das lebhafteste Interesse. Ein hochstehender Diplomat behauptete, ein zweiter solcher Sieg würde
den Krieg zu Ende bringen. Man nahm allgemein an, daß man dem Erfolge
in den Philippinen sofort eine energische Thätigkeit in Cuba werde folgen lassen.
Abgesehen von den direkten Folgen des amerikanischen Sieges, meinten die Vertreter des Auslandes, daß innere Convulsionen in Spanien durch denselben herbeigeführt werden würden. Es scheint, daß die europäischen Mächte gleiche Besorgniß hegten, und deshalb von Anfang an solche Thätigkeit entwickelt hatten,
um den Continent in Frieden zu erhalten.

Hochstehende Diplomaten fürchteten keine Schritte zu europäischer Einmischung von dieser spanischen Niederlage. Dieselbe würde nur als ein Kriegs-
unglück angesehen, welches ein spanischer Appell an die Großmächte nicht politisch
ausbeuten könne. Die britischen, französischen und deutschen Kreise dachten
hierin gleich. Von den ersteren hatte man dies erwartet, aber auch die anderen
schienen die Zeit einer Einmischung oder Vermittelung als vergangen zu betrach-

ten. Für Madrid selbst befürchtete man ernstliche Folgen. Die spanische Regierung war von zwei Seiten bedroht, — von den Carlisten und den Republikanern. Der Volksunwille über die Niederlage richtete seine Spitze natürlich gegen Sagasta und den Thron.

Am 3. Mai sahen die Autoritäten in Madrid sich gezwungen, den Belagerungszustand zu erklären. Die Proklamation verbot die Veröffentlichung aller Nachrichten über den Krieg oder die Bewegungen der spanischen Kriegsschiffe. Die bedeutendsten Zeitungen mahnten zur Ruhe, „um das unwürdige Schauspiel von Ruhestörungen in einer Zeit zu vermeiden, in welcher die vereinten Anstrengungen ganz Spaniens nöthig seien, um Rache zu nehmen für die erlittenen Verluste."

Senor Sagasta—Premier-Minister von Spanien.

Große Aufmerksamkeit schenkte man den Debatten in der Kammer und im Senat, hervorgerufen von den Republikanern und Carlisten, welche die Regierung für die gefährliche Lage verantwortlich zu machen suchten. Obgleich nun die Stellung einiger Minister arg erschüttert war, so war es doch schwierig Männer zu finden, welche unter den Umständen bereit gewesen wären, ihre Plätze einzunehmen. In allen Schichten der Bevölkerung verlangte man, daß fähige, der Situation gewachsene Männer eine energische, soldatische Haltung zeigen sollten.

Von Friedensvorschlägen wollte niemand etwas hören, bis Spanien eine weitere Gelegenheit gehabt habe, sich mit dem Gegner zu messen. Die volle Wahrheit von dem Unglück bei Manila wurde nur allmählich kund gegeben. Das Cabinet erhielt die detaillirten Nachrichten sehr früh, und Abschriften der offiziellen Depeschen wurden den Ministern in's Haus geschickt, um sie mit einer plötzlichen

Berufung derselben zu einer Sitzung verbundene Aufregung zu vermeiden. Spä=
ter wurde in Gegenwart der Königin ein Kriegsrath gehalten.

Erst nach zweistündiger Berathung entschloß man sich, die schlimme Botschaft
stückweise bekannt zu geben. Die gehobene Stimmung, welche die falsche Dar=
stellung seitens der Minister anfangs hervorgerufen hatte, machte der größten
Wuth Platz, als die Wahrheit bekannt wurde, daß die Flotte gänzlich vernichtet
worden und daß die Lage hoffnungslos sei. Man erwartete jeden Augenblick
zu hören, daß Manila genommen und die Philippinen in den Händen der Feinde
seien.

Sobald das Volk aus seiner Täuschung gerissen worden war, suchte es nach
einem Opfer seiner Wuth, und Senor Moret, der Minister für die Colonien,
wurde als solches erlesen. Aufrührerische Volksmassen versuchten wiederholt
sein Haus zu stürmen, wurden aber von einer starken Abtheilung von Polizei zu
Fuß und zu Pferde zurückgedrängt. Das Haus wurde auf das Schärfste be=
wacht. Auch die Wohnungen anderer Minister wurden mit gleichen Vorsichts=
maßregeln bedacht, und Wachtposten wurden um die Regierungsgebäude herum
aufgestellt. Die Truppen der Garnison wurden in ihren Kasernen unter Waffen
bereit gehalten.

Die Philippinen.

Commodore Dewey's glänzender Sieg zog die allgemeine Aufmerksamkeit auf
die Philippinen, und da diese Inseln bisher wenig beachtet wurden und nun so
plötzlich in den politischen Vordergrund gerückt sind, so wollen wir hier eine Be=
schreibung dieses Theils des asiatischen Archipels folgen lassen:

Er besteht aus 1200 bis 1400 Inseln, von denen viele natürlich äußerst klein
sind, mit einer Gesammt=Bevölkerung von 7 Millionen. Ihre geographische
Ausdehnung ist ungefähr 1050 Meilen von Norden nach Süden und 700 Mei=
len von Osten nach Westen. Formosa liegt zwischen 200 und 300 Meilen nörd=
lich und viel näher liegt im Südwesten Borneo, zu welcher großen Insel die
Philippinen geologisch gehören. Aller Verkehr mit der Außenwelt geht über
Hongkong, welches 630 Meilen nordwestlich von Manila liegt.

Nur ungefähr 40 von den Inseln sind von Bedeutung. Die größte unter
ihnen ist Luzon, auf welcher Manila liegt, die Hauptstadt. Luzon ist 40,024
Quadratmeilen groß. Manila hat mit den Vorstädten eine Bevölkerung, welche
auf 200,000 bis 300,000 geschätzt wird. Andere Städte sind Laoag 30,000;
Lipa 43,000; Banang 35,000; Batangas 35,000. Nur ein Drittel der Bevöl=

kerung, oder noch weniger, besteht aus Weißen, meistens Spaniern. 100,000 sind Chinesen, der Rest besteht aus Eingeborenen oder Mischlingen. Die ursprünglichen Einwohner waren unzweifelhaft malayischer Abkunst. Die einheimischen Spanier sind größtentheils Soldaten, Beamte und Priester, die meisten der kleinen Händler sind Chinesen. Die Inseln wurden im Jahre 1521 von Magellan entdeckt, und Manila wurde 1571 nach der Eroberung durch Legaspi gegründet, seit welcher Zeit die Inseln unter spanischer Herrschaft verblieben sind, ausgenommen kurze Perioden. Die Hauptproducte der Inseln sind Hanf, Zucker, Kaffee, Copra, Taback und Indigo. Officielle Statistik über Handel und Gewerbe fehlt fast gänzlich, und wir können nur annähernde Zahlen geben. Im Jahre 1896 belief sich die Einfuhr auf 10,500,000 und die Ausfuhr auf 20,000,000 Dollars. Die hauptsächlichsten Einfuhr-Artikel sind Reis, Mehl, Wein, Kleiderstoffe, Petroleum und Kohlen, obgleich seit kurzem in Cebu etwas Kohle gegraben wird. Auch giebt es jetzt auf Luzon vielversprechende Goldbergwerke. Die Einkünfte der Insel für das Jahr 1894 bis 1895 wurden auf $13,000,000 geschätzt, und die Ausgaben auf einige Tausende weniger. Taback trägt einen Ausfuhrzoll, und fast alle Einfuhrartikel müssen hoch verzollt werden. Vierunddreißig vom Hundert der eingeführten Waaren kommen von Großbritannien und englischen Colonien, während sehr wenig von den Ver. Staaten kommt.

Der Hafen und die Bai von Manila.

Manila ist ein sehr verkehrreicher Hafenplatz, gelegen an einem der geräumigsten und schönsten Häfen der Welt. Die Bai ist eiförmig, mit einem Umfang von 120 Meilen. Auf dem linken Ufer des Pasig-Flusses, welcher sich in die Bai ergießt, liegt der befestigte Theil der Stadt, die Altstadt. Hier befinden sich außer den Forts, die Klöster und die Verwaltungsgebäude, umringt von hohen Mauern, und verbunden mit dem Geschäftstheil der Stadt auf dem rechten Ufer des Pasig durch zwei sehr schöne Brücken. Die Bevölkerung soll nach einer Aussage nur zum zehnten Theil aus Spaniern und Creolen bestehen, aber darin ist wahrscheinlich die Armee nicht mitgerechnet.

Mit der östlichen Küste der Insel ist Manila durch einen Kanal verbunden und der Pasig ist schiffbar. In dem sich etwas verengenden Eingang zur Bai liegt die Insel Corregidor. Bei der hohen Fluth während des Südwest-Passatwindes können Schiffe von 500 Tonnen in der Mündung des Pasig ankern, unter dem Schutz einer langen Mole, und kleine Kriegsschiffe können in die kleine

Bucht bei Cavite, neun Meilen abwärts, einlaufen. Im Ganzen genommen ist die Lage für den Handel eine dominirende. Die Kathedrale von Manila ist der Sitz des Metropoliten für das katholische Oceanien.

Auf den ersten Blick erscheint die Stadt, mit den englischen Freihäfen vergli= chen, schmutzig und ungesund, wenn man sich aber daran gewöhnt hat, so wirkt die Fröhlichkeit, Lebhaftigkeit und Gastfreundschaft der Bewohner sehr wohl= thuend. Um die Festungswälle herum und am Gestade der Bai entlang zieht sich die „Calzaba", eine elegante Esplanade mit Reihen von Mandelbäumen bepflanzt, welche jeden Abend eine lustige Scene von Equipagen abgiebt, in denen die aristokratischen Einwohner spazieren fahren. Gewöhnlich ist kein Staub vorhanden. Die Luft ist balsamisch und eine Seebrise lindert die Hitze.

Manila gilt als die am meisten europäisirte Stadt des Ostens, eine tropische Mischung von Neapel und Venedig, mit einer guten Dosis chinesischer Betrieb= samkeit, englischer Energie, spanischer Langsamkeit und indischer gemüthlicher Gleichgültigkeit. Man sagt, daß die Geistlichen in der Mehrzahl ebenso intelli= gent und milthätig sind als ihre Kollegen anderswo, und daß ihnen die Wohl= fahrt des Landes am Herzen liegt. Es giebt keine Kapuziner auf den Philip= pinen, nur Dominikaner, Augustiner, Franciskaner und Jesuiten. Diese stam= men aus allen Schichten der Gesellschaft, und wenn sie von Spanien kommen, so lehren sie niemals dorthin zurück.

Das Klima.

Von November bis April ist die Hitze nicht drückend, obwohl sie oft über 82 Grad steigt; die Nächte und die frühen Morgenstunden sind im Allgemeinen kühl. In der Regenzeit, von Mai bis November, ist es heiß wie bei uns in den Hunds= tagen. Der Aufenthalt ist dann entnervend und für Fremde ungesund. Wenn der Thermometer auf 65 steht oder sogar auf 68, so fröstelt man und wollene Decken werden in der Nacht eine Nothwendigkeit.

Bei gewöhnlicher Vorsicht in der Diät und Bekleidung kann man das Klima als gesund betrachten, besonders im Hochland und an der Seeküste. Die Inseln sind bergig und vulkanischen Ursprungs. Erdbeben haben häufig stattgefunden und einige haben großes Unheil gestiftet, wie z. B. im Jahre 1645, im welchem 3,000 Menschen umkamen. 1863 wurden 1000 getödtet und 1880 verloren Tausende das Leben oder Hab und Gut.

Die Chinesen.

Chinesische Arbeiter und Händler kamen nach der Eroberung durch die Spanier in Scharen, und 1603 erhoben sie sich in einem Aufstand, während dessen über

20,000 von ihnen getödtet wurden.   Die Strenge der Steuergesetze und die reli-
giöse Verfolgung trieben sie noch oft zu Revolten, und viele wurden hingeschlach-
tet und die letzten schließlich von den Inseln verbannt.   1762 kehrten sie aber
wieder, um den englischen Admiralen Cornish und Drapes bei der Eroberung
der Philippinen zu helfen.   Der Gouverneur und der Erzbischof boten den englischen Eroberern 5 Millionen Dollars, um die reichen Ladungen, welche im Hafen
lagen, zu retten, aber der spanische König genehmigte dieses Uebereinkommen
nicht.   Im Frieden von Paris gaben die Engländer Manila an Spanien zurück.   Die neuere Geschichte der Philippinen ist durch häufige Erhebungen gegen
die Spanier markirt.   Seit dem Anfang der Schwierigkeiten auf Cuba haben
zwei solche Revolte stattgefunden.

Hahnenkämpfe.

In den Dörfern auf den Philippinen kommt nach der Kirche gleich der Hahnen-
kampfzwinger als der Platz, wohin an Sonntagen und Festtagen die Menge
strömt.   Es ist gewöhnlich ein großes korbähnlich construirtes Gebäude, umgeben von einem hohen Zaun von derselben Construction.   Zwischen diesen beiden
Wänden befindet sich also eine Art Vorhof, in welchem die Hähne aufbewahrt
werden, bis die Reihe an sie kommt.   Dies geschieht sobald ihre Eigenthümer
einen Match gemacht haben.   Es heißt, daß mancher respektabler malayischer
Familienvater aus seinem brennenden Hause gestürzt ist mit seinem Lieblings-
hahn im Arm, während Weib und Kinder zusehen konnten, wie sie sich selbst
retteten.

Malayische Frauen.

Die malayischen Mädchen sind gewöhnlich sehr hübsch, mit schmachtenden
Augen, beschattet von langen Wimpern, mit geschmeidigen Körpern, deren grazi-
öse Linien durch die dünne Kleidung mehr verrathen als verdeckt werden.   Bei
gutem Wetter stecken ihre sonst nackten Füße in leichten goldgestickten Pantoffeln.
Frauenhüte giebt es nicht.   Die besseren Klassen tragen Spitzen und Blumen,
die unteren Klassen lassen ihr Haar lang herunterwallen, in blauschwarzer
Welle.   Geschmeide wird sehr viel getragen.   Jede Frau glitzert von Armringen,
Ohrringen und Halsketten.   Ja sogar die Männer putzen sich in solcher Weise
heraus.

XII. Kapitel.

Dewey's überwältigender Sieg.

Eine ganze Woche verging nach der Schlacht von Manila, ehe Admiral Dewey's officieller Bericht in Washington empfangen wurde. Er kam über Hongkong; das Kabel zwischen Manila und Hongkong hatte Dewey zerschnitten, um die Sendung von Botschaften seitens der Spanier auf der Insel zu verhüten. Sobald als möglich aber hatte er das Avisoboot McCulloch nach Hongkong abgesandt, um den Bericht von dort telegraphiren zu lassen.

Freilich zweifelte man in Amerika nicht daran, daß die ersten Berichte über die Schlacht correct seien, da sie aber über Spanien kamen, so bestand ein natürliches Verlangen, direct von unserem Admiral zu hören, und während des langen Wartens war das Land in einem Zustande großer Spannung und Aufregung. Besonders war man sehr neugierig, zu erfahren, ob dem großen Seesieg ein Bombardement und die Einnahme der Stadt Manila gefolgt sei. Endlich wurde das aufgeregte Volk aus seiner Spannung durch die folgende officielle Depesche erlöst:

Dewey's officieller Bericht.

Manila, den 1. Mai. Das Geschwader erreichte Manila heute Morgen bei Tagesanbruch. Wir engagirten den Feind sofort und zerstörten die folgenden spanischen Schiffe: Reina Christina, Castilla, Ulloa, Isla de Cuba, General Lezog, Del Duero, Correo, Valasco, Mindanao, Don Juan d' Austria, Isla de Luzon, ein Transportschiff und die Küstenbatterien in Cavite. Das Geschwader ist unversehrt, und nur wenige Leute sind leicht verwundet. Die einzige Möglichkeit, zu telegraphiren, ist an den amerikanischen Consul zu Hongkong. Ich werde mich mit ihm in Verbindung setzen. Dewey.

Das Obige war am Tage der Schlacht (Sonntag) geschrieben, aber der Avijo McCulloch wurde nicht vor Mittwoch abgeschickt, an welchem Tage Dewey das Folgende schrieb:

Cavite, den 4. Mai. Ich habe die Marine-Station in Cavite in Besitz genommen und die Festungswerke zerstört. Habe auch die Forts an der Einfahrt der Bai zerstört und die Garnison auf Parole entlassen. Ich habe volle Controlle über die Bai und kann die Stadt zu jeder Zeit nehmen. Das Geschwader ist in ausgezeichneter Gesundheit und der Geist ist prächtig. Spanischer Verlust ist nicht völlig bekannt, aber jedenfalls sehr schwer. 150 todt, einschließlich des

Capitäns der Reina Christina. Ich helfe die kranken und verwundeten Spanier schützen. 250 Kranke und Verwundete im Hospital innerhalb unserer Linien. Große Aufregung in Manila. Werde Fremde in Manila schützen. Dewey. Diese kurzen Depeschen bestätigten die ersten Berichte und wurden überall mit der größten Genugthuung empfangen. Die erste Schlacht im Kriege war von unserer Flotte gewonnen. Der Sieg bewies den kühnen Mut und die kühle Geschicklichkeit des amerikanischen Befehlshabers.

In der Nacht vom Sonnabend auf Sonntag schlichen die amerikanischen Schiffe in die Bai hinein und fuhren ohne Aufenthalt und in voller Fahrt vorwärts, bis sie bei Tagesanbruch vor der Stadt anlegten. Die spanischen Schiffe waren derart in Schlachtlinie aufgestellt, daß alle kleineren Fahrzeuge in der Bucht von Cavite hinter den steinernen und hölzernen Molen lagen, während die größeren zwischen Cavite und Manila kreuzten. Sie hatten keine Sicherheitspatrouille eingerichtet, nicht einmal ein Scheinwerfer stand an der Einfahrt der Bai bereit.

Die spanischen Schiffe eröffneten das Feuer, unterstützt von den Cavite Forts. Die McCulloch hielt sich in einiger Entfernung. Trotzdem flogen die spanischen Geschosse über sie hinaus; getroffen wurde sie nicht. Von den amerikanischen Schiffen litt die Baltimore am meisten. 5 oder 10 Schüsse trafen sie, doch wurde keiner von der Mannschaft oder von den Offizieren ernstlich verletzt. Ueberhaupt erlitt die ganze amerikanische Flotte nur wenige leichte Beschädigungen, von denen die schlimmsten durch eine Explosion an Bord der Baltimore verursacht wurden. Die anderen Schiffe blieben fast ganz unversehrt.

Der Kreuzer Reina Christina wurde am schlimmsten von allen spanischen Schiffen zugerichtet und versank. Die anderen Schiffe wurden vollständig von dem amerikanischen Feuer durchlöchert. Die Torpedoboote, welche zum Angriff kommen wollten, wurden schleunigst zurückgetrieben in ihren Schlupfwinkel. Das Cavite Magazin wurde in Brand geschossen und flog auf, wobei 40 Spanier getödtet wurden. Die Forts zeigten nur nominellen Widerstand.

Ein scheint, daß die Spanier ein übermäßiges Zutrauen zu der Ueberlegenheit ihrer Flotte in den asiatischen Gewässern hatten. Die Landbatterien waren verstärkt worden, und man hielt sie für gerüstet auf jeden Angriff. Auf amerikanischer Seite herrschte gleiches Vertrauen auf die Fähigkeit Admiral Dewey's, die spanische Flotte auseinanderzujagen und Manila zu nehmen, vorausgesetzt, daß er Mannschaften genug habe, um eine Landung bewerkstelligen zu können. Der kategorische Befehl von Washington lautete dahin, er solle die spanische Flotte zerstören oder wegnehmen. Er führte diesen Befehl auf das Prompteste aus.

Dewey's große Leistung.

Der Erfolg lehrte, daß Admiral Dewey auf's Beste für seine Unternehmung vorbereitet war, und es wäre für ihn selber gewiß eine große Enttäuschung gewesen, wenn sie nicht gelungen wäre. Er hatte sorgfältig geplant, seine Schiffe waren in bester Ordnung, er ging zum Angriff so präcise vor, wie bei einem Schau-Manöver, und sein scharfes Auge umfaßte jede Phase des Kampfes. Es ist kein Zweifel, daß der ganze Verlauf der Schlacht genau so war, wie er vorausgesehen hatte. Er ist ein geborener Seesoldat, und seine lange Erfahrung in Marineangelegenheiten wurde zur rechten Zeit und richtig benutzt.

Eine der wichtigsten Eigenschaften in einem Befehlshaber ist, daß er sich im Unglück zu helfen weiß; aber diese Eigenschaft zu zeigen hatte Dewey keine Gelegenheit, da kein Unglück ihn ereilte. Es scheint, daß die Spanier durchaus nicht auf die kühne Attacke vorbereitet waren, selbst wenn sie sie erwarteten. Sie kam so plötzlich, daß sie gänzlich überrascht wurden, und es ist mehr als wahrscheinlich, daß sie, wie sie behaupten, durchaus nicht beabsichtigten, im Hafen von Manila den Angriff der Amerikaner zu erwarten. Der Schnelligkeit im Handeln verdankt Dewey hauptsächlich seinen großartigen Erfolg. Er vernichtete das spanische Geschwader nicht nur, sondern that es mit so geringem eigenen Verlust, daß man staunen muß. Es liegt kein Grund vor, anzunehmen, daß die Spanier nicht bemerkenswerthe Tapferkeit an den Tag legten, im Gegentheil, aber sie waren ihrem Gegner nicht gewachsen, besonders nicht im Handhaben ihrer Geschütze. Die amerikanischen Seesoldaten bewiesen den Nutzen großer Uebung: Fast kein Schuß ging fehl.

Von Anfang bis zu Ende waren Dewey's Manöver musterhaft, alles ging am Schnürchen, wie ein Uhrwerk. Die Attacke mußte fast im Handumdrehen geplant werden, und doch war sie in jeder Einzelheit musterhaft und der Erfolg ließ absolut nichts zu wünschen übrig. Als die Kunde Amerika erreichte, erregte sie Entzücken und man meinte nicht mit Unrecht, daß ein zweiter solcher Sieg den Krieg praktisch beenden würde.

Ein Augenzeuge beschreibt die Schlacht.

Die folgende anschauliche Beschreibung der Schlacht, unterm Datum des 1. Mai, ist von einem Kriegsberichterstatter, welcher sich auf Admiral Dewey's Flaggenschiff befand, und liefert uns interessante Einzelheiten, welche das oben gegebene ergänzen:

G 11

„Keine einzige spanische Fahne weht mehr in Manila Bai. Kein einziges spanisches Kriegsschiff schwimmt mehr, oder es ist unsere Prise. Ueber zweihundert Spanier sind todt, und von fünfhundert bis siebenhundert Verwundete bezeugen die Treffsicherheit der amerikanischen Kanoniere. Commodore Dewey griff die spanische Position bei Cavite heute Morgen an. Er fuhr fünf Mal an ihrer Schlachtlinie entlang und errang einen der glänzendsten Erfolge in moderner Kriegsgeschichte. Daß unser Verlust so gering ist, erhöht das Vergnügen am Siege, ohne seinen Werth zu mindern. Die Zahl von Treffern, welche unsere Schiffe erhielten, beweist, wie tapfer und hartnäckig die Spanier sich wehrten. Es ist ein Wunder, daß keiner von den Unsrigen getödtet und nur acht verwundet worden. Die Wunden sind noch dazu alle leicht.

„Commodore Dewey kam gestern Abend vor Manila Bai an und beschloß sofort einzufahren. Alle Lichter wurden verlöscht und das Geschwader dampfte in Bocagrande, die Einfahrt, hinein, die Mannschaft bei den Kanonen, schuß-bereit. Die Flotte fuhr in der folgenden Ordnung, welche auch während der ganzen Dauer des ersten Theiles der Schlacht aufrecht erhalten wurde: das Flaggenschiff Olympia, die Baltimore, Raleigh, Petrel, Concord, Boston.

„Es war heller Mondschein, und um 8 Uhr passirte das Flaggenschiff Corregidor Island, ohne daß man an einem Lebenszeichen hätte erkennen können, daß die spanische Besatzung dieser Insel die Annäherung des Gegners bemerkt hätte. Erst als das Flaggenschiff eine Meile über Corregidor hinaus war, wurde ein Schuß abgefeuert. Dann flog ein schweres Geschoß heulend über die Raleigh und Olympia hinweg, gefolgt von einem zweiten, der zu kurz fiel. Die Raleigh, Concord und Boston antworteten; die Bomben der Concord schlugen anscheinend genau in die Strandbatterie hinein, die auch nicht wieder feuerte. Unser Geschwader verlangsamte seine Fahrgeschwindigkeit auf das geringste Maß, und die Leute erhielten Erlaubniß, neben den Geschützen zu schlafen.

„Commodore Dewey richtete sich so ein, daß wir bei Tagesanbruch 5 Meilen von der Stadt Manila waren. Da sahen wir denn unsern Gegner, die spanische Flotte, an welcher wir schon vorbeipassirt waren. Sie lag bei Cavite, unter Admiral Montejo's Befehl. Cavite ist ein Marine-Waffenplatz mit Werften und Magazinen. Admiral Montejo's Flagge wehte auf dem gepanzerten Kreuzer Reina Christina, von 3500 Tonnen. Der gepanzerte Kreuzer Castilla, von 3200 Tonnen, lag vorwärts und rückwärts und der See zu lagen die Kreuzer Don Juan d'Austria, Don Antonio de Ulloa, Isla de Cuba, Isla de Luzon, Quiros, Marquis del Onero und General Lezor. Alle diese Schiffe blieben während des größten Theils der Action unter Dampf und in Bewegung.

Der Angriff.

Mit der Vereinigten Staaten Flagge, an allen Maftfpitzen flatternd, gingen unfere Schiffe in Reihe hinter einander zum Angriff vor, mit einer Fahrt von 9 Knoten. Wir fuhren zuerst an der Stadt Manila vorüber, und hier fiel der erste Schuß. Die Batterien schoffen auf uns aus fo gewaltigem Geschütz, daß die Geschoffe trotz der Entfernung von fünf Meilen über uns hinwegfanften. Die Kanonen der Concord brüllten Antwort, aber nur zwei Schüffe, weil es un= möglich war, diefe Batterien zu befchießen, ohne Tod und Verderben in die hin= ter ihnen liegende Stadt zu feuden. Als wir uns Cavite näherten, flogen zwei unterfeeifche Minen dicht vor dem Flaggenfchiff auf. Das war um fechs Minuten nach fünf Uhr. Die Spanier hatten in ihrer Beftürzung unfere Pofition falsch berechnet. Riefige Waffermaffen wurden von diefen Höllenmafchinen in die Luft gefchleudert, aber unferen Schiffen gefchah kein Harm.

„Admiral Dewey hatte mit Farragut bei New Orleans gekämpft und in Mobile Bai, wo diefer feine erfte Erfahrung mit Torpedos hatte. Trotz der Möglichkeit, daß noch mehr Minen vor uns bereit lagen, uns in die Luft zu fprengen, hielt er feinen Curs ohne Schwanken feft. Aber keine weiteren Explo= fionen erfolgten und man glaubt, daß die Spanier nur diefe beiden in Pofition hatten.

„Nur wenige Minuten fpäter entfandte die Strand-Batterie auf Cavite Point ein Geschoß über unfer Flaggenfchiff, welches nahe daran kam, die Batterie von Manila zu treffen; aber bald lernten die Spanier die Entfernung richtiger fchätzen, und die Granaten begannen nahe uns einzufchlagen, oder über und neben uns zu platzen, fowohl die von Cavite, wie die von den fpanifchen Schiffen. Die Hitze war drückend. Die Leute entledigten fich aller Kleider, außer ihren Hofen.

Denkt an die Maine!

„Als die Olympia fich den feindlichen Schiffen näherte, herrfchte tiefes Schwei= gen auf unferem Schiff. Man hörte nur das Summen der Luftbläfer und das Schnauben der Mafchinen. Plötzlich platzte eine Granate gerade über uns. Da erfcholl ein heiferer Schrei von dem Hochbootsmann bei der hinteren fünfzölligen Kanone: ,Denkt an die Maine!' — ,Denkt an die Maine!' antworteten fünfhun= dert Seemannskehlen an den Kanonen, und diefe Lofung flog dann von Thurm zu Thurm, von Maft zu Maft, von Feuerraum zu Feuerraum.

„Es war ein Rachefchrei, der ohne jede Verabredung, doch wie auf Commando einmüthig Jedem aus der Seele hervordrang, und jetzt wo der Augenblick ge=

kommen war, die passende Erwiederung auf die Ermordung der Maine-Be-
satzung zu geben, hatte der Schrei seine volle Bedeutung.

„Jetzt war die Olympia auf 6,000 Yards an den Feind heran. Admiral
Dewey, sein Stabschef, Commandeur Lamberton, sein Adjutant und ich, sowie
der Offizier des Tages Rees und Lieutenant Calkins, welcher bewunderungs-
würdig die Wassertiefe angab, waren auf der vorderen Commandobrücke. Capitän Gridley war im Anslugthurm, weil es für sicherer gehalten wurde, nicht
alle älteren Offiziere dem Risiko, von einer einzigen gutgezielten Granate weggefegt zu werden, auszusetzen. „Feuern Sie, wenn Sie bereit sind, Gridley!‘
rief der Admiral, und neunzehn Minuten vor Sechs, auf eine Entfernung von
5,500 Yards, brüllte die achtzöllige Steuerbord-Kanone im vorderen Thurm den
spanischen Forts ihr Compliment zu. Sofort wurden auch von der Baltimore
und der Boston 250-pfündige Granaten aus ähnlichen Geschützen abgefeuert auf
die Castilla und die Reina Christina, um die Schußweite zu finden. Die Spanier schienen sich veranlaßt zu fühlen, schneller zu feuern, da sie ja unsere Position genau kannten, während wir die Entfernung von ihnen rathen mußten.
Die Geschütze in den spanischen Forts und Schiffen fingen an ungemüthlich zu
werden.

„Das durchdringende Pfeifen und Heulen der Geschosse wurde oft vom Platzen
von Bomben mit Zeitzündern unterbrochen, deren Stücke das Wasser wie Kartätschen in Schaum schlugen oder unsere Schiffswände und Takelage zerrissen.
Eine große Granate kam gerade auf uns zu, fiel aber 100 Fuß vor uns unschädlich in's Wasser. Ein Stück einer anderen zerriß die Takelage gerade über
Lamberton, Rees und mir. Ein anderes Stück zerschmetterte einen Theil der
Brücke wenige Fuß vor uns; ein drittes segte direkt unter Dewey's Füßen durch
das Verdeck. Solche Dinge kamen vielfach vor.

Die Olympia im heftigsten Feuer.

„Unsere Leute murrten wohl etwas darüber, daß sie dem feindlichen Feuer so
ausgesetzt waren, ohne mit allen Kanonen antworten zu dürfen, aber über die
Gefahr lachten sie und plauderten ganz gemüthlich. Einige nervöse Kerle bückten
sich natürlich ganz mechanisch, wenn so ein Donner gerade über ihren Köpfen
zerplatzte, oder auf das Wasser aufschlug und dann über das Schiff hinweg
ricochettirte und dabei jenes eigenthümlich prustende Geheul hervorbrachte, welches die Langgeschosse machen, wenn sie nicht gerade fliegen, sondern schief,

und sich dabei überschlagen. Das Flaggenschiff fuhr aber immer noch gerade auf die Mitte der spanischen Linie los, und da unsere anderen Schiffe hinter uns kamen, so widmeten die Spanier demselben fast ihre ganze Aufmerksamkeit.

„Bei unserem großen Tiefgange hielt Dewey es für gerathsam, seinen Curs zu ändern, als wir auf 4,000 Yards heran waren und parallel mit der spani= schen Schlachtlinie zu fahren. ‚Mit allen Kanonen feuern!‘ befahl er, und die Backbord=Breitseiten machten sich hörbar. Zwischen das Geheul der fünfzölligen Schnellfeuergeschütze donnerten die achtzölligen großen Kanonen des hinteren Thurmes hinein. Bald waren auch unsere anderen Schiffe in voller Arbeit, und wir sahen, daß unsere Granaten es für Cavite und die Schiffe heißer mach= ten, als sie es für uns gemacht hatten.

„Unter dem Schutz ihrer Küstenbatterien und eines Streifens seichten Wassers waren die Spanier in einer starken Position, und sie kämpften mit Lust. Sie dampften hinter der Castilla hin und her und unterhielten ein heftiges Feuer. Ein Schuß traf die Baltimore und ging durch und durch, ohne jemand zu treffen. Ein anderer Schuß riß eine lange Oeffnung in ihr Hauptdeck, machte eine sechszöllige Kanone unbrauchbar und brachte eine Munitionskiste voll Drei= pfünder zum Explodiren, wobei acht Mann verwundet wurden.

„Die Olympia wurde von vielen Schüssen getroffen, aber merkwürdigerweise wurde Niemand verletzt. Dem Lieutenant wurden die Signalleinen auf der Hinterbrücke aus der Hand geschossen. Eine Granate fuhr in das Backbord= Quartier der Boston und platzte in Fähnrich Dobridge's Kajüte, alles in Brand setzend; während zugleich eine andere Granate die Hängematten in Brand steckte. Beide Feuer wurden schnell gelöscht. Eine Granate schlug durch den Mast der Boston dicht vor Capitän Wildes auf der Brücke.

Auf 2,000 Yards heran an den Feind.

„Nachdem wir viermal an der spanischen Schlachtlinie entlang gefahren wa= ren, meinte der Lieutenant Calkins (unser Pilot), daß die Karte falsch sein müsse, und daß wir näher heran könnten, wenn gelothet würde, um sicher zu gehen, daß wir nicht aufliefen. Als daher das Flaggenschiff zum fünften Male über denselben Kurs ging, steuerten wir auf 2,000 Yards heran an den Feind. Auf diese geringe Entfernung wurden sogar die Sechspfünder wirksam, und der Hagel von Geschossen, welcher jetzt über die unglücklichen Spanier sich ergoß, hatte sichtliche Folgen. Drei von ihren Schiffen geriethen in Brand, und ihr Feuer wurde langsamer.

Zweiter Theil der Schlacht.

„Am Ende der fünften Vorbeifahrt beschloß Admiral Dewey, seinen Leuten Frühstück geben zu lassen, da sie jetzt zwei Stunden am Geschütz gearbeitet hatten mit nichts als einer Tasse Kaffee im Leibe. 25 Minuten vor 8 Uhr wurde die Schlacht zeitweise abgebrochen; das Flaggenschiff ließ die anderen Schiffe Revue passieren unter dem Hurrahgeschrei aller Mannschaften. Bis 10 Minuten vor 11 Uhr blieben unsere Schiffe außer Schußweite des Feindes; dann wurde das Signal zum Kampf wieder aufgehißt. Diesmal hatte die Baltimore den Ehrenplatz an der Spitze, das Flaggenschiff folgte, und die anderen Schiffe wie zuvor.

„16 Minuten nach 11 Uhr feuerte die Baltimore den ersten Schuß auf die spanischen Schiffe und Batterien ab und ließ eine Reihe Treffer folgen wie auf dem Uebungsplatz. Da die Spanier nur sehr spärlich antworteten, signalisirte der Admiral. Die Raleigh, Boston, Concord und Petrel sollten in den inneren Hafen einfahren und alle feindlichen Schiffe zerstören. Ihr geringer Tiefgang erlaubte der Petrel auf 1,000 Yards sich zu nähern, so daß sie, mit trefflicherem Schnellfeuer alles bestrich, was noch die spanische Flagge zeigte. Andere Schiffe thaten auch ihre volle Schuldigkeit, und bald war keine einzige rothgelbe Flagge mehr zu sehen, außer in einer Batterie hoch auf dem Lande.

„Das spanische Flaggenschiff und die Castilla hatten schon lange in hellen Flammen gestanden, und das letzte Schiff, welches von seiner Mannschaft verlassen wurde, war der Don Antonio de Ulloa, welcher umschlug und versank.

„Darauf wurde die spanische Flagge an dem Flaggenmast des Arsenals herabgelassen und um halb Eins stieg eine weiße Fahne an demselben empor. Die Petrel erhielt das Signal, alle Schiffe im inneren Hafen zu zerstören, und Lieutenant Hughes mit einer bewaffneten Bootsmannschaft steckte den Don Juan d' Austria, Marquis del Duero, die Isla de Cuba und Carreo in Brand. Das große Transportschiff Manila und viele Schlepper und kleine Fahrzeuge fielen in unsere Hände.

Dewey's Auftrag ausgeführt.

„Zerstören oder nehmen Sie das spanische Geschwader! — hatte Dewey's Auftrag gelautet, und niemals wurde einem Befehl gründlicher Folge geleistet. Binnen sieben Stunden nach der Ankunft auf dem Schauplatz blieb nichts zu thun übrig. Am Abend ankerte der Admiral der Stadt Manila gegenüber und

ließ dem Gouverneur melden, daß er Manila in Asche legen würde, falls ein ein=
ziger Schuß von der Stadt aus auf die Flotte abgefeuert würde."

* * *

Der obige Bericht eines Augenzeugen giebt uns eine klare Idee von Dewey's
Taktik, Muth und überwältigendem Triumph. Es ist eine Beschreibung einer
Seeschlacht und eines Seesieges, die in den Annalen unseres Vaterlandes mit
unvergänglichem Ruhme glänzen werden.

Durch die Vernichtung der spanischen Flotte flocht die Flotte der Vereinigten
Staaten sich selbst ein.en Ehrenkranz, auf deren Blättern der Muth und die emi=
vente Tüchtigkeit unserer Leute geschrieben stehen.

Der Beweis war geliefert, daß die Eigenschaften, welche einer Flotte die Ueber=
legenheit sichern, in hervorragendem Maße im Besitze unserer Schiffe, wie unse=
rer Offiziere und Mannschaften waren.

Dahin gehört vor Allem das praktische Drillen der Leute, besonders die stete
Uebung im Scheibenschießen, wodurch sie lernen, daß die Kanonen nicht zur
Schau an Bord stehen, sondern zur Benutzung, und daß dieselben ferner nur
dann ihre verderbenbringende Wirkung haben, wenn die Bedienung völlig mit
ihnen vertraut ist. Der Sieg bei Manila war vollständig. Es wäre unmöglich
gewesen, noch 'was hinzuzufügen.

Was hat.e Dewey erreicht? Er dampfte in der Nacht in Manila=Bai hinein,
durch die enge Einfahrt, und sobald es hell genug war, sich umzusehen, formte
er seine Schlachtlinie und erzwang den Kampf, den größten in mancher Hinsicht,
der je in antiker oder moderner Kriegführung sich ereignet hat. Das Resultat
ist weltbekannt — jedes Schiff der spanischen Flotte zerstört, Dewey im Besitz
des Hafens, seine Schiffe, Dank der strategischen Position, die er einnahm, ge=
sichert vor den Küstenbatterien, und Manila sein, sobald er für gut fand, es zu
nehmen.

Dewey's unvergleichliche Kühnheit.

Der geführte Schlag war blitzschnell und entscheidend. Dewey suchte nicht
lange nach einem schwachen Punkte des Feindes, sondern schlug drauf los, ohne
sich im geringsten um die unbekannten Gefahren, die auf ihn lauerten, zu küm=
mern. Er wußte zwar, daß der Hafen von Manila so breit und so tief war,
daß er von Minen oder Torpedos in der Einfahrt wenig zu fürchten hatte, aber
er mußte doch erwarten, daß Zerstörung seiner Schiffe irgendwo im Hafen harre.
Dennoch nahm er die Gefahr auf sich, ebenso wie sein Vorgänger und Lehrmeister
Farragut, welcher bei Mobile eines seiner Schiffe durch einen Torpedo in die

Luft springen fah und ein anderes kampfunfähig machen, aber dem Capitän zurief: „Vorwärts, Trayton, zum Henker mit den Torpedos!" — Ob Dewey auch
geflucht hat, wissen wir nicht, aber er lebte jedenfalls den Maximen des großen
Seehelden nach. Auch beweist sein Sieg deutlich den großen Vortheil einer
energischen Angriffstaktik im Seekriege. Hierin allein war Dewey seinem Gegner
schon unendlich überlegen. Sein Angriff war wie ein Orkan an Ungestüm.

Ein anderer Umstand darf nicht aus den Augen gelassen werden, wenn wir
seinen entschlossenen Muth richtig schätzen wollen, nämlich die Thatsache, daß er
nicht frei manövriren konnte. Natürlich hatten die Spanier als erstes alle Bojen, Leuchtsignale und sonstige Wegweiser aus dem Hafen entfernt. Unter solchen Umständen ist ein sehr hoher Grad von Intelligenz erforderlich, um die
beschränkte Kenntniß, welche sein Pilot von dem Fahrwasser hatte, richtig auszu-
nutzen. Trotzdem hätte Dewey bei einem Schau-Manöver im Hafen von New
York unter den Augen seiner Freunde die tückischen Untiefen nicht besser vermeiden können als er es im Manila-Hafen that. Seine Schiffe waren stetig in
Fahrt während der ganzen Schlacht, aber keines lief auf.

Nach seinen Berichten war der an den Schiffen angerichtete Schaden ebenso
geringfügig, wie der Leibesschaden unter den Mannschaften und dies ist Dewey's
Geschicklichkeit im Führen seiner Flotte zu verdanken. Die Treffsicherheit und
Schnelligkeit im Feuern bezeugen die gründliche Einübung und die vollkommene
Disciplin der Mannschaften, und bewiesen, daß sie sich das Wort Dewey's bei
der Abfahrt von Mirs Bai vor Augen gehalten haben: „Immer ruhig und
Order pariren!" Daß übrigens Dewey die Schußweite der feindlichen Landbatterien genau kannte geht daraus hervor, daß er seine Schiffe vor Anker legte
nach der Schlacht, wo sie außer Schußweite waren, während sie selber mit ihren
großen Geschützen die Stadt beherrschten. In Marinekreisen zieht man hieraus
die Lehre, daß eine angreifende Flotte, nachdem sie einmal die Forts passirt hat,
sich in einem weiten Hafen zu jeder Zeit außer Schußweite der Landbatterien
zurückziehen und sich erholen kann.

Holzwerk auf Kriegsschiffen.

Erbauer von Kriegsschiffen haben sich lange gestritten, ob Holzwerk auf
Kriegsschiffen für Zwischenwände, Fußböden u. s. w. zulässig sei. Die See-
schlacht von Yalu hatte die Frage nur theilweise entschieden. Die Schlacht bei
Manila hat sie endgültig aus der Welt geschafft. Die von herumsausenden
Holzsplittern auf den spanischen Schiffen angerichtete Zerstörung soll entsetzlich
gewesen sein.

Ehre wem Ehre gebührt.

Jede Flotte muß einen Führer haben, und ein Erfolg muß ihm zu gute ge=
rechnet werden, gerade wie er für einen Mißerfolg für verantwortlich gehalten
wird. Aber wir müssen nicht vergessen, daß er Helfer hat, denen Anerkennung
zukommt — der Capitän und die Offiziere jedes Schiffes. Sie haben die Auf=
gabe die Mannschaften zu organisiren, zu drillen und zu discipliniren, damit,
wenn die Zeit kommt, sie für den praktischen Dienst die größtmögliche Leistungs=
fähigkeit besitzen. Die Leute auf Dewey's Geschwader sind einfach ein Beispiel
von der Tüchtigkeit der amerikanischen Marine, sie führten nur Befehle aus, d.
h. sie thaten ihre Schuldigkeit.

Unser geringer Verlust.

Die Vollständigkeit des Sieges war geradezu verblüffend. Im Marine=
Ministerium konnte man sich gar nicht vorstellen, wie es möglich sei, daß wir gar
keine Menschen verloren hatten. Aber der offizielle Bericht ließ keinen Raum
für einen Zweifel; Admiral Dewey berichtete, daß nur wenige Leute leicht ver=
letzt seien. Nicht weniger bemerkenswerth war die Thatsache, daß unsere Schiffe
unversehrt geblieben waren.

Unsere Flotte schmetterte so plötzlich und so ungestüm auf die spanische ein,
daß sie das spanische Feuer erstickte, indem seine Kraft gelähmt wurde, ehe es
noch viel Schaden thun konnte. Unsere Seeoffiziere wie unsere Landoffiziere
waren erstaunt über die riesige Zahl von Todten auf den spanischen Schiffen.

Man suchte in der Geschichte vergebens nach einem Beispiel, wo in einer
Schlacht zwischen zwei äußerlich gleich starken Streitkräften das Resultat so voll=
kommen einseitig gewesen wäre, wie in der Schlacht bei Manila. Ehe Dewey's
Bericht einlief, fürchtete man, daß bei einem so wüthenden Kampfe gegen eine
gleich starke Flotte und gegen Landbatterien, die amerikanischen Schiffe sehr viele
und große Beschädigungen und einen beträchtlichen Menschenverlust erlitten haben mußten. Dies galt als unausbleiblich in einer Seeschlacht, hatten doch so=
gar die Chinesen bei Jalu es fertig gebracht ihren japanesischen Gegnern bedeu=
tenden Schaden zuzufügen.

Aber in der Schlacht bei Manila, welche über zwei Stunden dauerte, wurde
die spanische Flotte vollständig vernichtet und die Landbatterien zum Schweigen
gebracht ohne den Verlust eines amerikanischen Lebens, ohne eine einzige ernstliche Beschädigung eines amerikanischen Schiffes. Allerdings wurden einige
Mann leicht verwundet, aber in einer Art, die ebensogut beim Scheibenschießen
sich hätte ereignen können.

Dewey nach der Schlacht.

Man hielt es für wahrscheinlich, daß Dewey nach der Schlacht so weit vom
Lande Stellung nahm, daß seine Schiffe außer der Schußweite der altmodischen
Kanonen waren, welche mehr als neun Zehntel der Vertheidigungsmittel in den
Forts und Strandbatterien ausmachten, und sie mit seinen weittragenden großen
Geschützen zum Schweigen brachte, und daß es ihm gelang den Schüssen von den
wenigen modernen Kanonen auszuweichen welche gegen ihn gerichtet werden
konnten. Dies war die Ansicht einiger der fähigsten Strategen im Marine=
Departement. Admiral Dewey sprach von den spanischen Verwundeten und
Kranken „innerhalb unserer Linien." Dies konnte nur so erklärt werden, daß
Dewey Cavite besetzt hatte, eine ansehnliche Stadt ungefähr sieben Meilen see=
wärts von Manila.

Selbst wenn er sich hierauf beschränkte, hatte er sich dadurch eine Basis ge=
sichert für den ganzen Verlauf des Krieges Außer den Befestigungen besitzt
Cavite noch sonst viele von den Erfordernissen einer Marinestation, darunter
eine Marine=Eisenbahn, welche Schiffe von 2000 Tonnen Wasserverdrängung
aus dem Wasser heben kann. Diese würde von größtem Nutzen sein für das
Ausbessern und Reinigen der kleineren Fahrzeuge der amerikanischen Flotte.

Ein wichtiger Factor in Deweys Kabeldepesche war die Nachricht, daß er die
Befestigungen an der Einfahrt der Bai zerstört habe. Dies bezog sich auf die
starken Forts auf Corregidor Island, welche den Eingang zur Bai in zwei
Theile zerlegt. Auf diese Weise war dem Admiral der Rücken gedeckt und er
konnte frei mit der Außenwelt verkehren.　　.

Jubel in Amerika.

Als endlich nach einer Woche gespanntester Erwartung der Bericht des tapferen
Admirals ankam, als der Telegraph und die Extrablätter die frohe Botschaft in
jeden Winkel unseres Landes trugen, daß ein Sieg erfochten sei, über alle Er=
wartung groß, da wiederholte jeder Mund die fröhliche Kunde, jedes Auge leuch=
tete in patriotischem Stolz, und die freudige Bewegung aller Gemüther läßt sich
nur mit der am glücklichen Ende des Bürgerkrieges vergleichen.

Auf den öffentlichen Gebäuden und Privathäusern, auf den Kaufhäusern und
Fabriken, wehten schon lustig die Fahnen, aber neue Tausende von großen und
kleinen Flaggen kamen jetzt hinzu. Die Dampfpfeifen spielten, Glocken läuteten,
Männer pfiffen die nationalen Weisen, und die Kinder sangen sie, während sie
paradirten. Es war eine Zeit, in welcher alte Veteranen sich lebhafter an ihre

Erfahrungen erinnerten, und mit ungewöhnlich ernstem Gesicht von den großen Kämpfen der Vergangenheit redeten. Die offizielle Nachricht: „Nicht ein Amerikaner todt, die ganze spanische Flotte vernichtet", war so gut, daß sie unglaublich schien, als sie früh Morgens in den Extra-Ausgaben der Zeitungen erschien. Als aber dann im Laufe des Tages die offizielle Entzifferung der Depesche Deweys an den Präsidenten bekannt gegeben wurde, kannte der Enthusiasmus keine Grenzen. Die Andeutungen, welche eine Woche vorher bekannt geworden waren, daß ein ruhmvoller Sieg, einer der größten in der Geschichte, erfochten sei, hatten anscheinend der Lust keinen Abbruch gethan, mit welcher die offizielle Nachricht entgegengenommen wurde, denn sie brachte die Versicherung, daß Thaten gethan seien größer, als die Einbildungskraft sie sich hätte ausmalen können.

Einfluß auf Amerika's Ziele.

Weittragend in der That, großartig, unermeßlich waren und sind vielleicht auf Jahrhunderte die Wirkungen und Folgen dieser Heldenthat unserer Marine. Admiral Dewey's Kanonen waren das Todtengeläute der Tradition eines Jahrhunderts. Seit 100 Jahren stauben wir isolirt da, aber die Ereignisse sind stärker als menschliche Wünsche und als die hergebrachte Politik einer Nation. Die Vereinigten Staaten hatten keinen Wunsch nach Eroberung, und sie haben ihn auch jetzt noch nicht. Niemand in Amerika sehnt sich nach einer Ausdehnung unseres Landbesitzes. Wir empfinden keine Gier nach Colonien, keinen Hunger auf Eroberungen. Wir begannen den cubanischen Krieg rein aus Rücksichten des Erbarmens, der Menschlichkeit und der Gerechtigkeit. Zu jedem Schritt wurden wir gezwungen und wir ließen uns lange drängen, ehe wir ihn thaten. Auf jede mögliche Weise, durch Vorstellungen, durch Warnungen, durch feierliche und wiederholte Erklärungen suchten wir Gerechtigkeit für Cuba zu erlangen ohne Krieg. Noch zwei Monate vor dem Ausbruch der Feindseligkeiten hoffte jeder Amerikaner, daß ein Rückzug Spaniens das Vorgehen der Vereinigten Staaten unnöthig machen würde. Es sollte nicht sein. Der Krieg kam. In einer kurzen Woche mußten die Vereinigten Staaten ganz neue Verantwortlichkeiten, ganz ungewohnte Bürden auf sich nehmen. Mögen wir nun wollen oder nicht, nichts kann das Resultat des Sieges von Manila ändern. Die siegreichen Kanonen Amerika's haben ein Kapitel geschlossen und ein anderes eröffnet in unserer Geschichte. Die künftige Bestimmung der Philippinen kann nicht im Handumdrehen entschieden werden; aber was auch immer beschlosfen werden mag, muß von den Vereinigten Staaten beschlossen werden. Keine andere Nation kann ihnen diese Verantwortlichkeit abnehmen, oder sie mit ihnen theilen. Mit Hintansetzung rein amerikanischer Zustände, und ihrer Betrachtung, und unter Beiseitelassung der Umstände in unserer Hemisphäre, müssen die Ver= einigten Staaten jetzt auf der Bühne der Welt auftreten und sich mit den Pro= blemen der Welt beschäftigen.

Die Ereignisse haben unserer langen Isolationspolitik ein jähes Ende bereitet. Wie der Rauch und Dunst der Schlacht verschwindet, treten uns neue Verpflich= tungen vor die Augen. Das Land hat sie nicht gesucht, aber es kann ihnen nicht ausweichen. Es muß sie auf sich nehmen. Die beste Lösung der Probleme mag noch nicht klar sein. Die Zeit wird sie bringen. Aber was sie auch sein mag, eins ist klar, Amerika muß entscheiden und handeln mit voller Rücksicht auf und unter Anerkennung unserer vollen Verbindlichkeiten gegen eine Welt, die weiter ist als unsere Hemisphäre, und größer als unsere Vergangenheit.

Die Nation dankt Dewey.

Man rüstete sich sofort, eine Expedition von 5000 Mann und eine Menge von Bedürfnissen für die Flotte und ein Heer von San Francisco abzuschicken, um Admiral Dewey in seinen Operationen zu unterstützen, und an Dewey selbst er= ging die folgende Depesche:

Dewey, Manila: —

Der Präsident, im Namen des amerikanischen Volkes, dankt Ihnen und Ihren Offizieren und Leuten, für Ihre glänzende Leistung und Ihren überwältigenden Sieg. Als Anerkennung hat er Sie zum Admiral ernannt, und er wird dem Congreß empfehlen, Ihnen seinen Dank zu votiren. Long.

Frühere Kämpfe bei Manila.

Es wird nicht unpassend sein, hier kurz die Geschichte der Philippinen zu be= rühren. Manila wurde schon früher einmal durch einen Handstreich genommen, und zwar von einer ebenfalls englisch=redenden Streitmacht von Soldaten und Seeleuten. Gegen das Ende des siebenjährigen Krieges bewegte der König von Frankreich seinen königlichen Bruder von Spanien, mit ihm gemeinsame Sache gegen die Engländer zu machen Im Anfang des Jahres 1762 wurde daher eine gemischte Land= und Seemacht von England nach Havana geschickt und bald wehte die englische Flagge auf Morro Castle. Zur selben Zeit rieth Oberst William Draper dem Lord Bute, damals Premierminister, Spanien in dem an=

deren ihrer beiden Hauptmittelpunkte colonialischen Reichthums und Macht, in Manila, ebenfalls anzugreifen. Der Plan des Obersten Draper war, die Philippinen zu überraschen, ehe der spanische Commandant Nachricht von dem Ausbruche des Krieges erhielt.

Die Expedition bestand aus acht Linien-Schlachtschiffen, mit 578 Kanonen und 4330 Mann, unter Admiral Cornish, dem commandirenden Offizier im Indischen Ocean, verstärkt durch ein Regiment Infanterie, einige englische Artilleristen, 600 Sepoys von Madras, zwei Compagnien französischer Ueberläufer, einer Anzahl von schwarzen Hülfstruppen von Madagascar, und einigen Halbblut-Portugiesen vom indischen Archipel — ungefähr 1500 Mann im Ganzen.

Manila bombardirt und gestürmt.

Die Expedition erschien im Hafen von Manila; und da die Stadt, besetzt von einem Regiment Spanier und 10,000 Eingeborenen, die Uebergabe verweigerte, begann die Beschießung der Citadelle am 24. September 1762. Am selben Abend wurde eine Landung bewerkstelligt und die Construction von Parallelen wurde begonnen. Eine Anzahl von Belagerungsgeschützen wurde gelandet, und am 3. Oktober war die Bresche-Batterie beendet. Die Belagerung und Beschießung dauerte bis zum Abend des 5. Oktober, an welchem die Citadelle durch die Bresche, welche in die Bastion St. Diego geschossen war, erstürmt wurde.

Es thut dem Ruhme Admiral Dewey's keinen Abbruch, wenn man zugesteht daß sein Geschwader dem Gegner überlegen war. Die spanische Flotte bestand keineswegs aus veralteten eisernen Schiffen, sondern es waren auch einige moderne aus Stahl dabei. Sie hatten 89 moderne starke Kanonen; mehr als ein Dutzend große Krupp-Kanonen brüllten von den Barbetten am Strande, und unsere Schiffe waren nicht undurchdringlich.

Das Bewunderungswürdige am Siege war wie Dewey, unterstützt von der gelassenen Ruhe und Präcision seiner Kanoniere, alles vor sich her fegte, und die Schnelligkeit mit welcher er das Zerstörungswerk vollendete. Wenn vollendete Geschicklichkeit darin besteht, den feindlichen Schiffen möglichsten Schaden zu thun und selber möglichst geringen Verlust zu leiden, dann muß Dewey's Leistung den größten Triumphen aller Zeiten zur See gleichgestellt werden.

XIII. Kapitel.

Aufregende Ereignisse im Seekrieg.

Nach dem glänzenden Siege Admiral Dewey's bei Manila wendete sich die öffentliche Aufmerksamkeit den Operationen unserer Flotte in den Gewässern von Cuba und Portorico zu. Obschon während geraumer Zeit ein bedeutenderes Zusammentreffen zu Land oder See nicht stattfand, da die spanische Flotte, welche von Kap Verde abgesegelt war, noch nicht im Caraibischen Meer angelangt war, ereigneten sich doch auf See einige leichte Gefechte, und Admiral Sampson's Flotte vollzog einige Bewegungen, denen Wichtigkeit beigemessen wurde. Eines dieser Gefechte fand statt im Hafen von Carbenas, an der Nordküste von Cuba, 20 Meilen östlich von Matanzas.

An demselben betheiligte sich nur das Kanonenboot Wilmington, das Torpedoboot Winslow und das Kanonenboot Hudson. Sie liefen in den Hafen ein mit der Absicht, einige spanische Schiffe anzugreifen, von denen man wußte, daß sie sich dort befanden. Diese jedoch wurden von dem amerikanischen Geschwader erst entdeckt, als von den Spaniern das Feuer eröffnet wurde. Die Landbatterien von Carbenas unterstützten das Feuer der spanischen Kanonenboote. Das Treffen begann um 2 Uhr 5 Minuten Nachmittags und dauerte ungefähr eine Stunde.

Torpedoboot im heißesten Gefecht.

Der Kampf war ein schrecklicher, obwohl er nur kurze Zeit dauerte. Der Wilmington und der Hudson hatten die Spitze und eröffneten das Feuer auf die spanischen Schiffe, welche an den Docks lagen. Das Feuern begann auf eine Entfernung von 3500 Yards. Wenige Minuten später rückte die Winslow auf und begann gleichfalls zu feuern. In einem Augenblick war die Aufmerksamkeit aller spanischen Kanonenboote und Landbatterien auf dieses Schiff gerichtet. Von allen Seiten schienen Kugeln und Granaten auf das kleine Torpedoboot zu regnen.

Die Wilmington und die Hudson unterhielten wohl ihr Feuer, aber sie konnten den schrecklichen Hagel von Feuer und Tod, der auf das Torpedoboot niederregnete, nicht abwehren. Die Bemannung der Winslow aber verlor nicht eine Secunde den Muth. Um 2 Uhr 35 Minuten Nachmittags schlug eine Vollkugel krachend in den Rumpf der Winslow und zerstörte den Kessel. Im nächsten Augenblick begann das Schiff hülflos zu schlingern und zu rollen.

174

Das war ein Augenblick schrecklicher Spannung. Ein wildes Triumphgeschrei erhob sich von den Spaniern in den Kanonenbooten und in den Batterien, und von Neuem wurde ein schreckliches Feuer auf das hülflose Schiff eröffnet. Das Kanonenboot Hudson, das dicht bei ihm lag, eilte zur Unterstützung der Wins= low. Es legte sich längsseits des Torpedobootes und versuchte, der gefährdeten Mannschaft ein Tau zuzuwerfen. Bis zu dieser Zeit hatten die spanischen Ka= nonenboote, mit Ausnahme des Schusses, der den Kessel der Winslow zerstörte, ziemlich wild darauf losgeschossen, aber als jetzt die Winslow hülflos im Was= ser trieb, zielten sie genauer, und die Granaten platzten überall um das Schiff herum.

Vereinigte Staaten Kanonenboot Wilmington.

Es war schwierig für die Hudson, nahe genug heranzukommen, um den Leuten der Winslow ein Tau zuwerfen zu können, da die Geschosse dicht um sie herum einschlugen. Endlich kam die Hudson, nachdem sie sich zwanzig Minuten lang bemüht hatte, nahe genug heran, um ein Tau zuwerfen zu können. Fähnrich Bagley und sechs seiner Leute standen dicht beisammen auf dem Deck der Winslow.

„Werft, werft!" schrie Bagley, indem er nach einem Tau verlangte.

„Werft nicht vorbei!" schrie ein Offizier der Hudson, und lachend rief Bagley hinüber: „Nur zu. Hier wird es zu heiß, um angenehm zu sein."

Das Tau wurde geworfen und in demselben Augenblick explodirte eine Gra= nate gerade mitten in der Menschengruppe auf Deck der Winslow. Bagley war sofort getödtet und einige andere fielen um ihn herum. Noch ein Dutzend mehr sank ächzend auf das blutbespritzte Deck. Einer der Getödteten fiel mit

dem Kopf voran über Bord, aber er blieb mit den Füßen an der eiſernen Rai=
ling hängen und er wurde wieder auf das Schiff gezogen.   Bagley lag ausge=
ſtreckt auf dem Deck mit vollſtändig weggeriſſenem Geſicht und zerſchmettertem
Oberkörper. Es war ein ſchrecklicher Augenblick.

Das Torpedoboot ſchlingerte und rollte hülflos und unlenkbar in dem wüthen=
den Feuer der ſpaniſchen Kanonenboote. Als die Granate inmitten der Men=
ſchengruppe auf Deck der Winslow platzte, erhob ſich von Neuem wildes Tri=
umphgeſchrei von den ſpaniſchen Kanonenbooten und Batterien und ein noch

Hafen und Bai von Cardenas — Cuba.

heftigeres Feuer wurde auf das Torpedoboot gerichtet. Endlich gelang es der
Hudſon ein Tau nach der Winslow hinüber zu ſchleudern und ſie verſuchte mit
ihr im Schlepptau aus der Feuerlinie zu kommen, aber das Tau brach und wie=
der waren die beiden Schiffe auf Gnade und Ungnade dem ſpaniſchen Feuer
überliefert.

Um 3 Uhr 50 Minuten Nachmittags gelang es der Hudſon ein anderes Tau
der Winslow zuzuwerfen, es waren aber um dieſe Zeit nur noch drei Mann
übrig, um es zu befeſtigen.

Endlich war das Tau feſtgemacht, und die Winslow wurde nach Pebras Is=
land geſchleppt, wo ſie vor Anker ging mit ihren Todten und Verwundeten an
Deck. Einige Leute von der Hudſon gingen an Bord der Winslow und ſchaff=

ten die am schwersten Verwundeten fort. Drei derselben, welche an Bord des Kanonenboots Machias gebracht worden waren, starben dort bald nachher. Commandeur Bernabou von der Winslow war am Beine verwundet worden, aber nicht schwer. Lieutenant Bernabou erzählte, während der Wundarzt ihn verband, die Geschichte des Kampfes so ruhig, als wenn er vom Wetter spräche. Er begann:

Fünf Mann todt und viele verwundet.

„Wir kamen unter vollem Dampf, um die Spanier im Hafen anzugreifen und ihr wißt, wie das Ende war. Der Commandant der Wilmington hatte den Oberbefehl. Unser Schiff ist arg beschädigt, aber es wird zur Reparatur hierher gebracht werden, und ich denke, daß es in zwei Wochen wieder diensttüchtig sein wird. Die Winslow wurde am schärfsten mitgenommen und fünf von ihrer Mannschaft wurden getödtet und ich weiß nicht wie viele verwundet. Wir fuhren mit voller Fahrt und wurden beschossen, sobald wir in Schußweite kamen. Die Spanier waren an den Docks verankert und hatten ein gutes Ziel an uns. Auch die Batterien an der Küste eröffneten Feuer auf uns und ich glaube, wir bekamen das meiste davon. Ich weiß nicht, ob Jemand auf der Wilmington oder der Hudson verwundet wurde, aber ich glaube nicht. Die Bemannung der Winslow benahm sich tadellos. Ihre Aufführung war während des ganzen Gefechtes außerordentlich anzuerkennen. Die Mannschaften, welche getödtet wurden, fielen alle auf einmal. Wir standen alle auf einem Haufen und boten den Spaniern ein treffliches Ziel. Die Granate platzte uns gerade vor dem Gesicht."

Die Todten und Verwundeten wurden von der Hudson nach Key West gebracht und in Booten am Regierungs=Dock ausgeschifft. Das war die erste Nachricht, die man von dem Gefecht erhielt. Für die Verwundeten wurde ohne Zeitverlust gesorgt. Eine Eilbotschaft wurde nach dem Marinehospital gesandt und eine Ambulanz kam in höchster Eile nach dem Dock. Die Todten wurden in eine Leichenhalle gebracht und die Verwundeten wurden nach dem Hospital befördert.

Inzwischen hatte sich die Neuigkeit verbreitet, und eine Menschenmenge versammelte sich an dem Dock, doch jede Demonstration unterblieb. Der Erfolg der amerikanischen Schiffe bei jedem Zusammenstoße hatte einen solchen überwältigenden Eindruck gemacht, daß man es nur mühsam begreifen konnte, daß der Tod wenigstens einige unserer Seeleute ereilt hatte.

Während die Winslow bei Key West stationirt war, war Fähnrich Bagley einer der beliebtesten Offiziere gewesen. Die Nachricht von seinem Tode war eine schreckliche Ueberraschung für Alle, die ihn kannten. Immer ist angenommen worden, daß die Mannschaften der Torpedoboote dem Tode am meisten ausgesetzt werden, aber trotzdem trugen alle jungen Leute im Dienst das eifrige Verlangen, sobald Veränderungen vorgenommen wurden, zur Dienstleistung auf einem Torpedoboot commandirt zu werden.

Die Hudson trug deutliche Spuren des Gefechtes. Ihr Schornstein war von Kugeln durchlöchert und auch ihr Deck und ihre Cabine waren beschädigt.

Fähnrich Bagley, aus Raleigh, Nord-Carolina, stammend, hatte angesehene Verwandte und war von Allen geachtet, die ihn kannten. Er wurde in seiner Vaterstadt beerdigt, und sein Begräbniß war eine große, öffentliche Feierlichkeit. Er war der Erste, der im Kriege mit Spanien sein Leben verlor, und alle möglichen Ehren wurden ihm und den anderen tapferen Männern, die auf der unglücklichen Winslow fielen, erwiesen.

Das nächste Gefecht von einiger Bedeutung fand an demselben Tage wie das vorige statt bei dem Versuche, das Kabel im Hafen von Cienfuegos, an der südlichen Küste von Cuba, zu durchschneiden.

Der vormalige Fähnrich Worth Bagley.
Getödtet bei Cardenas.

Lieutenant C. M. R. Winslow, von der Nashville, der das Commando der Expedition hatte, wurde dabei an der linken Hand verwundet. Die Marblehead, Nashville und Winslow waren zu dem gefährlichen Unternehmen abkommandirt. Cienfuegos liegt in einiger Entfernung von dem Meere an einem Hafen, der sich zwischen hohen Hügeln hindurchwindet und schlängelt, so daß die Stadt vom Meere aus gar nicht zu sehen ist. Am Eingang des Hafens ist die Küste noch auf eine ziemliche Strecke flach, aber etwas mehr Inlands steigt sie plötzlich zu schroffabfallenden, baumbewachsenen Hügeln empor. Das Flachland davor ist mit hohem Gras und Unterholz bedeckt.

Das Kabelhaus, welches die Amerikaner zu zerstören beabsichtigten, lag nur nur einige Fuß vom Wasser entfernt. Nicht weit davon standen auf der einen Seite ein Leuchtthurm und an der anderen ein altes Block- oder Wohnhaus von der Art, wie ſie von den Spaniern in früheren Jahren an der ganzen Küſte zum Schutz gegen Flibuſtierexpeditionen errichtet wurden.

Der Plan der Amerikaner war, die kleinen Boote der Schiffe bis nahe an die Küſte zu ſchicken und das Kabel mit eiſernen Greifhaken zu ſuchen und ein Stück von genügender Länge aus demſelben herauszuſchneiden, um eine Zuſammen- ſtückelung durch Wiederverbindung der Schnittenden unmöglich zu machen.

Große Tapferkeit im Angeſicht der Gefahr.

Als der Tag anbrach, lagen die drei Kriegsſchiffe eine kurze Strecke von der Küſte entfernt in Poſition. Mit den erſten Strahlen der Sonne begannen die Auslugpoſten ſchon die Küſten abzuſpähen, und bald entdeckten ſie, daß die Spanier die Expedition erwarteten und augenſcheinlich über die Abſicht der Schiffe unterrichtet waren. Schützengräben konnten an der Waſſerkante deutlich unterſchieden werden, von wo aus man mit grauſamer Sicherheit den Punkt be- ſchießen konnte, wo das Kabel vermuthet wurde und wohin die Amerikaner in ihren kleinen Booten fahren mußten. Man ſah Schnellfeuergeſchütze und Kano- nen kleinen Kalibers. Infanterietrupps ſchwärmten wie Inſekten über die Küſte hin. Reiterhaufen ſprengten unaufhörlich den ſtaubigen, weißen Weg auf und ab, der von der Küſte nach dem Hügel hinaufführte.

All dieſes ſahen die Wackeren, trotzdem aber ließen ſie, als wenn die Küſte ſo menſchenleer wie eine Wüſte wäre, die Boote herab, verluden die Ausrüſtung und gingen an ihr gefährliches Unternehmen. Die kleine Flottille, die dieſe riskante Arbeit that, beſtand aus zwei kleinen Segelbooten, zwei Dampfbarkaſſen und einem halben Dutzend gewöhnlicher Ruderboote.

Die Barkaſſen wurden mit Maſchinengeſchützen armirt und erhielten Befehl, Alles in ihren Kräften ſtehende zum Schutze der kleinen Boote bei ihrer Arbeit zu thun, und ſie im Falle, daß die Mannſchaft zum Rudern nicht mehr fähig wäre, zu den Schiffen zurückzuſchleppen.

Muthig und ſtarken Armes ruderten die Matroſen direct auf's Ufer, in Rich- tung des Kabelhauſes, zu und kamen ſo nahe, daß ſie die hinter den Gebäuden und über die Schützengräben hervorlugenden Spanier ſehen konnten. Sie wuß- ten, es konnte nur Minuten dauern, bis das Feuer eröffnet würde, doch der Takt der Ruderſchläge blieb derſelbe. Schließlich war man 100 Fuß vom Kabelhaus und 200 von den mit Spaniern beſetzten Schützengräben entfernt, als Lieutenant Winslow ſich erhob und den Befehl gab, Anker zu werfen und mit der Greifung des Kabels zu beginnen. Mit der Ruhe von Anglern fingen die Leute an, ihre

Greifhaken zu benutzen. Auf der Nashville, Marblehead und Windom standen während der ganzen Zeit die Artilleristen an ihren Geschützen, bereit, die Küste mit Kugeln und Geschossen zu überschütten, sollte sich die erste Rauchwolke über den Schützengräben zeigen.

Die Bootsleute setzten die Arbeit fort, schließlich faßten die Greifhaken ein Etwas unter dem losen weißen Sande, und bald brachten die Arme zweier strammer Seeleute das Kabel an's Tageslicht. Da fiel der erste Schuß! Nur ein Blitz, ein scharfer Krach, ein Pfeifen über den Köpfen der Matrosen, dann ein Klatschen im Wasser hinter den Booten. Dabei war von einer Rauchwolke nichts zu sehen, da die Spanier rauchloses Pulver benutzten, doch war der Knall das Signal zu einem tödtlichen Feuer des Feindes auf die Leute im Boote.

Prompt antworteten die Kanonen der Schiffe, ein Hagel von Granaten zischte und sauste über die Köpfe der Bootsleute, um die Erdschanzen zu zerreißen, hinter denen die Spanier gebückt sich bargen. Wieder und wieder heulten die Geschütze der Kriegsschiffe, jedes Mal Wolken von Staub und Trümmern am Ufer himmelwärts schleudernd. Noch ein heftiges Krachen von der Nashville, und das Kabelhaus, in tausend Stücke zerschmettert, flog in die Luft; noch ein Schuß von der Marblehead, und das Blockhaus lag in Trümmern.

Dann dreht sich der Eisenhagel in andere Richtung und fegt über die Hügel hin, Fels und Baum zerschmetternd; er pflügt weite Furchen in den Sand, jagt eine Schaar entsetzter, fliehender, Schutz suchender Männer davon, dann senkt er sich wieder gleich den Strahlen eines gewaltigen Scheinwerfers und fegt und durchsiebt die Schützengräben.

Doch dann kam ein Augenblick Pause in dem furchtbaren Getöse der Geschütze, ein fataler Augenblick: denn von allen Seiten kam nun das spanische Gewehrfeuer, und 8 brave Seeleute sanken in den Booten nieder, 2 todt, 6 verwundet.

Durchschneidung der Kabel.

Jedoch, die Spanier kamen zu spät. Schon war ein Kabel hoch gezogen und um 150 Fuß gekürzt worden. Es war dies das Kabel, das nach Balabano und von dort nach Havana lief. Die schweren Kabel mußten erst heraufgezogen und quer über die Ruderboote gelegt und dann langsam und mühsam mit Aexten, Meißeln und Sägen abgehackt werden.

Nach der verderblichen Salve der Spanier brachte man die Todten und Verwundeten in ein anderes Boot und begann nach dem andern Kabel, das nach Santiago führt, zu suchen. Bald war es gefunden, und unter dem schützenden

Kugelregen der Schiffe arbeiteten die Bootsleute wacker weiter, bis ein Theil von 80 Fuß auch aus dieser Kabelleitung herausgeschnitten war.

Bei Beginn der Beschießung hatten die Amerikaner beabsichtigt, den Leucht-thurm zu verschonen, aber als die Spanier auf die Boote ihr Feuer eröffneten, entdeckten die Leute des Marblehead, daß viele Schüsse gerade von dem Leucht-thurm kamen. Sofort richteten sich die Geschütze des Kreuzers dorthin. Die Treffsicherheit war großartig. Erst ward das Häuschen am Fuß des Thurmes buchstäblich in Atome gerissen, dann schoß eines der großen Schiffsgeschütze wie ein Holzfäller, der einen Baum fällt, den Thurm von der Spitze abwärts stück-weise herunter. Und das bei einer Distanz von 1000 Yards und bei hochgehen-der See.

Es war genau 7 Uhr Morgens, als die gefährliche Aufgabe begann, und 15 Minuten nach 10, als die Boote mit den todten und lebenden Helden wieder auf Deck gehißt wurden.

Am Morgen des 13. Mai wurden von Admiral Sampson's Flotte die Forts von San Juan de Porto Rico beschossen. Der Verlust des Feindes war an-scheinend groß. Die Amerikaner verloren 2 Todte und 7 Verwundete. Nach dreistündigem Schießen wendete der Admiral das Geschwader und steuerte nach Key West. „Ich bin," so äußerte er sich, „zufrieden mit der Morgenarbeit. Ich hätte San Juan nehmen, es aber nicht halten können. Zweck meines Hier-sein ist auch nicht die Einnahme San Juan's, ich suchte die spanische Flotte."

Heftiges, aber unsicheres Feuer der spanischen Kanoniere.

Die Schiffe, die an dem Kampfe theilnahmen, waren die Jowa, Jndiana, New York, Terror, Amphitrite, Detroit, Montgomery, Wampatuck und Porter. Das Feuer des Feindes war heftig, aber unsicher, und wahrscheinlich wurden nur die Jowa und die New York getroffen. Die Schiffe rückten in Schlachtordnung gerade unter die Batterien und feuerten ihre Breitseiten ab, worauf sie zurück-gingen. Drei Mal passirten sie so die Befestigungen, wobei sie den Strand mit Tonnen Stahls überschütteten. Es war unmöglich, den Schaden zu beurtheilen, den man den Gebänden und Befestigungen zugefügt hatte. Es sah aus, als ob sie von den Geschossen durchlöchert seien, aber die Spanier waren nicht ent-muthigt.

Der hintere Thurm der Amphitrite wurde während des Gefechts zeitweilig außer Ordnung gebracht, aber sie feuerte mit ihren Vorder-Geschützen weiter fort. Nach dem achtmaligen Passiren der Forts zogen sich die Detroit und die

Die Festung Gibraltar, entrissen den Spaniern im Jahre 1704.

Montgomery zurück, da ihre Geschütze zu klein waren, um wirksamen Schaden zu thun. Die Porter und die Wampatuck wurden gleichfalls aus der Schlachtlinie zurückgezogen.

Offiziere und Mannschaften auf allen Schiffen bewiesen Kaltblütigkeit und Tapferkeit.

Die während des Gefechts auf der Jowa verwundeten Leute erhielten ihre Verletzungen durch Splitter einer 8 zölligen Granate, die durch ein Boot in den Oberbau schlug und nach allen Seiten zersprang. Das Geschoß wurde schließlich durch eine einzöllige Eisenplatte aufgehalten. Alle wurden durch die Splitter verletzt und im Boot brach Feuer aus, das jedoch schnell gelöscht wurde.

Die Morro-Batterie am Ostarm des Hafens war der Haupt-Angriffspunkt. Contre-Admiral Sampson und Capitän Evans standen auf der unteren Commandobrücke der Jowa und entgingen nur mit genauer Noth den Granatsplittern, durch welche drei Mann verletzt wurden. Acht Mal wurde die Jowa getroffen, aber die Granaten richteten keinen Schaden am Schiffspanzer an.

Beginn des Bombardements.

Um 3 Uhr Morgens wurden auf der Jowa alle Mann an Deck gerufen, ein paar letzte Anordnungen um das Schiff bereit zu haben, getroffen und um 5 Uhr ertönte das Commando: „Klar zum Gefecht."

Die Mannschaft brannte auf den Kampf. Der Schlepper Wampatuck fuhr voraus und warf Anker, wobei ihr kleines Boot westlich 10 Faden zeigte, aber kein Lebenszeichen war auf dem Fort zu sehen, welches stolz gegen den Himmel auf den östlichen Hügeln ragte, welche die Stadt verbargen.

Die Detroit dampfte weit nach Osten, gegenüber Paltern. Die Jowa steuerte geraden Kurses auf den Strand zu. Plötzlich flog ihr Steuer herum und richtete ihre Steuerbordbatterie auf die Befestigungen. 5 Uhr 16 Minuten Morgens donnerten die 12 zölligen Vordergeschütze der Jowa auf die schlafenden Höhen los, und 14 Minuten lang überschütteten sie den Strand mit einem Hagel von Geschossen aus ihren Steuerbord-Breitseiten.

Während dessen gaben die New York und andere vom Rücken her eine gleiche Ladung ab. Die Jowa wendete und kam zum Boot der Wampatuck zurück, worauf sie wiederum die Führung der Schlachtlinie übernahm. Die Forts erwiderten heftig das Feuer, und concentrirten das Feuer aller ihrer Batterien am Ostarm des Hafens auf die Detroit, welche ungefähr 700 Yards entfernt war. Das Feuer des Feindes war äußerst unsicher. Die Verwundeten wurden schnell in Pflege genommen und das Blut abgewaschen. Alles wurde so ruhig ausgeführt, wie beim Scheibenschießen.

Um 7 Uhr 45 Minuten signalisirte Admiral Sampson: „Halt an mit Feuern." „Zurückziehen" erklang das Signal auf der Jowa und sie drehte vom Strande ab. Die Terror war das letzte Schiff in der Schlachtlinie und unterhielt sie, da sie das Signal nicht bemerkt hatte, gegen eine halbe Stunde lang allein das Feuer, während die Strandbatterien ihr Feuer auf sie concentrirten, und das

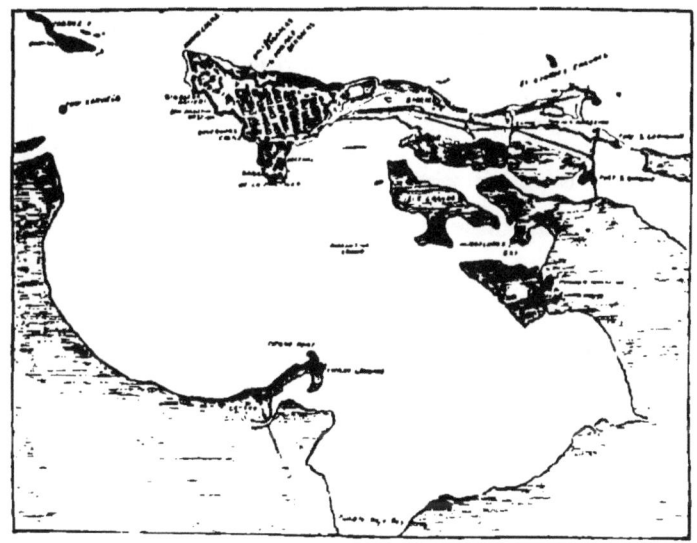

Stadt und Befestigungen von San Juan.

Wasser rings um sie herum von den explodirenden Granaten aufgewühlt wurde. Aber sie schien gefeit zu sein und um 8 Uhr 15 Minuten zog sie sich widerwillig vom Kampf zurück.

San Juan ist die Hauptstadt von Porto Rico. Die Insel wird von Osten nach Westen von einer Gebirgskette durchschnitten, welche sie in zwei ungleiche Hälften theilt, so daß die Senkung auf der Nordseite am größten ist und des= halb die Flüsse auf dieser Seite die bedeutendsten sind. Von dieser Gebirgs= kette zweigen sich einige Theile nach der Nordküste ab, wodurch sie ein rauhes unwirthliches Aussehen erhält. Ein Theil der Haupt=Kette führt den Namen

Sierra Grande oder Barros; ihr nordöſtlicher Ausläufer iſt bekannt als die Sierra Coquilla, und ihr nordweſtlicher die Sierra Caree. Die Hauptbevölkerung ſitzt in den Tiefländern an der See. Weil Straßen fehlen, kann man nur auf Saumpfaden mittels Pferden und Maulthieren in das mit ausgedehnten Waldungen bedeckte Innere der Inſel gelangen.

In den Bergen giebt es intereſſante Höhlen, von denen die von Aguas Buenas und Ciales die bemerkenswertheſten ſind. An Flüſſen und Bächen iſt kein Mangel, man zählt deren 47 ganz beträchtliche. Auch giebt es tiefe Schluchten und Abgründe.

Die vom Atlantiſchen Ocean kommenden Paſſatwinde fangen ſich in den Bergen, die ihnen die Feuchtigkeit abnehmen und ſo den nördlichen Theil der Inſel äußerſt regenreich machen. Dagegen iſt ſüdlich vom Gebirge oft ernſtliche Dürre, ſo daß der Landbau der künſtlichen Bewäſſerung bedarf, die leider ganz unſyſtematiſch durchgeführt wird.

Natürliche Hülfsquellen Porto Rico's.

Die hauptſächlichſten Mineralien, die ſich auf Porto Rico finden, ſind Gold, Kupferkies, Malachit und Magneteiſenſtein in großen Mengen. Zu Utado und Moca wird Braunkohle gefunden, auch Bernſtein. Die Ausnutzung der mächtigen über die ganze Inſel verbreiteten Lager von Marmor, Kalkſtein und anderem Baumaterial iſt gering. In Guanica und Salinac auf der Südküſte und beim Cay Rojo im Weſten giebt es Salzwerke, deren Betrieb die Hauptminen-induſtrie Porto Rico's ausmacht. Mineral- und heiße Quellen finden ſich zu Juan Diaz, San Sebaſtian, San Lorenzo und Ponce. Die berühmteſte iſt in Coamo nahe der Stadt Santa Iſabel. Das an ſich heiße Klima der Inſel wird durch die vorherrſchenden Nordoſtwinde ſehr gemildert. Die höchſte Temperatur, von der je berichtet iſt, war 117 Grad F. Im Schatten aber zeigt das Thermometer ſelten mehr als 97 Grad F., und Nachts ſinkt das Queck-ſilber auf 68 bis 69 Grad.

Die Regenzeit dauert von Auguſt bis Dezember, und von den Bergen iſt der Niederſchlag zeitweis ſo reichlich, daß die Felder überſchwemmt und in Moräſte verwandelt werden. In 1878 betrug die Menge des gefallenen Regens 81 Zoll; der Durchſchnitt iſt gleich 64½ Zoll. Die vorherrſchenden Krankheiten ſind Gelbes- und Sumpf-Fieber, Ruhr, Wundſtarrkrampf und Elefantiaſis (eine Hautkrankheit). Porto Rico iſt ungewöhnlich fruchtbar; Holzgewinnung und Ackerbau ſind die Hauptbeſchäftigung der Bevölkerung. Auf hochgelegenen Punkten trifft man auch die Vegetation der gemäßigten Zone. Es giebt über

500 verschiedenartige Waldbäume, die Ebenen sind voll von Palmen, Orangen u. a. Haupternteprodukte sind Zucker, Kaffee, Tabak, Baumwolle und Mais, aber auch der Anbau von Bananen, Reis, Ananas und mancher anderen Frucht ist bedeutend. Das einzig nennenswerthe vierfüßige Raubthier der Insel, das allerdings nur Schweine und Kälber angreift, ist der verwilderte Hund. Schlimmer ist die Mäuseplage. Doch haben die Nager einen natürlichen Feind in den Schlangen die bis zu 9 Fuß lang werden. Von Ameisen und Bienen finden' sich zahlreiche Arten. Einen prächtigen, zauberhaften Anblick gewähren zur Nachtzeit die in Massen schwärmenden Leuchtkäfer. Geflügel giebt es im Ueberfluß, und Seen und Flüsse wimmeln von feinen Fischen.

Der Eisenbahnbau steckt noch in den Kinderschuhen, die Fahrstraßen sind mangelhaft. Die Hauptstädte sind durch Telegraphen verbunden, von San Juan gehen 2 unterseeische Kabel nach St. Thomas einerseits und Jamaica andererseits.

Porto Rico kam Columbus am 16. November 1493 in Sicht. Drei Tage später warf er in einer Bucht Anker, die der Beschreibung nach der Bai von Mayagues entspricht. Jn 1510 und 1511 besuchte Ponce de Leon die Insel und gründete eine Niederlassung, die er San Juan Bautista nannte. Das Eiland hat in den darauffolgenden Kriegszeiten mehrmals den Herrn gewechselt. Holländer und Engländer bemächtigten sich zeitweise seiner; Bukaniere und Seeräuber beunruhigten und plünderten während eines großen Theils des 18. Jahrhunderts die Küsten. Die Briten bewerkstelligten 1702 bei Arecibo, 1743 bei Ponce und 1797 nahe der Hauptstadt ihre Landung, wurden aber jedes Mal von den Spaniern zurückgeschlagen. Ein dreijähriger Aufstand der Bevölkerung zur Erkämpfung der Unabhängleit von Spanien wurde 1823 niedergeschlagen. Was die Verwaltung der Insel durch die Spanier betrifft, so unterscheidet sie sich wenig oder gar nicht von der cubanischen; ihren Einfluß kann man an der ärmlichen Lage der Bevölkerung in allen Theilen der Insel wahrnehmen.

Gebäude und Befestigungen.

Die Hauptstadt der Provinz Porto Rico ist San Juan Bautista. Sie liegt auf dem kleinen Eiland Morro, das heute mit der Hauptinsel durch die San Antonio-Brücke verbunden ist. Das Stadtgebiet zählt 27,000 Einwohner. Auf dem Westende des Jnselchens erbaute Ponce de Leon den Gouvernenrspalast, ihn sowie die Kathedrale, das Stadthaus und Theater umgeben die Santa Cata lina-Baftionen. Dieſer Stadttheil heißt die Altſtadt (Pueblo Viejo). — San Juan iſt Biſchofsſitz und dem Erzbiſchof von Santiago de Cuba unterſtellt. Die Stadt hat 2 Straßenbahnen, und mit Ponce und anderen Orten beſteht Eiſenbahnverbindung. Hauptausfuhrartikel ſind Zucker, Kaffee und Tabac.

Die Häuſer ſind von Stein, gewöhnlich einſtöckig und haben Dachgärten, von denen man eine herrliche Ausſicht auf das Meer genießt. Außerdem beſitzt faſt jedes Haus einen Garten in dem ſogenannten patrio oder Hof. Nach den neueſten dem Philadelphia'er Handelsmuſeum zugegangenen ſtatiſtiſchen Berichten hat die Einfuhr Porto Rico's einen Werth von $18,945,793, die Ausfuhr von $17,295,535 für das Jahr 1896.

* * *

Während in der Caraibenſee die Operationen der Flotte ihren Fortgang nahmen, ward die allgemeine Aufmerkſamkeit durch den wunderbaren Sieg bei Manila abgelenkt. Admiral Dewey ward durch ſeine tapfere That der Held des Tages, gefeiert in Bildern, auf Emblemen, durch Gedichte und Lieder.

XIV. Kapitel.
Die Schlacht bei Santiago.

Die spanische Flotte unter dem Kommando von Admiral Cervera kam am 19. Mai bei Santiago an und lief in den Hafen ein. Hier wurde sie bald von Commodore Schley entdeckt, der mit seinen Schiffen den Hafeneingang blockirte und so das Entweichen des spanischen Geschwaders verhinderte. Am 30. sandte der Commodore die Nachricht, betreffs dieses Ereignisses an das Marine-Departement in Washington.

Sehr ängstlich war man betreffs der Sicherheit des Schlachtschiffes Oregon gewesen, welches Befehl erhalten hatte, von San Francisco nach Key West zu segeln, um sich Admiral Sampson's Flotte anzuschließen. Das Schiff langte am 26. Mai an, nachdem es 14,000 Meilen ohne jeglichen Unfall zurückgelegt hatte; und ihr Befehlshaber, Capitän Clarke, meldete daß sie fertig zum Handeln sei. Herzlich beglückwünschte man den Capitän wegen seiner erfolgreichen Fahrt und des vorzüglichen Zustandes seines berühmten Schiffes.

Am 25. Mai erließ Präsident McKinley eine zweite Proklamation, einen Aufruf für 75,000 Freiwillige, um eine starke Streitmacht nach Cuba und Porto Rico zu werfen, und auch um General Merritt genügend Truppen zu stellen, um die Philippinen-Inseln nehmen und halten zu können. Während dessen hatte man die Truppen an verschiedenen Punkten zusammen gezogen, wo sie einexercirt und equipirt wurden, um sie für thatkräftiges Eingreifen bereit zu haben. In Anbetracht dessen, daß die Regierung in Washington bei Ausbruch der Feindseligkeiten vollständig unvorbereitet für den Krieg war, muß man die Umsicht, mit der die Vorbereitungen getroffen wurden, bemerkenswerth finden. Große Thätigkeit herrschte im Kriegs- und im Marine-Departement, und eifrige Anstrengungen wurden gemacht, um den Einfall in Cuba möglichst schnell bewerkstelligen zu können.

Jetzt war die lange Unthätigkeit, zu der man wegen der Ungewißheit betreffs Admiral Cervera's Absichten mit seiner Flotte verurtheilt war, vorüber, und wußte man genau, daß seine Schiffe im Hafen von Santiago eingeschlossen waren. Die Regierung beschloß, sofort Truppen nach diesem Punkt zu senden, um die Flotte bei Einnahme der Stadt zu unterstützen. Während man wußte, daß die spanischen Schiffe im Hafen von Santiago sich befanden, hielt man es für unmöglich für unsere Schlachtschiffe, in den Hafen einzudringen, sowohl wegen der

188

Minen, welche dort gelegt waren, als auch wegen des heftigen Feuers, daß man von den spanischen Strand-Batterien zu erwarten hatte.

Der Eingang zum Hafen von Santiago ist sehr eng, und an einer Stelle sind die Schiffe gezwungen, durch einen Kanal von nicht über 300 Fuß Breite zu fahren. Hier ereignete sich am Morgen des 3. Juni eine der tapfersten Thaten in den Annalen der Seekriegsgeschichte. Lieutenant Hobson, Schiffsbaumeister an Bord von Admiral Sampson's Flaggenschiff, entwarf den Plan, diesen schmalen Eingang durch Versenkung des Kohlenschiffes Merrimac zu blockiren und so Cervera und seine Flotte gleichsam ein-

zustöpseln. Es wird den Leser interessiren, nähere Einzelheiten über dieses
bemerkenswerthe Unternehmen zu erfahren.

Sobald man des Admirals Zustimmung zur Ausführung des gefährlichen
Unternehmens erhalten hatte, verwarf
Mr. Hobson jede Verzögerung und 'etzte
die nächste Nacht nach Untergang des
Mondes für das Unternehmen fest. Auf
allen Schiffen der Flotte rief man Freiwillige auf. In hellen Haufen drängten sich die Besatzungen zu dem tollkühnen Wagniß vor. Es meldeten sich ungefähr 300 Freiwillige von der New
York, 180 von der Jowa und in gleichem

Lieutenant R. P. Hobson.

Verhältnisse von den übrigen Schiffen, aber Mr. Hobson beschloß, so wenig Menschenleben als möglich zu wagen.

Er wählte drei Mann von der New York und drei von der Merrimac aus. Letztere waren neue Leute, aber sie kannten ihr Schiff und baten inständigst, mitgehen zu dürfen; ein Mann stahl sich heimlich an Bord des Kohlenschiffes.

Sechs andere Leute von verschiedenen Schiffen unter Commando von Fähn-rich Powell bemannten das Boot, welches bestimmt war, an der Hafeneinfahrt zu kreuzen und die glücklich Entronnenen aufzunehmen. Die Merrimac wurde fertig zum Dienst gemacht. Sechs Torpedos wurden an der Backbordseite ange-bracht und mit der Commandobrücke verbunden. Ihre Anker wurden am Bug und Stern festgebunden. Ihre Kohlen wurden ausgeladen und die Schiffs-thüren geöffnet, um schneller mit Wasser gefüllt werden zu können, wenn der

Augenblick gekommen wäre, die Ankerketten abzuschneiden, die Stückpforten zu öffnen und die Schotten zu sprengen.

Ein kritischer Augenblick.

Man wurde mit der Arbeit nicht vor Donnerstag Morgen um 4 Uhr fertig, aber sobald es im Osten tagte, machte sich Mr. Hobson an sein verzweifeltes Unternehmen.

An Bord der Flottenschiffe die nahe der Hafeneinfahrt lagen, zitterten viele warme Herzen, Offiziere wie Mannschaften für ihre braven Kameraden und erwarteten den Ausgang, ängstlich die Augen auf die vorspringenden Hügel gerichtet, die den Eingang zum Hafen bezeichnen. Aber während die Merrimac vorwärts dampfte, schritt Contre-Admiral Sampson auf dem Deck des Flaggenschiffes auf und ab, die Uhr in der Hand und beobachtete die Streifen im Osten. Sofort erkannte er, daß die Merrimac den Eingang nicht vor Tageslicht erreichen konnte. Infolge dessen gab er dem Torpedoboot Porter, das längs seines Schiffes lag, den Befehl, den kühnen Offizier zurückzurufen. Mr. Hobson protestirte und bat um Erlaubniß, weiterzufahren, aber der Admiral weigerte sich, ihm die Erlaubniß zu dem Wagniß zu geben und langsam schwenkte die Merrimac um.

Im Laufe des Tages begab sich Lieutenant Hobson an Bord des Flaggenschiffes. Er war so von der Aufgabe, die vor ihm lag erfüllt, daß er ohne Rücksicht auf die Formen und Pflichten der Disciplin den Admiral in befehlendem Tone ersuchte, sich nicht wieder in seine Sache zu mischen.

„Ich kann die Sache zu Ende bringen," sagte er, „doch darf ich nicht noch öfter zurückgerufen werden. Meine Leute haben seit 24 Stunden keine Ruhe gehabt und sind furchtbar abgespannt. Sogar Eisen bricht zuletzt." Als Mr. Hobson das Schiff und die ihm entgegengestreckten Hände seiner Schiffsgenossen verließ, wendeten sich mehr als einer ab, um ihre Thränen zu verbergen. Aber der Lieutenant winkte ihnen mit einem Lächeln auf seinem hübschen Gesicht ein Lebewohl zu.

Die Merrimac dampfte kurz nach 3 Uhr am Freitag Morgen ab. Der Vollmond verschwand hinter einer schwarzen Wolkenbank im Westen. Dreitausend Augen versuchten angestrengt, den Schleier der Nacht zu durchdringen.

Plötzlich donnerten einige Schüsse von dem felsigen Hügel, auf dem das Morro Castle gelegen ist. Strahlen und Feuer-Ströme folgten von den gegenüberliegenden Batterien. Die Merrimac hatte den Eingang des Hafens erreicht.

Uniform Typen der spanischen Infanterie.

191

Sie muß so nah an dem Kaftell vorübergefahren fein, daß ein Stein der fich von der drohenden Bruftwehr losgelöft hätte, auf ihr Deck gefallen fein würde. Es ift ein Wunder, daß ihr angeufcheinlich durchlöcherter Rumpf das Ziel erreicht hat. Nach 5 Minuten langer Dauer fchwieg das Feuer und alles war wieder in Dunkelheit gehüllt.

Als der Schleier der Nacht fich endlich lüftete, fah man ein kleines Dampf= boot fich auf den Wellen direkt an der Oeffnung des Hafeneingangs fchaukeln.

Angenblicklich wurden die Gefchütze der Strand= batterien auf das Boot gerichtet und mit einem letzten zögernden Blick auf die Befatzung der Merrimac führte Fähnrich Powell fein Boot hart an der Küfte weftwärts. Dies rettete ihn. Die Gefchütze der weftwärts gerichteten Batterien konnten nicht genug weftwärts ge= dreht werden, um das kleine Boot zu treffen und die Gefchütze auf dem Morro Caftle reich= ten nicht weit genug.

Nichts deftoweniger eröffneten die Spanier ein heftiges Feuer, fchoffen aber über das Boot hinweg, bis das Boot volle 2 Meilen von der Küfte entfernt war. Dann fielen einige der Gefchoffe ganz nahe an dem Boote ins Wafer und eines derfelben warf eine Wolke von Sprüh= regen auf das kleine Fahrzeug. Inzwifchen waren die Flottenfchiffe näher herangekommen, bis die New York, Maffachufetts, Texas und Marblehead kaum 3 Meilen von Morro Caftle entfernt waren.

J. W. Powell als Cadet.

Das Feuer aus den großen Gefchützen hielt an, doch die Schießkunft der Spanier fchien noch mehr nachzulaffen, bis fie ermüdet das Feuer einftellten. Nur 2 Mal hatten fie gewagt, auf die Flotte zu fchießen; fie fürchteten fich vahrfcheinlich einen Gegner von der Stärke Admiral Sampfon's zu reizen.

Das Depefchenboot hatte, von Hobfon's kühnem Plan unterrichtet, gegenüber dem engen Hafeneingange und knapp außerhalb der Gefechtslinie des blockiren= den Gefchwaders Aufftellung genommen. Von hier konnte man den Merrimac in den Hafen laufen fehen. Ein paar Minuten fpäter bemerkte man, daß die fpanifchen Batterien ihr Feuer nach Weften auf einen Punkt nahe dem Ufer richteten, wo eine dünne Rauchfäule fich als ihr Ziel entpuppte. Es war die

Barkasse vom Schiffe New York. Fähnrich Powell hatte sie bis Abends dicht unter den Wällen des Morrocastells verstedt gehalten, als ihn das Feuer aus den großen Geschützen von dort wegtrieb. Er fuhr die Küste entlang aufwärts, theilweise durch das hohe Ufer geschützt, drehte dann um, stieß auf die Texas und passirte die New York, gänzlich niedergeschlagen, daß er von Hobson und seinen Leuten keine Spur finden konnte. Da er näher dem Feinde gewesen als die Kriegsschiffe, hatte Powell das Geschützfeuer gesehen, als die Merrimac und seine todesmuthige Bemannung (nun wohlbehalten innerhalb des Morro Castells)

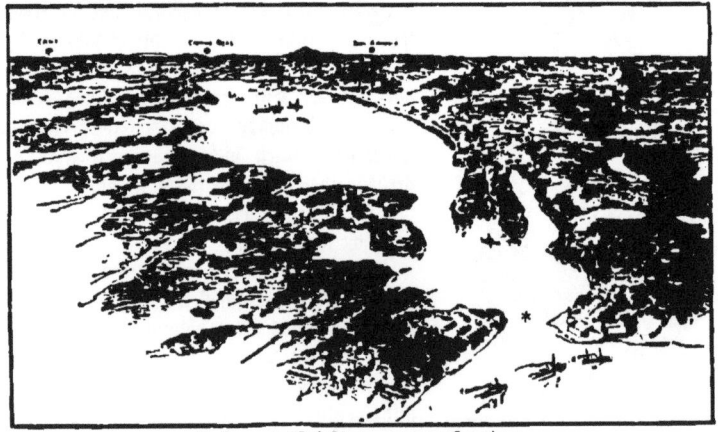

Hafen und Befestigungen von Santiago.

wahrscheinlich zuerst von den Spaniern bemerkt wurden. Auch hörte er eine Explosion, die wie der Fähnrich annahm, vielleicht durch Hobson's Torpedos verursacht wurde. Sein Warten, sein Hoffen die Helden der Merrimac auf= nehmen zu können war vergeblich; die Geschosse der Forts trieben ihn zurück. Doch das Werk war vollbracht. Das große Fahrzeug war quer in die enge Hafeneinfahrt gesteuert, die Torpedos waren abgefeuert, das mächtige Kohlen= schiff war gerade am gewollten Punkte zum Sinken gebracht worden. Und die brave Mannschaft war ins Wasser gesprungen ihr Leben zu retten; warb aber vom Flaggschiff des spanischen Admirals aufgefischt, der ihre Tapferkeit pries und unter der Waffenstillstandsflagge einen Offizier zum Admiral Sampson sandte, mit der Versicherung, daß die kleine Heldenschaar in Sicherheit und guter Pflege sei. So war spanische Ritterlichkeit zur Bewunderung amerikanischer Tapferkeit genöthigt worden.

G 13

Furchtbares Bombardement.

Am Montag des 6. Juni wurden die Befestigungen bei Santiago durch die Vereinigten Flotten des Abmiral Sampson und Commodore Schley beschossen. Das Geschwader formirte sich in zwei Reihen, 6 (engl.) Meilen von Morro Castell, um 6 Uhr Morgens und dampfte langsam mit der Brooklyn an der Spitze 3000 Yards vom Ufer weg in die See. Die spanischen Batterien beob= achteten Schweigen; es bleibt zweifelhaft, ob der Feind bei dem herrschenden dichten Nebel und heftigen Regen das Manöver erkennen konnte oder nicht. Plötzlich feuerte die Jowa; das 12=zöllige Geschoß trifft den unteren Theil der Estrella=Batterie und reißt das Erdwerk auf. Sogleich beginnen beide Kolon= nen, Sampson's und Schley's zugleich das Feuer und ein Hagel von Bomben fiel von den Schiffen auf die spanischen Werke. Die Spanier antworteten prompt, doch ihre Artillerie erwies sich als untauglich, die meisten ihrer Schüsse gingen zu weit. Der Rauch ballte sich um den Schiffen zu solchen Wol= ken, daß genaues Zielen schwierig ward. Manöveriren gab es nicht, die Schiffe blieben am Platze und feuerten ununterbrochen fort.

Da Hobson und die übrigen Merrimacleute, wie man erfahren hatte, im Morro Castell internirt waren, hatten die amerikanischen Abmiräle vor Beginn der Beschießung den Befehl gegeben, auf dies Fort nicht zu feuern. Trotzdem wurde es durch verirrte Geschosse, wenn auch unbedeutend, getroffen.

Commodore Schley rückte dem Ufer etwas näher um die Distanz zu vermin= dern. Brooklyn und Texas richteten wilde Verwirrung in den spanischen Ufer= batterien an und brachten sie rasch zum Schweigen. Und während die größten Schiffe die schweren Batterien in Schach hielten, richteten Suwanee und Vixen ihr Schnellfeuer auf die kleine Küstenbatterie ihnen gegenüber und setzten sie bald außer Gefecht.

Demontirung der Batterien.

Die Brooklyn ging dem Ufer 800 Yards näher, worauf die durch ihre Ge= schütze nebst denen der Marblehead und der Texas verursachte Zerstörung wahr= haft schrecklich wurde. In wenig Minuten brannte das Holzwerk des Estrella= Forts, und seine Batterie ward total außer Gefecht gesetzt. Auf der Ostseite brachten die New York und die New Orleans die Cave=Batterie prompt zum Schweigen und bombardirten dann die höher gelegenen Erdwerke. Das Feuer der Flotte währte bis 10 Uhr, um welche Zeit die Spanier das Schießen ganz einstellten, und Sampson das Signal gab, ein Gleiches zu thun.

In der folgenden Nacht vernichteten Admiral Sampson's tapfere Kanoniere außerhalb des Hafens den spanischen Torpedoboot=Zerstörer Terror vollständig. Die gesammte Flotte betheiligte sich an der Affäre, der Terror wurde von Geschossen durchlöchert und in ganz kurzer Zeit zum Sinken gebracht. Die Texas entdeckte den Terror und gab den anderen Schiffen den Alarm. Die Zerstörung des Spaniers geschah in wenigen Minuten, so schrecklich war das Feuer der Amerikaner.

Gerade als das Depeschenboot im Begriff war, Sampson's Geschwader zu verlassen, um die Nachricht über das Bombardement von Santiago zu überbrin=

Guantanamo=Bai und Caimanera.

gen, kam der Terror in das Licht des Scheinwerfers der Texas; der Auslug= posten gab den Alarm, unverzüglich ward die Mannschaft auf ihre Posten befoh= len und der Flotte das Signal gegeben, die sofort ihre Scheinwerfer auf den Feind richtete. Die Kanonade begann, und in merkwürdig kurzer Zeit war der Terror gesunken.

Am 7. Juni zeigten sich außerhalb des Einganges der Bucht von Guantanamo gerade um Sonnenaufgang fünf amerikanische Kriegsschiffe. Die Marblehead an der Spitze, fuhr das kleine Geschwader in die Bai und nahm eine das Kabel= haus beherrschende Stellung unter den Kanonen der spanischen Befestigungen ein. Während die Marblehead, St. Louis und der Yankee vor den Forts Schlacht= linie bildeten und das Feuer eröffneten, schossen die kleinen Kanonenboote aus der Reihe vor und begannen das unterseeische Kabel zu fassen. Das Feuer der Kreuzer war schnell und sicher und ward von den Spaniern lebhaft erwiedert. Alle Mann an Bord der Kriegsschiffe arbeiteten mit Enthusiasmus; die New Yorker Seemilizen auf dem Yankee ernteten ihren Theil der Lorbeeren an den Geschützen.

Die Beschießung nahm ihren Fortgang, bis die Kanonenboote mit ihrer Arbeit, das Kabel zu kapern, fertig waren. Dies geschah um 2 Uhr Nachmittags, worauf das Geschwader die Bai verließ und etwa 3 (engl.) Meilen vom Ufer entfernt Aufstellung uahm.

Die Granaten der Panzerschiffe fingen sehr bald an ihre verderbliche Wirkung an den Bastionen zu zeigen. Das Feuer der letzteren wurde schwächer und schwächer; eine Batterie nach der anderen ward demontiert, bis schließlich nicht ein Feuerstrahl, nicht ein Rauchball mehr sich zeigte, um von weiterem Widerstand des Feindes zu erzählen.

Als die Festungswällen auf die spanischen Artilleristen zu purzeln begannen, verließen sie ihre Posten und rannten der Stabt zu, in der bereits Alles in Aufregung und Unruhe war. Als gar die Batterien der Forts schwiegen, war die Bevölkerung Caimaneras von Schrecken gepackt; fürchtete doch Jeder, die Amerikaner würden jetzt die Stadt selbst zerstören, und suchte darum sicheren Versteck auf. Doch das Geschwader concentrierte nach Demontirung der Forts sein Feuer auf das Blockhaus, von welchem das Kabel der französischen und der Telegraph-Compagnie in die See laufen, und zerstörte es augenblicklich. Dann ward das Kabel, welches das Blockhaus mit Caimanera verband zerschnitten.

XV. Kapitel.

Thaten der Armee General Shafter's.

Im historischen Verlauf der Ereignisse kommen wir nun zum Bericht der Invasion Cuba's durch die Ver. Staaten Armee. Der Ausgang der Affäre zur See war entschieden zu Gunsten von Admiral Sampson's Flotte, deren schweres Geschütz an den Uferbatterien und Befestigungen des Feindes böse Verwüstungen angerichtet hatte.

Die Landung von 800 Seesoldaten zu Guantanamo ließ nunmehr die Amerikaner festen Fuß auf Cuba fassen und gab für die beabsichtigte Landung von Infanterie und deren Angriff auf Santiago einen Stützpunkt.

Die bisherige unmethodische Kriegführung hatte zwar soweit wenig Zweck gehabt, doch hatte sie die glänzende Bravour der amerikanischen Seeleute und die allen Eventualitäten gewachsene Tüchtigkeit ihrer Flotte bewiesen. Es blieb für Sampson äußerst schwierig, über die genaue Anzahl der spanischen Schiffe, ihrer Bemannung und der Besatzung von Santiago Gewißheit zu bekommen. Er beschloß daher, zur Lösung dieser wichtigen Frage sich eines Kundschafters zu bedienen.

Muthige That des Lieutenants Blue.

Der Verzug der Ankunft des Transportgeschwaders vor Santiago ward durch die Befürchtung der Washingtoner Behörden veranlaßt, daß gar nicht das ganze Geschwader Cervera's im Santiago'er Hafen sein möge. Sampson beschloß, diese Frage ein für alle Mal zu lösen und sandte am 11. Juni Lieutenant Victor Blue vom Kanonenboote Suwanee zum Spionieren aus. Dieser landete noch selben Tags und bestieg die den Hafen und die Stadt überblickenden Hügel, von denen er genau den Bestand der feindlichen Flotte zu constatiren vermochte. Es waren 4 armirte Kreuzer, 2 Torpedobootzerstörer und 3 kleine Kanonenboote.

Dies Resultat seiner Expedition rapportirte er seinem Admiral an Deck des Flaggenschiffes New York. Blue hatte ungefähr 72 (engl.) Meilen an der Ostseite des Hafens zurückgelegt und eine Ausgabe einer Santiago'er Zeitung vom 11. Juni mitgebracht, worin darüber Klage geführt ward, daß Heer und Flotte der Bürgerschaft ihren Antheil an der an der Stadt noch verbleibenden Lebensmitteln vorenthalte.

Lieutenant Blue's Bericht zerstörte endgiltig die falsche Annahme, daß von

Cervera's Kreuzern einige zwischen den Bahamas oder an einer andern die bald erwarteten Transportschiffe gefährdenden Stelle des Oceans sich befänden. Admiral Sampson beglückwünschte den Lieutenant Blue wegen der glücklichen Durchführung seiner gefahrvollen Mission. Letzterer berichtete noch, daß das Geplänkel zwischen Cubanern und Spaniern in den Hügeln um Santiago seinen Fortgang nähme, und daß letztere die Fortificationen der Stadt in der Erwartung ausbesserten, Sampson werde in der Voraussicht der baldigen Ankunft und Landung amerikanischer Truppen, das Bombardement erneuern.

Eine unbegründete Nachricht.

Das Resultat der gefahrvollen That des Lieutenants Victor Blue war, daß man zu Washington nunmehr die officielle Kunde von dem Dasein von 4 armirten Kreuzern und 2 Torpedobootzerstörern unter spanischer Flagge im Santiago'er Hafen erhielt. Das bedeutete, daß der dem Flottendepartement officiell zugegangene Bericht völlig unrichtig war, wonach 4 spanische Fahrzeuge (1 armirter und 2 geschützte Kreuzer, 1 Torpedobootzerstörer) nahe Havana gesichtet worden seien, die offenbar bestimmt seien, die die Truppen von Tampa nach Santiago bringenden Transportdampfer abzufangen.

Da dieser detaillirte Bericht vom Blocadegeschwader kam, schenkte das Flottenamt ihm Glauben und ersuchte das Kriegsdepartement, die Abfahrt der Truppen aufzuschieben, bis man die nöthigen Schritte gethan hätte, die Escorte zu verstärken und die Position der feindlichen Schiffe festzustellen. Um die Zahl der spanischen Kriegsschiffe im Hafen von Santiago doppelt sicher zu stellen, instruirte das Flottenamt Sampson, mittels eines Officiers oder irgend eines Mannes seines Geschwaders auszukundschaften, was für spanische Schiffe im Hafen von Santiago lägen.

Der dem Lieutenant Blue zu Theil gewordene Auftrag war gefährlich, denn ein ein derartiges Unternehmen Wagender war vom militärischen Standpunkte ein Spion und konnte, gefangen, als solcher behandelt werden.

Das Resultat des kühnen Unterfangens wurde in der vom Admiral abgesandten Depesche so beurtheilt:

„St. Nicolas, Hayti, 13. Juni 1898. Lieutenant Blue nach einem Marsch von 72 Meilen soeben vom Kundschaften im Hafen von Santiago zurückgekehrt. Berichtet, daß die gesammte spanische Flotte da. Die Spanier griffen das Lager zu Guantanamo heftig an. 4 Seesoldaten auf Vorposten getödtet, ihre Leichen barbarisch verstümmelt. Wundarzt Gibbs todt."

Uniformen spanischer Marinesoldaten und Marineoffiziere.

199

Lieutenant Blue verdankte seine Wahl zu diesem Vertrauensposten sowohl seiner bekannten Unerschrockenheit, als seiner auf der Marine-Akademie wie auf Kreuzungen in südamerikanischen Gewässern erworbenen Kenntniß des Spanischen. Die amerikanischen Behörden glaubten, daß Admiral Cervera die Landtruppen darin unterstütze, einen möglichst starken, ja verzweifelten Widerstand gegen den voraussichtlichen Angriff der Amerikaner zu organisiren. War es ihm auch nicht möglich, die 11- und 9zölligen Kanonen aus den Schiffsthürmen ans Land zu bringen, so wurden doch einige der Schnellfeuer-Geschütze auf dem Ufer posirt und die Schiffe sollten in eine Stellung gebracht werden, daß sie den Amerikanern möglichst viel Schaden zufügen könnten.

Einnahme eines spanischen Lagers.

Am 14. Juni machten die Ver. Staaten Seetruppen unter Oberstlieutenant Robert W. Huntington ihre erste Angriffsbewegung gegen die spanischen Freiwilligen und schlugen den Feind vollständig. Die Matrosenabtheilung war unter Befehl des Hauptmannes Elliot, die cubanischen Hülfstruppen unter dem des Oberst Laborde. Die Seeleute hielten sich prächtig und schossen vorzüglich trotz des überaus heftigen Feuers des Feindes.

Das genommene Lager lag etwa 5 (engl.) Meilen südwestlich von den Schützengräben der Seetruppen und war, da es den einzigen Brunnen im Umkreis von 6 bis 7 Meilen enthielt, eine wichtige Operationsbasis des Feindes. Oberstlieutenant Huntington entschied sich früh am Tage zum Angriff und um 8 Uhr begann die Streitmacht den Marsch über die Berge, der für die Seeleute keine leichte Probe der Ausdauer war. In der tropischen Sonnengluth ging es bergauf, bergab, und bevor noch das Gefechtsfeld erreicht war, waren 22 Mann krank. Doch vor Ende des Gefechts waren alle gerade im Stande ihre Posten einzunehmen.

Man mußte dem Bergpfade folgend im Gänsemarsch vorrücken, während die Cubaner nach allen Richtungen hin Spionierdienst versahen. Von einer Hügelspitze aus erblickten endlich die Amerikaner das unter ihnen auf einem niedrigen Hügelrücken liegende spanische Lager, das aus einem großen Gebäude bestand, umgeben von Hütten und Häuschen, in ihrer Mitte der werthvolle Brunnen.

Die Amerikaner rückten vorsichtig vor und kamen dem Feinde auf 200 Yards nahe, ehe ein Büchsenkrach aus dem Lager bewies, daß die Spanier ihrer gewahr geworden seien. Schnell formirten die Amerikaner Gefechtslinie, mit den Cubanern auf der linken Flanke, und begannen unbekümmert um die über ihre Köpfe hinwegzischenden feindlichen Kugeln sich ans Werk zu machen, als wären sie auf dem Schießplatze.

Von den Spaniern zeigten sich nur einzelne, die meisten lagen hinter den Hütten und im Gebüsch; nur die Rauchwolken deuteten ihre Stellung an und gaben den Amerikanern Zielpunkte. Während des 20 Minuten andauernden beiderseits heftig unterhaltenen Feuers richteten die Spanier wenig Schaden an, da sie

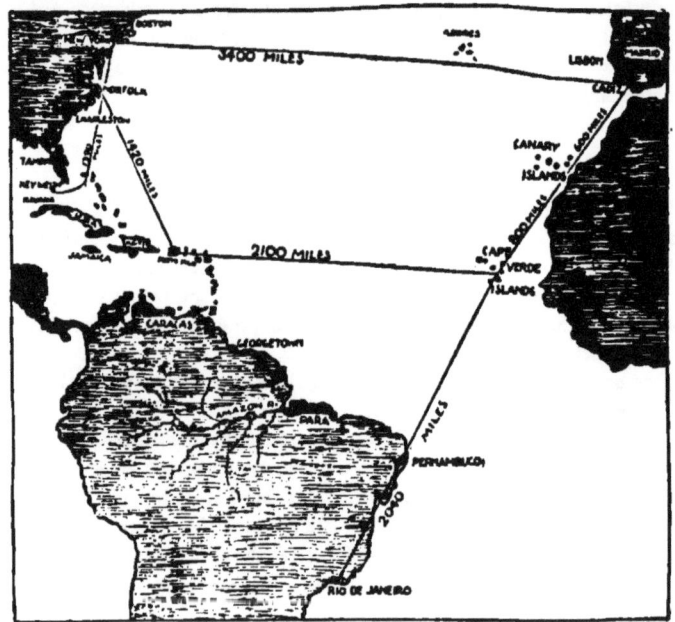

Scene der Schiffs Operationen im Atlantischen Ocean

krampfhaft schnell schossen, während die Amerikaner Ruhe bewahrten und sorgfältig zielten. Ihr Schützenfeuer ward nur hin und wieder auf Befehl der Offiziere durch Salvenfeuer unterbrochen, und immer mit gutem Erfolg.

Der Feind weicht.

Schon sah es so aus, als wäre ein Bajonettangriff den Abhang hinunter nöthig, um den Feind zum Weichen zu bringen, als der letztere plötzlich sich an=

schickte auf ein Dickicht 100 Yards weiter zurückzufallen. Man konnte kleine Gruppen vom Lager flüchten, sich auflösen und im Zickzack den Geschossen aus- weichend durch das Gebüsch sich stürzen sehen.

Hier wurde das Feuer der Amerikaner verderblich. Mann auf Mann fielen die Spanier, vergebens Schutz suchend. Ihr Feuer ward vereinzelt und hörte bald ganz auf. Zwei Cubaner wurden getödtet, vier verwundet.

Der leicht errungene Sieg versetzte das Oberkommando in gehobene Stim- mung. Die kleinen, dunklen Cubaner schwenkten ihre Macheten und heulten und fluchten gleich Wilden hinter den Spaniern her. Vor deren Kugeln hatten sie absolut keine Furcht gezeigt, sondern nur die größte Verachtung gegen den Feind kundgegeben, dabei aber selbst unbedacht und schlecht geschossen.

Als der Feind das Lager zu verlassen begann, ward der draußen in See lie- gende Dolphin herbeisignalisiert, der Granaten auf das Dickicht, in welches die Spanier zu flüchten suchten, zu werfen anfing. Inzwischen kam Lieutenant Magill mit 40 Mann Verstärkung, und Hauptmann Mahoney war mit noch mehr unterwegs. Doch war der Tanz schon vorbei, bevor sie am Platze waren.

Die Amerikaner rückten schießend den zurückgehenden Spaniern langsam nach; diese räumten das Lager vollständig und nahmen ihre Verwundeten und wahr- scheinlich auch manchen Todten mit. Es fanden sich nur 15 Leichen im Gebüsch zerstreut, den Platz, an dem das Feuer der Amerikaner am verderblichsten ge- wirkt hatte, hatte man nicht Zeit und Gelegenheit abzusuchen. In aller Eile wurden die Behausungen niedergebrannt und wurde der Brunnen mit Erde und Steinen zugeschüttet.

Der Dolphin landete Wasser und Munition, da man auf dem Rückmarsche einen Angriff befürchtete; doch unternahmen die Spanier nichts, sie waren offen- bar so geschlagen, daß sie weiteres Kämpfen aufgaben. Die Marinetruppen erreichten das amerikanische Lager erst nach Anbruch der Nacht und, da sie seit früh morgens ohne Nahrung gewesen waren, in ganz erschöpftem Zustande.

Beschießung mit Dynamitbomben.

Drei Bomben mit je 200 Pfund Schießbaumwolle wurden in der Nacht des 14. aus den Dynamitkanonen des Vesuv gegen den Hügel westlich der Einfahrt in den Santiagoer Hafen und das ihn überragende Fort geschleudert. Es war dies die erste Probe mit einem Dynamitkreuzer im Kriegsfalle und darum die durch diese 3 Schüsse bewiesene furchtbare Wirkung historisch wichtig. Die Ge- schütze jenes Forts waren nicht außer Gefecht gesetzt worden, als die amerikanische

Flotte nach jenem Angriff, welcher der Entdeckung der Anwesenheit des spanischen Geschwaders im Hafen folgte, wieder abzog.

Im tiefen Dunkel der Nacht dampfte der Vesuv bis auf kurze Distanz heran und ließ eins seiner geheimnißvollen Geschosse los. Weder Blitz noch Rauch war sichtbar, auch hörte man anfangs kein Geräusch. Die pneumatischen Geschütze des kleinen Kreuzers „arbeiteten" geräuschlos, so daß die anderen Kriegsschiffe nur aus der Erschütterung, die sich ihnen mittheilte, erkannten, daß der Vesuv in Action getreten war. Wenige Sekunden nach Abfeuerung der Dynamitkanone gab es eine äußerst heftige Erschütterung an Land. Auf dem Hügel, wo die spanischen Batterien allen Geschossen der gewöhnlichen Kriegsschiffe getrotzt hatten, flogen Fels und Erde Tonnenweis in die Luft und der Boden erzitterte wie bei einem Erdbeben. Das Echo rollte brüllend durch Berg und Thal. Sampson's Schiffe draußen auf hoher See erzitterten bei dem furchtbaren Stoß. Der Staub schien bis zu den Wolken aufzusteigen und verhüllte das Bild der Zerstörung.

Darauf folgte Schweigen, dann ein zweiter furchtbarer Aufruhr, und ein dritter so rasch, daß der Donner beider Schüsse sich fast vereinte. Wieder ward es still, dann zwei Schüsse von einer spanischen Batterie, die nach dem Brüllen der Dynamitgeschütze wie Feuerwerksschläge klangen. Der Vesuv hatte seine Probe bestanden und seine Zerstörungsfähigkeit vollkommen erwiesen, seinen furchtbaren Geschossen konnte kein Befestigungswerk widerstehen.

Das eben beschossene Fort war das bedeutendste aller Hafenforts und führte mehrere moderne Geschütze. In der Dunkelheit konnten die Amerikaner allerdings die Stelle nicht unterscheiden, die von den Bomben getroffen wurde, doch war man ziemlich sicher, daß die Projektile dem Fort sehr nahe explodirten, wenn sie es wirklich nicht trafen.

Der befriedigenden „Arbeit" des Vesuv folgte ein paar Stunden darauf eine gleich gute des Schiffes New Orleans. Capitän Folger erhielt auf seinen Bericht hin, daß die Spanier östlich vom Morro Castell neue Kanonen aufstellten, vom Admiral Sampson den Befehl, die neuen Batterien sogleich anzugreifen.

Grimmiges Bombardement der New Orleans.

Sobald der Tag graute, nahm die New Orleans ¾ (engl.) Meilen von den neuen Fortifikationen Aufstellung und bereitete den Spaniern die wärmsten 10 Minuten, die sie seit Beginn des Krieges durchgemacht hatten. Die Distanz ward beim ersten Schuß genommen, und in einer Minute der Kamm des Hügels von einem Hagel von Granaten bestrichen.

In wenigen Sekunden verdunkelte und verdeckte der Dampf der platzenden Geschosse die spanische Position; trotzdem blieb die Treffsicherheit der New Orleans vorzüglich. Jede Granate traf die Brustwehr und explodirte über den Köpfen der Vertheidiger. In 3 Minuten war die Batterie demontirt, doch wurde das Feuern fortgesetzt, bis auf dem Flaggenschiff das Signal zum Rück- zug gehißt wurde. Die New Orleans war unbeschädigt geblieben.

Abfahrt der Truppen nach Cuba.

Inzwischen traf unsere Armee Anstalten, von Tampa abzusegeln. Die Späherschiffe, die ausgeschickt waren nur die Wahrheit des Berichtes, daß vier spanische Kriegsschiffe unweit Key West lägen, zu untersuchen, brachten die Nach- richt, kein verdächtiges Fahrzeug sei zu finden. Darauf erhielt Generalmajor Shafter ohne Verzug den Befehl Tampa zu verlassen, die Dry Tortugas anzu- laufen und dann nach Santiago zu fahren. Es lag nicht in der Absicht der Regierung bei den Tortugas die Expedition lange Halt machen zu lassen. Dort sollten nur die Hülfsgeleitschiffe und ein Depeschenboot zu ihr stoßen und Shafter seine endgiltigen Befehle erhalten.

Die Santiago-Armee bestand aus 14,564 Mann mit 773 Offizieren, darunter nur 3 Freiwilligen-Organisationen; der Haupttheil bestand aus Regulären. Schwierig war es die berittenen Schützen zu vermögen, ihre Pferde zurückzu- lassen, doch mußten sie sich dazu bequemen, da es an geeigneten Schiffsräumlich- keiten für die Pferde fehlte. Alles, was die Behörde diesmal thun konnte um die Expedition mit Reitern zu versehen, war den Truppen eine Schwadron des 2. regulären Cavallerieregiments beizugeben, im Ganzen 280 Mann und 9 Offiziere.

Capitän Taylor vom Schlachtschiff Indiana hatte über die die Transport- schiffe begleitende Kriegsflotte das Commando. Außer der Indiana begleitete n ch ein Schlachtschiff und ein erstklassiger Kreuzer die Flotte. Die anderen Schiffe waren kleinere Kreuzer, Kanonenboote und Hülfsfahrzeuge. Fünf der Kriegsschiffe dampften nach Port Tampa, die übrigen elf blieben auf der Höhe von Key West. Als die 5 mit 32 Transportschiffen ebenfalls Key West erreich- ten, trat die vereinigte Flotte von dort die Abfahrt an, das Bild einer prächtigen Schiffsparade darbietend.

Die Ueberfahrtsschiffe bildeten einen Zug von mehreren Meilen Länge, eine Strecke, die weit länger gewesen wäre, wenn man jedem Fahrzeuge den ange- messenen Theil der offenen See belassen hätte. Die eigentlichen Kriegsschiffe mit der Indiana an der Spitze, bildeten einen Zug von mindestens ¾ Meilen Länge.

Die wirkliche Einschiffung der Truppen begann Montag den 6. Juni, und wurde emsig 2 Tage lang betrieben, als nach Abfahrt einiger Fahrzeuge die wichtige Order kam mit der Abfahrt zu warten. Sogleich ward die Castine abgeschickt, die abgefahrenen Schiffe einzuholen und zurückzurufen. Alle kehrten um, außer der City of Washington, die erst in Sicht der cubanischen Küste eingeholt werden konnte.

Landung von amerikanischen Truppen zur Einnahme von Santiago.

Der geltend gemachte Grund des Aufschubs der Abfahrt war die Nachricht, der Hornet habe auf seiner Späherfahrt mehrere spanische Schiffe in Sicht bekommen. General Miles und sein Stab reisten nach Port Tampa, Abfahrtsinstruktionen zu geben. Während einer schweren Bö mit Regen in der Nacht des 13., während die Transportschiffe an ihren Ankertauen zerrten, dampfte der kleine Schlepper Captain Sam von Schiff zu Schiff, mit dem Megaphon den Befehl ausgebend, bei Tagesanbruch zum Segeln sich bereit zu halten.

Kurz nach 2 Uhr nächsten Morgens begannen die Schornsteine der Transportdampfer Ballen schwarzen Rauches auszustoßen, und schließlich bewegten die Fahrzeuge sich rückwärts in die Bucht und gingen vor Anker, den Befehl zur Abfahrt erwartend. Die Matteawan wand ihr Ankertau um 10 Uhr ein, worauf Aller Augen sich auf das Flaggenschiff, die Seguranca, hefteten; und als das entscheidende Signal kam, erhob sich ein mächtiger Jubel; von der unteren Reihe der Stückpforten bis zum Mars wurden in wilder Freude die Hüte geschwenkt. Rasch erhob sich der Anker, und das stolze Schiff richtete seinen Bug zur Bai hinaus. In wenigen Minuten folgten die City of Washington, Rio Grande, Cherokee, Iroquois und Whitney.

General Miles war offenbar ungeduldig, wohl, weil ihm die Einschiffung nicht rasch genug geschah, und benutzte den Tarpon, um zwischen der Flotte herumzufahren bis hinunter nach St. Petersburg, von wo er um 4 Uhr zurückkehrte. Inzwischen waren andere Transportdampfer die Bucht hinabgefahren und Dunkelheit umhüllte die zurückbleibenden Schiffe, deren Seiten in langen Lichtreihen erstrahlten. Der Knickerbocker und Orizaba hatten ihre liebe Noth in der Nacht; als letzte in der Reihe, beeiferten sie sich, die Ladearbeit zu vollenden, aus Angst, sie müßten zurückbleiben. Bei Tagesanbruch waren alle Schiffe die Bai hinabgefahren außer der Seguranca, die um 9 Uhr unter Hurrahgeschrei und Tönen der Dampfpfeifen folgte.

Sichere Landung der Armee.

General Shafter und sein Stab fuhren als letzte ab. Die letzten Befehle wurden Lieutenant Miley, einem Adjutanten General Shafter's eingehändigt, und unverzüglich fuhr das Flaggenschiff ab.

Am 22. Juni entfaltete die Armee der Vereinigten Staaten ihre Fahnen auf cubanischem Boden. Bisher hatte die amerikanische Flotte die Ehre gehabt, um eine gefährdete Position zu kämpfen, die einen Stützpunkt bot in dem von den Spaniern beherrschten Lande. Aber die Vorhut von Shafter's Armee, 3,000 Mann stark, landete bei Baiquiri, 17 Meilen östlich von Santiago. Anzeichen waren vorhanden für einen verzweifelteren Kampf, von größerer Bedeutung, als derjenige war, den die tapferen Marinen bei Guantanamo gekämpft hatten.

Sorgfältige Anordnungen waren von General Shafter und Admiral Sampson getroffen, um die Landung ohne ernstliche Unfälle bewerkstelligen zu können. Die Avant-Garde der Armee landete unter dem schützenden Feuer der Flotte, welche ihr Bombardement auf Aguadores, Cabanas, Siboney und Juragua ausdehnte, stark befestigte Plätze im Osten und Westen Santiago's, die man erst unschädlich machen mußte, bevor man mit der Armee auf Santiago selbst losmarschieren konnte.

Cabanas liegt zwei Meilen westlich vom Fort La Socapa am Eingange des Hafens von Santiago; Siboney und Juragua liegen einige Meilen östlich vom Morro Castle, und Aguadores ist zwischen dem Morro Castle und Juragua gelegen. Man wählte Baiquiri als Landungsplatz, weil er außerordentliche Vortheile für die Landung einer großen Streitmacht bietet, denn der Hafen ist tief und klar und hatte schon der „Baiquiri Mining Company" als Landungsplatz gedient.

Die Cubaner unter General Calixto Garcia unterstützten die Flotte in der Beschützung der Truppen. Eine Streitmacht von 1,000 Mann dieser schneidigen Kämpfer sandte einen Hagel von Mausergeschossen auf die Spanier, welche die Landbatterien von Cabanas und Aguadores bedienten. Der scharfe Knall der Mausergewehre, das laute Krachen der schweren Flottengeschütze, in Verbindung mit den stetig heranrückenden, sich dem Landungsplatze nähernden und ihre Truppenladungen ausschiffenden Boote, dazu das Formieren und unmittelbar nach der Landung sich in Vertheidigungszustand setzenden Truppenmassen, boten ein Bild, das einen Maler begeistern würde.

Erfahrene spanische Kanoniere.

Die Batterien, auf die man gefeuert hatte, wurden nach Admiral Sampson's Aussage von den besten Kanonieren bedient, mit denen man an der cubanischen Küste zu thun gehabt hatte, was man deutlich aus dem gefährlichen Feuer ersehen konnte, das sie auf die Landungstruppen unterhielten. Den ganzen Tag über war man mit dem Ausschiffen der Truppen beschäftigt, und bei Anbruch der Nacht waren die Truppen stark genug, um einem etwaigen Angriff Widerstand leisten zu können.

Die erste Nachricht von der Landung war in folgender Depesche an das Kriegsdepartement in Washington enthalten:

„Heute Morgen erfolgreiche Landung bei Baiquiri. Kein, oder nur geringer Widerstand. Shafter."

Sekretär Alger zeigte große Freude über die Schnelligkeit, mit der man die Landung bewerkstelligt hatte, und über die Thatsache, daß der Feind keinen ernsthaften Widerstand geleistet hatte. Er deutete General Shafter's Botschaft dahin, daß der Feind nur zum Schein und unwirksam Widerstand geleistet habe, durch das Feuer, das er auf weite Entfernung von den Höhen aus unterhalten hatte.

Kurze Zeit, nachdem Sekretär Alger seine Depesche erhalten, empfing Sekretär Long eine ausführlichere telegraphische Mittheilung von Admiral Sampson.

Der Text der Chiffre-Depesche ist nach der Uebersetzung des Marinedepartements folgender:

„Die Landung der Truppen bei Baiquiri schreitet unter günstigen Umständen vorwärts. Wir finden, wenn überhaupt, nur geringen Widerstand. Die New Orleans, Detroit, Castine, Wasp und Suwanee beschossen die Umgegend vor der Landung mit Granaten. Wir machten eine Demonstration bei Cabanas, um die Aufmerksamkeit des Feindes abzulenken. Die Texas beschäftigte die Westbatterien einige Stunden lang. Ein Mann auf ihr wurde getödtet. Die unterseeischen Minen im Kanal bei Guantanamo wurden entfernt. Die telegraphische Verbindung bei Guantanamo ist wieder hergestellt.   Sampson."

Thätigkeit der cubanischen Patrioten.

Während der Ausschiffung beförderte man einige Transporte 12 Meilen in westlicher Richtung und landete Truppen, die den cubanischen Streitkräften, die in derselben Richtung auf die bedrohte Stadt losmarschirten, die Hand reichen sollten. Auf den Hügeln im Rücken von Santiago tauchten gegen 900 Cubaner auf und beunruhigten den Gegner. Zwei spanische Truppenkörper wurden in angegebener Richtung auf Santiago zurückgeworfen, doch gelang es erst nach hartem Kampf, in dem 25 Spanier getödtet und die doppelte Anzahl verwundet wurden.

Die Spanier waren reichlich mit Munition versehen, doch zeigte sich bei ihnen die Wirkung der furchtbaren Abspannung, in die sie das Erscheinen der amerikanischen Truppen versetzt hatte. Admiral Sampson gab Befehl, daß die Texas, Massachusetts und Oregon unaufhörlich auf die Batterien auf beiden Seiten und im Rücken des Morro Castle feuern sollten. Capitän McCalla erhielt Befehl, während des Tages mit der Marblehead den Gegner bei Guantanamo zu beschäftigen.

Aus Santiago gekommene Cubaner meldeten, daß in der Stadt große Noth herrsche. Bürger wie Soldaten sahen sich von Hunger bedroht. Die Bürgerschaft von Santiago sandte schon eine Petition an den Gouverneur, die Stadt ohne weiteres Blutvergießen zu übergeben.

XVI. Kapitel.

Die Schlacht von Quasina.

Nicht lange nach der Landung von General Shafter's Armee lernten die Truppen der Vereinigten Staaten den Krieg wirklich kennen und hatten einen scharfen Zusammenstoß mit dem Feinde. Das Einleitungsgefecht von Oberst Wood's Wilden Reitern und den Mannschaften des ersten und zehnten Regiments der regulären Cavallerie wird in der Geschichte als die Schlacht von La Quasina bekannt sein. Die Spanier waren durch einen Fehler in ihren Plänen gewiß nicht schuld daran, daß der Tag nicht mit der völligen Niedermetzelung der Amerikaner endete, denn Oberstlieutenant Roosevelt und seine Leute waren geradeswegs in einen Hinterhalt hineingetappt, wie ihn das Gehirn eines Apachen nicht besser hätte ersinnen können.

Während einer und einer halben Stunde behaupteten sie ihre Stellung, obgleich sie von der Front und den Flanken von einem förmlichen Regen von Kugeln überschüttet wurden, dann leitete Oberst Wood auf der Rechten, und Oberstlieutenant Roosevelt auf der Linken eine Attacke, durch welche eine Wendung des Kampfes eintrat und die fliehenden Feinde über die Hügel nach Santiago gejagt wurden.

Zahl der Todten und Verwundeten.

Es ist jetzt endgültig festgestellt, daß auf der amerikanischen Seite sechzehn Mann getödtet sind, während sechzig verwundet oder als vermißt gemeldet wurden. Die Verluste der Spanier zu berechnen, ist nicht möglich, doch ist es bekannt, daß dieselben bedeutend schwerer waren, als die der Amerikaner, wenigstens was die direkt Getödteten anbetrifft. Die Leichen von 37 Spaniern wurden aufgefunden und begraben, während zweifellos noch manche andere in dem dichten Gebüsch zur Seite des Weges und am Abhang des Hügels lagen, wo die Hauptmacht des Feindes seine Stellung gehabt hatte. Die Verwundeten waren alle fortgeschleppt worden.

Durch die sorgfältigen Vorbereitungen, die die Spanier getroffen, ist klar bewiesen, daß dieselben genau über den Weg unterrichtet waren, den die Amerikaner bei ihrem Vorrücken auf Sevilla einschlagen wollten. Die Hauptmacht der Spanier war auf einem Hügel aufgestellt, auf dessen bewaldeten Hängen zwei Blockhäuser errichtet waren, die durch unregelmäßige Verschanzungen aus

Steinen und gefällten Bäumen flankirt wurden. Am Fuß dieſes Hügels liefen zwei Wege, auf denen Oberſtlieutenant Rooſevelt's Leute und acht Züge des achten und zehnten Cavallerieregiments mit einer Batterie von vier Haubitzen voranmarſchirten.

Dieſe Wege waren nicht viel mehr wie Regenauswaſchungen, uneben und ſchmal und ſtellenweiſe faſt unpaſſirbar. In dieſen Defilen fand das Gefecht ſtatt. Rooſevelt's Leute und die Regulären ſtanden beinahe eine halbe Meile auseinander und zwiſchen ihnen und auf beiden Seiten des Weges lag in dem dichten Unterholz verſteckt die Streitmacht der Spanier, die ſehr bedeutend geweſen ſein muß nach dem ſchrecklichen und anhaltenden Feuer zu urtheilen, mit dem ſie die Amerikaner überſchütteten.

Der Anfang der Schlacht.

Das Gefecht wurde von dem erſten und zehnten Kavallerie-Regiment unter General Young eröffnet. Man wußte, daß eine ſpaniſche Abtheilung bei Quaſina lag, und früh am Morgen marſchirten Oberſtlieutenant Rooſevelt's Reiter den ſteilen Hang hinter Siboney hinauf, um die Spanier in ihrer rechten Flanke anzugreifen, während General Young zu derſelben Zeit auf dem Wege am Fuß des Hügels vorbeiging.

Ungefähr zweiundeinhalb Meilen hinter Siboney kamen einige Cubaner athemlos und aufgeregt auf den Rendezvousplatz geſtürzt und berichteten, daß Spanier nicht ſehr weit von der Front in ſtark verſchanzten Stellungen ſtünden. Schnell wurden die Hotchkiß-Kanonen von der Front nach hinten gebracht, während zugleich eine ſtarke Plänklerlinie ausgezogen wurde.

Dann bewegten ſich die Truppen vorſichtig und ſchweigend vorwärts, bis eine Wendung des Weges ihnen einen Hügel zeigte, den die Spanier beſetzt hatten. Die Geſchütze wurden jetzt wieder an die Front und in Poſition gebracht, während die Mannſchaft am Wege Deckung ſuchte und ungeduldig wartete, um Rooſevelt's Leuten, die auf dem engen Wege am Rande des Gipfels vorwärts arbeiteten, Zeit zu geben, heranzukommen.

Um 7 Uhr 30 Minuten Vormittags gab General Young der Bedienung der Hotchkiß-Kanonen den Befehl, das Feuer zu eröffnen. Dieſer Befehl war das Signal zu einem Kampfe, wie er ſelten mit größerer Hartnäckigkeit gekämpft iſt. In dem Augenblick, wo das Feuer der Hotchkiß-Geſchütze begann, kam von den Hügelhängen, die den Weg beherrſchten, Salve auf Salve aus den Mauſergewehren der Spanier.

„Schießt, nicht, bis Ihr ein sicheres Ziel habt!" schrie General Young, und die Leute gehorchten mit zusammengebissenen Zähnen und blitzenden Augen. Am Rande des Weges entlang kriechend und sich nach Möglichkeit vor dem fürch= terlichen Feuer der Spanier deckend, beobachteten die Soldaten, manche von ihnen nackt bis zum Gürtel, den Hügelhang, und feuerten, sobald ein Fleckchen von einem Spanier sichtbar wurde. Auch nicht für einen Augenblick geriethen sie in's Schwanken.

Ein dunkelhäutiger Krieger vom 10. Kavallerie=Regiment kniete trotz einer bösen Wunde in sei= nem Schenkel hinter einen Felsen und feuerte, und als ihm ein Kamerad sagte,daß er verwundet wäre, sagte er lachend: „Oh, das hat nichts auf sich. Das sitzt da schon lange!"

Zwischendurch hörte man in der Ferne zur Linken die Gewehre von Oberst Wood's Leuten knallen und das regelmäßige, tiefer tö= nende Salvenfeuer der Spanier. Dort drüben

Neue Gatling-Kanone, bereit zum Gefecht.

hatten die Amerikaner die schwersten Verluste. Oberst Wood's Mannschaft war mit einem Vortrupp und zwei cubanischen Spähern gerade vor der Front, aber anscheinend ohne alle Seitendeckung blindlings in die ihnen von den Spaniern gestellte Falle hineingerennt, und nur der unbeugsame Muth der Männer einem Feuer gegenüber, das selbst Veteranen hätte zum Weichen bringen können, wen= dete eine leicht mögliche Niederlage ab. So wurde Schwadron L, die unter dem Commando des unglücklichen Capitän Capron die Avantgarde bildete, fast voll= ständig umzingelt, und wäre wahrscheinlich Mann für Mann getödtet worden, wenn nicht schleunig Verstärkung vorgeschickt worden wäre.

„Beinahe 1,500 Spanier müssen vor uns und in unseren Flanken gestanden haben", sagte Oberstlieutenant Roosevelt, als er sich über das Gefecht unterhielt.

„Sie hielten den Hügelrand mit Schützengräben und Maschinengeschützen, und ein Theil von ihnen lag in dem dichten Gebüsch auf beiden Seiten des Weges, auf dem wir vorrückten, im Hinterhalt.

„Unser Vortrab traf auf den Hinterhalt und vertrieb ihn, aber er verlor Capitän Capron, Lieutenant Thomas und etwa 15 Mann an Todten und Verwundeten. Die Spanier schossen gut, so gut, daß es mich überraschte, und dabei war ihr Feuer furchtbar stark.

„Ich möchte für meine Leute ein Wort sagen", fuhr Roosevelt fort. „Jeder Offizier und Gemeiner that bis auf das Aeußerste seine Pflicht. Niemand wich zurück."

Tapferer Angriff auf den Feind.

Von einem anderen Offizier, der hervorragenden Antheil an dem Gefechte nahm, wurden folgende Einzelheiten mitgetheilt:

„Als das Feuern begann", sagte er, „führte Oberstlieutenant Roosevelt den rechten Flügel, der aus den Schwadronen G und K unter den Capitänen Clewelyn und Jenkins bestand, zur Unterstützung des hart bedrängten Capitäns Capron heran. Gleichzeitig gingen Colonel Wood und Major Brodie mit dem linken Flügel in aufgelöster Ordnung gegen den rechten Flügel der Spanier vor. Major Brodie wurde verwundet, bevor seine Leute hundert Yards vorgegangen waren. Dann nahm Oberst Wood den rechten Flügel, indem er Oberst Roosevelt nach links schob.

„Inzwischen wurde das Feuer der Spanier immer heftiger, doch trotzdem wurde der Befehl zu einer allgemeinen Attacke gegeben, und mit Geschrei sprangen die Leute vorwärts. Oberst Roosevelt raffte an der Spitze seiner Leute das Gewehr und den Patronengürtel eines verwundeten Soldaten auf und führte seine Soldaten mit aufmunterndem Rufe vor.

„Einen Augenblick wurden sie von den Kugeln wie von einem Bienenschwarm umsäumt, und jede Secunde sank ein anderer Kerl nieder. Auf dem rechten Flügel wurde dem Capitän McClintock ein Bein von der Kugel eines Maschinengeschützes zerschmettert, während zugleich vier seiner Leute fielen. In derselben Zeit verlor Capitän Luna neun von seiner Mannschaft.

Dann wurden die Reserven, Schwadron K und E, herangezogen, und ohne weiter zu zögern drang Oberst Wood mit dem rechten Flügel gerade auf ein Blockhaus vor, das gegen achthundert Yard von ihm entfernt war, und zu gleicher Zeit griff auch Oberst Roosevelt auf der Linken an. Aufwärts stürmten

Admiral Sampfons Flotte in Portorico.

213

die Leute, wie Teufel schreiend und ohne sich mit Erwiderung des spanischen Feuers aufzuhalten, mit grimmiger Entschlossenheit allein an die Einnahme des Blockhauses denkend.

Dieser Angriff bedeutete das Ende. Als sie noch 500 Yards von dem ersehnten Punkte entfernt waren, lösten sich die Linien der Spanier auf und die Flucht begann, und zum ersten Male hatten wir das Vergnügen, welches die Spanier während des ganzen Gefechtes gehabt hatten, schießen zu können mit dem Feinde in Sicht.

Heroische Thaten.

In den zwei Gefechtsstunden, während welchen die Freiwilligen gegen den versteckten Feind kämpften, wurden genug helbenmüthige Thaten vollbracht, um ein Buch damit füllen zu können. Ein Mann von Schwadron E lag schwer verwundet ohne Deckung zwischen den beiden Feuerlinien. Wundarzt Church eilte an seine Seite und untersuchte und verband die Wunde, ohne auf die Kugeln zu achten, die ihn rings umflogen, dann ging er ruhig zurück, um bald mit zwei Mann und einer Bahre wiederzukommen. Der Verwundete wurde auf die Bahre gelegt und in unsere Linien getragen. Ein anderer Soldat von Schwadron L deckte sich, so gut es anging, hinter einem Baume, räumte aber seinen Platz einem Verwundeten ein und wurde einige Augenblicke später selbst verwundet.

Sergeant Bell stand neben Capitän Capron, als dieser tödtlich getroffen wurde. Derselbe sah, daß er gegen eine schreckliche Uebermacht kämpfte, dachte aber nicht an ein Zurückweichen. „Geben Sie mir auf eine Minute Ihr Gewehr,“ sagte er zu dem Sergeanten und niederknieend zielte er genau und feuerte rasch hintereinander zwei Schüsse ab, Jedes Mal sah man einen Spanier fallen. Bell hatte inzwischen das Gewehr eines Todten ergriffen und gab neben seinem Capitän knieend Schuß auf Schuß ab.

Als Capitän Capron fiel, gab er dem Sergeanten ein letztes Wort für seine Frau und seinen Vater und sagte dem Sergeanten dann mit fröhlicher Stimme Lebewohl, dann wurde er sterbend hinweggetragen.

Sergeant Hamilton Fish jr. war der erste, der von den spanischen Kugeln getödtet wurde. Er war fast an der Spitze der Marschsäule, als diese aus dem Gehölze in die Schußweite des spanischen Hinterhaltes trat. Er schoß einen Spanier, der hinter einem dichten Gebüsch hervor feuerte. Als die Kugel ihn in die Brust traf, sank er am Fuße eines Baumes nieder mit dem Rücken gegen den Stamm. Capitän Capron stand über ihm und feuerte und andere sammelten sich um ihn, um den Verwundeten zu decken. Der Boden, wo Fish lag war mit leeren Patronenhülsen dicht besät. Er lebte noch 20 Minuten. Er gab eine kleine Damenuhr, die er am Gürtel trug, einem Kameraden als letztes Andenken.

Eindrucksvolle Begräbnißceremonien.

Mit Ausnahme Capitän Capron's wurden alle Wilden Reiter, die in dem Kampfe gefallen waren, am folgenden Morgen auf dem Gefechtsgrunde selbst beerdigt. Die Gräber waren mit Palmblättern ausgelegt, und mit solchen wurden die todten Helden auch reichlich zugedeckt. Kaplan Brown hielt eine rührende Leichenfeier an der Ruhestäbte der Todten, und als er betend nieder= kniete, kniete Jedermann mit ihm entblößten Hauptes. Als der Kaplan die Hymne „Näher mein Gott zu Dir" intonirte, verliehen die tiefen Baßstimmen der Männer dem Gesange etwas ganz besonders Ergreifendes.

Die todten Wilden Reiter ruhen dicht an der Kuppe des Hügels, wo sie fielen. Die Lage ist sehr schön. Ueppige Gräser und Blumen bedecken den Abhang und von dem Gipfel hat man eine weite Aussicht über den tropischen Wald. Kaplan Brown bezeichnete jedes Grab und fertigte eine genaue Beschreibung der Lage eines jeden für die Freunde der gefallenen Soldaten an.

Capitän Capron's Leiche wurde nach Juragua gebracht; aber es schien nicht zulässig, seine Leiche in dieser Jahreszeit nach dem Norden zu bringen, und so wurde sie an einem Hügelabhange an der Seeküste hinter dem provisorischen Hos= pitale beerdigt. Nach einem kurzen Gottesdienst wurde eine Abschiedssalve über sein Grab gefeuert und ein Hornist blies das Signal „Licht aus", als die Sonne hinter den Bergen jenseits von Santiago versank.

XVII. Kapitel

Die Belagerung von Manila.

Als die Nachricht von Admiral Dewey's Sieg bei Manila in Washington ankam, hielt man es dort für wichtig, daß er im Stande sein sollte, seine Stellung zu behaupten, und genug Streitkräfte haben sollte, um die Stadt einzunehmen und so seinen Sieg vollständig zu machen. Der Aufstand auf der Insel hatte eine weite Verbreitung, und eine große Insurgentenmacht bedrohte die Stadt. Der Admiral trat mit ihnen in Verbindung und schärfte ihnen ein, die Regeln moderner Kriegführung genau zu beobachten. Sie beabsichtigten die Stadt eng einzuschließen, aber wenn sie Gefangene machten, so sollten sie dieselben menschlich behandeln und Niedermetzelungen derselben sollten durchaus unter keinen Umständen stattfinden.

Ausrüstung der Manila-Expedition.

Man erwartete, daß unsere Regierung in Washington Admiral Dewey befehlen würde, in Gemeinschaft mit den Insurgenten unter ihrem bekannten Führer Aguinaldo die Stadt zu erobern. Der Kreuzer Charleston nahm eine Ladung Ausrüstungsgegenstände und Munition und fuhr von der Pacific-Küste am 18. Mai ab.

Salute wurden in dem Mare Island Schiffsbauhofe abgefeuert und die dort Angestellten und die Bürger von Vallejo, die sich an der Küste angesammelt hatten, sandten dem absegelnden Schiffe ihre Hurrahs nach. Dasselbe dampfte von Mare Island ab, mit der Absicht, so schnell als möglich nach den Philippinen, über Honolulu zu fahren. Doch einige Stunden nach seinem Auslaufen wurde seine Maschine durch einen Unfall in Unordnung gebracht und es war gezwungen, bis zum Morgen auf der Höhe von Angel Island still zu liegen, worauf sie zur Reparatur nach dem Schiffsbauhofe zurückfuhr. Man fand, daß zwei ihrer Dampfsammler beschädigt waren und ein böses Leck hatten. Capitän Glaß entschloß sich lieber nicht abzufahren, als das Risico zu laufen, daß sein Schiff auf der Fahrt bis Honolulu, wo es Kohlen einnehmen sollte, in ernstlichere Ungelegenheiten kommen könnte.

Truppen der Pacific-Küste wurden nach San Francisco beordert, und am 25. Mai waren die Transportschiffe, welche dieselben nach den Philippinen bringen sollten, segelfertig. Nachmittags um 4 Uhr gab Brigadegeneral Anderson

der Australia, der City of Peking und der City of Sidney das Signal, die
Anker zu lichten. Die Signale wurden von der Küste aus bemerkt und die dort
wartende Menge brach in wilden Jubel aus. Sie kannte die Bedeutung des
Signals so gut wie die Seecapitäne, für die es bestimmt war. An Bord der
Transportschiffe wurde keine Zeit verloren. Die Mannschaften arbeiteten mit
Lust und Liebe, und binnen Kurzem waren die Anker gelichtet, und die Schiffe
in Fahrt.

Begeisternde Scene in der Bai.

Da klommen die 2500 Soldaten, welche das Signal ungeduldig erwartet hatten, in der Takellage empor und zerstreuten sich mit jubelnden Rufen über die
ganzen, gewaltigen Schiffe. Die Bai wimmelte von kleinen Schiffen jeder
Art und riesige Fährboote waren der begeisterten Menge zur Verfügung gestellt
worden und brachten dieselbe nach dem Goldenen Thor, damit sie noch ein letztes Lebewohl wünschen könnte.

Die großen Transportschiffe dampften langsam an der Küste entlang und die
dort versammelte Menge folgte ihnen laufend, um sie im Auge zu behalten.
Jede Dampfpfeife in der Stadt schien zu pfeifen, Kanonen wurden abgefeuert
und der Lärm dauerte reichlich eine Stunde. Als die Australia an der Spitze
der anderen Schiffe an der Alcatraz-Insel vorbei fuhr, gab die Batterie der dort
liegenden Bundes-Artillerie einen Salut für General Anderson ab. Die
Flaggen wurden zum Dank gesenkt und die Dampfer bliesen ihre Nebelhörner.

Die Fahrzeuge, kleine und große, folgten den Transportdampfern, die sich
langsam vorwärts bewegten und, erst als die schweren Wogen des Stillen Oceans
ihnen entgegen rollten, machten sie kehrt. Es war etwas nach 5 Uhr, als die
Fahrzeuge auf den offenen Ocean hinauskamen und die Sonne, über die Wogen
hinblitzend, gönnte den scheidenden Seeleuten einen letzten Anblick des Landes,
für dessen Ehre sie kämpfen wollten über 6000 Meilen entfernt von seiner Küste.
Die Flotte dampfte, als sie dem Auge entschwanden langsam nach Südwesten.
Nachdem die Lootsen die Schiffe verlassen hatten, fuhren sie unter Volldampf voraus, und in 6 Tagen sollten sie, wenn alles gut ging, in den Hafen von Honolulu
einlaufen und sich mit der Charleston vereinigen. Die erwartungsvolle Spannung während der Einschiffung war auf Seiten der Soldaten und der Civilisten
gleich groß und nach der geräuschvollen Demonstration, die die Abfahrt hervorgerufen hatte, fühlte sich das städtische Publikum doch leichter, als alles vorüber
war.

Uniformen von Soldaten und Offizieren der verrungne Suchen Marine.

Die drei Transportschiffe trugen nahe an 2,500 Mann. Die Expedition, die unter dem Commando des Brigabegenerals Anderson war, bestand aus vier Compagnien Regulärer unter Major Rob, dem ersten Regiment Californischer Freiwilligen, Oberst Smith, dem ersten Regiment Oregon=Freiwilliger, Oberst Summers, einem Bataillon schwerer Artillerie, Major Gary, gegen 100 See= leuten und 11 Marineoffizieren.

Große Ladung von Vorräthen und Munition.

Die Flotte hatte Proviant für ein Jahr und außerdem eine große Ladung von Flottenmaterial und Munition für Admiral Dewey's Flotte.

Man erwartete nicht, daß die Flotte mit der Charleston zusammen führe nach der Abfahrt von Honolulu. Alle Schiffe führten genug Kohlen, um mit Voll= dampf von Honolulu nach Manila zu fahren, während die Charleston, um Kohlen zu sparen, nicht mehr wie 10 Knoten in der Stunde machen sollte.

Eine zweite Expedition fuhr am Nachmittage des 15. Juni von San Fran= cisco ab. Als die Sonne unterging, kam das letzte Transportschiff aus dem Goldenen Thore hervor und die Flotte, voran das Flaggenschiff China, dampfte davon in der Richtung auf Honolulu, wo sie neue Kohlen einnehmen sollte.

Diese Expedition trug 3,500 Mann, die sich folgendermaßen auf die vier Schiffe vertheilten: Die China, General Greene's Flaggenschiff, das größte und schnellste der Flotte, trug das erste freiwillige Infanterieregiment von Colo= rado, 1,022 Mann; ein halbes Bataillon des regulären 18. Infanterieregiments, 150 Mann, und eine Abtheilung regulärer Pioniere, 20 Mann.

Die Colon hatte vier Compagnien des 23. und zwei des 18. Infanterieregi= ments, beide von der regulären Armee und Batterie A von der Utah Artillerie. Die Batterie hatte 12 Mann und jede der Infanteriecompagnien 75 Mann, außer den Offizieren, Alles in Allem also weniger als 600 militärische Fahr= gäste. Den Befehl auf dem Schiffe führte Oberstlieutenant Clarence W. Bailey vom 18. Infanterieregiment.

Auf der Zealandia waren das 10. Pennsylvania Freiwilligenregiment und ein Theil der Batterie B von der Utah Artillerie. Zwei Maxim=Schnellfeuer= geschütze standen schußbereit im Bug des Schiffes in Position. Im Ganzen waren 640 Gemeine und 60 Offiziere an Bord. Der Dampfer Senator führte das erste Nebraskaer Freiwilligenregiment, 1,023 Gemeine und Offiziere.

Tausende von Leuten waren an den Werften versammelt, um Zeugen von der Abfahrt der Flotte zu sein und als das Signal zum Ankerlichten gegeben wurde,

brach in der Menge ein ungeheurer Jubel los. Die Schiffe im Hafen ließen
ihre Nebelhörner in langgezogenen Pfiffen erschallen und jede Fabrik der Stadt
grüßte mit ihren Pfeifen und Kanonen wurden abgefeuert, als die vier Schiffe
durch die Bai fuhren. Das Ufer der Bai war schwarz voller Menschen und das
Wehen der Flaggen und Taschentücher gewährte einen wundervollen Anblick.

Ermunternde Zurufe für die Soldaten.

Die Schiffe im Hafen senkten ihre Flaggen, als die Transportschiffe vorbei-
fuhren. Die Brüstungen der Schiffe verschwanden unter der sich drängenden
Masse der Soldaten, die einen letzten Blick auf die Stadt erhaschen wollten.
Die Leute schrien sich heiser und schwangen ihre Hüte und Taschentücher.
Schlepper und Fahrboote, die zu dem Zwecke gebeuert waren, folgten den Schif-
fen bis zum Goldenen Thore. Der Nachmittag war beinahe vorüber, als die
Schiffe den offenen Ocean erreichten und die Richtung auf Honolulu nahmen.

General Filipino, einer der Führer der Insurgenten, proclamirte am 12.
Juni offiziell eine provisorische Regierung in Alt Cavite. Unter großen Feier-
lichkeiten wurde eine Unabhängigkeits-Erklärung verlesen und die spanische Herrschaft verworfen. Aguinaldo wurde zum Präsidenten und Daniel Perindo zum
Vizepräsidenten gewählt. Die von den Insurgenten eingesetzte Regierung beschloß, einem amerikanischen Protektorate oder einer Occupation sich nicht zu
widersetzen. Es wurde berichtet, daß die Insurgenten den spanischen Gouverneur und die Garnison von 300 Mann von Bulcan gefangen genommen hätten,
und ebenso den Gouverneur von Batanzas mit der 630 Mann starken Garnison.
Am 9. Juni floh die Familie des Gouverneurs General Augusti der größeren
Sicherheit wegen in das Innere.

Ferner wurde gemeldet, daß die Spanier in Manila 30 Carabinieros, die zu
den Aufständischen überzugehen versuchten, erschossen hätten. Aguinaldo sandte
ein Ultimatum an den Gouverneur, daß er, wenn mehr derlei Executionen vorkämen, an den spanischen Gefangenen Vergeltung üben würde.

Nach Manila kam die Nachricht, daß General Monet, der mit 3,000 gemisch-
ten Truppen von Balaran, 30 Meilen nördlich von Manila, anmarschirte, am
17. Juni auf aufgerissene Eisenbahngeleise stieß und von den Insurgenten aus
einem Hinterhalte überrascht wurde. Die eingeborenen Truppen vereinigten sich
mit den Insurgenten, und die spanischen Soldaten, die noch übrig waren, ergaben sich, 500 Mann stark.

Eingeborene Miliz erſchießt ihre Offiziere.

Ein Bataillon eingeborener Miliz in Pampanga, von dem man annahm, daß
es ganz beſonders zuverläſſig wäre, machte damit den Anfang, ſeine Offiziere zu
erſchießen und tödtete ſechs, als die Inſurgenten Marabon angriffen. Es gelang den Spaniern, dasſelbe zu entwaffnen und einen Theil davon gefangen zu
nehmen, jedoch entkamen dieſe, als die Inſurgenten Marabon eroberten.

Der. Staaten Monitor Monterey.

Auch in Zapobe rebellirte in einem kritiſchen Augenblick ein ganzes Regiment.
Die ſpaniſche Regierung brauchte noch gemiſchte Streitkräfte; die Folge davon
war, daß aufſtändiſche Schützen häufig die Poſtenkette paſſirten und auf die
Spanier, indem ſie ſich heimlich heranſchlichen, von hinten feuerten. Die ſpaniſchen Befehlshaber erhielten den Befehl, die Hütten der Bauern vor der Stadt
zu verbrennen, um dem Feinde ſeine Verſtecke zu rauben, und hunderte von
friedfertigen Eingeborenen verloren ſo ihr Heim.

In Cavite fanden am 12. Juni große Feſtlichkeiten ſtatt, als die Unabhängigkeits-Erklärung officiell von Aguinaldo bekannt gemacht wurde. Er lud die
amerikaniſchen Officiere dazu ein, doch Niemand nahm an. Von Aguinaldo

wurde gemeldet, daß er Autonomie unter amerikanischem Protectorate, ähnlich den britischen Protectoraten, empfiehlt. Man glaubte, daß die Insurgenten aus Respect vor Admiral Dewey beschlossen hätten, die Stadt Manila nicht zu beschießen. Die Dampfer Boston und Concord verließen Manila am 12. Mai, um Jloilo anzugreifen. Sie nahmen diesen Platz, ohne Widerstand zu finden und ergriffen im Namen der Vereinigten Staaten Besitz davon. Am 14. Juni erhielt man die Nachricht, daß die Spanier beabsichtigten, auf die Flotte einen Torpedoangriff zu machen. Ein starker Wind wehte zu jener Zeit und begünstigte das Unternehmen, aber Admiral Dewey sandte den Concord und den Callao aus, um jedem derartigen Beginnen vorzubeugen, außerdem traf die Flotte die gewöhnlichen Vorsichtsmaßregeln, wie sie allnächtlich gebräuchlich waren.

Die Vorbereitungen, die am Mittwoch gemacht wurden, gaben den Spaniern zu verstehen, daß unsere Streitmacht auf der Hut wäre. Admiral Dewey beschloß, eine Dampfbarkasse an den Batterien vorbei in den Pasigfluß zu senden, wo, wie man wußte, zwei Torpedoboote Zuflucht gesucht hatten. Fähnrich Caldwell, des Admirals Stabssekretär, übernahm freiwillig das Commando der Expedition.

Admiral Dewey beabsichtigte, den Callao mit Lieutenant Tappan als Commandanten, dazu zu befehlen, die Barkasse bis zur Mündung des Flusses zu schleppen und dort sollte der Callao auf Fähnrich Caldwell's Rückkehr warten, da das Fahrwasser für ein größeres Schiff zu seicht war. Fähnrich Caldwell sollte während eines Regengusses, wie sie in jeder Nacht häufig waren, schnell in den Fluß hineinfahren und einen Torpedo unter den Torpedobooten zur Explosion bringen und dann, wenn möglich, zum Callao zurückkehren.

Die Unternehmung war ein Auftrag mit tödtlicher Gefahr für alle Betheiligte, aber beide Offiziere brannten darauf, ihn auszuführen. Jedoch die vorläufige Recognoscirung des Callao alarmirte die Spanier so sehr, daß sie den Transportdampfer Cebu an der schmalsten Stelle der Flußmündung versenkten und so denselben thatsächlich sogar für eine Dampfbarkasse verschlossen und zugleich auch das Auslaufen ihrer eigenen Torpedoboote verhinderten.

Kritische Situation.

Wüthende Anstrengungen wurden von den spanischen Offizieren in Manila gemacht, nicht um die Niederlagen der Vergangenheit gutzumachen, sondern um künftiges Unglück abzuwenden. Vor sich die zerstörte spanische Flotte und im Rücken bedroht von den Insurgenten, war die Lage der Stadt eine sehr gefährdete. Ohne den zurückhaltenden Einfluß Admiral Dewey's würde ein großer Verlust an Menschenleben das Resultat der Operationen der Insurgentenmacht gewesen sein. Dies wurde auch von den fremdländischen Bewohnern, die sich in einem Zustande beständiger Aufregung befanden, sehr gefürchtet.

Weil friedliche Eingeborene in Manila von den Spaniern ohne Urtheilsspruch erschossen waren, weigerte sich Aguinaldo Generalcapitän Augusti's Frau und Kinder freizulassen. Diese befanden sich nämlich unter den Gefangenen, die von Aguinaldo's Leuten gemacht worden waren, sie wurden jedoch freundlich behandelt. General Aguinaldo sandte auf Augusti's Bitte, seine Frau und Kinder freizugeben, eine Antwort, die von dem britischen Consul und Viceadmiral von Diederichs von der deutschen Flotte befördert wurde. General Aguinaldo weigerte sich den Inhalt seiner Botschaft bekannt zu geben, aber er bemerkte, daß er glaubte, Augusti würde keine friedlichen Eingeborenen mehr erschießen lassen.

Der Leser wird sich für folgende statistische Angaben über Cuba, Porto Rico und die Philippinen interessiren.

Cuba.

Flächeninhalt	43,220 Quadratmeilen.
Länge	760 Meilen.
Breite	35—130 Meilen.
Topographie	Der Länge nach von Höhenzügen durchschnitten; der Küstenrand niedrig, flach und sumpfig.
Charakter des Bodens	Außerordentlich fruchtbar; stark bewaldet.
Klima	An der Küste heißer als im Innern; gelegentlich Eis; Schnee unbekannt.
Mittlere Temperatur	77 Grad.
Regenzeit	Von Mai bis August.
Producte	Tabac, Zucker, Baumwolle, Reis, Mais, Früchte.
Mineralien	Viel Granit, Gneiß, Kalkstein, Kupfer, Silber, Eisen— Alles unerschlossen.
Gewerbsthätigkeit	Ackerbau, Viehzucht, Holzfällen.
Ausfuhr	$80,000,000 nach den Vereinigten Staaten im Jahre 1893.
Einfuhr	Annähernd $28,000,000 im Jahre 1892.
Schifffahrt	2,850 Schiffe liefen aus den Haupthäfen im Jahre 1892 (annähernd).
Telegraph	Ungefähr 650 Meilen vor dem Aufstande.
Eisenbahnen	Ungefähr 1,000 Meilen vor dem Aufstande.
Seehäfen	S. „Städte".
Spanien's Einkommen	1893 u. 1894 über $20,000,000 an Steuern.

Spanien's Ausgaben..........Jährliche Kriegskosten $120,000,000.

Bevölkerung................1,832,000.

Vorherrschende Rassen.........Ein Drittel Neger; der Rest weiß, Spanier und eingebor-
ne Cubaner vorherrschend.

Vorherrschende Sprache.......Spanisch.

Vorherrschende Religion......Römisch-katolisch.

Unterrichtswesen.............Mangelhaft; 76.3 Procent des Volkes ungebildet

Hauptstadt...................Havana; 230,000 Einwohner.

Andere Städte; Einwohnerzahl: Matanzas, 87,000; Santiago de Cuba, 72,000; Cienfuegos, 66,000; Puerto Principe, 47,000; Santo Espiritu,
33,000; Cardenas, 24,000.

Im Besitz von Spanien seit...1492; colonisirt 1511.

Flüsse.......................760—1 (der Conito) schiffbar.

Berge........................Pico de Turguino, 7,670 Fuß hoch.

Thiere.......................Viele Reptile; wenig wilde Thiere.

Porto Rico.

Flächeninhalt................3,670 Quadratmeilen.

Länge........................108 Meilen.

Breite.......................37 Meilen.

Topographie..................Gebirgig im Innern; niedriges Niveau; flache Küste.

Character des Bodens.........Außerordentlich fruchtbar.

Klima........................Heiß aber nicht ungesund. Nördlich Niederungen, Ueberfluß an Feuchtigkeit; der Süden leidet an Dürre.

Mittlere Temperatur..........74 Grad.

Regenzeit....................Von September bis März.

Producte.....................Zucker, Syrup, Kaffee, Tabac, Baumwolle, Reis, Brot-
frucht, Paradiesfeigen.

Mineralien...................Gold, Kupfer, Kohle, Salz—nicht erschlossen.

Gewerbsthätigkeit............Viehzucht, Aderbau.

Ausfuhr......................Zucker, Kaffee, Syrup, Tabac; 1896 $16,500,000. Nach
Spanien allein $6,000,000.

Einfuhr......................Von Spanien, 1895, $9,000,000.

Schifffahrt..................1895 liefen 1,077 Fahrzeuge mit 1,000,000 Tonnen in die
Häfen ein.

Telegraph....................470 Meilen.

Eisenbahnen..................137 Meilen; 170 Meilen projectirt.

Seehäfen.....................San Juan, Ponce, Managuez, Maquabo.

Spanien's Einkommen..........1894—95, 5,454,958 Pesos.

Spanien's Ausgaben...........1894—05, 3,905,667 Pesos.

Bevölkerung..................Ueber 900,000.

Vorherrschende Rassen........Zur Hälfte Weiße, ein Drittel Creolen, der Rest Neger.

Vorherrschende Sprache.......Spanisch.

Vorherrschende Religion......Römisch-katholisch.

Unterrichtswesen .... Mangelhaft.
Hauptstadt .... San Juan mit 24,000 Einwohnern.
Größte Stadt .... Ponce, 40,000 Einwohner.
Andere Städte .... Mayaguez, 27,000; Maquabo, 18,000 Einwohner.
Flüsse .... 1300; 47 schiffbar.
Berge .... El Yunfe, 3,088 Fuß hoch.
Thiere .... Wilde Thiere unbekannt; heimgesucht von Ratten, Cen-
tipeben und Mosquitos.
Naturerscheinungen .... Orkane, starke Winde.
Mangel an .... Guten Wegen und Brücken.

Die Philippinen.

Flächeninhalt .... 114,326 Quadrat-Meilen.
Topographie .... 1,200 Inseln, wovon Luzon die größte ist.
Character des Bodens .... Vulfanischen Ursprungs; der Pflanzenwuchs ist riesenhaft.
Klima .... Von November bis März frisch und kühl; von März bis
Juni erstidend heiß.
Mittlere Temperatur .... 72 Grad.
Regenzeit .... Von Juli bis Oktober.
Producte .... Hanf, Zucker, Kaffee, Tabad, Indigo, Ebenholz, Ceder-
holz, Früchte, Gewürze.
Mineralien .... Gold, Eisen, Kupfer, Kohle, Schwefel, Cochenille.
Gewerbsthätigfeit .... Aderbau, Viehzucht, Bergwerfe.
Ausfuhr .... 1896 – $22,000,000.
Einfuhr .... 1896 – $12,000,000.
Schifffahrt .... 1895 liefen 304 Schiffe aus dem Haupthafen.
Telegraph .... 720 Meilen.
Eisenbahnen .... 70 Meilen.
Seehäfen .... Manila, Cavite, Iloilo.
Spaniens Einfommen .... 1895—$18,280,130 (nach Schätzung).
Spaniens Ausgaben .... 1895—$15,280,130 (nach Schätzung).
Bevölferung .... 7,670,000.
Vorherrschende Rassen ...... Malayen, Chinesen, wilde Stämme, verhältnißmäßig
wenig Spanier.
Vorherrschende Sprache ..... Spanisch und Chinesisch.
Vorherrschende Religion .... Römisch-Katholisch.
Unterrichtswesen .... Mangelhaft.
Hauptstadt .... Manila mit 300,000 Einwohnern.
Im Besitz von Spanien seit ... 1600—Spaniens Herrschaft anerkannt 1829.
Flüsse .... Sehr wenige; lauter fleine.
Berge .... Mayen, Buhayom (Vulfane).
Thiere .... Haus- und Lastthiere in Ueberfluß; feine wilden Thiere.
Naturerscheinungen .... Vulfanische Ausbrüche, Teifuns, Erdbeben.
Mangel an .... Schulen, Landstraßen, Häfen; zu schwere Besteuerung.
G 15

Viertausend Mann, die die dritte Expedition nach den Philippinnen bildeten, schifften sich am 26. Juni ein und füllten Räume und Decks der Dampfer Ohio, Indiana, City of Para, Morgan City und Valencia, und diesen fünf Transportschiffen, die die Hauptmasse der Expeditionstruppen trugen, sollte General Merritt auf dem Newport folgen.

„Camp Merritt" bot am Morgen ein lebhaftes Bild. Die an die für die dritte Expedition nach den Philippinen bestimmten Truppen ertheilten Befehle hatten viele Leute wach erhalten, die durch das Bevorstehen des nahen Aufbruches in Aufregung gerathen waren. Die ganze Nacht über arbeiteten die Feldköche an der Zubereitung des letzten Frühstückes im Lager für die abziehenden Soldaten und der gekochten Tagesration, mit der die Mannschaft der Einschiffungsorder gemäß versehen werden mußten. Diese Arbeit machte die Hülfe vieler Gemeinen nöthig und verursachte bei der Eile einen solchen Lärm, daß es kaum möglich war, zu schlafen.

Die Abreise.

In den Morgenstunden langten Züge über Züge voll Menschen in der Nähe der Regimentslager an. Die Zahl der kleine, nützliche Dinge und Leckerbissen enthaltenden Pakete, die mit dem Gepäck der abziehenden Truppen verladen wurden, war groß. Die „Comfort Bags", diese nothwendigen kleinen Zugaben für ein gesundes Soldatenleben und die durchaus nothwendige Leibbinde wurden an viele der abziehenden Leute, welche sie noch nicht erhalten hatten, verabreicht. Schöne Blumensträuße wurden in großen Mengen unter die Soldaten vertheilt, und mancher Gewehrlauf war schwer von der angenehmen Last des Blumenschmuckes.

Kurz nach 11 Uhr verkündete das Schmettern der Signalhörner Civilisten und Soldaten, daß die Zeit zur Abfahrt gekommen sei, und die Soldaten mußten sich zum Marsche nach dem Strande formiren, wo die Transportschiffe ihrer warteten.

Auf der ganzen fünf Meilen langen Marschroute war polizeiliche Hülfe nöthig, um die Menschenmassen zurückzudrängen und den abmarschirenden Truppen eine enge Gasse zu ihrem Ziele zu bahnen. Bei jedem Schritte schallte den Soldaten lauter Jubel entgegen, jeden Augenblick ertönten Lebewohle und Glückwünsche, Fahnen wurden geschwenkt, Blumen geworfen, und überall herrschte eine sichtbare Erregung und Rührung als das 1. Californische Regiment abmarschirte.

Es war ein langer, heißer Marsch über den steinigen Boden, aber bereitwillige

Hände reichten den durstigen Soldaten Wasser und jeder Mann hätte noch einen Burschen brauchen können um alle die Sachen fortzutragen, die ihm zur Annahme aufgebrängt wurden.

Als der Triumphzug zu Ende war, wurden die Soldaten an Bord der ihnen zugewiesenen Transportschiffe genommen, und erhielten zum Abschiede noch eine bedeutende Ovation von Tausenden von Bürgern, die auf den Werften und in der Nähe in dichten Massen standen. Für Gemüth und Körper war es eine wohlthuende Erleichterung als die Einschiffung endlich eine vollendete Thatsache war.

Lehre aus der großen Schlacht.

Die Soldaten freuten sich darüber, daß sie der Armee, die mit Admiral Dewey gemeinsam operiren sollte, zuertheilt waren. Der Admiral hatte sich als ein tapferer Kämpfer bewiesen und die Truppen wünschten voll Enthusiasmus, ihn dabei zu unterstützen.

Admiral Dewey um seine Meinung befragt, welche Lehre man aus seinem großen Seesiege ziehen könne, sagte: „Zunächst lehrt uns die Schlacht die Bedeutsamkeit amerikanischer Artillerie und guter Geschütze. Sie bestätigt meine frühzeitige Erfahrung unter Admiral Farragut, daß Schlachten mehr durch die geschickte Handhabung und Qualität der Geschütze als durch alles Andere entschieden werden.

„Torpedos und andere Mittel sind in ihrer Art gut, aber gänzlich erst in zweiter Linie von Wichtigkeit. Die Spanier waren mit ihrer Flotte und den Forts zusammen an Artillerie ebenso stark wie wir, aber sie konnten uns wegen ihres schlechten Schießens nichts anhaben. Fortwährende Uebung machte unsere Artillerie vernichtend und gewann den Sieg.

„Die zweite Lehre aus der Schlacht ist der vollständige Beweis des Werthes vorzüglicher Leute. Wohlfeile Kräfte will und braucht die Marine der Ver. Staaten nicht, ja sie sind von Nachtheil für sie. Wir sollten nur die besten Leute hinter den Geschützen haben. Tüchtige Offiziere und schlechte Mannschaften führen zu nichts; die Leute müssen gerade so tüchtig wie die Offiziere sein. Alle Posten an Bord müssen mit den besten Leuten besetzt sein. Um die guten Eigenschaften der Offiziere werthvoll zu machen, müssen wir, wie in dieser Flotte, die besten Leute zur Ausführung ihrer Befehle haben.

„Die dritte nicht weniger wichtige Lehre als die anderen ist die Nothwendigkeit der Inspection. Alles, was zu einer Seeschlacht nöthig ist, sollte von Marinebeamten inspicirt worden sein; dann wird bei einer Krisis in der Zeit der Gefahr kein Fehlschlag vorkommen. Betrachten Sie auch den Unterschied zwi= schen unseren und den spanischen Schiffen:

„Alles, was die spanischen Kriegsschiffe hatten, war auf Contract geliefert. Ihre Bomben, ihr Pulver, all' ihr Material war thatsächlich werthlos, während das Unsrige vollendet war."

Die Lage in Manila.

Besonderen Werth hat folgende Schilderung eines Zeitungs=Correspondenten über die Vertheidigungsmittel und die allgemeine Lage in Manila:

Noch 60 Tage vor der Seeschlacht waren die Befestigungen erbärmlich; alte Kanonen waren auf Mauerwerk befestigt, moosbedeckt und altersgrau. Einem erfahrenen Auge mußten sie deutlich für die Anforderungen der Neuzeit völlig un= zureichend erscheinen. Militär und Marineleute, besonders die Briten, respectir= ten diese Befestigungen nur ihrer Antiquität wegen — Werke einer Zeit, als der stolze Spanier wirkliche Ursache zu seinem Stolze hatte. In dem Monate vor der Schlacht wurden die leichtlebigen spanischen Armee= und Flotten=Offiziere, deren Lethargy in Manila und Hongkong allgemein auffiel, durch den Gedanken aufgerüttelt, daß die Ver. Staaten die Mauerhaufen vielleicht nicht respectiren und Kriegsschiffe zu ihrer Zerstörung schicken würden.

Von mehreren kleineren Schiffen des Philippinen=Geschwaders wurden Ge= schütze von nicht sehr großem Kaliber genommen und an verschiedenen Punkten des ziemlich gut befestigten Hafens von Cavite, auf der Insel am Eingange des Hafens und auf dem festungsartigen Gemäuer an der Mündung des Pasig= Flusses aufgestellt. In dieser Verstärkung der Vertheidigungsmittel entschloß man sich erst etwa eine Woche vor dem Angriffe der Amerikaner.

Die spanischen Offiziere waren nun überzeugt, daß Manila unbezwinglich sei, und sprachen dem Generalcapitän ihr Vertrauen darauf aus. Man kann sich leicht den Grad der Ueberraschung und Demüthigung dieser selbstbewußten, schön uniformirten Spanier vorstellen, wohlgenährter Leute, die sich durch die lokale Rebellion, so ernst sie zu Zeiten auftrat, nicht stören ließen. Es gab eine ganze Anzahl von kleinen Inseln in der Nähe von Cavite am Eingang der Bai, auf denen kleinkalibrige Geschütze standen. Das Vorhandensein dieser Vertheidigungs= mittel, sowie die ziemlich gute Minirung des Hafens waren Dewey bekannt, doch hatte er die Befestigungen nie gesehen, und kein Mittel, um ihren Werth genau kennen zu lernen. Das Wagniß seines Unternehmens kann von seinen Kame-

Uniformtypen der Vereinigte Staaten Infanterie.

229

raben und Landsleuten bestimmt gewürdigt werden, wenn sie die Lage der
Dinge ruhig in Betracht ziehen können.

Die Spanier schlechte Schützen.

Aus dem erfreulichen Berichte des Admirals, daß in dem Kampfe kein Amerikaner getödtet sei, kann der wichtige Schluß gezogen werden, daß die Schießkunst der Spanier wahrhaft erbärmlich war. Dieses schlechte Schießen der
Spanier wird für gewisse intelligente und aufmerksame britische Marineoffiziere,
welche die Operationen der Spanier beobachteten, als sie vor einem oder zwei
Jahren Jmus und andere Plätze in der Provinz Cavite bombardirten, keine
Ueberraschung sein. Die britischen Kriegsschiffe Archer und Daphne waren nach
den Philippinen abcommandirt, um die Lage der Dinge zu beobachten und die
Interessen der bedeutenden Anzahl von Engländern, die in Manila nnd anders-
wo auf der Insel Geschäfte treiben, zu wahren.

Die Mannschaften der englischen Schiffe verfolgten die Dinge mit größter
Aufmerksamkeit und von den besten Beobachtungsposten aus. Der Artillerie-
chef der Archer sprach sich nach mehrwöchentlicher aufmerksamer Beobachtung
folgendermaßen aus:

„Es war natürlich für mich von großem Interesse, was die spanische Marine
hier leisten würde. Ich muß gestehen, daß ich über die geringen Leistungen der
Reina Christina und anderer Schiffe auf's höchste überrascht war. Die Arbeit
der Kanoniere war etwas Fürchterliches. Die Brander und die Ungleichmäßig-
keit des Pulvers wurden so mangelhaft berechnet, daß nur einer aus zehn
Schüssen einen Dienst in der beabsichtigten Richtung leistete. Neun aus zehn
Schüssen verfehlten nicht nnr ihr Ziel, sondern schlugen nicht einmal in einer
vernünftigen Entfernung von demselben ein."

Ein anderer britischer Artillerieoffizier erwähnte einen Vorfall, welcher ein
Beispiel für die Unfähigkeit der Spanier, die Schußweite zu berechnen, giebt.
Dieser Engländer war an Bord eines spanischen Kriegsschiffes eingeladen. Seine
Wirthe sprachen davon, daß sie daran gedacht hätten, eine etwa fünf bis sechs
Meilen von der Küste entfernte Stadt zu beschießen, daß sie jedoch zu dem
Schlusse gekommen seien, daß keine der Kanonen ihrer Schiffe den Platz errei-
chen könnte. Sie wären daher im Begriff die Anker zu lichten, um sich ein neues
Wirkungsfeld auszusuchen. Der Engländer erklärte ihnen darauf, daß sie sich
in ihren Berechnungen geirrt hätten und daß er mit ihren Geschützen den Platz
ohne Mühe erreichen könne. Man gab ihm die Erlaubniß und durch seine

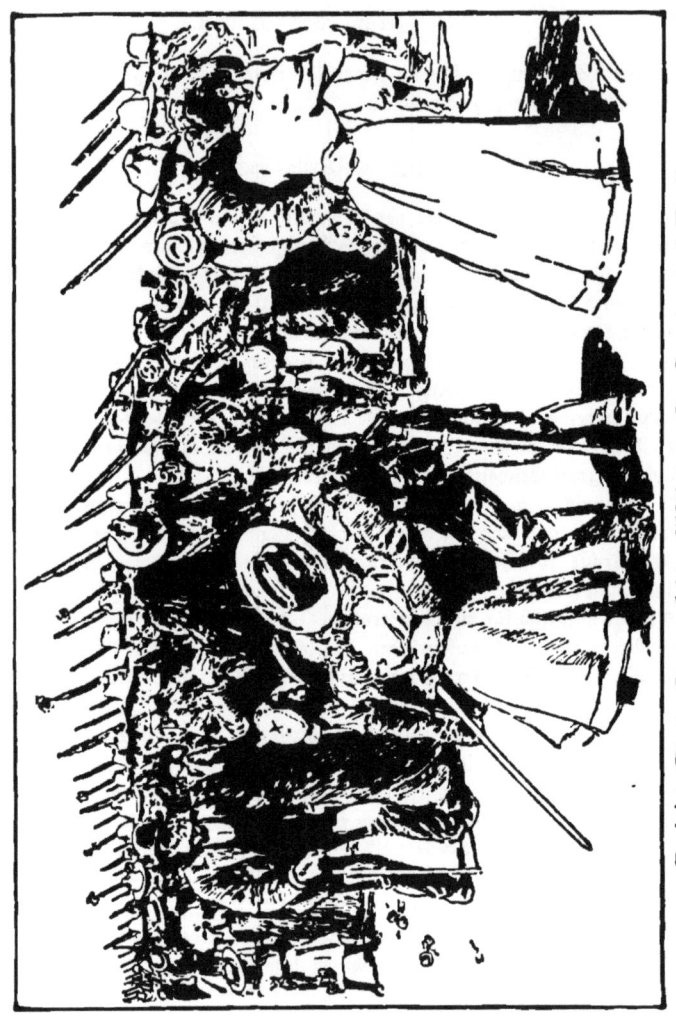

Vereinigte Staaten Truppen bei der Abfahrt von San Francisco nach Manila.

Handhabung der Geschütze wurde die verhaßte Stadt zur großen Ueberraschung und Demüthigung der Spanier bald in Asche gelegt.

Ein heftiges Bombardement von Manila durch Kanonen, wie sie die Olympia und mehrere andere Schiffe unserer Flotte führen, würde eine Zerstörung der Hauptstadt der Philippinen bedeuten. Die Stadt bedeckt eine Fläche von unge= fähr 25 Quadratmeilen und liegt im Kreise um das Ufer der Bai. Im Hafen vom Schiff aus gesehen, macht sie einen guten Eindruck. Die große aus Stei= nen gebaute Kathedrale, der Palast des General=Gouverneurs, die Stern= warte, das Zollgebäude, mehrere Klöster und andere mächtige Gebäude geben dem Orte ein ziemlich bedeutendes Ansehen. Die Entfernung trägt jedoch viel zu dem Reiz der Aussicht bei. In der Nähe gesehen erweisen sich diese Gebäude als altersgraue und jämmerliche Baulichkeiten und die Stadt im allgemeinen als still und alltäglich.

Zweiter Abschnitt.

Die großen Seeschlachten der Ver. Staaten.

XVIII. Kapitel.

Kampf des Richard mit der Serapis.

Als der Krieg mit Spanien ausbrach, rief das Volk der Ver. Staaten sich die historischen Thaten der amerikanischen Flotte in's Gedächtniß zurück und hatte das Zuvertrauen, daß unsere jetzige Flotte den stolzen Ruf ihrer Tüchtigkeit und Schneidigkeit aufrecht erhalten werde. Unsere Marine hat uns nie im Stich gelassen, ihre Geschichte ist eine fast ununterbrochene Reihe von glänzenden Leistungen. Unsere Gegner waren gewöhnlich die Engländer, die Herren der See, und doch haben wir mit ein oder zwei Ausnahmen stets triumphirt. Von Anfang an ist unsere Marine gründlich eingeübt worden, strikte Disciplin ist stets aufrecht erhalten, und diesen Umständen und dem Geiste unserer Seeleute verdanken wir den fast ununterbrochenen Erfolg.

Der erste große Kampf zur See unserer Flotte war derjenige zwischen dem Bon Homme Richard und der Serapis auf der Höhe von Flamborough Head, England. Dies war der pittoreskeste und verzweifeltste Seekampf, der je ausgesochten. Der Bon Homme Richard war ein Geschenk Frankreichs an die Vereinigten Staaten. Die Franzosen hatten ihn von Holland gekauft und er segelte unter der amerikanischen Flagge von Holland ab, unter dem Oberbefehl von John Paul Jones. Dies war der erste Versuch unserer Nation während des Revolutionskrieges sich mit der riesigen Seemacht Großbritanniens zu messen und einen Kampf zur See zu erzwingen.

Jones war ein Schotte von Geburt, war aber seit einigen Jahren Bürger der Vereinigten Staaten, als die Revolution ausbrach. Seine Mannschaft war bunt zusammengewürfelt. Mehr als zwanzig verschiedene Nationalitäten waren darunter vertreten. Seine Offiziere indessen waren Amerikaner und die amerikanischen Seeleute überwogen an Zahl jede andere Nation einzeln genommen. Der Bon Homme Richard war so alt, daß seine Balken morsch waren, und seine Kanonen waren gefährlicher für ihre Bedienung, als für den Feind.

Zwei andere Schiffe segelten mit. Das größere davon stand unter dem Commando eines Franzosen, Namens Landais. Am Abend des 23. September 1779 traf der Bon Homme Richard, in ziemlicher Entfernung von seinen Begleitern, auf die englische Fregatte Serapis.   Dies war fast in Schußweite der englischen Festung auf Flamborough Hill.   Die Serapis hatte ein kleines Kriegsschiff mit

Der Seeheld — John Paul Jones.

sich, die Gräfin von Scarborough, welche eine Flotte von Kauffahrern geleitete. Die Pallas, die zweite Begleiterin des Bon Homme Richard, engagirte sofort die Gräfin von Scarborough.   Landais, welcher sich später als irrsinnig herausstellte, segelte fort und überließ dem Bon Homme Richard, allein mit der Serapis fertig zu werden.

Kanonen bersten beim ersten Schuß.

Die beiden Schiffe engagirten einander, als eben die Dämmerung hereinbrach, und kämpften auf Flintenschußweite, wobei der Bon Homme Richard sehr im Nachtheil war. Viele von seinen Kanonen barsten beim ersten Schuß und tödteten und verwundeten Viele von der Bedienung. Das morsche Holzwerk bot den Kugeln der Serapis keinen Widerstand. Nach anderthalb Stunden schien der Richard im Sinken begriffen. Ein anderer Capitän würde sich ergeben haben. Nicht aber Paul Jones. Er hatte 200 englische Gefangene unter Deck, welche jeden Augenblick sich erheben und die Ueberbleibsel der Besatzung des Schiffes überwältigen mochten. Also hatte er Feinde vor sich und hinter sich.

In dieser Noth half er sich dadurch, daß er die Gefangenen an die Pumpen sandte, um das Schiff vor dem Sinken zu retten. Die erschreckten Gefangenen arbeiteten mit aller Macht.

Jetzt kam die Serapis näher, bis ihre Sparren die des Richard berührten und die Mündungen der Kanonen sich fast deckten. Die Nacht war sehr dunkel, nur die Blitze der Geschütze und Musketen erhellten die schwarze Finsterniß. Mit eigener Hand band Paul Jones den Richard an die Serapis fest, entschlossen, das englische Schiff mit sich in die Tiefe zu ziehen, falls der Richard unterginge.

Es war eine schreckliche Scene. Das Stöhnen der Sterbenden, welche auf den Verdecken beider Schiffe lagen, wurde zwischen dem Kanonendonner vernommen. Auf kurze Zeit setzten beide Seiten das Feuern aus vor Erschöpfung. Capitän Pearson von der Serapis fragte, ob die Amerikaner sich ergäben, worauf Paul Jones die Antwort gab, welche in der amerikanischen Geschichte leben wird: „Ich habe erst angefangen zu kämpfen!" Von Neuem begann das Feuer. Der Richard war in trostlosem Zustande, unhaltbar und ein Drittel der Besatzung todt oder im Sterben. In diesem kritischen Augenblick kam die Alliance aus der Dunkelheit herbei.

Ein wildes Freudengeschrei erhob sich unter den Amerikanern, welche vermeinten, nun sei der Sieg ihnen sicher. Anstatt sie jedoch zu unterstützen, gab die Alliance unter ihrem wahnsinnigen Capitän eine Breitseite auf den Richard ab und tödtete ein halbes Dutzend Leute. Dann ließ sie einen oder zwei einzelne Schüsse auf die Serapis folgen und verschwand wieder, indem sie also ihrem Verbündeten unendlich mehr Schaden gethan hatte, als den Feinden.

Ein verzweifelter Ausweg.

Medaille, geprägt zu Ehren von Paul Jones.

Jones sah nur ein Mittel zur Rettung — und zwar ein verzweifeltes. Er mußte die Serapis entern und nehmen. Als er noch mit den Vorbereitungen dazu beschäftigt war, schleuderte ein amerikanischer Seemann eine Granate in das englische Schiff, welche mit entsetzlicher Wirkung krepirte, indem sie zwanzig Mann tödtete und verwundete. Ermuthigt, gaben die Amerikaner noch schnell einige heftige Salven ab und stürzten sich dann auf die Serapis und nahmen sie im Handgemenge.

Jones hatte eben seine Gefangenen und den Rest seiner Mannschaft auf die Serapis hinübergeführt, als der Richard versank. Dieser denkwürdige Kampf erregte Aufsehen in der ganzen Welt Die Briten hatten endlich einmal ihren Mann gefunden. Sie waren besiegt worden, trotzdem sie eine Uebermacht im Verhältniß von 5 zu 3 gehabt hatten. Jones wurde mit Ehrungen überschüttet.

Die nachfolgende anschauliche Beschreibung dieses Kampfes ist aus der Feder Fenimore Cooper's:

„Rasend tobte die Schlacht. Die unteren Luken der Serapis waren geschlossen, um ein Entern durch dieselben zu verhindern. Als das Schiff sich drehte, wurden sie geöffnet, um die Kanonen zu verwerthen, und die Schiffe lagen so nahe beisammen, daß die Wischer zuweilen in die Luken des feindlichen Schiffes hineingesteckt werden mußten, um in die Mündungen der Kanonen geschoben zu werden. Es liegt auf der Hand, daß ein solcher Kampf nicht lange dauern konnte.

„Das schwere Geschütz auf der Serapis fegte alles auf dem Richard fort, so daß in den untern Räumen die Amerikaner den Widerstand aufgeben mußten. Sie liefen nach oben und meistens nach dem Vorderkastell, wo sie vor dem feindlichen Feuer sicher waren, und von wo aus sie mit Hand-Granaten und Musketen den Kampf fortsetzten.

„Unten rissen die Kanonen-Kugeln von der Serapis den Richard mittlerweile buchstäblich in Stücke, während nur vier oder fünf von den Geschützen des Richard noch antworteten, davon zwei auf dem Hinterkastell. Capitän Jones ließ noch eine von der Backbordseite herüberschaffen und diese drei wurden unter seiner unmittelbaren Aufsicht bis zum Ende des Gefechts mit guter Wirkung gebraucht. Es fehlte an Kräften, noch eine zweite Kanone herbeizuschaffen.

„Trotzdem würde der ungleiche Kampf bald zu Ende gewesen sein, wenn die Leute im Takelwerk nicht so tapfer gekämpft hätten. Starke Parteien waren in den Mastkörben postirt und hatten nach kurzem Kampfe alle Feinde von Deck vertrieben.

„Während die Engländer so die Schlacht unter Deck in den Händen hatten, controlirten ihre Feinde die Lage auf Deck. Nachdem auch die englischen Mastkörbe geleert waren, traten einige Amerikaner auf die Raaen hinaus und warfen Handgranaten von oben in die Decluken der Serapis.

Eine Explosion tödtet zwanzig Mann.

„Eine von diesen Handgranaten fiel mitten zwischen eine Reihe von Kartätschen, welche die Engländer zum Verschießen bereit gelegt hatten. Etwas verschüttetes Pulver fing Feuer und die Kartätschen explodirten eine nach der andern.

„Die Wirkung war fürchterlich. Ueber zwanzig Mann wurden augenblicklich getödtet, und zwar brannten diesen sämmtliche Kleider vom Leibe; während nach dem officiellen Bericht eine Woche nach der Action nicht weniger als achtunddreißig an Bord waren, welche bei dieser Gelegenheit verwundet wurden, aber noch lebten, und dreißig von diesen waren in Lebensgefahr. Capitän Pearson, von der Serapis, giebt an, daß diese Explosion fast alle seine Leute bei den fünf oder sechs hintersten Kanonen vernichtete. Im Ganzen müssen ungefähr sechzig Mann durch diesen einen Schlag kampfunfähig gemacht worden sein.

Den Vortheil den die gelassene Unerschrockenheit der Leute im Takelwerk so erlangt hatte stellte das Gleichgewicht im Kampfe theilweise wieder her, denn da das Feuer der Feinde schwächer wurde, konnte Capitän Jones das seinige wieder aufnehmen. Auch fühlte die Mannschaft des Richard sich ermuthigt, während die Engländer ihre Hoffnung schwinden sahen.

Die Engländer bereit zu capituliren.

„Die entsetzliche Scene, der Todeskampf der Schwerverwundeten hatten eine sehr entmuthigende Wirkung auf die Engländer, welche, eingeschlossen zwischen den Verdecken, im Dunkeln einen unsichtbaren Feind bekämpften, und in diesem Augenblick hätte es nur einer Kleinigkeit bedurft, sie zur Ergebung zu bringen. Aber aus dieser verzweifelten Lage wurden sie noch einmal zeitweise herausgerissen und zwar durch eins jener unvorhergesehenen Ereignisse, welche so oft eine Schlacht entscheiden.

„Um halb acht erschien plötzlich die Alliance, kreuzte den Spiegel der Serapis und den Bug des Richard und feuerte dabei auf solche Entfernung, daß es unmöglich war zu bestimmen welches von den beiden Schiffen am meisten leiden würde.

„Sobald die Alliance wieder außer Schußweite war, lief sie eine Meile leewärts und kreuzte zwecklos umher bis die Pallas die Kanonen der Scarborough zum Schweigen gebracht und dieselbe genommen hatte. Dann näherte sie sich beiden auf Sprechweite. Capitän Cottineau von der Pallas flehte Capitän Landais an, seine Prise in Besitz zu nehmen, damit er selber dem Richard zu Hülfe eilen könne, oder sonst dem letzteren selbst zu helfen.

„Nach einigem Zaudern übernahm Capitän Landais die Aufgabe den Richard selbst zu unterstützen, und fuhr wie ein Wahnwitziger an die beiden Schiffe heran, unparteiisch auf Freund und Feind schießend, sobald er nahe genug war.

War es Verrath?

„Da der Mond hoch stand, konnte man sehr wohl die gelbe Serapis von dem schwarzen Richard unterscheiden. Bei den ersten Schüssen von der Alliance verließen die amerikanischen Kanoniere die Geschütze welche sie eben erst wieder zu feuern begonnen hatten. Sie glaubten, daß die englischen Gefangenen auf der Alliance sich des Schiffes bemächtigt hätten und dem Feinde hülfen. Die Alliance feuerte, als ob ihre Schüsse die Serapis nur durch den Rumpf des Richard hätten erreichen können. Zehn oder zwölf Leute auf dem Vordercastell des

Richard wurden niedergeschossen, und darunter ein Offizier, Caswell, welcher
noch mit seinem letzten Athemzuge behauptete, daß er von der Alliance aus
niedergeschossen sei.

„Das Feuer der Alliance riß solche Löcher in den Richard, daß er dem Sinken
immer näher kam. Es ist freilich nicht ganz gewiß, daß die Löcher auf der
Backbordseite des Richard nicht doch von der Serapis aus geschossen wurden,
aber manche der Augenzeugen erklären dies für unmöglich. Sei dem wie ihm
sei, bald nachdem die Alliance gänzlich fortgesegelt war, erscholl der Ruf, daß
der Richard sinke. Beide Schiffe hatten mehreremale in Flammen gestanden
und nur mit Mühe war das Feuer gelöscht. Jetzt war ein neuer Feind zu bekämpfen und es entstand momentan eine ziemliche Verwirrung. Der Exercier-
meister schickte die über hundert kriegsgefangenen Engländer nach oben, um ihr
Leben zu retten. In der Verwirrung entschlüpfte der Führer der Gefangenen
durch eine der Pfortluken des Richard in eine der Serapis hinüber und infor-
mierte den Capitän Pearson, daß einige Minuten die Schlacht wahrscheinlich
entscheiden würden; die Amerikaner mußten sich ergeben oder mit ihrem Schiff
untergehen; er selbst sei freigelassen um sein Leben zu retten.

Die Entscheidung schwankt.

„Während Capitän Jones sich mit den Gefangenen beschäftigte, fiel es einem
Kanonier, weil er keinen Offizier mehr sah, ein, die Flagge herabzulassen. Glück-
licherweise war die Flaggenstange weggeschossen und die Flagge hing schon im
Wasser, so daß dieser Mensch seine Absicht nur dadurch kundgeben konnte daß er
um Gnade bat. Darauf rief Capitän Pearson herüber, ob der Richard sich
ergebe und erhielt von Commodore Jones selber eine verneinende Antwort.

„Wahrscheinlich hörte Capitän Pearson diese Antwort nicht, denn er ließ die
Entermannschaft antreten und hieß sie von der Prise Besitz zu nehmen. Einige
dieser Leute gelangten auch wirklich auf die Brustwehr des Richard, da sie dort
aber Feinde zu ihrem Empfang bereit fanden, zogen sie sich schleunigst zurück.
Die Amerikaner in der Takelage waren nicht müssig und die Engländer nahmen
bald, nach großem Verlust, ihre Zuflucht unter Deck.

„Ein gewisser Tale, ein amerikanischer Offizier, aus einem englischen Gefängniß entronnen, welcher keine Kanone mehr zu bedienen fand, stellte die Gefangenen bei den Pumpen an, wozu sie in ihrer Angst sich willig gebrauchen ließen,
und so wurde der Richard über Wasser gehalten und durch dieselben Leute,
welche eben noch eine schreckliche Gefahr waren. Beide Schiffe brannten wieder

und auf beiden Seiten ließ man faft alle Kanonen in Ruhe um die Flammen zu bekämpfen. Während dieser fürchterlichen Schlacht foll die Serapis nicht weniger als 12 mal gebrannt haben, während der Richard zuletzt fortwährend in Flammen stand.

„Sobald Capitän Jones die Ordnung wiederhergestellt hatte auf feinem Schiffe, war auch die Aussicht auf Erfolg wieder gebeffert, während die Engländer, unfähig an Deck zu erscheinen, ihre Hoffnung verloren. Ihr Feuer wurde schwächer, während auf dem Richard mehrere Kanonen wieder in Action gebracht wurden; der Hauptmast der Serapis kam bedenklich ins Schwanken das Ende war da.

Die englische Flagge wird heruntergelaffen.

„Ungefähr eine Stunde nach der Explosion, drei oder dritthalb Stunden nach dem erften Schuß, und nachdem die Schiffe über zwei Stunden zusammengebunden gewesen waren, fenkte Capitän Pearson feine Flagge mit eigener Hand, da feine Leute fich weigerten, fich dem Feuer von den Mastkörben des Richard auszusetzen.

„Als dies bekannt wurde, sprang Dale auf die Schanzverkleidung des Richard und voltigierte an Bord der Serapis. Auf dem Achterdeck fand er Capitän Pearson faft allein. Gerade als Dale ihn anredete, kam der erfte Offizier an Deck, um fich zu erkundigen, ob der Richard fich ergeben habe, da fein Feuer gänzlich aufgehört habe.

„Dale gab ihm zu verftehen, daß er die Sachlage gänzlich verkenne, und da Capitän Pearson dies beftätigte, fo fügte fich fein Untergebener und erbot fich nach unten zu gehen und die Kanonen, welche noch immer in den Richard hineinfeuerten, zum Schweigen zu bringen. Dazu gab aber Dale feine Zuftimmung nicht, fondern hieß beide englifche Offiziere fofort auf den Richard klettern.

„Dicht hinter Dale waren der Midshipman Mayrant und eine Anzahl von Leuten gefolgt, und als der Erftere das Achterdeck betrat, stieß ihm ein dort verborgener Engländer einen Enterspieß durch die Lende. Er mußte noch nichts von der Uebergabe.

„Sobald Capitän Pearson auf dem Richard war, und sobald eine genügende Zahl von Leuten auf die Prije gebracht war, gab Commodore Jones Befehl, die Stricke und Taue, welche die Schiffe verbanden, zu durchhauen. Die Serapis follte dem Richard folgen. Aber die Serapis folgte dem Segel und dem Steuer nicht.

„Erstaunt und aufgeregt hierüber, sprang Dale auf von dem Compaßhäus-
chen, auf welches er sich ermübet gesetzt hatte, und fiel — der Länge nach — auf's
Deck. Ein Splitter hatte ihn ernstlich am Bein verwundet, aber bis dahin war
er es nicht gewahr geworden. Er wurde zurückgetragen und der Quartiermeister
der Serapis kam dann zu ihm und meldete, daß das Schiff geentert sei.

„Jetzt kam auch der zweite Offizier, Lunt, an Bord der Serapis. Dale übergab ihm den Oberbefehl über die Serapis, und diese folgte jetzt dem Richard.

Schwierige Lage der Sieger.

„Obgleich dieser blutige und lange Kampf so zu Ende war, hatten die Sieger
doch noch viel Gefahr und Arbeit vor sich. Der Richard brannte und war im
Sinken. Die Flammen waren dem Durchbruch nahe und bedrohten das Magazin, während die Pumpen das Wasser kaum niederhalten konnten. Die Mannschaften der beiden Schiffe allein hätten das Wasser nicht bewältigen können, aber
die anderen Schiffe schickten Hülfsmannschaften. Alles Pulver wurde an Deck
gebracht, um eine Explosion zu verhindern.

„So verging die Nacht, indem die Mannschaften abwechselnd das Wasser und
das Feuer bekämpften, bis gegen 10 Uhr Morgens am 24., dann das Feuer
endlich erlosch. Acht oder zehn Engländer bemächtigten sich in der Nacht eines
Bootes der Serapis und ruderten davon. Sie landeten bei Scarborough. Einige waren in solcher Angst über den Zustand des Schiffes, daß sie über Bord
sprangen und nach den anderen Schiffen schwammen.

Der Richard ein Wrack.

„Bei Tagesanbruch wurde der Richard untersucht. Die Kanonen der Serapis, welche durch die Explosion nicht außer Gefecht gesetzt waren, hatten die Seitenwände des Richard fast vollständig weggeschossen achter dem Hauptmast, und
es war ein Wunder, daß das Achterdeck nicht eingestürzt war. Die Oeffnungen
waren so groß, daß die meisten von den letzten Schüssen der Serapis durch den
Rumpf des Richard passirt sein mußten, ohne irgend etwas zu berühren.

„Es war klar, daß man den Richard unmöglich in einen Hafen bringen konnte,
und so mußte Commodore Jones sich entschließen, die Verwundeten so schnell als
möglich in Sicherheit zu bringen. Die folgenden vierundzwanzig Stunden wurden hiermit zugebracht; um 9 Uhr Morgens des zweiten Tages verließ die letzte
Mannschaft das Schiff. Das Wasser hatte das untere Deck erreicht. Um 10

G 16

Uhr spülten die Wellen über Deck, das Schiff rollte und versank mit dem Bug voran langsam in die See.

„Die Serapis hatte viel geringer gelitten. Die Kanonen des Richard waren so viel leichter und waren so bald zum Schweigen gebracht. Aber bald nach der Uebergabe fiel ihr Hauptmast und riß die Bramstange des Besanmastes mit herunter. Nothmasten wurden errichtet, aber das Schiff trieb hülflos in der Nordsee umher bis zum 6. Oktober, an welchem Tage die Ueberbleibsel des Geschwaders mit ihren beiden Prisen den Hafen von Texel erreichten, wohin sie bestimmt waren.

Zahl der Verwundeten und Todten.

„Laut der Musterrolle des Richard, welche noch vorhanden ist, wurden von den Seeleuten (Nichtsoldaten) 42 Mann getödtet oder starben an ihren Wunden kurz nach der Schlacht, und 41 waren verwundet. Also 83 im Ganzen für diesen Theil der Besatzung, welcher in der Rolle 227 Seelen zählte. Aber manche von den in der Rolle aufgeführten Personen waren nicht bei der Action zugegen, z. B. beide Unterlieutenants und einige 30 Mann, und außerdem einige welche auf Prisen waren. Andererseits waren einige Freiwillige an Bord, deren Namen nicht in der Rolle eingetragen waren, und wenn wir daher den Theil der Seeleute in Action auf 200 ansetzen, so dürften wir nicht weit von der Wahrheit schweifen. Schätzen wir nun die an Bord befindlichen Soldaten auf 120 und nehmen wir für diese dasselbe Verhältniß.an Todten und Verwundeten an, so erhalten wir für diese die Zahl 49, und eine Totalsumme von 132 als den Gesammtverlust des Richard,

„Man weiß indessen, daß zu Anfang der Schlacht die Soldaten ganz unverhältnißmäßig große Verluste hatten und da der Gesammtverlust allgemein auf 150 geschätzt wird, so können wir diese Ziffer wohl als annähernd richtig annehmen.

„Capitän Pearson berichtete als theilweisen Verlust 117 Mann, gab aber zu, daß viele getödtet oder verwundet seien, deren Namen er nicht habe ermitteln können. Wahrscheinlich war der Verlust auf den beiden feindlichen Schiffen ungefähr gleich: fast die Hälfte aller Betheiligten. Commodore Jones behauptete in einem geraume Zeit nach der Schlacht geschriebenen Privatbrief, daß der Verlust des Richard geringer gewesen sei als derjenige der Serapis.

„Daß zwei so gewaltige Schiffe über zwei Stunden lang zusammengebunden blieben und zwar unter dem Feuer von Artillerie, Musketen und anderer Waffen,

ohne eine faft gänzliche Vernichtung beider Besatzungen, ift jedenfalls erftaunlich; und diefe Thatfache ift nur dadurch zu erklären, daß die Engländer unter
Deck getrieben waren, und daß die Amerikaner fich über der Feuerlinie des
Gegners hielten, wodurch jede Partei vor den Gefchoffen der anderen gefchützt
war. Wäre dies nicht der Fall gewefen, fo würde der Kampf wahrfcheinlich
kürzer, aber blutiger gewefen fein."

XIX. Kapitel.

Thaten amerikanischer Kriegsschiffe.

Nach der Revolution hatte Amerika nur eine geringe Flotte. Aber im Jahre 1799 kam sie zur Verwendung. Es waren Verwickelungen entstanden zwischen Amerika und Frankreich über den westindischen Handel. Zwar wurde niemals der Krieg erklärt, doch bestand ein Seekrieg zwischen den beiden Ländern in den westindischen Gewässern. Der erste Kampf fand zwischen der amerikanischen Fregatte Constellation und einer französischen Fregatte L'Insurgente statt, beide von 38 Kanonen. Nach einem Gefecht von einer Stunde Dauer ergab sich die französische Fregatte, nachdem sie vier Mal so viel Leute verloren hatte als ihr Gegner.

Bald hernach traf die Constellation auf Vengeance, eine andere französische Fregatte, ihr an Größe bedeutend überlegen. Der Kampf war lang, blutig und verzweifelt. Das Takelwerk der Constellation kam in Unordnung und der Franzose entkam in der Nacht, nach einem Verlust von 100 Mann. Nicht lange nachher nahm die amerikanische Fregatte Boston die französische Fregatte Berceau nach einem fürchterlichen Kampfe, der anderthalb Tage dauerte. Auch der be= rühmte Schooner Enterprise zeichnete sich in diesem Seekriege aus, indem er fünf oder sechs siegreiche Kämpfe mit französischen Schiffen bestand. Die Amerikaner wurden in diesem Kriege in keinem einzigen Treffen besiegt.

Dann kam eine Zeit der Ruhe für die amerikanische Marine bis zum zweiten Kriege mit England im Jahre 1812. Das englische Prestige zur See stand auf seinem Höhepunkt. Die Briten hatten alle europäischen Mächte zur See geschla= gen, die Holländer, Franzosen und Spanier. Sie hatten die Nil=Schlacht ge= wonnen, und bei Trafalgar hatte Nelson England die Herrschaft der See ge= sichert. England hatte 1,100 Kriegsschiffe. Die amerikanische Marine bestand aus 20 Schiffen.

Eine der Hauptursachen des Krieges war die gewaltsame Entführung von Seeleuten von amerikanischen Schiffen durch die Engländer, welche die Entführ= ten dann zwangen, auf britischen Kriegsschiffen zu dienen. Britische Schiffe waren in der Höhe aller amerikanischen Häfen postirt, und von jedem amerikani= schen Schiffe, welches sie anhalten konnten, nahmen sie so viele Seeleute wie sie wollten. Am schlimmsten trieb es die Guerriere am Eingang des New Yorker Hafens, die obendrein alle amerikanischen Offiziere auf's Frechste beleidigte.

244

Aufbringung des „Guerriere" durch die „Conſtitution."

Die Constitution vernichtet ihren Feind.

Die amerikanische Fregatte Constitution mit 44 Kanonen, befehligt von Capitän Hull, traf auf ihren Kreuzfahrten nordöstlich von Boston auf die Guerriere. In der Mitte des Nachmittags kamen die beiden Schiffe sich auf Schußweite nahe. Wir finden bei Fenimore Cooper diese Beschreibung des Kampfes:

Commodore Hull.

„Um 5 Uhr Nachmittags hißte die Guerriere drei englische Flaggen nnd eröffnete unmittelbar darauf ihr Feuer, mehrere Male wendend, um eine Breitseite abzugeben und selber den Breitseiten der Amerikaner zu entgehen. Die Constitution fuhr auf den Gegner los, im Zickzack, um dem Feinde ein unsicheres Ziel zu bieten, und gelegentlich einige wirksame Schüsse abgebend. Ihre Absicht war, erst bei größerer Nähe den Artilleriekampf zu beginnen.

„Etwas nach sechs war der Bug der amerikanischen Fregatte auf gleicher Höhe mit dem Achterdeck des englischen Schiffes und begann den Kampf mit den vorderen Geschützen. Die Constitution überholte die Guerriere langsam aber

stetig und immer mehr Kanonen der Breitseiten kamen in Action. Als die
Schiffe in gleicher Höhe neben einander her fuhren wurde der Besanmast dem
Engländer weggeschossen, und der Amerikaner lief jetzt etwas schneller voraus
unter heftigem Feuer und luvte kurz an um außer Bereich der feindlichen Breit=
seite zu kommen. Dabei geriethen die Schiffe Bug an Bug und beide Parteien
rüsteten sich zum Entern.

„Aber das Feuer war so heftig und die See so wild, daß ein Entern unmög=
lich war, und die Constitution füllte ihre Segel wieder. Gerade als sie vor=
wärts schoß, fiel der Vordermast des Gegners und riß den Hauptmast mit und
so rollte nun das englische Schiff auf den Wellen als hülfloses Wrack umher."

Die Constitution besserte ihre schlimmsten Schäden aus, um dann zurückzu=
kehren und ihre Prise in Besitz zu nehmen. Aber die Guerriere war im Sinken.
Also wurden alle Gefangenen an Bord der Constitution geschafft und das Wrack
wurde in Brand gesetzt. Nach einer Viertelstunde flog es in die Luft. Am 30.
desselben Monats kehrte Capitän Hull mit seinen Lorbeeren und seinen Gefangenen
nach Boston zurück. Dieser amerikanische Sieg verdutzte die Briten, welche
ihn für einen Zufall erklärten. Auch glaubten sie nicht, daß solch ein Zufall sich
wiederholen könne; aber er wiederholte sich doch, und zwar noch oft.

Kampf der Fregatte „United States."

Die amerikanische Fregatte United States mit 44 Kanonen fand die euglische
Fregatte Macedonian mit 48 Kanonen an der nordwestlichen Küste von Afrika.
Der sich entspinnende Kampf wies einen bemerkenswerthen Unterschied auf von
der Schlacht mit der Guerriere. Er fand auf lange Distanz statt, und schon hier
zeigte sich die große Ueberlegenheit der Amerikaner in Treffsicherheit.

Das britische Schiff eröffnete auch hier das Feuer, aber seine Kugeln fielen
ins Wasser, während schon die ersten amerikanischeu Geschosse ihr Ziel trafen.
Der ganze Kampf wurde auf die Entfernung einer halben Seemeile ausgefochten,
das britische Schiff zerschossen und zur Uebergabe gezwungen mit einem Verlust
von 104 Mann. Die Amerikaner verloren nur 13. Der Macedonian wurde
ausgebessert, nach Amerika gebracht und fuhr noch ein halbes Jahrhundert unter
amerikanischer Flagge.

Zweiter Sieg der Constitution.

Die Constitution welche den Krieg so ruhmreich begonnen hatte, sollte noch
einen Triumph davontragen. In Begleitung einer kleinen Schaluppe, des

Hornet segelte sie südwärts. Sie ließ den Hornet einen kleinen Hafen in Britisch Guiana blockiren und fuhr allein weiter südwärts.

Nahe der brasilianischen Küste traf sie auf die britische Fregatte Java, welche auf dem Wege nach Indien war und 100 Soldaten nebst Gen. Lieutenant Hislop, den neuen General-Gouverneur von Bombay und seinen Stab an Bord hatte. Die beiden Schiffe waren sich an Größe und Zahl der Kanonen und Besatzung ungefähr gleich. Die Java war indessen an Segelkraft überlegen. Sie bewies dies sofort dadurch, daß sie sich den Vortheil des Windes sicherte.

Cooper beschreibt dieses denkwürdige Gefecht folgendermaßen: „Der Kampf begann um 2 Uhr Nachmittags mit einer beiderseitigen wüthenden Kanonade. Da der Gegner der bessere Segler war, so hielten wir uns von ihm fern und versuchten seinen Bug zu kreuzen, aber er drehte auch und so fuhren beide Schiffe wieder westwärts. Dieses Manöver wiederholte sich, und da die Java frei steuerte, während die Constitution luven mußte, so kamen die Schiffe auf Pistolen-schußweite an einander, als sie beide wieder ostwärts fuhren.

„Jetzt liefen beide Fahrzeuge vor dem Winde her, der Engländer immer noch windwärts. Weil nun der letztere schwer beschädigt war, versuchte er, sich an dem Achterdeck der Constitution festzuklammern. Ihr Klüverbaum fuhr in die Besanmast-Takellage der Constitution hinein, und da sie fest saß, hatten die Breitseiten der Constitution fürchterliche Wirkung, ohne daß die Java ihren Zweck erreicht hätte. Ihr Bug wurde weggeschossen und der Fockmast stürzte über Bord. Nun konnte die Constitution vorwärts schießen.

Die Constitution forcirt den Kampf.

„Die beiden Schiffe liefen jetzt bei halbem Wind ostwärts, und da die Con-stitution jetzt mehr Segelfläche hatte, so kam sie vor, machte kehrt, ließ den Geg-ner, vorbeifahren, kreuzte seinen Spiegel und drehte nochmals um, um ihn dann mit dem Winde einzuholen. So kamen die beiden Breitseite gegen Breitseite auf kurze Zeit, und die Raaen berührten sich fast. In dem scharfen Artillerie-feuer, das sich dabei entspann, verlor der Feind seinen Besanmast, so daß nur noch sein Hauptmast stand, dessen Raaen kurz abgebrochen waren.

„Die Java stellte das Feuer ein, und die Constitution, in voller Fahrt, lief vor ihr fort, kreuzte ihren Bug und war um 4 Uhr außer Schußweite. Ihr Capitän glaubte, die Java habe die Flagge gestrichen, da die Hauptmast-Takel-lage herabhing, das Schiff ein Wrack war und das Feuer schwieg.

„Nach einigen nothwendigen Reparaturen entdeckte der amerikanische Commandeur, Bainbridge, daß die englische Flagge noch wehte, aber als er das Feuer wieder aufnehmen konnte, sank die Flagge herab. Sofort wurde ein Boot ausgesetzt, um den ersten Lieutenant an Bord der Java zu senden. Die Schlacht hatte fast zwei Stunden gedauert. Die Java war buchstäblich zersetzt; der Capitän war tödlich verwundet.

„Die Constitution verlor keinen Sparren. Von ihrer Besatzung waren neun todt und fünfundzwanzig verwundet, wogegen auf dem britischen Schiff sechzig getödtet und einhundert und einer verwundet waren. Die Java war in so elendem Zustande, daß die Amerikaner sie in die Luft sprengten.

„Auf dem Heimwege fand Commodore Bainbridge die Hornet vor dem Hafen von St. Salvador kreuzend und auf die englische Schaluppe Bonne Citoyenne lauernd, welche in der nächsten Nacht auslaufen sollte. Die Ankunft der Constitution aber scheint die Schaluppe von dieser Absicht abgebracht zu haben. Die Constitution segelte am 6. Januar 1813 weiter und erreichte Boston am 27. Februar, nach einer viermonatlichen Abwesenheit.

Kämpfe der Hornet.

Die Hornet lauerte noch achtzehn Tage auf die Bonne Citoyenne, dann erschien plötzlich die Montagu, um die Bonne Citoyenne zu erlösen, und die Hornet war gezwungen, gleichfalls im neutralen Hafen von San Salvador Zuflucht zu suchen. Jedoch fuhr sie in der nächsten Nacht wieder hinaus und entkam unbehelligt.

Capitän Lawrence führte nun die Hornet nordöstlich auf Pernambuco zu. Er nahm einige Prisen und kreuzte die Küste hinauf, bis er am 24. Februar nahe der Mündung des Demarara-Flusses sich befand. Hier machte er Jagd auf eine Brigg, welche ihn in seichtes Wasser lockte, so daß er, ohne Lootse wie er war, es für's Beste hielt, die Jagd aufzugeben und wieder in's tiefe Wasser zu steuern.

Bald nachdem er geluvt hatte, wurde ein anderes Schiff jenseits einer Bank sichtbar und er beschloß, sie anzugreifen. Als er eben um die Bank herumzusteuern im Begriff stand, erschien ein drittes Segel, welches sich als eine große Kriegsbrigg entpuppte und, in voller Fahrt herankommend, bald die englische Flagge zeigte.

Die Hornet greift muthig an.

Sobald die Brigg als Feind erkannt war, wurde die Hornet klar zum Gefecht gemacht und scharf beim Winde gehalten, um ihn den Gegner abzugewinnen.

Um 5 Uhr glaubte Capitän Lawrence sicher zu sein, daß er sein Ziel erreichen könne und zog daher seine Flagge auf und legte um. So fuhren die beiden Schiffe nun auf einander zu und liefen auf Pistolenschußweite an einander vor- über, wobei beide eine Backbord-Breitseite lösten.

Dann legte der Engländer augenblicklich um, in der Absicht, der Hornet eine Breitseite nachzusenden, aber diese war auf ihrer Hut, legte ebenfalls um und lief unter heftigem Feuer gerade auf das Achterdeck des Gegners zu, in welchem sie sich auch sofort festbiß. Ein Hagel von Geschossen überschüttete die Englän- der, welche binnen 10 Minuten ihre Flagge strichen und die Nothflagge aufhiß- ten. Der Hauptmast ging bald darauf über Bord.

Der an Bord des Engländers geschickte amerikanische Offizier kam mit der Nachricht zurück, daß die Prise die Kriegsschaluppe Peacock, Capitän Peake, sei, und daß sie mit sechs Fuß Wasser im Raum dem Sinken nahe sei. Der dritte Lieutenant der Hornet wurde sofort mit Booten abgeschickt, die Verwundeten abzunehmen und das Schiff womöglich zu retten. Von dem Letzteren konnte aber keine Rede sein.

Nun warfen beide Schiffe sofort Anker, man stopfte die Lecke, warf Geschütze über Bord und bemannte die Pumpen, aber das in den Tropen so kurze Zwie- licht wich der Nacht, noch ehe man die Verwundeten retten konnte. In der Eile und Verwirrung gelang es vier Engländern, ein Boot des Peacock auszusetzen, hineinzuspringen und dem Lande zuzurudern. Trotz der Brandung kamen sie glücklich an's Land.

Der Peacock geht unter.

Der dritte Lieutenant, Connor, wurde gewahr, daß die Brigg in Gefahr war, augenblicklich zu versinken, und er bemühte sich die noch an Bord Befindlichen abzubringen. Leider waren noch viele von der Besatzung des Peacock unten im Raum auf der Suche nach ihrer Habseligkeiten und diese konnten nicht gerettet werden.

Der Peacock versank ganz plötzlich in über 5 Faden Wasser. Die beiden amerikanischen Offiziere mit den meisten Leuten und einigen Gefangenen retteten sich in einem Boot unter großen Anstrengungen. Drei Mann von der Hornet aber, und neun vom Peacock gingen mit unter. Vier Mann vom letzteren Schiff kletterten im Takelwerk empor zum Vormast, welcher aus dem Wasser empor- ragte nachdem das Schiff den Grund erreicht hatte, und diese wurden von dem Kutter der Hornet geborgen.

In diesem kurzen Kampf wurde der Capitän des Peacock nebst vier Mann getödtet, während dreiunddreißig verwundet wurden. Auf der Hornet wurde ein Mann getödtet und zwei verwundet, und außerdem erlitten zwei Mann erhebliche Brandwunden durch die Explosion einer Patrone. Das Takelwerk des Schiffes war ziemlich beschädigt, der Forkmast war durchschossen und das Bugspriet war getroffen.

Der Peacock war von der Größe der Hornet, ein wenig kürzer aber breiter. Er hatte 32-Pfünder geführt, aber aus unbekannten Gründen hatte man sie durch leichteres Geschütz ersetzt, und so führte er in diesem Gefecht sechzehn 24-Pfünder, zwei leichte Langkanonen, einen 12-Pfünder auf dem Vorderdeck und eine dritte leichte Langkanone auf dem Achterdeck. Nach der Musterrolle hatte er 130 Mann an Bord. Demnach war die Hornet, welche achtzehn 32-Pfünder und zwei lange 12-Pfünder führte, ihm überlegen. Die Hornet hatte 135 kampffähige Leute an Bord.

Ueberlegenheit der Amerikaner.

Die Hornet war stärker als ihr Gegner, aber auch in der Führung und Tüchtigkeit der Bemannung zeigte sich ein großer Unterschied. Der Peacock ließ sich den Wind abgewinnen und schoß sehr schlecht. Der Rumpf der Hornet wurde nur von einer Kugel getroffen, die noch dazu seitwärts abprallte. Der schnelle Sieg ist der Tüchtigkeit der Seeleute auf amerikanischer Seite zuzuschreiben.

Capitän Lawrence hatte nun 277 Seelen an Bord und konnte nicht wünschen, auch noch die im nahen Hafen liegende Brigg zu bekämpfen. Trotzdem traf er alle Vorbereitungen für einen Angriff. Um 9 Uhr Abends war das Schiff klar zum Gefecht, die Boote verstaut und neue Segel aufgesetzt, aber um 2 Uhr Morgens lichtete er Anker und fuhr mit halber Segelkraft nordwestlich davon, der Heimath zu.

Das Schiff durchlief die westindischen Gewässer und gelangte dann am 19. März nach Martha's Vineyard, und weiter von dort durch den Long Island Sund nach New York, ohne wieder einen Feind zu Gesicht bekommen zu haben.

Diese Erfolge der Constitution und der Hornet, beide vom Geschwader des Commodore Bainbridge, verfehlten nicht, die Marine sehr populär zu machen. Die Capitäne wurden mit Ehrenmedaillen, Ehrensäbeln, und öffentlichen Dankesbezeigungen von verschiedenen gesetzgebenden Körpern belohnt; Capitän Lawrence wurde befördert und erhielt den Oberbefehl über die Chesapeake.

Thaten und Ende der Chesapeake.

Anfangs des Jahres 1813 lag die Chesapeake im Hafen von Boston.   Ende
Februar segelte sie ab, passirte die canadischen und Cap Verde Inseln, und den
Aequator und kreuzte dort sechs Wochen.   Dann fuhr sie an der Küste von Süd-
Amerika herauf, an der Stelle vorbei, wo die Hornet den Peacock vernichtet hatte
und kehrte durch Westindien, und die Küste entlang nach dem Hafen von Boston
zurück.   Auf dieser langen Fahrt sah der Capitän nur drei Kriegsschiffe, ein
Linienschiff und eine Fregatte, nahe den genannten Inseln, und eine Kriegsschaluppe auf der Höhe der virginischen Vorgebirge.   Diese Schaluppe entkam
in der Nacht nach einer zweitägigen Jagd.   Die Chesapeake kaperte vier Kauffahrer.

Mittlerweile hatte England seine Taktik bezüglich der östlichen Staaten geändert, und hatte einige Fregatten in der Nähe der Massachusetts Bai stationirt,
mit der Absicht die amerikanischen Kriegsschiffe beim Ein- und Ausfahren wegzunehmen.   Zwei von diesen Kreuzern, die Shannon und die Tenedos, hieß es,
hatten vor Boston dem Präsidenten und dem Congreß aufgelauert, aber sie
waren wieder davongesegelt, und es war kaum wahrscheinlich, daß die Engländer
ernstlich ein Zusammentreffen wünschten.

Eine Herausforderung.

Als es aber bekannt wurde, daß die Chesapeake segelfertig war, da erschien
die Shannon, Capitän Broke, wieder, und da die Schiffe ungefähr einander gewachsen waren, so erschien ein Kampf in Aussicht zu stehen.   Es ist jetzt bekannt,
daß Capitän Broke am Tage des Kampfes an Capitän Lawrence eine Heraus-
forderung ergehen ließ.   Leider aber erreichte diese Botschaft die Chesapeake
nicht mehr, so daß Offiziere und Mannschaften sich den Vortheil einer Vorbereitung und Einübung nicht verschafften.   Die Chesapeake beabsichtigte eine Kreuzfahrt nach dem Nordosten, um die Vorraths- und Truppenschiffe wegzufangen,
welche dem St. Lawrence zusteuerten.   Die Hornet, Capitän Biddle, hatte Befehl, sich der Chesapeake anzuschließen.   Die grönländischen Walfischgründe bildeten das letzte Ziel der Fahrt.

Am Vormittage des 1. Juni 1813 erschien die Shannon in der Bai.   Die
Chesapeake lag auf der Präsidenten-Rhede, segelfertig, obgleich unter der Mannschaft Unzufriedenheit herrschte, weil die Prisengelder von der letzten Expedition
noch unbezahlt waren.   Es war eine ungewöhnlich große Anzahl von angewor-
benen Fremden unter der Mannschaft, darunter der Bootsmann, ein Portugiese,

welcher sich besonders widerspenstig zeigte. Wegen der nahen Gefahr hielt man es für klug, gute Miene zum bösen Spiel zu machen und die Leute durch Versprechungen zu besänftigen, was auch den gewünschten Erfolg zu haben schien.

Um Mittag lichtete die Chesapeake ihre Anker und fuhr hinaus unter einer frischen Brise aus dem Südwesten. Da die Shannon voll in Sicht war, wurde das Schiff zum Gefecht klar gemacht, und man mühte sich den besten Anschein zu geben, obgleich es bekannt ist, daß Capitän Lawrence wegen der Stimmung unter seinen Leuten gegen seine bessere Ueberzeugung in den Kampf hineinging. Er war selber erst vor einigen Tagen dem Schiffe zugetheilt; der erste Lieutenant, O. A. Page von Virginien, ein erfahrener Offizier, war am Lande krank und starb bald hernach; der stellvertretende erste Lieutenant, Aug. Ludlow von der New York, obwohl verdienstlich, war ein sehr junger Mensch und befand sich in ungewohnter Umgebung, und es war sonst nur noch ein Seeoffizier an Bord, während zwei Seecadetten als dritter und vierter Offizier fungierten, und zwar zum ersten Mal. Einer, wenn nicht beide, waren erst mit dem Capitän von der Hornet gekommen. Dazu kam noch, daß die Besatzung zu einem ungewöhnlich großen Theile aus „Landratten" bestand.

Angriffs-Manöver.

Die Shannon lief mit wenig Segeln vor der Chesapeake her, bis Capitän Lawrence um halb Fünf einen Schuß feuerte, dann drehte sie und kam heran in südöstlicher Fahrt. Der Wind wurde frischer und die Chesapeake zog einige Segel ein. Beide Schiffe waren jetzt ungefähr 30 Meilen vom Leuchtthurm entfernt.

Die Chesapeake segelte nahe an die Shannon heran und suchte sie zu überholen. Als ihr Fockmast auf gleicher Höhe mit dem Besanmast der Shannon war, feuerte die letztere ihre Geschütze ab, eins nach dem anderen, mit den hintersten beginnend. Die Chesapeake feuerte nicht, bis sie eine volle Breitseite wirksam abgeben konnte. Dann folgte 6 oder 8 Minuten lang eine wüthende Kanonade, in welcher die Amerikaner, soweit die allgemeine Wirkung in Betracht kam, im Vortheil waren, aber doch in einzelnen und in den zufälligen Folgen den Kürzeren zogen.

Ihre Vordersegel und Takelwerk wurden herabgeschossen. Dadurch verlor sie die Steuerung, und der Wind trieb ihren Spiegel heran und gegen den Bug der Shannon, wobei das Takelwerk ihres Besanmastes sich in's Bugspriet der Shannon verfing. Die Schaufel eines Ankers der Shannon hatte sich im Tau-

Offiziere des „Chesapeake" liefern ihre Degen aus.

254

werf der Chesapeake fest und hielt dieselbe, so daß die Engländer mit ihren Karthaunen ihr Deck fegen konnten.

Die letzten Worte des tapferen Lawrence.

Capitän Lawrence war von einem der ersten Schüsse am Bein verwundet; Offizier Brown, der stellvertretende vierte Lieutenant Ballard und der Hochbootsmann waren tödtlich verletzt; der Quartiermeister White war getödtet, und der erste Lieutenant hatte zwei Wunden von Kartätschen und Musketenkugeln. So standen die Sachen, als die obenerzählten Zufälligkeiten die Schiffe aneinander befestigten.

Sobald Capitän Lawrence erkannte, daß die Schiffe zusammenhingen, gab er Befehl zum Entern; aber unglücklicherweise war der Trommler durch einen Hornisten ersetzt, und dieser Hornist, ein Neger, war so in Angst gerathen, daß er sich unter einem Boot verkrochen hatte. Als man ihn hervorzog, war er völlig gelähmt vor Angst und unfähig, einen Ton zu blasen. Der Befehl wurde also von Mund zu Mund weitergegeben in den Schiffsraum hinab, aber — in diesem kritischen Augenblick fiel Capitän Lawrence, von einer Kugel durchbohrt. Seine letzten Worte waren: „Gebt das Schiff nicht auf!" — ein Ruf, welcher historisch geworden ist.

Das obere Deck war jetzt ohne einen Offizier höheren Ranges als ein Seecabett. Die Waffen der zum Entern bestimmten Mannschaft wurden damals gewöhnlich auf dem Achterdeck aufbewahrt, und als die Leute nun langsam und einzeln an Deck kamen, war es zu spät — der Feind hielt das Achterdeck besetzt.

Sobald die Schiffe fest zusammen lagen, lief Capitän Broke vorwärts und, nach seinen eigenen Worten: „weil er sah, daß die Feinde ihre Geschütze im Stich ließen", gab er Befehl zum Entern. Und in der That hatten die Leute auf der Chesapeake, als alle ihre Offiziere gefallen waren, und sie einem vernichtenden Feuer ausgesetzt waren, ohne wirksam erwiedern zu können, ihre Kanonen verlassen. Die Seesoldaten hatten stark gelitten und wußten, führerlos, nicht was sie anfangen sollten, und so war das ganze obere Deck thatsächlich wehrlos.

Unordnung und Verrath.

Die Engländer enterten sehr vorsichtig und langsam. Zwanzig entschlossene Männer hätten sie zurücktreiben können. Aber die Unentschlossenheit und Unordnung auf der Chesapeake verlor Alles. Ermuthigt drangen die Engländer nach vorne und hielten bald das ganze Deck im Besitz.

Die noch übrigen Offiziere versuchten zwar ihre Leute zu sammeln, aber es

war zu spät. Auch hatte der schon erwähnte portugiesische Bootsmann viele Leute beredet, mit ihm nach unten zu laufen. Er soll ausgerufen haben: „Das haben sie dafür, daß sie uns die Prisengelder nicht gezahlt haben." Bald darauf ließ der Feind die Flagge der Chesapeake herab, und die Offiziere übergaben ihre Degen.
In seinem offiziellen Bericht sagte Capitän Broke, daß „die Feinde sich ver= zweifelt aber ohne Ordnung wehrten." Wahrscheinlich leisteten vereinzelte Männer tapferen Widerstand, aber eine organisirte Vertheidigung gegen die enternden Engländer fand nicht statt. Die Leute auf der Chesapeake hatten weder Führer, noch Formation. Die Engländer schossen in den Schiffsraum hinein und tödteten gar viele, ohne daß ihr Feuer erwiedert wäre. Der Verlust auf englischer Seite war sehr gering nach dem Entern, während auf der anderen Seite viele getödtet wurden.

Ein kurzer, aber blutiger Kampf.

Wenige Seegefechte dürften blutiger gewesen sein als dieses. Es dauerte im Ganzen nicht länger als 15 Minuten und doch waren beide Schiffe voller Leichen. Auf der Chesapeake waren 48 getödtet und 98 verwundet, wovon ein großer Theil fiel nachdem die Schiffe sich in einander verrannt hatten. Die Shannon hatte 23 Todte und 56 Verwundete, fast alle von den ersten Breitseiten. Schiffe von solcher Größe konnten unmöglich so nahe aneinander gerathen, bei ruhigem Wasser, und so heftig feuern, ohne sich gegenseitig großen Verlust zuzufügen.

Kämpfe zur See.

Trotzdem im Juni des Jahres 1812 der Krieg erklärt wurde, machte der Congreß in diesem Jahre keine Anstalten, die Flotte auf dem Meere zu ver= größern. Man zweifelte damals noch an der Möglichkeit, gegen die britische Flotte Schiffe zur See halten zu können, und es herrschte die Ansicht vor, daß Amerika nur seine Mittel durch Schaffung einer Flotte verschwenden oder, wie man in Frankreich zu sagen pflegte, jedes vom Stapel gelassene Schiff eigens für den gewaltigen Gegner bauen würde. Unter diesen Umständen mußten die tüch= tigen Offiziere, welche den Keim des Flottendienstes bildeten, erst durch Thaten ihre Fähigkeit, die Ehre des Landes hochzuhalten, beweisen, ehe das Land ihnen freigebig Mittel bewilligte.

Ein großes Schiff in Sicht.

Commodore Rodgers verließ, zu einer neuen Kreuzfahrt ausgerüstet, allein den Hafen, traf aber am 12. Oktober mit Commodore Decatur an Bord der

United States und Capitän Sinclair vom Argus auf hoher See zusammen, nachdem er eine Zeit lang ohne sonderlichen Erfolg umhergekreuzt hatte. Am 17. kaperte er das britische Packetboot Swallow mit einem großen Betrage von Geld an Bord und setzte seine Kreuzfahrt nach Osten fort.

Inzwischen hatten sich der Argus und die United States getrennt und waren, um den Feind aufzuspüren, nach Süden und Osten gesegelt. Am Sonntag, den 25. Oktober bemerkte die United States im Südosten ein großes Schiff in voller Fahrt, das bald als ein feindliches erkannt wurde. Als beide Schiffe nach mehr= fachem Manöveriren und Laviren sich bis auf etwa eine Meile genäht hatten, eröffnete der Engländer das Feuer, und Commodore Decatur antwortete mit einer Backbordseite, doch fielen alle Carronadenschüsse zu kurz aus, aber auch der Feind richtete wenig Schaden mit seinem Feuer an. Unter fortwährendem Um= legen kamen sich die Schiffe immer näher, und Breitseite auf Breitseite wurde abgegeben.

Schwere und vernichtende Kanonade.

So dauerte die Kanonade etwa eine Stunde, wobei der Engländer schwer litt, während sein Gegner nur wenig beschädigt wurde. Endlich stürzte der Besan= mast des Engländers, etwa 10 Fuß über dem Deck zerschossen, über Backbord, so daß das Schiff fast unlenkbar wurde. Dadurch kamen die Gegner bald so nahe zusammen, daß das Feuer der United States furchtbare Verheerungen an= richtete. Noch einmal versuchte der Feind, der sein Feuer eingestellt hatte, wie erzählt wird, unter Aufhißung des „Union Jack" und unter Hurrahrufen zu entkommen, doch wurde der „Jack", da der Amerikaner zusehends näher kam, heruntergelassen und jeder Widerstand eingestellt. Die United States erhielt dann, den Stern des Engländers kreuzend, auf ihren Anruf und die Frage, ob das Schiff sich ergeben habe, die Antwort, daß es der Macedonian, Capitän Carden, sei, und die Flagge gestrichen habe. Bei der Besitznahme erwies sich das Fahrzeug als furchtbar zerschossen. Es hatte nicht weniger als 100 Kugeln in seinen Rumpf allein erhalten, und von seiner Mannschaft waren 36 getödtet und 68 verwundet.

Der Macedonian war ein ausgezeichnetes Schiff seiner Klasse und führte wie üblich 49 Kanonen. Er war zwar kleiner, leichter armirt und weniger stark be= mannt als sein Gegner, doch war das Mißverhältniß in der Stärke weit weniger groß, als das der Leistungen, zumal das britische Schiff eine günstigere Stellung für sich hatte.

Die United Staates erlitt trotz der langen Kanonade überraschend wenig

G 17

Schaden. Sie verlor einen ihrer Topmaste; Stangen und Takelage waren ge-
hörig zerschossen, aber nur wenige Schüsse in den Rumpf gegangen. Ein Offi-
zier und fünf Leute wurden getödtet und sieben verwundet. Trotz des erlittenen
Schadens konnte der Macedonian doch noch reparirt werden. Commodore
Decatur gab das weitere Kreuzen auf, brachte seine Prise in den Hafen, und
Anfangs Dezember erreichten beide Schiffe New York.

Kreuzfahrt der berühmten „Wasp."

Die vortrefflichen Dienste des Commodores Decatur fanden die gebührende
Anerkennung und bald wurde er an Bord der United States zusammen mit dem
Macedonian, Capitän Jones, auf eine neue Kreuzfahrt gesandt.

Unterdessen verließ die Wasp unter Capitän Jones den Delaware zu einer
Kreuzfahrt. Sie war wie ihr Schwesterschiff Hornet ein schöner und schneller
Kreuzer, mit sechzehn 32-pfündigen Kanonen. Ihre Bemannung belief sich,
je nach Umständen auf 130 bis 160 Mann. Kurz vor dem Kriege war sie mit
Depeschen nach Europa gesegelt, von wo sie erst einige Wochen nach Beginn der
Feindseligkeiten zurückkehrte.

Neu ausgerüstet kreuzte sie vor Boston, machte eine Prise, und kam nach drei
Wochen wieder in den Delaware. Am 13. Oktober ging sie jedoch von Neuem
unter Segel auf die Suche nach dem Feinde.

Es kommt zum Entern.

Nach einem heftigen Sturme, in dem sie ihren Kluverbaum mit zwei darauf
befindlichen Leuten verlor, bekam die Wasp bei ruhigem Wetter am 17. Oktober,
11 Uhr Abends, mehrere Segel in Sicht. Da zwei von ihnen große Fahrzeuge
zu sein schienen, hielt es Capitän Jones nicht für gerathen, sie anzugreifen, sondern den Morgen zur besseren Orientirung abzuwarten, hielt aber denselben
Kurs mit ihnen um dann ihren Charakter festzustellen zu können.

Als der Morgen graute erkannte die Wasp in den leewärts vor ihr segelnden
Fahrzeugen sechs kleine englische Schiffe unter dem Schutze einer schweren Kriegs-
brigg. Vier der Kauffahrer waren bewaffnet, doch gab das Kriegsschiff durch
Raffen der Segel und Klarmachen zum Gefecht seine Absicht kund, allein den
Kampf aufzunehmen.

Wenige Manöver genügten um die Wasp Seite an Seite mit dem Feinde zu
bringen, der um halb 12 Uhr Vormittags in einer Entfernung von nur 60
Yards eine Breitseite auf sie abgab und eine solche von ihr empfing. Das Feuer
des Engländers wurde so heftig, daß er etwa drei Schüsse auf zwei der Wasp

Die Mannschaft der „Wasp" besteigt den Bord des „Frolic."

abgab, und da letztere innerhalb acht Minuten nach dem Beginn des Kampfes ihren Haupttopmast, Gaffel und Besantopmast verlor, schien das Glück sich dem Feinde zuzuneigen. Aber je ruhiger das Feuer der Wasp war, desto vernichtender war es auch. Von beiden Seiten wurde mit der größten Heftigkeit gekämpft bis die Seiten der Wasp den Bug ihres Gegners berührten, und es ihr gelang umzulegen und aus allernächster Nähe eine Breitseite in das feindliche Schiff, das sich als die Frolic, Capitän Whinyates, herausstellte, abzugeben. Die Wirkung war eine fürchterliche und nachdem einige weitere Schüsse die Mannschaften von dem Deck des Frolic förmlich weggefegt hatten, wurde derselbe geentert, indem der 1. Lieutenant, Bribble, gefolgt von Lieutenant Rodgers, mehreren Offizieren und Mannschaften in die Takelage kletterten und an Bord sprangen. Sie fanden keinen Widerstand. Die Decks waren mit Todten und Verwundeten bedeckt, und Niemand auf seinem Posten, mit Ausnahme des Steuermannes und zwei oder drei Offizieren, die auf dem Hinterdeck standen, und Bibble als Zeichen der Uebergabe ihre Säbel zu Boden warfen. Während die Wasp in ihrem Oberbau schwer beschädigt wurde, blieb der Rumpf ohne besondere Verletzungen. Fünf Mann wurden getödtet und fünf verwundet. Der Frolic dagegen war nicht nur im Takelwerk sondern auch im Rumpfe so schwer beschädigt, daß sie bei Besitznahme durch die Amerikaner thatsächlich ein Wrack war. Ihr Verlust an Leute ist nie genau bekannt geworden. Doch berichtete ihr Kapitän, der selbst verwundet wurde, später offiziell, daß nicht 20 von der Besatzung unverletzt geblieben wären, was auf einen Verlust von 90 bis 100 Mann schließen ließe.

Große Freude in Amerika.

Kaum hatte sich die Frolic ergeben, als ein augenscheinlich starkes Schiff bemerkt wurde, das auf die Wasp und den Frolic, dessen Commando Lieutenant Bibble führte, zu hielt. Die Segel beider Fahrzeuge waren so zerschossen, daß sie nicht sofort gebraucht werden konnten. Der Fremde, der bald näher kam, war das feindliche Kriegsschiff Poictiers, das mit leichter Mühe beide Schiffe kaperte und als Prisen nach Bermuda führte, von wo aus die Amerikaner auf Ehrenwort entlassen, bald in die Heimath zurückkehrten.

Trotz dieser Fortnahme der Wasp durch ein überlegenes Schiff rief ihr vorhergehender Sieg über die Frolic allgemeinen Jubel in Amerika hervor, da beide Schiffe von gleicher Stärke gewesen waren. Der Nimbus der Unbesieglichkeit war zerstört und das Vertrauen in den Muth, die Führung und Geschicklichkeit der amerikanischen Seeleute brach sich Bahn.

XX. Kapitel.
Perry's berühmter Sieg auf dem Erie-See.

Perry's bekannte, am 10. September 1813 gewonnene Schlacht auf dem Erie-
see hob den schon gesunkenen Muth der Amerikaner. Die Briten hatten
6 Schiffe mit 63 Kanonen, die Amerikaner 9 bedeutend kleinere mit 54
Geschützen. Perry, der amerikanische Commandeur, war damals erst 26
Jahre alt; sein Flaggenschiff war die Lawrence, seine Parole der Befehl des
sterbenden Commandanten der Chesapeake: „Gebt das Schiff nicht auf!"
Tausende von Leuten beobachteten vom Ufer aus den Zusammenstoß.

Demontirung der Kanonen und Durchlöcherung eines Schiffes.

Anfangs hatte es den Anschein, als seien die Engländer im Vortheil, denn
Perry's Flaggenschiff war von britischen Kugeln durchlöchert, seine Seite
war zum Schweigen gebracht, kurzum, das Gefecht schien verloren. Als die
Sache am wackelichsten stand, schiffte sich Perry mit einigen seiner Offiziere in
ein kleines Boot ein und fuhr unter dem Feuer vieler Geschütze zur Niagara,
einem anderen Schiff seiner Flotte, hinüber, um dort das Commando zu übernehmen. Nachdem er die Lawrence verlassen hatte, holte diese ihre Flagge ein
und ergab sich, doch setzten die übrigen amerikanischen Schiffe das Gefecht mit
solcher Heftigkeit fort, daß das englische Schlachtschiff seinerseits sich ergab, die
Lawrence zurückerobert wurde und alle anderen englischen Schiffe ihre Flagge
strichen, bis auf eins, das die Flucht ergriff. Die Amerikaner machten sich an
die Verfolgung nach dem Schiff und liefen in den Hafen mit dem gesammten
englischen Geschwader wieder ein. Zu Washington im Capitol hängt ein histo-
risches Gemälde, wovon eine Copie, den berühmten Sieg darstellend, hier beigefügt ist.

Es wird das Interesse des Lesers erwecken, hier einen detaillirten Bericht von
Perry's trefflicher Taktik in diesem bekannten Seegefecht zu erhalten.

Sein Geschwader lag am Morgen des 10. September zu Put-in-Bay, als
man bei Tagesanbruch vom Masttop der Lawrence die feindlichen Schiffe gegen
Nordwest erblickte. Sofort erfolgte das Signal für alle Schiffe, in See zu
gehen.

Der Wind kam lau aus Südwest, und es gab für die Amerikaner keine andere
Art und Weise, dem Feinde den Wind abzugewinnen (was bei der eigenthüm-

lichen Ausrüstung des größten Schiffes von besonderem Nutzen sein konnte), als mehrere im Wege liegende Inselchen zu umschiffen.

Manövriren der Schiffe.

Da man meinte, es fehlte hierfür an Zeit, kam, trotzdem die Boote schon zum Schleppen bereit lagen, das Signal, die Schiffe sollten die Leeseite der Inseln zu erreichen suchen, womit man dem Feinde einen riesigen Vortheil zugestanden hätte, als plötzlich der Wind nach Südost drehte. Dieser Wechsel ermöglichte es den Amerikanern, in der gewünschten Richtung vorwärts zu kommen und den Vortheil des Windes zu gewinnen.

Als der Feind um 10 Uhr Vormittags die Amerikaner der offenen See zu-halten sah, drehte er in einer Linie bei, in der Richtung nach Südwest. Zu die-ser Zeit waren beide Geschwader etwa 3 League (9 englische Meilen) von einan-der entfernt und zwar bei anhaltendem Südost, der stark genug zum Ma-növriren war.

Als man den Engländern bis auf eine Seemeile nahe gekommen war und hier einen besseren Ueberblick über die Formirung ihrer Linie gewonnen hatte, ordnete Capitän Perry, während seine Hauptschiffe in Rufweite waren, einen neuen Angriffsplan an. Er hatte erwartet, daß zweitstärkste britische Schiff, die Queen Charlotte, würde die feindliche Gesechtsordnung eröffnen und die Nia-gara bestimmt, diesem Schiff die Spitze zu bieten, während er sich selber das Privileg des Oberbefehlshabers, den Hauptgegner anzugreifen, reservirt hatte; doch nun sah er sich in seiner Annahme getäuscht und änderte rasch seinen Plan.

Capitän Barclay hatte seine Gesechtslinie so formirt, daß die Chippeway (unter Campbell's Commando), mit einem drehbaren Geschütz armirt, in der Front fuhr, dann kam sein eigenes Schiff, die Detroit, dann der Hunter unter Lieutenant Bignal, Queen Charlotte unter Capitän Francis, Lady Prevost un-ter Lieutenant Buchan und zum Schluß der Little Belt. Dem gegenüber war der Ariel mit vier langen 12-Pfündern in die Front gestellt und ihm zunächst der Scorpion mit einer langen und einer kurzen Drehkanone. Dann kam das Flaggschiff, die Lawrence, an ihrem Wetterbug die erwähnten zwei Schooner, denen keine Stellung angewiesen war. Das nächstfolgende Schiff war die Cale-donia (Lieutenant Turner) und hinter ihr die Niagara (Capitän Eliot).

Diese Fahrzeuge waren zur Stelle, die kleineren Boote aber, mehr oder min-der zurück suchten noch nach ihren Plätzen. Für diese zurückgebliebenen Schiffe war die Gesechtsordnung so bestimmt, daß die Tigreß der Niagara und dann die Somers, Porcupine und Trippe folgen sollten.

Stattliche Aufstellung der Briten.

Währenddessen hatte der Wind abgeflaut, doch waren die Hauptschiffe sämmtlich an ihrem Platze und die übrigen Fahrzeuge beeilten sich gleichfalls so schnell
wie möglich zur Stelle. Die englischen Fahrzeuge bildeten einen prächtigen
Aufzug, schön und imponirend, in ununterbrochener Reihe, mit dem Bug nach
Süden und Westen. Ihre Hinterflaggen entfalteten sich gerade, ihre Farbe war
frisch, ihr Segeltuch neu und ungeflickt. Die amerikanische Gefechtslinie war
nicht so geschlossen. Gemäß ihrer Gefechtsordnung mußten die Schiffe sich in
einer halben Kabellänge (50 Faden) Zwischenraum zu formiren suchen, doch
konnten die Schooner hinten mit den vorderen Schiffen nicht Anschluß behalten,
weil letztere zu schnell segelten und den Vortheil der größeren Segelfläche
hatten.

Einige Minuten vor 12 Uhr Mittags feuerte die Detroit einen 24-Pfünder
gegen die Lawrence, die in einer Distanz von 1 bis 2 englische Meilen in Wind-
vierung auf der Bugseite lag. Jetzt gab Capitän Perry den hinterliegenden
Schiffen das Trompetensignal, aufzurücken, und bald kam der Scorpion in Rufweite und erhielt die Order, sein langes Geschütz abzuprotzen.

In diesem Augenblick rückten die amerikanischen Schiffe langsam auf die Briten vor, in schiefer Linie natürlich, da mehrere kleine Fahrzeuge zurückblieben.
Von letzteren waren nur Ariel und Scorpion voran, da ihnen befohlen worden
war, sich nahe windwärts der Lawrence zu halten.

Die Detroit war mit weittragenden Geschützen ausgerüstet und Capitän Barclay bewies seine rasche Urtheilsfähigkeit dadurch, daß er diese sogleich in Aktion
treten ließ. Bald kam es nun zu einem lebhaften Feuer zwischen seinem Schiff
und der Lawrence, die mit den beiden Schoonern die Front der amerikanischen
Gefechtslinie bildete. Gleich darauf gab die Lawrence das Signal für das Geschwader, aufzurücken und in der vorher bestimmten Reihenfolge Stellung zu
nehmen. Wenige Minuten darauf begannen auch die zurückgebliebenen Fahrzeuge zu schießen, sobaß das Gefecht allgemein wurde, allerdings bei großem
Abstande. Das Hauptziel des Feindes war die Lawrence und bald nach Beginn
der Kanonade richteten Detroit, Hunter und Queen Charlotte all ihr Bestreben
darauf, dies Schiff außer Gefecht zu setzen.

Kühne Attacke der Niagara.

Die amerikanische Brigg bemühte sich, ihren Platz zu erreichen, und gelangte
auch glücklich in Kartätschenschußweite, obgleich nicht ohne Beschädigung. Zu

großem Vortheil gereichte ihr die Unterstützung der beiden gut kommandirten
Schooner; denn die hinteren Schiffe hielten zwar die Gefechtslinie inne, konnten
aber das Feuer wegen ihres weiten Abstandes nicht ablenken.

Als das Feuer einige Zeit angedauert hatte, preilte die Niagara die Caledonia und bewog diese, ihr Platz zu machen. Mr. Turner ergriff sein Steuerruder
in schneidiger Weise und steuerte dem Feinde näher und näher, bis er das
Flaggenschiff fast überholt hatte, wobei er mit seinen geringen Geschützen ein
möglichst heftiges Feuer unterhielt. Nun war die Niagara das der Lawrence
nächste Schiff.

Die Kanonade bewirkte — wie immer — das Absterben des Windes und
während zweier Stunden war kaum ein Luftzug zu spüren. Die Lawrence hatte
nun immerfort die Wucht des feindlichen Feuers auszuhalten. Die Queen
Charlotte brachte voll, passirte den Hunter und schloß sich der Detroit an, um
von hier aus auf das dem Untergang geweihte amerikanische Fahrzeug eine zer-
störende Kanonade zu unterhalten. Diese vereinten Angriffe machten schließlich
die Brigg zum Wrack und richteten an Bord schreckliche Verwüstung unter der
Mannschaft an.

Nach 2½ Stunden trieben (gemäß Perry's Bericht) die beiden Geschwader
langsam voran, da der Wind stärker wurde und die Engländer aufbrachten,
während die Lawrence nothgedrungen zurückblieb, da sie fast ganz außer Gefecht
gesetzt war.

In diesem Moment passirte die Niagara südwestwärts, in kurzer Distanz von
der Lawrence, und steuerte direkt auf die Front der britischen Linie zu. Die
Caledonia folgte ihr auf der Leeseite.

Die hinteren Fahrzeuge waren nicht müßig gewesen, sondern hatten sich vermöge Lavierens und Segelns nach und nach aufgeschlossen und dem Feinde so
weit genähert, daß sie ihre Geschütze gebrauchen konnten, obwohl sie die Reihenfolge nicht inne hielten. Das Hintertreffen hatte sich dem Feinde so weit genähert, daß die Trippe (Lieutenant Holdup) der Caledonia ganz nahe kam, sodaß er ein Boot hinüberschicken konnte, um sich neuen Vorrath von Kartuschen
zu erbitten.

Perry's weitberühmte Heldenthat.

Capitän Perry, der sich auf einem Schiffe befand, das durch die erlittenen
Schäden fast unbrauchbar geworden war, und das aus dem Rumpfe gezogen
wurde, bestieg sein Boot und fuhr hinter der Niagara her, welche er gegen halb

Perry's berühmter Sieg auf dem See Erie.

drei Uhr erreichte. Bald darauf wurden die Fahnen auf der Lawrence eingezogen, da das Schiff thatsächlich ein Wrack war.

Nach einer kurzen Unterredung zwischen den Capitänen Perry und Elliott,
erbot sich letzterer, das Boot Perry's zu übernehmen, vorzugehen und die kleinen
Schiffe im Hintertreffen, die schon lebhaft beschäftigt waren, noch mehr in
Thätigkeit treten zu lassen. Da der Vorschlag angenommen wurde, fuhr Capitän Elliot die Schlachtreihe entlang in Rufweite der kleinen Schiffe im Hintertreffen vorbei, denen er Befehl gab, bis auf halbe Pistolenschuß-Weite an den
Feind heranzugehen, und Kugeln und Kartätschen auf ihn zu werfen sobald sie
die gewünschte Stellung eingenommen. Dann begab er sich an Bord der Somers
zurück und übernahm persönlich das Commando über diesen Schooner.

Als der Feind sah, daß die Fahne auf der Lawrence umgezogen war, glaubte
er zuversichtlich, den Tag gewonnen zu haben. Seine Leute erschienen auf den
Reliegen der einzelnen Schiffe und ließen ein dreimaliges Hurrah erschallen.
Ein paar Minuten lang schien es in der That, als ob wie auf gemeinsames
Uebereinkommen das Feuer eingestellt würde, während dessen beide Parteien sich
für die letzte verzweifelte Anstrengung rüsteten Der Wind hatte sich ange-
macht und die Niagara, welche jetzt im rechten Winkel zu dem englischen Com-
mandoschiff lag, nahm die Führung, während die Kanonenboote im Hintertreffen
durch den lebhafteren Wind Gelegenheit erhielten, schneller heranzukommen.

Um 2 Uhr 45 Minuten, gerade zu der Zeit, da die Kanonenboote erwähnten
Befehl erhalten hatten, gab Capitän Perry auf der Niagara das Signal zum
aufrücken und fuhr mit vollen Segeln los. Als die amerikanischen Flotten mit
Flaggen das Signal beantworteten, wurde dieser Befehl mit dreimaligem
Hurrah begrüßt und mit Schnelligkeit und Freude befolgt.

Schwere Breitseiten in schneller Folge.

Der Feind hatte versucht, zu wenden, um frische Breitseiten abzugeben, wodurch seine Reihen in Verwirrung kamen, und die beiden Schiffe standen sich für
kurze Zeit gegenseitig im Wege, während die Lady Prevost sich soweit gedreht
hatte, daß sie westwärts und leewärts von der Detroit zu liegen kam. In diesem kritischen Augenblicke kam die Niagara stetig bis auf halbe Pistolenschuß-
Weite an den Feind heran, so daß sie zwischen der Chippeway und der Lady
Prevost auf der einen, und der Detroit, Queen Charlotte und Hunter auf der
anderen Seite lag. Im Vorbeifahren feuerte sie ihre Breitseiten ab, von
Steuerbord und Backbord, überholte die Schiffe und legte sich quer vor ihre
Bugspriete, indem sie aus nächster Nähe ein tödtliches Feuer unterhielt. .

Das Geschrei auf der Detroit zeigte an, daß das Schlachtglück sich gewendet hatte. In demselben Augenblicke warfen die Kanonenboote und die Caledonia Kugeln und Kartätschen auf den Feind. Ein Kampf aus solcher Höhe und von so tödtlichem Erfolg war naturgemäß kurz. 15 oder 20 Minuten nach dem Angriff der Niagara wurde den kleinen Schiffen zugerufen, daß der Feind die Flagge gestrichen habe und, auf dem Heckbord der Queen Charlotte erschien ein Offizier, der ein weißes an einem Enterhaken angebundenes Taschentuch wehen ließ.

Sobald sich der Rauch verzogen hatte, sah man, daß beide Geschwader voll-ständig durcheinander gekommen waren. Die Niagara lag leewärts zu der Detroit, Queen Charlotte und Hunter und die Caledonia mit einem oder zwei der Kanonenboote zwischen letzterer und der Lady Prevost. An Bord der Niagara war immer noch das Signal zum Entern aufgezogen, während die kleinen Schiffe ihre Antwortssignale führten. Die Little Belt und die Chippeway versuchten, nach leewärts zu entkommen, wurden aber bald von dem Scorpion und Trippe aufgebracht, während dessen die Lawrence die im Hintertreffen vor dem Winde lag, wieder ihre amerikanische Flagge wehen ließ. Die Schlacht begann gegen Mittag und endete um 3 Uhr mit Ausnahme einiger weniger Schüsse, die man auf die zwei Schiffe abgab, welche zu entkommen suchten und die erst später eingebracht wurden.

In dieser Entscheidungsschlacht litten, soweit man die Bemannung in Betracht zog, beide Geschwader gleichmäßig; die Art und Weise, wie die Lawrence mit-genommen wurde, war fast unerhört in der Geschichte der Seekriege. Man muß bedenken, daß zur Zeit, da Capitän Perry sie verließ, sie nur ein Geschütz auf der Steuerbordseite hatte, der Seite, die sie dem Feind zudrehte, und soll dieser tapfere Offizier den letzten Schuß persönlich abgefeuert haben.

Bericht über die Todten und Verwundeten.

Von ihrer Besatzung waren 22 gefallen und 61 verwundet, die meisten schwer. Als Capitän Perry sie verließ, nahm er seinen Bruder und 6 Mann von der Besatzung mit sich und blieben nur 14 gesunde Leute an Bord. Die Niagara hatte 2 Todte und 25 Verwundete, oder ungefähr den vierten Theil. Dies war der offizielle Bericht, aber nach Angabe des Schiffsarztes hatte sie 5 Todte und 27 Verwundete.

Die anderen Schiffe litten verhältnißmäßig weniger. Der Gesammtverlust des Geschwaders war 27 Todte und 96 Verwundete oder im Ganzen 123 Mann wovon 12 Quarterdeck-Offiziere waren.   Mehr als 100 Mann waren unfähig zum Dienst, während unter den einzelnen Schiffen vor der Schlacht cholera morbus und Ruhr herrschten.   Capitän Perry selbst litt unter Schwäche von einem kürzlichen Unfall von Sumpffieber, und man konnte ihn eigentlich nicht fähig nennen, Dienste zu thun zur Zeit, da er den Feind traf; ein Umstand, der die Hochachtung vor seinen persönlichen Anstrengungen an diesem denkwürdigen Tage noch steigert.

Während zwei Stunden war das Feuer des Feindes hauptsächlich auf die Lawrence gerichtet und, da das Wasser vollständig unbewegt war, richteten seine weittragenden Geschütze großen Schaden an, bevor die Carronaden der amerikanischen Schiffe verwendet werden konnten.   Fast während dieser ganzen Zeit wurden die Bemühungen der Feinde wenig abgelenkt, nämlich nur durch das Feuer der voransegelnden Schooner, (eine Kanone des einen von diesen, des Arial, platzte sehr bald), der zwei weittragenden Geschütze der großen Briggs, und der zwei von der Caledonia.

Die Bollwerke zu Splittern zerschossen.

Obgleich der Feind unzweifelhaft unter diesem Feuer litt, so war dasselbe doch nicht auf ein Ziel gerichtet, wie das mit dem der Engländer der Fall war, die zu denken schienen, daß sie siegen würden, wenn sie das amerikanische Flaggenschiff vernichteten.   Es ist wahr, daß die Carronaden auf beiden Seiten schon in einem früheren Zeitpunkt des Kampfes, als dem erwähnten, gebraucht wurden, aber mit gutem Grunde kann man annehmen, daß sie in der ersten Stunde wenig ausrichteten.   Als sie wirklich mit Erfolg gebraucht werden konnten, wurde die Lawrence, die mit Ausnahme der Caledonia dem Feinde am nächsten lag, nothwendigerweise ihr Ziel, und in dieser Zeit war die Wirksamkeit ihrer eigenen Batterie schon sehr abgeschwächt.

In Folge dieses besonderen Umstandes waren die Bollwerke ihres Steuerbords beinahe zerschmettert und sogar ihr Backbord war arg mitgenommen, da viele von des Feindes schweren Geschossen beide Seiten durchschlugen, während schließlich jedes Geschütz bei dieser Kanonade demontirt wurde.   Obgleich mit Recht viel von den Beschädigungen des Bon Homme Richard und der Essex geredet ist, so litt verhältnißmäßig doch keines derselben in dem Maße wie die Lawrence.

Obwohl die unbesiegliche Entschlossenheit, mit der jene beiden Schiffe dem verderblichen Feuer, das auf sie gerichtet war, widerstanden, sehr rühmlich war, so übertraf sie doch nicht jene, die an Bord der Lawrence entwickelt wurde, und es muß erwähnt werden, daß diesen ganzen prüfungsreichen Tag hindurch ihre Bemannung, welche erst eine so kurze Zeit zusammen diente, eine Besonnenheit und Disciplin bewiesen, deren sich Veteranen nicht hätten schämen brauchen.

Obgleich die Niagara in viel geringerem Maße zu leiden hatte, so würde man doch 27 Mann an Todten und Verwundeten bei einer Bemannung, die nur wenig über 100 betrug, unter gewöhnlichen Umständen für einen großen Prozentsatz halten. Weder die Niagara noch irgend eins der anderen kleineren Schiffe hatten irgend welchen besonderen Schaden an ihren Rümpfen, Spieren oder Segeln genommen, da der Feind seine Anstrengungen so sehr auf die Lawrence gerichtet hatte, und da sein Feuer so bald zum Schweigen gebracht wurde, als jene Brigg und die Kanonenboote gegen Ende des Kampfes in Schußweite kamen.

Verluste des englischen Geschwaders.

Die Verluste, welche die Engländer ertrugen, vertheilten sich, waren aber nothwendigerweise groß. Nach dem officiellen Bericht Capitän Barclay's verloren seine Schiffe 41 Todte und 94 Verwundete, im Ganzen also 135, darunter 12 Offiziere, ganz genau dieselbe Zahl, die die Amerikaner verloren. Kein Bericht ist veröffentlicht worden, in welchem die Verluste der verschiedenen Schiffe angegeben sind; aber auf der Detroit wurde der erste Lieutenant getödtet und der Commandant, Capitän Barclay, sowie der Zahlmeister verwundet. Capitän Finnis, von der Queen Charlotte, wurde ebenfalls getödtet und der erste Lieutenant verwundet.

Der commandirende Offizier und erste Lieutenant von der Lady Prevost waren unter den Verwundeten, ebenso die Commandanten der Hunter und der Chippeway. Alle Schiffe hatten ziemliche Beschädigungen an Rumpf und Segelwerk erlitten, die Queen Charlotte verhältnißmäßig am meisten. Sowohl die Detroit wie die Queen Charlotte verloren zwei Tage nach der Schlacht in einem Sturme ihre Masten, als sie in Put-in-Bay vor Anker lagen.

Es ist nicht leicht, eine unparteiische Vergleichung zu machen zwischen der Stärke der feindlichen Geschwader bei dieser Gelegenheit. Unter gewissen Umständen würden die Amerikaner thatsächlich die Uebermacht gehabt haben, während unter anderen der Feind vielleicht ebenso sehr im Vortheil war. Bei den Umständen, unter denen die Schlacht wirklich ausgefochten wurde, waren die Vor- und Nachtheile nahezu ausgeglichen. Der leichte Wind verhinderte jedes der beiden größten amerikanischen Schiffe Nutzen aus ihrer Segeltüchtigkeit zu ziehen und war für die Betakelung der Detroit besonders günstig, während das stille Wasser die leichten Schiffe der Amerikaner besonders gefährlich machte, sobald sie in Schußweite gebracht werden konnten.

Die Detroit stellt sich nach guten Quellen als ein sowohl schwereres wie stärkeres Schiff wie jede der amerikanischen Briggs dar, und die Queen Charlotte zeigte sich als ein viel besseres Schiff, als man erwartet hatte, während die Lady Prevost sich als ein großer, kriegstüchtiger Schooner auswies. Für die Feinde war es vielleicht unglücklich, daß die Betakelung der beiden letzteren Schiffe sich unter den Umständen, die die Detroit so tüchtig machten, sich nicht so bewährte, da dadurch die Einheit ihrer Anstrengungen gestört wurde.

Kurz, die Schlacht scheint während beinahe ihrer halben Dauer, wenn die Wirksamkeit in Betracht gezogen wird, mit den weittragenden Geschützen der beiden Geschwader ausgekämpft worden zu sein. Dies war besonders günstig für die Detroit und die beiden amerikanischen Kanonenboote, weil die letzteren von dem stillen Wasser den größten Vortheil hatten. Die Seiten der Detroit, welche ungewöhnlich stark waren, waren mit Geschossen gespickt, die nicht durchgedrungen waren.

Tapferkeit der amerikanischen Offiziere.

Capitän Perry rühmte in seinem Bericht über die Schlacht die Haltung von Capitän Elliot, dem zweiten im Commando nach ihm, von Turner, der die Caledonia befehligte, und von den Offizieren seines eigenen Schiffes. Er empfahl auch die Offiziere der Niagara, Packet von dem Ariel und Champlin von dem Scorpion. Man glaubt jetzt, daß er zufällig vergaß, die Namen der Commandanten der Kanonenboote zu erwähnen. Es scheint, als wenn diese Schiffe im Allgemeinen mit großer Tapferkeit geführt wurden.

Gegen Schluß der Schlacht scheinen die Caledonia und einige der Kanonenboote wirklich mit außerordentlicher Kühnheit geführt zu sein, wenn man ihren gänzlichen Mangel an Deckung bedenkt. Der Geschoßhagel der Niagara und der Schooner schmetterte durch die Takelage der befreundeten Schiffe, die sich gegenüber lagen, wenn er die Vorder- und Hinterdecke der Engländer bestrich.

Capitän Perry wurde damals wegen der Art und Weise, wie er sein Geschwader zur Action brachte, getadelt, da man der Meinung war, er hätte warten sollen, bis seine Schlachtlinie sich enger an einander geschlossen hätte, und seine kleinen Schiffe aufgerückt wären. Man sagte, daß „selten ein Offizier in eine Schlacht schlechter hineinging oder besser aus ihr hervorging“. Die Wahrheit wird zu oft einer geistreichen Antithese geopfert. Die Methode seiner Angriffs-taktik scheint von feindlicher Seite als gerechtfertigt angesehen zu werden, und das spricht zu ihren Gunsten. Der mäßige Wind war der einzige Umstand, der für die Amerikaner, als sie heransegelten, ungünstig war, und daß er ganz ver-sagte, konnte nicht gut vorausgesehen werden.

Die kurzen Abmessungen des Sees machten ein Entkommen so leicht, wenn ein Offizier das Verlangen spürte, einer Schlacht auszuweichen, daß kein Comman-dant, welcher eine Schlacht herbeiwünschte, dafür eine Entschuldigung gehabt hätte, wenn er auf solchen Ein-wand hin sein Vorgehen aufge-schoben hätte. Die Schlachtlinie war mit hoher Einsicht gebildet, indem die Art und Weise, wie die Lawrence von dem Ariel und Scorpion unterstützt wurde, ein-fach und genial war.

Commodore Perry.

Indem er sich vor die Front der feindlichen Linie legte, verhinderte er den Feind durch Kreuzen vor den Wind zu kommen, und als Ca-pitän Elliot mit der Niagara das Manöver nachahmte, nahm das amerikanische Geschwader eine sehr vortheilhafte Stellung ein, die Ca-pitän Perry auch sogleich aus-nutzte. Kurz, der amerikanische Befehlshaber scheint seinen Plan geschickt und klug angelegt zu haben, und bei Allem, worin er fehlschlug, trug anscheinend Zufall die Schuld. Seine Absicht wurde erreicht, und die Folge war ein Triumph.

Die britischen Schiffe scheinen tapfer gekämpft zu haben und ergaben sich erst, als die Schlacht hoffnungslos verloren war. Der Fall ihrer verschiedenen Commandanten war nachtheilig für sie, obgleich es nicht wahrscheinlich ist, daß der Tag sich zu ihren Gunsten entschieden haben könnte, nachdem die Niagara den Platz in Front ihrer Schlachtlinie genommen hatte und die Kanonenboote sich angeschlossen hatten. Wenn der Feind einen Fehler beging, so bestand der-selbe darin, daß er nicht kreuzte, als er versuchte vor dem Winde umzulegen, aber ziemlich wahrscheinlich erlaubte der Zustand seiner Schiffe ihm nicht, dieses Manöver auszuführen. Einen Augenblick glaubte der Feind, daß er siegen würde, und einige Minuten waren sogar die Amerikaner im Zweifel wegen der Entscheidung, aber die letzteren verzweifelten niemals, und ein Augenblick genügte, um ihre Empfindungen zu wechseln, dem Glücklichen die Wankelmüthigkeit des Glückes einprägend und den Verzagten an die Tugend der Ausdauer erinnernd.

Für sein Benehmen in dieser Schlacht erhielt Capitän Perry eine goldene Medaille vom Kongreß, ebenso auch Capitän Elliot. Belohnung wurde auch den Offizieren und Mannschaften im Allgemeinen gewährt, und die Nation hat lange diese Schlacht als eine ihrer stolzesten Thaten auf dem Wasser betrachtet.

Man sagt nicht zu viel, wenn man behauptet, daß dieser berühmte Sieg auf dem Erie-See mehr als irgend ein anderes einzelnes Ereigniß dazu beigetragen hat, der amerikanischen Flotte den hohen Ruf zu erwerben, der ihr so lange zugestanden worden ist. Jede große Seeschlacht muß nicht nur allein mit Kanonen und Pulver, sondern auch mit dem Gehirn ausgefochten werden. Da sind ein Plan, Strategie, Manöver, oft schnelle und complicirte vonnöthen, und all' dieses ist Aufgabe des Kopfes. Dann kommt Tapferkeit, stürmisches D'raufgehen, das dem Angriff die Wendung zum Siege verleiht. In beiderlei Hinsicht dürfen Perry und seine Leute billig als ihrem Feinde überlegen angesehen werden.

Es ist gewiß bemerkenswerth, daß unsere Nation, die, was Handel anbetrifft, sich nie als Beherrscherin des Meeres hingestellt hat, eine Flotte haben sollte, deren Kriegsthaten von Anfang bis Ende das Wunder der Welt bilden.

Dritter Abschnitt.

Letzte Ereignisse in dem Kriege mit Spanien.

XXI. Kapitel.

Bombardement der Santiago-Batterien.

Ein Operationsplan, um die Batterien in Santiago zum Schweigen zu bringen, wurde von Contre-Admiral Sampson am 5. Juni 1898 an die Schiffe der unter seinem Commando stehenden Flotte gesandt und früh am Montag Morgen wurden die Mannschaften aufgeweckt, und nach eingenommenem Frühstücke begannen die Zurüstungen zum Kampfe. Als am Sonntag vor der Einfahrt zum Hafen eine Recognoscirungsfahrt unternommen wurde, konnte man deutlich wahrnehmen, daß die Spanier energisch an der Befestigung ihrer Stellung arbeiteten. Schwere Geschütze wurden auf den Hügelkuppeln in Position gebracht, Ochsen und lange Reihen von Menschen waren beschäftigt, andere die steilen Wege hinaufzuschleppen, und die Geschütze eines Kriegsschiffes im Hafen, der Mercedes, wurden nach den die Einfahrt beherrschenden Höhen rechts und links von dem Morro-Castle geschafft.

Die beiden Divisionen der Schlachtschiffe und Kreuzer waren um 6 Uhr bereit, sich zu formiren, und 5 Minuten vor Sieben wurde Signal „18" am Noanock des Flaggenschiffes aufgehißt und die Aufstellung nahm darauf ihren Anfang. Die New York bildete die Spitze der östlichen Division, und auf sie folgten die Yankee, die New Orleans, der Oregon und die Iowa. Dies war die östliche Division, welche Morro und alle Batterien, die etwa rechts davon demaskirt würden, auf sich nehmen sollte. Die westliche Schlachtsäule, geführt von der Brooklyn und zusammengesetzt aus der Marblehead, der Texas und der Massachusetts, schloß sich, parallel zu der östlichen Division, dicht an diese, und vereinigt fuhren sie langsam direkt auf die Hafeneinfahrt zu. Alle Schiffe hielten eine Distanz von 400 Yards von einander.

Das Signal „Fertig zum Gefecht!" wurde an Bord der New York um 17 Minuten zu 7 Uhr gegeben und die Mannschaften waren schon in den Marsen bereit mit der Munition für die Einpfünder. Um 7 Minuten zu Sieben wurde eine Fahrgeschwindigkeit von sechs Knoten befohlen, und als die Spitzen der

Schlachtſäulen bis auf 5,000 Yards an die Einfahrt des Hafens herangekommen waren, ſchwenkten ſie ab, die öſtliche Diviſion nach rechts und die weſtliche nach links, und dann rückten ſie weiter in Parallel-Linien vor.

Dem Admiral, der ſich mit ſeinem Stabe auf der vorderen Commandobrücke befand, wurde, als man ohne Glas genau ſehen konnte, daß die Küſtengeſchütze auf das Flaggenſchiff gerichtet waren, gerathen, die Brücke zu verlaſſen, aber er weigerte ſich und war ſehr beſorgt, daß alle Schiffe noch viel näher herankämen, ehe das Feuern begänne.

Die Beſchießung beginnt.

Um 7 Uhr 41 Minuten war man auf 4,000 Yards herangekommen, und als das Geſchütz im vorderen Thurm der New York ihre erſte Todesbotſchaft ent- ſandte, antworteten ihm eine Menge von Rauchwolken, die auf allen Seiten von Morro aufſtiegen, noch bevor unſere eigene Granate die Küſte erreichte. Augen- ſcheinlich waren die Spanier nicht unverhofft überrumpelt worden, denn Anfangs erwiderten ſie unſer Feuer ziemlich heftig. Dem Dolphin, der ſich öſtlich von dem Hauptgeſchwader befand, wurde ſignaliſirt, heranzukommen und eine Batterie, die dicht am Strande Feuer eröffnet hatte, zu beſchießen. Dieſelbe Aufgabe wurde auf dem entgegengeſetzten Flügel der weſtlichen Diviſion von dem Kano- nenboot Vixen und der Suwanee erfüllt. Die weſtliche Diviſion begann zu gleicher Zeit mit uns zu feuern. Ihre Aufgabe war, die Eſtrella-Batterie inner- halb der Einfahrt und ſonſt jedes Geſchütz, das ſich weſtwärts zeigen ſollte, zu vernichten.

In wenigen Minuten war ein jedes Schiff in der Gefechtslinie in eine Wolke ſeines eigenen Rauches eingehüllt mit Ausnahme der New Orleans, welche ſo glücklich war, rauchloſes Pulver zu benutzen, wodurch ſie im Stande war, ein faſt ununterbrochenes Feuer mit ihren Hülfsbatterien zu unterhalten. Die niedriggehenden Wolken, die am Morgen ſichtbar geweſen waren, begannen jetzt zu regnen und es tropfte naß und kalt hernieder bis gegen 11 Uhr.

Gefeuert wurde mit kurzen Unterbrechungen, die gemacht wurden, um den Rauch ſich verziehen zu laſſen, und ſo beſſer zielen zu können. Nie iſt an Bord eines amerikaniſchen Kriegsſchiffes beſſer geſchoſſen worden, und einige der acht- zölligen Granaten ſchlugen genau dort ein, wohin ſie gerichtet waren, was Hurrah über Hurrah verurſachte. Sechs Minuten vor Acht ſchlug eine Granate des vorderen achtzölligen Geſchützes gerade oben in Morro-Caſtle ein und von dort her beunruhigten uns die Kanonen nicht mehr. Die Schußweite betrug 5,500

Yards. Das Schiff legte sich herum und seine ganze Steuerbord-Batterie trat in Wirksamkeit, und nach einem halbstündigen Feuer rückte man auf 3,500 Yards Schußweite heran.

Vernichtende Arbeit der Geschütze.

Auf diese Entfernung platzten die Granaten aus den Geschützen der New York eine nach der anderen über den Batterien, ja einige rissen mächtige Erdmassen glatt aus dem Kamme des Hügels, eine breite Bresche zurücklassend. Große, graufarbige Massen von Felsen und Sand wurden hoch in die Luft geschleudert und die feurigen Blitze der platzenden Granaten fuhren schlangengleich bald hier bald da nach allen Richtungen hin, Tod und Verderben für Dutzende von Kanonieren bringend. Keine Soldaten der Welt, auch die bestdisciplinirten nicht, hätten bei ihren Geschützen ausgehalten bei dem Feuer, das auf diese Batterien gerichtet war, und sie müssen an der Küste schrecklich gelitten haben.

Der Admiral schritt hoch oben auf der Commandobrücke in triefendem Regenrocke und mit dem Glas in der Hand rasch auf und nieder, um das Resultat eines jeden Schusses zu beobachten. Von ihm kamen die Befehle, ein bischen mehr nach rechts, ein bischen mehr nach links zu feuern, oder er rief in den Raum hinab: „Gutgemacht! Noch einmal auf dieselbe Stelle!" — Der Navigations-Offizier befand sich auf der Brücke und übermittelte die Befehle des Admirals an den Capitän unten in dem Steuerthurm, während des Admirals Vormann sich in der Nähe aufhielt, um die Wirkung der Schüsse oder, was es sonst Bemerkenswerthes gab, aufzuzeichnen.

Der Leuchtthurm, der etwas östlich von der Morro-Landspitze lag, verschwand wieder und wieder unter den Wolken von Steinen und Sand, emporgeschleudert von platzenden Granaten. Wie dies Gebäude aufrecht stehen bleiben konnte, war allen wunderbar. Rechts davon stand eine Anzahl schwerer Geschütze, welche nach Beginn der Kanonade im Stich gelassen worden waren. Man sah deutlich, daß eines derselben demontirt war, während die übrigen bunt durcheinander standen.

Das Flaggenschiff machte um 9 Uhr 35 Minuten eine Halbwendung nach links, so daß es der New Orleans näher kam, worauf dem Commandeur derselben der Befehl gegeben wurde, in Gemeinschaft mit der Yankee an's Werk zu gehen und durch eine anhaltende Beschießung jene Geschütze zu demontiren. Durch das Megaphon kam die fröhliche Antwort zurück: „Zu Befehl, und es wird gründlich geschehen!" Diese Antwort wurde mit lauten Hurrahs aufgenommen,

Aufseher beobachten die Scheiben.

Diese Tage der großen Schießübung bedeuten einen wichtigen Zeitabschnitt für unsere Theerjacken. Vier Aufseher sind angestellt, um das Resultat anzu= merken. Zwei befinden sich in kleinen Booten auf dem Wasser. Sie bestimmen mittels eines in Graben abgetheilten Winkelmaßes in Form eines T den Punkt, wo das Geschoß eingeschlagen, ob rechts oder links von der Scheibe und vor oder hinter dem Ziele. Die anderen beiden Aufseher sind auf dem Schiffe stationirt. Der Eine ver= merkt die Zahl der Schüsse und zeichnet das Resultat auf wie es von dem vierten Aufseher, der den Flug des Projektils beobachtet, abgeschätzt wird. Ein ähn= liches Verzeichniß der Schüsse wird von jedem der Aufseher in den Booten ge= führt. Dies System wird namentlich angewandt, wenn das Schiff still liegt. Jedoch auch, wenn in Fahrt geschossen wird, wird so viel wie möglich, dasselbe System angewandt, jedoch kommt es vor, daß dies wegen des Seeganges unmög= lich ist.

Regelmäßige Meldungen werden dem Admiral des Geschwaders gemacht, und erfolgreiche Kanoniere sind wirklich glückliche Menschen. Geldpreise werden den besten Schützen der verschiedenen Schiffe ertheilt und vierteljährlich giebt das Navigationsbureau ein gedrucktes Cirkular heraus, aus welchem zu ersehen ist, wie es mit der relativen Treffsicherheit eines jeden Schiffes im Scheibenschießen steht. Diese Liste enthält die Namen der besten Schützen eines jeden Schiffes, nach ihrem Verdienst geordnet.

Diese Praxis befördert, sowohl zwischen der Bemannung wie den Schiffen, ja zwischen den Geschützabtheilungen desselben Schiffes einen wohlthätigen Geist des Ehrgeizes und der Rivalität. Die so gewonnene Ehre schätzt unsere Theer= jacke im allgemeinen weit höher als bloße Geldprämien. Dabei muß man im Gedächtniß behalten, daß scharfes Schießen aus diesen großen Kanonen gewaltige Ausgaben verursacht, daß es ein Luxus ist, der, wenn beständig in Anwendung gebracht, eine Nation leicht bankerott machen würde. Daher werden täglich Zielübungen und Uebungen mit dem „Subkaliber" unternommen.

Richtung der großen Geschütze.

Im praktischen Gebrauch verlangen diese Uebungen dieselbe Ausbildung im Zielen und Bedienen wie die der Kanonen. Doch anstatt diese zu laden und ihre gewaltige Ladung abzufeuern, stellt man in das Rohr eine Büchse oder Muskete und feuert den Schuß aus dieser. Ein kreisrunder Rahmen mit 4 Haltern paßt genau in das Geschützrohr und hält das Gewehr in Position. So hat der Ar- tillerist in Wirklichkeit dieselbe Gelegenheit seine Geschicklichkeit und Genauigkeit auszuüben und das große Geschütz zu bedienen, als wäre es wirklich schwer geladen.

Die Zielübung ist eine interessante Operation, insofern als in Wirklichkeit kein Schuß abgefeuert wird und doch der höchste Grad von Schießfähigkeit bewiesen werden kann. Hierbei stellt der Schütze auf dem Hauptdeck eine Büchse auf einen Dreifuß auf Distanz von gewöhnlich 30 Fuß vom Ziel. Die Scheibe, ein Stück weiß Papier, in Quadrate getheilt, wird auf ein hölzernes Gerüst, in Größe einer gewöhnlichen Thür genagelt. Daneben steht der Feuerwerker mit einer runden Zinnscheibe, die in der Mitte ein kleines Loch hat, und an einer Handhabe vor die Scheibe gehalten wird.

Der Kanonier richtet seine Waffe, indem er auf das Loch in der Zinnscheibe zielt und dieses mit dem Centrum der großen Scheibe in eine Richtung zu brin= gen sucht. Während er visiert, ruft er dem Feuerwerker zu, wohin er die Zinn= scheibe zu richten habe, worauf dieser nach Direction des Schützen rechts, links, auf oder nieder senkt oder hebt. Denkt nun der letztere, sein Gewehr sei direkt aufs Centrum der großen Scheibe gerichtet und die Kugel werde zugleich durch das Loch der Zinnscheibe gehen, ruft er „Halt!"

Darauf macht der Feuerwerker durch das letztere mit einer Bleifeder auf der Papierscheibe ein Zeichen. Die Zielübung geht dreimal vor sich, worauf der nächste Mann an die Reihe kommt. Jeder Schütze sucht seine Schüsse auf der Scheibe möglichst nahe zu bringen, so daß die Merkzeichen ein möglichst kleines Dreieck und damit die meisten Points darstellen. Den Mittelpunkt des Dreiecks zu bestimmen, ist eine einfache mathematische Berechnung, und die Treffsicherheit beruht auf diesem Punkte.

Zwischen den Offizieren wird desgleichen Pistolenschießen sehr geübt. Als Stand dient das Hinterdeck, die Scheibe ist die gewöhnliche eiserne, mit Farbe zum Ueberpinseln der Treffer. Mitunter werden Wetten auf die besten Schüsse eingegangen, deren Verlierer eine Runde Bier zu stellen hat; doch ändert das nichts an dem Ernst der Uebung! —

Im Schießen sucht unsere Marine sich überall zu vervollkommnen; Uebungen mit Büchse und Revolver finden oft statt an Land wie an Bord; das ist der Grund, warum unsere Flotte in ihren Zusammenstößen so erfolgreich war. Aus bloßer Tapferkeit unter Feuer nicht zu zucken und zu wanken ist eins: zu bethätigen, daß Tapferkeit durch das Bewußtsein besserer Ausbildung unterstützt wird, ein anderes.   Und darum haben unsere Theerjacken ein solch allgemeines Lob geerntet.

Ein Rückblick auf die Erfolge der Amerikanischen Artillerie in früherer Zeit zeigt uns eine überraschende Ungleichheit zu unseren Gunsten in meist allen Zu= sammenstößen, in denen die Kämpfenden in annähernd gleicher Stärke waren. Diese Ungleichheit zeigt sich sogar im ersten Theil des Revolutionskrieges, wie die Begegnung mit dem Ranger—Drake, in der Irischen See, auf der Höhe von Carrickfergus beweist.

Commandeur des Ranger war Paul Jones, der Kampf war ein ehrliches Ge= schützgefecht, in dem der Amerikaner einen leichten Sieg gewann.

Nicht so war die Affäre zwischen dem Bon Homme Richard und der Serapis ein bloßer Geschützkampf, da außer 3 Neunpfündern alle Kanonen Jones' bald nach Beginn des Gefechts zerstört oder außer Gefecht gesetzt waren.

Sein Schiff war werthlos und wurde bald durchlöchert, aber der Kampf wur= de fortgesetzt bis der Sieg gewonnen war unter so widrigen Umständen, daß jeder andere Commandeur verzweifelt hätte.   Die Gefechte im französischen Kriege waren mit nur einer Ausnahme alle für uns siegreich.   Vierundachtzig Panzerschiffe wurden den Franzosen abgenommen.   Der Tripolitanische Krieg war, abgesehen von der Einnahme und Zerstörung der Philadelphia, einseitig.

Frühere Thaten unserer Marine.

Mit Beginn des Krieges von 1812 begann die größte Ruhmesperiode unserer Marine.   Als Fregatte nach Fregatte, Schaluppe nach Schaluppe in die Hände der Amerikaner fiel, riefen die englischen Zeitungen immer wieder: „Woher kommt das?" und „Wann wird dies enden?"   „Der Grund dafür scheint nur zu klar darin zu suchen zu sein," schreibt die London Times im Jahre 1813, „daß die Amerikaner eine der unsrigen überlegene Feuer=Methode haben."

Und dies war der Fall.   Von Anbeginn unserer Marine wurden beständig Geschützübungen abgehalten, um die Seeleute so dienstfähig, wie nur möglich, zu machen.   Mit minderwertigem Pulver, schlechteren Geschützen, und auf Schiffen, die man in aller Eile fertiggestellt hatte, war die Ueberlegenheit der Amerikaner eine solche, daß die amerikanischen Schiffe fast unverletzt aus jedem Kampfe her= vorgingen, während die feindlichen Schiffe beinahe in Stücke geschossen wurden. So war es bei dem Kampfe zwischen der Constitution und der Guerriere, der United States und der Macedonian, der Constitution und der Java, der Hornet und Peacock, und der Wasp und der Frolic.   Die Guerriere, Java und Peacock waren in einem solchen Zustande, daß an ihre Rettung nicht zu denken war.

Ein Kampf, dessen Ausgang scheinbar den Ruhm der amerikanischen Marine verkleinern könnte, ist der zwischen der Chesapeake und der Shannon. Wenn auch betreffs der Panzerung ziemlich einander ebenbürtig, so hatte die Chesapeake einen neuen Commandeur und eine meuterische, betrunkene Mannschaft, während der Commandant der Shannon sein Schiff schon 6 Jahre lang befehligt, und seine Bemannung aus 5jährigen Veteranen bestand, die gut organisiert und eingeübt waren. Das Resultat war von Anfang an vorauszusehen. Der Grund für die unerwartete Niederlage des Argus seitens des Pelican, lag wie man später ausfand, in der Qualität des von den Amerikanern benutzten Pulvers.

XXII. Kapitel

Heftiger Kampf bei Guantanamo.

Der Einfall in Kuba begann am 11. Juni mit der Landung von 800 Seesoldaten der Vereinigten Staaten bei Guantanamo, wo man die amerikanische Flagge aufhißte. Die Landung wurde nicht ohne große Schwierigkeiten bewerkstelligt und die späteren Unternehmungen der tapferen Seeleute waren mit vielen Mühen und Gefahren verknüpft. Weniger tapfere und begeisterte Leute würden das gefährliche Unternehmen aufgegeben haben, nachdem sie die Kosten berechnet hatten.

Angefügt ist ein Brief von Kapitän Charles L. McCawley, Hülfs-Quartiermeister vom ersten Battallion der Marine-Korps, geschrieben am 26. Juni von Guantanamo Bai aus.

Der Brief giebt eine ausführliche und sehr anschauliche Schilderung der furchtbaren Erfahrungen einer Handvoll Leute, die fortgesandt an eine unbekannte, feindliche Küste, die Sterne und Streifen aufzogen und sie angesichts beinahe unerhörter Schwierigkeiten unentwegt aufrecht erhielten.

Der Feind in das Dickicht gejagt.

Worte können das Leben, das wir hier führen, nicht schildern. Drei Tage und drei Nächte lagen wir am Strand, es war einfach schrecklich. Mit der Umgebung waren wir vollständig unbekannt, da unsere cubanischen Verbündeten sich uns noch nicht angeschlossen hatten. Straßen giebt es hier nicht, nur Reitwege, die sich an den Bergen entlang ziehen. Das Unterholz ist so dicht und undurchdringlich, daß wir nicht vordringen konnten, und daher, wenn angegriffen, uns so gut wie möglich, auf die Vertheidigung beschränken mußten und selbst nicht angriffsweise vorgehen konnten. Die erste Nacht schliefen wir in Zelten, und am Nachmittag des zweiten Tages begann der Feind auf uns zu feuern, worauf wir gegen ihn vorgingen. Ich war bei dem Oberst und geriethen wir in ein so undurchdringliches Dickicht, daß wir nach dem Lager zurückkehren mußten.

Eine Stunde später begann der Angriff von neuem und nahm der Oberst diesmal nur eine Kompagnie heraus. Er verfolgte einen schmalen Weg, der zu unsern letzten Vorposten führte. Als wir dort ankamen, fanden wir, daß die Wachen getödtet worden waren. Ihre Leichen lagen auf dem Platze, wo sie Posten gestanden hatten. Der Eine hatte 21 Schußwunden, der Andere 15. Sie

282

waren buchstäblich in Stücke zerrissen und ich dachte zuerst, daß sie nach ihrem Tode noch verstümmelt wären. Wir gingen eine kleine Strecke weiter vorwärts auf einem sehr gefährlichen Pfade, der auf beiden Seiten von hohen Hügeln flankirt war, von denen der Feind beständig auf uns feuerte. Glücklicherweise schossen sie schlecht und wir kamen ohne Verlust davon und kamen nach Dunkelwerden nach dem Lager zurück.

Hinterlistiger Angriff bei Nacht.

„In jener Nacht wurde das Lager nochmals um 11 Uhr angegriffen und das Feuern hielt die ganze Nacht hindurch an. Unsere Leute waren außerhalb der Zelte rings auf allen vier Seiten unseres Lagers postirt, indem die Männer sich einfach anf den Boden legten und zurückschossen, wenn von irgend woher der Knall der feindlichen Gewehre ertönte. Nichts war zu sehen, und sogar der Blitz der spanischen Gewehre war wegen des Buschwerkes nicht sichtbar, obwohl wir wußten, daß wir von ihnen umringt waren. Gegen 1 Uhr wurde ein sehr heimtückischer Angriff auf uns gemacht und Jhr habt niemals ein demjenigen ähnliches ununterbrochenes Feuern gehört, wie das war, mit dem wir überschüttet wurden. Kein lebendes Wesen hätte sich jenen Verderben speienden Linien nähern können. Die Kugeln flogen um unsere Köpfe wie Hagelkörner. Während dieses Scharmützels wurde Dr. Gibbs getödtet, von dem ich damals nur wenige Fuß entfernt war. Er wurde durch die eine Schläfe geschossen und die Kugel kam durch die andere wieder heraus. Er lebte nur noch wenige Stunden. Mir war, als wenn die Nacht kein Ende nehmen wollte, und als der Tag anbrach, kamen wir auch noch nicht zur Ruhe.

„Wir sahen, daß unsere Stellung, wie sie einmal war, unhaltbar war. Wir befanden uns auf dem Gipfel einer abgeflachten Anhöhe, der in der Front von sehr hohen Hügeln beherrscht wurde, deshalb brachen wir unsere Zelte ab und trugen sie über den Hügel rückwärts nach einem Platze, der von den Schiffen im Hafen beschützt wurde, und sofort begannen wir zur Deckung der Leute in aller Hast eine Verschanzung aufzuwerfen. Alles dies geschah in guter Ordnung, obgleich der Feind von Zeit zu Zeit auf uns feuerte.

„Während dies vor sich ging, wurde Dr. Gibbs mit den beiden Wachtposten mitten in unseren Linien in eilig ausgeschaufelten Gräbern beerdigt. Ich selbst half beim Ausgraben derselben und, während die Beerdigung stattfand, feuerten diese elenden Halunken auf uns.

„Die nächste Nacht waren wir nur wenig besser daran, und unsere Stellung wurde enger zusammengezogen. Bretter, Zelte, Fäßer, Kisten, kurz Alles, was lose umherlag, wurde als Brustwehr vollendet, zusammen mit der aus den Schützengräben aufgeworfenen Erde. Die ganze Nacht hindurch wurde der Angriff beständig erneuert, und Schüsse fielen auf allen Seiten. Wir lagen hoch und verloren nur einen Mann, einen Feldwebel, aber dieser eine zählte für zwanzig, da er der beste Soldat war, den ich jemals gesehen habe.

„Jene Nacht erschien uns als die schlimmste, da ein Jeder aufs Aeußerste erschöpft von anhaltenden Arbeiten der härtesten Art, und von zeitweiligem Fasten, und dabei hatte seit zweiundsiebenzig Stunden keine Menschenseele an Schlaf gedacht. Doch wir mußten es aushalten und wir feuerten fast ununterbrochen diese ganze Zeit über auf einen unsichtbaren Feind.

„Die Schiffe im Hafen unterstützten uns, indem sie die Gehölze in unserer Front und Flanken mit Granaten bewarfen, und nie in Eurem Leben habt Ihr ein solches Getöse gehört. Als die Dämmerung anbrach, sahen wir ein, daß irgend etwas geschehen mußte und zwar schnell. Da wir von den Cubanern, die zu uns kamen, erfuhren, daß der Feind sein Hauptquartier ungefähr vier Meilen von uns hatte, hinter jenen Hügeln in unserer Front, von wo er auf zwölf Meilen in der Runde allein sich mit Wasser versorgen konnte, so beschlossen wir auszurücken und womöglich jenen Brunnen zu zerstören.

Die Spanier plötzlich überfallen.

„Zwei Compagnien und 50 Cubaner wurden dazu bestimmt und sie brachen um 9 Uhr auf und fielen plötzlich über die vollständig ahnungslosen Spanier her. Von 11 bis 3½ Uhr wurde gekämpft, dann zog sich der Feind in Unordnung zurück, indem er über 60 Todte auf dem Felde zurückließ, außerdem viele Verwundete. Wir machten auch zwanzig Gefangene, erbeuteten 30 Gewehre und viele Munition, nahmen die Heliographenstation mit ihrer ganzen Ausstattung, zerstörten das Hauptquartier mit Allem, was darin war durch Feuer und verschütteten den Brunnen, wobei auf unserer Seite nur zwei Cubaner getödtet und zwei verwundet wurden, obwohl eine Anzahl von ihnen von der Hitze, welche schrecklich war, überwältigt wurde. Wir kämpften gegen vier Compagnien des 64. regulären spanischen Infanterieregiments und zwei Compagnien Guerillas, im Ganzen ungefähr 500 Mann, während wir Alles in Allem etwa 250 oder 300 Mann zählten.

„Der Dolphin bewarf während der ganzen Zeit das Gehölz mit Granaten, doch war er uns lästig, indem er auf unsere Reihen schoß und so unser Peloton unter Lieutenant Magill, 50 Mann stark, verhinderte, vorzurücken und den Feind von der Flanke zu fassen. Unsere Aufgabe war aber gut genug gelöst, denn die Spanier ließen ganz von uns ab und zogen sich von unserer Front zu= rück, und seit dem wurde kein feindlicher Schuß mehr auf uns gefeuert, und wir waren im Stande, der Ruhe, die wir so sehr nöthig hatten, zu pflegen. Die Leute waren beständig thätig gewesen, und wir haben sehr starke Verschan= zungen aufgeworfen und haben 3 dreizöllige Feldstücke und Colt'sche 6 Millime= ter=Schnellfeuer=Geschütze an den verschiedenen Ecken aufgestellt, und 5000 Spa= nier würden uns jetzt nicht aus unserer Position werfen können, doch wir sind auf der Hut und haben Außenwachen und Posten auf dem Walle.

Nachtlager auf nackter Erde.

„Die Offiziere und Mannschaften schlafen in den Gräbern oder auf dem Bo= den irgendwo. Während einer Woche war die Erde mein Bett, dazu ein Tor= nister als Kopfkissen und eine Decke zum Zudecken und während dieser Zeit bin ich nur einmal aus meinen Kleidern herausgekommen. Jetzt schlafe ich in einem Feldbett unter einem Zeltdache, aber immer in meinem Zeuge und umgeschnall= ten Revolver. Ich helfe den anderen Offizieren bei ihrem Wachtdienst und thue außerdem am Tage meinen Dienst, der schwer genug ist. Dies ist die härteste Arbeit, die ich jemals in meinem Leben gethan habe, aber ich befinde mich dabei ausgezeichnet und dies Leben scheint mir gut zu bekommen. Unser Essen ist außerordentlich einfach, unser Speisetisch besteht aus zwei Brettern, die über Munitionskisten gelegt sind. Unsere Näpfe, Messer, Gabel, Löffel, wenn wir welche haben, sind von Eisen.

„Ich verzweifle daran, jemals wieder rein zu werden, da wir nur in Salz= wasser und nur selten baden. Keiner klagt, da wir uns vor Augen halten, daß es Krieg ist, und wir uns in Feindes Land befinden, wo wir nichts bekommen können, da keine Stadt außer Caimanera in der Nähe und diese vom Feinde be= setzt ist. Ich meine, wir sollten dieselbe bald einnehmen, aber dabei müßte uns ein Regiment von der Armee unterstützen, da die spanische Streitmacht dort 3000 Mann stark sein soll.

Die Gegend ist hierherum sehr gebirgig und schön. Wir haben eine beherr= schende Position an der Meeresküste inne. Die Spanier hatten dort eine Sig= nalstation. Wir besitzen die ganze Ausstattung derselben, die von den Spaniern in der Eile zurückgelassen wurde, und benutzen sie täglich. Das Telescop ist ein gutes. Seit unserer Besitzergreifung laufen zahlreiche Schiffe ein, nehmen

Kohlen und Munition ein, da der Hafen ausgezeichnet ist, so haben wir immer reichliche Gesellschaft. Gestern kam ein Vorrathsschiff und brachte uns Fleisch und Eis, das erste, das wir seit Wochen sehen, und daher sind wir heute in guter Stimmung.

„Die 135 Cubaner, die bei uns sind, sind ausgezeichnete Führer und Wald-läufer und tüchtige Kerle, aber schießen können sie nicht. Die Spanier scheinen Angst vor ihnen zu haben und laufen fort, wo sie sich zeigen. In einem Gefecht vor einigen Tagen wurden fünf Spanier in einem Gehölz gesehen und einige von den Cubanern machten Jagd auf sie und kamen bald blutbedeckt zurück, aber ohne Gefangene. Nur ein zufriedenes Lächeln erzählte die Geschichte. Die Machete hatte ihr Werk gethan. Uns gegenüber sind sie umgängliche Leute, meist Neger, sogar einige der Offiziere. Augenscheinlich haben sie in den letzten drei Jahren schreckliche Zeiten durchgemacht. Wir geben ihnen ihren ganzen Lebensunterhalt, Kleidung, Waffen und Munition und sie ziehen mit uns auf Vorposten.

Eine angenehme Bekanntschaft.

Der Oberst, der sie commandirt, Thomas mit Namen, ein Cubaner, aber ein tüchtiger Soldat, spricht französisch und ich radebreche diese Sprache so weit, daß ich mich ihm verständlich machen kann. Er lernt schnell Englisch. Spanisch habe ich bis jetzt noch gar nicht gelernt. Der Oberst meint, daß der Krieg im September zu Ende sein würde. Ich hoffe, daß seine Prophezeiung sich erfüllt. Die Lage der Spanier ist eine jammervolle. In einem Briefe, den wir bei einem Spion fanden, berichtet ein General, daß er mit seinem Proviant nur bis zum 1. Juli auskommen könnte, wenn er seine Leute auf halbe Rationen setzte, dabei wäre er von der Außenwelt vollständig abgeschnitten. Die Gefangenen, die wir machten, erzählen, daß sie seit drei Tagen nichts zu essen gehabt hätten. Sie fügten hinzu, daß sie unter diesen Umständen das Kämpfen satt hätten. Wenn die Anderen nur wüßten, daß sie von uns nicht getödtet würden und daß sie im Gegentheil gespeist würden, so würden sich noch mehr ergeben. Ihre Offiziere erzählen ihnen, daß Ergebung an die Amerikaner gleichbedeutend mit Tod sei.

Wir sind alle sehr stolz auf unser Bataillon, da wir die ersten Truppen sind, die landeten, um zu bleiben, und dafür fochten und „Old Glory" aufhißten, die noch über uns weht und niemals herabgenommen wurde, außer um durch eine andere Flagge ersetzt zu werden, da das Original nach dem Hauptquartier gesandt wurde.

Unter den Besuchern im League Island Flottenbauhof, Philadelphia, war einer, der vor ein wenig über drei Monaten nach dem Süden gesandt worden war, um einer der Ersten zu werden, die Cuba's Boden betraten. Dies war Corporal William Glaß, vom Marine-Corps, und so sehr hatte er sich in Folge der Strapazen des kurzen, aber schrecklichen Feldzuges verändert, daß seine alten Freunde ihn zuerst nicht wieder erkannten. Corporal Glaß nahm an dem einleitenden Scharmützel an der Küste der Guantanamo-Bai theil, aber eine Wunde an der rechten Hand, die er sich mit seinem eigenen Gewehr bei einem Falle beibrachte, sandte ihn in das Hospitalzelt. Dasjenige, was nach diesem Zeitpunkte passirte, war an der Erzählung des Corporals der interessanteste Theil. Wir lassen hier seine eigenen Worte folgen:

Geschichte eines verwundeten Corporals.

Als ich nach dem Hospitalzelt zurückging, fand ich Wundarzt Gibbs vor demselben. Er verband meine Wunde und war gerade im Begriff in das Zelt zurückzugehen, als die Spanier eine besonders verzweifelte Attacke unternahmen, und irgend Jemand rief aus, daß sie unsere Reihen durchbrochen hätten. Der Wundarzt und ich wollten zurückgehen, und er befand sich nur wenige Schritte vor mir, als ihn eine Kugel gerade in den Kopf traf und er todt umsank. Wir schliefen in den Schanzgräben und, als ich mich in jener Nacht niederlegte, zog ich die Leiche des Wundarztes zu mir herüber an meine Seite. Hätte ich sie dort gelassen, wo sie war, würde sie bis zum Morgen von den vielen Insekten, die sowohl auf Schlafenden, wie Todten sich niederließen, schrecklich entstellt worden sein.

Um uns vor ihnen zu schützen, breiteten wir, wenn wir schliefen immer ein seidenes Taschentuch über unser Gesicht, denn das Ungeziefer schien vor Seide einen Abscheu zu haben. In jener Nacht konnte ich mir nur ein solches Taschentuch verschaffen, und um Dr. Gibbs' Leiche zu beschützen, legte ich mich dicht zu ihr und deckte das Taschentuch über unsere beiden Köpfe. Ich hielt mich niemals damit auf, daran zu denken, daß ich mit einer Leiche Seite an Seite schlief, und ich sage Euch, ich erfreute mich in jener Nacht eines vortrefflichen Schlafes.

„Ihr könnt Euch gar nicht vorstellen, was wir Männer dort unten zu leiden hatten," fuhr er fort. „Wir waren von den Spaniern umgeben, die verborgen von Palmenblättern, die sie um sich herum banden, beständig auf uns losknallten. Sie gebrauchten rauchloses Pulver, und es war fast unmöglich, ihre Stellung auszufinden. Das Beste, was wir thun konnten, war, auf jedes

Palmenblatt zu feuern, das sich zu bewegen schien, und manchmal wurden wir dadurch belohnt, daß wir einen Schrei hörten und einen Spanier in die Luft springen und dann todt oder schwer verwundet niederfallen sahen. Bei Nacht gestaltete sich die Sache günstiger, denn dann konnten wir nach dem Pulverblitz ihrer Gewehre, ihre Stellung bestimmen.

Außerdem hatten wir ein wahnsinniges Verlangen nach Wasser. Unsere Rationen aus Schiffszwieback und Salzfleisch machten uns natürlich sehr durstig und der Wasservorrath, der uns von den Schiffen geliefert wurde, war viel zu gering, um uns zufrieden zu stellen. Eine schreckliche Erfahrung machten wir durch, als wir nach einem ermüdeten Marsche landeinwärts, an eine Quelle kamen, die vor unseren Augen von den Offizieren verschüttet wurde, während wir gezwungen waren, dabei zu stehen. Sie hatten Furcht, die Leute trinken zu lassen, da sie besorgten, daß das Wasser vergiftet wäre.

Insekten und Reptilien.

„Und dann sind die Insekten dort schrecklich. Es gab dort Taranteln, Skor= pione und ich glaube jedes andere giftige Ding, das am Boden herumkriecht. Ein eigenthümliches Insekt, welches wir Sandkrabbe nannten, wurde am meisten gefürchtet. Wehe dem Schläfer, der einer von diesen eine Gelegenheit gab, ihn zu beißen. Mehrere unserer Leute litten hart darunter. Nach breitägigem Kampfe lagen, wie ich annehme 400 oder mehr todte Spanier um uns herum. Dadurch wurden wir Zeugen des fremdartigsten Schauspiels das wir jemals ge= sehen. Eines Nachmittags verdunkelte sich plötzlich die Sonne, und aufblickend entdeckten wir, daß sie wie von einer Wolke verhüllt zu sein schien.

Der schwarze Fleck vergrößerte sich schnell und in wenigen Minuten sahen wir, daß er in Wirklichkeit ein ungeheurer Schwarm von Geiern war. In vierund= zwanzig Stunden war der größere Theil der Leichen bis auf die Knochen aufge= fressen. So gut vollbrachten die Vögel ihr Werk, daß Ihr beim Vorbeigehen ein Skelett am Koppel aufheben — das war Alles, was von der Uniform übrig geblieben — und die trockenen Knochen so schütteln konntet, daß sie klapperten. Sergeant Smith fiel am ersten Tage, aber es vergingen mehrere Tage, bis wir seine Leiche finden konnten. Zweimal machten wir den Versuch, aber jedes Mal wurden wir von den Spaniern zurückgetrieben. Dann schickten wir eine Abthei= lung Cubaner aus, und diese wurden seltsamer Weise nicht belästigt. Sie fan= ben des armen Charlie Leiche schrecklich zugerichtet.

Dr. Gibbs, von dem oben die Rede war, war ein bedeutender Arzt in New

York, als der Krieg ausbrach, und gab eine große und einträgliche Praxis
auf, um in den Krieg zu gehen. Der erste, der auf Präsident McKinley's Aufruf für Freiwillige als Wundarzt angenommen wurde, war er auch der erste, der
als Offizier als ein Opfer der spanischen Kugeln auf dem cubanischen Boden fiel.
Er und drei andere Unglückliche fanden ihren Tod, als die Spanier einen nächtlichen Angriff auf die U. S. Marine-Soldaten bei Guantanamo machten.

Das Vaterland vor Allem.

Dr. Gibbs, der in der Blüthe seiner Mannheit stand, opferte eine ärztliche
Praxis von jährlich $10,000 Einnahme, um einen Platz in der Freiwilligen-
Armee anzunehmen, der ihm eine Besoldung als Fähnrich von nur $1,200 ein-
brachte. Sein Großvater diente während der Revolution als Offizier, und sein
Vater machte den mexikanischen und den Bürgerkrieg mit; daher überraschte es
wenig, als Dr. Gibbs eines Abends zu seinen Freunden sagte: „Jungens, ich
kann es mir erlauben zu gehen und sollte in den Krieg gehen. Für mich steht
das Vaterland Allem voran."

Dr. Gibbs nahm nicht nur als Arzt eine hervorragende Stellung ein, sondern
er war auch eine wohlbekannte Persönlichkeit in der Gesellschaft. Er war ein
zurückhaltender Mann, der sich Wenigen anvertraute, war aber trotzdem in dem
Universitäts-Club, dem er seit mehreren Jahren angehörte, und in anderen Kreisen sehr beliebt. Dr. Gibbs war jung, gebildet und unterhaltend, dabei ein sehr
belesener Mann.

G 19

XXIII. Kapitel.
Tapferkeit der Wilden Reiter.

Spätere Einzelheiten über die Schlacht bei La Quasina dienten nur dazu, die ersten Berichte über den heißen Kampf, den die Reiterei der Vereinigten Staaten zu bestehen hatte, zu bestätigen. Auf den errungenen Sieg wurde auf den vorhergehenden Seiten hingewiesen und spätere Nachrichten bewiesen, daß die Schlacht blutiger und heißer gewesen war, als man zuerst angenommen. Man hatte vorausgesagt, daß die Wilden Reiter sich gut schlagen würden, aber nur Wenige hatten eine solche heiße Kampfeslust und Tapferkeit erwartet, wie sie in ihrem ersten Zusammentreffen mit dem Feinde am 24. Juni bewiesen.

Keiner, der nicht selbst die Schlacht mitgemacht, der nicht selbst in dem strömenden Regen gestanden hat, der die amerikanische Armee bis auf die Haut durchnäßte, kann sich einen Begriff machen von den Leiden, die unsere Truppen durchzumachen hatten, und von dem Heldenmuth, mit dem sie dieselben ertrugen.

Der Weg fast unpassirbar.

Reiter, die zum ersten Male seit Jahren ohne Pferde waren, Infanteristen aus dem kühlen Michigan und Massachusetts schleppten sich stundenlang auf den sogenannten Straßen und Pfaden durch das Kaktusdickicht dahin, durch giftige Schlingpflanzen, hohes Gras, das wie ein Rasiermesser schnitt, ausgesetzt den furchtbaren Sonnenstrahlen, die der Horizont der entfernten Hügel vor den Augen schimmern und schwanken ließen, während von den stehenden Sümpfen graue Dämpfe aufstiegen und Geier mit ausgebreiteten Flügeln gefräßig aus der Höhe herunterspähten.

Die Pflanzen, niedergetreten unter den Füßen unserer Truppen, zitterten, und ein schrecklicher saurer Dunst stieg aus der Erde auf. Tausende riesiger gelb und roth gefleckter Landkrabben wandten sich in Krümmungen längs der Straße hin, mit aussätzigen weißen Krallen, die ein schreckliches Geräusch vernehmen ließen, ein schauerlicher Anblick für die jungen Soldaten, frisch von New York, Boston und Detroit. Zerlumpte Cubaner schlüpften geräuschlos durch das Unterholz dahin oder wälzten sich im Schatten großer Bäume, mit kindischem Vergnügen das ständige Vorrücken ihrer amerikanischen Vertheidiger beobachtend.

290

Die Hitze war beinahe unerträglich. Die Sonne war wie ein großer gelber Ofen, jedes lebende Wesen quälend und ben Tod in tausendfachen unbekannten Formen bringend. Das grelle Licht schwamm in Wellen vor den Augen ber erschöpften Soldaten. Ein junger Infanterist taumelte und fiel auf die Straße. Als man ihm wieder auf die Füße geholfen hatte, lächelte er und sagte: „Es ist Alles gut. Ich bin noch an keinem Platz gewesen wie dieser ist, aber ich muß vor die Front bevor der Kampf beginnt. Ich mußte lügen, um in die Armee aufgenommen zu werden, da ich erst 17 Jahre alt bin." Fünf Minuten später schleppte er sich tapferen Sinnes weiter.

Ströme von Regen.

Zwei Stunden später hatten die Truppen den ersten tropischen Regensturm zu bestehen, ber nicht schräg, sondern in gerader Richtung vom Himmel kam. Dies war die erste Probe für die Armee in einer der schrecklichsten Erfahrungen der Tropen. Drei Stunden lang strömte ein kalter Regenguß aus den Wolken herab, ber die Soldaten bis auf die Haut burchnäßte, die Decken durchweichte und Elend in das ganze große Lager brachte. Er bedeckte sich auf alle Seiten des Weges, löschte die Lagerfeuer aus und sandte Flüsse von Schmutz und rothem Wasser sprudelnd an der schmalen Straße entlang, über die Felsen schlagend, wo der Weg herunterging, und burch diese schmutzige Fluth strömte die Armee bahin, watend in Schmutz und Wasser ober vergebens Schutz unter den Bäumen suchend. Eine Stunde vorher war die Hitze so intensiv, baß Soldaten taumelten und in Ohnmacht fielen; aber jetzt geschah eine der geheimnißvollen Verwandlungen in den Tropen. Die ganze Armee zitterte vor Kälte, und starke Männer konnte man von Kopf bis zu den Füßen beben sehen, grau und weiß im Gesicht. Millionen von Landkrabben kamen klappernd und sich krümmend aus dem giftigen Unterholz hervor, und die Soldaten zertraten sie mit ihren Absätzen. Jeder, der im Besitz von Chinin war, nahm eine Dosis. Die Offiziere, bis an die Hüften mit Schmutz besprißt, eilten hin und her, brängten die Leute, sich auszuziehen, als der Regen vorüber war, und ihre Kleider an den Lagerfeuern zu trocknen. Gleichzeitig standen Tausende von den Leuten fast nackt da, während die Sonne dicke Dünste aus der Erde zog und schreckliche tropische Fliegen ihre weiße Haut durchstachen. Man bedenke, welch' furchtbare brückende Hitze und welch' schrecklichen Regen Leute aus einem nörblichen Klima an ein und demselben Tage aus- zustehen hatten, und dennoch hörte man nirgends ein Wort der Klage. Ein Gedanke nur schien wie ein elektrischer Strom durch die Armee zu gehen: Der Eifer an die Front zu kommen. Ueberall baten die Soldaten darum, daß ihre Regimenter an die Spitze des Angriffes gestellt würden. Sie kümmerten sich nicht um das Wetter, die Möglichkeit von Krankheit ließen sie unbeachtet, Gefahr und Hunger scheerte sie nicht. Sie wünschten zu kämpfen. Man sah es an ihren Gesichtern und hörte es aus ihrem Gespräch. Am wunderbarsten war, daß trotz der ungünstigen Verhältnisse weniger als 1 Prozent der Armee krank war.

Zwei Schlachten zu derselben Zeit.

Thatsächlich wurden zwei Schlachten zu ein und derselben Zeit geschlagen, eine von den Wilden Reitern unter dem unmittelbaren Befehl von Oberst Wood auf der Höhe des Plateaus, und die andere auf den Abhängen der Hügel, einige Meilen entfernt von den Regulären, bei denen General Young war. Die Expe- dition brach von Juragua auf, — das auf einigen Karten Cuba's als Altares bezeichnet ist — einer kleinen Stadt an der Küste, 9 Meilen östlich vom Morro Castle, und das als erster Platz von den Truppen nach der Landung bei Baiquiri besetzt worden war.

Das amerikanische Hauptquartier wurde von Cubanern benachrichtigt, daß spanische Streitkräfte auf dem Punkte, wo die Schlacht stattfand zusammenge- zogen waren, um den Marsch gegen Santiago zu hemmen. General Young brach auf, um sie zu vertreiben, indem man annahm, die Cubaner unter General Castillo würden sich mit ihm vereinigen, aber letzterer erschien nicht eher, als bis der Kampf beinahe vorüber war, dann baten sie um Erlaubniß, die fliehenden Spanier verfolgen zu dürfen, aber General Young weigerte sich, ihnen die Er- laubniß zu geben, am Kampfe theil zu nehmen.

General Young's Plan ging dahin, die Hälfte seines Commandos an der Straße entlang zu senden, welche sich am Fuße der Gebirgskette hinzieht, die von der Küste ins Innere führt, so daß er die Spanier in der Flanke angreifen konnte, während die Wilden Reiter den Weg über den Hügel nehmen sollten, um den Feind von vorn anzugreifen. Dieser Plan wurde vollständig ausgeführt. Die Truppen verließen Juragua bei Tagesanbruch. Der Marsch, den General Young zu machen hatte, ging über verhältnißmäßig ebenes Gebiet, und das Marschiren war leicht. Drei Hotchkiß-Kanonen wurden von diesem Commando mitgenommen.

Den erften Theil ihres Weges hatten die Wilden Reiter über fteile Hügel von ein paar 100 Fuß Höhe zurückzulegen. Die Soldaten hatten 200 Patronen und fchweres Lagerzeug. Wenn es auch am frühen Morgen leicht zu ertragen war, fo wurde das Wetter allmählich furchtbar heiß und die Sonne drückte die Cowboys und öftlichen Athleten nieder, als fie fich mit ihrem fchweren Gepäck auf den Bergen herumfchleppten, und man mußte häufig Raft machen.

Der Pfad war fo fchmal, daß auf dem größten Theile des Weges die Leute einzeln vorrücken mußten. Stachlige Kaktusbüfche fäumten beide Seiten des Weges ein, und das Unterholz war fo dicht, daß man keine zehn Fuß weit auf beiden Seiten fehen konnte. Alle Bedingungen waren günftig für einen mörder= ifchen Hinterhalt, aber die Leute hielten fcharfe Wacht und machten fo wenig Geräufch, wie möglich. Die Wilden Reiter erfaßten den Geift der Gelegenheit mit der größten Begeifterung. Es war ihre erfte Ausficht auf Kampf, und jeder Mann war begierig darnach. Das Wetter wurde drückend heiß, und einer nach dem anderen warf feine Decken und Zeltrollen fort und leerte feine Feld= flafche.

Der Feind im Gebüfch verborgen.

Das erfte Anzeichen, daß Spanier in der Nähe waren, bemerkte General Wood's Commando, als fie einen Punkt ungefähr drei oder vier Meilen von der Küfte entfernt erreichten und man die Kukukrufe der fpanifchen Soldaten im Gebüfche hörte. Es war fchwierig, genau den Punkt zu beftimmen, von wo diefe Töne kamen.

Die Leute erhielten Befehl, fich nur flüfternd zu unterhalten, und häufig wurde Halt gemacht. Schließlich erreichte man gegen acht Uhr einen Platz, wo der Weg fich in einen an der rechten Seite mit hohem Gras bedeckten Raum öffnete, während auf der anderen Seite dichtes Dorngebüfch und Unterholz ftand. Auch ein zackiger Drahtzaun zog fich an der linken Seite hin. Der Leichnam eines Cubaners wurde auf der Straße gefunden, und gleichzeitig entdeckten Capitän Capron's Truppen die Vorpoften, als fie für einen Augenblick die Köpfe einiger Spanier in den Büfchen fahen.

Dann erft erhielten die Mannfchaften die Erlaubniß, die Karabiner zu laden. Sie thaten es mit Eifer und äußerten heftige Begier, den Feind fogleich zu attackiren. Da vernahm man etwa 1 bis 2 Meilen entfernt zur Rechten Ge= wehrfeuer, das offenbar von den Hügeln jenfeits des Walddickichts herkam. Es waren die Regulären, die das von den Spaniern vom Gebüfch auf fie eröffnete

Feuer erwiderten. Neben dem Schnellfeuer des Kleingewehrs ließ sich auch das dumpfe Summen der Hotchkißgeschütze vernehmen.

Kaum 2 Minuten waren vergangen, da begann das Krachen der Mauserbüchsen im Dickicht, und hunderte von Kugeln pfiffen über die Köpfe der Steppenreiter, rissen die Blätter von den Bäumen und wirbelten Spähne aus den Zaunpfosten über die Leute dahin. Die Spanier hatten das Gefecht eröffnet und unterhielten ein heftiges Feuer, dessen höchst unheilvolle Wirkung sich bald zeigte. Die Truppen standen fest, trotzdem die Kugeln sie rings umschwirrten. Gemeiner Colby erblickte die Spanier zuerst und gab den ersten Schuß ab.

Handgemenge.

Sergeant Hamilton Fish jun. war der erste Mann der fiel. Der Schuß ging ihm durchs Herz und tödtete ihn auf der Stelle. Zwar waren die Spanier nur 200 Yards entfernt, doch konnte man nur hin und wieder sie zu Gesicht bekommen. Trotzdem sandten unsere Leute Salve auf Salve in das Strauchwerk, aus dem das Knattern des spanischen Gewehrfeuers herkam. Dies wurde allmählig heftiger und schien sogar näher zu kommen.

Oberst Wood ging mit größter Ruhe seine Gefechtslinie ab und sandte Tirailleure theils ins Dickicht theils in das offene Terrain links des Pfades. Oberstlieutenant Roosevelt führte die ersteren an und drang seine Leute zur Eile anspornend durch das Strauchwerk. Dichter und schneller fielen die Schüsse, die Luft schien mit dem singenden und kreischenden Schwirren der Mauserkugeln wie erfüllt, während der kurze Krach der feindlichen Büchsen leicht von dem schweren Knall der amerikanischen Schußwaffe zu unterscheiden war. Jetzt kam das Feuer salvenweise, dann wieder folgten für ein paar Minuten Einzelschüsse in rascher Folge.

Rittmeister Capron stand hinter seinen Leuten, auf jeden Spanier, der sich zeigte, seinen Revolver abschießend. Er zielte gut, man sah zwei Feinde unter seinem Feuer fallen. Da entfiel, gerade als er wieder Korn nehmen wollte und zugleich seiner Mannschaft Befehle gab, die Waffe seiner Hand, und er sank mit einer Kugel im Leib zu Boden. Seine Schwadron kam in Verwirrung, doch mit aller Kraft, die er aufbringen konnte, schrie er: „Kümmert Euch nicht um mich, Leute, drauf und kämpft!" Sobald als möglich, ward er hinter die Linie gebracht, wo er nach wenigen Stunden verschied. Lieutenant Thomas von derselben Compagnie erhielt bald darauf einen Schuß durchs Bein und bekam das Wundbelirium.

Todbringendes feuergefecht im Dickicht.

Den in das Dickicht gedrungenen Abtheilungen wurde bald Halt geboten. Die Spanier stellten sie und drängten sie zurück. Doch erwiderten die Amerika=
ner das Feuer mit verderbenbringender Sicherheit, obwohl vom Feinde wenig·
zu sehen war. Nach zehn oder fünfzehn Minuten heißer Arbeit ließ das Feuer
etwas nach, und Roosevelt beorderte seine Leute aus dem Dickicht zurück auf den
Pfad, indem er selbst knapp einem Geschosse entging, das über seinem Kopf in
einen Baum schlug.

Augenscheinlich begannen auch die Spanier zurückzukommen um ihre Stellung
zu ändern; doch feuerten sie in Zwischenräumen weiter. Die Amerikaner zogen
sich dann auf ihre Front zurück und gewannen dadurch offeneres Terrain. Um
diese Zeit begannen kleine Abtheilungen die Verwundeten aus den Gebüschen zu
holen und auf eine geschützte Stelle nahe dem Wege zu tragen, um sie später bei
Gelegenheit zum Feldhospital zu bringen.

Oberst Wood hatte Befehl gegeben, das Hotchkißgeschütz eingreifen zu lassen,
doch der Reiter des Packthieres, das einen Theil des Geschützes trug, war durch
sein wild gewordenes Thier fortgerissen worden. Letzteres ergriff vor dem spa=
nischen Feuer die Flucht und verschwand in den Waldungen, so daß das Geschütz
nicht in Aktion treten konnte.

Während des Gefechts im Gebüsch schossen manche der amerikanischen Truppen
so wild und unbedacht, daß sie an dem Verlust der Unseren beträchtlichen Antheil
hatten, indem sie auf ihre eigenen Landsleute im Vordertreffen schossen. Nach
Aenderung der Stellungen aber bekam man die Spanier mehr zu Gesicht, das
Terrain war nun offener, und das Feuer der Amerikaner wurde verderblicher
denn je. Es dauerte nicht lange, und der Feind gab nach, er rannte den Hügel
hinab und den nächsten hinauf zu einem Blockhause, offenbar in der Absicht, hier
einen letzten Widerstand zu leisten.

Oberst Wood stellte sich an die Spitze den Angriff zu leiten. Hier fiel Major
Brodie. Wood und Roosevelt führten die Truppen zur Verfolgung der weichen=
den Spanier an, während auf das Blockhaus ein Kugelhagel nieder prasselte,
der es den Amerikanern ermöglichte auf 600 Yards nahe zu kommen. Bald
wichen die Spanier und suchten im Gebüsch versprengt die Straße nach Santiago.
So endete das Gefecht.

Ein Reiterangriff bergauf.

Während dessen hatte ein nicht minder heißes Treffen in General Young's
Stellung stattgefunden. Das Gefecht begann genau so wie das andere, und als

die Maschinengeschütze den Tanz begannen, sandten die Spanier aus dem Gebüsch auf dem gegenüberliegenden Hügel ihre Salven. Während eine amerikanische Schwadron auf jeden Punkt, von welchem das feindliche Feuer kam, einen
Hagel von Geschossen richtete, machten zwei andre eine Attacke den Hügel hinauf.
Der Feind wich nothgedrungen, aber unter beständigem Feuer nach und nach zurück, bis er gleich der gegen die Steppenreiter kämpfenden spanischen Abtheilung
dem Blockhaus zueilte, um durch Oberst Wood's Leute auch von dort vertrieben
zu werden. — General Young behauptete später, dies sei das hartnäckigste
Treffen gewesen, das er je erlebt. Nur das schnelle und beständige Schießen
unserer Leute hatte die Spanier so rasch zum Rückzuge zu zwingen vermocht.
Young spendete seiner Mannschaft wegen ihrer Haltung das größte Lob, und
Oberst Wood sowohl wie Oberstleutnant Roosevelt waren mit der von den Wilden Reitern bestandenen Feuerprobe höchlichst zufrieden.

Als es klar ward, daß die Spanier den Kampf aufgaben, schickte man Patrouillen durch das Gebüsch und hohe Gras, die Todten und Verwundeten auf-
zulesen und sie ins Feldhospital eine halbe Meile hinter der Front zu tragen.
Dort widmete man ihnen alle mögliche Pflege und traf Vorbereitungen sie nach
Juragua zu schaffen. Die Sonne hatte während des Gefechts auf das Gefilde
nieder gebrannt, und mancher wackere Soldat war von Hitze und Durst übermannt worden. Erst später fand man nahe bei eine Quelle und versah das
Blechgeschirr mit Wasser.

Von Juragua waren Verstärkungen beordert worden; doch der Weg war
weit, sie langten erst nach Ende des Gefechts an. Auch bedurfte man großer
Nahrungsvorräthe für die Soldaten, und mußte diese aus dem Depot zu Juragua mittels Packthiere herbeischaffen, was wiederum viel Zeit in Anspruch nahm.

Verlust der Amerikaner.

Man hatte gemeint, die Truppen würden an dieser Stelle nicht mehr angegriffen werden, da die Spanier eine Wiederholung des Versuchs den Vorwärts-
marsch der Amerikaner aufzuhalten nicht noch einmal wagen würden. Vielmehr
hatte man erwartet, sie würden den letzten Widerstand in der Stadt Santiago
selbst leisten, in der sicheren Hoffnung, unter dem Beistande der Uferbatterien und
der Kanonen der Kriegsschiffe im Hafen stark genug zu sein, die Amerikaner zu-
rückzutreiben, auf die Seeküste zurückzubrängen und dann entweder sie gefangen
zu nehmen oder gänzlich von der Insel zu verjagen.

Der Tod des Rittmeisters Capron und der andern wackeren Steppenreiter
und Cavalleristen war ein schwerer Schlag. General Miles spendete Capron

hohes Lob: er sei einer der besten Offiziere im Dienste der Ver. Staaten gewesen, ein Mann, der Furcht nicht gekannt habe.

Lieutenant John R. Thomas jun., ein Chicagoer, der Schwadron L der Steppenreiter befehligte, nachdem Rittmeister Capron gefallen war, und der dann selber verwundet wurde, gab über den Kampf seiner Reiterschaar folgenden interessanten Bericht:

Telephon-Verbindung auf dem Schlachtfelde.

„Ich bedauere," sagte er, „nicht die Gelegenheit gehabt zu haben, mehr von dem Gefecht zu sehen. Doch was ich sah, war hitzig genug. —

Am 24. Juni formierten wir, Schwadron L unter Rittmeister Capron, den Vortrab zu La Guarina und ritten auf dem schmalen Pfad auf Siboney zu. Unterwegs stießen wir auf einige Leute vom 22. Regiment, die uns erzählten, der Feind wäre nahe, sie hätten ihn während der Nacht gehört. Rittmeister Capron ritt mit sechs Mann voraus und traf auf die Leiche eines Cubaners. Zehn oder fünfzehn Minuten darauf sah der Gemeine Thomas Jsbell (aus dem

Indianer Territorium) vor sich im Gebüsch einen Spanier und gab Feuer.
Dies war der erste Schuß unsererseits, der Spanier war auf der Stelle todt.
Isbell selbst empfing an jenem Tage sieben Schüsse, doch gelang es ihm noch,
unser Feldhospital volle vier Meilen hinter der Front zu Fuß zu erreichen.
Der arme Rittmeister Capron erhielt seine Todeswunde zu Anfang des Gefechtes und sprach sterbend auf dem Boden liegend: „Laßt mich hier, ich wünsche,
den Ausgang zu sehen." Er lebte noch 1¼ Stunden, nachdem ihn die Kugel
getroffen. Der nächste in Commando war ich, und ich bemerkte zunächst, daß
unsere Leute, während sie Schützenkette bildeten, nicht den richtigen Abstand von
einander nahmen. Während ich die Linie hinabging, die nöthigen Abänderungs-
befehle zu geben, sah ich wenige Schritte von mir den armen Hamilton Fish liegen, zu Tode verwundet. Meine Stimme erkennend, richtete er sich auf dem
Ellbogen empor und sagte: „Ich bin verwundet, bin verwundet." Das war
das Letzte, was ich von ihm sah. Er war ein braver und unter seinen Kameraden sehr beliebter Mann.

Sergeant Josef Klein von Schwadron L ward früh am Tage getroffen und
erhielt Befehl mit mehreren andern Verwundeten hinter die Linie zu gehen.
Auf dem Wege dahin entdeckte er auf einem Baum einen spanischen Scharfschützen, den er herunterschoß und dessen silberbeschlagenen Revolver er als will-
kommenes Beutestück an sich nahm. Diese Schützen schienen sich ein besonderes
Vergnügen daraus zu machen, auf die Verwundeten während ihres Rücktrans-
portes zu schießen, so daß mehrere unserer verwundeten Kameraden von diesen
Schützen auf der Tragbahre getödtet wurden. Die Spanier schlugen sich im
Allgemeinen passabel, doch bei einer Attacke unsererseits verließen sie die Laufgräben.

Focht noch, obwohl verwundet.

Sergeant Dillwin Bell von unserer Schwadron, ein Sohn von M. E. Bell,
Chicago, wurde in der Feuerlinie von einer explodirenden Granate schlimm verletzt und mußte hinter die Front zurück, kam aber bald wieder. Zum anderen
Male zurückbeordert, war er wenige Minuten später wieder in der Front, um
am Schießen theilzunehmen. Auch als er zum dritten Male nach hinten geschickt war, bestand er darauf, wieder in die Front zurückzukehren, und focht
wirklich bis zum Ende des Tages, trotz der schmerzhaften Wunde in seinem
Rücken. Aehnlicher Fälle gab es unter unseren Leuten viele; keiner von ihnen
verließ seinen Posten so lange er sein Gewehr handhaben konnte, bis er ohnmäch-

tig ward, oder zurücktransportirt werden mußte. Der junge Walter Sharp
von Chicago wurde todt gesagt, ist jedoch noch heute munter und am Leben. Er
ward damals nur auf kurze Zeit vermißt.

Den Obersten Theo. Roosevelt kann ich kaum genug rühmen. Jeder Zoll
Soldat, leitete er einen erfolgreichen Angriff seiner abgestiegenen Reitertruppe
gegen die feindlichen Schützengräben bei San Juan. Es war eine prächtige
Attacke, die Roosevelt's Schneid so recht darthat. Ich selbst war nicht dabei,
doch haben mir Leute, die den Obersten auf dem Hügel sahen, wiederholentlich
die Affäre beschrieben. Oberst Leonard Wood, heute Brigade-General, schritt
beim ersten Treffen furchtlos und ruhig, seine Commandos abgebend, längs der
Schießlinie auf und ab. Er zeigte absolut keine Furcht und kam, obgleich den
Kugeln immer ausgesetzt, unverletzt davon.

Major Mitchell, ein Schauspieler und zur Schwadron K der Wilden Reiter
gehörig, ward, gerade bevor der berühmte Angriff auf dem San Juan-Hügel
stattfand, während des Artillerie-Gefechts verwundet. Ein Granatensplitter
traf seine Schulter, als er am Boden lag, pflügte sich einen Weg herum zu den
Rippen und saß endlich in der rechten Brustseite fest.

Mußte den Hügel hinab.

„Gerade wollte ich mich aufrichten", so erzählte Mitchell, „als die Granate
mich traf, und noch zwei Mann. Sie riß mich über den Haufen und den Hügel
hinab, bis ich auf einen anderen Reiter, einen früheren New Yorker Polizisten,
rollte. Auch er war verwundet, und wir lagen dort, bis ein anderer Mann von
meiner Schwadron, ein gewisser Van Schack aus New York, herabkam. Er
netzte sein Taschentuch in seinem Zinngeschirr und wusch meine Wunden; dann
hob man mich auf und brachte mich in's Feldhospital, von wo ich später nach
Key West transportirt wurde. Oberst Roosevelt bewies sichtlichen Muth,
immer war er voran, seine Leute anfeuernd und beständig dem spanischen Feuer
ausgesetzt."

General Wheeler, Commandeur der Ver. Staaten-Kavallerie auf Cuba,
sandte an General-Major Shafter folgenden officiellen Bericht:

„Mein Herr, ich habe die Ehre Ihnen zu melden, daß ich in Uebereinstimmung mit den mir in Person am 23. Juni gegebenen Instructionen des commandirenden General-Majors auf Siboney (Juraguasito) vorgerückt bin. Der
Feind hatte den Platz bei Tagesanbruch geräumt und sich nach Sevilla gewandt.
Eine Abtheilung von ungefähr 100 Cubanern war ihm gefolgt und hatte sich

mit der Nachhut des Feindes in ein Gefecht eingelassen, in welchem dieser neun Verwundete verlor.

Ich ritt hinaus zur Front und fand, der Feind hatte Halt gemacht und sich an einer von Siboney 3 Meilen entfernten Stelle festgesetzt. Gegen Nacht kehr= ten die Cubaner zurück. Um 8 Uhr Nachts, den 23. Juni, langte General Young mit acht Schwadronen von Oberst Wood's Regiment und Schwadronen der regulären Reiterei zu Siboney an, im Ganzen 964 Mann, welche nahezu mein ganzes Commando ausmachte, an, das von Baiquiri 11 Meilen hierher marschirt war.

Mit Hülfe des Generals Castillo war eine rohe Landkarte hergestellt und die feindliche Position klar gelegt. Ich beschloß darauf, am Morgen des 24. zum Angriff zu schreiten. Wood's Regiment wurde von General Young, den zwei seiner Stabsoffiziere, die Lieutenants Rivers und Smedburg, begleiteten, mit dem Befehl ausgeschickt, sich dem Feinde auf dem linksseitigen oder westlichen Wege zu nähern, während General Young, ich selbst und etwa 50 des ersten und zehnten Cavallerie=Regiments mit drei Hotchkiß=Berggeschützen auf der Land= straße nach Sevilla vorrückten.

General Young und ich recognoscirten die feindliche Position; wir zogen un= sere Linien auseinander, und ich befahl ihm, das Feuer mit den Hotchkiß=Kano= nen zu eröffnen. Der Feind antwortete, sogleich ward das Schießen allgemein. Oberst Wood hatte seine rechte Flanke auseinander gezogen, so daß er fast die Linke der Regulären berührte.

Der Feind auf dem Rückzuge.

Eine Stunde lang war das Gefecht hitzig, da der Feind mit Munition durch= aus nicht sparte und meist Salvenfeuer abgab. Endlich wichen die Spanier und traten schleunigst den Rückzug an, während wir uns an ihre Fersen hefteten. Doch unsere Leute waren durch Anstrengung und Hitze körperlich so erschöpft, daß sie unfähig waren, die Verfolgung fortzusetzen.

Nicht genug kann ich das wackere und ausgezeichnete Verhalten der Offiziere und Mannschaften unter meinem Commando rühmen. Spezielle Anerkennung verdient General Young wegen seiner ruhigen, überlegten und geschickten Lei= tung. Desgleichen bemerkte ich besonders die Haltung seines dienstthuenden General=Adjutanten, Lieutenant A. L. Mills, der unter General Young's Au= leitung an den verschiedenen Punkten der Gefechtslinie mit großer Energie und viel kaltem Blute seine Maßregeln traf.

Die zwingende Nothwendigkeit, die Truppenlandung zu beschleunigen, hatte mich veranlaßt, den größten Theil meines Stabes zurückzulassen, um diese wichtige Angelegenheit zu beschleunigen; und so hatte ich denn unglücklicherweise nur den Major W. D. Beach und einen Freiwilligen, Mr. Mestro, bei mir, die Beide anerkennungswerth und wacker ihre Pflichten erfüllten. Besonders bin ich dem Major Beach wegen seines gesunden und ruhigen Urtheils verpflichtet.

Oberst Wood's Regiment stand auf der äußersten linken Flanke und war zu weit entfernt von meinem Standpunkt, als daß ich persönlich die Haltung von Offizieren und Leuten hätte beobachten können. Doch die von dem Regiment unter Oberst Wood's Anführung bewiesene Tapferkeit legt für seinen Muth und seine Fähigkeit Zeugniß ab, sowie für die Energie und Schneidigkeit seiner Offiziere, die übrigens seit seinem an mich nach Tampa gerichteten Bericht bekannt waren. Ich habe hinreichend Beweise für sein tapferes und gutes Verhalten im Felde und empfehle ihn daher der Regierung zur weiteren Beachtung. Ich muß mich, um seinen Offizieren und Mannschaften Gerechtigkeit widerfahren zu lassen, auf seinen Bericht verlassen. Persönlich wünsche ich noch hinzuzufügen, daß alles was ich betreffs Oberst Wood gesagt habe, sich in gleichem Maße auf Oberst Roosevelt bezieht.

Tapfere Haltung der Truppen.

Ich stand in unmittelbarer Nähe der Schwadronen vom ersten und zehnten regulären Cavallerieregiment, die zu Fuß fochten, und bemerkte persönlich ihre gute und wackere Aufführung, der General Young in seinem Bericht besonders Erwähnung thun wird. Ich persönlich beobachtete die treffliche Haltung der Rittmeister W. H. Bock, Robert P. Wainwright und Jacob G. Galbraith, des Majors James M. Bell, des Rittmeisters Thomas T. Know und des Lieutenants George E. Brown. Die letzten drei wurden verwundet; Major Bell, mit zerschmettertem Bein am Boden, sagte: „Ich bedaure nur eins, nicht mit Euch weiter zu können."

Rittmeister Know führte, obwohl ernstlich verletzt, sein Commando weiter, so lange es anging, und beharrte mir gegenüber darauf, er sei gar nicht schlimm verwundet; auch Lieutenant Brown schätzte mir gegenüber seine Verwundung gering und harrte in der Gefechtslinie aus, bis er ohnmächtig wurde. Ich empfehle diese Offiziere der Regierung zu günstiger Beachtung.

Die Größe der spanischen Streitkräfte mit denen wir zu thun hatten, kann ich genau nicht angeben, ebenso wenig ihre Verluste an Todten. Doch ist sicher, daß der Feind uns an Zahl überlegen war, und nach den mir zugegangenen Nachrichten übertrifft sein Verlust an Verwundeten und Todten den unserer Truppen ganz bedeutend. Indeß unsere Abschätzung kann erst dann Glaubwürdigkeit erlangen, wenn wir Einblick in die Berichte der spanischen Commandeure gewonnen haben werden.

Das Gefecht hat den Muth unserer Truppen gehoben, und muß auf die Stimmung der spanischen Soldaten üble Wirkung gehabt haben. Ferner kamen wir durch dies Gefecht in Besitz eines schönen und gutbewässerten Landstriches, in welchem sich nunmehr unsere Lagerplätze befinden, Und endlich haben wir jetzt eine unbeschränkte Aussicht über Santiago und Umgegend, sowie Gelegenheit, die Befestigungen dieses Platzes genau zu rekognoszieren.

Mit vorzüglicher Hochachtung

Joseph Wheeler,

Commandirender General-Major der Ver. Staaten Freiwilligen."

Shafter's Marsch auf Santiago.

Die durch unsere Reiterei den Spaniern beigebrachte Niederlage machte Gen. Shafter's Commando den Weg nach der Stadt Santiago frei. Am 27. Juni rastete die amerikanische Vorhut an einem Flüßchen angesichts der Stadt Santiago, die 4½ Meilen westwärts lag. Der Ausblick hier war dräuend, jedermann ahnte, daß ein entscheidendes Gefecht nahe sei; der Zusammenstoß konnte jeden Augenblick erfolgen, da die beiderseitigen Vorposten fast nahe genug aneinander standen, um das Weiße im Auge zu erkennen.

Die Spitze jedes Hügels und Berges nördlich und östlich von Santiago war mit einem Blockhause gekrönt, von wo aus die Spanier die Bewegungen der amerikanischen Armee beobachten konnten, die augenblicklich über Sabanilla hinaus vorrückte. Oestlich von der Stadt durchschnitten Gräben und Schanzen jeden Hügel und jede noch so geringe Bodenerhebung.

Ein Correspondent zählte von einer Höhe zur Rechten der amerikanischen Linie 34 solcher Verschanzungen, die jeden Zugang zu der Stadt völlig abschnitten. Die Gräben waren je nach der Bodenbildung angelegt und an Stellen, die das Graben nicht zuließen, griffen die Enden zweier Gräben übereinander und gaben so verhältnißmäßig sicheren Schutz gegen Gewehrfeuer, sollten auch die Verschanzungen hie und da genommen worden sein. Auf einem dieser Erdwerke waren moderne Geschütze aufgepflanzt, die mit bloßem Auge deutlich zu sehen waren.

Späher brachten die Nachricht, daß innerhalb der Verschanzungen 4 parallele, schultertiefe Schützengräben liefen, vorn durch mehrere Reihen Stacheldrahtzäune geschützt. Keiner der Offiziere, die das Gefilde inspizirten, über welches die Amerikaner vorgehen mußten, unterschätzte die ihnen bevorstehende Aufgabe, wenngleich unsre Soldaten immer noch eine höchst geringe Meinung über ihre Gegner hegten.

Die allgemeine Ansicht ging dahin, man bedürfe stärkerer Artilleriekräfte, bevor es gerathen wäre, die spanischen Werke anzugreifen, weil das Feuer aus den Schützengräben zu verderblich werden und genügen mußte, jede Truppe von noch so hervorragendem Muthe, sobald sie durch Drahtverzaunung aufgehalten würde, zu demoralisiren. Einige Offiziere meinten, man müsse Santiago durch eine reguläre Belagerung einschließen und mit Trancheen sich der Stadt nähern, bis leichte Artillerie die Schützengräben mit Shrapnels beschießen könne.

Der Weg, über welchen die Artillerie gebracht werden mußte, war dicht mit Unterholz überwachsen. Alle 3 Fuß war eine künstliche Baumhecke, und die Straße zum Vorrathsdepot war in ähnlichem Zustande. Allerdings hatte man inen Flankenangriff kaum zu befürchten, da General Linares offenbar sich in strikter Defensive hielt. Die Mißerfolge der spanischen Truppen bei Holguin, Manzanillo und Guantanamo, die mit ihm eine Verbindung herzustellen suchten, machten den spanischen Befehlshaber so schwach, daß es Wahnsinn gewesen wäre seinerseits die Offensive zu ergreifen oder auch den Rückzug anzutreten.

XXIV. Kapitel.

Wie die Höhen von San Juan genommen wurden.

Jn den meisten großen Schlachten ist der Einblick in die Vorgänge um so weniger allgemein, je näher man der Front ist. Die Natur des Schlacht-feldes von San Juan ist eine Illustration dieser Thatsache. Die Feinde steckten hinter grünen, maskirten Brustwehren auf dem östlichen Rande des Pla-teaus, und die Angreifer mußten ihre Verstecke hauptsächlich durch den Schall der Salven placiren. Sogar von dem Gipfel des Hügels in unserem linken Centrum, auf welchem Grimes' Batterie postirt war, und von welchem aus man eine gute, allgemeine Ansicht der ganzen Gegend, von der äußersten Linken bis zu dem steinernen, Caney beherrschenden Fort, hatte, war es nicht leicht, mehr als einen geringen Theil der spanischen Gefechtslinie zu erkennen.

Mörderisches Feuer der versteckten Spanier.

Unsere Leute avancirten westlich vom San Juan Fluß längs eines dicht ver-schlungenen Buschholzes, aus welchem verstecte Spanier ein stetiges und mörde-risches Feuer unterhielten. Einige Regimenter erlitten hier fast alle ihre Verluste, noch ehe sie deployirt hatten.

Der Tagesbefehl General Shafter's, welcher die Schlacht herbeiführte, war sehr vorsichtig gehalten. „Dringt vor," sagte er zu den Generälen Wheeler und Kent, „und nehmt die wichtige Position in unserer Front, wenn dies geht, ohne ein allgemeines Gefecht nach sich zu ziehen." — Aber die Begeisterung der Leute und Offiziere war eine solche, daß sie, einmal losgelassen, nicht zu halten waren, bis sie den Feind von dem Kamm gegenüber verjagt hatten. Der Generalmajor selber hätte sie nicht zügeln können. Das freigebigste Lob gebührt ihrem Eifer im Angriff und ihrer Ausdauer in der Vertheidigung der gewonnenen Position.

Erst als die stramme, blau=braune Linie der amerikanischen Truppen die Spanier aus ihren tiefen Schanzgräben herauswarf und selbst die dominirende Stellung einnahm, enthüllte sich das Panorama des Gefechts den Augen derer, die es von Grimes' Hill aus beobachteten, wo die Granaten der spanischen rauch-losen Batterien stundenlang mit größeren und kleineren Pausen eingeschlagen hatten. Den Augenblick, wo das erste Commando „Vorwärts" erschollen war, war auch die Sonne aus einem dichten Dunstvorhang mit intensiver Hitze hervor-gebrochen. Jetzt war der Dunst verzogen, aber die große Feuchtigkeit in der Luft verlieh allen Farben in der Landschaft einen lebhafteren Glanz.

Nordöstlich, in einer Entfernung von fünf oder sechs Meilen, ließ sich das an=
haltende Feuer der Artillerie Lawton's fast ebenso deutlich verfolgen, wie die
Curven eines Balles von der Zuschauerbühne. Zuerst der weiße Rauchknäuel
des Schießpulvers, dann nach vielen, vielen Secunden der dumpfe, kurze Knall,
dann, durch das Fernglas, um die alte Kirche herum, welche in ein Blockhaus
verwandelt war, nahe dem oberen Ende der Stadt, oder auch auf den Wallgän=
gen des „steinernen Forts" oberhalb, große Massen von Erde und Staub, welche
in die Luft wirbelten, als Beweis, daß das Geschoß eingeschlagen hatte und
explodirt war.

Die feindliche Stellung sehr stark.

Aber der Dunst blieb immer noch über den niederen Vorhügeln hängen, und
es war schwierig, die Linie unserer Infanterie festzustellen. Dieselbe befand sich
natürlich viel weiter nach vorne als die Artillerie. Das stetige Piff Paff der
letzteren, mit den immer schwächer werdenden Gegensalven der Spanier, war
jedoch ermuthigend genug, da es sowohl die Gelassenheit und Ruhe unserer Ka=
noniere, als eine unabläßige Vorwärtsbewegung bezeugte. Auf dem rechten
Flügel dauerte der Kampf den ganzen ersten Tag mit größerer Heftigkeit fort
als auf dem linken Flügel. Dort wurde es klar, daß der Feind sich hauptsäch=
lich auf seine starke Stellung verließ, und daß unsere Generäle diesen Factor be=
deutend unterschätzt hatten.

Nachdem die feindliche Stellung in unseren unbestrittenen Besitz gelangt war,
erschien es als ein Wunder, daß wir dieselbe hatten einnehmen können. Jeder=
mann war fest überzeugt, daß in solcher Stellung, mit solchen Verschanzungen,
keine Armee der Welt, uns an Zahl gleich, uns hätte vertreiben können, es sei
denn, daß sie eine ganz überlegene Artillerie gehabt hätte.

Eine der auffälligsten Thatsachen in dem Feldzug ist unsere ungenügende Aus=
rüstung mit Feldgeschützen. Aber selbst wenn wir dreimal so viel Feldgeschütze
gehabt hätten, so bliebe doch die Thatsache bestehen, daß wir bei der Schätzung
der Kampffähigkeit der Spanier und des Werthes ihrer Vertheidigungsarbeiten
in einem absurden Irrthum befangen waren.

Unsere Truppen einem Angriff ausgesetzt.

Während der drei oder vier Tage, wo unser Heer am Sevilla=Arm des San
Juan bivouakirte, redeten die Offiziere allgemein davon, daß ein Feind mit dem
geringsten Unternehmungsgeist uns dort angreifen und großen Schaden zufügen

könnte, ja vielleicht uns zur Flucht nöthigen, so vollgepfropft sei unser Lager, und so unvollkommen unsere Formation. Ein hoher Hügelrücken westlich von unse= rem Centrum, welcher nur unvollkommen mit Posten besetzt war, hätte dem Feinde eine unsere Aufstellung völlig beherrschende Position geboten. Aber nicht einmal eine Demonstration gegen uns wurde gemacht. Erst als man annehmen zu müssen glaubte, daß die Spanier bei Caney neue und gewaltigere Verschanzungen errichteten, welche unseren rechten Flügel bedrohen möchten, entschloß sich General Shafter, keine Zeit mehr zu verlieren.

Der Grund für die spanische Vernachlässigung ihrer Chancen und für den schwachen Widerstand, den sie uns bei Sevilla entgegensetzten, ist nicht länger ein Räthsel. Sie hatten den Schauplatz ihres Entscheidungskampfes gewählt und wollten nur dort sich schlagen. Ihr Vertrauen in die Stärke ihrer Stellung bei San Juan war auch völlig gerechtfertigt. Vor Allem konnte die natürliche Be= schaffenheit des Geländes sich kaum besser für einen Vertheidigungskrieg eignen. Die Wildniß in Virginien bot dem eindringenden Nordheer kaum größere Schwierigkeiten, als hier das San Juan Thal der Armee Shafter's. Der größere Theil desselben ist mit jungem Nachwuchs dicht bedeckt, mit dornigen Ranken durchzogen, oder mit natürlichen Verhauen von Cactus, Palmetto und Dornbüschen besäet. Die Wege waren kaum mehr als halb verwachsene Pfade, von denen jeder einzelne hundert Gelegenheiten zu einem Hinterhalt bot.

Man kann sich vorstellen, welche Aufgabe es war, eine Schlachtlinie im rechten Winkel zu einem solchen Pfade zu deployiren. Am Freitag, den 1. Juli, gerieth General Wheeler's Regiment beim Versuch, durch das Gestrüpp vorwärts zu dringen, in ernstliche Unordnung; es war einfach unmöglich, grabeaus zu gehen und Distanz zu halten. Als Capitän Morton, welcher ein Bataillon der dritten Kavallerie führte, schließlich die offene Fläche erreichte, über welche der letzte Sprung vorwärts gegen den rechten Flügel der San Juan Position gemacht wurde, fand er sich umgeben von Leuten dreier verschiedener Regimenter. Aber er zögerte nicht. Es war kaum der Moment zum Zögern. Mauserkugeln und Kartätschen pfiffen in Schwärmen durch die Luft und rechts und links fielen die Leute.

Unerschrockener Angriff.

Morton hieß Alle in Linie stellen, und als Major Wessels, der Commandant der dritten, den Befehl „Vorwärts" gab, führte er seine Leute schräge hinter dem ersten Bataillon unter Major Jackson weg, und nahm eiligst die am weitesten vorgeschobene Position auf dem rechten Flügel ein und trieb von dort aus die

Spanier aus einer Hacienda heraus und zurück auf eine Battirie unter den Mauern der Kasernen von Sau Juan.

Hier hielt er sich lange gegen eine Uebermacht, bis er Verstärkung erhielt.

Hätte er gewartet und erst seine eigenen Leute gesammelt, so wäre seine Bewe= gung höchst wahrscheinlich weniger erfolgreich gewesen, denn jeder Verzug bedeu= tete schwere Verluste.

Die spanische Linie, schon von Natur sehr stark, war noch künstlich verstärkt und zwar, nach dem einstimmigen Urtheil unserer Offiziere, mit größtem Ge= schick. Die Spanier hatten die natürliche Bodenbeschaffenheit auf's Beste ausge= nutzt: jeder befestigte Punkt bestrich einen anderen. An manchen Orten geriethen unsere Truppen bei der Einnahme einer Schanze unter ein Kreuzfeuer, sowohl von Infanterie= wie von Artilleriefeuer.

Das lächerliche Selbstvertrauen unserer Generäle erhielt einen starken Stoß, während die Soldaten einen weit höheren Grad von Tapferkeit an den Tag legten, als man von ihnen erwarten zu können glaubte. Vernachlässigung der ersten militärischen Grundsätze charakterisirte die Leitung des Feldzuges bis zum Beginn des Kampfes am 1. Juli in vieler Beziehung. Sogar an diesem Tage schienen noch wenige der Generäle es für angebracht zu halten, sich ihren Solda‧ ten in der Front zu zeigen, oder die Lage mit eigenen Augen zu studieren. Es war eine lange Zeit nach dem Beginn der Schlacht, als ein Offizier dem General Sumner dazu gratulierte, daß er der erste General in der Feuerlinie sei. Später kam dann General Wheeler, der vom Krankenbett aufgestanden war, und blieb in der Front, als erhebendes Beispiel für Alle, welche von seiner Gegenwart Kenntniß hatten.

Dreiundfünfzig von Fünfundsiebzig getödtet.

Auf dem Gipfel eines Hügels stand ein Blockhaus. Der Weg lief gerade auf dasselbe zu, und dann vorbei nach der Stadt. Es diente als Schutz für die Stadt und konnte nicht umgangen werden. Es war von sechzig wohlbewaffne‧ ten Soldaten besetzt. Capitän Ducat stürmte dies Blockhaus mit einer Abthei‧ lung von fünfundsiebzig Mann von dem 24. Infanterie=Regiment, und dreiund‧ fünfzig davon fielen. Unter stetem Feuer erklommen sie den Hügel, entgegen einem Hagel von Geschossen. Die Spanier ergriff ein Schrecken vor Männern, welche sich durch ein solches Feuer nicht aufhalten ließen, und als die wenigen Ueberlebenden oben ankamen, flohen sie. Weder Capitän Ducat noch Lieutenant Lyon erreichte das Blockhaus, aber ihr Fall verlangsamte den Angriff keinen

Augenblick. Die Geschichte dürfte kaum ein Beispiel größeren Heldenmuthes aufweisen.

„Es war fürchterlich", sagte ein Offizier, der dabei war. „Offiziere, welche den ganzen Bürgerkrieg mitgemacht haben und ein halbes Dutzend Indianer= Kriege, sagten, sie hätten niemals so etwas gesehen. Die Spanier auf diesem Hügel waren wohl verschanzt und sie wagten auch zu treffen.

„Wir mußten acht Reihen Stachelbraht zerhauen, ehe wir an den Feind ge= langen konnten. Die Drähte waren so dicht aneinander, daß man kaum die Finger dazwischen kriegen konnte. Stellenweise waren die Drähte zu Kabeln zusammengedreht, so daß unsere Drahtschneidemesser fast nutzlos waren. Wir wollten die Cubaner vorschicken, diese Verhane zu durchschneiden, aber sie dankten schön. Wir stürmten den Hügel hinauf, abwechselnd schießend und Drahtzäune zerschneidend, und gegen ein wüthendes Feuer. Wer je in einem schweren Ha= gelsturm war, kann sich einen Begriff machen.

Unsere Braven niedergemäht.

„Der Hügel stieg unter einem Winkel von 45 Grad an, 500 Yards weit. Die Spanier oben hatten Schießgräben und Artillerie und überschütteten uns mit Kartätschen, Vollkugeln und Mauser=Bohnen. Die Dreizehner hatten das Schlimmste zu bestehen. Wir waren Reguläre und wurden vorangeschickt. Wir wurden niedergemäht.

„,Feuer!' und ,Vorwärts!' — ,Feuer!' und ,Vorwärts!' — hieß es in regel= mäßigem Wechsel, wie ein Uhrwerk, und die Spanier lernten was ,Schnellfeuer' heißt. Sie erklärten später, sie hätten nie etwas Aehnliches gesehen. Wir er= stürmten den Hügel und warfen den Feind in sehr kurzer Zeit, aber in der kurzen Zeit verloren wir entsetzlich viele Leute.

„Ich sah Oberst Worth, als er einen Schuß erhielt. Er fiel nicht. Der Säbel fiel ihm aus der rechten Hand, aber er raffte ihn mit der Linken auf, schwang ihn in die Luft und ermuthigte seine Leute zum Vordringen. Später schwächte ihn der Blutverlust so sehr, daß er nach hinten gesandt wurde.

„Eine Granate fiel gerade hinter mir nieder und explodirte. Ein Spreng= stück fuhr gegen meinen Patronengürtel und schmetterte die Patronen gegen mein Rückgrat. Mir war, als erhielte ich einen elektrischen Schlag und ich fiel auf's Gesicht. Ich lag eine Weile besinnungslos. Als ich zu mir kam, fand ich, daß wir die Spanier vertrieben hatten und sie jetzt den Hügel hinabjagten. Wir wurden in einem Wagen acht Meilen über einen sehr rauhen Weg nach Siboney gebracht, wo der Oberst sich verbinden und seinen Arm einrichten ließ."

Wir lassen hier eine sehr anschauliche Beschreibung des blutigen Gefechtes folgen, welche ein Kriegs=Correspondent auf dem Schlachtfelde schrieb: „Vor Santiago, den 2. Juli. — Der erste Juli wird in der Geschichte der Vereinigten Staaten berühmt werden. Die Vertreter der großen Nationen waren anwesend, sie sahen die erste große Landschlacht des Krieges mit an, und ihr Urtheil war einstimmig. Die Kritik mag an der Taktik unserer Generäle etwas auszusetzen haben; die Bravour unserer Truppen steht für alle Zeiten fest.

Die Feuertaufe.

„Als die Kavalleristen der ersten Brigade unter dem heißesten Feuer, dem Truppen je die Stirne boten, hervorbrachen und die erste Linie der spanischen Schießgräben erstürmten, erklärte der britische Marine=Attache, der in manchen großen Kämpfen gewesen, daß er einen so tollkühnen Angriff nie gesehen habe. Deutsche, französische, russische und japanesische Kritiker waren erstaunt. Ange= sichts solcher glänzenden Leistungen schwieg die Stimme der Sachverständigen; sogar Lob schien überflüssig.

„Als wir gestern Morgen das Lager eiligst verließen, hatte niemand, auch die Stabsoffiziere nicht, eine Ahnung von dem bevorstehenden Kampfe. Die Best= unterrichteten unter uns hatten den Eindruck, daß unsere Stellung vor der Stadt endgültig etabliert werden sollte, daß unsere Geschütze aufgepflanzt und vielleicht das Artillerie=Duell begonnen werden solle.

„Das Thal, längs dessen das Heer sich fortbewegt hatte, seitdem die Höhen von Sevilla genommen waren, wird drei englische Meilen vor Santiago bedeu= tend breiter. Der Hauptweg windet sich im Thalgrund entlang, von schönen Bäumen beschattet und zwischen dichtem Unterholz dahinlaufend, bis der breite Wiesengrund erreicht ist, welcher unmittelbar unter dem Hügelrücken liegt, auf dem die Spanier ihre äußerste Linie von Verschanzungen errichtet hatten. Mitten auf diesem Hügelrücken ist die Hauptredoute von San Juan, 1,000 Yards von der Stadt. In der halben Entfernung der Redoute war auf unserer linken Flanke ein Ausläufer der Hügelkette, eben jenseits der Zuckerfabrik von El Poso.

„Auf diesem Ausläufer nun sollte unsere Feld=Artillerie innerhalb 2,500 Yards von den spanischen Linien Stellung nehmen. Auf unserem rechten Flü= gel, zwei Meilen nördlich von El Poso, lag das Dorf Caney, gestern Morgen noch angefüllt mit den feindlichen Schützen. Nach unseren bisherigen Erfahrun= gen konnten wir an diesem Punkte keinen ernstlichen Widerstand erwarten. Na=

türlich würden hier, so dachten wir, die Spanier uns das Feld überlassen, wie sie es in Baiquiri, Juragua und Sevilla gethan hatten.

„Der Plan für unsere Vorwärtsbewegung war demgemäß äußerst einfach. Lawton's Division sollte auf dem rechten Flügel vorgehen, mit einer Batterie unter Capitän Capron, und auf dem Wege Caney nehmen.

General William R. Shafter.

„Die Kavallerie-Division unter Wheeler wurde im Centrum auf dem Haupt= wege vorgeschickt, gedeckt von Grimes' Batterie, auf den Ausläufer bei El Poso. Kent's Division hielt den linken Flügel, auf dem hohen Boden zwischen dem Wege und der See, mit dem Befehl, an dem Angriff zuletzt theilzunehmen und die Hauptstellung der spanischen Position bei San Juan zu flankiren.

„Dieser Plan war ja recht hübsch, nur hatte er ein Loch.   Er ließ die Mög= lichkeit eines energischen Widerstandes bei Caney außer Acht.

Der Angriff entwickelte sich mit erstaunlicher Schnelligkeit im Centrum und auf dem linken Flügel, während Lawton's Division bei Caney zurückblieb, so daß unsere rechte Flanke ungedeckt war, und während des größten Theiles des Tages eine einzige Batterie unseren Vormarsch deckte.

Was wir Zuschauer sahen.

„Gestern Morgen um 5 Uhr war El Poso der Schauplatz großer Thätigkeit. Dicht hinter dem Ausläufer im Hofe der Zuckerfabrik stand die Kavallerie und die Cubaner. Die Kanonen waren kaum 100 Yards von uns entfernt. Die kleinen Dinger wurden von Pferden die steile Anhöhe hinaufgeschleppt. Die Dynamit-Kanone der Wilden Reiter zeigte ihren langen Lauf.

„Die Wilden Reiter besprachen die Situation in aller Ruhe, während die Cubaner noch aßen. Die Letzteren hatten nichts anderes gethan seit die City of Texas Juragua erreicht hatte, und folglich waren sie noch langsamer und fauler als gewöhnlich. Gegen 6 Uhr endlich machten sie sich in die Schlachtlinie hinein und marschirten den Thalweg hinab, um bald in dem dichten Buschholz zu ver-schwinden.

„Wir Zuschauer kletterten inzwischen auf den Ausläufer hinauf um die ersten Operationen mit anzusehen. Die Aussicht war herrlich da oben. Wie die Sonne höher stieg verzogen sich die schweren Dunstmassen allmählich, und die Stadt Santiago hob sich auffallend klar vom Hintergrunde ab, anscheinend nur eine Meile entfernt. Die Artilleristen riethen uns, uns zu verbergen, damit unsere Anwesenheit nicht dem Feinde unsere Stellung verriethe und ihm Gelegen-heit gebe, uns zu beschießen, ehe unsere Geschütze noch aufgestellt seien. Glück-licherweise gewährte uns ein kleiner Baum zur äußersten Rechten der Höhe das gewünschte Versteck. Dort warteten wir geduldig und beobachteten die Kaval-lerie-Division, welche sich eben in Bataillonen formirte um das Thal hinabzu-ziehen.

Um 6:40 krachte plötzlich eine 3-zöllige Kanone auf den Hügeln im fernen Norden. Capron nahm Rache für den Tod seines Sohnes, welcher im ersten Scharmützel vor einigen Tagen gefallen war. Bald darauf verkündete entferntes Kleingewehrfeuer aus der Richtung des Dorfes uns an, daß auch Chaffee und Lawton die Schußlinie erreicht hatten. Das Gefecht hatte seinen Anfang ge-nommen und wir erwarteten gespannt unseren Antheil an dem Spaß.

Der erste Schuß unserer Batterie.

¡ Lange brauchten wir nicht zu warten. Binnen einer Stunde wurde der erste Schuß von Grimes' Batterie gegen das rothe Blockhaus der San Juan Redonte abgegeben. Man hatte auf 2,800 Yard visirt, kam aber fast sofort auf 2,500 herunter.

„Der erste Schuß enthüllte natürlich dem Feinde unsere Position. Wir zogen uns also schleunigst einige hundert Yards weiter nach links. Möglicherweise blendete die aufsteigende Sonne die Spanier, wenigstens gelangten wir in Sicherheit ehe die erste Antwort kam. Auch an unserem neuen Versteck hatten wir ein herrliches Panorama. Mit unbewaffnetem Auge konnten wir jeden einzelnen Schießgraben der Feinde erkennen. Die ganze Redoute war gerade vor uns, und im Norden konnten wir ziemlich gut die fortschreitenden Vorgänge bei Caney, zwei Meilen entfernt beobachten.

„Ein großer Baum gab uns Schatten, und wir saßen wie in der königlichen Loge bei einer Gala-Vorstellung. Die fremden Herren Attaché's waren bei uns, und gaben ihre Ansichten zum besten, und wir waren nahe genug, um das Platzen der Granaten zu genießen und zwar in vollkommener Sicherheit, denn die Spanier kannten die Position unserer Batterie genau und verschwendeten keine Munition durch Vorbeischießen rechts oder links.

„Die erste Antwort kam mit einem häßlichen Zischen und die Explosion der Granate klang wie wenn eine Saite einer Riesen-Violine zerrisse. Die Spanier zielten gut; zwei Mann wurden getödtet und fünf verwundet in der Batterie binnen wenigen Minuten. Ihre Geschosse flogen etwas hoch und manche davon fielen in die Zuckerfabrik hinter uns, wo die Kavallerie noch stand und wo das Lazareth aufgeschlagen war. Glücklicherweise kamen die Wilden Reiter mit drei Verwundeten und einigen unbrauchbar gewordenen Pferden davon.

Vortheil des rauchlosen Pulvers.

„Die Spanier warfen 2½-zöllige Kartätschenbomben, da sie aber rauchloses Pulver hatten und wir nicht, so waren sie im Vortheil. Es war den ganzen Tag über unmöglich die Stellung ihrer Geschütze genau zu bestimmen, während die unserige nur zu klar zu erkennen war. Das Duell dauerte gerade eine Stunde, dann schwiegen beide Theile eine Zeit lang, indem die Spanier unserem Beispiele zu folgen schienen. Die Initiative nahmen sie nicht.

„Während dieser Zeit hatte sich unsere Kavallerie langsam das Thal entlang bewegt und war unseren Blicken entschwunden, gefolgt und zuweilen geführt von dem Ballon, welcher als Auslug diente. Um Caney herum ging es heiß her. Capron's Batterie feuerte mit außerordentlicher Schnelligkeit, aber die Spanier hielten entschlossen Stand. Zwei Stunden lang knatterte das Infanteriefeuer unaufhörlich, und allmählich wurde die Stellung der Spanier durch den leichten Dunst, den jedes „rauchlose" Pulver doch abgiebt, erkennbar. Chaffee hatte sie auf der rechten Flanke umfaßt, während die Division Bates links von Cancy vorgedrungen war und nun gerade zwischen uns und den steinernen Gebäuden sich befand, bei welchen die Spanier den letzten Widerstand leisteten, am Ende der Stadt.

„Dieser energische Widerstand kam ganz unerwartet, aber bald wurde unsere Aufmerksamkeit abgelenkt. Um 11 Uhr 15 Minuten wurde plötzlich ein heißes Feuer auf die Spitze unserer Linie unten im Thal eröffnet. Zuerst schossen sie alle auf den Ballon, welcher unseren Vormarsch markirte. Er kam schnell genug herab; hatte er doch seinen Zweck erfüllt.

„Jeder Fuß des Weges war den Spaniern bekannt, und sie unterhielten ein mörderisches Salvenfeuer auf die unglückliche Kavallerie-Brigade, welche gehofft hatte den Rand des Wiesengrundes zu erreichen und ihren Lauf über denselben zu beginnen, ehe ihre Gegenwart den Feinden bekannt geworden sei. Auch die Artillerie der Spanier begann unsere avancirende Colonne zu beschießen und in den schmalen Streifen Gehölz waren die ersten Wirkungen schrecklich.

Ein Thal des Todes.

„Von unserem Hügel konnten wir diese Wirkung nicht erkennen, aber es war uns klar, daß unter den Bäumen und Büschen dort unten viele, viele getödtet und verwundet sein mußten. Die Batterie Grimes eröffnete ihr Feuer wieder, um das Artilleriefeuer der Feinde auf sich zu ziehen und mit ziemlichem Erfolg. Auch hatten wir keine weiteren Verluste, denn die Spanier feuerten just ein bißchen zu hoch, sodaß ihre Bomben in die Zuckerfabrik fielen, hinter welcher jetzt aber unsere Truppen nicht mehr standen.

„Andererseits schien aber auch unsere Batterie dem Feinde wenig Schaden zu thun. Der dritte Schuß traf das rothe Blockhaus in der Redoute, aber die feindlichen Schützen unterbrachen ihr Feuer keinen Augenblick. Hie und da wenn eine unserer Bomben einschlug, wurde die nächste Salve wohl etwas unregelmäßig aber gewöhnlich folgte auf jede Bombe eine scharfe Salve, ein Beweis daß die Spanier gute Führung hatten.

„In der That war ihre Disciplin so gut wie unsere. Ihre Offiziere hatten sie gut im Zuge. Wir sahen sie hinter den Schießgräben einhergehen, während sie das Feuer dirigirten, und zwar mit der größten Gelassenheit, obgleich unsere Bomben rund umher platzten.

„Plötzlich wurde eine dünne Linie von Männern im hellen Grün der Wiese sichtbar, rechts vom Wege und nahe dem Rande des Waldes bei San Juan. Wir waren erstaunt. Es schien kaum möglich, daß unsere Leute in einem so tödtlichen Hagel von Kugeln und Bomben so weit vorgedrungen seien. Aber die dunkelblauen Hemden der amerikanischen Soldaten waren nicht zu verkennen. Wir erkannten erst jetzt, daß unsere Soldaten den Höhenzug von San Juan an- zugreifen vorhatten. Ehe wir uns noch von unserem Erstaunen erholt hatten, hatte die dünne Linie den letzten Gürtel des Holzes passirt und den Fluß durch- watet, dessen Ufer durch eine dickere Linie von großen Bäumen markirt war, und waren schon dabei den Hügel rechts hinaufzuklettern auf ein rothes Gebäude zu, anscheinend eine Hacienda, voll von spanischen Soldaten.

Ein aufregendes Schauspiel.

„Es war die Kavallerie-Brigade, geführt, wie ich später erfuhr, von Roosevelt selbst zu Pferde. Vom El Poso Hügel aus war der Anblick großartig, fast un- glaublich. Es war wohl gegen alle Kriegsregeln, eine so starke Stellung ohne die Hülfe von schwerer Artillerie anzugreifen, und wir hatten nur eine leichte Batterie.

„Es that uns wohl zu sehen, wie die Tapferkeit der Unseren den britischen Marine-Attaché begeisterten. Dennoch erschien es unmöglich, die ganze erste Linie von Schießgräben mit so geringer Macht zu nehmen, und Lawton und Bates hatten bei Caney alle Hände voll.

„Indessen sahen wir bald dunkle Gestalten unter den Bäumen hervorschleichen, im Centrum und links. Auch Kent's Leute hatten eine gleichzeitige Vorwärts- bewegung ausgeführt und eine Viertelstunde nach den Wilden Reitern sahen wir diese ebenfalls über die Wiese huschen, sich duckend und bückend, um sich so wenig wie möglich bloszustellen. Dies war der gefährlichste Theil des Weges, aber weniger unbehaglich für die Soldaten als das Kriechen durch den Busch, wo sie den Feind nicht sahen und sein Feuer nicht erwidern konnten.

„Wir bemerkten kein Schwanken. Gelegentlich verursachte ein Zaun von Stacheldraht einen kurzen Aufenthalt, aber ohne schlimme Folgen. In kürzester Zeit war der Fuß des Hügels erreicht, wo unsere Leute etwas gedeckt waren.

„Es ging hinauf, und sobald sie oben ankamen, zogen sich die Spanier eilig zu- rück, am Blockhaus vorbei und in ihre zweite Vertheidigungslinie hinein. Um halb zwei waren die blauen Hemden im Blockhaus, und nicht blos die Haupt- redoute, sondern auch die ganze erste Linie war in unsern Händen.

„Die zweite Linie der Spanier war 700 Yards entfernt und um einige hundert Yards von der Stadt selbst. Unsere Fahne war keine tausend Yards von den Wällen Santiago's entfernt.

„All dies geschah in unglaublich kurzer Frist. Um halb eins sahen wir die ersten von den Unsern die Wiese durchqueren und um halb zwei war San Juan unser.

Viele Verwundete hinter die Linie geschafft.

Als wir El Poso verließen und dem Thalweg folgten, sahen wir bald die Kehrseite der Medaille. Von hier aus war nichts zu sehen vor Bäumen, und die hier stationierten Regimenter hatten keine Ahnung von dem was geschehen war. Sie hatten nur eine Zielscheibe für die Spanier abgegeben und hatten kaum antworten können.

„Die Verwundeten kamen uns entgegen mit stumpfem Gesichtsausdruck, wie von unbekannter Macht getroffen und aus ihnen unbekannter Ursache. Einige lagen in Tragbahren, andere hinkten mit der Hülfe von Kameraden einher, einige hatten gar keinen Beistand und lagen hülflos am Rande des Weges oder schleppten sich mühsam weiter. In fünf Minuten konnten wir erkennen, daß unsere Verluste groß gewesen waren. Das Lazarethcorps arbeitete mit Hingebung, aber die Nachfrage war gar zu groß. Das Thal hat viel Blut gefordert. Es schien als wäre kein Ende von Leuten mit zerschmetterten Gliedern und blutenden Köpfen. Wenige blickten vergnügt drein; diese waren vielleicht nur leicht verwundet und waren froh, so glimpflich davon gekommen zu sein. Die meisten zeigten völlige Gleichgültigkeit gegen Alles, während ihre fahle Blässe und der lichtlose Blick ihrer Augen unser Mitleid erregten. Der erste Anblick von Verwundeten ist geeignet, einem eine andere Ansicht vom Kriege beizubringen.

„Je näher wir kamen, desto schrecklicher wurden die Anzeichen der Schlacht. Wir fanden vier oder fünf Körper am Rande des Weges, um die sich niemand kümmerte. Keine Hülfe konnte ihnen nach kommen, und die Verwundeten nahmen die Dienste des Lazarethcorps voll in Anspruch.

Spanische Scharfschützen im Versteck.

„Uebrigens war der Kampf im Walde noch nicht zu Ende. Eine Anzahl von spanischen Scharfschützen steckten noch drinnen und schossen noch hie und da unversehens einen Mann von den Reserven nieder. Zunächst dem Flusse wurde

dies Feuern stärker. Wir hörten die Kugeln pfeifen und ein armer Kerl er=
hielt wenige Schritte von mir einen Schuß in die Lende. Es war wohl eine
große Kugel von einem Guerillagewehre; der Mensch schrie entsetzlich.

„Der Thalweg wird als „blutige Allee" in der Geschichte leben. Die in den
Bäumen versteckten spanischen Scharfschützen schossen auf Alle, auf die Verwun=
deten, ja sogar auf die Lazarethgehülfen, welche muthig und unerschrocken mitten
im Feuer ihrer schweren Pflicht nachgingen. Auf Augenblicke war die Allee
unpassierbar. Salve auf Salve fegte den Weg entlang, und unsere Leute wichen
einen Augenblick zurück. Sie kamen gelaufen, und um sie vorbei zu lassen,
sprang ich zurück in den Busch. Als ich wieder heraustrat, konnte ich die=
sem unglücklichen Lazarethgehülfen beispringen, der eben durch die Brust geschos=
sen war.

„Ich gestehe, es that mir gar nicht leid, daß ich da die Tragbahre konnte tra=
gen helfen und so einen guten Vorwand hatte, aus der Schußlinie zu kommen.
Furcht hat verschiedene Ursachen, aber der am meisten Furcht erregende Anblick
ist wohl das Leiden der Verwundeten. Die Todten schienen diese Wirkung nicht
zu haben, aber der Todeskampf und das Stöhnen der Verwundeten und Ver=
stümmelten jagt den nicht daran Gewöhnten eine unüberwindliche Angst ein.

Das Gefecht auf dem Hügel dauert fort.

„Vom Thal aus hörten wir andauernd das Knattern der Gewehre auf dem
Hügel, woraus wir schlossen, daß die Unsern dort oben einen harten Stand hat=
ten, und es war absolut nöthig, daß die Verstärkungen und Reserven vorrückten.
In den Wiesen waren wir den matten Kugeln ausgesetzt, welche auf unsere Leute
oben gezielt waren, aber über die Köpfe weg flogen. Aber unsere Leute mar=
schierten gleichmüthig weiter.

„Als wir erst einmal den Fuß des Hügels erreicht hatten, waren wir so ziem=
lich sicher, denn die Spanier waren 700 Yards zurückgetrieben, und konnten uns
nicht treffen. Andererseits konnten auch wir sie nicht sehen, und so kamen wenig
weitere Verluste vor.

„Wir Zuschauer saßen just unter dem Rande des Gipfels des Hügels, wo wir
dem Gepfeife der Kugeln über unseren Köpfen horchten und auf die Erzählungen
der Soldaten, welche unter den ersten mit den Hügel erklommen hatten. Wir
hatten uns ein wenig an das Grausenhafte gewöhnt, aber wir wurden doch
bleich und verstummten, als ein in den Kopf geschossener Kavallerist zwei Schritte
von uns mit einem tiefen Seufzer sein Leben aushauchte.

Der Verluſt auf beiden Seiten.

„Die Verluſte auf beiden Seiten wurden natürlich ſehr verſchieden angegeben; aber wir erfahren genug um zu wiſſen, daß unſere Leute den Tag unter großem Verluſt gewonnen hatten, und daß mancher Offizier und Soldat todt oder ſein ganzes Leben ein Krüppel ſei, den wir am Tage vorher geſund und munter geſe= hen hatten. Der Verluſt auf ſpaniſcher Seite wurde natürlich übertrieben. Ein Soldat mit lebhafter Einbildungskraft erzählte uns, er habe in dem Blockhauſe 500 todte Spanier geſehen. Als es Nacht wurde und das ſpaniſche Feuer ſchwächer wurde, beſuchten wir das Blockhaus und fanden in und um dasſelbe genau ſieben todte Spanier und ebenſoviele Amerikaner.

„Es wäre nußlos, den Verluſt heute auch nur annähernd beſtimmen zu wol= len, aber während unſer Verluſt an Todten und Verwundeten ſich auf 1000 belaufen dürfte, ſollte es mich gar nicht wundern, wenn die Spanier nur halb ſo viele verloren hätten.

„Bei Caney, verſteht ſich, war der Verluſt auf feindlicher Seite größer, denn dort wurde die Stadt wirklich eingenommen; aber ſelbſt dort werden ſich die Geſammtverluſte wohl die Wage halten, wenn die Feinde auch mehr Todte haben. Dieſe eine Wirkung ſcheint die moderne Artillerie zu haben, daß die Zahl der Verwundeten unendlich größer iſt als die der Todten. Die Verwun= dungen ſind leicht, Cosby, von den Wilden Reitern, ließ ſich den Arm verbinden und war ſich gar nicht bewußt, daß er in der Bruſt eine viel ſchwerere Wunde hatte als im Arm.

„Aber geſtern Abend hatten wir wenig Zeit über ſolche Dinge Betrachtungen anzuſtellen. Als die Nacht hereinbrach, ſtanden unſere Leute noch dem Feinde gegenüber, trotzdem ſie ſeit vier Uhr Morgens auf den Beinen waren und nichts genoſſen hatten. Ihre Reihen waren ſtark gelichtet, und der Feind wies die Zähne noch unentmuthigt. Kurz vor Sonnenuntergang brach er plötzlich vor aus ſeinen Schießgräben auf dem rechten Flügel und drang bis in unſere Front vor.

„Müde und matt, wie unſere Leute waren, wurde es doch nöthig, entlang dem Rande des Hügelrückens neue Schießgräben auszuheben um die ſpaniſche Poſi= tion zu beherrſchen. Es ſchien eine unmenſchliche Anforderung an die ermüdeten, hungrigen Leute, aber es war unvermeidlich. Eine unſchätzbare Aufmunterung war die Ankunft der Verpflegungs=Colonne. Dieſelbe blieb die ganze Nacht in Bewegung ſo daß bei Tagesanbruch jeder Soldat in der Front wenigſtens etwas Zwieback und Speck bekommen hatte. Heute haben die Leute eine Art Ruhetag;

b. h. sie liegen in den Schießgräben im glühenden Sonnenbrand, und schießen zuweilen auf einen sich zeigenden spanischen Kopf.

„Kavallerie und Infantrie haben alles Menschenmögliche gelitten. Ihre Aufgabe war fast übermenschlich. Heute und morgen mag die Artillerie ihnen wenigstens einen Theil der Arbeit abnehmen.

XXV. Kapitel.

Verzweifelte Schlacht bei El Caney.

Während am 1. Juli bei San Juan so erbittert gekämpft wurde, tobte eine andere Schlacht, in der dieselbe Tapferkeit und derselbe furchtlose Wagemuth entwickelt wurde, bei El Caney, einem Dorfe, das nordöstlich von Santiago liegt. General Lawton befehligte die rechte Division von General Shafter's Armee, und seine Truppen hatten den heroischen Kampf durchzufechten, der am Freitag begann, am folgenden Tage fortgesetzt wurde und vor Anbruch der Nacht mit einem entscheidenden Siege für die amerikanischen Truppen endete. General Lawton, der für die verantwortliche und wichtige Aufgabe ausgewählt wurde, die Schlacht mit der Einnahme von El Caney und der Abschneidung der auf Santiago anrückenden spanischen Verstärkungen zu eröffnen, wird als ein guter Fechter und ein erfahrener und geschickter Soldat geschildert. Er diente während des Krieges in der Unionsarmee, in die er als Sergeant der Compagnie E des 9. Indiana Freiwilligen-Regimentes im April 1861 eintrat und in der er wegen seiner Verdienste auf dem Schlachtfelde nach einander im August 1861 zum ersten Lieutenant des 13. Indiana Infanterie-Regiments, im Mai 1862 zum Capitän und im November 1864 zum Oberstlieutenant befördert wurde. Im März 1865 erhielt er für seine tapferen und werthvollen Dienste während des Krieges sein Patent als Oberst.

Seine Beförderung zum Brigadegeneral.

Er trat in die reguläre Armee im Juli 1866 als zweiter Lieutenant des 41. (farbigen) Infanterie-Regimentes ein und blieb bei diesem Regiment bis zum Januar 1871, dann wurde er zum 4. Kavallerie-Regiment versetzt, bei dem er bis zum September 1888 stand. Darauf wurde er mit Majorsrang zum Generalinspector ernannt. Später wurde er zum Oberstlieutenant befördert, und diesen Rang hatte er noch inne, als der Krieg mit Spanien ausbrach; dann ernannte ihn der Präsident zum Brigadegeneral der Freiwilligen-Armee und bestimmte ihn zum Commando einer Division des 5. Armeecorps, das von General Shafter befehligt wurde.

Lieutenant W. H. Wassel von dem 22. Infanterie-Regiment liefert die folgende lebhafte Schilderung der blutigen Schlacht bei El Caney:

„In der Nacht des 30. Juni bivouakirten wir auf dem Gipfel eines Hügels, ein und eine halbe Meile von dem Dorfe El Caney. Gerade östlich von uns schimmerten die Lichter von Santiago, des Meccas unserer blutigen Pilgerfahrt. Wir brachen das Lager am frühen Nachmittag ab. Der Marsch zu dem Hügel war ein kurzer gewesen, doch mußten wir längs des mit der Machete ausgehauenen Pfades Halt machen, um andere Truppen vorbei zu lassen, und der Durchgang durch knietiefe Bäche hatte die Leute fußkrank gemacht.

Unsere Hauptmahlzeit an diesem Tage bestand darin, daß wir unsere Koppeln enger schnallten. Müde, naß und hungrig warfen sich unsere Leute neben dem Wege auf ihre Decken nieder. Uns wurde nicht erlaubt, Feuer anzuzünden. Ein Stück „Hardtack", eine Scheibe Speck und ein Schluck aus der Feldflasche — das war die letzte Mahlzeit für manch einen armen Soldaten. Doch die Mahlzeit wurde guten Muthes eingenommen und die Männer, die die spärlichen Bissen hinunter würgten, trugen tapfere Herzen in der Brust.

Wenig Widerstand erwartet.

Am Morgen des Ersten wurden wir vor Tagesanbruch durch auf dem Wege vorbeimarschirende Truppen aufgeweckt. Bald kam der Befehl für uns, uns anzuschließen, und wenige Minuten später befanden wir uns auf dem Marsche. Das 22. reguläre Infanterie-Regiment bildete die äußerste Linie einer Linie, die durch El Caney hindurchmarschiren sollte. Uns war erzählt worden, daß wir in dem Dorfe auf etwa 500 Spanier stoßen und wenig oder gar keinen Widerstand finden würden.

Der ursprüngliche Schlachtplan scheint gewesen zu sein, daß unser rechter Flügel El Caney nehmen und dann, links schwenkend, auf Santiago von Norden her losmarschiren sollte, während der Angriff der Hauptmacht von Osten erfolgte, doch dieser Plan wurde umgeworfen, als man eine starke spanische Macht in El Caney fand, die von General Linares in Person befehligt wurde.

Gegen 6½ Uhr Morgens schwärmte das zweite Bataillon des 22. Regiments nahe an dem Wege, der nach Santiago führte, und etwa zwei Meilen südlich von El Caney aus. Wir drangen eine halbe Meile direct östlich vor über Drahtzäune und über ein Terrain, das mit zähen Schlingpflanzen und spanischen Bayonetten dicht bedeckt war. Da wir in dieser Richtung keinen Widerstand fanden, wechselten wir unsere Marschrichtung nach rechts. Es war nicht möglich, die Leute geordnet beisammen zu halten. Sie bahnten sich ein und eine halbe Meile lang ihren Weg durch das Gebüsch. Es war noch das leichteste

Marschiren, als wir die senkrechte Höhe eines zwanzig Fuß hohen Abhanges emporklommen.

„Gegen 9 Uhr befanden wir uns 500 Yard von El Caney entfernt.

Scharfschützen feuern aus Baumgipfeln.

„Während der letzten Stunde hatten wir ein leichtes, aber beständiges Feuer der spanischen Scharfschützen auszuhalten, ein Feuer, das wir nicht erwidern konnten, da wir die Stellung des Feindes nicht feststellen konnten. Die Schüsse kamen meistens von Guerillas, die in den Baumgipfeln verborgen waren, und hinter dem Laub waren die leichten Rauchwölkchen, die das Mausergewehr verursacht, schwer zu sehen. Während des Morgens fanden wir eine spanische Meldung, aus welcher hervorging, daß von einer Compagnie 25 Mann als Späher und ebenso viele als Guerillas abcommandirt waren. Den Letzteren wurde, nachdem ihnen eingeredet worden war, daß Gefangennahme durch die Amerikaner für sie sicheren Tod bedeutete, ein Sack mit Munition gegeben, und sie wurden dann auf die Bäume hinaufgeschickt mit dem Befehl, sich die amerikanischen Offiziere als Ziel auszusuchen. Diese Guerillas waren über das ganze Terrain vertheilt — hinter uns, vor uns, zu unserer Rechten und zu unserer Linken — und wie gut sie ihre Aufgabe erfüllt haben, wird durch die große Zahl der getödteten und verwundeten Offiziere bewiesen. Compagnieoffiziere in der Schützenlinie und Stabsoffiziere, die ihre Abtheilungen von hinten heranführten, litten alle in gleicher Weise unter dieser Guerilla-Kampfweise.

„Als wir El Caney zu Gesicht bekamen, wurden wir mit heftigem Feuer begrüßt, jedoch die Offiziere des Bataillons besichtigten mit glänzender Todesverachtung das Feld, um die Stellung des Feindes auszufinden — und das war eine schwierige Aufgabe. Ungefähr 500 Yards nördlich von uns lag das Städtchen. Wir konnten eine Gruppe von Häusern sehen, die durch Erdaufwürfe befestigt und mit Schießscharten versehen waren. Zwischen dem Dorf und uns lag, was einst ein bebautes Feld gewesen war. Abgesehen von kläglichen Büschen, hatte der Feind freies Schußfeld nach uns hin.

„Hinter dem Flecken war ein großes, steinernes Blockhaus, von dem die spanische Flagge wehte. Unsere Artillerie zerstörte dasselbe bald. Rechts von dem Städtchen lag ein einsames rothes Gebäude mit Erdschanzen vor seiner Front. Rechts hiervon lag ein verschanztes Blockhaus. Rings um diesen Theil der Stadt zog sich eine niedrige Umwallung, von der aus die Spanier uns mit einem tödtlichen Kugelregen überschütteten.

„Wenn wir Artillerie gehabt hätten, um diese Verschanzungen zu zerstören,
würde unsere Aufgabe eine leichte gewesen sein. Wie es war, lagen wir zwei
Stunden lang auf der Erde, während die Offiziere sich alle erdenkliche Mühe
gaben, die Stellung des Feindes auszufinden. Unsere Feuerdisciplin war vollkommen. Während all' dieser Zeit schmiegten sich die Männer an den Boden,
während die Kugeln auf und über sie weg regneten. Die Beschaffenheit des
Schlachtfeldes war der Art, daß wir uns scheuten zu schießen aus Furcht, unsere
eigenen Leute zu treffen.

„Es war eine harte Prüfungszeit. Mehrere Offiziere und eine Anzahl Leute
waren getroffen. Leute, welche ihren Truppentheil verloren hatten, schlossen sich
an uns an. Einmal hörten wir ein gutes, altes amerikanisches Hurrah, das
rechts von unserer Front herkam. Offiziere und Mannschaften waren von den
kargen Rationen, dem anstrengenden Marschiren und der cubanischen Sonne erschöpft. Unsere Linke war gänzlich ungedeckt. Wir waren nur eine dünne
Schützenlinie, die fast mit dem Feinde in Berührung kam, kannten dabei aber
weder vom Feind noch vom Freunde die Stellung. Und so manövrirten wir
eine Stunde lang, um die feindliche Position auszufinden."

Einnahme von Caney nach hartem Kampfe.

In General Lawton's Division erlitt das zweite Massachusetts-Regiment bis
Mittag die schwersten Verluste, obgleich andere Regimenter schärfer zu kämpfen
hatten. Während des Nachmittags war der Kampf um den Besitz von Caney
sehr hartnäckig, und der schließliche Sieg wirft ein glänzendes Licht auf die amerikanischen Truppen. Auch für die Spanier war der Tag ruhmvoll, obwohl sie
niemals zu irgend einer Zeit des Tages eine Aussicht auf Sieg hatten. Ihre
Leute fochten in Verschanzungen, Laufgräben und Blockhäusern, während die
Amerikaner von Anfang bis Ende im freien Felde standen. Die spanischen
Soldaten hielten aus wie Männer, und diese erste Landschlacht des Krieges
kann wohl Spanien stolz auf seine Mannschaften machen.

Die amerikanischen Soldaten griffen über freies Feld weg die Verschanzungen
an, und vom Fallen des ersten Schusses an gewannen sie kämpfend Terrain und
wurden die Spanier zurückgedrängt. General Chaffee's Brigade bildete den
rechten Flügel, General Ludlow's Division stand im Centrum und Oberst Miles
auf dem rechten Flügel.

Der Gefechtsplan war folgender: Hauptmann Allyn Capron's Batterie vom
ersten Artillerie-Regiment, im Centrum oberhalb General Ludlow postirt, sollte

das Fort nahe der Stadt beschießen; General Chaffee sollte, sobald die Artillerie das Fort demontirt und die Spanier nach Santiago getrieben hätte, sofort nach= rücken; General Lublow sollte am Fuß des Hügels, auf dem Capron's Batterie stand, auf der Straße halten und dann sich General Chaffee's linker Flanke an= schließen, während Oberst Miles' Brigade sich dicht an Lublow's rechtem Flügel halten und durch ein gleichzeitiges Vorrücken die Spanier auf Caney zurückwer= fen sollte.

Ausführlicher Bericht über das Gefecht.

General Lawton, der die Operationen seiner Division leitete, verließ das Lager auf der Straße von Siboney nach Santiago um 4 Uhr Morgens, und war um 5 Uhr mit Capron's Batterie auf dem Hügel, der Caney überragt. Es war der Befehl ausgegeben worden, die Schlacht vom Centrum aus zu beginnen, wenn nicht General Chaffee, der dem Feinde am nächsten stand, zuerst angegriffen werden sollte.

Das Treffen war ¼ zu 7 Uhr mit einem Schuß von der zweiten Abtheilung von Hauptmann Capron's Batterie eröffnet. Die Kugel schlug dicht bei dem Steinfort nahe Caney ein. Ein zweiter Schuß traf das Fort gut. Die Spanier gaben den Gedanken, dasselbe zu halten, sogleich auf und die ganze Besatzung eilte bergab der Stadt zu. Doch den verdeckten Weg in Front des Forts hielten die Spanier besetzt und richteten von dort ein hartnäckiges Feuer auf unsere Leute, die langsam, und nur gelegentlich schießend, durch Busch und Hain heran= rückten. Capron's Batterie richtete ihr Feuer sofort gegen den Feind und riß den Boden mit Granaten auf, daß Wolken Erde hoch in die Luft flogen. Andere Geschosse flogen direkt durch das Fort hindurch, große Theile der Mauern mit sich reißend. Eine mehrmalige Wiederholung dieser Trefflunst brachte das Feuer der Spanier in dem bedeckten Schützengraben zum Schweigen.

Gegen 8 Uhr drängte General Chaffee's Brigade auf die Stadt zu, und das Schießen ward mitunter sehr hitzig. Bei dem gewellten Terrain war es schwie= rig den Gang des Gefechts zu verfolgen, schon die dichte Vegetation verdeckte die Aussicht nach allen Richtungen. Trotz des zeitweise äußerst heftigen Feuers ver= theidigten die Spanier hartnäckig die verdeckten Gräben und wichen keinen Zoll breit. Wieder und wieder ließen die Granaten aus Capron's Batterie sie Schutz und Deckung suchen; doch sobald sein Feuer nachließ, waren sie wieder auf dem Posten. Während des Morgens konnten die amerikanischen Truppen trotz ihres scharfen Schießens keinen sichtlichen Fortschritt machen, obwohl sie in der That stetig näher kamen, die Stadt von allen Seiten einschlossen und das gewonnene Terrain überall behaupteten.

Um Mittag wurde es offenbar, daß die Artillerie allein das Feuer aus dem gedeckten Laufgraben nicht unterbrücken könne, und daß nur nach Erstürmung jener Stellung ein dauerndes Vorrücken möglich sei. General Lawton beschloß den Sturmangriff und schickte dem General Chaffee einen Boten mit dem Auftrage zu, die feindliche Position mit Sturm zu nehmen. Chaffee rückte daraufhin im Geschwindmarsch von Norden heran, während Capron ein heftiges Geschützfeuer auf das Fort unterhielt, dessen Steinwände er durchlöcherte und die Spanier aus dem bedecktem Graben nicht herausließ. Kurz darauf feuerte er einen Schuß, der den Flaggenstock wegriß, und die spanische Fahne lag auf dem Boden, um nie wieder über dem Fort zu wehen.

Um 3 Uhr erschien die Vorderlinie von Chaffee's Tiraillieuren (von dem 7. Infanterie-Regiment) an der Walldecke unterhalb des Forts und eilte in ungestümem Anlauf bergauf diesem zu. Kein Schuß ließ sich vernehmen; es war klar, der Feind hatte die Stellung aufgegeben, und in wenigen Minuten sammelten sich die Amerikaner in Masse um das die Nordseite der Stadt beherrschend Fort.

Die Spanier waren vollständig umzingelt. Unsere Hauptarmee stand zwischen ihnen und Santiago, und Lawton's Division umstellte sie an drei anderen Seiten. Sie vertheidigten sich zwar tapfer von den Gebäuden der Stadt aus, in die sie sich zurückgezogen; doch von dem Zeitpunkt an, als Chaffee's Leute das Steinfort nahmen, waren sie für Spanien verloren.

General Lawton zog es vor, die Artillerie auf kurze Distanz die Stadt beschießen zu lassen, und sah von einem Gesammtangriff ab, da ein solcher sicherlich großen Verlust an Menschenleben zur Folge haben müßte. Obwohl der Weg von dem Hügel bis zur Grenze der Stadt für Artillerie schier unpassirbar war, unternahm Hauptmann Capron die schwierige Aufgabe und führte sie durch. Um 5 Uhr waren seine Geschütze in Position, fertig das Feuer auf die Stadt zu eröffnen.

Kampf gegen eine gewaltige Uebermacht.

Eine Zeit lang behielt Chaffee's Brigade ihre Stellung hinter dem Steinfort inne, dann begann sie, Schnellfeuer-Salven abgebend, zur Stadt hinabzusteigen. General Ludlow und Oberst Miles rückten auf den anderen Seiten näher auf, und bei Anbruch der Nacht war die Stadt vollständig eingeschlossen.

Der Landstrich, in dem General Lawton's Division kämpfte, bot sowohl der angreifenden Partei wie den Vertheidigern Vortheile. Es ist ein breites Thal, im Westen durch emporragende Berge und im Osten durch einen etwa 200 Fuß hohen Rücken begrenzt. Früher war das Terrain bebaut gewesen, man hatte aber seit Beginn des Krieges den Anbau aufgegeben; doch zeigen sich noch Spuren früherer Prosperität in Hainen von Kokosnuß- und Mangrovebäumen und weite Felder wallenden, meist bis zum Gürtel reichenden Grases. Mehrere Hügelrücken, deren Höhe aber 50 Fuß nicht übersteigt, durchschneiden das Thal. Die Querthäler und die Haine boten den amerikanischen Regulären vortheilhafte Stellungen, die sie auch mit aller auf den westlichen Prärien Nordamerikas erworbenen Geschicklichkeit ausnutzten. Die offenen Zwischenräume dagegen waren den Spaniern von Nutzen, da den anrückenden Amerikanern hier alle Deckung fehlte. Beim Kreuzen solcher Stellen hatten Letztere ihre schwersten Verluste zu erleiden.

Die Brigaden des Obersten Miles und des Generals Ludlow hatten dabei einen schwereren Stand als die des Generals Chaffee, und dazu mußten sie noch ihre Schlußattacke auf die Stadt durch ein offenes Terrain machen, über welches das spanische Feuer mit todbringender Wirkung fegte.

Niemals haben Soldaten wackerer ihre Aufgabe gethan als die Brigaden Ludlow und Miles beim Anrücken auf Santiago. Die Spanier begrüßten sie aus Mauserbüchsen und Maschinengeschützen mit einem Höllenfeuer, doch ohne Erfolg, nichts konnte sie aufhalten, sie drängten während des ganzen Nachmittags näher und näher, und während Chaffee's Leute im offenen Feld Schlachtlinie bildeten, standen Miles und Ludlow an den Stadtgrenzen, mit Zähigkeit die Spanier festhaltend, so daß ihnen ein Rückzug auf Santiago zur Unmöglichkeit wurde, bis dann auch Chaffee sich dem rechten Flügel anschloß. W. M. Weichert aus New York, zum 9. Infanterieregiment (Division Kent) gehörig, war einer der 15 amerikanischen Soldaten, die das von 35 Spaniern besetzte Blockhaus zu El Caney nahmen, indem sie durch das Dach in dasselbe einbrangen.

Nicht Einer wankte im Angesichte des Todes.

„Es war sicherer Tod, das sahen wir, doch nicht ein Mann wich zurück" erzählte er. „Die Spanier hatten uns aus den Scharten des Blockhauses unausgesetzt beschossen; wir konnten die starken Balken nicht durchbohren und wurden, unser 19, auf das Dach beordert. Die ersten 4, die hinaufgekommen, sprangen ins Haus, wurden aber ebenso schnell niedergemacht. Dann setzten wir übrigen alle auf einmal hinab, und es folgte 20 Minuten lang ein verzweifeltes Hand= gemenge. Ich gerieth mit einem Spanier in Zweikampf und ward am Arm verwundet, doch entwand ich seiner Hand den Revolver und schoß ihn nieder. Hier das Souvenir!" fuhr er fort und holte einen Revolver, Madrider Fabrikat hervor. „Jeder der 35 Spanier ward getödtet, von den 19 Amerikanern fielen nur die ersten vier."

General Lawton sagt in seinem nach dem Angriff und der Einnahme El Caney's verfaßten Bericht: „Es mag angebracht sein, hier die Aufmerksamkeit auf die eigenthümlichen Gefechtserscheinungen zu lenken. Man kämpfte gegen einen Feind, der in einer Stadt mit festen steinernen Gebäuden und massiven Häusern, hinter mehrere Fuß dicken Mauern verschanzt lag, und den eine Anzahl gedeckter solider Steinforts schützte; gegen einen Feind, der den Widerstand mit dem verzweifelten Entschluß fortzusetzen schien, zu kämpfen, bis alle todt oder verwundet seien". —

Hauptmann und Generaladjutant Carbaugh sagt: „Die That der amerikani= schen Truppen bei El Caney wird für immer in der Geschichte ihren Platz be= halten, denn sie beleuchtet eine erfolgreiche Attacke von Fußtruppen auf eine be= festigte Stadt."

Dreihundertundfünfundzwanzig Helden von Santiago wurden durch die Jroquois nach Key West gebracht und dort in das Marine= und das Kloster= Hospital sowie in eine unbenutzte Cigarrenfabrik, die vorher für diesen Zweck eingerichtet worden war, vertheilt. Alle Offiziere und ein Theil der Mann= schaften wurden in dem Kloster=Hospital untergebracht, wo die Nonnen treffliche Dienste als Krankenpflegerinnen leisteten. An allen Plätzen fanden die Ver= wundeten die denkbar beste Pflege und tüchtige ärztliche Hülfe.

Diese verwundeten Krieger wurden seltsamer Weise, als sie nach ihren glor= reichen Thaten auf dem Schlachtfelde in ihre Heimath zurückkehrten ziemlich gleichgültig empfangen. Ihre Landung würde den Anstrich des Gewöhnlichen gehabt haben, wenn sie nicht so seltsam gewesen wäre. Die Jroquois lief um 6 Uhr in den Hafen ein und gerieth durch die Nachlässigkeit von irgend Jemand auf einer Sandbank auf den Grund, wo sie drei Stunden lang blieb, während ein paar Regierungsschleppdampfer sich bemühten, sie wieder flott zu machen. Die sonnenverbrannten Gesichter der verwundeten Männer, die darauf brannten, wieder den amerikanischen Boden zu betreten, blickten dabei über die Railings des gestrandeten Schiffes hinweg.

Die Verwundeten nach dem Hospital gesandt.

Alle Ambulanzen in der Stadt waren in Dienst gestellt trotzdem waren sie, obgleich sie häufig und eilig hin und her gingen, bis auf den letzten Platz gefüllt, da die Vorbereitungen nicht den Umständen entsprachen. Daher blieb manchen der Leute nichts anderes übrig, als vier Block bis zur Straßenbahn zu gehen, von der sie dann nach dem Hospital an dem anderen Ende der Stadt gebracht wurden.

Der Anblick der kräftig gebauten Männer, die von der tropischen Sonne ge=bräunt, von dem Gestrüpp Cuba's zerkratzt und zerschunden und mit Bandagen umwickelt waren, die die Wunden wohl bedeckten, aber nicht versteckten, hatte viel Pathos und Tragik an sich, wie sie sich schwankend die Straße entlang schlichen. Es wurde 11 Uhr, bevor der letzte von Jenen, die im Stande waren zu gehen, sicher ausgeschifft war. Die meisten von diesen hatten Schußwunden in Arm oder Hand. Gegen fünfundbreißig Andere, die an den unteren Körpertheilen verwundet waren, mußten auf Bahren fortgetragen werden. Fünfzehn, die einen leichten Anfall von Masern hatten, wurden an Bord des Dampfers zu=rückgelassen. Die Ausschiffung war erst früh gegen Morgen beendigt. Die meisten dieser Männer lachten über ihre Wunden. Sie wünschten zurückzu=gehen, denn sie hatten einen Geschmack von ernstlichem Kämpfen bekommen und dursteten nun nach mehr. Wenn sie in den Schützenlinien bei Santiago fielen, wurden sie von den Corporälen eilig nach hinten geschickt, doch wie, erzählt wird, kehrten sie, sobald ihren Wunden ein Nothverband angelegt war, in Hast wieder an die Front zurück, so daß es schließlich nothwendig wurde, ihnen ihre Patronengürtel wegzunehmen.

Sie erzählten von der zweitägigen, blutigen Schlacht in der gleichmüthigsten Weise von der Welt. Ein Mann wurde von einer Mauserkugel getroffen, ge=rade als er seinen Revolver abfeuerte. Die Kugel durchbohrte seinen rechten Unterarm zwischen dem Handgelenk und dem Ellenbogen, ging dann durch den Oberarm, traf ihn in der rechten Seite und kam, durch seinen Körper hindurch=gehend, auf der linken Seite wieder heraus. Seltsamer Weise wird er wahr=scheinlich nicht sterben, dagegen erklärte er, er würde nach Cuba zurückgehen und für jede seiner Wunden wenigstens zehn todte Spanier in sein Kerbholz schneiden.

Furchtlose Tapferkeit der spanischen Truppen.

Alle lobten sehr die Kampftüchtigkeit der spanischen Truppen, doch sagten sie, daß ihre Verluste enorm sein mußten. Außerordentlich hoch wurde von vielen

die Zahl unserer eigenen Todten und Verwundeten angegeben, jedoch verständi-
gere Köpfe schätzten unseren Verlust an den beiden Schlachttagen auf 1200 bis
1500 Mann, davon vielleicht 300 todt.

In den Hospitälern erhielten die Soldaten Pajamasanzüge und sie saßen in
der luftigen Kleidung in den Zimmern umher und lasen in den neuesten Zeitungen Erzählungen von ihrer Tapferkeit oder plauderten miteinander davon.
Einige von denen, deren Wunden geringfügig waren, gingen sogar in den Straßen umher und frischten in den Hotels alte Freundschaften auf, mit nichts Anderem bekleidet als diesem dürftigen Negligee.

Die Tapferkeit der amerikanischen Truppen bei Santiago entlockte Offizieren
frembländischer Heere, die zugegen waren um die Fortschritte des Krieges zu beobachten, das höchste Lob. Augenscheinlich waren sie von der Kampftüchtigkeit,
die unsere Armee an den Tag legte, überrascht, und sie waren gezwungen, zuzu-
geben, daß in Europa keine Armee gefunden werden könnte, die ihr überlegen
wäre.

Graf von Götzen, der Militärattaché der deutschen Gesandtschaft, drückte seine
Meinung über das Kämpfen unserer Truppen bei Santiago aus. Es hat die
Bewegungen der Schafter'schen Armee von der Mobilisierung zu Tampa bis
nach der Schlacht vom 1. und 2. Juli studiert. Er fertigte sich ferner
eine große Zahl Karten und Skizzen an, die zusammen mit seinem Bericht an
den deutschen Generalstab gehen, und aus denen der Kaiser und die deutschen
Militärs sich ihre Ansicht über den militärischen Werth der Kriegführung beider
Parteien bilden werden.

„Die Amerikaner schlugen sich bewunderuswerth," äußerte sich der Graf. „In
der That, das Gefecht war äußerst ehrenvoll für beide Seiten. Da ich auf dem
Hügel nahe El Poso dicht bei Graham's Batterie hielt, konnte ich die Attacke
auf den San Juan Hügel nicht beobachten. Aber ich sah nach Einnahme der
Position, wie furchtbar stark sie gewesen sein mußte. Es schien mir, ein stärkerer
Feind hätte dort länger ausgehalten. Sie kämpften zwar gut bei San Juan, die
Spanier, doch die Amerikaner kämpften besser.

Ungestüm und Schneid der amerikanischen Soldaten.

„Die Spanier schossen leiblich, die Amerikaner geradezu überraschend gut.
Die Mannschaften gingen mit außerordentlicher Lebhaftigkeit ans Werk. Sie
haben andern Nationen eine Lehre gegeben, von welcher diese profitieren können.
Der Ungestüm und die Begeisterung, die das von mir beobachtete sechste und

sechszehnte Infanterieregiment zeigten, waren erstaunlich. Niemals sah ich Truppen besser kämpfen."

Major be Granprey, Militärattaché ber französischen Botschaft, befand sich im amerikanischen Hauptquartier nahe Santiago, wo er im Auftrag seiner Regierung den Fortschritt der Kriegsoperationen beobachtete. Er zollte der Kampftüchtigkeit unserer Soldaten glühendes Lob.

„Ich hege für Ihre Leute die vollste Bewunderung," sagte Major be Granprey. „Es ist eine prächtige Truppe, im Einzelnen wie in der Gesammtheit, und ich vermuthe, in der ganzen Welt giebt es nicht solch herrliches Corps von kämpfenden Männern! Sie sind zum Angriff geneigt und kampfbegierig und bedürfen nicht des Befehls der Offiziere zum Vorgehen. Ein anderes charakteristisches Merkmal ist das Selbstvertrauen jedes Mannes, die Selbstständigkeit, das, was man die Initiative nennt. In europäischen Armeen kennt man die letztere fast gar nicht; dort wartet die Mannschaft für jede Bewegung, jedes Vorgehen gegen feindliche Aktion auf die Initiative eines Offiziers. Aber Eure Leute drängen sich in den Vordergrund, indem sie durch ihre eigenen Initiativen, jedem Ereigniß, das auftaucht, begegnen, jedes Hinderniß überwinden. Streiter von solchem Selbstvertrauen bilden eine ausnahmsweise aggressive Armee, denn jeder Einzelne trägt zu der unwiderstehlichen Vorwärtsbewegung bei. Die spanischen Truppen lassen sich nicht ebenso charakterisiren. Sie verhalten sich mehr passiv, mehr vorsichtig. Außerdem übt dieses Ungestüm des Schlachtmaterials einen begeisternden Einfluß auf die Stimmung der Truppen aus, indem es sie an einen sicheren Erfolg glauben läßt und zu gleicher Zeit Unordnung und Niedergeschlagenheit in die Reihen der Feinde trägt.

Jeder Mann kämpft auf eigene Faust.

Major be Granprey sagt, daß die Kampfweise bei Santiago von der Kriegsführung europäischer und anderer moderner Armeen durchaus verschieden sei. Die Dichtigkeit und Undurchbringlichkeit der tropischen Schlingpflanzen machen es unmöglich die herkömmlichen militärischen Formationen beizubehalten. Daher bemüht man sich wenig oder gar nicht in festen Formationen zu kämpfen. Jedermann kämpft auf eigene Faust, indem er durch Gebüsch, Schlingpflanzen und hohes Gras vorwärts hastet. Den Feind zu sehen, ist unmöglich.

Es giebt vor Augen keine Schlachtlinie, gegen welche der Angriff gerichtet wird. Nur aus den Berichten der Posten und dem Knall der Gewehre hier und da vorne, weiß man, daß sich eine Streitmacht dort befindet. Dies veranlaßt ein unregelmäßiges Schießen, da es selten möglich ist, die gegenüberstehenden Soldaten zu sehen und ein sicheres Ziel zu gewinnen. Die Hauptfolge hiervon ist, daß die beiden streitenden Theile allmählig nahe zusammen gebracht werden, bis sie sich aus kurzer Entfernung bekämpfen.

In dieser Hinsicht wies Major de Granprey darauf hin, daß es eine Rückkehr zu der Kampfweise vor 200 Jahren wäre, als die geringe Tragweite der damals gebrauchten Waffen ein zwingender Grund zum Nahgefecht war. Bei den Schlachten auf freiem Felde, wie sie von europäischen Heeren gewöhnlich ge= schlagen werden, sind die Entfernungen groß und daher kommen unvorhergesehene Ereignisse nicht so häufig vor. Dadurch wird auch bewirkt, daß jeder Theil Zeit hat, die Stärke seines Gegners auszufinden und so werden entscheidende Erfolge oft schon auf weite Entfernungen erzielt, ehe es zu einem allgemeinen Angriff kommt. Doch ist es unmöglich, wie Major de Granprey bemerkte, für die Ame= rikaner und Spanier, einander nach der Stärke abzuschätzen, da sie keinen Ueber= blick über die Schlacht haben und einander erst zu Gesicht bekommen, wenn es zum Nahgefecht geht.

Spanien hat, wenn man nach Zahlen urtheilt, eine furchtbare Armee, aber es ist möglich, daß die Zahl der verwendbaren Truppen zu hoch angegeben ist. Alle Spanier zwischen 19 und 45 Jahren werden zur Zweiten Reserve gerechnet und können zur Linie jederzeit, wenn es nöthig ist, eingezogen werden. Von all diesen wird angenommen, daß sie wenigstens 3 Jahre in der ersten Reserve, was unserer Miliz entspricht, gedient haben. Jeder Jüngling muß, wenn er das 19. Jahr erreicht, entweder in die erste Reserve oder in die Linie eintreten und 3 Jahre dienen. Gegen 100,000 Mann erfüllen diese gesetzlichen Bestimmungen in jedem Jahre, so daß ein beständiger Wechsel von der Linienarmee zu der ersten Reserve stattfindet.

Jeder Spanier muß in die Armee eintreten.

Dann, nach sechs Jahren, wenn der Bürger 25 Jahre alt geworden ist, tritt er in die zweite Reserve und hat militärische Pflichten nur noch zu erfüllen, wenn Krieg ist und er eingezogen wird. Deshalb kann behauptet werden, daß in Spanien und seinen Colonien 250,000 Mann beständig unter Waffen stehen. Die erste Reserve wird in der Küstenbewachung und im Zolldienst, sowie als Polizei in den Landdistrikten verwendet und kann auch zum Dienst in der Civil= garde, die unserer städtischen Polizei und der französischen Gensdarmerie ent= spricht, eingezogen werden.

Man kann auch mit achtzehn Jahren freiwillig eintreten, aber die Besoldung ist so gering, nur 20 Cents täglich, daß sehr wenige Spanier daran denken in die Armee einzutreten, wenn sie nicht müssen. Durch Bezahlung von $300 kann Jedermann sich von seiner Militärpflicht loskaufen.

Die 210,000 Soldaten, die bis zu der Zeit, da der Krieg mit Spanien begann, nach Cuba geschickt worden waren, wurden meist aus der ersten Reserve ausgehoben, obgleich die Linienarmee den größeren Theil der eingeübten Artilleristen, lieferte, die dazu bestimmt waren die schweren Geschütze in den Festungen zu bedienen.

Bis zum 1. März 1898 waren während der Insurrection, die im April 1895 begann, 1 General, 7 Stabsoffiziere, 53 Linienoffiziere und 1,314 Mann im Kampfe getödtet, und 1 General, 6 Stabsoffiziere, 55 Linienoffiziere und 704 Mann starben an erhaltenen Wunden, im Ganzen also 2 Generäle, 13 Stabs= offiziere, 108 Linienoffiziere und 2,018 Mann. Ueber 40,000 Mann waren nach Spanien zurückgekehrt. Dieselben Statisti= ken zeigen, daß 318 Offiziere und 13,390 Mann am gelben Fieber und 127 Offiziere und 4,065 Mann an anderen Krankheiten starben. Der Gesammt= verlust auf spanischer Seite während der Revolution beziffert sich auf 56,638 Offiziere und Soldaten.

Am 1. März 1898 standen nach Schätzung 96,287 spanische Soldaten unter Waffen; dazu kamen 52,000 Freiwillige, welche die cubanische Miliz bilden, oder im Ganzen 148,000 Mann. Von diesen lagen nach den letzten officiellen Mel= dungen 28,000 Mann in den Hospitälern, wonach eine thatsächliche Streitmacht von 120,000 Mann auf dem Papier stehen blieb.

Diese Statistiken sind angefertigt nach den officiellen Berichten, die an das Kriegsministerium in Madrid gesandt und von diesem in seinen Organen ver= öffentlicht wurden, die dem „Army and Navy Journal" und dem „Army and Navy Register" der Ver. Staaten entsprechen, und wurden von General Miles und Secretär Alger als officiell angenommen. In der Erwartung, mit jener Truppenzahl auf Cuba rechnen zu müssen, setzte General Miles die Höhe der Invasions=Armee auf 100,000 Mann fest.

Man darf sich aber nicht auf die spanischen Berichte verlassen. Ihre Armee ist zum großen Theil eine Sage. Niemand weiß, wie viele arme Teufel im Kampfe mit den Insurgenten fielen, und die Verwüstungen, die die Krankheiten anrichteten, sind noch schwerer festzustellen, erstens weil die spanischen Statistiken dafür bekannt sind, unvollständig und ungenau zu sein, und zweitens weil es im besonderen Interesse der Offiziere lag, die Mortalität unter ihren Leuten geheim zu halten. Die Soldaten erhalten ihre klägliche Löhnung von drei bis vier Silberdollars per Monat von ihren Regiments-Offizieren. Der Oberst eines Regiments schickt eine Forderung für so und so viel Mann in einem jeden Monat ein, und er macht die Zahlungsliste so lang wie möglich. Wenn dann das Geld kommt, vertheilt er es an die Capitäne der Compagnien, und die Capitäne wieder an die Soldaten.

Diebereien der spanischen Offiziere.

Eine der leichtesten und beliebtesten Methoden, die Regierung zu bestehlen, ist bei den Offizieren, die Zahl der dienstthuenden Mannschaften zu verdoppeln und das Geld, das zu ihrer Bezahlung geliefert wird, dann zu theilen. Auf Cuba sagt man gern, daß wenn ein Offizier einen Schlachtbericht einschickt, er es so darstellt, als wenn seine meisten Leute bei tapferem Ansturm auf den Feind erschossen worden wären, aber daß dieselben alle wieder lebendig werden, bevor er seine Zahlliste ausmacht. Es ist wohlbekannt, daß General Blanco nach Beginn der Blockade jeden körperlich tauglichen Bürger, den seine Conscriptions-Offiziere abfassen konnten, in den Heeresdienst preßte, und daß viele Anhänger der Revolution sich einreihen ließen, weil sie glaubten, ihrer Sache innerhalb der Verschanzungen größere Dienste thun zu können, wie außerhalb derselben. Dieser Klasse Leute war von keiner Seite zu trauen.

XXVI. Kapitel
Völlige Vernichtung der Flotte Cervera's.

Die Flotte des Admiral Cervera war lange Zeit in ben Hafen von Santiago eingeschlossen und während der zweitägigen Schlacht unterstützte sie die spanische Infanterie sehr wirksam, indem sie Granaten in die Reihen der Amerikaner warf.

Am Morgen des 3. Juli wurde ein neuer, großer Seesieg zu ben Erfolgen der amerikanischen Waffen hinzugefügt, ein Sieg, nicht weniger vollständig und denkwürdig, wie der von Admiral Dewey bei Manila errungene.

Admiral Cervera's Flotte, bestehend aus den Panzerkreuzern Cristobal Colon, Almirante Oquendo, Infanta Maria Teresa und Biscaya, und zwei Torpedobootjägern, der Furor und Pluton, die sechs Wochen hindurch im Hafen von Santiago durch die vereinigten Geschwader Contre-Admirals Sampson's und Commodore Schley's festgehalten worden war, wurde an der südlichen Küste von Cuba auf den Grund des Caraibischen Meeres versenkt.

Ein Granatenregen von Sampson's Flotte.

Der spanische Admiral wurde an Bord des Kanonenbootes Gloucester zum Kriegsgefangenen gemacht, und 1,000 bis 1,500 andere spanische Offiziere und Seeleute, alles, was dem fürchterlichen Blutbade, das die Granaten der amerikanischen Kriegsschiffe anrichteten, entkommen war, wurden ebenfalls zu Kriegsgefangenen gemacht.

Admiral Cervera unternahm, um seine Schiffe zu befreien und zu erhalten, einen so kühnen Angriff, wie er nur je in der Geschichte der Seekriege vorgekommen ist. Angesichts einer überwältigenden Uebermacht, mit keiner anderen Aussicht vor sich, als unvermeidlicher Vernichtung oder Uebergabe, wenn er noch länger in der Falle blieb, in welcher die amerikanische Flotte ihn festhielt, machte er in einer Zeit, zu der die Amerikaner es am wenigsten erwarteten, einen kühnen Ausfall aus dem Hafen und, jeden Zoll seines Weges erkämpfend, versuchte er, selbst als seine Schiffe schon in vollem Brand und im Sinken waren, immer noch dem Verderben zu entrinnen, das auf der Mündung einer jeden amerikanischen Kanone geschrieben stand, die auf seine Schiffe gerichtet war.

Die Amerikaner bemerkten ihn in demselben Augenblicke, als er den Hafen verließ, und begannen sofort ihr Zerstörungswerk. Eine bis zwei Stunden verfolgten fie der Küfte entlang die nach Weften fliehenden Spanier, wobei fie Schuß auf Schuß in ihre brennenden Schiffe fandten, große Löcher in ihre Stahlfeiten riffen und die Decks mit dem Blute der Todten und Verwundeten bedeckten, die in dem Treffen fielen. Nie gaben die Spanier auch nur das geringfte Anzeichen, daß fie etwas Anderes beabfichtigten, als bis zum Aeußerften zu kämpfen. Selbft wenn ihre Schiffe zu finken begannen und dunkle, aus ihren

Admiral Cervera.

Schiffen auffteigende Rauchwolken bewiefen, daß fie in Brand ftanden, erfolgte kein Signal der Uebergabe, fondern fie fteuerten nach der kaum eine Meile entfernten Küfte und ließen die Schiffe auf den Strand oder die Felfen laufen, wo fich ihre Zerftörung in unglaublich kurzer Zeit vollzog.

Alle Augenblicke erfolgten heftige Explofionen von Munition, die dichten weißen Rauch hundert Fuß hoch in die Lüfte fandten und einen Hagel von zerbrochenem Eifen und Stahl nach allen Seiten in das Waffer fchleuderten, und deren Donner von den Felfen an der Küfte widerhallte. Die fpanifchen

Schiffe sanken tiefer und tiefer oder zerschellten auf den Felsen in Stücke, da sie bei jeder auf sie stürzenden Welle unaufhörlich rollten und stampften.

Admiral Cervera entkam in einem Boote, das vom Gloucester der Infanta Maria Teresa zu Hülfe gesandt war, an die Küste. Sobald er den Strand er= reichte, übergab er sich und sein Commando dem Lieutenant Morton und bat, ihn mit mehreren seiner Offiziere, einschließlich des Capitäns des Flaggenschiffes, an Bord des Gloucester zu nehmen, der zur Zeit das einzige amerikanische Fahr= zeug in seiner Nähe war. Der Wunsch des am Arme verwundeten spanischen Admirals wurde erfüllt. Der Commandeur des Gloucester, Lieutenant=Com= mander Richard Wainwright, empfing ihn an der Fallreepstreppe, ergriff die Hand des graubärtigen Admirals und sagte zu ihm: „Ich beglückwünsche Sie, mein Herr, zu einem so tapferen Kampfe, wie er je auf dem Meere erlebt wor= den ist."

Dann stellte er den spanischen Offizieren seine Kajüte zur Verfügung.

Wainwright's bewunderungswürdiger Kampf.

Um diese Zeit waren das spanische Flaggenschiff und vier andere Fahrzeuge auf den Grund gelaufen und seit zwei Stunden in Flammen. Das einzige Schiff der fliegenden Flotte, das vom Gloucester aus nicht gesehen werden konnte, war der Cristobal Colon, aber weit unten am westlichen Horizont zeigten ein halbes Dutzend Rauchwirbel an, welches Schicksal ihn erwartete.

Der Cristobal Colon, der das schnellste spanische Schiff war, gewann bald nach dem Verlassen des Hafens einen Vorsprung vor den Anderen und entkam der Wirkung der Schüsse, welche die anderen Fahrzeuge vernichteten. Er dampfte schnell davon, verfolgt von dem Oregon, Brooklyn und mehreren ande= ren Schiffen, die sämmtlich beständig auf ihn feuerten und ihrerseits von seinen Hinterdeck=Kanonen beschossen wurden.

An sein Entkommen war augenscheinlich nicht zu denken, und obwohl sein Schicksal eine zeitlang nicht bestimmt bekannt war, wurde es von Capitän Robley D. Evans von der Jowa, der mit 340 Gefangenen von der Biscaya zurückkehrte, vorausgesagt.

In Beantwortung einer Anfrage rief er durch das Megaphon: „Vor einer Stunde ließ ich den Cristobal Colon weit westlich zurück und der Oregon machte ihm die Hölle heiß. Er ist unzweifelhaft mit den Anderen zu Grunde gegangen, und wir werden morgen den Vierten Juli in Santiago feiern."

Capitän Evans, der, bis er die Offiziere und Leute der Biscaya von der

Küste an Bord genommen hatte, im dichtesten Kampfgetümmel gewesen war, fügte hinzu, daß seines Wissens kein amerikanisches Schiff getroffen sei. Das Torpedoboot Erickson brachte eine ähnliche und die weitere Nachricht, daß auch kein Mann verletzt sei. Nach einer anderen Mittheilung, die sich später bestätigte, war an Bord des Brooklyn ein Mann getödtet.

Die Decks mit Todten und Verwundeten bedeckt.

Der Verlust der Spanier konnte nicht genau festgestellt werden, doch hielt man ihn für schwer, da die Gefangenen erzählten, daß ihre Decks mit einer großen Anzahl von Todten und Verwundeten bedeckt waren, und außerdem berichtet wurde, daß nach dem Kampfe viele Menschen an den im Meere herumschwimmenden Trümmern festgeklammert gesehen worden seien. Ein großer Theil der verwundeten Spanier wurde auf die amerikanischen Schiffe gebracht.

Weitere Einzelheiten über die große Schlacht liefert die Erzählung eines anderen Augenzeugen:

„Drei spanische Kreuzer und zwei Torpedoboot-Zerstörer, die im Hafen von Santiago eingeschlossen waren, wurden am Sonntage bei dem vergeblichen Versuche zu entkommen von den Kanonen des Admirals Sampson zu hülflosen Massen zusammengeschossen. Um möglichst Vielen von der Bemannung das Leben zu retten, liefen die Schiffe auf den Strand.

„Ungefähr um ¼10 Uhr machte Admiral Cervera, an Bord der Maria Teresa, an der Spitze seiner Flotte den Versuch, zu entkommen. Die Amerikaner hatten den Ausbruch so wenig erwartet, daß das Flaggenschiff New York an der Küste hinauf nach Osten zu kreuzte und nur gerade zur Zeit zurückkehrte, um das Ende des Kampfes mit anzusehen und einige Schüsse auf die Torpeboboot-Zerstörer abzufeuern.

„Sobald der Colon nach Umschiffung des Wrackes des Merrimac in Sicht kam, nahmen die Jowa, Indiana, Oregon, Massachusetts, Texas, Brooklyn und der Gloucester Schlachtstellung ein.

„Die amerikanischen Schiffe begannen den Kampf nicht sofort, sondern warteten, bis Cervera's Schiffe außer Schußweite der Geschütze des Morro waren. Cervera steuerte mit dem Colon an der Tete, dem die Viscaya, Oquendo und die Zerstörer folgten nach Westen, und Alle unterhielten ein rasches Feuer.

„Alle amerikanischen Schlachtschiffe eröffneten auf einmal die Kanonade, und bald waren die Spanier in einem Hagel von Schüssen und Granaten, doch hielt sich die Teresa tapfer, bis Admiral Cervera sie etwa zehn Meilen westlich von

Morro Castle gegen die Küste wandte und stranden ließ. Sie brannte an vielen Stellen, setzte aber das Geschützfeuer fort und zog nicht eher die Weiße Fahne auf, bis sie vollständig kampfunfähig wurde.

Verzweifelter Muth auf beiden Seiten.

„Oquendo und Viscaya standen der Jowa, Texas und Indiana gegenüber und gingen mit fürchterlicher Schnelligkeit ihrer Niederlage entgegen, indem sie nur ungefähr halb so weit kamen wie der Colon, bevor ihre Capitäne sie auf den Strand laufen ließen. Ihre Mannschaften kämpften mit verzweifelter Tapferkeit, doch war ihr Muth dem Muthe unserer Leute, verbunden mit ihrem vorzüglichen Schießen, nicht gewachsen. Die spanischen Granaten gingen größtentheils fehl, während das amerikanische Geschützfeuer sich durch eine erbarmungslose Präcision auszeichnete.

„Eines der dramatischsten Ereignisse der Schlacht war der Kampf zwischen den Torpedoboot-Jägern und dem Gloucester. Letzterer, der mehrmals getroffen wurde, feuerte zuerst mit seinen Sechspfündern auf sie, doch fuhren sie hinter ihm vorbei und kämpften mit den Schlachtschiffen.

„Als ihnen deren Feuer zu heiß wurde, kehrten sie um und griffen den Gloucester an, bis sie unter Beihülfe der hinzukommenden New York in Brand gesetzt wurden und auf den Strand laufen mußten. Ihre Mannschaften stürzten sich, um ihr Leben zu retten, in die Brandung. Auf den gestrandeten Schiffen folgte Explosion auf Explosion."

Die Viscaya, Maria Teresa und der Oquendo waren Schwesterschiffe und wurden 1890 bis 1891 in Bilbao gebaut. Sie waren aus Stahl und hatten je zwei Schrauben, zwei Thürme und zwei Kriegsmasten. Ihre Wasserverdrängung betrug 6,890 Tonnen, ihre Länge 364 Fuß, die Breite 65 Fuß 2 Zoll, und der mittlere Tiefgang 21½ Fuß. Maschinen von 9,560 Pferdekräften gaben ihnen eine Geschwindigkeit von 18.5 Knoten, die durch forcirten Zug auf 20.2 Knoten erhöht werden konnte.

Furchtbare Armatur.

Diese Schiffe waren besonders durch ihre Armatur furchtbar. Auf der Wasserlinie hatten sie einen stählernen Panzergürtel von 5½ Fuß Breite, 315 Fuß Länge und 12 Zoll Dicke. Die Geschützthürme waren mit einem neunzölligen Panzer umgeben. Das stählerne Schutzdeck hatte eine Dicke von 2 bis 3 Zoll,

G 22

und die Munitionsröhren und Magazine waren von einem achtzölligen Kreise aus Stahl umgeben. Die Bewaffnung bestand auf jedem Schiffe aus 40 Kanonen, 6 Torpedoröhren auf der Biscaya und je 8 auf den beiden Anderen. Die Schiffe hatten eine Besatzung von je 484 Mann und wurden von den Spaniern als die mächtigsten Fahrzeuge in ihrer Flotte angesehen.

Der Cristobal Colon war im Großen und Ganzen ähnlich, aber von neuerer Bauart, da er erst im Jahre 1896 fertig wurde. Er hatte 6,840 Tonnen, war 328 Fuß lang und in anderer Beziehung mit wenigen Abweichungen den drei genannten Schiffen gleich. Seine Besatzung war 500 Mann stark.

Als Resultat der schrecklichen Seeschlacht waren an der Küste von Cuba entlang auf ungefähr 50 Meilen weit zerschmetterte Trümmer der einst stolzen spanischen Schiffe verstreut, in der Sonne wie die Gebeine eines geisterhaften Skelettes glänzend. Wohlgefällig fuhr Admiral Sampson's Flotte eine Strecke von der Küste fort und überblickte die Folgen ihrer grimmigen Arbeit und mit Genugthuung eines mächtigen Sieges.

Dieser großartige Sieg kostete den Amerikanern das Leben eines Bootsmannes der Brooklyn und leichte Beschädigungen mehrerer Fahrzeuge. Die Spanier aber mußten schwer dafür büßen. So weit, wie zur Zeit festgestellt werden konnte, verloren sie 307 Todte, 145 Verwundete und fast 2,000 Gefangene. Unter den Letzteren befanden sich Admiral Cervera, Vice-Admiral Villamil, Capitän Eulate von der Biscaya und die anderen Offiziere des Geschwaders, die an Bord des Hülfskreuzers St. Louis gebracht wurden.

Das Wrack des Cristobal Colon.

Der Cristobal Colon, der von der Brooklyn und dem Oregon bis nach Jarquina, etwa 50 Meilen vom Hafen von Santiago entfernt, gejagt worden war, lag dicht am Strande halb unter Wasser. Bevor er erobert und eine Prisen-Besatzung an Bord gesetzt war, hatten die Spanier alle Luken geöffnet, um das Schiff rasch zum Sinken zu bringen. Er lag auf der Seite und zeigte mit seinen Kanonen 'gen Himmel.

Admiral Cervera gab den Grund an, weshalb er aus dem Hafen lief und den Morgen statt der Nacht wählte. Er wurde, wie er sagte, durch einen Befehl des General-Capitäns Blanco, der nach Instruktionen aus Madrid handelte, gezwungen, den Hafen zu verlassen, und wählte dazu den Morgen, weil er annahm, daß die amerikanische Flotte um diese Zeit noch nicht den zur Jagd nöthigen Dampf in Bereitschaft haben würde.

Der Admiral scheint vor dem Auslaufen des Hafens eine Berathung mit seinen Offizieren gehabt zu haben, und das Wagniß mit einer geringen Mehrheit beschlossen worden zu sein.

Die Minderheit behauptete, daß die Vernichtung unvermeidlich sei, da viele Heizer gemeutert hätten und die besten Leute der Flotte durch Bedienung der Küstenbatterieu erschöpft seien.

Am frühen Morgen wurde das Meer sorgsam nach West und Ost beobachtet, und Admiral Cervera entschied sich für den westlichen Kurs, um Manzanillo, Cienfuegos oder, wo möglich, den Hafen von Havana zu erreichen. Er würde nach Osten gegangen sein, wenn sich nicht in der Höhe von Siboney eine große Transportflotte gezeigt und die Annahme veranlaßt hätte, daß sie von einem Convoy von Kriegsschiffen begleitet sei. In der That war außer der New York kein größeres Kriegsschiff, als eine in Dienst gestellte Yacht dabei, das das Entkommen Cervera's nach Osten hätte verhindern können.

Der spanische Admiral ergiebt sich.

Die erste Aeußerung über die Seeschlacht machte der spanische Commandeur zu einem Correspondenten der „Associirten Presse" an Bord der Jowa und zwar wie folgt: „Ich wollte meine Schiffe wie ein Seemann lieber auf dem Meere als im Hafen verlieren. Es blieb mir nichts anderes übrig."

Bald nachdem sich Admiral Cervera ergeben hatte, wurde er auf seinen Wunsch an Bord der Gloucester genommen. Der kummervolle Ausdruck seines Gesichtes ließ keine Mißdeutung zu, als er die von Lieutenant-Commandeur Wainwright entgegengestreckte Hand ergriff und nach dessen Kabine gewiesen wurde, doch gab er sich alle Mühe seine bittere Niederlage muthig zu ertragen. Er dankte dem Capitän der Gloucester für die Worte, mit denen er ihn zu seinem tapferen Kampfe beglückwünschte, und sprach dann seine Besorgniß um die Sicherheit seiner Leute auf der Küste aus. Er theilte dem Commandeur Wainwright mit, daß sich auf den Bergen cubanische Soldaten befänden, die sich zu einem Angriffe auf seine unbewaffneten Leute rüsteten. Doch dächte er, daß seine Matrosen genug in der Schlacht mit den Amerikanern gelitten hätten. Er sei bereit sein ganzes Commando zu übergeben, bitte aber seine Leute so lange zu schützen, bis sie von den amerikanischen Schiffen aufgenommen werden könnten. Da Commandeur Wainwright ähnliche Berichte über die Anwesenheit der Cubaner von seinen eigenen Offizieren erhalten hatte, sandte er eine bewaffnete Matrosenabtheilung an die Küste, um die Belästigung der spanischen Gefangenen zu verhindern.

Noch stundenlang nach der Uebergabe des Admirals Cervera brannten die Infanta Maria Teresa, Oquendo und Biscaya fort und ab und zu kündete ein dumpfes Dröhnen, begleitet von Flammen und Rauch, die aus den Schiffen aufstiegen, die Explosion von Munition oder einem Magazin an. Wie die Flammen höher und höher über den Decks der prächtigen Schiffe der einstigen spanischen Flotte emporschossen, überkam Viele, die diesem Schauspiele zusahen, das Gefühl, daß es in enger Beziehung zu der Zerstörung des amerikanischen Schlachtschiffes Maine im Hafen von Havana stehe.

„Die Maine ist gerächt."

Lieutenant=Commandeur Wainwright, der Commandeur des Gloucester, der zur Zeit der Katastrophe der befehligende Offizier der Maine war, wohnte, obwohl er noch zwei Monate nach der Explosion im Hafen von Havana verblieb, an Bord des Depeschenbootes Fern und weigerte sich hartnäckig einen Fuß in die Stadt zu setzen, bis, um seine eigenen Worte zu gebrauchen, die Zeit käme, wo er an der Spitze einer landenden Abtheilung amerikanischer Blaujacken die Küste betreten würde. Sein Schiff bohrte die beiden spanischen Torpedoboot=Zerstörer in den Grund und nahm den spanischen Admiral als Kriegsgefangenen an Bord.

Von der Commandobrücke der Gloucester aus beobachtete Commandeur Wainwright die Flammen und den Rauch, die aus den drei größten Kriegs= schiffen der spanischen Flotte emporstiegen die bald nur noch als zerschmetterte Masten und Schornsteine aus dem Wasser hervorragten, und es kann daher nicht anfallen, daß er zu seinen Offizieren bemerkte: „Die Maine ist gerächt!"

Als der Pluton und Furor sanken, rettete das Boot der Gloucester alle Ueber= lebenden, die es an der Küste finden konnte. Unter den Kriegsgefangenen be= fanden sich die Capitäne beider Boote. Niemand leistete Widerstand, sondern Alle freuten sich auf die Gloucester zu kommen, da sie einen Angriff der Cubaner fürchteten.

Mehrere Ueberlebenden, darunter Offiziere des Furor, denen, wie berichtet wurde, die Beine abgeschossen waren, und die an der Küste entlang liegen sollten, konnten nicht gefunden werden. Drei Offiziere und sechs Mann der Pluton ent= kamen in einem ihrer eigenen Boote von der Küste und arbeiteten sich zu dem Depeschenboote der „Associirten Presse", Wanda. durch, wo sie blieben, bis ihnen ihr Capitän, der als Gefangener auf dem Gloucester war, befahl, zu ihm an Bord des letzteren zu kommen.

Das Bemerkenswertheste der Schlacht war die Thatsache, daß die amerikanischen Fahrzeuge troß der gänzlichen Zerstörung der spanischen Flotte und des harten Kampfes, den diese Schiffe, selbst nachdem sie in Flammen standen, fochten, ohne Schaden davon kommen sollten. Es kann das nur der mangelhaften Schießkunst der spanischen Kanoniere zugeschrieben werden, die sich auch in allen anderen Kämpfen des Krieges deutlich zeigte.

Lange und aufregende Jagd.

Nach einer langen Jagd in westlicher Richtung überholte die Brooklyn dicht gefolgt vom Oregon, den Cristobal Colon, nachdem er auf den Strand gelaufen war und seine Flagge gestrichen hatte. Capitän Cook vom Brooklyn ging an Bord des Colon, dessen Commandeur sich ergab und an Bord der New York gebracht wurde, die eine Stunde nach der Eroberung des Cristobal Colon durch die Brooklyn und den Oregon herangekommen war.

Während der Jagd machte Commodore Schley durch ein geschicktes Manöver das Entkommen der Spanier unmöglich, indem er direkt westlich auf Cap Caney zu steuerte, während der Colon einen südlicheren Kurs eingeschlagen und daher eine viel größere Strecke zurückzulegen hatte.

Der Oregon schloß sich zuerst die Brooklyn an und hinterher rückten die Jowa, Indiana, Texas und Vixen dicht auf die Spanier, die sie mit einem todbringenden Feuer überschütteten. Die wichtigste Rolle bei der Vernichtung der feindlichen Flotte spielten jedoch vom Anfang bis zum Ende des Kampfes die Brooklyn, Oregon und Gloucester.

Folgendes ist eine genaue Schilderung der Schlacht von einem Augenzeugen:

„Commodore Schley's Flaggschiff, die Brooklyn, hatte seine gewöhnliche Stellung am äußersten westlichen Ende der Linie, zehn Meilen von der New York und Texas, als die spanische Flotte erschien. Es ist ein sonderbarer Umstand, daß er gerade in der geeigneten Stellung sein mußte, um sein Geschwader gegen die spanische Flotte zu führen, die er sechs Wochen vorher im Hafen von Santiago eingeschlossen hatte.

„Ungefähr um 9 Uhr Morgens passirte das Flaggschiff Infanta Maria Teresa unter den Mauern von Morro Castle und dampfte hinaus in's Meer, gefolgt von Cristobal Colon, Biscaya, Oquendo und schließlich den Torpedoboot-Zerstörern Pluton und Furor.

Aufregung auf den amerikanischen Schiffen.

„Sofort wurden sie von den amerikanischen Schiffen, die fünf bis zehn Meilen vom Hafeneingange lagen, bemerkt. Auf den meisten amerikanischen Kreuzern wurde gerade Sonntagsparade abgehalten, ohne den Gedanken an eine solche Ueberraschung, daß die spanische Flotte an dem versenkten Merrimac vorbei kommen könnte, von dem man fälschlich glaubte, daß er den Ausgang der Flotte gänzlich versperrte.

„Sofort herrschte große Aufregung und hastige Thätigkeit auf der ganzen amerikanischen Linie. Auf jedem Schiffe wurde nach dem Maschinenraum der Befehl: „Mit voller Geschwindigkeit vorwärts!" gegeben. Die ganze Flotte rückte auf die Spanier zu und die großen Kanonen der Schlachtschiffe und die kleineren Batterien der anderen Fahrzeuge feuerten aus weiter Entfernung Schuß auf Schuß.

„Da die Schiffe an der Küste entlang fuhren, wurde es bald klar, daß die Spanier nicht zu einem Angriffe heraus gekommen waren, denn sie wendeten sich, so wie sie den Hafen verlassen hatten, nach Westen und begannen den Wettlauf um ihre Rettung, indem sie gleichzeitig das Feuer der Amerikaner, so schnell als ihre Leute laden und feuern konnten, erwiderten. Die Brooklyn, Massachusetts, Texas, Oregon und Jowa waren den Spaniern näher als die anderen amerikanischen Schiffe, aber doch zu weit für ein wirksames Feuer. Indessen sammelten sie allen Dampf in Vorbereitung für die Jagd an und unterbrachen keinen Augenblick die Kanonade.

„Die Gloucester, eine kleine, schnelle Yacht, die sich keiner schwereren Batterien als einiger Sechs- und Dreipfünder rühmen konnte, lag vor Aguadores, drei Meilen östlich vom Morro, als die Spanier herauskamen. Zuerst betheiligte sie sich an dem Angriffe auf ein großes Schiff, blieb dann aber zurück, da Capitän Wainwright beschloß, seine Kräfte für die beiden in der Nachhut befindlichen Torpedobootjäger aufzusparen.

„Die Gloucester dampfte hinter ihnen her, als sie zum Vorschein kamen, und jagte sie bis zu einem Punkte, fünf Meilen westlich vom Morro, wobei sie während der ganzen Zeit Schuß auf Schuß auf sie abgab. Die Anstrengungen dieses Schiffes trugen reichliche Früchte, denn ihm verdankt man die Vernichtung der beiden Torpedobootjäger. Es feuerte während der Jagd 1400 Schüsse ab, und es dauerte nicht lange, bis die beiden Schiffe in Flammen standen und ganz unbrauchbar gemacht waren.

Versuch der Torpedoboote, zu entkommen.

„Trotzdem erwiderten sie beide das Feuer der Gloucester und ein Hagel von Granaten schlug rings um die Yacht ein. Die Furor entschloß sich augenscheinlich, sich dem Feuer nicht länger aussetzen zu wollen und wendete und nahm ihren

Curs auf Santiago. Doch die Gloucester deckte sie einfach zu mit den Geschossen aus ihren Schnellfeuergeschützen, und schnell wie der Wind zwang sie sie, zu wenden und wieder westwärts zu steuern.

„Rauch begann aus den Seiten der Furor hervorzuquellen und sie wendete sich der Küste zu. Bevor sie jedoch viel weiter gelangt war, wurde sie von dem Rest ihrer Bemannung verlassen, der in Booten bald darauf die Küste erreichte. Zu dieser Zeit war die Furor nur noch eine Flammenmasse und trieb hülflos einher. Der Pluton befand sich in demselben trostlosen Zustande und steuerte ebenfalls auf die Küste zu und, seitlings auf einem niedrigen Küstenfelsen sich festfahrend, wurde er bald in Stücke geschlagen und brach schließlich ganz auseinander. Für seine Mannschaft war der Landungsplatz sehr gefährlich, doch die Hälfte davon erreichte lebend die Küste.

„Die Gloucester fuhr nicht weiter westwärts, sondern legte an der Küste bei und setzte ein Boot zur Unterstützung der Mannschaft der Zerstörer aus. Es nahm nicht lange Zeit, bis die Flammen das Pulvermagazin des Furor erreichten und dann erfolgten zwei schreckliche Explosionen, wahrscheinlich von der Schießbaumwolle, die sie an Bord hatte, wodurch ihr Boden ein Leck erhielt. Ihr Stern sank sogleich und als er im Wasser verschwand, richtete sich ihr Bug steil in die Luft und sie sank auf den Grund zu ewiger Vergessenheit, ein zischendes Pfeifen von sich gebend, als sie von der Oberfläche verschwand.

„Inzwischen kamen die größeren amerikanischen Schiffe den spanischen Kreuzern näher und ein Hagel von Geschossen wurde zwischen Verfolgern und Verfolgten ausgewechselt. Das Feuer der Amerikaner war so schnell, daß die Schiffe in eine Rauchwolke eingehüllt waren und es unmöglich war zu sagen, welches von den Schiffen die besten Erfolge erzielte. Die Brooklyn und die fünf Schlachtschiffe unterhielten ein beständiges Feuer auf die Infanta Maria Teresa, die Biscaya und die Almirante Oquendo und letztere erwiderten es muthig, aber erfolglos. Die spanischen Kanoniere schienen nicht im Stande zu sein, die Distanz richtig abzuschätzen, und viele ihre Schüsse waren ins Blaue hinein geschossen, obgleich eine Anzahl derselben ihrem Ziele bedenklich nahe kamen.

Ein Hagel von Geschossen.

„Die Kanonen der Batterie gerade östlich vom Morro nahmen auch an dem Gefechte theil und ihre Geschosse schlugen rings um die amerikanischen Schiffe ein. Viele derselben trafen auch den Oberbau der fliehenden spanischen Schiffe und müssen viele von ihrer Besatzung getödtet und verwundet haben. Die

Spanier waren jetzt bis zu einem Punkte 7 Meilen westlich vom Morro gekommen und eine oder zwei Meilen über den Ort hinaus, wo die Furor gesunken und der Pluton zwischen den Felsen zerschellt war.

„Das Flaggschiff und die Oquendo verriethen zuerst ihre Bedrängniß. Zwei 13=zöllige Granaten von einem der Schlachtschiffe hatten die Maria Teresa an der Wasserlinie getroffen, große Löcher in ihre Seiten reißend und dem einströmenden Wasser einen breiten Weg öffnend. Die Oquendo wurde hart mitgenommen und beide Schiffe hielten auf eine kleine Bucht zu und geriethen 200 Yard von der Küste auf den Grund, wobei auf allen Seiten Flammen ausbrachen. Die Offiziere und die Mannschaften mußten das Schicksal erkennen, das ihrer harrte, trotzdem wurde erst befohlen, mit dem Feuern anzuhalten, als die Schiffe in Feuer standen und ganz in Flammen eingehüllt waren.

„Die Oquendo war in einer kleinen Bucht auf den Grund gelaufen und liegt jetzt ziemlich hoch auf dem Strand, wo sie wohl bleiben wird, bis die Zeit und die Elemente die Zerstörung vollenden, die von den amerikanischen Geschützen begonnen wurde. Ihre Seiten sind von vielen Schüssen zerrissen und am Bug auf der Backbordseite befindet sich ein schreckliches Loch von einer 13-zölligen Granate. Am Stern auf der Backbordseite befand sich nahe der Wasserlinie eine breite Spalte. Ihre Kriegsmasten waren verloren gegangen und ihr Deck bot ein Schauspiel der Vernichtung und Verwirrung.

„Ein kleines Boot wurde von dem Depeschenboot herabgelassen und der Berichterstatter wurde an die Oquendo herangerudert. Als man sich dem Schiffe näherte, bot sich ein gräßlicher Anblick dar. Todte Spanier trieben rings auf dem Wasser. Sie waren bis zum Gürtel nackt, so wie sie bei ihren Geschützen gestanden hatten. Das Boot wurde mit ängstlicher Vorsicht zwischen diesen schrecklichen Dingen hindurchgesteuert, da der Anblick Mitleid erregte, zugleich aber auch ein Gefühl der Genugthuung, daß man sich der Maine so wohl erinnert hatte.

Gegen diese Zeit kam das Kanonenboot Suwanee heran und Lieutenant Blue ging in einem Boot an die Küste, um sich nach den Ueberlebenden von der spanischen Mannschaft umzusehen, und sie zu Gefangenen zu machen. Die Leute in dem Depeschenboot beschlossen ihnen zu folgen obgleich sie kein Lebensrettungsboot oder Rettungsgürtel hatten, wie die Mannschaft der Suwanee. Die Brandung war stark an dem felsigen Ufer, doch das kleine Boot erreichte den Strand, wenn auch mit großen Schwierigkeiten. Lieutenant Blue jedoch war nicht so glücklich. Als sein Boot noch etwa 20 Yards von der Küste entfernt war, wurde es von einer mächtigen Welle emporgehoben und vorwärts geworfen und Lieute-

nant Blue wurde in das Wasser geschleudert. Sein Boot kam glücklich an das
Ufer und seine Leute zogen ihn aus dem Wasser.

Jagd auf Spanier.

„Man fand eine Bande Cubaner am Strande. Sie schauten auch nach Spaniern aus, doch muß man befürchten, daß sie keineswegs so menschenfreundliche
Absichten hatten, wie die Amerikaner. Es wurden aber keine Spanier gefunden,
und Lieutenant Blue kehrte zu der Suwanee zurück, welche in See stach.

Die Zeitungsleute meinten, daß es eine ausgezeichnete Idee sein würde, auf
eigene Rechnung einige Gefangene zu machen, so thaten sie sich mit einigen Leuten
von den anderen Depeschenbooten zusammen und hielten auf die Infanta Maria
Teresa zu, die etwas weiter westlich an der Küste lag. Dies Schiff befand sich
nicht in ganz so schlechtem Zustande wie der Oquendo. Es war arg mitgenommen von den Granaten und geschwärzt vom Feuer, aber seine Kriegsmasten
standen noch aufrecht. Seine Commando-Brücke, obgleich ganz aus Rick und
Schick, war doch noch als Brücke zu erkennen. Nichtsdestoweniger hatte von den
spanischen Schiffen dieses zuerst den Kampf aufgegeben und auf die Küste zuge-
halten. Das Feuer brannte in ihm noch langsam weiter und ab und an explodirten Patronen, als ob ein schwacher Versuch gemacht würde, den Kampf
fortzusetzen.

Die Küste wurde gründlich nach Spaniern abgesucht, und schließlich wurden
einige zwanzig Mann in einem Winkel des Strandes zusammengedrängt gesehen.
Die Zeitungsleute riefen ihnen zu und machten mit ihrem Schießzeug eine drohende Bewegung. Die Männer, welche wirklich Spanier waren, waren gänzlich
eingeschüchtert und beeilten sich mit großer Schnelligkeit, ihre weißen Taschentücher
zu schwingen. Eine Landung wurde bewerkstelligt und den Spaniern wurde
gesagt, daß sie Gefangene wären, und daß sie an Bord eines Bootes gebracht
und dem amerikanischen Admiral überliefert werden würden. Sie schienen mehr
erbaut denn sonst etwas zu sein, als ihnen dies mitgetheilt wurde, denn sie schienen die Cubaner mehr als die Amerikaner zu fürchten. Es wurde nach einer
Dampfbarkasse geschickt und die Berichterstatter hielten bis zu deren Ankunft bei
den Gefangenen Wache. Mehrere todte Spanier, an welchen Geier ihr Mahl
hielten, lagen auf dem Strande und man ließ sie von den Gefangenen begraben.

Mörderisches Geschützfeuer der Amerikaner.

„Die meisten Gefangenen waren verwundet, da sie im hitzigsten Gefechte gestanden hatten. Man erfuhr, daß die Kanonade der Amerikaner immer wilder

und tobbringender gewesen war, so daß die spanischen Kanoniere ihre Geschütze im Stiche ließen, dafür aber von ihren eigenen Offizieren niedergeschossen wurden. Als das Gefecht immer verzweifelter wurde, wurden, nach ihrer Erzählung, die Weine und Spirituosen, die den Offizieren gehörten, an die Mannschaften ausgetheilt, um mit angetrunkenem Muth den hoffnungslosen Kampf fortzusetzen. Endlich gaben auch die Offiziere die Hoffnung auf und befahlen die Schiffsluken zu öffnen. Dann wurden die Schiffe auf den Strand gesetzt.

Sechszehn der Gefangenen waren von der Biscaya, sechs vom Almirante Oquendo und sieben von der Infanta Maria Teresa, im Ganzen also neunundzwanzig. Sie wurden an Bord des Depeschenbootes gebracht, welches seinen Curs auf die Flotte nahm. Als das Depeschenboot an der Texas vorbeifuhr, signalisirte es seine Gefangenenbeute und erhielt dafür von den Seeleuten herzliche Hurrahs zur Antwort.

„Als man das Flaggenschiff erreicht hatte, dankte Admiral Sampson den Zeitungsleuten und bat sie, ihre Gefangenen an Bord der St. Louis abzuliefern. Dies geschah, und von dem Offizier der Seesoldaten, der die Spanier in Verwahrung nahm, ward in aller Form ein Empfangschein ausgestellt. An Bord der St. Louis befand sich Capitän Eulate, der Commandeur der Biscaya. Er äußerte sich bekümmert über die üble Wendung der Dinge, doch, meinte er, hätte er seine Pflicht gethan und hätte nicht mehr thun können.

Ein Achtung einflößender spanischer Commandeur.

„Auch Admiral Cervera war an Bord der St. Louis, nachdem man ihn von der Gloucester herübergeholt hatte. Er ist ein gut aussehender alter Herr, der, als er so dastand ungebeugt, in voller Uniform, mit den goldenen Abzeichen seines Ranges und mehreren Ordensauszeichnungen, eine imponirende Figur machte. Später dampfte das Depeschenboot nach dem Wrack der Biscaya, an deren Bug man ein großes Leck wahrnahm, und deren Deck mit einem Gewirr von Eisentheilen und Trümmern bedeckt war.“

Die Vernichtung der spanischen Flotte war das Hauptthema der Unterhaltung zwischen den Marinebeamten zu Washington. Sie spendeten Commodore Schley das freigebigste Lob für die bemerkenswerthe Art und Weise, in der er das Gefecht leitete, nachdem der Oberbefehl ihm zugefallen war. Freunde des Commodore hatten vorausgesagt, daß, wenn sich ihm die Gelegenheit böte, er den Ausweis der Kampftüchtigkeit der amerikanischen Flotte geben werde, und sie waren erfreut, daß sich diese Gelegenheit geboten hatte.

Es war eine weitere, vielleicht die größte That in der langen Reihe von Thaten, an die sich Schley's Name knüpft, darunter die Rettung von Greely's Nord-
polexpedition und das Commando über die Baltimore vor Valparaiso, damals,
als Krieg mit Chile drohte wegen des Angriffs des Pöbels auf die amerikanischen Blaujacken.

Der glänzende Erfolg unserer Flotte vor Santiago wird, so nimmt man an,
manche streitige Frage über moderne Kriegsausrüstung entscheiden. Wie früher
ist es die Mission dieses Landes, die Theorien disputirender Sachverständigen
in blutiger Entscheidung zu bestätigen oder umzustoßen. Im Kriege 1812 revo-
lutionirten unsere Fregatten durch fünf Seekriege die Geschützkunst zur See. Im
Bürgerkriege segte der Wettkampf zwischen Monitor und Merrimac die Oberherrschaft der Holzwände und der dreistöckigen Batterien hinweg und führte das
Zeitalter der Eisenwände und Monstergeschütze ein. Die Vernichtung der Flotte
Cervera's sicherte dem Schlachtschiff als entscheidendes Element im Seekriege die
Ueberlegenheit und bestätigte wiederum den Vorrang der Kanone als des
Hauptschlüssels für Erfolge der Flotte.

Mit beiden muß Disciplin, Uebung, Intelligenz und Tapferkeit Hand in
Hand gehen. Die vier armirten Kreuzer des spanischen Admirals waren in
Panzerung, Armirung und Bemannung typische Schiffe einer erprobten Klasse.
Dazu kam eine geprüfte Geschwindigkeit, die die der Schlachtschiffe erster Ord-
nung übertraf. Sie flogen unter dem schützenden Feuer der Strandbatterien
seewärts und fanden in dem sie erwartenden Gegner Schiffe, die durch eine er-
müdende Blockade mitgenommen, und Mannschaften, die durch ein schlafloses
Wachen ermattet waren.

Eine ehrenvolle Niederlage.

Mit den Kreuzern liefen zwei Torpedoboot-Zerstörer aus, auf's Beste für
einen Kampf ausgerüstet, durch und durch mit Apparaten für Reparaturen ausgestattet und mit einem Personal bemannt, das durch lange Ruhe auf jeden noch
so schlimmen Kampf vorbereitet war. Und doch — was haben sie vollführt?
Sie erlitten eine ehrenvolle Niederlage, aber doch immer eine Niederlage, und
zwar so rasch, so vollständig, daß ein Gleiches sich vielleicht nur in dem Geschicke
ihrer Schwesterschiffe in der Bai von Manila finden läßt.

Anrammen, jenes Verzweiflungsmittel, wurde nicht versucht, und ein Angriff
mittelst Torpedos war durch die rasche Handhabung der Schnellfeuer-Geschütze
an Bord eines zwar geringwerthigeren aber prächtig geführten Geschwaders ver-

hindert, und jenen entscheidenden Schlußversuch, die feindliche Linie zu durchbrechen, gestattete man sich nicht aus Furcht, die vereinigten Kräfte unserer Flotte
herauszufordern.   Wenn Kühnheit durch Erfolg belohnt wird, wie das Sprüch-
wort sagt, hier hätten die Spanier diesen Lohn verdient; doch das Wort bewahr-
heitete sich nicht.

Aehnlichen Schiffen, auch wenn in der Mehrzahl, gegenüber hätten die fliehenden Kreuzer vielleicht in hitziger Fahrt theilweise weichen können, um die
Blockade von Havana zu brechen.   Wenn das Entkommen nicht geglückt wäre,
hätten alle Schiffe vielleicht einen vereinten Angriff auf gewisse ausgesuchte feindliche Fahrzeuge unternommen und bei einer unausbleiblichen endlichen Niederlage doch Trost im Untersinken von feindlichen Schiffsrümpfen gefunden.   Hier
aber zählte Kühnheit nichts; persönliche Tapferkeit war nichts nütze.   Dann,
während schwerere Schiffe den Weg verlegten und überlegene Kanonen den Pfad
des Entkommens zerstörten, siegte kraftvoll benutzte Geschicklichkeit über unge-
schulten Muth, und ruhige Disziplin über Kraftanstrengung ohne Ordnung.

Die Schlachtschiffe bekämpften die Panzerkreuzer nicht nur in einer langen,
grimmigen Jagd den Strand hinab, sondern übten auch während des Rennens
ihr Zerstörungswerk aus und trieben sie schließlich als lodernde Wracks auf's
Land.   Die Torpeboboot-Zerstörer, von der Gloucester allein angegriffen, unterlagen einer geringeren Ausrüstung und Fahrgeschwindigkeit so schnell, daß mit
ihrem Werth für Tagesangriffe, oder überhaupt als Angreifer, ausgenommen
bei Ueberrumpelungen, nicht länger gerechnet zu werden braucht.   Dies gab für
die Eiferer, welche in dieser Schiffsart, den Untergang des Schlachtschiffes sahen,
ein jähes Erwachen; dem rechten Seemann aber, der jederzeit behauptete, die
Integrität der seefahrenden Nationen beruhe auf den Schlachtschiffen und den
gutbedienten Geschützen einer Flotte, war diese Lehre eine herzerfreuende Bestä-
tigung seiner Ansicht.

Wilder Freudenausbruch in Shafter's Armee.

Im Hauptquartier General Shafter's rapportirte am Morgen des 3. Juli
ein Mann auf dem Ausflug, daß die spanische Flotte unter Commando des Admiral Cervera aus dem Hafen Santiago's gesegelt wäre, aber erst spät Nachmittags
wurde das Resultat des Zusammenstoßes bekannt.

Als das Wort von dem herrlichen Siege von Posten zu Posten flog und längs
der Gefechtslinie den Compagnieen, Regimentern und Brigaden zuging, lief ein
Jubeln die Linie ermüdeter Männer hinab, das stärker und stärker warb, bis

das Krachen des Gewehrfeuers in dem Hurrahgeschrei jauchzender Amerikaner erstickt ward. Die Botschaft flog blitzschnell rückwärts in's Gebüsch, wo die Reserve lag, und die Mannschaften wurden von ihrem enthusiastischen Verlangen, in die Front zu kommen, fast in plötzliche, unwiderstehliche Bewegung gebracht und fortgerissen.

XXVII. Kapitel.

Offizielle Berichte über die Zerstörung der spanischen Flotte.

Die offiziellen Berichte des Contre-Admirals Sampson und Commodores Schley über die Zerstörung der spanischen Flotte bei Santiago am 3. Juli wurden erst am 27. Juli bekannt gemacht. Sie schildern eingehend die Leistung eines jeden amerikanischen Schiffes in jenem großen und denkwürdigen Kampfe.

Flaggschiff New York, vor Santiago de Cuba, d. 15. Juli 1898.

Werther Herr! Ich habe die Ehre folgenden Bericht über die Schlacht mit dem spanischen Geschwader und dessen Vernichtung unter dem Commando von Admiral Cervera vor Santiago de Cuba am Sonntag den 3. Juli 1898 zu erstatten:

Die feindlichen Schiffe kamen zwischen 9:35 und 10 Uhr Morgens aus dem Hafen. Die Spitze erschien bei Cay Smith um 9:31 und dampfte 5 bis 6 Minuten später aus dem Canal hervor.

Die Stellung der Schiffe unter meinem Commando vor Santiago war um diese Zeit folgende: Das Flaggschiff New York befand sich vier Meilen östlich von seiner Blockadestation und etwa 7 Meilen von der Hafeneinfahrt. Es war auf der Fahrt nach Siboney begriffen, wo ich mit mehreren meiner Stabsoffiziere zu landen beabsichtigte um mich zur Linie zu begeben und mit General Shafter zu berathen.

Ich hatte tagszuvor Vorkehrungen getroffen, nach seinem Hauptquartier zu gehen, und mein Flaggschiff war in der erwähnten Stellung als das spanische Geschwader im Canal erschien.

Die übrigen Schiffe lagen in der Nähe ihrer üblichen Blockadestationen in einem ungefähr 8 Meilen langem Halbkreise um die Hafeneinfahrt herum, und zwar von Osten nach Westen in folgender Anordnung: Die Indiana etwa 1½ Meilen vom Ufer, die Oregon, — die Station der New York lag zwischen Beiden — die Jowa, Texas und Brooklyn, Letztere 2 Meilen vom Ufer, westlich von Santiago. Die Entfernung der Schiffe von der Hafeneinfahrt betrug 1½ bis 4 Meilen; letzteres war die äußerste Grenze der Blockade am Tage.

Die Massachusetts war um 4 Uhr Morgens nach Guantanamo abgefahren, um Kohlen einzunehmen. Ihre Station lag zwischen der Jowa und Texas.

350

Die Hülfskreuzer Gloucester und Vixen lagen nahe am Lande und näher als die großen Schiffe, der Gloucester nach Osten, der Vixen nach Westen zu. Das Torpedoboot Ericsson befand sich in Begleitung des Flaggschiffes und blieb während der Jagd bei demselben, bis es Befehl erhielt, die Verfolgung einzustellen, worauf es bei der Rettung der Gefangenen von dem brennenden Schiffe Biscaya werthvolle Dienste leistete. Ich lege eine Zeichnung bei, welche annähernd die eben beschriebene Stellung der Schiffe veranschaulicht.

Die spanischen Schiffe kamen mit einer Geschwindigkeit von 8 bis 10 Knoten in folgender Ordnung eiligst aus dem Hafen heraus: Infanta Maria Teresa (Flaggschiff), Biscaya, Cristobal Colon und Almirante Oquendo. Die Entfernung zwischen diesen Schiffen war ungefähr 800 Yards, sodaß zwischen der Zeit, wo das erste sich an der Hafeneinfahrt zeigte, bis das letzte aus derselben heraus war, nur etwa 12 Minuten verstrichen. Hinter dem Oquendo kam in einer Entfernung von 1,200 Yards der Torpeboboot-Zerstörer Pluton und hinter diesem der Furor.

In Rauch gehüllt.

Die gepanzerten Kreuzer eröffneten sofort ein heftiges Feuer auf die Blokadeschiffe und waren in den Dampf ihrer Geschütze gehüllt, als sie aus dem Hafen herausfuhren.

Die Leute unserer Schiffe waren zur Sonntagsparade angetreten. Von mehreren Schiffen wurde zu gleicher Zeit das Signal: „Feindliche Schiffe entweichen" und der Generalalarm abgegeben. Die Leute sprangen mit lautem Jubel an ihre Geschütze, und vielleicht 8 Minuten später wurde von den Schiffen, welche den Hafeneingang mit ihren Kanonen beherrschten, das Feuer eröffnet.

Die New York wendete, dampfte hinter der fliehenden Flotte her, das Signal gebend, „Rückt gegen den Hafeneingang vor und greift die Schiffe an." Sie vergrößerte allmählich ihre Fahrgeschwindigkeit, bis sie gegen Ende der Jagd 16¼ Knoten machte und dem Cristobal Colon rasch näher kam. Sie befand sich nie innerhalb der Schußlinie der spanischen Schiffen, und ihre einzige Theilnahme an der Kanonade bestand darin, daß sie beim Vorüberfahren an dem Hafen das ungetheilte Feuer der Befestigungen erhielt, und auf einen der Torpeboboot-Zerstörer ein paar Schüsse abfeuerte, als dieser dem Gloucester zu entgehen suchte.

Eine Jagd.

Die spanischen Schiffe wandten sich, nachdem sie den Hafen verlassen, westwärts und beschleunigten ihre Fahrgeschwindigkeit bis zur äußersten Kraftleiftung ihrer Maschinen.   Die schweren Blockadeschiffe, die bei dem Erscheinen des Feindes auf Morro Castle vorgerückt waren, unterhielten ein rasches, vernichten= des Feuer und brachten die spanischen Geschütze bald zum Schweigen.

Die spanischen Schiffe, die von Anfang an eine starke Geschwindigkeit hatten, kamen den Blockadeschiffen bald voraus, und der Kampf entwickelte sich zu einer hitzigen Jagd, in der die Brooklyn und Texas von vornherein die vortheilhafteste Stellung hatten.   Die Brooklyn führte die Colonne an.   Der Oregon arbeitete sich mit bewunderungswerther Schnelligkeit bis an die Tete vor.

Die Indiana und Jowa, welche Tüchtiges geleistet hatten, aber nicht so schnell waren, wie die übrigen Schiffe, erhielten etwa zur Zeit, als die Biscaya auf den Strand gejagt wurde, von mir die Weisung, die Jagd aufzugeben und ihre Blockadestationen wieder einzunehmen.   Diese Schiffe retteten viele Gefangene.

Der Bixen, der einsah, daß er bei der Schnelligkeit der Spanier zwischen zwei Feuer gerathen würde, entfernte sich aus unserer Colonne und blieb außerhalb derselben, bis die Schlacht und die Jagd zu Ende war.

Das geschickte Manöveriren und tapfere Kämpfen des Gloucester erregte die Bewunderung eines jeden Augenzeugen und verdient das Lob des Flotten= departements.   Er ist ein schnelles und gänzlich unbeschütztes Hülfsschiff — die Yacht Corsair — und hat eine gute Batterie von leichten Schnellfeuerge= schützen.   Er lag etwa zwei Meilen weit von der Hafeneinfahrt nach Südosten zu, dampfte sofort heran und eröffnete ein Feuer auf die großen Schiffe.

Das Erscheinen des Pluton und Furor erwartend verminderte der Gloucester seinen Lauf, und als die beiden Torpedoboot=Zerstörer auftauchten, fuhr er mit vollem Dampfe auf sie los und war imstande, sie mit einem raschen und gutge= zielten Feuer zu empfangen.   Während dieses Kampfes befand sich der Glou= cester unter dem Feuer der Socapa=Batterie.

Zwanzig Minuten, nachdem sie den Hafen verlassen, waren die Laufbahn des Furor und Plutan beendet und zwei Drittel ihrer Mannschaft getödtet.   Der Furor wurde auf den Strand gejagt und sank in der Brandung, der Pluton versank wenige Minuten später in tiefem Wasser.

Die Torpedoboot=Zerstörer litten wahrscheinlich bedeutend von dem Feuer unserer Batterien der Schlachtschiffe Jowa, Indiana und Texas; doch ein Hauptfaktor bei ihrer Vernichtung war, meiner Ansicht nach, das aus nächster Nähe unterhaltene Feuer von der Batterie des Gloucester.   Nachdem die Ueber= lebenden der beiden Zerstörer gerettet waren, leistete der Gloucester vortreffliche Dienste bei dem Landen und der Aufnahme der Mannschaft der Infanta Maria Teresa.

Die Art des Fluchtversuches der Spanier, indem Alle in Colonne in derselben Richtung steuerten, hob alle taktischen Zweifel und Schwierigkeiten auf und machte es klar, daß es die Pflicht sämmtlicher amerikanischen Schiffe sei, gegen sie vor- zurücken, sofort das Feuer zu eröffnen und sie zu verfolgen. Dies wurde auch prompt und erfolgreich ausgeführt.

Wie schon erwähnt, hatte das spanische Geschwader durch seine anfängliche Geschwindigkeit einen Vorsprung vor einer Anzahl der Blockadeschiffe erhalten, die nicht gleich ihre volle Schnelligkeit entwickeln konnten, doch wurden sie beim Vorbeifahren erheblich beschädigt und die Infanta Maria Teresa und der Oquendo wurden wahrscheinlich in den ersten 15 Minuten des Gefechtes durch Granaten in Brand geschossen. Es stellte sich hinterher heraus, daß einer unse- rer ersten Schüsse die Wasserleitung der Infanta Maria Teresa zerstört hatte, sobaß sie nicht imstande war, das Feuer zu löschen.

Während mächtige Rauchwolken von ihrem Hinterdecke aufstiegen, gaben beide Schiffe Kampf und Flucht auf und liefen auf den Strand — die Infanta Maria Teresa um etwa 10 Uhr 15 Min. Morgens bei Nima Nima, 6½ Meilen vom Eingange des Hafens von Santiago, und der Almirante Oquendo um 10 Uhr 30 Min. Morgens bei Juan Gonzales, 7 Meilen vom Hafen.

Die Biscaya war noch unter dem Feuer der Schiffe an der Tete; der Cristo- bal Colon hatte sich vorgearbeitet und war bald aus der Schußlinie unserer Schiffe. Die Biscaya wurde bald in Brand geschossen, und um 11 Uhr 15 Min. Morgens bei Aserraberos, 15 Meilen von Santiago, auf den Strand ge- jagt. Sie brannte fürchterlich und die Munitionsvorräthe an Deck begannen bereits zu explodiren.

Als die Indiana etwa 10 Meilen von Santiago entfernt war, erhielt sie Be- fehl, nach dem Hafeneingang zurückzukehren, und bei Aserraberos wurde der Jowa das Signal gegeben zu ihrer Blockadestation zurückzukehren. Die Jowa rettete, unter Beistand des Ericson und der Mist, die Mannschaft der Biscaya, während der Harvard und Gloucester die der Infanta Maria Teresa und des Almirante Oquendo aufnahmen.

Muthige Rettung der Gefangenen.

Bei der Rettung der Gefangenen und Verwundeten von den brennenden Schiffen wurden die kühnsten und heldenhaftesten Thaten vollbracht. Die Schiffe brannten vorn und hinten, ihre Geschütze und Reserve-Munitionen explodirten, man wußte nicht, wann das Feuer die Hauptmagazine erreichen würde, und

G 23

außerdem war zwischen den spanischen Schiffen und dem Ufer eine starke Brandung. Doch unsere Offiziere und Mannschaften ließen sich durch keine Gefahren
abschrecken, bis ihr Werk der Menschlichkeit vollendet war.

Von den Schiffen der Spanier blieb jetzt nur noch der Cristobal Colon übrig
aber das war ihr bestes und schnellstes Schiff. Seine einzige Rettung lag in
einer möglichst raschen Flucht längs der cubanischen Küste. Als die Biscaya
strandete, war der Colon etwa 6 Meilen vor der Brooklyn und dem Oregon
voraus, doch seine Kraft war zu Ende und die amerikanischen Schiffe rückten
ihm immer näher.

Hinter der Brooklyn und dem Oregon kamen die Texas, Vixen und New York.
Von der Brücke der Letzteren konnte man deutlich erkennen, daß die amerikanischen Schiffe ihn allmählich einholten, und ein Entrinnen für ihn unmöglich war.
Um 12 Uhr 50 Minuten eröffneten die Brooklyn und der Oregon das Feuer
und um 1 Uhr 10 Minuten gab der Colon den Kampf auf, zog die Flagge ein,
ohne einen weiteren Schuß abzugeben und lief bei Rio Torquino, 48 Meilen von
Santiago, auf den Strand.

Des Feindes letztes Schiff verloren.

Capitän Cook ging an Bord, um die Uebergabe entgegen zu nehmen. Während sein Boot anlegte, kam ich mit der New York heran, empfing seinen Bericht
und übertrug dem Oregon die Aufsicht über das Wrack, mit der Anweisung, dasselbe womöglich zu retten; die Gefangenen ließ ich auf den Resolute bringen, der
sich der Jagd angeschlossen hatte.

Commodore Schley, dessen Stabschef an Bord gegangen war, um die Uebergabe entgegen zu nehmen, hatte angeordnet, daß die Offiziere ihre Habseligkeiten behalten sollten, und ich ließ diesen Befehl unverändert.

Der Cristobal Colon war durch unser Feuer nicht beschädigt und hat wahrscheinlich auch durch das Stranden keinen großen Schaden erlitten, obwohl er
dabei noch eine große Fahrgeschwindigkeit hatte. Das Ufer war so steil, daß die
See ihn wieder flott machte. Aber seine Seeventile waren verrätherischer Weise
sicherlich nach der Uebergabe geöffnet und zerbrochen worden, so daß er trotz aller
Bemühungen sank.

Darauf wurde der Colon von der New York buchstäblich auf den Strand geschoben, wobei Capitän Chadwick eine wunderbare Geschicklichkeit entwickelte, und
in seichtem Wasser, so daß er möglicher Weise gerettet werden kann.

Wäre das nicht geschehen, so wäre er in tiefem Wasser versunken und sicherlich
vollständig verloren gewesen.

Ich betrachte diesen vollständigen und bedeutenden Sieg über die spanische Flotte als den erfolgreichen Abschluß einer mehrwöchentlichen scharfen und um= sichtigen Blockade, die besonders in der Nacht so streng war, daß der Feind da= von abstand, seinen Fluchtversuch in der Nacht zu machen, und dazu absichtlich den hellen Tag wählte, wie mir von dem Commandeur des Christobal Colon mitgetheilt wurde.

Es scheint mir angemessen, hier kurz zu schildern, wie das ermöglicht wurde. Der Hafen von Santiago ist von Natur aus leicht abzusperren, da er nur einen, und zwar sehr engen Eingang hat.

Die Art der Blockade.

„Zur Zeit meiner Ankunft vor dem Hafen, am 1. Juni, hatten wir Vollmond und es war während der Nächte hell genug, um alle Bewegungen außerhalb der Einfahrt zu bemerken. Doch als der Mond abnahm und die Nächte finsterer wurden, bot sich dem Feinde Gelegenheit, zu entkommen oder mit seinen Tor= pedobooten einen Angriff auf die Blockadeschiffe zu machen.

„Es wurde ermittelt, daß der Merrimac, der am 3. Juni auf so muthige Weise im Kanal versenkt wurde, die Einfahrt nicht versperrte, und daher hielt ich die Blockade in folgender Weise aufrecht: Den Schlachtschiffen lag die Pflicht ob, abwechselnd den Kanal zu beleuchten. Sie rückten, je nach der Beschaffenheit der Atmosphäre, bis auf eine oder zwei Meilen von Morro Castle vor und richteten ihre Scheinwerfer direkt und beständig auf den Kanal. Dadurch wurde die ganze Breite desselben bis auf eine halbe Meile innerhalb der Einfahrt so hell beleuch= tet, daß man die Bewegung kleiner Boote entdecken konnte. Weshalb die Batte= rien die Scheinwerfer=Schiffe niemals beschossen, hat mich stets mit Erstaunen erfüllt; aber es geschah nie.

„Nahe vor der Einfahrt waren die Vorpostenboote stationirt und weiter see= wärts drei andere kleine Vorpostenschiffe, gewöhnlich umgewandelte Yachten, oder auch eins oder zwei unserer Torpedoboote. Auf diese Weise waren wir wenig= stens sicher, daß Nichts unbemerkt den Hafen verlassen konnte.

„Nach der Ankunft der Armee, als die Lage dem spanischen Admiral einen entscheidenden Schritt aufzwang, erhöhten wir unsere Wachsamkeit. Die Ent= fernung der Nacht=Blockade wurde für alle Schiffe um zwei Meilen verringert und an der Seite des Scheinwerfer=Schiffes ein Schlachtschiff stationirt, mit der Breitseite auf den Kanal gerichtet, um schußbereit zu sein, sobald sich ein spani= sches Schiff zeigen sollte.

„Die commandirenden Offiziere verdienen das höchste Lob für die Genauigkeit, mit der sie diesen Plan ausführten. Die Massachusetts, welche der Gewohnheit gemäß an jedem Morgen nach Guantanamo geschickt wurde, um Kohlen einzunehmen, hatte, wie die Anderen, lange Nächte Wache gehalten und hätte ein besseres Loos verdient, als an jenem Morgen abwesend zu sein.

„Ich lege zur Information des Departements Abschriften der von Zeit zur Zeit zur Aufrechterhaltung der Blockade vertheilten Befehle und Aufzeichnungen bei.

Alle leisteten Vorzügliches.

„Wo die ganze Arbeit so gut verrichtet wurde, ist es schwer einen Unterschied im Lobe zu machen. Der Zweck der Einschließung von Cervera's Geschwader wurde vollständig erreicht, und jeder Einzelne trug sein Theil dazu bei, der Commodore, der die zweite Division befehligte, die Capitäne der Schiffe, ihre Offiziere und Mannschaften. Das Feuer der Schlachtschiffe war wirkungsvoll und vernichtend, und der Widerstand des spanischen Geschwaders schon zum großen Theil gebrochen, bevor es aus dem Bereich seiner eigenen Forts gekommen war.

„Die Schnelligkeit des Oregon ermöglichte es ihm, bei der Jagd auf den Cristobal Colon die Führung zu übernehmen, und dieses Schiff gab den Kampf nicht eher auf, als bis der Oregon eine dreizehnzöllige Granate über ihn hinweggeschossen hatte. Diese Leistung gereicht dem trefflichen Schiffe neben seinen früher entwickelten glänzenden Eigenschaften zur weiteren Ehre.

„Die westlich gelegene Blockadestellung der Brooklyn gab derselben einen Vortheil während der Jagd, den sie bis zum Ende ausnutzte, und sie brachte ihre treffliche Batterie erfolgreich in Anwendung. Die Texas und New York kamen in der letzten Stunde der Jagd weiter voran und würden, wenn der Brooklyn und dem Oregon ein Unfall zugestoßen wäre, den Cristobal Colon bald überholt haben.

„Von dem Augenblicke an, wo das spanische Schiff seine erste Schnelligkeit verbraucht hatte, war an dem Ausgange nicht mehr zu zweifeln. Seine Leistung war in der That bedeutend geringer, als man hätte erwarten können. Genaue Messungen von Zeit und Entfernung ergeben, daß es von der Zeit an, wo es den Hafen verließ, bis es bei Rio Tarquino auf den Strand lief, eine durchschnittliche Schnelligkeit von 13.7 Knoten entwickelte.

Keine Zeit verloren.

„Weder die New York noch die Brooklyn hielten an, um ihre vorderen Maschinen in Gang zu setzen, sondern führten die Jagd mit einem Paar Maschinen zu

Ende, wobei fie so schnell als möglich von allen Keffeln Dampf zogen. Es hätte
eine Verzögerung von 15 Minuten oder vier Meilen in der Jagd bedeutet, wenn
fie die vorderen Maschinen in Gang gesetzt hätten.

„Mehrere unserer Schiffe wurden getroffen, die Brooklyn öfter als die Anderen;
doch wurde nur geringer Schaden angerichtet. Am meisten wurde die Jowa beschädigt. Wir hatten einen Todten und einen Verwundeten, Beide auf der
Brooklyn. Es ist schwer, diese geringen Verluste an Menschenleben und die
schwache Beschädigung der Schiffe im Kampfe mit modernen Kriegsschiffen der
besten Art zu erklären; doch die Spanier find schlechte Schützen, und die Sicherheit unserer Geschoffe trieb die Leute bald von ihren Kanonen und brachte dieselben zum Schweigen. Dies geht aus den Aussagen der Gefangenen hervor. Das
Feuer von den Schnellfeuer-Batterien der Schlachtschiffe scheint ganz besonders
vernichtend gewesen zu sein. Eine Untersuchung der gestrandeten Schiffe zeigt,
daß der Almirante Oquendo vor allen Anderen von diesem Feuer gelitten hatte.
Seine Flanken waren vollständig durchlöchert und sein Verdeck mit den verkohl-
ten Ueberresten der Gefallenen bedeckt.

„Die Berichte von Commodore W. S. Schley und der commandirenden Offiziere liegen bei.

„Eine von mir vor mehreren Tagen ernannte Behörde hat eine sorgfältige
Untersuchung der gestrandeten Schiffe vorgenommen, sowohl um die Wirkung
unseres Feuers festzustellen, als auch um über die Möglichkeit der Erhaltung
einzelner der Schiffe zu berichten. Der Bericht dieser Behörde wird in kurzer
Zeit folgen. Hochachtungsvoll
W. F. Sampfon,
Contre-Admiral der Bundesflotte; Ober-Commandeur der
Nord-Atlantischen Flottenstation.
An den Marine-Minister, Flotten-Departement, Washington, D. C."

Commodore Schley's Bericht an Admiral Sampfon.

Zweites nordatlantisches Geschwader.
Flaggschiff Brooklyn, Guantanamo Bay, Cuba, d. 6. Juli 1898.

Werther Herr! Ich habe die Ehre, folgenden Bericht über den Theil des
unter Ihrem Commando stehenden Geschwaders zu erstatten, der während des Gefechtes mit der spanischen Flotte am 3. Juli 1898 unter meiner Beobachtung stand.

Um 9:35 Morgens lief Admiral Cervera mit der Jnfanta Maria Teresa, Biscaya, Oquendo, Cristobal Colon und zwei Torpedoboot-Zerstörern aus dem Hafen von Santiago de Cuba aus und versuchte nach Westen zu entweichen. Die Jowa signalisirte, daß der Feind herauskomme, doch war seine Bewegung zu gleicher Zeit von diesem Schiffe dem Brooklyn aus bemerkt worden.

Die Brooklyn lag mit Ausnahme des Vixen am weitesten nach Westen und gab sofort nach Vorschrift Ihrer allgemeinen Anordnungen an die Schiffe der westlichen Abtheilung Befehl, vorzurücken und anzugreifen. Das Gefecht wurde auf eine Entfernung von 1100 bis 3000 Yards geführt, bis die Biscaya um 10:50 Morgens zerstört wurde. Das concentrirte Feuer des Geschwaders auf die herankommenden Schiffe war wüthend und furchtbar und richtete großen Schaden an.

Anfang der Zerstörung.

Etwa 20 oder 25 Minuten nach dem Beginn des Gefechtes geriethen zwei Schiffe, wie hinterher festgestellt wurde, die Teresa und der Oquendo von dem wirksamen Granatenfeuer unseres Geschwaders in Brand und wurden gezwungen, 6 bis 7 Meilen westlich vom Hafeneingange auf den Strand zu laufen, wo sie später verbrannten und aufflogen. Von welchen Schiffen die Torpedoboot-Zerstörer vernichtet wurden, war wegen des dichten Rauches nicht zu unterscheiden. Ohne Zweifel konnten Sie dies von Ihrem Flaggschiffe aus besser sehen.

Die Biscaya und der Colon setzten, nachdem sie das traurige Schicksal ihrer Gefährten bemerkt hatten, ihre Flucht nach Westen mit voller Geschwindigkeit fort, verfolgt von der Brooklyn, Texas, Jowa und Oregon, bis um 10:50 die Biscaya durch unsere Granaten in Brand gerieth.

Sie lief bei Aserraderos, etwa 21 Meilen westlich von Santiago, vorn und hinten brennend auf den Strand, wo sie während der Nacht anfflog. Da bemerkt wurde, daß sie ihre Flagge gestrichen hatte und mehrere Schiffe sich ihr näherten, um sie zu erobern und ihre Mannschaft zu retten, wurde das Signal gegeben, das Feuer einzustellen.

Der Oregon, der sich als das bei Weitem schnellste Schiff erwies, setzte mit der Brooklyn, Texas und einem anderen Schiffe, das sich später als Ihr Schlachtschiff herausstellte, die Verfolgung der Cristobal Colon fort, welcher nahe dem Ufer entlang fuhr, offenbar auf der Suche nach einem guten Landungsplatze, im Falle es ihm nicht gelingen sollte, seinen Verfolgern zu entrinnen.

Das Ende der Jagd.

Die Verfolgung dauerte unter wachsender Schnelligkeit der Brooklyn, des Oregon und anderer Schiffe fort, und waren die beiden Ersteren in Schußweite von dem Colon, worauf der Oregon das Feuer mit seinen 13-zölligen Geschützen eröffnete und ein Geschoß dicht neben den Colon schleuderte. Einen Augenblick später begann die Brooklyn das Feuer mit ihren 8-zölligen Geschützen, und eine der Granaten schlug gerade vor dem Bug des Colon ein.

Als sein Commandeur sah, daß ein Entrinnen nicht mehr möglich sei, feuerte er einen Schuß auf der Breitseite ab, strich um 1:15 die Flagge, und lief etwa 50 Meilen westlich vom Hafen von Santiago auf den Strand. Ihr Flaggschiff kam um diese Zeit in größter Eile heran, ebenso die Texas und der Vixen. Etwas später, nach Ihrer Ankunft, wurde der Cristobal Colon Ihnen als eine der Trophäen dieses großen Sieges des unter Ihrem Commando stehenden Geschwaders übergeben.

Während meines etwas später erfolgenden offiziellen Besuches erschien Commandeur Eaton vom Resolute und berichtete Ihnen die Anwesenheit eines spanischen Kriegsschiffes in der Nähe von Altares. Sie ertheilten mir den Befehl mit dem Oregon östlich zu fahren und das Schiff aufzusuchen. Die Brooklyn brachte den Befehl zur Ausführung, mit dem Resultate, daß das angeblich feindliche Schiff der österreichische Kreuzer Infanta Maria Teresa war, der den Oberbefehlshaber suchte.

Ich möchte erwähnen, daß die Brooklyn mit dem Vixen auf dem westlichen Ende der Blockadestellung stand und, gerade in dem Wege des spanischen Geschwaders, ungefähr 10 Minuten dem Feuer von drei spanischen Schiffen und der westlichen Batterie aus einer Entfernung von 1500 bezw. 3000 Yards ausgesetzt, doch die bald heranrückenden übrigen Fahrzeuge des Geschwaders lenkten dieses Feuer bald ab und leisteten in der Nähe Vorzügliches.

Nie zuvor habe ich ein so vernichtendes und tödtlich sicheres Schießen gesehen, wie das der Schiffe unter Ihrem Commando, als sie auf das spanische Geschwader losrückten und ich erachte es für einen Vorzug, Ihnen zu empfehlen, die geschickte Handhabung der Schiffe, den Muth und die Kaltblütigkeit der Schiffscommandeure Capitän Philip, Capitän Evans, Capitän Clark und besonders meines Stabschefs Capitän Cook nach Ihrem Gutbefinden zu belohnen.

Der dichte Rauch der Schlacht verbarg die Indiana und den Gloucester meinen Blicken, doch da diese Schiffe näher bei Ihrem Flaggenschiff waren, so hatten sie zweifellos Gelegenheit, deren Antheil an dem Kampfe unmittelbar zu beobachten.

Lieutenant Scharp, der Commandeur des Vizen bewies auffallenden Muth; obwohl nicht imstande die schweren Schiffe des Feindes mit seinen leichten Geschützen anzugreifen, war dennoch unter heftigem Feuer in der Schlachtlinie und viele Schüsse des Feindes gingen über sein Schiff hinweg.

Ich erlaube mir Ihre besondere Aufmerksamkeit auf das Verhalten meines Flagglieutenants James H. Sears und des Fähnrichs Edward McCauley, jun., zu lenken, die während des Gefechtes fortwährend an meiner Seite waren und sich furchtlos den Gefahren aussetzten.

Desgleichen möchte ich Sie auf das ausgezeichnete Benehmen meines Sekretärs, Lieutenant B. W. Wells jun., aufmerksam machen, der den Kampf der vierten Division mit glänzendem Erfolge commandirte und leitete.

Ich würde ferner das verdienstvolle Verhalten und den in der Schlacht bewiesenen Muth des Lieutenant-Commander N. E. Mason empfehlen, dessen Gegenwart überall auf dem Schiffe während des Kampfes viel zu der erfolgreichen Theilnahme des Schiffes beitrug.

Der Steuermann, Lieutenant A. E. Hodgson, und die Divisionsoffiziere, Lieutenant T. D. Griffin, Lieutenant W. R. Rush, Lieutenant Edward Simpson, Lieutenant J. G. Doyle, Fähnrich Charles Webster und die jüngeren Offiziere waren unermüdlich in der Erfüllung ihrer Pflichten und trugen so zu dem akkuraten Feuer dieses Schiffes bei seinem Antheil an dem großen Siege Ihrer Streitkräfte bei.

Tapfere und fähige Offiziere.

Die Aerzte, Zahlmeister, Ingenieure und die Offiziere des Marinecorps entsprachen allen an sie herantretenden Anforderungen und setzten sich furchtlos jeder Gefahr aus. Die Subalternoffiziere, Hochbootsmann William L. Hill, Zimmermann G. H. Warford und Artillerist F. T. Applegate waren, auf Beschädigungen achtend, überall bloßgestellt, worüber mir sofort Bericht erstattet wurde.

Ich habe nie in meinem Leben mit einer tapferern, besseren und würdigeren Mannschaft gedient, als der der Brooklyn. Während des von 9 Uhr 35 Minuten bis 1 Uhr 15 Minuten dauernden Kampfes ermatteten sie nicht einen Augenblick unter dem heftigen, den größten Theil der Zeit ausfüllenden Feuer, und ließen sich durch den Regen von Geschossen, die über, vor und hinter dem Schiffe umherflogen, nicht im Geringsten stören.

Das Resultat des Gefechtes war die Vernichtung des spanischen Geschwaders, die Gefangennahme des Admirals und 1300 bis 1500 Seeleute, und ein Verlust von mehreren hundert Todten, von Admiral Cervera selbst auf 600 Mann geschätzt.

Die Verluste meines Schiffes waren: Bootsmann G. H. Ellis, todt; J. Burns, Heizer 1. Klasse, schwer verwundet. Das Schiff wurde ungefähr 25 Mal scharf getroffen und trägt als Resultat seiner Theilnahme an dem Siege des 3. Juli 1898 im Ganzen 41 Narben. Das Tauwerk wurde stark beschädigt, fast alle Signaltaue wurden weggeschossen, und die Flagge am Hauptmaste war so zerschossen, daß sie beim Herunterholen am Ende des Kampfes in Stücke fiel.

Ich beglückwünsche Sie aufrichtigst zu diesem großen Siege des Geschwaders unter Ihrem Commando, und freue mich, daß ich zu einem Siege wenigstens beizutragen Gelegenheit hatte, der für uns Alle groß genug zu sein scheint.

Ich habe die Ehre, hiermit den Bericht des commandirenden Offiziers zu übermitteln, und eine Profilzeichnung des Schiffes, die die Lage der Treffer und Narben bezeichnet. Desgleichen eine Aufstellung der verbrauchten Munition und den Betrag des nothwendigen Ersatzes.

Wollten die Brooklyn einrennen.

Seitdem ich hier bin und mit mehreren Capitänen, z. B. Capitän Eulate von der Viscaya und dem zweiten Commandeur des Geschwaders, Contreras, Unterredungen gehabt habe, habe ich erfahren, daß es der Plan des spanischen Admirals war, eine Zeit lang alles Feuer auf die Brooklyn zu concentriren und sie mit der Viscaya einzurennen, in der Hoffnung, wenn es gelänge, sie zu zerstören, eine bessere Gelegenheit zum Entweichen zu haben, da man annahm, daß die Brooklyn das schnellste Schiff Ihres Geschwaders sei.

Das erklärt das erwähnte heftige Feuer und das Manöver der Viscaya im Anfange des Gefechtes. Die Ausführung dieses Planes wurde prompt dadurch vereitelt, daß alle Schiffe des Geschwaders in nahe Schußweite vorrückten und ein unwiderstehlich wüthendes und furchtbares Feuer auf das feindliche Geschwader eröffneten, als es aus dem Hafen kam.

Ich freue mich, mittheilen zu können, daß die unter der Wasserlinie vermuthete Beschädigung von einem durch unbekannte Ursache geöffneten Wasserventil herrührte, wodurch die Abtheilung voll Wasser strömte. Die Beschädigung des Gürtels hat sich als nur gering und das Leck als klein erwiesen.

Ich erlaube mir, eine Liste der Offiziere und Mannschaften, die an der Schlacht des 3. Juli 1898 betheiligt waren, beizulegen.

Ich kann diesen Bericht nicht schließen, ohne mit höchster Anerkennung des glänzenden Verhaltens und der Unterstützung des Capitäns C. E. Clark vom Oregon zu gedenken, dessen Schnelligkeit bewundernswerth und dessen genaues Schießen vernichtend war. Hochachtungsvoll

W. S. Schley,

Commodore der V. St. Marine, Commandeur des zweiten Geschwaders der Nord=Atlantischen Flotte.

An den Oberbefehlshaber der V. St.=Flotte der Nord=Atlantischen Station.

XXVIII. Kapitel.

Die Capitäne über unseren Sieg.

Ueber die Zerstörung der Flotte Cervera's gaben Capitän Chadwick von der New York, Kapitän Taylor von der Indiana, Capitän Philip von der Texas, Capitän Clark vom Oregon, Capitän Evans von der Jowa und Lieutenant-Commander Wainright vom Gloucester folgende Berichte ab.

Capitän Chadwick's Bericht lautete:

Das Schiff machte sich um 9 Uhr 30 Min. Morgens auf den Weg zu der in Siboney landenden Armee, wo der Oberbefehlshaber mit dem commandierenden General eine Zusammenkunft verabredet hatte. Wenige Minuten später war die Mannschaft zur Sonntagsparade befohlen worden, als Schießen gehört und ein Schiff gesehen wurde, daß den Hafeneingang verließ. Das Steuer wurde sofort gedreht, die Mannschaft an ihre Posten beordert, das Signal „Dicht auf den Hafen halten und die Schiffe angreifen" gegeben, volles Feuer anbefohlen, und das Schiff zurück auf den Feind gehalten, dessen Schiffe man mit hoher Geschwindigkeit hintereinander herauskommen sah.

Die näheren Schiffe hatten sofort den Kampf aufgenommen, und als wir in der Höhe des Einganges waren, stand eines, das Flaggenschiff, schon in Flammen und strandete bald. Die Indiana und der Gloucester waren in vollem Kampfe mit den Torpedobooten. Dieses Schiff feuerte einige vierzöllige Granaten auf das dem Hafen Nächste, auf den es zuhielt und in den es zurückkehren zu wollen schien, aber es war schon gänzlich kampfunfähig gemacht. Der Kessel des weitervorgerückten war gesprungen und zeigten eine riesige Säule verdichteten Dampfes. Unterdessen feuerten die Batterien, deren Schußlinie wir dicht gekreuzt hatten, wiederholt aber ohne Erfolg auf uns. Wir setzten, den Gloucester verlassend, der sich als so leistungsfähig erwiesen hatte, unsere Fahrt fort, um nach den Ueberlebenden in den Torpedobooten zu sehen.

Um diese Zeit strandete ein zweiter Kreuzer und brannte (der Almirante Oquendo), während ein dritter, die Viscaya und der Cristobal Colon noch immer eiligst nach Westen dampften. Die Indiana erhielt jetzt (11 Uhr 26 Min. Morgens) das Signal, nach ihrer Blockadestellung zurückzukehren und dort nach dem Rechten zu sehen. Bald darauf wandte sich die Viscaya der Küste zu. Rauch begann von ihrem Hintertheil aufzusteigen, und als sie auf dem Riffe bei Aserraderos (15 Meilen westlich von Santiago) strandete, stand sie in Flammen. Die Jowa hatte kurz vorher signalisirt, daß sich die Viscaya ergeben habe, und hielt vor der Stelle, wo sie bei der Rettung der Besatzung der Biscaya große Hülfe leistete.

Die New York blieb bei der Jagd auf den Cristobal Colon. Vor uns waren die Brooklyn, der Oregon, der Texas und der Vixen, der Oregon war den beiden vordersten Schiffen der Küste am nächsten aber nicht in Schußweite. Unsere Geschwindigkeit vergrößerte sich rasch.

Streicht die Flagge.

Etwa um 12 Uhr 50 Min. eröffnete der Oregon das Feuer, und man sah einige seiner Granaten über den Colon hinwegfliegen. Das stellte seine Eroberung außer Zweifel, und kurz nach 1 Uhr wandte er sich der Küste zu und strich seine Flagge. Er lief in einer kleinen Rio Torquino genannte Bucht an's Ufer. Als wir ankamen legte ein Boot der Brooklyn bei ihm an, und Kapitän Cook, der Offizier an Bord, legte dann an unserem Schiffe an und erstattete Bericht. Unser Schiff sandte dann ein Boot zur Besitzergreifung des Colon mit dem commandirenden Offizier ab. Ich wurde von dem Commodore des Geschwaders, Capitän zur See, Don Emilo Moren, und dem Kapitän zur See erste Klasse, Don Jose de Paredes y Chacon empfangen, welch Letzterer Civilgouverneur von Santiago gewesen und eben erst dem Geschwader zuertheilt war.

Ich traf Anordnung für die Ueberführung der Mannschaften und Offiziere. Auf jedes anwesende Schiff sollte eine Abtheilung kommen und die Maschinisten an Bord bleiben. Während ich noch an Bord war, langte jedoch der Resolute an, auf den dann die ganze Anzahl gebracht wurde.

Obwohl es dem Schiffe wegen seiner großen Entfernung nach Osten zu nicht möglich war, mit einem der größeren Schiffe in Aktion zu treten, wurde doch jeder Nerv angespannt um dazu zu kommen, und Alles wurde gethan, was gethan werden konnte. Unsere Geschwindigkeit vermehrte sich rasch, so daß wir schließlich 16 Knoten machten. Wir waren sofort hinter dem Schiffe, während alle anderen bedeutend seewärts waren. Wir waren dadurch in der Lage, eine Umkehr und ein Entweichen nach Südosten zu verhindern. Die Offiziere und Mannschaften zeigten, wie sie es stets gethan haben, einen enthusiastischen und lobenswerthen Eifer.

Die Rolle der Indiana.

Capitän Taylor der Commandeur der Indiana berichtete wie folgt:

Um 9:37 Morgens sah man das spanische Geschwader aus dem Hafen kommen, und in wenigen Augenblicken war ein allgemeines Treffen im Gange. Dem erften Schiffe, das sich als die Infanta Maria Terefa erwies und die Flagge des Vice-Admirals Cervera führte, folgten der Reihe nach die übrigen Schiffe des Ge- fchwaders: Bistaya, Cristobal Colon, Oquendo und die beiden Torpeboot= Zerstörer Furor und Pluton. Die feindlichen Schiffe hielten den Curs nach Westen. Unfer Schiff feuerte auf Alle, wie fie nacheinander herauskamen, und f festen später das Feuer hauptsächlich auf die Maria Terefa, Oquendo, Furor und Pluton fort. Man konnte die Wirkung mehrerer unferer Granaten auf diefen Fahrzeugen fehen.

Unfere fekundäre Batterie und die 6-zölligen Geschütze wurden hauptsächlich auf die Zerstörer gerichtet, die durch die Wirkung unferer Geschütze und der des Gloucester, der herangekommen war und fie aus nächster Nähe angriff, zum Sinken gebracht. Die letzten beiden Schiffe richteten anfangs ihr Feuer auf uns, trafen das Schiff aber, obwohl fie nahe waren, nur zweimal, ohne dem Schiffe oder der Mannschaft Schaden zu thun. Eine unferer 13-zölligen Gra= naten fuhr unter das Hinterverdeck der Maria Terefa und explodirte, und in kürzester Frist brannte das Schiff.

Ungefähr um 10:15 Vormittags brannten die Maria Terefa und Oquendo und hielten, nachdem fie das Feuer ihrer Geschütze eingestellt hatten auf den Strand zu. Wir richteten dann unfere befondere Aufmerkfamkeit darauf, das Entkommen der Zerstörer zu vereiteln, die augenscheinlich dem Gloucester, dem einzigen kleinen Fahrzeuge, das zum Kampfe mit ihnen in der Nähe war, weit überlegen waren. Von unferen 6-zölligen Granaten und 6-Pfündern getroffen fah man fie bald auffliegen. Dann feuerten wir mit unferen großen Geschützen auf die Bistaya. Brennend und mit zum Schweigen gebrachter Batterie wandte fie fich bald der Küste zu. Diefe Schiffe zogen ihre Flaggen ein, als fie nach dem Lande fuhren und das fpanische Flaggschiff hißte die Weiße Flagge auf, als es strandete.

Wir stellten nun das Feuer ein und konnten deutlich am westlichen Horizont fehen, wie der Cristobal Colon von der Brooklyn, Oregon und Texas, feewärts von ihm, verfolgt wurde. Sobald die Bistaya sich ergeben hatte, fignalifirte uns das Flaggschiff New York, das mit voller Geschwindigkeit westlich dampfte: „Geht zurück und bewacht den Hafeneingang." Um Mittag wendeten wir und fuhren im Einklang mit obigem Signal nach unferer Station, wobei wir den Harvard und mehrere Transportschiffe nach Westen fahren fahen. Während des Treffens benützten wir, außer den Sechspfündern mit rauchlofem Pulver, keine panzerdurchbohrenden Granaten, und die gute Wirkung der gewöhnlichen Granaten geht aus dem Brande der feindlichen Schiffe und der kurzen Zeit hervor, in der sie ohne Zerstörung ihrer Panzer kampfunfähig gemacht wurden, während unsere Schiffe fast gar nicht beschädigt wurden.

Capitän Taylor empfahl alle seine Offiziere und Mannschaften und ganz besonders den vollziehenden Offizier, Lieutenant-Commandeur John A. Rogers, zur Belohnung.

Was die Texas that.

Capitän J. W. Philip, Commandeur der Texas, des Schwesterschiffes der im Hafen von Havana zerstörten Maine, berichtete an Admiral Sampson wie folgt: Gerade um 9:35, als die Texas, welche 5100 Yards vom Morro entfernt lag, das allgemeine Signal No. 250 erhielt, wurde das Auslaufen der feindlichen Schiffe aus dem Hafen bemerkt. Sobald das erste Schiff mit der Admirals= flagge im Eingange erschien eröffnete es das Feuer, das um 9:40 von der Texas unter Vorrücken bei einer Entfernung von 4200 Yards erwiedert wurde. Es kamen vier Schiffe, augenscheinlich die Viscaya, Oquendo, Maria Teresa und Colon, gefolgt von zwei Torpedoboot=Zerstörern heraus.

Sobald wir die Letzteren sahen, feuerten wir sofort mit unserer sekunbären Batterie auf sie, während die Hauptbatterie zur selben Zeit mit dem zweiten und dritten Schiffe der Colonne zu thun hatte. Durch unsere sekunbäre Batte= rie, und mit Hülfe der Jowa und des Gloucester wurden diese beiden Zerstörer gezwungen auf den Strand zu laufen und sanken.

Während wir in heißem Kampfe mit dem dritten Schiffe waren, das auf gleicher Höhe mit der Texas, diese in ein Gefecht verwickelte, mußten wir unser Feuer eine Weile unterbrechen, da der Oregon mit aller Kraft vorging und das zweite Schiff angriff. Das dritte Schiff eilte nach einem lebhaften Feuer nach der Küste und zog 10:35 eine weiße Flagge auf. Wir stellten dann das Feuer auf das dritte Schiff ein und beschossen mit unseren vorderen Kanonen auf eine Entfernung von 6000 Yards, das mit dem Oregon kämpfende zweite, bis es 11:05 brennend ans Ufer eilte und 11:10 die Flagge strich.

Wir stellten das Feuer ein und machten mit der Brooklyn und dem Oregon Jagd auf das erste Schiff, den Cristobal Colon, bis er um 1:20 an Land fuhr und die Flagge strich. Um an ihn heran zu kommen verminderten wir unsere Schnelligkeit. Ich möchte noch bemerken, daß die Texas mit dem Colon bei der Jagd wacker mithielt, der im Anfang vier Meilen voraus war.

Capitän Philip schloß mit dem Ausdruck des Lobes für das Verhalten und den Pflichteifer aller seiner Offiziere.

Des Gloucester kühner Kampf.

Lieutenant-Commandeur Richard Wainwright, der auf der Maine zur Zeit ihrer Zerstörung im Hafen von Havana war und den Gloucester, die umgewandelte Jacht, in dem kühnen Kampfe mit zwei von Cervera's Torpedobooten commandirte, berichtete folgendermaßen:

Es war klar, daß der Gloucester die Pflicht hatte, die Zerstörer zu erwarten, weshalb er, um Dampf zu sammeln, zurückgehalten wurde, bis sie am Hafeneingange erschienen. Die Indiana überschüttete sie mit einem scharfen Feuer aus ihrer ganzen sekundären Batterie, aber das Signal des Capitäns Taylor: „Kanonenboote an einander schließen," gab uns die Sicherheit, daß wir nicht von dem Feuer unserer eigenen Schiffe getroffen werden würden.

Daß der Gloucester glücklich davonkam, hat er hauptsächlich der Genauigkeit und Schnelligkeit des Feuers zu verdanken. Die Wirksamkeit dieses Feuers und des Schiffes im Allgemeinen ist zum großen Theile der Umsicht und Unermüdlichkeit des vollziehenden Offiziers, Lieutenant Harry P. Huse zuzuschreiben.

Der Erfolg muß ihm umsomehr zugerechnet werden, wenn man bedenkt, daß ein großer Theil der Offiziere und Mannschaften ungeübt waren, als der Gloucester in Dienst gestellt wurde. Während des ganzen Gefechtes war er auf der Commandobrücke und führte meine Befehle mit großer Kaltblütigkeit aus.

„Der Geschicklichkeit und angestrengten Aufmerksamkeit des Hülfs-Ingenieurs George W. McElroy ist es zu verdanken, daß wir, trotzdem sie da noch nicht ernstlich beschäftigt waren, so nahe an die Zerstörer herankommen konnten. Die Bläser wurden in Thätigkeit gesetzt und die Schnelligkeit auf 17 Knoten erhöht, ohne daß eine Röhre platzte oder ein Lager heiß liefe. Lieutenant Thomas C. Wood, Lieutenant George H. Norman, jr. und Fähnrich John T. Edson beaufsichtigten nicht nur das Feuer der Geschütze in ihren Abtheilungen, sondern gaben selbst einige vortreffliche Schüsse ab.

„Der Hülfsarzt J. F. Bransford commandirte ein Geschütz und feuerte gelegentlich selbst. Der Hülfszahlmeister Alexander Brown befehligte zwei Colt-Kanonen, von denen er eine mit außerordentlichem Erfolge selbst bediente. Hülfs-Ingenieur A. M. Proctor führte meine Befehle von der Brücke aus und feuerte mitunter selbst ein Geschütz ab, wenn ich bemerkte, daß es nicht ganz zufriedenstellend bedient wurde. Alle waren kaltblütig und geschäftig, während sie nur wenig Aussicht hatten, unverletzt davon zu kommen.

„Die Lieutenants Wood und Norman, Fähnrich Edson und Hülfs-Ingenieur Proctor befehligten die mit der Lebensrettung beschäftigten Boote und setzten

Alle wiederholt ihr Leben auf's Spiel, indem sie an Bord der beiden Zerstörer und der beiden gepanzerten Kreuzer gingen oder in ihrer Nähe blieben, während deren Geschütze sich durch die Hitze entluden und ihre Magazine und Kessel explodirten. Auch bewiesen sie eine große Geschicklichkeit bei der Fortschaffung und Landung der Gefangenen durch die Brandung.

„Die verwundeten und erschöpften Gefangenen wurden vom Hülfsarzt Brans- ford mit Unterstützung des Fähnrichs Edson, der gleichfalls Arzt ist, gut und geschickt gewartet. Der Admiral, seine Offiziere und Mannschaften wurden mit aller möglichen Rücksicht und Sorgfalt behandelt. Sie wurden gespeist und ge- kleidet, wie es unsere beschränkten Mittel erlaubten."

Die Rolle des Oregon.

Capitän Clark von dem berühmten Oregon berichtete, wie folgt:

„Ich habe die Ehre zu berichten, daß gestern Vormittag 9 Uhr 30 Min. das Auslaufen der spanischen Flotte aus dem Hafen von Santiago de Cuba entdeckt wurde. Die Spanier liefen nach Westen und eröffneten ein Feuer, das unsere Schiffe kräftig erwiderten. Kurze Zeit hindurch flogen die Geschosse fast unun- terbrochen über unser Schiff, aber als unsere ganze Schlachtlinie im Gefecht war und die Jowa einen schnellen Vorstoß, wie zum Einrennen oder Entern machte, wurde das Feuer des Feindes sowohl in Bezug auf die Bedienung als auf das Zielen mangelhaft. Das Schiff wurde nur dreimal getroffen. Wir hatten keine Verluste.

„Sobald es klar wurde, daß der Feind durchzubrechen und nach Westen zu entkommen versuchte, gingen wir mit voller Geschwindigkeit vor, um Ihren Be- fehl bis zum Aeußersten durchzuführen. — „Wenn der Feind zu entkommen ver- sucht, sollen die Schiffe sich aneinander schließen, sobald als möglich das Gefecht beginnen und sich bemühen, seine Fahrzeuge zum Sinken zu bringen, oder ihn zwingen, auf den Strand zu laufen." — Wir überholten bald alle unsere Schiffe ausgenommen die Brooklyn, die die Flagge des Commodore Schley führte. Zuerst benutzten wir nur unsere Hauptbatterie, als aber entdeckt wurde, daß die feindlichen Torpedoboote ihren Schiffen folgten, machten wir von unseren Schnellfeuergeschützen und sechszölligen Granaten gegen sie mit gutem Erfolge Gebrauch.

Auf den Strand getrieben.

„Als wir dem letzten Schiffe näher kamen, lief es brennend der Küste zu. Wir beschossen es im Vorbeifahren und machten uns an das nächste Schiff vor uns

Wir feuerten mit unseren Steuerbord-Geschützen, und bevor wir ihm zur Seite waren, wandte es sich gleichfalls nach dem Strande. Die beiden übrig bleibenden Fahrzeuge waren jetzt noch eine Strecke voraus, doch unsere Schnelligkeit stieg auf 16 Knoten und unser Feuer, verstärkt durch das der Brooklyn, sandte bald ein weiteres, die Biscaya in Flammen, auf den Strand.

„Nur der Cristobal Colon war noch übrig, und eine Zeit lang schien es, als ob er entkommen könnte. Als wir jedoch aus unseren vorderen Thurmgeschützen feuer'en und die Brooklyn unserem Beispiele folgte, begann er auf die Küste zuzuhalten und seine Eroberung oder Zerstörung war gesichert. Als er auf den Strand lief, strich er die Flagge, und die Brooklyn signalisirte: ‚Feuer einstellen!' und bald darauf: ‚Glückwünsche für den großen Sieg; Dank für die glänzende Unterstützung!'

„Die Brooklyn schickte ein Boot nach dem Colon, und als der Admiral mit der New York, Texas und Vixen ankam, wurde er in Besitz genommen. Eine Prisenmannschaft unter Lieutenant-Commander Cogswell ging von unserem Schiffe an Bord, mußte aber das Fahrzeug, das sich trotz aller Bemühungen, die Lecke zu stopfen, mit Wasser füllte, kurz vor 11 Uhr Vormittags räumen. Gerade als die Besatzung das Schiff verließ, legte es sich auf die Seite.

„Ich kann nicht genug des Lobes für das Verhalten Aller an Bord aussprechen. Als sie merkten, daß der Oregon in die Schlachtlinie rückte und einer Reihe von Kämpfen mit den feindlichen Schiffen entgegen eilte, wenn sie überholt werden konnten und kämpfen wollten, bezeigten sie den höchsten Enthusiasmus.

„Da die feindlichen Fahrzeuge bedeutend schwerer armirt waren als die Brooklyn, hätten sie sich auf sie concentriren und sie überwältigen können; ich bin deshalb überzeugt, daß nur durch die Art und Weise, in der Offiziere und Mannschaften den Oregon steuerten, kämpften und ihre Batterien bedienten, das Entkommen des Colon und vielleicht der Biscaya vereitelt wurde. Deshalb glaube ich, daß sie sich um das Land hoch verdient gemacht haben, und füge, da ich nicht jeden Offizier und Mann einzeln namhaft machen kann, eine Liste der Offiziere mit den Posten, die sie einnahmen, bei, in der Hoffnung, daß Sie ihnen Dienste leisten, falls die Ansprüche Anderer auf Beförderung über sie hinweg je in Erwägung kommen sollten.

Die Jowa gab den ersten Schuß ab.

Capitän Evans' offizieller Bericht über das Werk seines Schiffes bei der Zerstörung von Cervera's Flotte lautete:

G 24

Ich habe die Ehre, folgenden Bericht von dem Treffen mit dem spanischen Geschwader vor Santiago de Cuba am 3. Juli zu erstatten:

Am Morgen des 3., während die Mannschaft in Sonntagsparade stand, sah man um 9:30 das erste Schiff des spanischen Geschwaders aus dem Hafen von Santiago de Cuba kommen. Sofort wurde das Signal: „Schiffe des Feindes kommen heraus!" aufgehißt und ein Geschütz zur Warnung abgefeuert. Unmittelbar darauf ertönte der Generalmarsch, die Batterie wurde fertig zum Feuern gemacht und die Maschinen arbeiteten mit voller Geschwindigkeit vorwärts.

Dieses Schiff hatte, als das Geschwader in Sicht kam, seine gewöhnliche Blockadestellung vor dem Hafeneingange inne, von dem ungefähr nördlich liegenden Morro Castle etwa drei Meilen entfernt.

Nachdem das erste Schiff, die Infanta Maria Tereja, Admiral Cervera's Flaggenschiff, in Sicht gekommen war, bemerkte man, daß ihr die drei übrigen Fahrzeuge des spanischen Geschwaders, Biscaya, Cristobal Colon und Almirante Oquendo folgten. Die spanischen Schiffe bewegten sich mit einer Geschwindigkeit von acht bis zehn Knoten, die sich stetig vergrößerte, sobald sie den Hafeneingang verlassen hatten und westwärts steuerten. Das Geschwader bewegte sich mit großer Präcision und hielt seine Stellung mit ungefähr 800 Yards Abstand zwischen den einzelnen Schiffen wohl aufrecht.

Sofort nach Sicht des ersten Schiffes wurde mit dem Feuer begonnen und die Jowa steuerte auf dasselbe los. Etwa um 9:40 wurde von unserem Schiffe auf eine Distanz von ungefähr 6000 Yards der erste Schuß abgefeuert, und der Curs wurde so gehalten, daß sich die Schußweite rasch verminderte. Eine Anzahl Schüsse wurde auf Entfernungen von 6000 bis 4000 Yards abgegeben. Die Entfernung verringerte sich jedoch schnell zu 2500 und schließlich zu 2000 und 1200 Yards.

Schwere Breitseiten der Jowa.

Als es klar wurde, daß die Maria Tereja an uns vorbeifahren würde, wurde das Ruder nach Steuerbord gelegt und die Steuerbord-Breitseite auf 2500 Yards Entfernung abgegeben. Dann wurde das Ruder nach Backbord gelegt, die Jowa quer vor den Bug des zweiten Schiffes gebracht und, als dasselbe vorwärts kam, wieder nach Steuerbord gedreht, so daß das Schiff mit voller Gewalt unsere Steuerbord-Breitseite bei einer Entfernung von 1800 Yards erhielt. Die Jowa wandte sich dann gegen das dritte Schiff und richtete ihren Curs, als sie näher kam, so ein, daß er dem des spanischen Schiffes annähernd gleich war. In dieser Stellung wurde bei einer Distanz von 1400 Yards das Feuer der ganzen Batterie, einschließlich der Schnellfeuer-Geschütze über das feindliche Schiff ausgeschüttet.

Ungefähr um 10 Uhr wurde bemerkt, daß die Torpedoboot-Zerstörer Furor und Pluton den Hafen verlassen hatten und dem spanischen Geschwader folgten. Zur Zeit, als sie bemerkt wurden und thatsächlich die meiste Zeit, die sie unter Feuer waren, blieben sie in einer Entfernung von 4500 bis 4000 Yards. So= bald sie entdeckt waren, wurde unsere sekundäre Batterie auf sie gerichtet, wäh= rend die Hauptbatterie den Kampf mit der Biscaya, Oquendo und Maria Tereja fortsetzte.

Das Feuer der Hauptbatterie war bei einer Schußweite von 2500 Yards und darunter äußerst wirksam und vernichtend und nach einer 20 Minuten langen Fortsetzung desselben bemerkte man, daß die Maria Teresa und der Oquendo in Flammen standen und nach dem Strande steuerten. Sie strichen ungefähr um 10:20 die Flaggen und strandeten etwa 8 Meilen westlich von Santiago. Unge= fähr um dieselbe Zeit (10:25) erwies sich das Feuer unseres Schiffes, zusammen mit dem des Gloucester und eines anderen kleinen Fahrzeuges, so vernichtend, daß einer der Torpedoboot-Zerstörer (Pluton) sank, und der Furor solchen Scha= den erlitt, daß er auf den Felsen getrieben wurde.

Rettung der geschlagenen Spanier.

Nachdem dieses Schiff um 11 Uhr 35 Min. den Oquendo und die Maria Teresa, beide brennend und gestrandet, passirt hatte, setzte es die Jagd und das Feuer auf die Biscaya fort, bis um 10 Uhr 36 Min. das Signal an Bord er= tönte, das Feuer einzustellen, da man entdeckte, daß die Biscaya endlich ihre Flagge gestrichen hatte.

Um 11 Uhr langte die Jowa in der Nähe der Biscaya an, die auf den Strand getrieben war, uud da es offenbar war, daß sie den Cristobal Colon nicht fan= gen konnte, aber Oregon, Brooklyn und New York es thun würden, so wurden sofort zwei Dampfbarkassen und drei Kutter ausgesetzt und nach der Biscaya ge= schickt, um ihre Mannschaft zu retten. Unsere Boote brachten es fertig, eine große Anzahl von Offizieren und Mannschaften dieses Schiffes fortzuschaffen und viele an Bord des Torpedobootes Ericsson und des Hülfs-Depeschenbootes Hist zu bringen.

Ungefähr um 11 Uhr 30 Min. fuhr die New York auf der Jagd nach dem Cristobal Colon vorbei, der sich bemühte, dem Oregon, Brooklyn und Texas zu entkommen. Von der Biscaya nahmen wir den Commandeur, Kapitän Eulate, 23 Offiziere und 248 Unteroffiziere und Leute an Bord.

Nach Einschiffung der geretteten Mannschaft der Biscaya fuhr unser Schiff nach Osten und nahm in Befolgung des vom Oberbefehlshaber um 11 Uhr 30 Min. gegebenen Signals die Blockadestation wieder ein.

Bei Ankunft auf der Station übergab uns der Gloucester den Contre-Admiral Cervera, seinen Flaggenlieutenant, die Commandeure der Torpedoboot-Zerstörer Furor und Pluton und einen von dem Gloucester geretteten Mann von der Besatzung des Oquendo.

Die Batterie bewährte sich in jeder Hinsicht, und Offiziere und Leute unseres Schiffes verhielten sich bewundernswerth. Keine Mannschaft hätte muthigere Dienste leisten können. Ich kann meiner Bewunderung für meine Mannschaft keinen genügenden Ausdruck geben. So lange der Feind seine Flagge zeigte, kämpften sie wie amerikanische Seeleute, aber wenn die Flagge fiel, waren sie freundlich und mitleidig, wie amerikanische Frauen. Zum Schlusse gestatten Sie mir, Herr Admiral, Sie zu dem vollständigen Siege, den Ihre Flotte errungen hat, zu beglückwünschen.

XXIX. Kapitel.

Thaten amerikanischer Helden.

Der Krieg mit Spanien hat viele Männer vor die Oeffentlichkeit gebracht, die bisher nicht bekannt waren, deren tapfere Thaten jedoch bald in aller Mund waren. Unter ihnen ist vor Allem Lieutenant Hobson zu nennen, dessen berühmtes Wagniß, das Versenken eines Schiffes im Eingange zum Hafen von Santiago Edward G. Harper in einem bald überall bekannten Liede besungen hat.

Mit Hobson waren bei seinem gefahrvollen Unternehmen David Montague, George Charette, J. C. Murphy, Oscar Deignan, John P. Phillips, John Kelly und A. Clausen. Der Letztgenannte, ein Seemann von New York, betheiligte sich an der Expedition gegen den Befehl seiner Vorgesetzten. Sie wurden sämmtlich von den Spaniern gefangen genommen, aber der spanische Admiral ließ, in Anerkennung der von den Gefangenen bewiesenen Bravour, dem amerikanischen Admiral unter Parlamentär-Flagge die Mittheilung machen, er sei bereit, die Gefangenen auszutauschen; zugleich gab er die Versicherung, daß die Amerikaner mit größter Rücksicht behandelt werden sollten.

Lieutenant Hobson, Hülfs-Marinebaumeister bei Ausbruch des Krieges und seitdem befördert, ist in Greensboro, Ala., am 17. August 1870 geboren; im Mai 1883 bezog er die Marine-Akademie, nachdem er als Sieger aus dem Concurrenz-Examen hervorgegangen. Obwohl das jüngste Mitglied seiner Klasse, war er doch der Erste beim Schlußexamen. Später studirte er, im Auftrage der Bundesregierung, das französische Ingenieurwesen; 1891 wurde er zum Hülfs-Marinebaumeister ernannt. Als Admiral Sampson nach Westindien abging wurde Hobson auf das Flaggenschiff New York beordert. Er ist Verfasser eines halb-politischen Werkes: „Situation und Aussichten in Europa".

Powell mußte umkehren.

Ensign J. W. Powell aus Oswego, N. Y., ebenfalls von der New York, schlich sich mit einem Boote bis unter die Kanonen von Morro Castle, um die Helden vom Merrimac aufzunehmen. Als der Tag anbrach und seine gefährliche Lage klar wurde, mußte er umkehren, zumal da von Hobson's Leuten nichts zu sehen war; unter heftigem Feuer der spanischen Batterien kehrte er zurück. Die Spieren des in der Mitte des Kanals versenkten Schiffes waren von Powell deutlich gesehen worden. Hobson hatte die Merrimac genau an der Stelle zum Sinken gebracht, wo er es beabsichtigt hatte. Die bekannte That Cushing's, der den Widder Albemarle der Conföderirten auffliegen ließ, ist von Hobson's That überboten worden, denn Cushing's Leute schlichen sich um Mitternacht in den Albemarle-Sund, als der Feind auf keinen Angriff gefaßt war; Hobson brachte dagegen sein Schiff mitten in die Schußlinie der feindlichen Batterien und versenkte es dann. Daß er entdeckt wurde, war unvermeidlich und der Tod ihm und seinen Leuten so gut wie sicher. Ebenso wie Cushing, hatte auch Hobson selbst seine kühne That geplant. Als Admiral Sampson mit dem damaligen Commodore Schley vor Santiago zusammentraf, hatte Letzterer bereits sich vergewissert, daß es der Flotte unmöglich sein würde, dem spanischen Geschwader in das Loch, in welchem es Zuflucht gesucht, nachzufolgen. Die Minen im Eingange zum Hafen und die Batterien, welche ihn beherrschten, hatten ein solches Unternehmen als wahnsinnig erscheinen lassen. Commodore Schley glaubte allerdings, der Dynamit-Kreuzer Vesuvius würde eventuell die Minen unschädlich machen können, aber auch dann würden die Schiffe einzeln hintereinander die Einfahrt machen müssen, und wenn eines zum Sinken gebracht würde, so müßte die ganze Flotte fest sitzen. Damals kam Lieutenant Hobson auf die Idee, einen großen Kohlendampfer quer im Hafeneingange zum Sinken zu bringen. Obwohl das Unternehmen sicheren Tod für die Betheiligten zu bedeuten schien und sein Mißlingen weit wahrscheinlicher, als sein Gelingen war, gab der Admiral schließlich doch widerstrebend seine Erlaubniß dazu, da Hobson größten Enthusiasmus und so unerschütterliches Vertrauen auf das Gelingen seines Wagnisses zeigte, daß er seine Kameraden hinriß, ihm beizustimmen.

Der Verlauf des Wagestückes ist in einem vorhergehenden Kapitel ausführlich beschrieben worden. Als Hobson wieder ausgewechselt worden war, gab er der Mannschaft seines Schiffes eine lebensvolle Schilderung seiner Erlebnisse, seiner wunderbaren Rettung bei dem Sinken des Schiffes, seiner Gefangenschaft in Morro Castle, während die amerikanischen Granaten dasselbe theilweise in Trümmer legten, 2c.

Commandeur Wainwright.

Durch seine Thaten in der Schlacht von Santiago hat sich Commandeur Wainwright einen ehrenvollen Platz in der Geschichte dieses Krieges erworben. „Wenn Dick Wainwright jemals mit einem spanischen Schiffe zu thun bekommt, dann geht es auf Tod und Leben; er wird sich für immer einen Namen machen!"

So äußerte sich kurz vor Ausbruch des Krieges ein Marineoffizier in Key West, — am 3. Juli, vor Santiago, wurde seine Prophezeihung bestätigt.

Seit jenem furchtbaren Augenblick am Abend des 15. Februar, da Wainwright an der Seite seines Capitäns auf dem sinkenden Quarterdeck der Maine stand, und den Befehl zum Herunterlassen der Boote gab, hat er auf eine solche Gele= genheit gewartet, wie die, welche seinen Namen ebenso unlösbar mit dem der Gloucester verknüpft hat, wie der Hobson's mit dem der Merrimac verknüpft ist. Niemand hat mehr von den furchtbaren Scenen nach der Explosion auf der Maine gesehen, als Wainwright, der die Arbeiten der Taucher leitete, die Leichen der umgekommenen Seeleute bergen ließ. Erst am 5. April, lange nachdem Capitän Sigsbee und seine Leute zurückberufen waren, holte Wainwright, als einziger in Havana zurückgebliebener Offizier der Maine, die von Wind und Wetter zerfetzte Flagge des Schiffes, welche bisher Tag und Nacht über den Trümmern desselben geflattert hatte, herunter. Mit seiner Abreise von Havana gaben die Ver. Staaten ihre Souveränität über die Maine auf.

Jeder Zoll ein Seemann.

Die Persönlichkeit des Mannes, der mit seiner Batterie von kleinen Sechs= pfündern dem Feuer der spanischen Panzer trotzte, den Pluton und den Furor in Brand schoß und sie buchstäblich mit Kugeln durchlöcherte, ist mehr als inte= ressant. Wainwright ist durch und durch Seemann. Sechs Fuß oder darüber hoch, aber etwas zu schlank, um wie ein Athlete auszusehen, ist er doch ein Mann der That. Er ist einer jener Männer, deren Körper ganz aus Gehirn und Knochen zu bestehen scheint; noch nicht über die mittleren Lebensgrenzen hinaus, ist er doch alt genug, um den Eindruck zu erregen, daß es sehr ernst sei, was er vorhabe, falls seine blauen Augen nicht vor Vergnügen aufleuchten, — oder aber im Zorn.

Als er nach der Maine-Katastrophe zurückkehrte, war sein Gesicht lederbraun, in Folge der Einwirkung der tropischen Sonne. Stets erschien er in einem Wetterspuren zeigenden Ueberrock, da er von seinen Sachen nichts gerettet hatte, als was er gerade auf dem Leibe hatte. Nächst dem Kaplan der Maine, Vater Chidwick, und dem Leichenbestatter war Wainwright wohl der geschäftigste Mann in Havana; doch hatte er für Jeden einen freundlichen Gruß und einen festen Händedruck. Aber kein Marineoffizier hat auch gewissenhafter die von Washing= ton ergangene Anweisung, über die Verhandlungen der Untersuchungscommission Schweigen zu beobachten, befolgt. Wie er selbst dachte, war freilich kein Ge=

heimniß. Das konnte man auf seinem Antlitz lesen, in der entschlossenen Miene mit welcher er an seine traurige Arbeit heranging. Capitän Sigsbee verrieth kein Geheimniß, als er von seinem bisherigen Untergebenen sagte: „Wainwright war von Rachegedanken nach der Maine-Katastrophe erfüllt, und brannte darauf, eine Gelegenheit zu erhalten, sich mit den Spaniern zu messen. Seine Kriegs- lust war so groß, daß ich ihn auslachte; doch war sie nicht von der Art, die sich nur in Rebereien zeigt!"

Wahrlich, wenn Jemand die Maine nicht vergaß, so war es „Dick" Wain- wright. Der Tod von 266 seiner braven Untergebenen war ihm tief zu Herzen gegangen. Wie bei den Offizieren war er auch bei der Mannschaft höchst popu- lär gewesen, und hatte sich in den zwei Monaten seines Commandos auf der Maine Aller Herzen gewonnen, obwohl er auf stricte Disciplin hielt.

Wenn er auch keine so anziehende Persönlichkeit ist, wie Capitän Sigsbee selbst, so fesseln doch sein militärisches Auftreten und sein anspruchsloses Wesen. Entschlossen, ein Meister in seinem Beruf, fest ohne hart zu sein, strict, aber kein Pedant, stets seine Würde bewahrend, doch niemals hochmüthig, — kurz, ein fast vollkommenes Muster des amerikanischen Seemannes! Quarter-Deck und Vordercastell traten gleich für ihn ein.

Edelmüthiger Feind.

Es kann daher kaum Wunder nehmen, wenn Wainwright glaubte, mit den Spaniern abrechnen zu müssen, als er mit seiner kleinen Yacht Gloucester mitten in das Gewühl des Kampfes hineinsteuerte und mit seinen Kanönchen gegen jedes spanische Fahrzeug, das er in Sicht bekam, losbonnerte. Er war aber auch ein hochherziger Feind! Wie Capitän Taylor sagt: „Die Tapfersten sind die Zartesten!" Da der grauhaarige spanische Admiral als Kriegsgefangener an Bord des Gloucester kam, an Körper und Geist gebrochen, empfing Wain- wright ihn an der Schiffstreppe mit ausgestreckter Hand und den Worten: „Ich beglückwünsche Sie, mein Herr, daß Sie so tapfer sich geschlagen, wie es je auf See erlebt worden!" Seine eigene Kajüte stellte er dann dem geschlagenen Ad- miral zur Verfügung, daß derselbe in seinem Gram von Niemand belästigt würde. Kannte Wainwright selbst auch keine Thränen, so konnte er doch wohl begreifen, was es heißt, Kameraden so gut, wie seine Schiffe verloren zu haben, und schonte die Gefühle Admiral Cervera's.

Als Sohn des Commodore Wainwright, stammt der Held der Gloucester aus einer alten Soldatenfamilie. Auf die Marine-Akademie wurde er von dem Distrtct Columbia gesandt.

„Buckey" O'Neil.

Ein anderer tapferer Kämpfer, der große Bravour bewies, aber in der Schlacht von San Juan sein Leben lassen mußte, war Capitän „Buckey" O'Neil von den Wilden Reitern. Er fiel bei dem verhängnißvollen Sturm auf den Hügel.

„Buckey" O'Neil war wohlbekannt vom Atlantischen bis zum Stillen Ocean; ihm kann keine bessere Grabschrift gesetzt werden, als er sie selbst vor der Abreise von Tampa verfaßt: „Wer würde nicht das Glück versuchen um eines neuen Sternes in der Flagge willen?" „Buckey" versuchte sein Glück und verlor; die Wilden Reiter betrauerten einen tapferen Kämpfer, der nie Furcht kannte, der seinerzeit es mit fünf Mann aufgenommen, der in den Krieg zog an der Spitze von dreihundert furchtlosen Bürgern Arizona's, die sämmtlich ebenso begierig und ebenso stolz darauf waren, so sterben zu können, wie „Buckey" es that, — in Stiefel und Sporen, das Gesicht dem Feinde zugekehrt!

William Owen O'Neil war im Jahre 1860 in St. Louis geboren; seine Eltern waren Irländer. Mit seiner Mutter und seinen Brüdern sich nach dem Osten wendend, absolvirte er die National Law Sohool des Distrikts Columbia; später bestand er als Erster von 72 Concurrenten die Prüfung für die Marine= Zahlmeistercarriere. Da seine Anstellung sich aber verzögerte, während er voller Thatendurst war, ging er nach Arizona und gab dort den "Arizona Miner," den "Phœnix Herald" und "Hoof and Horn," ein Organ für Viehzüchter heraus. Arizona schien ihm eine gute Zukunft zu bieten; er erwarb die Hälfte verschiedener guter Minen=Unternehmungen und spielte bald durch seine Energie, sein Führertalent, eine hervorragende Rolle. Die Bergleute wandten sich an ihn, daß er ihre Streitigkeiten schlichte; die Viehzüchter acceptirten seine Entscheidung als endgiltig, — so vernunftgemäß und gerecht waren dieselben.

Ueberall bekannt und beliebt.

Drei Jahre lang war er Richter von Yavapai County und amtirte dann drei Mal hinter einander als Sheriff, wobei er viele Proben äußerster Furchtlosigkeit ablegte. Kein Desperado wagte sich zum zweiten Male in O'Neil's Revier, der als bester Schütze weit und breit berühmt war. In Prescott, Arizona, war O'Neil drei Mal Congreßcandidat, wurde aber regelmäßig mit einer kleinen Mehrheit geschlagen. Um so besseren Erfolg hatte er als Mayors=Candidat: Er wurde einstimmig erwählt, die einzige gegen ihn abgegebene Stimme war seine eigene. Jeder Mann, jede Frau und jedes Kind in Arizona kannte ihn und nannte ihn „Buckey", Jedermann wußte nur Gutes von ihm zu sagen.

Als der Krieg ausbrach, führte „Buckey" ein ziemlich zurückgezogenes Leben, entschloß sich aber sofort, eine Compagnie für Roosevelt's Regiment zu bilden. Das geschah so rasch, daß Präsident McKinley ihm telegraphisch dankte. Mit „Buckey" O'Neil zu kämpfen und zu sterben, war Jedermann in Arizona bereit. Fast dreihundert „Cowboys", Bergleute, Geschäftsleute, Politiker ꝛc. Arizona's ließen sich unter ihm anwerben. Die Frauen von Prescott überreichten ihm eine seidene Flagge, die erste, welche auf Cuba aufgepflanzt wurde, die Männer einen Revolver. Als Richter Ling die Geschenke übergab, hielt er folgende charakter= istische Ansprache: „Mayor O'Neil, wir wünschen Ihnen ein Roß zu schenken. Es ist noch nicht völlig ausgewachsen, eher ein Füllen. Aber es schlägt aus. Jedesmal, wenn es ausschlägt, lenken Sie es gegen einen Spanier, und Sie können sicher sein, daß ein weiterer Spanier seinen Patron, den Teufel, be= grüßen wird!"

Duldete nichts in seinem Wege.

„Buckey" zog in den Krieg, bereit, seinem Füllen so viel wie möglich Gelegen= heit zum Ausschlagen zu geben. An seinen Freund, Thurlow Weed Barnes, sandte er von San Antonio einen Brief, der mit folgenden bezeichnenden Worten schloß: „Ich bin bereit, mein Glück zu versuchen. Wer würde es nicht thun um eines neuen Sternes in der Flagge willen?"

Er war gewohnt, sich jedes Hinderniß aus dem Wege zu räumen und auszu= schlagen, wo sich ihm Jemand entgegenstellte. Sein Vater war Capitän John O'Neil, von der berühmten irischen Brigade des 2. Armeecorps im Bürgerkriege; sein Bruder Eugene Brady O'Neil, ging nach Manila als Oberlieutenant in einem Freiwilligen=Regiment. Seine Frau hat wohl alle Ursache, um den Mann zu trauern, der, wo er auch immer sein mochte, doch täglich einen Brief an sie schrieb. Selbst bei der Verfolgung von Verbrechern durch die Wüsten Arizona's und Colorado's schrieb „Buckey" einige Zeilen an „Pauline" auf einen Zettel und sandte sie durch den ersten Fremden zurück, auf den er stieß.

Thaten der Tapferkeit werden viele von ihm erzählt. Bei Baiquiri waren der Corporal Cobb und der Gemeine English, vom Trupp T des zehnten Kavallerie= Regiments, von einem Leichterfahrzeug in die See gefallen. „Buckey" sprang ihnen sofort nach und schwamm mit großen Stößen auf sie zu, aber das Leichter= fahrzeug drehte sich und beide Verunglückten geriethen unter dasselbe und sanken, bevor „Buckey" sie erreichen konnte.

Romantisches Abenteuer.

Als Sheriff von Yavapai verfolgte er einst einen berüchtigten Eisenbahnräu-
ber. Ueber 300 Meilen war die Jagd gegangen und die mexikanische Grenze
beinahe erreicht, die für den Verfolgten die Freiheit bedeutete. Gegen Abend
traf „Buckey" an einem Farmhause an und erfuhr hier, daß der Flüchtling das
beste Pferd aus dem Stalle genommen und etwa 5 bis 6 Stunden Vorsprung
hatte. So müde und erschöpft er war, entschloß sich „Buckey" doch sofort, ohne
erst etwas zu genießen, die Jagd wieder aufzunehmen und der Spur, welche
direkt an die Grenze führte, zu folgen. Kaum vier Meilen weiter sah er im
Mondschein einen Fremden herankommen. Es war der gesuchte Räuber, der
sobald er seinen Feind entdeckt hatte, eine Frau, die hinter ihm auf dem Pferde
gesessen, absteigen gelassen hatte. Sofort begann eine lebhafte Schießerei zwischen den beiden Männern; „Buckey" sandte seinem Gegner eine Kugel in die
Schulter, und dieser ergab sich. Nun wandte sich „Buckey" zu der Frau und
erfuhr, daß sie die Schullehrerin des Ortes war, den er kurz vorher passirt
hatte. Sie hatte sich verirrt, als der Räuber auf seiner Flucht sie traf, der
völlig Erschöpften etwas Whiskey einflößte und sie dann auf sein Pferd nahm.
Um sie in die Nähe ihrer Wohnung zu bringen, drehte er um und wurde so von
seinem Schicksal ereilt. Das Mädchen bat „Buckey", ihren Retter freizulassen,
aber sein Pflichtgefühl gestaltete ihm das nicht; er brachte seinen Gefangenen
nach Arizona, wo derselbe zu lebenslänglichem Zuchthaus verurtheilt wurde.
Indessen vergaß die Dame, welche einer angesehenen Familie Neu-England's
angehört, nicht, was der Zuchthäusler für sie gethan. Sie kehrte später nach
Arizona zurück und erlangte schließlich von dem Gouverneur die Begnadigung
ihres einstigen Retters.

Machte einen Torpedo unschädlich.

Eine andere That, welche dem, der sie vollbracht, einen ehrenvollen Platz in
der Geschichte dieses Krieges sichert, ist die des Fähnrich Irving Gillis, der vom
Torpedoboot Porter über Bord sprang, um einen Torpedo aufzuhalten und so
sein Schiff vor der Vernichtung zu retten.

Commodore Schley hatte Cervera's Geschwader im Hafen von Santiago „ein-
gestöpselt;" einen Ausweg gab es für denselben kaum mehr. Im Halbkreise um
die Hafeneinfahrt hielten Tag und Nacht die amerikanischen Schiffe Wacht. In
einer Nacht wurden von dem spanischen Torpedoboot Pluton mehrere Schwarzkopf'sche Torpedos abgefeuert, in der Richtung auf die Hafenausfahrt; da die

Ebbe eingetreten war, hatte der spanische Admiral erwartet, die Torpedos würden in die See hinausgetrieben werden, auf amerikanische Schiffe stoßen und diese vernichten. Indessen verloren die Torpedos bald, nachdem ihre Triebkraft erschöpft war, ihre Richtung und schwammen in der See herum. Capitän Fremont von der Porter stand, mit dem Glase in der Hand, auf dem Verdeck des Schiffes; Fähnrich Gillis an seiner Seite. Plötzlich bemerkte Fremont ein langes, schwarzes, cylindrisches, vorn spitz zulaufendes Ding, dessen Ende im Wasser glitzerte, auf sein Schiff zukommen. Daß es ein Schwarzkopf'scher Torpedo war, wurde sofort festgestellt; langsam, aber sicher schien die verderbenbringende Maschine sich der Porter zu nähern.

Sprang in die See.

Gillis hatte sie ebenfalls bemerkt; im nächsten Augenblick hatte er seinen Rock auf Deck geworfen und sich seiner weißen Leinwandschuhe entledigt. Die Hände auf das Geländer gestützt, beugte er sich vor und sah, wie der Torpedo, mit jeder Woge steigend und fallend, sich dem Schiffe näherte. In dem Augenblick, da derselbe gegen die Porter stieß, würde dieselbe wahrscheinlich in Atome zerschmettert worden sein. Als Capitän Fremont sah, daß Gillis sich anschickte, in die See zu springen, rief er ihm zu: „Thun Sie es nicht, Gillis; das Ding muß losgehen!" „Das werde ich schon besorgen, Herr Capitän!" antwortete Gillis und war im Wasser, bevor Fremont ihn zurückhalten konnte. Mit einigen starken Stößen hatte Gillis den Torpedo erreicht, legte seinen Arm um die Spitze desselben und drehte ihn von der Porter ab. Dann schraubte er die Zündernadel so fest, daß sie sich nicht mehr bewegen konnte, und schwamm, seine Prise zur Seite nach dem Torpedoboot zurück. Bei demselben angelangt, salutirte er mit seiner von Wasser triefenden Hand seinen Capitän und wartete, den Arm um den nun harmlosen Torpedo gelegt, auf die Befehle seines Vorgesetzten.

Vom Deck der Porter hatte Fremont in athemloser Spannung das kühne Unternehmen des jungen Offiziers mit angesehen; nun befahl er, denselben an Bord zu ziehen und sprach ihm in warmen Worten seine Anerkennung für seine That aus. Ruhig und bescheiden lehnte Gillis jedes Lob ab, begab sich in seine Kajüte, um seine Kleidung zu wechseln und erschien wieder auf Deck, ohne seines Wagestückes auch nur mit einer Silbe zu erwähnen. Sein in Delhi, N. Y., lebender Vater, Contre-Admiral in Pension, kann stolz auf diesen Sohn sein. Der junge Gillis ist von New York nach Annapolis gesandt worden und wurde bei Ausbruch des Krieges zum activen Dienst commandirt. „Entschlossenheit bekundet sein ganzes Wesen", äußerte Capitän Fremont von ihm.

XXX. Kapitel
Santiago's Fall.

In den 10 Tagen, die auf die Kämpfe von San Juan und El Caney und die Vernichtung der Flotte Cervera's folgten, schlossen amerikanische Truppen die Stadt Santiago ein und schoben ihre Verschanzungen gegen die Stadt vor, bis diese so vollständig umzingelt war wie es nur anging. Es geschah das, um ein Entweichen des Generals Toral und dessen Heer in nordwestlicher Richtung zu verhüten. Inzwischen hatte der General Schafter den spanischen General wiederholt zur Uebergabe aufgefordert, diese Forderungen waren indessen zurückgewiesen worden, bis am 14. Juli die Uebergabe der Stadt angekündigt wurde, eine Nachricht, die im ganzen Lande die größte Befriedigung erregte. Damit war ein wichtiger Schritt zur Beendigung des Kriegs und Wiederherstellung des Friedens geschehen.

Die Schwierigkeiten der Einnahme.

Man hatte anfänglich angenommen, man werde Santiago nur mit Sturm einnehmen können. Man wußte, die Spanier rühmten sich, die Stadt gegen jeden Angriff behaupten zu können; ein dichtes Netz von Schanzwerken umgab die Stadt, die durch ein vollständiges Gewebe von Stachelbrahtzaun noch furchtbarer gemacht wurden. Unsere Militärs scheuten naturgemäß vor jedem Versuch jene Hindernisse zu überwältigen und die Stadt an der Spitze des Bajonnets einzunehmen, zurück. Ein derartiger Versuch mußte nothwendigerweise mit großen Verlusten an Menschenleben verknüpft sein und doch beschloß man, zum Angriffe zu schreiten, sofern der spanische General die Nutzlosigkeit eines Widerstandes nicht einsah und sich freiwillig ergäbe. Da traf am 14. Juli 3 Uhr 6 Min. Nachmittags beim Präsidenten die bedeutsame amtliche Meldung ein: „Santiago hat sich um 3 Uhr ergeben!" Ein Beamter des Signaldienstes übermittelte dieselbe telegraphisch aus Playa del Este und sie enthielt das Ergebniß der Zusammenkunft der Kapitulations-Commission in kürzester Form. Sie wurde bestätigt durch ein einige Minuten später dem Chef des Signaldienstes zugegangenes Telegramm, des Inhalts:

Playa del Este.

General Greely in Washington:

Der Präsident war entschlossen gewesen, mit der Einnahme der Stadt keinen Augenblick mehr zu zögern und es wäre ohne Verzug zum Angriff ge-

381

schritten worden, wenn Toral nicht die Waffen gestreckt hätte. General Shafter hatte in der Früh telegraphiert, daß General Toral um Ernennung von Commissären ersuchte. Daraufhin hatte im Weißen Hause eine Conferenz stattgefunden, die nur 10 Minuten dauerte. General Shafter war telegraphisch angewiesen worden, dem ihm ertheilten Auftrag gemäß zu handeln, andernfalls aber die Stadt aufs Neue anzugreifen. Darauf war dann nachstehende Nachricht eingetroffen:

Hatte soeben mit dem General Toral eine Besprechung. Derselbe erklärte sich bereit zu kapituliren, vorausgesetzt, daß seinen Truppen gestattet würde, nach Spanien zurückzukehren. Ganz Ost-Cuba, von Asseraderos im Süden, über Palma bis nach Sagua im Norden ist darin eingeschlossen und das 4. Armeecorps. Die Commissäre sind heute Nachmittag ½3 Uhr zusammengekommen, um die genaueren Bedingungen festzustellen.

W. R. Shafter, Generalmajor.

In das von Toral übergebene Gebiet war beinahe der dritte Theil der Provinz Santiago mit einem Flächenumfange von fünf Tausend Meilen und einer Bevölkerung von 125,000 Seelen eingeschlossen, mit Einschluß der Städte Santiago de Cuba, Guantanamo, Sagu de Tanamo, Baracoa. Die Vereinigten Staaten verpflichteten sich, die sämmtlichen Truppen des Generals Toral, in der Stärke von 10,000 bis 12,000 Mann, nach Spanien zurückzubefördern.

Die Einzelheiten der Uebergabe.

Der General Toral hatte dieses Anerbieten anfänglich abgelehnt, als der General Shafter ihm aber in einer Zusammenkunft, der auch der General Miles und andere angesehene amerikanische Militärs beiwohnten, die Lage in dürren Worten auseinandersetzte, er könne nie und nimmer darin einwilligen, den Spaniern freien Absatz zu gewähren, da gab der spanische General endlich nach und erhielt auch von der Madrider Regierung telegraphisch die Zustimmung zu dieser Lösung des Problems, die General Toral bisher aus Furcht vor den Folgen seiner Handlungsweise abgelehnt hatte.

Kapitulations-Bedingungen.

Durch die Kapitulations-Bedingungen war abgemacht worden:

1. Daß die Feindseligkeiten bis zur endgültigen Vereinbarung der Waffenstreckung eingestellt werden;

2. Die Kapitulation umfaßt, innerhalb bestimmter Grenzen, die Auslieferung des sämmtlichen Kriegsmaterials und die Waffenstreckung sämmtlicher Truppen;

3. Die Truppen werden sobald als thunlich nach Spanien zurückbefördert, und zwar wird eine jede Truppenmacht in der ihr zunächstliegenden Hafenstadt eingeschifft;

4. Die Offiziere behalten ihre Seitengewehre und Gemeine ihr Gepäck;

5. Die spanischen Truppen sind, nachdem die Waffenstreckung stattgefunden hat, dabei behülflich, aus dem Hafen von Santiago die Hindernisse wegzuräumen;

6. Die Befehlshaber liefern ein vollständiges Verzeichniß der Waffen und der Kriegsvorräthe und eine Namensliste aller Soldaten des Militärbezirks;

7. Dem General wird die Mitnahme des Militärarchivs gestattet;

8. Die irregulären Truppen und die Guerillas dürfen auf Cuba verbleiben, geben aber ihr Ehrenwort, sich aller Feindseligkeiten gegen die Vereinigten Staaten zu enthalten;

9. Den Truppen wird ein ehrenvoller Abzug gestattet, doch werden die amerikanischen Commissäre ihrer Regierung empfehlen, den Soldaten die Waffen, die sie mit solcher Tapferkeit vertheidigt, wieder zuzustellen.

Die Fahnen-Aufziehung.

Am 17. Juli, Abends, traf im Kriegsministerium folgendes Telegramm des General Shafter ein:

„Ich beehre mich, Ihnen die Mittheilung zu machen, daß in diesem Augenblick, Mittags um 12 Uhr, die amerikanische Fahne in Santiago auf dem Regierungsgebäude aufgepflanzt wurde. Der Feierlichkeit wohnten eine große Menge Volk, eine Schwadron Kavallerie und ein Regiment Infanterie bei; das Militär präsentirte das Gewehr und die Regimentsmusik spielte; 21 Kanonenschüsse beschlossen den feierlichen Akt. Es herrscht die beste Ordnung. Das Elend ist groß, doch giebt es in der Stadt wenig Kranke; gelbes Fieber fast gar nicht. Ein kleineres Kanonenboot, das von Admiral Cervera zurückgelassen wurde, übergab sich mir mit 200 Matrosen Die Hindernisse wurden aus der Hafenmündung fortgeschafft. „Die Stadt war gut vertheidigt; es hätte 500 Menschen gekostet, sie einzunehmen, wenn die Spanier gekämpft hätten, wie am ersten Tage. Die Ablieferung der Waffen hat mit Tagesanbruch begonnen; General Toral hat um neun Uhr die Waffenvorräthe ausgeliefert."

Die Waffenstreckung fand mit großem militärischem Pomp statt; General Shafter händigte dem General Toral seinen Degen wieder ein. Nach der Waffenübergabe ritt General Shafter mit Gefolge und in Begleitung des General Toral durch die Stadt und ergriff damit von derselben förmlich Besitz. Zum Militärgouverneur wurde einstweilen der General McKibben ernannt.

Ein Heer von Hungrigen.

Die Stadt bot einen traurigen Anblick dar. Zu Tausenden hielten die flüchtigen Bewohner seit Tagesanbruch ihren Einzug, fanden aber die Wohnungen und Läden ausgeräumt; Eßwaaren waren schwer zu bekommen und die meisten Flüchtlinge sahen abgerissen und verhungert aus. In den Straßen begegnete man allenthalben hohläugigen Gestalten. In El Caney betrug die Zahl der Flüchtlinge 22,000, in Firmeza 5,000, in Cuabitas el Bonito und in San Vincente je 5,000; in einem einzigen Hause fand man an fünf Hundert Menschen eingepfropft. Zu Tausenden lagerten am Hafen die Flüchtlinge, in sehnsüchtiger Erwartung des Dampfers der Gesellschaft vom Rothen Kreuz, Texas, der Lebensmittel bringen sollte.

XXXI. Kapitel.
Wirken der Gesellschaft vom Rothen Kreuz.

Die schwarzen Kriegswolken, die über dem Lande lagerten, erhielten ein rosiges Gepräge durch die Gefühle, die sie gegen die Leidenden und die Hülflosen hervorriefen. Wir lernten es besser schätzen, was die Vaterlandsliebe bedeute und empfanden das Bedürfniß, denjenigen, die, sei es zu Wasser oder zu Lande, der Hülfe bedürftig, beizuspringen. Der Krieg bewies bis zur vollen Evidenz, was Amerikaner für die Sache der Menschlichkeit zu vollbringen vermögen und brachte die Großartigkeit unserer Hülfsquellen und unseres Edelmuths für die Verwundeten zur Anschauung. Indeß für bedauernswerthe Reconcentrados Kleidung, Lebensmittel und sonstige Bedürfnisse zum Versandt nach Cuba beschafft wurden, waren auch Matrosen und Soldaten Gegenstand der Fürsorge in allen Staaten der Union. Im Felde wurde ein Lazarethdienst eingerichtet, der in allen seinen Einzelheiten mit solcher Vollkommenheit durchdacht war, daß er hüben und drüben den Sachverständigen Bewunderung abzwang. Derselbe wurde, soweit als dies thunlich war, auf die großen Milizlager ausgedehnt und theilte sich in drei Verpflegungsabtheilungen ein.

Feldlazarethe für Verwundete.

Wo ein Regiment im Gefecht begriffen ist, werden von jeder Compagnie zwei Mann damit beauftragt, Verwundete nach dem nächstgelegenen Feldlazareth, das sich in bestimmter Entfernung von der Gefechtslinie befindet, zu schaffen. Diesen, deren auf ein Regiment 25 kommen, stehen 20 Mann des Lazarethcorps zur Seite, das aus kräftigen Männern, die keine Waffen führen, besteht, und ihre Aufgabe besteht darin, auf die Verwundeten zu achten und mit einer Tragbahre ihnen sofort zur Hülfe zu eilen. Diese Träger bleiben bei ihren Gefährten, es sei denn, daß die Zahl der Verwundeten in dem Maße zunimmt, daß dieselben nicht sofort vom Lazarethcorps vom Kampfplatze geschafft werden können. Letzteres steht unter Leitung eines Sergeanten, der, ehe der Verwundete fortgeschafft wird, ihn untersucht und, wo das thunlich ist, einen Nothverband anlegt. Hierauf wird der Verwundete nach der Verbandstation geschafft, die außerhalb Schußweite liegt, worauf der Militärarzt den Nothverband erforderlichen Falls entfernt. Ist eine Amputation nothwendig, so wird dieselbe vorgenommen, wozu die Station, neben den Arzneimitteln, antiseptischen Lösungen und Bandagen, mit den erforderlichen Instrumenten ausgerüstet ist. Jene Verbandstationen, die einen Theil der zweiten Hülfsabtheilung ausmachen, stehen mit dem noch weiter zurückliegenden Feldlazareth in Verbindung, und zwar mittelst überdachter Ambulanzwagen, in deren jedem sich 3 bis 5 freihängende Betten befinden. Diese Ambulanzwagen fahren, je nach Bedarf, nach den Verbandstationen und schaffen die Verwundeten nach dem Lazareth. Zur Richtschnur für die Lazarethärzte legt der behandelnde Arzt kurz einen Bericht über die Art der Verwundung 2c. bei.

Auf alle Fälle gerüstet.

Lazarethe sind mindestens auf zweihundert Betten berechnet, haben Krankenwärter und Aerzte, vollständiges Bettzeug, Arzneien und Wäsche und für Insassen besonders bereitete Speisen. Dabei befindet sich ein Saal, der für die schwierigsten Operationen berechnet ist. Der Patient kann dort acht bis vierzehn Tage bleiben; ist seine Verletzung derart, daß er lange bettlägerig ist, gar tödtlich, oder der Patient zum Krüppel geworden, so geht er in die dritte Hülfsabtheilung. Das dafür bestimmte Lazareth befindet sich in einiger Entfernung vom Kriegsschauplatz, ist unter allen Stationen die am vollkommensten eingerichtete und stehen derselben alle Hülfsmittel der modernen Chirurgie zur Verfügung. Wo und ob ein Kampf wahrscheinlich stattfindet, wird dem Lazarethdirektor mitgetheilt, sobald der General, der an der Spitze des Heeres steht, mit seinem Plan fertig ist. Die Stellung, welche das Regiment einnehmen soll, wird genau bezeichnet und die Tragweite der feindlichen Geschütze. Der Lazarethdirector placirt seine Feldlazarethe und die Verbandstationen an den günstigsten Stellen. Die gesammte Ausrüstung wird in eigens dazu bestimmten Wagen dahingeschafft, das Personal im Aufschlagen der Zelte u. dgl. unterrichtet, damit dieselben in kürzester Frist zum Gebrauch bereit sein können. Jedem Commando werden seine Bahrträger zugetheilt, die hinter demselben Stellung nehmen, so daß alles in Bereitschaft ist, um den Verwundeten beizuspringen.

Die Feldlazarethe sollen sich mindestens 30 Meilen vom Kampfplatze befinden, damit, wenn die Truppe geschlagen wird, die Station ohne Nachtheil für die Patienten verlegt werden könne. Auf jedem Zelt weht die Fahne mit dem Rothen Kreuz, sowie auf jedem Wagen und Gebäude, das vom Lazarethcorps benutzt wird, und jeder Bedienstete und Beamte, bis hinauf zum Oberarzt, trägt auf seinem Aermel das Abzeichen, ein weißes Viereck mit rothen Streifen.

Rasche Hülfe.

Von dem Augenblick an, wo ein Soldat kampfunfähig wurde, bis er in der Verbandstation untersucht wird, soll nicht mehr als eine Stunde vergehen; im Bürgerkriege haben Soldaten manchmal einen ganzen Tag gelegen, ehe ihnen Hülfe zu theil wurde. Damals wurde der Verwundete, vom Ersten bis zum Letzten, vom Regimentsarzt behandelt, so er nicht schwer verletzt war, in welchem Falle er, so rasch die primitiven Transportmittel es gestatteten, nach dem nächstgelegenen bleibenden Lazareth geschafft ward; jetzt wird er, so schwer verwundet, von vier Aerzten behandelt: auf dem Kampfplatze, in der Verbandstation, im Feldlazareth und im bleibenden Lazareth.

Das Lazarethschiff.

Zur Krankenpflege auf See rüsteten die Vereinigten Staaten das erste Lazarethschiff aus. Dieses Lazarethschiff, sehr passend „Solace" (Trost) genannt, ist von der Regierung gekauft worden, um als schwimmendes Lazareth verwendet zu werden. Dasselbe hat 4200 Tonnengehalt, besitzt eine Fahrgeschwindigkeit von 17 Knoten in der Stunde, so daß es in der Schlacht bei der Flotte bleiben kann, und ist für 450 Patienten eingerichtet, doch können im Nothfalle 550 darin untergebracht werden.

Der Schiffsrumpf ist aus Stahl gebaut und das Schiff so gut wie neu. Vorne befindet sich ein Saal, der 50 Verwundete zu fassen vermag. Dabei befindet sich eine Kajüte für chirurgische Operationen, eine Kammer für die Instrumente und eine Kajüte für die Wärter. Auf dem Hauptdeck befindet sich ein Saal für verwundete Offiziere. Der übrige Raum ist in Zimmer für schwer verwundete und für auf der Genesung befindliche Patienten eingetheilt. Bei jedem Krankenzimmer befinden sich Badezimmer und Schlafzimmer für die Wärter.

Für die vier Aerzte und deren Gehülfen, wovon immer einer Dienst hat, sind besondere Zimmer eingerichtet, wie auch für die Krankenpfleger. Auch besitzt der Solace einen Apparat zum Desinficiren der Kleidungsstücke, eine Eismaschine, eine Dampfwäscherei und Fahrstühle zum Befördern der Patienten von einem Deck zum anderen.

Dem Lazarethschiff stehen schnellfahrende Dampfbarkassen zur Verfügung, um Verwundete von den Kriegsschiffen abzuholen. Bei der Ankunft beim Lazarethschiff werden dieselben in eine Art „Hammod" gelegt und diese mittelst Flaschenzügen und Stricken auf Deck gezogen. Das Schiff ist, um dem Feind seine Bestimmung anzudeuten, weiß angestrichen und trägt ein großes Rothes Kreuz. Auch die Fahne ist weiß mit rothem Kreuz, und auch dem Feinde wird Hülfe geleistet, wenn es darum angegangen wird.

Nach dem ersten Aufgebot von Freiwilligen hatten sich sofort Frauen aus jedem Stande zum Dienst bei der Krankenpflege gemeldet und gar manches Freiwilligenregiment wurde mit einem solchen weiblichen Hülfscorps versehen. Dieselben trafen zur bestimmten Zeit zusammen und bemühten sich, die Gegenstände zusammen zu bringen, deren sie bedurften, Kleidungsstücke, wie sie die Regierung nicht lieferte, Toilettengegenstände, Federmesser, Etuis mit Chinin und sonstige nothwendige Arzneimittel.

Unterhaltungs-Literatur.

Auch bildeten sich Vereine zu dem besonderen Zweck, Bettzeug, Bandagen und sonstige Dinge, die zur Krankenpflege nothwendig waren, zu beschaffen. Geldbeiträge für den Lazarethdienst gingen ein und Unterhaltungs-Literatur für die Genesenden. Ganze Bibliotheken, die von einem Lager zum andern wanderten, entstanden auf diese Weise, und namentlich Frauen widmeten sich diesem Theile der Krankenpflege. Wer die Härten des Soldatenlebens nicht kennt, kann sich keinen Begriff davon machen, von wie hohem Werthe diese Kleinigkeiten sind und wie sehr sie zum Comfort beitragen. Für Diejenigen aber, die den Muth dazu besitzen, giebt es noch eine andere, stärkere Nerven erfordernde Beschäftigung. Florence Nightingale hat vor einem halben Jahrhundert bewiesen, was eine Frau auf dem Schlachtfelde nicht thun kann, um Verwundeten beizustehen, indem sie die Besorgung der letzten Aufträge der Sterbenden übernimmt und den Todten die Augen zudrückt. Im Bürgerkriege haben die Frauen im Felde und im Lazareth in mannigfacher Weise bewiesen, selbst mit den ihnen damals zur Verfügung stehenden geringen Mitteln, was sie an Werken der Nächstenliebe zu leisten vermögen. Die Beschwerden, die sie durchmachen mußten, haben tausende Frauen nicht abgehalten, auf diese Weise Hülfe zu leisten.

Neben den Regiments-Hülfscorps, die wir beschrieben, giebt es noch viele Organisationen mit Corps von Krankenwärtern, die dieselben begleiten und nach Weisung der Aerzte, die dem Krankendienst vorstehen, handeln.

Andere Vereine beschränken sich mit ihren Bemühungen auf die Lazarethe und tragen für die Bedürfnisse der Aerzte bei. Jene Vereine verfahren in der Weise, daß sie einen Präsidenten und einen Sekretär erwählen und sich gegenseitig verpflichten, sich in der Verfertigung von Arzneimitteln, der Gesundheitspflege im

Krankenzimmer, Anfertigung von Krankenspeisen, Verbinden von Wunden, Beihülfe bei Operationen und der Anwendung von Opiaten und antiseptischen Mitteln unterrichten zu lassen. Man thut dies, indem man den Vorlesungen in irgend einem Spital beiwohnt, oder einer Klinik, und sich von einem Arzte über diesen oder jenen Gegenstand, der in das Fach schlägt, dem man sich zu widmen gedenkt, Vorträge halten läßt.

Krankenwärterinnen auf dem Schlachtfelde.

Viele jener Gesellschaften haben für ihren Dienst eine besondere Tracht angenommen. Vorherrschend ist dabei die graue Farbe und die Tracht die der Wärterinnen von Beruf, wobei man in einer Tasche Scheere, Nadel und Zwirn zum Anlegen von Verbänden, und Schreibmaterial zur Anfertigung von Berichten und Schreiben von Briefen für die Patienten, die nach Hause zu schreiben wünschen, bei sich trägt.

Bisher wurden in Flottenhospitälern nur Wärter angestellt, der Generalarzt Van Reypen hat jedoch am 13. Juni d. J. für das Flottenhospital von Norfolk vier gelehrte Wärterinen bestellt. Dieselben sollten sich bei Ankunft des Krankenschiffes Solace aus Cuba, zum Dienst einfinden. Lohn und Reisegeld konnte denselben, da eine Geldbewilligung nicht dafür gemacht war, nicht bezahlt werden, doch wurde für ihre Beköstigung gesorgt.

Die Verschiedenartigkeit der Beweggründe in den Gesuchen um Anstellung bildet ein interessantes Studium. Echte Vaterlandsliebe spielt wohl bei Allen mit, doch ist es auch Manchem um den klingenden Lohn zu thun. Andere sind selbstloser und möchten einträgliche Stellen verlassen, um sich dem gefährlichen Beruf der Krankenwärterin im Kriege widmen zu können, wofür sie die Bagatelle von monatlich dreißig Dollars empfingen, nebst Kost und Logis im Hospital, wo das anging.

Manchmal appelliren diese Gesuche an das Gefühl und gehen von Müttern aus, die in der Nähe ihrer Söhne, Schwestern, die in der Nähe ihrer Brüder sein möchten, oder Frauen, die ihre Männer zu begleiten, Mädchen, die ihren Schätzen zu folgen wünschen und was dergleichen Beweggründe mehr sind.

Die Krankenpflegerin vom Rothen Kreuz, Frl. Janet Jennings, die mit der Seneca von Siboney nach New York gefahren und unterwegs sich um die Pflege der Verwundeten und Kranken hoch verdient gemacht, hat einige ihrer Erlebnisse auf Cuba erzählt. Bei der Ankunft des Schiffes der Gesellschaft, des State of Texas, der von Key West abgegangen, in Siboney, war im Feldhospital großer

Mangel an Wärterinnen und Arzneien. Aus irgend einem Grund, waren die Dienste der Gesellschaft anfänglich abgelehnt worden, am dritten Tage aber wurden dieselben angenommen. Frl. Jennings theilte u. A. folgendes mit:

Lassen sich nicht einmal zum Essen Zeit.

„Wie Sie wissen hat der Angriff auf Santiago am 1. Juli statt gefunden. Am Nachmittag fingen die Verwundeten an hereingebracht zu werden aus einer Entfernung von 8 bis 10 Meilen. Das einzige Lager, welches ihnen bereitet werden konnte, bestand aus Stroh, über das Decken gebreitet wurden. Dr. Lagarde ersuchte den Gesellschaftsarzt, Dr. Lesser, die Stelle eines Militärarztes zu übernehmen. Die Frau des Dr. Lesser übernahm, nebst drei Schwestern (Wärterinnen) die Pflege der Verwundeten und leistete den Aerzten Hülfe. Binnen 24 Stunden hatten sie bei der Behandlung und Verbindung der Verletzungen von vier Hundert fünfundsiebzig Mann geholfen. Dabei hatten sie sich nicht einmal zum Essen Zeit gelassen; nur etwas Kaffee hatten sie zu sich genommen.

Samstags, den Tag nach dem Angriffe, kam Dr. Lagarde zu mir mit einem Befehle des General Shafter, der Frl. Barton ermächtigte, sich irgend eines Armeewagens zur Beförderung der auf dem Dampfer State of Texas befindlichen Vorräthe zu bemächtigen, da es seinen Truppen an Nahrungsmitteln und Verbandzeug mangele. Ich frug den Doktor: Wo sind Ihre Hospitalvorräthe für die Truppen? Brachten Sie 20,000 Mann nach Cuba und führten sie in den Kampf, ohne alle Vorkehrungen für die Pflege von Verwundeten?

„Der Doktor war ganz untröstlich und suchte vergeblich nach einer Entschuldigung. „Fatal! Fatal!" war Alles was er hervorbrachte. Und die Thränen standen ihm in den Augen, als er sagte: „Weiß der Himmel was wir hier gemacht hätten, wenn Sie uns nicht zu Hülfe gekommen wären, und wenn Sie die Vorräthe herbei schaffen können, so werden Sie uns einen größeren Dienst leisten, als ich Ihnen zu sagen vermag."

„Dr. Hubbell vom Rothen Kreuz kam hinzu und theilte Frl. Barton die Lage der Dinge auf dem Schiffe State of Texas mit. In dieser Nacht schafften wir Vorräthe herbei und mit Tagesanbruch waren dieselben gelandet. Wir belegten zwei Armeewagen mit Beschlag und noch einen dritten, mit dem Frl. Barton zu den Truppen fuhr. Montags, den 4. Juli, schickten wir noch eine Fuhre.

„Eis war nicht da und man brauchte es nothwendig. Ich ließ mich mit dem State of Texas nach Jamaica fahren und erlangte in Port Antonio zwei und in

Kingston 15 Tonnen Eis. Dies war, als ich von Cuba abreiste, das Eis, wel=
ches in den Hospitälern gebraucht wurde. Es hätten in der Front vier Divi=
sionshospitäler sein sollen; statt dessen war dort nur eins, und die Folge war,
daß verwundete Soldaten viel weiter befördert werden mußten, als manche ver=
tragen konnten. Die Leute der Gesellschaft vom Rothen Kreuz logirten auf dem
State of Texas, da es sonst in Siboney keine Unterkunft für sie gab."

Die Gesellschaft liefert Lebensmittel.

Als am 17. die amerikanischen Farben in Santiago aufgezogen wurden, theilte
der Gesellschaftsschiff State of Texas an der Werfte Lebensmittel aus. In
städtischen Hotels und Restaurationen gab es nichts zu essen und Läden waren
zu. Die Bewohner waren ausgehungert und drängten sich gierig heran.

Dr. Elwell, der die Vertheilung der Lebensmittel leitete, verschaffte sich im
Mittelpunkte der Stadt acht Läden und auf der Werfte einen Schuppen, heuerte
80 Auslader und fing um 6 Uhr mit der Auslabung unseres Vorraths an; wir
hatten vierzehn Hundert Tonnen Proviant auf Bord. Um 3 Uhr nahm die
Austheilung ihren Anfang, wobei ein jeder Bewohner anderthalb Pfund Lebens=
mittel erhielt. Viele warteten nicht, bis die Reihe an sie kam, sondern stürzten
über die Kisten und Kästen her und versahen sich selbst mit dem Nöthigen.

Bis zur Ankunft des Dampfers war thatsächlich nichts zum Essen in Santiago
gewesen. Mehl kostete das Faß 150 Dollars; ein Faß Bohnen (100 Pfund)
90 Dollars; condensirte Milch das Büchschen 5 Dollar; Schiffszwieback das
Stück 1 Dollar. Dabei war den Spaniern und Spanierinnen eine Trauer
nicht anzusehen; man schwatzte und lachte und freute sich über den Anblick der
Schiffe und Soldaten und die Aussicht, einmal etwas Anderes als Pökelfleisch
oder Reis zu essen zu bekommen.

XXXII. Kapitel.

Ergreifende Episoden in dem Feldzuge vor Santiago.

Dem amtlichen Bericht des Befehlshabers der Kavallerie, Generalmajor Wheeler, über die Kämpfe vor Santiago, sind folgende Mittheilungen über die Leiden und Entbehrungen der amerikanischen Soldaten entnommen. General Wheeler rühmt das Verhalten seiner Stabsoffiziere auf das Höchste und belobt die Mannschaften wegen des großen Muthes, den sie auf dem Schlachtfelde bewiesen. Zwölf Stunden lang währte der Kampf und die ganze Nacht hindurch mußte, nach beschwerlichem Marsche, gearbeitet werden, um die Erdschanzen aufzuwerfen und die Todten zu begraben.

General Wheeler's Bericht lautet:

Vor Santiago de Cuba, d. 7. Juli 1898.

An den Generaladjutanten vom 5. Armeecorps.

Mein Herr!

Nach dem Gefecht am 24. Juni, schob ich mein Kommando in dem Thale vor, wobei die Mannschaften Lawtons und Kents die Anhöhen daselbst besetzten. Nach einer zweitägigen Rast erhielt Lawton Befehl, vorzurücken und am Abend des 30. wurde diesem Offizier vom Generalmajor Schafter der Auftrag, Caney anzugreifen, während die Kavallerie und die Kent'sche Division Befehl erhielten, auf den Straßen nach Santiago vorzurücken. Diese Bewegungen nahmen den 1. Juli in der Frühe ihren Anfang.

Vorstoß der Kavallerie.

Die Kavallerie rückte vor und stellte sich so auf, daß sie sich mit dem linken Flügel auf die Santiagoer Landstraße stützte, während die Kent'schen Division sich so formirte, daß ihr rechter Flügel sich an den linken Flügel der Kavallerie anschloß. Oberst McClernand, vom Stabe des General Shafter, hatte mir den Befehl überbracht, dem General Kent die Instruktion zu ertheilen, was ich persönlich that, wobei ich meinerseits den General Turner anwies, mit dem Vorstoß zu beginnen. Die Leute mußten sammt und sonders durch den San Juan waten, um Stellung zu nehmen; dabei waren sie heftigem Gewehr- und Geschütz- feuer ausgesetzt. Unser Luftballon, der gerade auf der Hauptstraße aufgestiegen war, wurde vom Feinde auf's Korn genommen.

Es war klar, daß wir, indem wir in Gefechtlinie traten, ebenso sehr dem Feuer ausgesetzt seien, wie wenn wir vorrückten und ließ ich deshalb die Truppen aus der Deckung, in welcher sie gebildet wurde, hervortreten und vorrücken. Wir befanden uns nun angesichts des Feindes, der auf dem Hügelkamme, welcher Santiago überragt, Stellung hatte und Batterien aufgepflanzt hatte. Mannschaften und Offiziere fielen auf Schritt und Tritt. Die Truppe rückte indessen tapfer vor und hatte in Bälde den Hügel erreicht und ihn erklommen, wobei sie den Feind aus seinen Verschanzungen trieben und auf dem Kamme mit ihm kämpften. Hierzu bedurfte es seitens der Mannschaften und der Offiziere des höchsten Mutkes und der Verlust war schwer.

Tapfere Offiziere fallen in dem Kampfe.

Ich kann den Muth der Generäle und ihrer tapferen Brigadebefehlshaber, der Obersten Wood und Carroll, des Generals Hawkins, der die 1. und des Obersten Pierson, der die 2. Brigade der Kent'schen Division befehligte, nicht genug rühmen. Oberst Carroll und Major Wessels wurden in dem ersten Angriffe beide verwundet, doch vermochte der Major Wessels das Kommando wieder zu übernehmen. General Wikoff, der die Kent'sche 3. Brigade führte, wurde 10 Minuten nach zwölf getödet. Oberstlieutenant Worth übernahm das Kommando und wurde um ein Viertel nach Zwölf verwundet. Hierauf übernahm Oberstlieutenant Liscum die Führung und auch er wurde um 20 Minuten nach Zwölf verwundet vom Platze getragen, worauf der Befehl dem Oberstlieutenant Ewers vom 9. Infanterieregiment zufiel.

Als ich auf dem Kamme eintraf, ließ ich Schanzen aufwerfen. Der Feind floh jetzt in hellen Haufen, doch waren unsere Leute zu sehr erschöpft, um ihm folgen zu können. Ihre Schuhe waren vom Durchwaten des San Juan durchweicht, ihre Kleider hatte der Regen durchnäßt und als sie auf dem Hügel angekommen, konnten sie nicht mehr weiter. Trotzdem arbeiteten sie noch die ganze Nacht um Schanzen aufzuwerfen, Todte zu begraben und Verwundete fortzutragen.

General Kent schickte, als wir auf der Höhe des Hügels eintrafen, das 13. Regiment Reguläre zur Verstärkung unseres rechten Flügels; um Mitternacht traf General Bates ein und ich gab ihm eine starke Stellung zu unserer Linken. General Lawton machte den Versuch, von Caney aus zu uns zu stoßen, wurde aber vom Feinde angegriffen und mußte umkehren, stieß aber anderen Tages auf Umwegen Mittags zu uns. Die Kavallerie, die Kent'sche Division und die Bates'sche Brigade hatten sich am 2. den ganzen Tag hindurch mit dem Feinde herum geschlagen, wobei sie einem heftigen Feuer ausgesetzt waren und schwere

Verluste erlitten und im Laufe des Tages war auch die Lawton'sche Division in dem Kampfe verwickelt worden. In dem ganzen Treffen hat mein Stab seine Pflichten tapfer und mit Geschick erfüllt.

Das Kommando that Alles, um seine Stellung zu befestigen und Befehlshaber und Stab machten sich mit der Topographie des Landes und der Lage des Feindes gründlich vertraut. Ganz ergebenst

Joseph Wheeler, Generalmajor der Freiwilligen.

Entschlossen, ihre Stellung zu behaupten.

Dem Bericht lag eine Abschrift der Depeschen bei, die zwischen dem 26. Juni und dem 2. Juli von Shafter an Wheeler geschickt worden waren. Am 1. Juli schrieb General Wheeler Abends um 20 Minuten nach Acht:

„Ich untersuchte die Linie vor der Wood'schen Brigade und versah die Leute mit Pickäxten und mit Spaten mit der Weisung, sich sofort an die Arbeit zu machen. Ich ließ auch dem General Kent sagen, er möchte kommen und sich Werkzeug zum Aufwerfen von Schanzen holen, eine Weisung, die ich auch dem General Hawkins persönlich ertheilte. Man versprach, sein Bestes thun zu wollen, wiewohl der Grund sehr hart wäre, zum größten Theile steinig. Die Stellungen, die von unseren Mannschaften genommen wurden, sind äußerst fest und die Verschanzungen schwer einzunehmen.

„Zahlreiche Offiziere bestürmten mich, die Stellung fahren zu lassen und weiter nach hinten eine festere einzunehmen, und ich nehme an, daß sie dies auch bei Ihnen versuchten. Ich wies das Ansinnen entschieden zurück, weil es unserem Ansehen schaden würde. Unsere Reihen sind zwar stark gelichtet, da ein Theil der Leute die Verwundeten fortschaffen mußte, Andere aber äußert erschöpft sind, hoffe jedoch, daß es möglich sein wird, die Leute heute Abend wieder auf die Beine zu bringen, und wenn wir unsere Verschanzungen bauen können und Lawton unseren rechten Flügel bildet, sollten wir uns morgen behaupten können; es wird aber ein heißer Tag werden. In der nächsten Nacht könnten wir unsere Schanzen sehr stark machen. Sie können sich kaum vorstellen, wie total erschöpft unsere Mannschaften sind. Das Dritte Kavallerie-Regiment und das Sechste, sowie die übrigen Truppen waren die ganze Nacht auf dem Marsche gewesen und schlugen sich heute 12 Stunden lang, und die, die nicht auf Posten sind, werden heute Nacht Schanzen aufwerfen. Ich bin in der äußersten Linie gewesen; die Mannschaften lagen in den Gräben und meldeten, daß die Spanier nicht über 900 Schritt von ihnen entfernt wären."

Ein amtlicher Bericht des Generals Kent.

Ueber die Kämpfe vor Santiago berichtete der Brigade=General Kent, wie folgt:

„An den Affiftirenden General=Abjutanten des 5. Armeecorps.

Mein Herr!

Ich beehre mich, Ihnen folgenden Bericht über die Theilnahme meiner Truppe an den Kämpfen am 1. Juli zu unterbreiten:

„Am Nachmittag des 30. Juni schob ich meine 2. und 3. Brigade, die Pearson'= sche und die Wikoff'sche, dem mir vom Corpscommandanten in dessen Haupt= quartier mündlich ertheilten Auftrage gemäß, zwei Meilen weit nach einer Stelle auf der Straße nach Santiago in der Nähe des Hauptquartiers des Corps vor. Dort bezogen die Truppen ein Bivoual, während die 1. Brigade, die Hawkins'= sche, in ihrem Lager blieb, in geringer Entfernung vom Hauptquartier.

„Am anderen Tage, den 1. Juli, um 7 Uhr, ritt ich auf den Hügel zu, auf welchem die Hauptmann Grimes'sche Batterie aufgestellt war. Ich traf dort mit dem Affift. General=Abjutanten des 5. Armeecorps, Oberstlieutenant Mc= Clernand zusammen, der mir in einiger Entfernung einen Rasenhügel zeigte, den ich auf dem linken Flügel fassen sollte, während ich mit dem rechten Flügel auf der Hauptstraße, die nach Santiago führt, bliebe. Vorher gab ich der Hawkins'= schen Brigade die erforderlichen Befehle, zeitig aufzubrechen, und sollten ihr Wikoff und Pearson der Reihe nachfolgen. Bald nachdem die Grimes'sche Batterie das Feuer eröffnete, ritt ich vor an den Fluß und traf hier mit General Hawkins zusammen, dem ich seine Befehle ertheilte.

„Die feindlichen Geschütze ließen das Feuer der Grimes'schen Batterie uner= widert. Ich ritt mit Hawkins etwa 450 Fuß vor, wobei das 6. Infanterie= Regiment, das die 1. Brigade führte, uns dicht auf dem Fuße folgte. Hier er= hielt ich den Befehl, die Kavallerie vorzulassen; aus irgend einem Grunde aber kam diese nur äußerst langsam vorwärts, wodurch mein Vorrücken vollauf um 40 Minuten verzögert wurde. Lieutenant Steiley vom Stabe des General Shafter ist Zeuge dieses Vorganges gewesen und hat mich wiederholt versichert, daß ich unter den Umständen nicht rascher vom Fleck könnte.

Untersuchte die feindlichen Redouten.

„General Hawkins ging vor und nach wenigen Augenblicken kam der Bescheid zurück, daß man die feindliche Stellung in der Front werden sehen könne. Ich ritt sofort mit meinem Stabe dahin ab. Das Feuer der feindlichen Scharf=

schützen wurde jetzt deutlich wahrgenommen. Ich setzte über den San Juan, stieß zu General Hawkins, und mit ihm zusammen beobachtete ich die Stellung des Feindes von einem Punkte, der in einiger Entfernung von der Stelle war, wo ich über den Fluß setzte.

„General Hawkins glaubte, den rechten Flügel des Feindes bei dem Fort San Juan umgehen zu können, doch erwies sich das in der Folge bei dem heftigen Schie= ßen für die 1. Brigade als unthunlich; es gelang aber später der 3. Brigade, die zur Linken des Generals Hawkins heranrückte. Nachdem ich meine Beobachtungen beendet, schloß ich mich der Spitze meiner Division an, die gerade aus dem Feuer kam. Indem ich mich der 1. Brigade näherte, wies ich dieselbe an, längs der Kavallerie, die zum Stillstand gekommen war, heranzukommen. Wir verloren bereits Leute, was dadurch veranlaßt wurde, daß der in der Nähe befindliche Luftballon dem Feinde unsere Stellung verrieth und dessen Feuer auf sich leitete.

„Das Infanteriefeuer des Feindes, das an Heftigkeit zunahm, war nunmehr von jeder Seite her gegen uns gerichtet, aus der Front und dem dichten Gebüsch in unserer Flanke sowohl als auch von den hinter uns in den Gipfeln der Bäume postirten Scharfschützen und von dem Shrapnell, das offenbar auf den Ballon gerichtet war.

„Ungefähr um diese Zeit traf ich den Oberstlieutenant Derbey von General Shafter's Stab, der mir mittheilte, daß vom Ballon aus etwas weiter zurück ein Pfad oder schmaler Weg entdeckt sei, der zur Linken einer Furt tiefer stromab= wärts führte.

„Ich eilte zu der Abzweigung dieses Weges und bald darauf kam das 71. New York Regiment von Hawkins' Brigade heran. Ich brachte sie auf den von Oberstlieutenant Derbey angegebenen Nebenpfad und benachrichtigte General Hawkins von dieser Bewegung. Dies würde sie rasch in ihre passende Stellung auf dem linken Flügel ihrer Brigade gebracht haben, wenn nicht das vordere Bataillon dieses Regimentes durch das scharfe Feuer des Feindes in Verwirrung gebracht und auf die hinteren Truppen zurückgeworfen wäre.

Vormarsch der Truppen.

„In diesem kritischen Augenblicke bildeten meine Stabsoffiziere förmlich einen Cordon hinter den erschrockenen Leuten und ermahnten sie, wieder vorzugehen. Schließlich befahl ich ihnen, sich im Dickicht niederzulegen und den Weg für den Rest ihres Regimentes, der hinten heranrückte, frei zu machen. Das thaten Viele von ihnen, und das 2. und 3. Bataillon rückte in besserer Ordnung und auf dem Wege nach der Furt vor.

Art des Kriegs in Cuba.

397

„Einer meiner Stabsoffiziere eilte zurück und schwenkte seinen Hut, um die 3. Brigade vorwärts zu treiben, die bei Annäherung an die Wegscheide den Weg durch Leute des 71. New York Regiments versperrt fand. Andere Leute dieses Regimentes krochen in den Büschen umher, und viele fanden beim Vorrücken der nahenden Colonne Muth, aufzustehen und vorzugehen.

„Wie bereits erwähnt, hatte ich kurz vorher Order erhalten, hiner der Kaval-lerie-Division zurück zu bleiben, deren Vorrücken durch häufiges Halten verzögert wurde, vermuthlich um ihre Decken abzulegen, und in Folge natürlichen Aufent-haltes beim Durchwaten des Flusses. Diese Verzögerungen wurden unter so starkem Feuer außerordentlich lästig, weshalb ich mit der Tete meiner Division so rasch wie möglich in Sektionscolonne oder zu zweien auf dem engen Wege neben der Kavallerie einen Vorstoß machte.

„Dies beschleunigte die Vorwärtsbewegung und ermöglichte mir, so rasch wie möglich in die Angriffsstellung zu gelangen. Indessen war in Folge des engen Weges das Fortkommen der schmalen Colonne schrecklich langsam. Ich sandte wiederum einen Stabsoffizier im Galopp ab, um die Truppen im Nachtrabe vorwärts zu treiben. Der Vortrab von Wikoff's Brigade erreichte die Weg-scheide um 12:20 Nachmittags und eilte auf den linken Flügel über die auf dem Gesichte liegenden Leute des 71. Regiments hinweg.

„Diese tapfere Brigade, bestehend aus dem 13., 9. und 24. regulären Infan-terieregiment, überschritt in Eile den Fluß und wurde rasch links von der unteren Furt deployirt. Oberst Wikoff, der diese Bewegung persönlich leitete, wurde getödtet, Oberstlieutenant Worth, vom 13. Regiment, auf den dann das Com-mando der Brigade überging, fiel unmittelbar darauf, schwer verwundet, und der Nächstfolgende im Commando, Oberstlieutenant Liscum vom 24. Regiment, fiel gleichfalls fünf Minuten später unter dem vernichtenden Feuer des Feindes. Das Commando der Brigade übernahm dann Oberstlieutenant E. P. Ewers vom 9. Regiment. Unterdessen hatte ich noch einen Stabsoffizier abgesandt, um das Vorrücken der 2. Brigade, welche den Nachtrab bildete, zu beschleunigen. Das 10. und 2. Infanterieregiment, die bald an der Wegscheide anlangten, wandten sich nach links, um der 3. Brigade zu folgen, während das 24. auf dem Hauptwege zur Unterstützung Hawkins weiter mußte.

Der Feind zurückgeworfen.

„Wenige Minuten später rückten das 10. und 2. Regiment nach Durchschrei-tung der unteren Furt in Colonne und guter Ordnung auf die grüne Anhöhe zu, die ich bereits als mein Ziel auf dem linken Flügel erwähnte. In der Nähe der Anhöhe deployirten die Regimenter, gingen über sie hinweg, erstiegen den jenseitigen hohen Berg, rückten und trieben den Feind nach seinen Verschanzungen hin zurück. Ich beobachtete diese Bewegung vom Fort San Juan Hill aus.

„Dem Oberst E. P. Pederson vom 10. Regiment, der die 2. Brigade commandirte, seinen Offizieren und Truppen muß die Art in der sie diese Bewegung ausführten hochangerechnet werden. Ich schlage Oberst Pederson aufrichtig zur Beförderung vor.

„Vor diesem Vorbringen der 2. Brigade, hatte sich die dritte mit Hawkins' tapferen Truppen vereinigt und war gegen das Fort San Juan gerückt, wobei sie durch ein verheerendes Feuer hindurchstürmte, einen steilen und schwer zugänglichen Berg erklomm und bei der Einnahme der starken feindlichen Position, San Juan, um ½2 Uhr Nachmittags mithalf.

„Dieser Gipfel lag ungefähr 125 Fuß über dem Boden und wurde durch die Schanzgräben und ein mit Schießscharten versehenes Fort aus Backsteinen vertheidigt, das mit einem Gewirr von Stacheldraht umgeben war. Den Bericht, den mir General Hawkins, bald nachdem ich den Gipfel erreicht hatte, erstattete, daß das 6. und 16. Infanterieregiment die Anhöhe genommen habe, halte ich jetzt für ungenau, die Einnahme ist gleichmäßig dem 6., 9., 13. und 24. Regimente zu verdanken. Infolge der Angaben des Generals Hawkins berichtete ich ungefähr um 3 Uhr Nachmittags nach dem Corps-Hauptquartier, daß das 6. und 16. Infanterieregiment den Hügel genommen habe, aber es scheinen auch noch Andere auf einen Antheil an der Einnahme Anspruch zu haben.

Die Flagge des Feindes in Stücke gerissen.

„Das 13. Regiment eroberte die über dem Fort wehende Fahne des Feindes, zerstörte sie aber unglücklicherweise und vertheilte die Stücke unter die Mannschaft, weil es, wie behauptet wurde, „ein schlechtes Omen war", daß zwei oder drei Mann, die dem Eroberer, dem Gemeinen Arthur Agnew, Campagnie K, 13. Regiment, beistanden, erschossen wurden. Alle Stücke, die wieder aufgetrieben werden konnten, sind diesem Berichte beigefügt.

„Die größte Anerkennung verdienen die Offiziere unter meinem Commando, seien es Compagnie-, Bataillons-, Regiments- oder Brigadecommandeure, die ihre in dem dichten Dickicht unvermeidlich unter einander gerathenden Truppen so bewundernswerth führten und den verzweifelten Sturm auf die entfernte und stark befestigte Höhe ausführten.

„Ich möchte noch besonders Premierlieutenant Wendell L. Simpson, Adjutant des 9. Regiments und bienstthuenden Hülfs-Generaladjutanton der 3. Brigade erwähnen, der sich bemerkenswerth thätig und erfolgreich in der Ausführung der Befehle zeigte, die ich ihm für seinen damals nicht mehr lebenden Brigade-Commandeur übertrug.

„Nachdem sich der Feind in einen zweiten Zug von Schützengräben zurückgezogen hatte, befahl ich meinen Truppen, in ihren Stellungen zu bleiben und sich zu verschanzen. Zehn Minuten nach 3 Uhr erhielt ich fast gleichzeitig von Oberst Wood, dem Commandeur einer Kavallerie-Brigade, und von General Summer zwei Gesuche um Hülfe für die hartbedrängte Kavallerie auf meinem rechten Flügel. Ich sandte ihnen sofort das 13. Regiment zu Hülfe, daß trotz seiner bereits erlittenen schweren Verluste bereitwillig an diese weitere Mission ging.

Ein tapferer Offizier.

„Große Anerkennung kommt dem Offizier, Herrn Brigade-General H. S. Hawkins, zu, der sich zwischen die beiden Regimenter, das 6. und 16., an die Spitze seiner Brigade stellend, sie anfeuerte und mit Worten und Trompeten-signalen zu der so erfolgreich vollendeten Attacke führte.

„Beim Anbruch des Tages nahm der Feind am 2. Juli die Schlacht wieder auf, und das Feuer hielt den Tag über, theilweise in strömendem Regen an. Mit Einbruch der Nacht hörte das Feuer auf, aber um 9 Uhr machte der Feind auf der ganzen Linie einen heftigen Angriff, der vollständig zurückgeschlagen wurde und mit dem Rückzuge des Feindes in seine Verschanzungen endete. Am folgenden Morgen begann das Feuer von Neuem und dauerte bis gegen Mittag. Dann zog der Feind eine weiße Fahne auf, und es wurde Befehl gegeben, das Feuer einzustellen.“

An Verlusten vom 1. Juli giebt General Kent bei seiner Division 9 Mann als todt, 4 Offiziere und 90 Mann als verwundet und 4 Mann als vermißt an, und am 2. Juli 1 Mann als todt und 8 als verwundet. Er schließt seinen Bericht:

„Ich wünsche zum Schlusse noch dem General-Major Joseph Wheeler meinen Dank für das mir und meiner Division unter den schwierigen Umständen erwiesene Entgegenkommen zu danken. Obwohl krank und leidend blieb er jedoch stets im Feuer und beseelte uns Alle mit dem Gefühle der Sicherheit.

In Verbindung hiermit erlaube ich mir auf die Berichte der Brigade- und Unterkommandeure und meines Generalinspekteurs aufmerksam zu machen. Ich bin mit allen ihren Empfehlungen einverstanden.

Hochachtungsvoll

J. A. Ford Kent,

Kommandirender Brigadegeneral der Armee.

Großartiger Empfang des Lieutenant Hobson.

Einer der Nachklänge des Santiago'er Feldzuges war der Enthusiasmus, mit dem das Volk den Lieutenant Hobson überall, wo er hinkam, empfing. In Atlanta zog das Volk am 2. August in Massen aus, um den jungen Helden, den Sohn ihrer Stadt, zu bewillkommnen. In dem überfüllten „Grand Opera House" gab der Lieutenant eine lebendige Schilderung von der Versenkung des Merrimac. Als er der gewaltigen Zuhörerschaft vorgestellt wurde, erhob er sich langsam und sprach, wie folgt:

„Ich erinnere mich eines Vorfalles, der einem Seekadetten, dem Neffen des Commodore Schley begegnete. Wir pflegten zur Uebung auf die Masten zu klettern. Eines Tages verlor Schley gerade vor mir an der Spitze seinen Halt, schlug auf eine Topsegel-Raa, prellte ab und fiel über Bord. Sein Körper erschien bald auf der Oberfläche des Wassers, war aber augenscheinlich leblos. Bei dem rasenden Sturme war es unmöglich, das Schiff mit dem Winde beizudrehen. Eines der Boote wurde sofort hinabgelassen, aber schnell mit der Bemannung umgeschlagen, die mit den Wellen um ihr Leben kämpfte. Dann wurde ein zweites Rettungsboot mit voller Besatzung ausgesetzt und mit Verwegenheit Alle, einschließlich des jungen Schley, sicher an Deck gebracht. Jene Männer kannten keine Gefahr und waren doch nur Durchschnitts-Matrosen, aber das ist das Holz, aus dem die heutige amerikanische Marine geschnitzt ist. (Lauter Jubel.)

„Aus demselben Holze waren die Männer, die den Merrimac versenkten. So eifrig drängten sich die Leute zu dieser Expedition, daß bald nachdem der Aufruf für Freiwillige erfolgt war, eine Order erlassen wurde, daß keine Leute mehr verlangt würden. Auf der New York allein hatten sich 100 Freiwillige gemeldet, und die Jowa signalisirte über das Wasser, daß dort 150 Mann bereit wären.

„Gerade bevor das Schiff in die Mündung des Hafens einfuhr, wurde eine Unterhaltung von zwei der Leute belauscht, die in dem Glauben befangen waren, daß es drei Meilen in den Hafen hineingehen sollte. Als die Männer ihre

G 26

Plätze auf dem Merrimac für ihre letzte Fahrt einnahmen, lag Jeder flach mit dem Gesichte auf dem Deck und hatte ein besonderes Torpedo zu handhaben. Sie hatten ihre Anweisungen erhalten und es wurde ausdrücklich vereinbart, daß sich Keiner um das Feuer des Feindes, so heiß es auch werden mochte, kümmern — nicht einmal den Kopf aufheben sollte.

Hagel von Schüssen und Granaten.

„Ueberdies wurde noch verabredet daß, falls die spanischen Geschosse dicht und schnell fallen sollten und ein Mann verwundet würde, er doch auf seinem Posten verbleiben und, wenn möglich, seine ihm übertragene Pflicht erfüllen sollte. Und diese Männer blieben liegen und erfüllten diese Aufgabe. Es waren nicht ver= einzelte Schüsse, die von den Geschützen des Feindes kamen; es war ein vollstän= diger Sturz von Metall — ein Hagel von Schüssen und Granaten. Dann ka= men die furchtbaren Explosionen, aber das Hintertheil sank nicht sofort, sondern ging allmählich unter, und das waren Augenblicke, die jene Männer nie ver= gessen werden.

„Als eine sechszöllige Granate vor der kleinen auf dem Deck zusammengekauer= ten Gruppe explodirte, als eine Granate in die Kessel fuhr und der Dampf neben den Leuten ausströmte, wurde das strikte Commando: ‚Nicht ohne Befehl rüh= ren!' bis auf den Buchstaben befolgt. Wenn je Umstände die Befolgung des alten Prinzipes der Selbsterhaltung erzwungen hätten, so war es damals, aber nicht ein Mann rührte sich.

„Auch als jene Männer im Wasser waren und von spanischen Booten, die nach etwa Entkommenen ausspähten, verfolgt wurden, wurde dem Befehl, daß sich Niemand bewegen sollte, noch vollständig gehorcht. Als endlich bei der An= kunft auf Morro die Leute in Zellen gebracht wurden und spanische Soldaten ihnen drohende Zeichen machten, lachten unsere Seeleute sie nur aus. ‚Wir würden es, wenn nöthig, heute Nacht noch einmal thun', antwortete einer der amerikanischen Leute einem spanischen Frager.

„Ein spanischer Major fragte einen der Gefangenen, weshalb das Fahrzeug in den Hafen gesandt sei. ‚In der amerikanischen Marine ist es für Seeleute nicht Sitte, den Zweck zu kennen oder danach zu fragen', war die Antwort.

„Man thut Unrecht, einer einzelnen Person für diese geringe That eine beson= dere Anerkennung zu zollen; es war nur ein Beweis für die Thatsache, daß Offi= ziere und Mannschaften stets beflissen sind, alle ihnen aufgetragenen Pflichten nach Befehl ohne Rücksicht auf die Folgen oder Gefahren zu erfüllen.

Im düſteren Gefängniß.

„Nie werde ich vergeſſen, wie ich in jenem öden Gefängniſſe ſaß und hinaus
ſtarrte auf die Schlachtfelder um Santiago, wo ich die amerikaniſchen und ſpani
ſchen Linien ſehen konnte. Als ich die erſte Muskete krachen hörte, wußte ich,
daß das ein Vorrücken auf unſerer ganzen Linie bedeute. Ich ſah die Spanier
mit ihren modernen Gewehren in den tiefen Laufgräben liegen, bereit, die amerikaniſche Armee mit Salve auf Salve zu überſchütten. Ich ſah die dünnen
Linien unſerer braven Burſchen unter den Sternen und Streifen langſam die
Anhöhen erſteigen, ich ſah die Spanier ihr Blei und Feuer loslaſſen, und ich ſah
ſo manchen amerikaniſchen Jungen aus der Linie und in den dunklen Strom des
Todes ſtürzen.

„Am 2. Juli erhielten die Spanier Verſtärkung, die Amerikaner griffen
wiederum an, und des Feindes Artillerie öffnete ihre Schlünde auf die amerikaniſchen Linien. Die Wirkung dieſes heftigen Feuers ſchien unſere Truppen für
eine Weile zu lähmen. Dieſe Leute waren vorher noch nie im Feuer geweſen,
aber ſie brauchten nicht lange, um mit wachſendem Eifer ihren Patriotismus
wieder zu gewinnen, und mit mächtigem Anprall trieben ſie die Spanier aus
ihren Verſchanzungen und errangen einen gewaltigen Sieg. Sie können ſich
meine Erregung bei dieſem Anblicke vorſtellen. Es war ſchrecklich, daß ich den
unſere Truppen commandirenden Offizieren nicht meine werthvolle Kenntniß von
den feindlichen Befeſtigungen mittheilen konnte.

„Tief ergriffen war ich, als ich nach meiner Befreiung beim Paſſiren der amerikaniſchen Reihen Männer ſah, die ihr Heim, ihre Lieben und ſagt Alles, was
das Leben bietet, für ihr Land aufgegeben hatten. Der commandirende General
ſchlief in einem Zelte, das um nichts beſſer war, als das des Gemeinen. Es
war eine rieſige Gemeinſchaft von Menſchen, deren Großartigkeit nicht nach
menſchlichem Maße gemeſſen werden konnte — gleich bis auf den Blutstropfen
des letzten Bürgers.

„Welch' großartiges Vorrecht es iſt, Soldat der Vereinigten Staaten zu ſein!“

Der Commandeur rühmt die Armee.

Der Geiſt, der unſere Marine beſeelte, wie es Hobſon ſchilderte, durchbrang
auch die Armee, wie aus folgender Generalorder erſehen werden mag, in welcher
General Shafter die großartigen Thaten der Soldaten unter ſeinem Commando
rühmt:

„**Generalorder No. 26:**—

Auf die erfolgreiche Vollendung des Feldzuges gegen Santiago, der seinen Fall, die Uebergabe der spanischen Streitkräfte und die Eroberung großer Kriegsvorräthe zur Folge hatte, zusammen mit der Zerstörung der ganzen spanischen Flotte im Hafen, welche durch das Berennen der Stadt gezwungen wurde abzusegeln, kann die Armee mit Recht stolz sein.

Das ist durch die tapferen Thaten der Armee vollbracht, und ihren Offizieren und Mannschaften spricht der commandirende General seinen aufrichtigen Dank für die Ausdauer in Beschwerden aus, wie sie bisher in der amerikanischen Armee unbekannt waren. Was Ihr vollbracht habt, gereicht Euren Landsleuten zum Ruhme und hat in der Weltgeschichte nur wenig seinesgleichen.

An unbekannter Küste landend trotztet Ihr bei der Ausschiffung Gefahren und überwandet Hindernisse, die, selbst nachdem sie überstanden sind, unüberwindlich erscheinen. Nachdem Ihr mit Hülfe der Flotte Baiquiri und Siboney genommen, rücktet Ihr kühn weiter, triebt in dem Gefechte von La Quasina die feindlichen Vorposten zurück und erzwangt die Concentrirung des Feindes in der Nähe von Sevilla unter den Augen der spanischen Macht in Santiago de Cuba.

Die Aussicht von Sevilla hätte wohl das stärkste Herz entmuthigen können. Hinter Euch lief ein schmaler durch Regen nahezu unpassirbar gemachter Weg, während Ihr nach vorn auf hohe, dicht mit tropischen Pflanzen bewachsenen Vorberge blicktet, die nur auf Fußpfaden in Schußweite der feindlichen Kanonen zu durchdringen waren.

Unerschrocken und eifrig entspracht Ihr dem Befehle, mit dem Feinde handgemein zu werden und warft ihn im Angriff bei Caney und San Juan von Werk zu Werk bis er hinter seinen letzten und stärksten, die Stadt unmittelbar umgebenden Verschanzungen Zuflucht suchte.

Trotz der sengenden Glut der südlichen Sonne und des strömenden Regens widerstandet Ihr kräftig seinen Versuchen, Euch aus den Stellungen zu vertreiben, die Ihr durch Eure Tapferkeit gewonnen hattet.

Die feindliche Armee wie in einem Schraubstocke haltend wurdet Ihr nach 17 Tagen des Kampfes und der Belagerung durch die Uebergabe von 24,000 Gefangenen belohnt, von denen 12,000 Euch unmittelbar gegenüberstanden und die übrigen in verschiedenen Orten des östlichen Cuba verstreut waren, sodaß der östliche Theil der Insel vollständig von spanischen Truppen befreit wurde.

Das geschah nicht ohne große Opfer. Der Tod von 230 und die Verwundung von 1284 tapferen Soldaten beweist nur zu deutlich, welch' einen furcht-

baren Kampf Ihr zu bestehen hattet. Die wenigen Vermißten befinden sich unzweifelhaft unter den Gefallenen, da keine Gefangenen verloren wurden.
Mit Euch bedauert der commandirende General die in der Schlacht Gefallenen
und mit Euch wird er ihr Andenken stets in Ehren halten. Ihre treue Pflicht-
erfüllung giebt unseren Landsleuten ein hohes Beispiel von Muth und Vater-
landsliebe. Alle, die an dem Feldzuge, der Schlacht und Belagerung von
Santiago de Cuba theilgenommen haben, werden sich mit Stolz der großen
Thaten erinnern und einander werth halten, weil sie zusammen große Leiden,
Mühseligkeiten und Triumphe theilten. Alle können stolz sein, den Namen von
Santiago de Cuba auf ihre Banner zu schreiben.

Auf Befehl von   Generalmajor Shafter,
E. J. McClernand, Hülfs-Generaladjutant."

Beunruhigende Berichte über Krankheit und Noth.

Nach dem Falle von Santiago befanden sich die amerikanischen Truppen einem
furchtbareren Feinde gegenüber als der spanischen Armee. Alle Umstände leisteten dem Umsichgreifen von Krankheit Vorschub. Hauptsächlich trat Malaria
auf, aber eine Anzahl von Fällen gelben Fiebers verursachte schwere Besorgniß
um die Gesundheit unserer Truppen. Bald kamen beunruhigende Berichte über
ihre Leiden über die unentschuldbare Nachlässigkeit seitens des Generalärzt-
lichen Departements in der hinreichenden Versorgung von Kranken und Verwundeten.

In Verbindung hiermit dürfte die genaue Schilderung eines Augenzeugen von
der Lage unserer Armee bei Santiago von Interesse sein. Ehrw. Dr. Henry
C. McCook aus Philadelphia, der die „National Relief Commission" vertrat,
erzählte Folgendes über die Gefahren und Leiden, denen unsere Truppen unterworfen waren.

„Wir kamen am 25. Juli an," sagte Dr. McCook, „und begannen sofort
Vorräthe zu landen. Siboney ist jedoch nicht der Ort dazu. Der Wellengang
ist so stark und die Berge fallen so steil in das Meer ab, daß man sich kaum
einen schlechteren Landungsplatz denken kann. Es hätte bei Zeiten ein Dock
errichtet werden müssen, aber es ist keines vorhanden.

Das 9. Infanterie-Regiment fanden wir in der Stadt beim Patrouillendienst
mit dem Theater als Baracke und den Rest der Truppen 2½ bis 6 Meilen von
der Stadt in Zelten auf den Bergen gelagert. Es herrschte ungeheuer viel
Krankheit unter den Leuten, von denen 2,100 in den Lazarethen lagen. Sie

waren nach dem Sturm und Drangsal, die sie durchgemacht hatten, sichtlich ermattet und entmuthigt.

Unglaubliche Leiden.

Man scheint sich die Vorfälle nicht richtig vorzustellen und zu beurtheilen. In
vier Wochen landeten diese Leute in der Brandung, marschirten auf morastigen
Wegen, kämpften und schliefen im Regen und auf nassem Boden ohne genügende
Nahrung und weit von dem Verpflegungscentrum. Die Wege waren von dem
täglichen tropischen Unwetter in fürchterlichem Zustande, und es gab nicht genug
Pferde oder Maulthiere, um die nothwendigen Dinge von Siboney herauf zu
bringen. Offiziere und Mannschaften hatten gleich zu leiden. Die Leute trugen dieselben alten schweren wollenen Hemden und blauen Uniformen, mit denen sie
gelandet waren, gekämpft und im Schmutze gelegen hatten. Hunderte von
Offiziere waren nicht imstande gewesen, ihre Kleidung zu wechseln, da ihre
Koffer irgendwo verloren wurden und nicht wiedergefunden werden konnten.
Der Boden war nie trocken sondern stets feucht, denn täglich fiel ein oder zweimal der tropische Regen in Strömen und die Sonne trocknete die Erde nicht,
sondern brachte sie nur zum Dampfen.

Santiago selbst ist eine schmutzige Stadt, die geradezu stinkt. Unter der Aufsicht des Militärgouverneurs, Brigadegeneral Wood, wird die Stadt zusehends
reiner, doch ist es eine fast hoffnungslose Aufgabe Santiago zu reinigen, und ich
glaube, daß das nur dadurch gründlich geschehen kann, daß man Dreiviertel der
Stadt niederbrennt. Es giebt nur offene Abzugsgräben, und die Bai, die wohlbekannte „Flasche,“ hat keine Fluth, um die Cloaken abzuführen. Dabei liegt
die Stadt so weit von dem Halse der Flasche weg, daß ohne Fluth ein Abfluß
des Schmutzes von Santiago gar nicht stattfinden kann. Unter diesen Umständen ist das gelbe Fieber hier heimisch und fast beständig.

Es ist indessen nicht das gelbe Fieber, welches ein Fünftel der Armee in das
Lazareth gebracht hat, sondern die sogenannte „Calentura“ ein malarisches
Fieber, welches durch die Hitze des Klimas entsteht. Das eigentliche gelbe Fie-
ber tritt in milder Form auf, sodaß nur 6 bis 10 Prozent der Kranken sterben.“

„Sicherlich fehlte es sehr an Aerzten“, sagte Dr. McCook in Beantwortung
einer Frage. „Der Resolute brachte 11 Aerzte und 55 in der Pflege von Gelb-
fieber-Kranken bewanderte Wärterinnen mit den nöthigen Hülfsmitteln, die gerade zur rechten Zeit anlangten. Als wir nach Santiago kamen, war man in
Verzweiflung, aber selbst jetzt sind noch nicht genug Aerzte dort. Diese haben

alle erdenklichen Strapazen durchmachen müssen; sie mußten Packete mit Medizin für die Truppen auf dem Rücken tragen und sind so überarbeitet, daß viele krank sind. Sie sind, wie jeder Andere, von der Anstrengung der letzten Wochen auf= gerieben."

Ein schlagendes Beispiel.

Dr. McCook machte eine kleine Pause und zeichnete dann mit Worten das er= greifendste Bild seiner Erzählung, ein Bild, das sofort genau dem Geiste ein= prägt, welche Zustände in Santiago herrschten. „Mit uns an Bord des Jroquois," sagte er, „waren Oberst John H. Page vom 3. Regiment der regulären Armee und Oberst Bogan vom 9. Massachusetts=Regiment. Beide waren so schwach, daß sie an Bord getragen werden mußten und sicherlich gestorben sein würden, wenn sie noch eine Woche länger dort geblieben wären. Oberst Page bekleidet eine der hohen Stellen in der Armee und doch war er, als er an Bord kam, nur mit einem wollenen Unterhembe, einem Paar Hosen und Morgenschuhen bekleidet. Er hatte keine Strümpfe, keine Unterhosen, keine Schuhe und es war für ihn absolut unmöglich, etwas zu bekommen. Als ich ihm dann ein Nachthemb an= bot füllten sich seine Augen mit Thränen, und doch war dieser Mann ein Oberst in der Armee der Ver. Staaten. Danach können sie den Zustand des ganzen Commandos beurtheilen.

Die Pflegerinnen und Aerzte vom „Rothen Kreuz" leisteten außerhalb der Armee gute Dienste, indem sie das Elend der Landbewohner milderten. Ich bin Beamter der Regierung, schloß Herr McCook bezeichnend, und kann öffent= lich das Verhalten meiner Vorgesetzten nicht commentiren. Ich kann nur That= sachen berichten."

Viele Kranke und Verwundete wurden nach verschiedenen Hospitälern im Norden und Süden geschickt, doch war der Zustand unserer Armee ein solcher, daß sich alle hohen Offiziere gemeinsam in einem Gesuche — in der That fast eine Forderung — das durch General Shafter nach Washington befördert wer= den sollte, für die sofortige Verlegung unseres Heeres nach einem gesünderen Klima verwendeten. Die öffentliche Besprechung dieser Zustände wurden immer heftiger, und scharfer Tadel über das Kriegsdepartement in Washington ausge= sprochen. Endlich wurde die sofortige Verlegung der Truppen nach verschiede= nen Punkten im Norden angeordnet, und die Einschiffung begann am 7. August.

XXXIII. Kapitel.
Die Spanier vor Manila geschlagen.

Nach Admiral Dewey's großem Siege bei Manila am 1. Mai kam es bis zum 31. Juli zwischen den Amerikanern und Spaniern zu keinem Kampfe mehr. Inzwischen waren, wie bereits erwähnt, mehrere unter dem Commando des Generalmajors Wesley Merritt stehende Expeditionen von der Küste

General Wesley Merritt.

des Stillen Oceans nach den Philippinen gesegelt. Merritt langte am 25. Juli bei Manila an und hatte nach Ankunft der dritten Expedition 11,500 Mann für die Eroberung der Stadt zur Verfügung.

In dem Kampfe am Abend des 31. Juli entwickelte die spanische Garnison einen Grad von Stärke, der ihr nicht zu Gute gerechnet worden ist. Es war ein Nachtangriff auf die Flanke der amerikanischen Linie. Die Insurgenten kämpf-

ten an jenem Tage nicht, weil es einer ihrer Feiertage war, und zogen sich zu=
rück, um ihn in Muße zu genießen. Diese günstige Gelegenheit benußten die
Spanier zum Angriffe, fanden aber die amerikanischen Soldaten, wie gewöhnlich,
der Lage gewachsen, und General Merritt berichtete das Resultat mit großer
Befriedigung. Die erste Nachricht von dem Treffen brachte folgende vom 9.
August aus Hongkong datirte Depesche:

„Es ist hier die Nachricht eingetroffen, daß zwischen den Amerikanern und
Spaniern am Abend des 31. Juli ein Gefecht bei Manila stattgefunden hat. Die
Spanier begannen den Angriff und versuchten unseren rechten Flügel zu um=
gehen. Nach einem dreistündigen Kampfe wurden die Spanier mit einem Ver=
luste von über 200 Todten und 300 Verwundeten zurückgeschlagen. Unser Ver=
lust war 9 Todte und 44 Verwundete.

Eine rühmliche Vertheidigung.

„Die am Kampfe betheiligten amerikanischen Truppen waren das 10. Penn=
sylvania=Regiment, 1. California=Bataillon, 3. reguläre Artillerie=Regiment und
Batterie A von Utah. Unsere Freiwilligen vertheidigten sich rühmlichst gegen
die über 3,000 Mann starke Angriffsmacht.

„Die Spanier machten mehrere verzweifelte Attacken, wurden aber jedes Mal
von dem Feuer der amerikanischen Truppen zurückgetrieben und zogen sich, nach=
dem schließlich ihr Centrum durchbrochen war, ganz zurück. Später griffen sie
jedoch nochmals an, wurden aber wieder abgewiesen und zogen sich in den Wald
zurück, von wo aus sie ein unaufhörliches Feuer auf den nach Manila führenden
Weg unterhielten, über den sie augenscheinlich ein Vorrücken der amerikanischen
Truppen erwarteten. Von Einigen wurden die spanischen Verluste auf über
500 Todte und Verwundete geschätzt.“

General Green's Truppen waren vorgerückt und hatten Verschanzungen auf=
geworfen, die sich vom Strande bis auf 300 Yards von dem linken Flügel der
Insurgenten ausdehnten. Die Ankunft der dritten Expedition erfüllte die Spa=
nier mit Wuth und sie beschlossen, eine Schlacht zu liefern, ehe „Camp Dewey“
verstärkt werden konnte.

Sonntag war der Festtag der Insurgenten, die ihren linken Flügel zurückzo=
gen, und so den amerikanischen rechten Flügel ohne Deckung ließen, weshalb die
Compagnien A und E vom 10. Pennsylvania=Regiment und die Utah=Batterie
den Befehl erhielten, den rechten Flügel zu verstärken. Mitten in einem rasen=
den, von einem furchtbaren Wolkenbruche begleiteten Teifun versuchten die auf

3,000 Mann geschätzten feindlichen Truppen das Lager zu überrumpeln, trieben unsere Feldwachen zurück und griffen die Schanzen an. Doch die tapferen Penn=sylvanier wankten nicht, sondern hielten unter einem fürchterlichen Feuer uner=schütterlich den Stand. Alles wurde alarmirt, und das 1. California=Bataillon mit zwei Compagnien Artillerie, die mit Gewehren kämpften, den Pennsylva=niern zur Verstärkung gesandt. Der Feind war bereits auf dem Rande der Laufgräben, als diese Verstärkungen eintrafen, und nie ist die Disciplin der Regulären besser dargethan, als durch die dritten Artilleristen unter Capitän O'Hara.

Der Feind zurückgeworfen.

Nichts als das Aufblitzen der Mausergewehre war zu sehen, doch eilten die Leute gerade auf die angreifenden Spanier zu und mähten sie mit regelmäßigen Salven nieder. Die Utah=Batterie, unter Capitän Young, bedeckte sich mit Ruhm. Ihre Leute zogen die Kanonen durch axentiefen Morast. Zwei Ge=schütze wurden dem Feinde in die Flanke gesandt und überschütteten seine Linie der Länge nach mit einem vernichtenden Feuer. Er wurde zurückgeworfen und retirirte in Unordnung, wurde aber von unserer Infanterie nicht verfolgt, da sie ihre Munition verbraucht hatte.

Die Scene in den Laufgräben war eine unvergeßliche. Beim grellen Lichte der Blitze sah man die Todten und Verwundeten in blutrothem Wasser liegen, doch konnten weder die Elemente noch das Vernichtungswerk des Menschen den Verwundeten einen Schrei des Unwillens entlocken. Sie ermuthigten im Ge=gentheil ihre Kameraden zum Kampfe und reichten ihnen ihre Patronengürtel.

Während der Nacht sah man spanische Patrouillen Todte und Verwundete des Feindes wegtragen. Die amerikanischen Todten wurden am nächsten Tage im Kloster von Maracaban begraben. In der Nacht des 1. August wurde der Kampf erneuert, aber der Feind hatte eine Lehre erhalten und griff von Weitem mit schwerer Artillerie an. Die Utah=Batterie antwortete, und der Artillerie=kampf dauerte eine Stunde.

Unter dem Datum des 1. August schrieb der Correspondent der Londoner „Times" in Cavite:

„Gestern besuchte ich „Camp Dewey" und die amerikanischen Schanzen vor Malate. Capitän Grant und Capitän Young von der Utah Artillerie waren unter dem Schutze der Nebraska Freiwilligen damit beschäftigt vorgerückte Erd=werke für Geschütze aufzuwerfen. Während ich von dem oberen Stockwerke eines europäischen Hauses, das der Linie der Erdwerke gegenüber lag, die spanischen

Karte der Philippinen Inseln.

Stellungen beobachtete, feuerte ein Nebraskaer Scharfschütze neben mir den ersten Schuß ab, den die Amerikaner auf die in dem vorderen Laufgraben zusammen= gebuckten Spanier abgaben.

Das widersprach den Befehlen des Generals Merritt. Er hatte jede aggres= sive Haltung verboten, wenn die Spanier nicht vorrückten. Die Insurgenten auf dem linken Flügel der Amerikaner eröffneten nun gleichfalls das Feuer, das die Spanier lebhaft mit Schnellfeuergeschützen und Gewehren erwiderten, doch gingen ihre Schüsse zu hoch und fielen eine halbe Meile hinter den Schanzen nieder, wo ein auf Feldwache stehender Colorado Freiwilliger von einer Mauser= kugel getroffen wurde.

Kaltblütig im Angesicht der Gefahr.

„Auf mich persönlich machte das sorglose Benehmen der Amerikaner in der Gefechtslinie großen Eindruck. Sie waren ausgelassen, wie die Jugend auf einem Picnic und in der zweiten Linie lagen ganze Gruppen und spielten Karten. Hätten die Spanier, die unverantwortlicher Weise während der Landung und dem Vorrücken der Amerikaner nicht angriffen, vom Fort Malate Granaten ge= schleudert, so hätten sie fürchterliches Unheil angerichtet, zumal ihnen ein Haus in bequemer Kanonen-Schußweite ein auffallendes Merkzeichen bot.

„Die Eingeborenen folgen den vorrückenden Amerikanern und besetzen die Häuser innerhalb der Gefechtslinie. General Aguinaldo's Guerillas bereiten den Amerikanern bedeutende Unannehmlichkeiten. Während ich im Lager war, traf die Meldung ein, daß Insurgenten eine Abtheilung California Freiwilliger, die Holz fällten, verhaftet hätten. Oberst Smith commandirte auf General Green's Anweisung ein bewaffnetes Detachement ab, welches die Gefangenen befreite und die Insurgenten in das „Camp Dewey" brachte. General Green sandte dann Aguinaldo die Botschaft, daß er, wenn die Amerikaner noch weiter belästigt würden, die ganzen Philippinen entwaffnen werde."

Derselbe Correspondent schreibt am 3. August:

„Seit Sonntag pfeift ein heftiger Monsun und eine Sündfluth von Regen er= höht die Schwierigkeit der Landung und Bewegung der amerikanischen Truppen und vermehrt das Unbehagen im Lager, das schon fast unerträglich war.

„Der Samstag war verhältnißmäßig ruhig und ebenso der Sonntag, bis das 10. Pennsylvania Regiment unter Oberst Hawkins die Laufgräben nach einem unbeträchtlichen Vorpostenfeuer besetzten. Um ½12 Uhr Nachts eröffnete der Feind unter Deckung des dichten Unterholzes ein heftiges Feuer, und seine Be= wegungen wurden außerdem durch die Regenströme verborgen. Die Pennsylvanier begegneten dem Angriffe mit einer Reihe von Salven und deckten ihren rechten Flügel mit zwei Compagnien, die in dem Sumpf jenseits der Verschanzungen Stellung nahmen.

„Nach etwa einer dreiviertel Stunde langten zwei Compagnien des 3. regu-

Admiral Montejo, Befehlshaber der spanischen Flotte.

lären Artillerieregiments unter Major O'Hara im Laufschritt zur Ablösung der Pennsylvanier an, die ihre Munition nahezu aufgebraucht hatten. Sie brachten mit dem 1. California unter Oberst Smith und dem 1. Colorado unter Oberst Hale im zweiten Treffen das Feuer des Feindes bald zum Schweigen. Das Gefecht dauerte zwei Stunden, doch trotz der furchtbaren Fusilade und des schweren Granatfeuers wurden nur 9 Amerikaner getödtet und 47 verwundet,

obwohl einige Verluste im zweiten Treffen während des Vorrückens der ab-
lösenden Bataillone vorkamen.

„Wenn der Kampf auch kaum die Wichtigkeit einer Schlacht erreichte, so er-
probte er doch die Eigenschaften der amerikanischen Truppen nnd hatte den ausgezeichneten Erfolg, daß er ihren Eifer und Enthusiasmus anregte und sie mit
Vertrauen beseelte.

Scharfes Feuer der spanischen Geschütze.

„Die Spanier, deren Verluste in dem Gefechte nicht bekannt sind, schlagen
eine Taktik ein, die darauf ausgeht, die Amerikaner zu reizen. Allnächtlich
unterhalten sie ein belästigendes Feuer mit Granaten und Shrapnels, das, da
sie jetzt hinter die richtige Entfernung der Erdwerke gekommen sind, sehr genau ist.

„General MacArthur's Brigade, die am Sonntag eintraf, landet heute bei
heftiger Brandung. Außer tüchtiger Durchnässung kam nichts Ernstliches vor,
obwohl die Operation nicht ohne beträchtliche Gefahr ist, kaum einige Krank-
heitsfälle werden gemeldet."

Malate, wo das Treffen stattfand, ist eine Vorstadt von Manila auf dem
Wege zwischen der Stadt und Cavite, und hier war es, wo die Familie des
Generalcapitäns Augusti von den Rebellen gefangen genommen wurde. Der
Platz war von den Insurgenten stark befestigt und gehalten worden, und wurde
von unseren Truppen bei ihrer Ankunft besetzt.

General Green erließ folgende Adresse an unsere Truppen:

„Der commandirende Brigadegeneral wünscht den gestern Abend an dem
Kampfe betheiligten Truppen für die Tapferkeit nnd Geschicklichkeit zu danken, die
sie beim Zurückschlagen eines so kräftigen Angriffes weit überlegener spanischer
Streitkräfte an den Tag legten. Nicht einen Zoll breit gaben die in den Laufgräben stehenden 10. Pennsylvania Infanterie- nnd Utah Artillerie-Regimenter
nach. Ein Bataillon des 3. Artillerie und des 1. California Infanterie-Regimentes rückten zu ihrem Beistande durch ein heftiges Feuer mit äußerster Furchtlosigkeit vor. Die von Allen in ihrem ersten Gesechte bewiesene Tapferkeit und
Standhaftigkeit verdient die höchste Anerkennung."

Hungersnoth und Epidemie.

Selbst die reichsten Lente wurden von dem Mangel an Lebensmitteln in
Manila betroffen. Es gab weder Fleisch, Brod noch Mehl, mit Ausnahme
eines kleinen Reservevorraths, der vornehmlich für die spanischen Truppen in
Beschlag gelegt war.

Straßenscene in Manila—Philippinen Inseln.

Trotz der scharfen Censur räumten die Zeitungen ein, daß der Hunger und der unerhörte Regen eine Epidemie verursachten. Sie gaben allerdings vor, daß nur gewöhnliche Unterleibskrankheiten vorkämen, doch glaubte man, daß es meistens Ruhrfälle seien, die der elenden Nahrung und dem gefährlichen Zustand des Wassers zuzuschreiben seien.

Es wurde ein besonderes Schlachthaus zum Schlachten von Pferden und Hunden eröffnet und die Zeitungen gaben zu, daß die Bäcker gezwungen seien, sich auf den Gebrauch von Reis zu beschränken, dessen Vorrath in Kurzem erschöpft sein würde. Auch das Heizungsmaterial war aufgebrannt, und da es unmöglich ist den Reis ungekocht zu genießen, heizten die Bäcker mit Thüren und Fensterrahmen.

Ein Dekret gestattete das Eindringen in Privatbesitz und die Wegnahme von Vieh und Pferden daselbst, wofür eine nominelle Bezahlung in werthlosen Wechseln gemacht wurde. Obwohl viele Spaniern gehörende Thiere nicht weggenommen waren, legte man auf Thiere Beschlag, die Engländern gehörten; ja man machte sogar den Versuch das unentbehrliche Pony des Consulatsarztes zu confisziren und erregte dadurch großen Unwillen.

Aus weiteren Berichten über die Schlacht bei Manila erfuhr man, daß die amerikanischen Truppen am Morgen des 29. Juli vorrückten und mit dem 1. Colorado-Regiment und vier Geschützen der Utah Batterien eine alte Jnsurgentenschanze besetzten, die sich später als unhaltbar erwies, und von der die Philippiner sich auf Ersuchen des Generals Green zurückgezogen hatten.

Die Amerikaner avancirten dann 100 Yards und warfen eine 250 Yard lange Linie von Brustwehren auf, die sich von dem nach Manila führenden Wege bis zum Strande erstreckten. In der Mitte der Linie lag auf einer Anhöhe, ungefähr 750 Yard von den spanischen Brustwehren vor Malata, eine alte Kapuziner-Kapelle, zu deren beiden Seiten je zwei Geschütze aufgestellt wurden.

Die Amerikaner wurden von den Spaniern beim Bau ihrer Brustwehren nicht gestört. Es fand zwar ein unregelmäßiges Feuer statt, doch richtete es keinen Schaden an. Das 1. Nebraska-Regiment löste das 1. Colorado am 30. Juli ab, und setzte die Arbeit an den Laufgräben Tag und Nacht ohne Unterbrechung fort.

Heftiges Feuer auf der ganzen Linie.

Am Sonntag rückte das 10. Pennsylvania-Regiment in die Laufgräben, von dem, da Oberst Hawkins krank war, zwei Bataillone unter Commando des Majors Cuthbertjon standen. Vier Compagnien wurden in der Schanze postirt, zwei als zweites Treffen auf dem Wege nach Manila und zwei unter Major Bierer als Reserve an dem Feldlazarath hinter der alten Insurgentenschanze. Die Brustwehr wurde an diesem Tage ohne Einmischung der Spanier beendigt. Erst um 10 Uhr Abends begannen die Spanier auf ihrer ganzen Linie ein heftiges Feuer, das von den Unsrigen kräftig und mit Erfolg erwidert wurde. Von besonderer Wirkung waren die Salven der Utah-Artilleristen. Das spanische Feuer war überraschend genau. Der Feind hatte die richtige Schußweite, und schüttete einen vollständigen Hagel von Kugeln über die amerikanischen Linien aus. Die auf unserem rechten Flügel und in der Front aufgestellten Piquets kamen zurück und berichteten, daß die Spanier unseren rechten Flügel zu umgehen versuchten, da die Laufgräben nicht über den Weg reichten.

Das Terrain war im Allgemeinen klar, nur ein kleines Bambus- und Akazien-Gebüsch und hohes Gras verhinderte theilweise die freie Uebersicht. Unter dem furchtbaren Feuer der Spanier wurden die Pennsylvanier unruhig und begannen selbst unregelmäßig zu schießen, so daß ihre Salven wirkungslos wurden. Auch waren die Spanier bald weit genug vorgerückt, um die Amerikaner unter Kreuzfeuer zu nehmen; und da zudem die Munition knapp wurde, so wurde ein Courier an General Greene mit dem Ersuchen um Verstärkung und neue Munition gesandt.

So ging das Gefecht weiter; die Utaher Batterie gab ihre Schüsse so ruhig ab, wie wenn sie aus kampfgeübten Veteranen bestände; die Pennsylvanier hielten, so gut sie vermochten, Stand. Die Compagnien A und B marschirten vom Wege zu unserer Rechten auf; die Compagnien D und E wurden über das Feld geschickt und über das rechte Ende der amerikanischen Aufstellung hinaus beordert. Sie hatten die größten Verluste zu erleiden, weil sie über offenes Feld zwischen unseren Schützengräben und den früheren der Insurgenten avanciren mußten. Während das spanische Feuer für die amerikanischen Linien selbst zu hoch war, bestrich es unausgesetzt jenes Feld und machte sein Passiren lebensgefährlich. Indessen war den Pennsylvaniern ein anderer Weg nicht offen, und sie gingen über dieses Todesfeld mit großer Bravour vor.

Hülfe zur rechten Zeit.

Hülfe war inzwischen im Anzuge. Lieutenant Krayenbuhl war mit dem ersten Zuge von Batterie K vom 3. Artillerie-Regiment, das als Infanterie verwandt wurde, an der Vereinigungsstelle der Straßen nach Manila und Pasai passirt worden, mit dem Befehl, vorzugehen, wenn es nothwendig erscheinen sollte. Mit dem zweiten Zuge derselben Batterie stand Lieutenant Keßler an

G 27

der Straße nach Pasai. Als nun der Courier mit der Meldung von der Front kam, ging Lieutenant Krayenbuhl sofort vor und ließ Lieutenant Keßler sagen, er solle ihm folgen. Er kam zur rechten Zeit an; die Pennsylvanier hatten ihre Munition fast ganz verschossen und feuerten nur noch regellos darauf los. Lieutenant Krayenbuhl zog seinen Revolver und drohte Jeden niederzuschießen, der ohne Befehl feuere. Das wirkte, und auch das Vertrauen auf einen glück= lichen Ausgang des Gefechts war bei den Pennsylvaniern bald wieder hergestellt. Die Regulären gaben sofort Salven ab; sie hatten Munition im Ueberfluß. Alsdann Lieutenant Keßler ebenfalls eintraf, war jede Gefahr einer Niederlage beseitigt. Munition wurde von Capitän O'Hara, der ein Bataillon des 3. Artillerie=Regiments commandirte, herbeigebracht. Dieser Offizier war dem Courier begegnet und hatte sofort durch seinen Ordonnanz=Trompeter Capitän Hobbs mit Batterie H das Signal zum Vorrücken geben lassen. Im Galopp ging die Batterie vor, während Capitän O'Hara's Trompeter beständig das Avancirsignal blies, damit die bedrängten Pennsylvanier wüßten, daß Hülfe käme.

Capitän Hobbs verwundet.

Auf der Straße nach Manila erhielt Capitän Hobbs einen Schuß in das Bein, blieb aber an der Spitze seiner Batterie. Die Spanier überschütteten die Straße mit einem Regen von Kugeln. Um weniger Ziel zu bieten, avancirten die Artilleristen im Laufschritt in Doppel=Colonnen und erreichten schließlich den Graben, in den sie unter Hochrufen hinuntersprangen. Der Gemeine McJlrath von Batterie H, der als Sergeant fungirte, sprang auf den Kamm des Grabens, um den Leuten Muth zu machen, und ging dort auf und ab. Ein Schuß in den Kopf verwundete ihn tödtlich. Dann stieg Capitän Hobbs in derselben Absicht auf den Kamm, was die Spanier zu noch heftigerem Feuer veranlaßte.

Aber das Gefecht war bald zu Ende; das Feuer der Spanier ließ nach und die Amerikaner konnten den Tag als gewonnen ansehen. Der seinerzeit abge= sandte Courier hatte inzwischen General Green erreicht und ihm berichtet, daß Alles verloren sei. General Green nahm die Meldung aber sehr ruhig auf; er ließ Alarm blasen, und das ganze Lager rückte aus. Das erste Bataillon des 1. Californischen Regiments wurde im Laufschritt durch die Felder vorgeschickt; ebenso wurden acht Wagen mit Munition den Pennsylvaniern gesandt. Als Reserve sollte das zweite Bataillon des 1. Californischen Regiments dienen, während der Rest des Lagers marschbereit blieb. Dem auf der Rhede liegenden Kreuzer Raleigh wurde Mittheilung gemacht, damit er, wenn nöthig, die Ge= schütze von Malate zum Schweigen bringe.

XXXIV. Kapitel

Schlußereignisse des Krieges.

Jn einem am 8. August fünf Meilen hinter Guayama, Porto Rico, ſtattge⸗ habten Gefecht geriethen die Amerikaner in einen Hinterhalt, und es iſt ein Wunder, daß nicht wenigſtens die Hälfte von ihnen den ſpaniſchen Kugeln zum Opfer fiel. Es war etwa 1 Uhr Nachmittags, als ein Reiter in die Stadt galoppirte und rief: „Schickt die Dynamit⸗Geſchütze ſofort; das 4. Ohioer Regiment wird aufgerieben!" Jn einigen Minuten waren die Truppen alarmirt; die Eingeborenen verſchwanden wie durch Zauberei, nicht ein einziger von ihnen war mehr zu ſehen. Alle Läden wurden ſofort geſchloſſen; die Droſchkenkutſcher brachten ihre Pferde nach den Ställen und überall zeigten die Eingeborenen durch ihr Verhalten, daß ſie die Wiedereinnahme der Stadt durch die Spanier erwarteten. Viele Frauen ſuchten Schutz in der Kathedrale und verbrachten dort die Zeit mit Gebet.

Von zwei Seiten beſchoſſen.

Veranlaſſung zu dem ſpaniſchen Angriff war eine von Oberſt Coit, Major Dean und Lieutenant Wardman von General Brooke's Stab mit den Compag⸗ nien A und C des 4. Ohioer Regimentes am frühen Morgen unternommene Recognoscirung. Es ſollte feſtgeſtellt werden, ob die Spanier wirklich die Brücken auf der Straße nach Cayey, wohin General Brookes Abtheilung be⸗ ſtimmt war, unterminirt hätten. Bei der geringen Stärke von Oberſt Coit's Truppen erregte die Nachricht von dem Angriff auf ſie Befürchtungen im Haupt⸗ quartier in Guayama. Sofort wurde eine ſtarke Abtheilung an die Front ge⸗ ſandt. Pferde zum Ziehen der Dynamit⸗Geſchütze waren nicht vorhanden, doch die Mannſchaft ſchleppte dieſelben ſelbſt fünf Meilen weit über die Hügel. Mehrere Gemeine von Compagnie C, auf die man ſtieß, berichteten ihre Com⸗ pagnie und Compagnie A ſeien thatſächlich durch das ſpaniſche Feuer aufgerieben. Sie ſelbſt, erklärten ſie, ſeien zu müde, um weiter kämpfen zu können. Um 2 Uhr langte die Verſtärkung bei einer Biegung der Straße an, wo man den Kampfplatz vor ſich ſah. An eben dieſem Punkt hatte die Recognoscirungs⸗ Abtheilung zuerſt Feuer von den Flanken erhalten; die Straße biegt hier plötz⸗ lich nach rechts ab, 300 Ellen weiter aber wieder plötzlich nach links, und die marſchirenden Truppen waren beide Male dem Feuer von den Bergen von beiden Seiten ausgeſetzt geweſen.

419

Die Spanier waren ca. 600 Ellen entfernt; auf der einen Seite hatten sie sich hinter einem Blockhause eingegraben, auf der anderen hinter Erdwerken, auf dem Gipfel eines Hügels. Wie heftig ihr Feuer gewesen, bewiesen die Bäume an den Straßen, deren Blätter und Zweige von den spanischen Kugeln fortgeschossen worden waren. Ein sumpfiger Graben an der linken Seite der Straße rettete die Amerikaner, die fast zwei Stunden lang in demselben lagen, während die Spanier einen Regen von Kugeln losließen, aber keinen Angriff wagten.

Wirkung der Dynamit-Geschütze.

Eine Panik brach in Compagnie C aus als Capitän Bibble in Folge der Hitze zusammenbrach; die Leute glaubten, er sei erschossen, und die Lage schien sehr bedenklich. Da übernahm Lieutenant Wardman das Commando und brachte die Compagnie wieder zum Stehen. Sobald als die Verstärkung anlangte, ging er mit seinen Leuten zum Angriff auf den Hügel vor. Das Kreuzfeuer des Feindes hatte für eine Zeit lang aufgehört, sobald die Amerikaner aber den Hügel heraufkletterten, eröffneten die Spanier aus dem Blockhause ein heftiges Feuer. Unter einem Hagel von Geschossen stürmten die Amerikaner auf das Blockhaus zu und nun gingen die Spanier zurück.

Gerade in diesem Augenblick traten die Dynamit-Geschütze in Thätigkeit. Das erste Geschoß explodirte an einer Seite des Blockhauses mit furchtbarem Krach. Panische Furcht ergriff die Spanier, sobaß sie nach allen Richtungen auseinander stoben. Jenes Geschoß riß den Boden fünfzig Fuß weit auf und die Erschütterung konnte bei den amerikanischen Linien gefühlt werden. Ein prächtiges Bild bot sich von der Stelle, wo die Geschütze standen: Ueberall stiegen die Amerikaner, deren braune Hüte sich scharf gegen den Himmel abhoben, den Hügel hinauf, sandten Salven über Salven in die fliehenden Spanier und — schwatzten dabei, daß reguläre Truppen sich entjetzt haben müßten.

Empfang in Guayama.

Nach dem dritten Schusse der Dynamit-Geschütze waren die Spanier im vollen Rückzug. Die Amerikaner kehrten dann für die Nacht nach Guayama zurück, wo die Häuser noch fest verschlossen waren. Erst als die Dynamit-Geschütze erschienen, öffneten die Einwohner die Fenster; dann kamen sie einer nach dem anderen hervor, riefen: „Es leben die Amerikaner!" und entfalteten amerikanische Flaggen.

Capitän Bibble, der im Gefecht von der Hitze übermannt wurde, hatte erst kurz vorher das Hospital verlassen und war daher kaum im Stande, seine Compagnie zu führen. Daß die Spanier beabsichtigten, die Amerikaner am Vorrücken zu verhindern, war klar. Eingeborene berichteten, daß 400 Mann Infanterie und 150 Mann Kavallerie in der Nacht vorher nicht vier Meilen von Guayama entfernt campirt hätten. Auch sollten starke Verschanzungen für Artillerie innerhalb von fünf Meilen von der Stadt angelegt sein. Aber weder Kavallerie, noch Artillerie hatten an dem Gefechte theilgenommen. Die Amerikaner waren über drei Brücken gekommen, hatten aber keine derselben unterminirt oder sonst unpassirbar gemacht gefunden.

Gefecht bei Cap San Juan.

Zwei Stunden lang wurde vor Tagesanbruch am 9. August bei Cap San Juan gekämpft; auch hier wurden die Spanier zurückgeschlagen. Achthundert Mann versuchten den Leuchtthurm einzunehmen, welchen vierzig Matrosen unter Lieutenant Atwater besetzt hielten. Das Feuer der Amphitrite, Cincinnati und Leyden trieb die Spanier zurück. Wie Eingeborene behaupteten, wurden hundert Spanier getödtet. Der Angriff erfolgte von Rio Grande aus, wohin die Spanier sich nach der Landung der Amerikaner bei Cap San Juan eine Woche früher zurückgezogen hatten. Sie marschirten durch Luquillo und ersetzten in Fajardo die amerikanische Flagge durch die spanische. Von den Eingeborenen wurde die Besatzung des Leuchtthurmes von dem Anrücken der Spanier benachrichtigt. Sechzig Frauen und Kinder wurden in einem Nebengebäude untergebracht. Mit einem Maschinengeschütze eröffneten die Spanier auf 300 Ellen Entfernung das Feuer; die Leyden unter Fähnrich Crosley ging bis auf 100 Ellen an das Ufer heran und feuerte mit ihren Einpfündern unter die Spanier; die Amphitrite griff mit Sechspfündern ein; die Cincinnati mit 5-zölligen Geschützen. Außerdem landeten die Schiffe 250 Mann zur Verstärkung der Besatzung des Leuchtthurmes. Ein Maschinengeschütz, Gewehre und Munition wurden von den Spaniern im Stiche gelassen. Bei Tagesanbruch nahm die Leyden die flüchtigen Eingeborenen auf und brachte sie nach Ponce. Die amerikanische Flagge wehte weiter auf dem Leuchtthurm, der einer der wichtigsten auf der Insel ist; sollte Jemand versuchen, sie niederzuholen, so hätte die Amphitrite mitzusprechen.

Die Feindseligkeiten plötzlich eingestellt.

Gerade als General Broote's Truppen sicheren Sieg vor sich zu haben glaubten, wurde den Feindseligkeiten um Guayama auf Porto Rico ein Ende gemacht.

Am 14. August lagen die Spanier in starker Stellung rechts von den amerikanischen Linien. Die leichte Batterie B von Pennsylvanien hatte Order erhalten, den Kampf zu beginnen; bereits waren die Geschütze der ersten Section
aufgefahren; ein Geschütz hatte abgeprotzt und war geladen; ein Pennsylvanier
stand fertig zum Abfeuern. Da ertönte ein Ruf von hinten und zwei Reiter
stürmten heran, heftig mit den Armen Zeichen machend. Es waren Signal-
Lieutenant McLaughlin und eine Ordonnanz. Sie waren im Galopp vom End-
punkte des nach General Brooke's Hauptquartier geführten Feldtelegraphen hergekommen.

Der Befehl zum Feuern war gegeben, als die Reiter das Geschütz erreichten.
„Nicht schießen!", rief der Lieutenant; dann erklärte er den neugierigen Artilleristen, daß der Krieg zu Ende sei. General Brooke sei von General Miles
telegraphisch angewiesen, die Feindseligkeiten einzustellen. Das Friedensproto-
koll sei von den Vertretern der beiden Regierungen unterzeichnet worden.

Die Pennsylvanier, Offiziere, wie Soldaten, gaben ihrem Mißvergnügen in
deutlicher Weise Ausdruck; schweigend drehten sie ihre Geschütze, als der Lieutenant General Brooke's Befehl, nach dem Lager in Guayama zurückzukehren,
mittheilte, und schweigend zogen sie ab. Sie hatten eine brillante Stellung inne
gehabt. Brooke hatte drei starke Colonnen links von Guayama vorgeschoben;
sein Plan war, sich bis Cayey durchzukämpfen, wo er sich mit General Wilson
vereinigen sollte. Die von ihm selbst geführte Hauptcolonne, bestehend aus drei
leichten Batterien, drei Regimentern Infanterie und zwei Truppen Kavallerie,
ging auf einer Bergstraße vor, an den Flanken gut gedeckt; sie stieß auf keinen
Widerstand. Drei Meilen hinter dem Schauplatz des Kampfes am vorherge-
gangenen Montag wurde der Feind entdeckt; er hatte sich in einer vorzüglichen
Defensivstellung auf dem Gipfel eines Berges eingegraben; aber in guter
Schußweite. Auch hier verhinderte das Eintreffen der Friedensnachricht das
Abfeuern des ersten Schusses.

Friede in Aussicht.

Am Nachmittage des 2. August machte das Staatsdepartement die dem französischen Botschafter Cambon von dem Präsidenten mitgetheilten Friedensbedingungen in Washington officiell bekannt. Es waren folgende: Spanien müsse für
immer auf seine Souveränität in Westindien verzichten; die Ver. Staaten sollten
eine Kohlenstation auf den Labronen-Inseln erhalten; sie würden Manila, die
Bucht und den Hafen besetzen, bis die über die Philippinen-Inseln zu treffenden
Dispositionen entschieden seien. Die Bekanntmachung lautete:

„Um irgend welche Mißverständnisse betreffs der Friedensverhandlungen
zwischen den Ver. Staaten und Spanien zu beseitigen, erscheint es angebracht, zu
erklären, daß die von den Ver. Staaten in der am vorigen Samstag an den
französischen Botschafter gerichtete Note Spanien angebotenen Friedensbedingungen im wesentlichen Folgende sind:

„Der Präsident erhebt keinen Anspruch auf Geldentschädigung, verlangt
aber Verzicht auf alle Souveränitätsansprüche auf die Insel Cuba, wie sofortige
Räumung derselben durch Spanien; Abtretung von Porto Rico und anderer
Inseln unter spanischer Souveränität in Westindien und ihre sofortige Räumung,
und ebenfalls Abtretung einer Insel in den Ladronen.

„Die Ver. Staaten werden die Stadt Manila, die Bucht und den Hafen besetzen
und im Besitze behalten bis zum Abschlusse eines Friedensvertrages, der über die
Controlle, die Disposition über die Philippinen und ihre Regierung entscheiden soll.

„Nimmt Spanien diese Bedingungen vollständig an, so werden die Ver.
Staaten Commissäre ernennen, die mit solchen Spanien's behufs Abschlusses
eines Friedensvertrages auf der eben mitgetheilten Basis zu verhandeln haben."

Unterzeichnung des Protokolles.

Die am 7. August aus Madrid gemachte Mittheilung, das spanische Cabinet
habe officiell beschlossen, den Vorschlag der Ver. Staaten betreffs der Friedensverhandlungen anzunehmen, beseitigte die Besorgniß, daß die Friedensaussichten
noch sehr ungewiß seien. Man zweifelte nicht daran, daß Spanien die vom
Präsidenten McKinley angebotenen Bedingungen acceptiren werde, auch der
Präsident selbst hegte das vollste Vertrauen, daß die Zögerung Spanien's, eine
bestimmte Antwort zu geben, nicht ungünstig aufzufassen sei. Aber das Publikum war ungeduldig, es war nicht eingeweiht darin, was in Washington vorging, und konnte sich daher keine den Thatsachen entsprechende Ansicht bilden.

Es gab Gründe, weshalb eine sofortige Antwort auf die amerikanischen Vorschläge unmöglich war, und diese Gründe verstanden und würdigten der Präsident und Staatssekretär Day sehr wohl. Ueberzeugt, daß Spanien die Bedingungen annehmen werde, war der Präsident nicht geneigt, die Sache zu über-
stürzen. Am Abend des 12. August 1898 erließ Präsident McKinley folgende
Proclamation:

„Proclamation des Präsidenten der Ver. Staaten von Amerika.

„Nachdem in einem am 12. August 1898 von William R. Day, Staatssekretär der Ver. Staaten, und Seiner Excellenz, Jules Cambon, außerordentlichen Botschafter und bevollmächtigten Minister der Republik Frankreich in Washington, als Vertreter der Regierung der Ver. Staaten und der spanischen Regierung, verfaßten und unterzeichneten Protokoll die Ver. Staaten und Spanien förmlich über die Bedingungen sich geeinigt haben, unter welchen Verhandlungen zur Herstellung des Friedens zwischen den beiden Ländern stattfinden sollen, und

„Da im besagten Protokoll vereinbart ist, daß mit seinem Abschluß und seiner Unterzeichnung Feindseligkeiten zwischen den beiden Ländern suspendirt und Nachricht davon sobald, wie möglich, von jeder Regierung an die Befehlshaber ihrer Land- und Seestreitkräfte gegeben werden soll,

„So erkläre Ich, William McKinley, Präsident der Ver. Staaten, demgemäß in Uebereinstimmung mit den Abmachungen des Protokolls, und proklamire namens der Ver. Staaten Suspendirung der Feindseligkeiten und befehle hiermit, daß auf dem geeigneten Wege den Befehlshabern der Land- und Seestreitkräfte der Ver. Staaten die sofortige Anweisung zugehe, von allen Acten abzustehen, die nicht im Einklang mit dieser Proclamation stehen.

„Zum Zeugniß dessen habe ich mein Handsiegel hierunter gesetzt und das Siegel der Ver. Staaten beifügen lassen.

„Gegeben in Washington am 12. August, im Jahre des Heils 1898, und im 123. Jahre der Unabhängigkeit der Ver. Staaten. William McKinley.

„Auf Befehl des Präsidenten, William R. Day, Staatssekretär.“

Das von Sekretär Day, namens der Ver. Staaten, und von dem Botschafter Cambon, im Namen Spanien's, unterzeichnete Protokoll enthält die oben genannten Bestimmungen. Cuba, Porto Rico und andere bisher spanische Inseln in Westindien waren sofort zu räumen und Commissäre, die innerhalb zehn Tagen ernannt werden sollten, sollen innerhalb dreißig Tagen nach Unterzeichnung des Protokolls, in Havana und San Juan zusammentreten, um die Einzelheiten der Räumung zu arrangiren. Außerdem sollten die Ver. Staaten und Spanien Commissäre ernennen, aber nicht mehr als je fünf, die spätestens am 1. October in Paris mit den Verhandlungen eines Friedensvertrages zu beginnen hätten.

Die Schluß-Ceremonie.

Sekretär Thiebaut von der französischen Botschaft war an dem zweiten Tage, 2 Uhr 45 Min. Nachmittags, beim Sekretär Day erschienen, um ihn zu benachrichtigen, daß der Botschafter die offizielle Antwort der spanischen Regierung auf die amerikanischen Friedensvorschläge erhalten und ermächtigt worden sei, das Protokoll für Spanien zu unterzeichnen. Der Botschafter ließ andeuten, daß es ihm angenehm sein würde, wenn die Schluß-Ceremonie in Gegenwart des Präsidenten stattfinde. Präsident McKinley erklärte sich sofort dazu bereit und es wurde vereinbart, daß die Unterzeichnung des Protokolls um 4 Uhr vor sich gehen sollte. Ein heftiger Regensturm wüthete zu jener Stunde, weshalb die Herren Wagen benutzen mußten. Sekretär Day traf zuerst ein; unter dem Arm trug er ein großes Portefeuille, das Abschriften des Protokolls, der Proclamation des Präsidenten zur Einstellung der Feindseligkeiten ꝛc. enthielt; seine Assistenten, Moore, Adee und Cridler, begleiteten ihn. Sie wurden sofort in den Cabinetssaal geführt, wo der Präsident sie erwartete. Des heftigen Regens halber fuhr Botschafter Cambon bis zu dem inneren Eingang des Weißen Hauses, wo er mit Sekretär Thiebaut durch einen Cordon von Zeitungs-Correspondenten passiren mußte. Die französischen Diplomaten begaben sich zunächst nach der an den Cabinetssaal im oberen Stockwerke anstoßenden Bibliothek; um 4 Uhr 5 Minuten wurden sie dem Präsidenten gemeldet und sofort in den Saal geleitet.

Nach Austausch der üblichen diplomatischen Höflichkeiten zogen sich Hülfs-Sekretär Cridler, für die Ver. Staaten, und Botschafts-Sekretär Thiebaut, für Spanien, in eine Fensternische zurück, um nochmals die Richtigkeit des Wortlautes des Schriftstückes auf's Genaueste zu prüfen.

Das Protokoll war im Staatsdepartement doppelt ausgefertigt worden, da die Ver. Staaten und Spanien je ein Exemplar behalten sollten. In hübscher altenglischer Schrift geschrieben, enthielt jede Seite zwei Spalten, je in englischer und in französischer Sprache, um die Genauigkeit der Uebersetzung prüfen zu können. Dem nach Spanien bestimmten Exemplar war die vom Präsidenten McKinley ausgestellte Vollmacht für den Staatssekretär zur Unterzeichnung des Protokolls beigefügt. Diese Vollmacht war mit der Schreibmaschine hergestellt; die Unterschrift zeigte die charakteristischen großen Schriftzüge des Präsidenten. Eine Kabeldepesche hatte dem Botschafter Cambon die Ermächtigung zur Unterzeichnung des Protokolls gemeldet, sowie, daß die von der Königin-Regentin Christina unterzeichnete schriftliche Ermächtigung folgen werde.

Da die Prüfung der Schriftstücke zufriedenstellend ausfiel, wurden dieselben erst dem Botschafter Cambon und dann Sekretär Day vorgelegt, die jede Seite der beiden Exemplare mit ihrer Unterschrift versahen. Dann kam der Schlußakt, indem Hülfs-Sekretär Cridler das Siegel der Ver. Staaten hinzufügte.

Sämmtliche Theilnehmer an der Ceremonie, mit Ausnahme Sekretär Day's und des Botschafters Cambon, hatten derselben stehend beigewohnt; Herr Cambon nahm den Platz ein, wo Marineminister Long gewöhnlich sitzt, links von ihm war Sekretär Day, während der Präsident am linken Ende des großen Tisches stand.

Es war 4 Uhr 23 Minuten als die Unterzeichnung des Protokolls stattfand, und das erste Mal, daß ein solcher Akt im Weißen Hause stattgefunden hatte. Inzwischen waren Kriegssekretär Alger, Generaladjutant Corbin und Hülfs= sekretär Allen vom Marinedepartement auf Anordnung des Präsidenten herbei= gerufen worden, um einer eindrucksvollen Scene beizuwohnen. Der Präsident reichte dem Botschafter Cambon die Hand und sprach durch ihn der Schwester= Republik Frankreich seinen Dank für ihre zur Wiederherstellung des Friedens geleisteten guten Dienste aus; auch dankte er dem Botschafter persönlich für dessen Bemühungen. Letzterer antwortete in entsprechender Weise. Dann ließ der Präsident die Proclamation zur Einstellung der Feindseligkeiten sich vorlegen und unterzeichnete sie in Gegenwart Herrn Cambon's.

Nachfolgend stehen die Facsimile der Unterschriften des französischen Gesand= ten und Sekretär Day's, mit welchen sie das Protokoll unterzeichneten:

William R. Day

Aug. 12. 1898.

Jules Cambon

12 août 1898

Der folgende offizielle Schriftwechsel zwischen Präsident McKinley und Ge= neral Breckinridge, in welchem der Präsident denjenigen Truppen, welche nicht an die Front gesandt werden konnten, Anerkennung zollt, wurde am 12. August veröffentlicht:

„An den Präsidenten:

„Chickamauga Park, Ga., den 10. August 1898.

„Darf ich mir erlauben, Sie, im Namen und zu Gunsten der 40,000 Mann dieses Commandos, zu ersuchen, dasselbe zu besuchen, so lange es noch intact ist. Vieles kann darüber gesagt werden, wie wohlthuend und nöthig ein solcher Besuch sein würde, doch Sie werden selbst besser, wie ich es Ihnen auseinander setzen kann, die Enttäuschung und die daraus folgende Niedergeschlagenheit ermessen können, die viele Soldaten, namentlich die Kranken, empfinden müssen, die willig sich zusammenthaten und Vieles geleistet haben, um ihre Bereitwilligkeit und Fähigkeit, dem Vaterlande auf dem Schlachtfelde zu dienen, zu zeigen, die aber den Heeresdienst quittiren, ohne eine Schlacht oder einen Feldzug mitgemacht zu haben. Alle, welche sie sehen, müssen ihre Verdienste und persönliche Antheilnahme anerkennen, und es würde die Stimmung Aller aufrichten, wenn Sie Zeit finden könnten, dies Commando zu besichtigen.

„**Breckinridge**, Commandirender Generalmajor.“

Folgendes ist die Antwort des Präsidenten:

„**Regierungsgebäude, Washington, den 11. August 1898.**

„An den Generalmajor Breckinridge, Chickamauga Park:

„Zu Antwort auf Ihre Einladung gestatten Sie mir zu sagen, daß es mir ein großes Vergnügen bereiten würde, durch einen persönlichen Besuch in Chickamauga Park den 40,000 Soldaten Ihres Commandos, die so patriotisch dem Aufruf für Freiwillige Folge leisteten und über zwei Monate lang sich zu jedem Dienst und jedem Opfer, das das Vaterland fordern mochte, bereit hielten, meine Hochachtung zu bezeigen. Meine amtlichen Pflichten jedoch erlauben mir gegenwärtig nicht, von Washington abwesend zu sein. Der höchste Beifall, den man einem Soldaten spenden kann, ist, daß man sagt, daß er seine Pflicht gethan hat. Seine Regierung bestimmt ihm das Feld der Pflichterfüllung, und wo immer das sein mag, dort ist der Platz der Ehre. Alle haben der großen Sache ihre Unterstützung zu Theil werden lassen, die im Lager so gut, wie die auf dem Schlachtfelde, und wenn Frieden wird, werden Alle einen gleichen Anspruch auf die Dankbarkeit der Nation haben.   **William McKinley.**“

Am Samstag, den 13. August, wurde noch ein und zwar ein sehr wichtiger Sieg zu den bereits von unserer Flotte und unserem Landheer gewonnenen hinzugefügt. Manila erlag den Kanonen Dewey's und den Angriffen von General Merritt's Truppen. Da keine Nachricht von der Beendigung des Krieges durch Unterzeichnung des Protokolls am 12. August, nach den Philippinen gekommen, wurde der lange aufgeschobene Angriff auf Manila gemacht, und nach lebhaftem Widerstand der spanischen Truppen ergab sich die Stadt.

Früh am Morgen rückte Dewey's Flotte, welche die Stadt seit dem 1. Mai blockirt hatte, vor und signalisirte, daß sie Uebergabe verlange, was abgeschlagen wurde. Die Forts wurden dann mit großem Erfolg beschossen und die Stadt wurde durch unsere Landmacht eingenommen. Der spanische General Augusti, welcher vor einer Woche sein Amt an den Militär-Commandanten übertragen hatte, wurde spät in der Nacht von einem deutschen Kreuzer aufgenommen und ging mit seiner Familie nach Hongkong, indem er angab, daß er nach Spanien zurückkehren würde.

Die Einnahme Manila's bildete den Beschluß einer Reihe von militärischen Ereignissen der glänzendsten Art, die bestimmt sind, der Karte der Welt ein anderes Aussehen zu geben, indem sie die Ver. Staaten in die erste Reihe der Land- und Seemächte stellen, eine Stellung, die sie bis zu unserem Kriege mit Spanien noch nicht eingenommen, was sich durch die Thatsache erklärt, daß es bis dahin für uns nicht nöthig war, den Charakter einer kriegerischen Nation zu entwickeln.

Kurzer Bericht über den Krieg mit Spanien.

Das Folgende ist ein kurzer Bericht über unseren Krieg mit Spanien, mit Angabe der Daten, an welchen alle Hauptereignisse stattfanden:

15. Februar 1898. — Zerstörung des Schlachtschiffes Maine im Hafen von Havana.

17. Februar. — Die Untersuchungs-Commission in Sachen der Explosion des Maine ernannt.

28. März. — Die Untersuchungs-Commission erklärt, daß der Maine in Folge von außen wirkenden Ursachen in die Luft flog.

5. April. — Generalconsul Lee von Havana zurückberufen.

10. April. — Generalconsul Lee fährt von Cuba ab.

11. April. — Präsident McKinley sendet über die Cubanische Frage eine Botschaft an den Congreß.

16. April. — Der Senat beschließt, die Insurgenten als kriegführende Macht anzuerkennen.

18. April. — Das Haus weigert sich, die Insurgenten als solche anzuerkennen. Spanien schickt eine Denkschrift an die Mächte.

19. April. — Der Congreß heißt die Berichte der Conferenz gut.

20. April. — Der Präsident unterzeichnet die cubanische Bill und schickt in Uebereinstimmung damit ein Ultimatum an Spanien. Er macht die Blockade der cubanischen Häfen bekannt.

21. April. — Botschafter Woodford erhält seine Pässe.

23. April. — Havana von dem nordatlantischen Geschwader blockirt, und der Kreuzer Nashville feuert in diesem Kriege den ersten Schuß ab, indem er den Dampfer Buena Ventura zur Prise macht. Der Präsident erläßt eine Proclamation, worin 125,000 Mann verlangt werden.

24. April. — Spanien erklärt den Krieg.

25. April. — Der Congreß erklärt unter dem Datum vom 21. April Krieg an Spanien.

26. April. — Der Congreß nimmt ein Heeres-Reorganisationsgesetz an, und der Präsident erklärt, daß Amerika sich nach dem Vertrage von Paris richten werde. England erklärt seine Neutralität.

27. April. — Die Befestigungen von Matanzas durch die New York, Puritan und Cincinnati beschossen. Admiral Dewey segelt von der Mirs-Bai ab, um die spanische Flotte zu treffen.

28. April. — Frankreich erklärt Neutralität. Der Congreß nimmt das Flotten-Bewilligungsgesetz an.

29. April. — Admiral Dewey erscheint auf der Höhe der Philippinen. Das Heer wird von Chattanooga nach Tampa verlegt. Portugal erklärt Neutralität. Die Flotte unter Admiral Cervera's Commando fährt von den Cap Verde'schen Inseln nach den Westindischen Gewässern.

30. April. — Das Schlachtschiff Oregon und die Marietta kommen auf der Fahrt von San Francisco in Rio an.

1. Mai. — Admiral Dewey vernichtet in der Bai von Manila die spanische Flotte gänzlich.

2. Mai. — Admiral Dewey verlangt die Uebergabe der Verschanzungen des Hafens von Manila und durchschneidet das Kabel nach Hongkong.

3. Mai. — Die Regierung beschließt, eine Landarmee nach den Philippinen zu senden.

4. Mai. — Die Oregon und Marietta verlassen Rio.

5. Mai. — Das Kanonenboot Wilmington deckt die Ausladung von Waffen für die Cubaner aus dem Schleppboot Leyden. Die Spanier zurückgetrieben.

7. Mai. — Admiral Dewey zeigt die Einnahme von Cavite an.

9. Mai. — Auf Ansuchen des Präsidenten beschließt der Congreß einstimmig ein Dankvotum für Admiral Dewey. Das Torpedoboot Winslow hat im Hafen von Cardenas ein Gefecht mit spanischen Schiffen.

11. Mai. — Fähnrich Bagley und vier Mann von der Besatzung des Winslow in dem Gefecht im Hafen von Cardenas getödtet. Das Kabel bei Cienfuegos durchschnitten

12. Mai. — Admiral Sampson beschießt San Juan de Porto Rico. General Merritt übernimmt den Befehl über die Philippinen-Armee.

13. Mai. — Commodore Schley fährt von Hampton Roads mit dem fliegenden Geschwader ab.

14. Mai. — Admiral Cervera's Flotte in Curaçoa gemeldet.

17. Mai. — Censur der Kabelbepeschen eingeführt.

18. Mai. — Die Alabama vom Stapel gelassen. Die Kabel bei St. Louis und Wampatuck trotz heftiger Beschießung durchschnitten.

19. Mai. — Commodore Schley's Flotte bei Key West. Cervera's Flotte bei Santiago gemeldet.

20. Mai. — Sechs Regimenter Fieberfester errichtet.

22. Mai. — Der Kreuzer Charleston fährt von San Francisco nach Manila ab.

24. Mai. — Das Schlachtschiff Oregon kommt in Jupiter, Fla., an.

25. Mai. — Der Präsident erläßt einen Aufruf für 75,000 neue Freiwillige. Erster Truppentransport für Manila abgefahren.

26. Mai. — Oberst Lacret landet auf Cuba mit 432 Mann.

29. Mai. — Commodore Schley meldet, daß er Admiral Cervera's Flotte in der Santiago-Bai gefunden habe.

30. Mai. — General Shafter erhält Befehl, sich mit 15,000 Mann oder mehr zu einem Zuge gegen Santiago einzuschiffen.

31. Mai. — Commodore Schley beschießt Befestigungen bei Santiago.

1. Juni. — Admiral Sampson übernimmt das Commando von Santiago.

2. Juni. — Das Haus passirt eine Defizit-Bill von nahe an $18,000,000. Spanien appellirt zum zweiten Male an die Mächte, zu seinen Gunsten zu interveniren.

3. Juni. — Hobson versenkt mit sieben Mann im Eingang zum Hafen von Santiago den Merrimac, um das Auslaufen von Cervera's Flotte zu verhindern, und wird von den Spaniern gefangen genommen.

6. Juni. — Nochmaliges Bombardement auf die Hafenbefestigungen Santiago's. Versenkung des spanischen Kreuzers Reina Mercedes. Admiral Dewey berichtet von Fortschritten der Insurgenten um Manila.

7. Juni. — Zerstörung der Befestigungen bei Caimanera in der Bucht von Guantanamo. Der Monitor Monterey fährt nach Manila.

10. Juni. — Der Congreß passirt eine Kriegssteuer-Bill. Landung von 600 Seesoldaten bei Caimanera.

11. Juni. — Spanische Truppen greifen die Seesoldaten an, werden aber mit schwerem Verlust zurückgeschlagen. Vier Amerikaner getödtet.

12. Juni. — Erneuerung des Angriffes; abermalige Niederlage der Spanier. Philippinische Insurgenten erklären ihre Unabhängigkeit und wählen Aguinaldo zum Präsidenten.

13. Juni. — Nächtlicher Angriff auf die Seesoldaten bei Caimanera. Zwei Amerikaner nnd 15 Spanier getödtet. Letztere werden zurückgeschlagen.

14. Juni. — General Shafter verläßt Tampa mit 15,000 Mann. Amerikanische Marinetruppen und Cubaner stürmen bei Caimanera ein Blockhaus, nehmen es und schlagen den Feind in die Flucht.

15. Juni. — Abfahrt der zweiten Expedition nach den Philippinen. Das Haus passirt Resolutionen über Hawaii mit 209 gegen 91 Stimmen. Die spanische Regierung ordnet die Auslieferung des Lieutenant Hobson an.

16. Juni. — Das Cadiz-Geschwader unter Admiral Camera fährt nach den Philippinen ab.

19. Juni. — Verhandlung zwischen Admiral Sampson und General Garcia.

20. Juni. — Landung von Shafter's Armee bei Baiquiri.

21. Juni. — In der Nipe-Bai werden die Forts zum Schweigen und wird das spanische Schiff Jorge Juan zum Sinken gebracht. Sampson und Shafter besuchen Garcia. Der Kreuzer Charleston nimmt Guam, eine der Diebsinseln, in Beschlag.

22. Juni. — Ein Theil von Shafter's Armee wird ausgeschifft. Die St. Paul macht den Terror im Hafen von San Juan, Porto Rico, kampfunfähig.

23. Juni. — General Shafter's Truppen werden sämmtlich ohne Unfall gelandet. Abfahrt des Monitor Monadnock nach Manila.

24. Juni. — Gefecht bei La Quasina. 16 der Wilden Reiter und Regulären werden getödtet und 40 verwundet.

27. Juni. — Commodore Watson erhält den Oberbefehl über das Geschwader, das Spanien angreifen soll. — Abfahrt der dritten Manila-Expedition.

28. Juni. — Der Präsident ordnet die Ausdehnung der Blockade rings um Cuba an.

29. Juni. — Abfahrt des Generals Merritt nach Manila.

30. Juni. — Ankunft der ersten Expedition vor Manila. Vorrücken der Shafter'schen Armee auf Santiago. — Die ägyptische Regierung giebt Camara's Geschwader den Befehl, mit dem Einnehmen von Kohlen in ihren Gewässern einzuhalten.

1. Juli. — Beginn des Gefechtes bei Santiago. General Lawton's Division erstürmt El Caney, und eine Division, aus Regulären und Wilden Reitern bestehend, nimmt San Juan mit Sturm. Verlust der Amerikaner ungefähr 1800 Mann.

2. Juli. — Spanische Streitkräfte versuchen vergebens, San Juan zurückzuerobern.

3. Juli. --- Zerstörung von Cervera's Flotte durch Commodore Schley.

4. Juli. — Der Hornet bringt auf der Höhe von Havana den Kreuzer Alfonso XII. zum Sinken.

5. Juli. — Der Senat nimmt die Beschlüsse hinsichtlich Hawaii's an. — Auswechselung Hobson's. Präsident McKinley veröffentlicht eine Danksagungsproclamation.

7. Juli. — Admiral Dewey nimmt Isla Grande, in der Subig Bai und nöthigt den deutschen Kreuzer Irene, sich der Einmischung zu enthalten. McKinley unterzeichnet die Annektirungs-Bill betreffs Hawaii.

8. Juli — Vertagung des Congresses. Camara's Geschwader kehrt nach Spanien zurück.

11. Juli. — Ankunft General Miles' bei Santiago.

13. Juli. --- General Shafter berichtet das Auftreten von gelbem Fieber unter seinen Truppen.

14. Juli. — General Toral übergiebt die spanische Armee im größeren Theil der Provinz Santiago, mitsammt der Stadt gleichen Namens, an General Shafter.

15. Juli. — Abfahrt der vierten Manila-Expedition.

17. Juli. — Aufhissen der amerikanischen Flagge in Santiago.

18. Juli. — Proclamation des Präsidenten hinsichtlich der Einsetzung einer Regierung zu Santiago.

20. Juli. — Truppen fahren von Tampa nach Porto Rico ab.

21. Juli. — General Miles verläßt mit Truppen die Guantanamo Bai und segelt nach Porto Rico.

25. Juli. — Miles landet bei Guanica auf Porto Rico und Merritt erreicht Manila.

26. Juli. — Spanien sucht durch den französischen Botschafter Cambon um Frieden nach.

27. Juli. — Fast 3000 Fieberfälle unter den amerikanischen Truppen bei Santiago.

29. Juli. — Ponce auf Porto Rico ergiebt sich, die Bewohner bereiten General Miles einen herzlichen Empfang.

30 Juli. — Präsident McKinley antwortet auf das spanische Friedensgesuch.

31. Juli — Gefecht bei Malak, einem Vororte Manila's. Nächtlicher Angriff der spanischen Truppen. Sie werden mit schwerem Verluste zurückgeschlagen, nach der Schätzung: 500 Todte und Verwundete; Verlust der Amerikaner 14 Todte und 44 Verwundete.

2. August. — General Merritt verlangt 30,000 Mann Verstärkung. Spanien giebt zu verstehen, daß es die von den Ver. Staaten dictirten Friedensbedingungen anzunehmen gewillt ist.

3. August. — Oberst Wood und Generäle von Shafter's Commando fertigen zusammen eine Bittschrift an, in der sie wegen des gelben Fiebers die Heimsendung der Truppen befürworten.

5. August. — Beginn der Einschiffung von Shafter's Truppen. General Hains nimmt Guanama nach einem hitzigen Scharmützel.

9. August. — Spanien schickt auf die amerikanischen Friedensbedingungen eine lange Antwort.

12. August. — Unterzeichnung des Friedensprotokolls zu Washington. Kriegs- und Marinedepartement kabeln an die Generäle und Admirale, die Feindseligkeiten einzustellen.

13. August. — Heißes Gefecht zwischen spanischen und amerikanischen Streitkräften beim Asmonte Bergrücken auf Porto Rico. Die Amerikaner siegreich. Einnahme von Mayagnes. Batterien bei Havana eröffnen auf amerikanische Kriegsschiffe Feuer, und ein Schuß trifft die San Francisco, doch ohne Schaden anzurichten. Aufziehen der weißen Friedensflagge. — Dewey's Flotte bombardirt die Forts bei Manila. Einnahme der Stadt nach einer Attacke durch General Merritt's Truppen. —

Vor diesem auf den vorangehenden Seiten geschilderten Angriff gab General Merritt folgenden Armeebefehl aus:

„In Rücksicht auf die außergewöhnliche Lage, in der diese Armee operirt, wünscht der commandirende General den Offizieren und Mannschaften seine auf ihr Benehmen gestellten Erwartungen bekannt zu geben.

G 28

„Ihr steht hier auf fremdem Boden, an der Westgrenze eines ungeheuren Mee=
res, das Euch von Eurem Vaterlande scheidet. Nicht als Unterbrücker und
Plünderer seid Ihr hergekommen, sondern als die Werkzeuge einer starken, freien
Regierung, deren Absicht wohlwollend ist, und welche sich in diesem Kriege zum
Kämpfen für die durch spanische Mißregierung Bedrückten erklärt hat.

„Deshalb soll diese Order direct an Euren Stolz in Eurer Stellung als Vertreter
einer hohen Civilisation appelliren, in der Hoffnung und sicheren Ueberzeugung,
daß ihr Euch in Euren Berührungen mit den Eingeborenen so aufführen werdet,
daß sie von der hehren Natur Eurer Mission, die Ihr auszuführen hierher ge=
kommen seid, überzeugt werden.

„Ich nehme an, daß Akte von Raub, Plünderung und Gewaltthätigkeit von
Soldaten oder anderen Beamten der Ver. Staaten nicht begangen werden.
Doch sollten sich Personen aus diesem Commando finden, die sich dieses Ver=
trauens unwerth zeigen, so werden ihre Akte nicht blos als Verbrechen gegen die
Geschädigten, sondern als directe Insulte der amerikanischen Flagge betrachtet
und auf der Stelle mit den höchsten militärischen Strafen geahndet werden.“

Dewey's furchtbares Bombardement.

Weitere Einzelheiten der Schlacht vor Manila zeigen, daß die amerikanischen
Land= und Seetruppen die Stadt mit einem Verlust von 8 Todten und 50 Ver=
wundeten nahmen, ohne daß auch nur ein Tau von einem der Kriegsschiffe fort=
gerissen worden wäre. 7000 Gefangene, 12,000 Büchsen, eine Anzahl Feldge=
schütze und eine ungeheure Menge Munition fielen in die Hände des Siegers.

Die Befestigungen und Strandschanzen und ein Theil der Stadt selbst wurden
durch die amerikanischen Geschosse während eines furchtbaren Bombardements
von 2 Stunden durch 8 Schiffe von Dewey's Geschwader zerstört. Die Ameri=
kaner verloren ihre Todten beim Sturm auf die spanischen Laufgräben, als sie
gleich einem Wirbelwind alles vor sich herfegten und den Spaniern und Philip=
pinern eine glänzende Probe von Yankee=Tapferkeit gaben.

Ehe zum Angriff auf Manila geschritten wurde, hatte Admiral Dewey drei=
mal die Stadt zur Uebergabe aufgefordert. Die erste Aufforderung erfolgte am
7. August. Den Spaniern wurde zur Waffenstreckung eine 48 stündige Frist
ertheilt. Sofort ließ der deutsche Consul die deutschen Staatsangehörigen in
Manila sich auf deutsche Kriegsschiffe begeben. Den 9. August, Nachmittags,
wurde die Forderung erneuert. Die Spanier baten um Bedenkzeit, um sich in
Madrid Verhaltungsbefehle einholen zu können; was ihnen verweigert wurde.
Das letzte Mal war ihnen am 13. August die Forderung zugestellt worden.

Das war um 8 Uhr Morgens und die Bedenkzeit war auf eine Stunde bemeffen. Die Ablehnung erfolgte prompt; ebenso prompt aber erfolgte seitens des ameri= kanischen Geschwaders die Klarmachung zum Gefecht. Die Schiffe: das Flaggen= schiff Olympia, Monterey, Boston, Baltimore, Charleston, Petrel, Raleigh, Hugh McCulloch, nahmen zwischen der Altstadt Manila und Malate Aufstellung; nördlich vom Paffig lagen französische und deutsche Kriegsschiffe. Auf den fremden Kriegsschiffen, die auf der anderen Seite der Bai lagen, befand man sich in größter Aufregung. Am nächsten waren der amerikanischen Flotte die japanischen und die britischen Kriegsschiffe.

Der Kampf beginnt.

Um halb 10 Uhr wurde von der Olympia das Zeichen zur Eröffnung des Kampfes gegeben. Unmittelbar darauf dröhnten die ersten Schüffe vom Flaggenschiff herüber und alsbald fingen auch die übrigen Schiffe an, ihre Ge= schoffe in die Befestigungen der Spanier zu schleudern. Die Belagerungsge= schütze der Amerikaner folgten dem Beispiel und in den Schanzgräben lagen die Truppen zum Angriff auf die spanische Linie bereit. Der Donner der Geschütze war etwas Fürchterliches. Wie Donnerschläge mischten sich in den Höllenlärm die Schlag auf Schlag erfolgenden Schüffe der 13=zölligen Kanonen des großen Monitors Monterey, gewaltige Breschen wurden in die spanischen Festungs= werke geschoffen und in den Vorstädten sah man die Häufer einstürzen oder in die Luft fliegen, wie Bomben dadurch fuhren oder in ihnen zerplatzten.

Als das Bombardement im vollsten Gange war, wurde zum Sturm geblasen. Die Linien der Spanier erstreckten sich, in einer Entfernung von 2 bis 4 Meilen von der Stadtmauer 10 Meilen weit um die Stadt.

Der Sturmangriff.

Unter Jubelrufen stürzten die Amerikaner aus den Gräben und stürmten auf die Erdschanzen der Spanier zu; im Hintertreffen befand sich das Coloradoer 1. Freiwilligenregiment. Die Spanier unterhielten von ihren Anhöhen aus ein mörberisches Feuer, das tiefe Lücken in die Reihen der Amerikaner riß. Unauf= haltsam drangen diese vor und hatten im Nu die Feinde aus ihren äußersten Schanzlinien in die zweite Vertheidigungslinie zurückgedrängt. Dann wurde jene angegriffen und der Feind zum Rückzuge in die befestigte Stadt gezwungen. Der spanische Befehlshaber erkannte das Nutzlose seines Widerstandes und zog die weiße Fahne auf. Sofort wurde die Beschießung eingestellt und kurz darauf zogen die Amerikaner in die Stadt ein. Der General Merritt übernahm den

Befehl und ließ zeitweilig die bürgerliche Gewalt wieder in ihre Rechte ein=
treten.

Die Spanier verfügten über 7000 Mann und waren dieselben gut verschanzt;
ihnen standen 10,000 Amerikaner gegenüber, deren Verlust unter diesen Um=
ständen gering genug war. Die Coloradoer Truppen waren bei der Erstür=
mung der Schanzen voran und jeder von ihnen hat sich als Held benommen.

Am 18. August empfing das Washingtoner Kriegsministerium von General
Merritt folgenden amtlichen Bericht:

„Manila, 13. August.

„An den Generaladjutanten in Washington.

„Admiral Dewey hatte sich am 7. meiner Aufforderung an den spanischen Be=
fehlshaber, die am Kampfe nicht Theilnehmenden aus der Stadt zu schaffen, an=
geschlossen. An demselben Tage sprach uns der Befehlshaber seinen Dank für die
menschliche Gesinnung aus und theilte uns mit, daß die Betreffenden sich in die
befestigte Stadt zurückgezogen hätten. Am 9. ließen wir den Befehlshaber auf
die Leiden, die ihrer harrten, wenn wir gezwungen sein sollten, die Vertheidi=
gungswerke zusammenzuschießen, aufmerksam machen, stellten ihm auch die hoff=
nungslose Lage der spanischen Besatzung vor und forderten ihn auf, sich aus
Menschlichkeitsrücksichten zu ergeben. Desselbigen Tages wurde uns die Ant=
wort, daß die Dinge sich so verhielten, wie wir sie schilderten, daß aber der Ver=
theidigungsrath die Kapitulation nicht gewähren könne, sich jedoch über Hong=
kong bei der Regierung darüber befragen wollte, wenn ihm das gestattet würde.
Das erklärten wir, nicht bewilligen zu können.

„Am 13 schritten wir gemeinschaftlich mit dem Resultat zum Angriff, daß nach
halbstündigem, mit großer Genauigkeit ausgeführtem Bombardiren der spanischen
Linie, die McArthur'sche Brigade zur Linken und die Greene'sche Brigade zur
Rechten, unter Führung Andersons, die spanischen Vertheidigungswerke angriffen
und sie einnahmen. Der Verlust betrug etwa 50 Todte und Verwundete.

„Die Truppen hielten sich ausgezeichnet. Die Flotte hat dabei gute Dienste
geleistet. Das Militär rückte rasch gegen die Stadt vor, auf deren Mauern sich
alsbald die Weiße Fahne zeigte, worauf die Stadt sich ergab. Das Militär be=
setzte Malate, Binondo und die von Wällen umgebene Stadt San Miguel.
Ausschreitungen oder Plünderung fanden nicht statt.   Merritt."

Was man von unseren Soldaten hält.

Der Correspondent des Hongkonger „Telegraph" in Manila entwarf folgende
Schilderung von unserem nach den Philippinen geschickten Militär:

„Am Vormittag werden die rohen Rekruten aus „Roaring Camp" und „Dead Man's Gulch" vom Sergeanten Dingskirchen zurechtgeklopft; Nachmittags haben sie Ruhe und können sich in der Stadt herumtreiben, in der Bai baden oder sonst ihren Witz verwerthen, wie es ihnen gerade paßt. Es sind lauter prächtige Burschen, so zäh, wie sie wohl im „Wilden Westen" aufzutreiben sind, Prachtkerle, freilich recht ungeschliffene Diamanten. Lange Hinterwälder, Goldgräber und Schiffsverlader aus San Francisco, Farmknechte aus San Diego, bei denen offenbar die Länge den Ausschlag gab. Den kleinen „Filipinos" gegenüber sehen sie wie ein Heer von Riesen aus.

„Ein baumlanger Kerl, in Unteroffizieruniform, der mindestens seine 6 Fuß in den Strümpfen maß, kam zu uns heran und stellte in gebrochenem Englisch mit norwegischem Accent einige Fragen an uns, und nachdem wir ihm die gewünschte Auskunft gegeben, frugen wir ihn scherzhaft: „War einer von Ihren Soldaten schon einmal in Amerika?" Einen Augenblick schien er über den Sinn unserer Frage nachzusinnen; dann polterte er heraus: "Ve vas all Amurricans. Vat you dinks?" Zögernd erwiderte ich, seine Länge und seine Stärke in Betracht ziehend: "I begs bardon, I dinks you vas some Norske shib's garbenders." Er lächelte gutmüthig, indem er sich trollte.

Ein Mixtum Compositum.

„Es läßt sich schwer errathen, wie viele von jenen Truppen geborene Amerikaner sind. Vielleicht haben wir uns verrechnet — ich und mein Freund nämlich. Es mögen wohl 10 bis 15 v. H. Briten und sonstige Europäer darunter gewesen sein und die übrigen 70 bis 80 Procent in Amerika geboren. Ordentlich eincxercirt und disciplinirt würden sie wohl die besten Soldaten der Welt abgeben, Draufgänger, keine Holzklötze wie die Aegypter oder Chinesen. So wie sie sind, ist aber das Ungehobelte ihr charakteristischster Zug. Die Uniform trägt nur noch dazu bei, diesen Eindruck zu vertiefen: aus grober brauner Leinwand, neben der unsere indische Compagnieuniform wie Seide aussieht. — Das thut aber der Tüchtigkeit der Leute keinen Eintrag."

Unsere Regulären.

Die Rolle, die unsere Regulären in diesem Kriege gespielt haben, ist, wie uns bedünken will, nicht recht gewürdigt worden. Von der Schneidigkeit und der Tüchtigkeit unserer Freiwilligen hat man genug zu hören bekommen, dagegen wurden die Leistungen unserer Regulären fast vollständig übersehen. Und doch ergiebt sich bei einem gründlichen Studium dieses Feldzuges, daß es hauptsächlich der Disciplin und der Haltung unserer Regulären zuzuschreiben ist, daß unsere Freiwilligen im Stande gewesen sind, solche Heldenthaten zu vollbringen. Nur Wenige haben den Werth dessen, was die Regulären in dem Santiagoer Feldzuge leisteten, richtig erkannt und vollauf gewürdigt, doch wird auch der Zeitpunkt kommen, wo man ihnen volle Gerechtigkeit zu Theil werden lassen wird. Während nur drei Freiwilligenregimenter an den Gefechten bei Santiago theilgenommen haben, ist die Zahl der Regimenter aus dem stehenden Heere bedeutend größer gewesen.

Unter den obwaltenden Umständen war es wohl natürlich, daß den Freiwilligen vom Publikum die meiste Aufmerksamkeit geschenkt ward, wiewohl es wohl keinem in den Sinn kam, dabei die Freiwilligen auf Kosten der Regulären herausstreichen zu wollen. Auf die Regulären ist die Nation stolz, mit Ausnahme vielleicht der Politiker von Handwerk, denen sie keinen Vortheil bringen. Die Bevorzugung der Freiwilligen war mehr Gefühlssache, da dieser Theil des Heeres der Masse des Volkes näher steht. Fast jedes Regiment besteht aus Leuten aus derselben Nachbarschaft und sind sich die Mitglieder vielfach verwandt oder kennen sich wenigstens als alte Nachbarn, dagegen ein Regiment Regulärer sich aus Leuten aus allen Gegenden des Landes zusammensetzt. Auch wurde von den Freiwilligen, die nicht die Uebung in der Kriegskunst hatten, wie die Regulären, nicht so viel erwartet. Ohne also den Freiwilligen im Geringsten ihren Ruf verkürzen zu wollen, liegt es auf der Hand, daß die ausgezeichnete Disciplin, militärische Dressur und Kaltblütigkeit der Regulären den Muth der Freiwilligen gestärkt hat. Es wird allgemein zugegeben, daß es die ruhige, selbstbewußte Haltung der Regulären gewesen, die den Roosevelt'schen Reitern und anderen Freiwilligen Vertrauen und Kraft verliehen, wenn sie auch sonst momentan versucht waren, in dem fürchterlichen Angriff auf dem Hügel von San Juan zu wanken.

Commissäre werden ernannt.

Mit der Verabredung der Räumung von Cuba durch die Spanier wurden unsererseits der Contre-Admiral Sampson und die Generäle Wade und Butler betraut; für die Räumung von Porto Rico der Contre-Admiral Schley und die Generalmajore Gordon und Brooke. Spanischerseits sind für Cuba ernannt worden der Generalmajor Gonzales Parrado, der Contre-Admiral Pastor y Landero und der Marquis Montoro, und für Porto Rico der Generalmajor Ortega y Diaz, der Commodore 1. Klasse Vallarino y Carrasco und der Generalaubiteur Sanchez de Aguila y Leon.

Den 24. August wurde angekündigt, daß zur Entscheidung der Zukunft der Philippinen folgende Friedenscommissäre vom Präsidenten eingesetzt wurden, nämlich der Staatssekretär Wm. R. Day, der Bundessenator Cushman K. Davis aus Minnesota, Vorsitzender des Ausschusses für Auswärtiges, der Bundessenator Wm. P. Frye aus Maine, Mitglied dieses Ausschusses, (10 Jahre im Bundes-Abgeordnetenhause und 15 Jahre im Senat thätig), der frühere Botschafter in Paris, Whitelaw Reid, und der Senator Gray aus Delaware (Bayard's Nachfolger). Diese Commission trat Ende September mit den Vertretern Spanien's in Paris zusammen und dürften die Verhandlungen mehrere Monate in Anspruch nehmen.

Bericht des Generals Shafter über die Kämpfe bei Santiago.

Große Tapferkeit unserer Truppen — Nur durch heiße Arbeit und den Muth der amerikanischen Mannschaften und Offiziere die größten Schwierigkeiten überwunden.

Der Bericht des Generals Shafter über den Feldzug, der mit der Einnahme von Santiago geendet, ist erst am 14. September veröffentlicht worden. Es wird darin in Kürze die Ausrüstung der Expedition und der Abgang geschildert, worauf sich der Bericht in der Hauptsache mit den militärischen Bewegungen um Santiago herum beschäftigt.

Die in Tampa zusammengezogenen Truppenkörper werden im Einzelnen aufgeführt. Die Cavallerie hatte sich ohne Pferde eingeschifft, weil es für diese an Transportmitteln fehlte und überdieß für Reiterei sich bei Santiago keine Verwendung bot. Das hat sich, wie General Shafter sagt, hinterher als richtig herausgestellt.

Die Verzögerung in Tampa rührte von unzulänglichen Transportmitteln her. Am 7. Juni empfing der General den Befehl, ohne Verzug und mit mindestens 10,000 Mann in See zu gehen, doch wurde, während die Transportschiffe schon herankamen, die Abfahrt bis auf Weiteres hinausgeschoben. Das lag daran, daß sich im Nicholas-Kanal ein ʽpanisches Kriegsschiff gezeigt haben sollte, als dies sich aber später als falsch herausstellte, wurde die Einschiffung mit aller Eile betrieben und am 14. Juni konnte die Expedition mit 16,072 Mann Truppen und 815 Offizieren in See stechen.

Nach einer kurzen Schilderung der Fahrt und der Landung, sowie seines ersten Zusammentreffens mit dem cubanischen General Garcia fährt Shafter fort, Garcia habe ihm im Laufe der Unterredung die Hülfe seiner etwa 4000 Mann starken und in der Nähe von Asserraderos liegenden Truppen, sowie der ʽ Cujabalo, einem unweit Baiquiri gelegenen Flecken, stationirten 5000 Mann _.ter Führung von General Castillo angeboten. Er habe das Anerbieten angenommen und General Garcia ausdrücklich darauf aufmerksam gemacht, daß er, Shafter, nur insoweit militärische Controle über General Garcia ausüben könne, als dieser selbst zugestehe; übrigens sei er bereit, so lange General Garcia unter ihm biene, ihm Munition und Mundvorräthe zu liefern.

Der Feldzugsplan.

Nach einer Conferenz mit Admiral Sampson und General Garcia entwarf General Shafter seinen Feldzugsplan, und zwar ging derselbe dahin, daß die Truppen am 22. bei Baiquiri landen sollten, während die Cubaner bei Cabanas und die Flotte an verschiedenen Punkten der Küste Scheinangriffe machen sollten, um die Landung zu verschleiern. Dies zwang General Shafter, auf einer engen Straße, die anfänglich kaum mehr als ein Pfad war, vom Osten her auf San-tiago von Baiquiri über Siboney und Sevilla zum Angriff vorzugehen, indessen sagt er in seinem Bericht, daß seiner Ansicht nach dies der einzige vernünftige Plan gewesen sei und daß der Lauf der Ereignisse ihm auch Recht gegeben habe.

In Bezug auf die ersten Operationen und das Scharmützel, an welchem Roosevelt's Reiter theilnahmen, sagt General Shafter in seinem Bericht:

„In der Nacht vom 23. zum 24. passirte General Young's Brigade Lawton und nahm somit die Tete der Armee. Am Morgen des 24. stieß die Brigade auf eine spanische Abtheilung, die sich bei La Guasima stark verschanzt hatte. Guasima liegt etwa drei Meilen von Siboney auf der Straße nach Santiago. General Young's Brigade bestand aus je einer Schwadron des 1. und 10. Cavallerie-Regimentes, sowie zwei Schwadronen des 1. Freiwilligen-Cavallerie-Regiments, Alles in Allem 964 Offiziere und Mannschaften. Der Feind leistete heftigen Widerstand, wurde jedoch mit schweren Verlusten seinerseits geworfen, während wir nur einen Offizier und 15 Mann an Todten und sechs Offiziere und 56 Mann an Verwundeten hatten. Das Gefecht hob den Muth unserer Leute und entmuthigte in entsprechendem Maße den Feind, da demselben jetzt der klare Beweis geliefert war, daß er es mit einem Gegner zu thun hatte, der sich auch vom heftigsten Feuer in den Schanzgräben nicht vom Vorbringen abhalten ließ. Divisions-General Wheeler wohnte dem Treffen bei und stellte der Tapferkeit unserer Truppen das glänzendste Zeugniß aus. Das Treffen hat uns in den Besitz eines vorgeschobenen, mit Trinkwasser gut versehenen Terrains versetzt, auf dem unsere Mannschaften lampiren konnten. Erst vierzehn Tage nach der Landung der Truppen war es möglich, Rationen für drei Tage mit Ausschluß derjenigen an's Land zu schaffen, welche täglich an die Mannschaften verabreicht wurden. Am 30. Juni recognoscirte ich die Umgebung von Santiago und entwarf meinen Angriffsplan. Ich vermochte von einem hohen Hügel aus, von dem aus die Stadt deutlich vor mir lag, die Anhöhe San Juan und das Land um El Caney herum zu sehen. Die Straßen sind sehr schlecht, kaum mehr als Saumpfade, bis man nach El Caney und an den Fluß San Juan kommt."

Der Schlachtplan.

In einer Berathung mit seinen Generälen legte General Shafter seinen Plan zum Angriff auf Santiago folgendermaßen vor: Die Lawton'sche Division,· unterstützt von Grimes' leichter Batterie, hatte am Nachmittag gegen El Caney vorzugehen und den Angriff dort in der Frühe des nächsten Tages zu eröffnen. Nachdem El Caney genommen war, sollte Lawton auf der El Caney Landstraße gegen Santiago vorgehen und auf dem rechten Flügel der Linie Aufstellung neh-men. Wheeler's Division Cavallerie zu Fuß, sowie Kent's Infanterie-Division hatten auf der Santiagoer Straße vorzurücken, mit der Tete bei El Pozo, nach dessen Höhen Grimes' Batterie am Nachmittag des 30. beordert wurde, um am andern Morgen den Vormarsch der Divisionen Kent und Wheeler auf den Hügeln von San Juan zu decken. Hier sollte der Angriff erfolgen, wenn Infanterie-feuer aus der Richtung von El Caney anzeigte, daß Lawton dort mit dem Feind Fühlung bekommen habe. General Shafter sagt, die Vorbereitungen für den Angriff seien durchaus nicht so vollkommen gewesen, als er sie gerne gesehen hätte, aber da das Herbeischaffen von Proviant so große Mühe machte und außerdem berichtet wurde, daß General Pando mit 8000 Mann Verstärkungen im Anzug begriffen sei, habe er beschlossen, den Angriff ohne weiteren Zeitver-lust anzuordnen. Die Schlacht selbst beschreibt er wie folgt:

Die Schlacht.

„Am frühen Morgen des 1. Juni hatte Lawton Stellung bei El Caney ge-nommen, Chaffee's Brigade zur Rechten, diejenige von Miles in der Mitte und die Brigade Ludlow zur Linken; der letzteren fiel auch die Aufgabe zu, den Spa-niern den Rückzug auf der Santiagoer Straße abzuschneiden. Um 6½ Uhr Morgens eröffnete die Artillerie den Kampf und bald war die Schlacht im vol-len Gange. Die Stellung des Feindes war von Natur aus eine sehr starke und durch künstliche Mittel noch verstärkt worden.

Der Feind setzte uns größeren Widerstand entgegen, als wir erwarteten, und während des ganzen Tages war es Lawton unmöglich, sich unserer Hauptlinie am rechten Flügel anzuschließen. Geraume Zeit nach Beginn der Schlacht traf Bates mit seinen zwei Regimentern aus Siboney ein und ich beorderte ihn nach Caney, wo er zwischen den Brigaden Miles und Chaffee Stellung nahm. Mit ungeschwächter Heftigkeit währte die Schlacht fort, bis wir um 4½ Uhr zum Sturm vorgingen. Als die Spanier auf der Santiagoer Straße den Rück= zug antreten wollten, fanden sie denselben durch Lublow's Brigade abgeschnitten. Als ich auf Grund lebhaften Gewehrfeuers annahm, daß das Treffen bei El Caney in vollem Gange sei, gab ich Grimes Befehl, das Feuer seiner Batterie auf das San Juan=Blockhaus zu eröffnen, und dasselbe wurde alsbald von der feindlichen Artillerie erwidert. Da sie sich rauchfreien Pulvers bediente, so war es schwer, ihren Standort zu ermitteln, während der Pulverdampf den unsrigen sofort verrieth. Um diese Zeit ertheilte ich der von General Sumner geführten Abtheilung Cavallerie den Befehl, den San Juan=Fluß zu kreuzen und nach rechts zu operiren, während Kent's Division dem Beispiel folgen und sich nach links auseinander ziehen sollte. Der Weg war hier aber in so entsetz= licher Verfassung, daß das Vorrücken sehr langsam von statten ging und wir hat= ten erhebliche Verluste an Todten und Verwundeten zu verzeichnen. Als der Uebergang über den Fluß bewerkstelligt war, rückten die beiden Divisionen so rasch wie möglich vor, und da sich wenige 100 Yards vor dem Fort San Juan die Straße theilt, so wurde das Vorrücken dadurch erleichtert.

Die glänzenden Dienste des Generals Wheeler.

Kent's Brigade zog sich nach links hin, während die Cavallerie rechts vorging, in der Absicht, sich mit Lawton's Brigade nach ihrem Eintreffen zu vereinigen. Kent hatte seine Division, mit Ausnahme von zwei Regimentern der Hawkins= Brigade, vor dem San Juan=Hügel in Angriffsstellung zusammen gezogen, und während dies geschah, erlitt die 2. Brigade schwere Verluste; hier fiel ihr Be= fehlshaber, Oberst Wikoff, worauf Oberstlieutenant Worth vom 13. Infanterie= Regiment den Befehl übernahm, aber ebenfalls bald verwundet wurde. An seine Stelle trat Oberstlieutenant Liscum vom 24. Infanterie-Regiment, um fünf Minuten später ebenfalls zu fallen, worauf Oberstlieutenant Ewers vom 9. Infanterie=Regiment die Brigade befehligte. Inzwischen gab Kent dem 10. und 2. Regiment Befehl, Wikoff's Brigade zu folgen, während das 21. Regiment zur Unterstützung von General Hawkins' Brigade nach rechts gesandt wurde, die den Strom schon überschritten und auf den rechten Flügel der Division Aufstel= lung genommen hatte. Unter Führung von Oberst E. Pearson gingen das 2.

uab 10. Regiment in geordneten Reihen zur Linken der Division vor und war-
jen den Feind hinter seine Verschanzungen zurück.

Dringen durch ein Stacheldrahtzaungewirre vor.

Nachdem beide Divisionen ihre Aufstellung unter mörderischem Feuer beendet
hatten und eine kurze Strecke weit vorgegangen waren, fanden sie sich einem dichten Zaunnetz aus Stacheldraht gegenüber, hinter dem ein hoher Hügel war, auf
dessen Gipfel der Feind eine starke Stellung eingenommen hatte. Trotzdem gingen die beiden Divisionen unaufhaltsam vor, schwere Verluste erleidend. Hier
fielen Oberst Hamilton, sowie die Lieutenants Smith und Ship, während
Oberst Carroll und die Lieutenants Thayer und Myer verwundet wurden.
Großes Lob verdient der Brigadier W. S. Hawkins, der seine beiden Regimenter persönlich zum Angriff führte. Ueberhaupt kann dem Verhalten aller Offiziere und Mannschaften nicht genug Lob gespendet werden, denn nur ihrer bei-
spiellosen Tapferkeit ist es zu verdanken, daß wir die Feinde vom Hügel San
Juan werfen und eine Position einnehmen konnten, welche das Schicksal von
Santiago besiegelte."

Glänzende Tapferkeit.

„Große Dienste haben uns in jenem Theil des Gefechts der Lieutenant John
H. Parker mit seiner Gatlinggeschütz-Abtheilung geleistet. Mit kurzen Unterbrechungen dauerte der Kampf bis zum Einbruch der Nacht, aber unsere Truppen
gaben keinen Fuß breit von dem so schwer erkämpften Boden auf. Ich bin General Wheeler, der, obwohl krank, sich Nachmittags doch zum Dienst meldete, für
seinen thätigen Beistand sehr zu Dank verpflichtet; ich selbst konnte mich an der
Leitung der Schlacht in nicht so thätiger Weise betheiligen, als es ich wünschte, da
meine Gesundheit durch Ueberanstrengung am vorhergehenden Tage, der außerordentlich heiß war, schwer gelitten hatte. Ich wählte meinen Standort auf
einem hohen Hügel in der Nähe meines Hauptquartiers, von welchem aus ich
einen guten Ueberblick über das ganze Schlachtfeld hatte."

Der General schildert dann die weiteren Bewegungen der Truppen und die in
dieser Nacht vorgenommenen Schanzarbeiten, und fährt folgendermaßen fort:

„General Duffield griff, wie ihm befohlen war, mit dem 33. Michiganer Regiment Aguadores an, vermochte aber nur die dort stehenden Spanier aufzuhalten. In der Nacht des 1. Juli befahl ich dem in Siboney stehenden General

Duffield, das 34. Michiganer und 9. Massachusettser Regiment, die eben aus den Ver. Staaten eintrafen, vorrücken zu lassen; dieselben trafen am anderen Morgen bei der Linie ein. Der Kampf tobte am 2. Juli den ganzen Tag hindurch mit geringerem oder größerem Ungestüm; diejenigen unserer Truppen aber, die mit Tagesanbruch in Position gewesen waren, behaupteten sich, und Lawton hatte bis zum Abend eine beherrschende, feste Stellung erobert. Um 10 Uhr Abends machte der Feind einen ungestümen Angriff, um unsere Linie zu durchbrechen, wurde aber überall zurückgeschlagen.

„Am Morgen des 3. entbrannte der Kampf auf's Neue, doch hatte der Feind seine Kräfte am vorhergehenden Abend offenbar erschöpft und wurde nur an einzelnen Punkten auf der Linie Schießen vernommen, das aufhörte, als ich dem feindlichen Anführer nachstehenden Brief zustellen ließ."

Der zweite und der dritte Tag der Schlacht.

General Shafter läßt hier den Depeschenwechsel zwischen ihm und dem General Toral folgen und fährt folgendermaßen fort:

„Ich hielt dafür, daß die Spanier kapituliren würden, wenn man ihnen dazu Zeit gebe, und daß es um so eher geschehen werde, wenn man ihnen versicherte, daß sie als Kriegsgefangene gut behandelt werden würden. Im Einklang damit machte ich dem feindlichen Befehlshaber das von ihm auch acceptirte Anerbieten, alle verwundeten spanischen Offiziere in El Caney, die den Transport aushalten konnten, zurückzuschicken, nachdem sie sich auf Ehrenwort verpflichtet, nicht vor ihrer Auswechselung mehr die Waffen gegen die Ver. Staaten tragen zu wollen. Im Ganzen sandte ich 27 Offiziere unter Bedeckung nach Santiago. Unsere Geleitmannschaft fand eine schmeichelhafte Aufnahme, und ich darf wohl annehmen, daß die Rückkehr von Kriegsgefangenen auf deren Kameraden einen günstigen Eindruck gemacht hat.

„Seit dem Einstellen des Schießens am Dritten Mittags hatte die Schlacht bei Santiago thatsächlich ihr Ende erreicht. Was nachher noch geschehen, kann als zur Belagerung gehörig gerechnet werden, die dem folgte. Bringt man die Truppentheile in Abzug, die in Baiquiri und Siboney blieben, um diese Depots gegen Angriffe zu schützen, oder die unsere Flanke beschützen mußten, die Wachen, die zurückbleiben mußten, um das Gepäck zu bewachen, das die Leute in der furchtbaren Hitze vor dem Eintritt in die Schlacht von sich geworfen hatten, die Ordonanzen und dergleichen, so ist es fraglich, ob am 1. Juli über 12,000 Mann um die Zeit, da der Kampf am heißesten gewesen und die festen und wichtigen Stellungen um El Caney und San Juan genommen wurden, im Feuer gewesen sind.

„Bei El Caney haben uns einige Cubaner im Kampfe beigestanden und sich tapfer geschlagen, deren Zahl aber war zu gering, um obige Ziffer erheblich zu ändern. An Zahl war uns der Feind gewachsen. Hartnäckigen Widerstand hat er in starken und gut verschanzten Stellungen geleistet, und das Resultat, das erzielt wurde, bewies schlagend die Unerschrockenheit der Compagnie-Mannschaf= ten und Offiziere, und die Vortheile, die sorgfältige Einexerzierung und In= struktion, die in neuerer Zeit im Büchsenschießen und anderen Kriegsübungen ertheilt wurde, verlieh. Wir haben in jenen Gefechten 208 Gemeine und 22 Offiziere an Todten und 1,203 Gemeine und 81 Offiziere an Verwundeten ver= loren, und 79 wurden vermißt, haben sich aber zumeist nachher wieder einge= funden."

Das Eintreffen des Generals Escario in Santiago, sagt General Shafter, sei nicht erwartet worden. Dem General Garcia war der Auftrag geworden, mit seinen Cubanern, ca. 4000 bis 5000 Mann, den anrückenden Hülfstruppen aufzulauern und sie abzufangen; das sei ihm aber nicht gelungen, und so sei denn Escario in der Nähe der Bai, auf der äußersten Rechten Shafter's, in die Stadt eingezogen.

Sampson ersucht, in den Hafen einzulaufen.

Shafter kommt nun auf Admiral Cervera's Ausfall und die Vernichtung seiner Schiffe zu sprechen, und sagt, er habe den spanischen Befehlshaber aber= mals aufgefordert, sich zu ergeben.

„Desselbigen Tages ließ ich dem Admiral Sampson mittheilen, wenn er seinen Weg in den Hafen erzwänge, werde die Stadt sich ohne weitere Verluste an Menschenleben ergeben. Commodore Watson meldete, daß der Admiral im Augenblick abwesend wäre, er hielte aber nicht dafür, daß die Flotte in den Hafen einlaufen solle. Die Stellung des Feindes war so stark, daß ich keinen Angriff machen wollte, wenn es sich vermeiden ließe. Daß das richtig war, fand sich nachher, als ich die Erdwerke des Feindes besichtigte. Diese Erdwerke hätten nur mit schweren Verlusten an Menschenleben eingenommen werden können."

General Shafter schildert dann die Versuche, die er machte, den Feind zur Uebergabe zu bewegen, und wie er am 10., nachdem der Waffenstillstand abge= laufen war, die Feindseligkeiten wieder eröffnete, und fährt folgendermaßen fort:

„Am 11. forderte ich den General Toral nochmals zur Uebergabe auf. Die
Kranken in unserem Heere mehrten sich gewaltig, da die Truppen in den
Gräben vom heftigen Regen übernäßt waren und die Hitze so groß war; überdieß thaut es auf Cuba so stark, daß man gerade so durchnäßt wird, wie bei
einem Regen. Die Schwäche nahm unter den Leuten so überhand, daß es mir
darum zu thun war, die Belagerung zum Abschluß zu bringen; nichtsdestoweniger war ich, wie auch die meisten meiner Offiziere der Ansicht, daß ein Angriff
gerechtfertigt wäre, zumal der Feind wirklich die Absicht zu haben schien, die
Uebergabe in Erwägung zu ziehen.

Eine Unterredung mit dem spanischen General.

„Am 12. Juli theilte ich dem spanischen Befehlshaber mit, daß der Oberbefehlshaber der amerikanischen Truppen, der Generalmajor Miles, im Lager eintraf und erbat mir für Tags darauf eine Unterredung; die Antwort lautete, es
würde ihm Vergnügen machen, uns zu empfangen. Diese Unterredung fand
am 13. statt und eröffnete ich ihm, daß nur seine Waffenstreckung in Erwägung
gezogen werden könne und daß es ihm nicht zustehe, den Kampf fortzusetzen, wo
er nicht hoffen könne, seinem Schicksal zu entgehen.

Hierauf folgt eine detaillirte Schilderung der schließlichen Uebergabe, des Ein-
zugs in die Stadt und der Aufhißung der amerikanischen Fahne, worauf General
Shafter mit den Worten schließt:

Nachem die beiden Divisionen unter dem verderblichen Feuer des Feindes ihre
Aufstellung vollendeten und eine Strecke vorrückten, fanden sie sich vor einer
breiten Niederung, die von Drahtzäunen die Kreuz und die Quere durchzogen
war, jenseits derselben befand sich eine hohe Mauer, auf welcher der Feind sich
aufgepflanzt hatte. Unerschrocken stürmten die Tapferen voran, um den Feind
aus seiner Stellung zu werfen, wobei die beiden Divisionen schwere Verluste
erlitten; der Oberst Hamilton und die Lieutenants Smith und Ship fielen hier
und der Oberst Carroll und die Lieutenants Thayer und Meyer, lauter Kavalleristen, wurden verwundet.

Die Straßen waren, wiewohl ich Tausend Mann beständig daran arbeiten
ließ, manchmal für die Fuhrwerke unpassirbar. Der San Juan und der Aguadore
stiegen zuweilen so rasch, daß die Fuhrwerke nicht vorbei konnten, so daß man
auf die acht Packzüge, die sich beim Kommando befanden, für die Verprovian-
tirung der Truppen angewiesen war.

Keine Mißverwaltung.

Zu dem Sumpffieber und anderen Krankheiten hatte sich am 4. Juli in Siboney auch noch das gelbe Fieber eingestellt. Wir hatten indeſſen troß der Schwierigkeiten, Lebensmittel zu beſorgen, ſtets reichlichen Proviant und den Verwundeten und Kranken wurde ſtets die ausgiebigſte Pflege zu Theil. Die Disziplin war ausgezeichnet und nicht ein einziges Mal wurde es nothwendig, ein Kriegsgericht zu berufen. Das will bei einer ſo bedeutenden Truppenzahl und bei einem Feldzug von dieſer Dauer wahrlich viel heißen.

Meinem Stabe ſpreche ich hiermit für ſeine ausgezeichnete Pflichterfüllung und die bei jeder Gelegenheit bewieſene Umſicht und Tapferkeit meinen innigſten Dank aus."

General Merritt's Bericht über die Einnahme von Manila.

Der Bericht des Generalmajors Wesley Merritt über seine Operationen um Manila wurde im Kriegsdepartement in Washington am 30. September bekannt gegeben. Nach einer kurzen Darstellung der Ausschiffung der Truppen, ihrem Eintreffen vor Manila und ihrer Aufstellung hieß es:

„Ich fand General Greene's Abtheilung auf einem sandigen Landstreifen campirend, der parallel zur Seeküste läuft und nicht weit entfernt von derselben ist. In Folge der großen Schwierigkeiten bei der Landung, hatte der größere Theil der Mannschaften nur in Zelten Unterkunft gefunden, wo sie viele Unannehmlichkeiten zu ertragen hatten, da das Lager auf einem niedrigen flachen Platze aufgeschlagen war, der keinen Schutz gegen die tropische Sonnengluth oder die furchtbaren, in dieser Jahreszeit so häufigen Regengüsse bot. Auf mich machte es einen erhebenden Eindruck, welch' exemplarische Geduld Offiziere und Mannschaften unter solchen Umständen zeigten; und dieses Gefühl der Bewunderung für die Art und Weise, mit der die amerikanischen Soldaten, Freiwillige und Reguläre ohne Unterschied, ohne Murren sich den Strapazen unterziehen, welche die von ihnen übernommene Aufgabe mit sich bringt, ist gestiegen mit jeder Phase der schwierigen Campagne, welche die Truppen der Expedition nach den Philippinen zu so glänzendem und erfolgreichem Abschlusse gebracht haben.

Die, gegen Spanien Krieg führenden philippinischen Insurgenten hatten, vor Ankunft der amerikanischen Landtruppen, sich mit den Spaniern mehrere Monate lang herumgeschlagen; zur Zeit meines Eintreffens waren sie beträchtlich stark und ihre Zahl wurde verschiedentlich geschätzt, aber nie bestimmt festgestellt, wahrscheinlich waren es etwa 12,000 Mann. Sie waren wohl versehen mit Handwaffen, hatten genügend Munition und auch mehrere Feldgeschütze, und hatten sich gegenüber der ganzen Linie der spanischen detachirten Befestigungen eingenistet."

General Merritt spricht weiter von Aguinaldo's Thätigkeit vor seinem Eintreffen und fährt fort:

„Da General Aguinaldo mir nach meiner Ankunft keinen Besuch machte, noch auch sich als militärischer Untergebener zur Verfügung stellte, und da meine, vom Präsidenten erhaltenen Instructionen die Besetzung der Inseln durch die amerikanischen Landtruppen ausdrücklich enthielten und besagten, daß die Machtvollkommenheit der militärischen Besatzung absolut, jeder anderen vorangehend und für die Einwohner der Inseln in politischer Hinsicht maßgebend sein solle, so hielt ich es nicht für angebracht, in direkte Verbindung mit dem Insurgenten= führer zu treten, solange ich nicht im Besitze der Stadt Manila war, zumal da ich dann erst in der Lage sein würde, eine Proclamation zu erlassen und meine Autorität geltend zu machen, falls Aguinaldo's Ansprüche mit meinen Aufgaben nicht im Einklange stehen sollten."

Vorbereitungen zum Angriff auf die Stadt.

„Aus diesem Grunde wurden die Vorbereitungen zum Angriff auf die Stadt möglichst beeilt und militärische Operationen ohne Rücksicht auf die Insurgenten geleitet. Daß das richtig gewesen, zeigte sich später klar daraus, daß wir, als die Truppen meines Commandos die spanischen Verschanzungen nahmen, welche sich von der See bis zur Straße nach Pasay, am äußersten rechten spanischen Flügel erstreckten, wir keinerlei Verpflichtung hatten, auch die Spanier auf der rechten Seite, wo sie noch den Insurgenten gegenüber standen, zu vertreiben, sondern sofort vorwärts gehen und die Stadt und die Vorstädte besetzen konnten.

„Um zu der Sachlage bei General Greene's Brigade zurückzukehren, wie ich sie bei meiner Ankunft fand, so lag die Schwierigkeit eine Operationsbasis für einen Vorstoß gegen die spanischen Linien zu erhalten, darin, daß ich General Aguinaldo nicht aufforden mochte, sich von der Küste und der „Calle Real" zu= rückzuziehen, so daß Greene hätte vorgehen können. Dieser Schwierigkeit wurde man Herr, indem General Greene angewiesen wurde, wenn möglich, den Com= mandeur der Insurgenten=Brigade in seiner nächsten Nähe zu veranlassen, nach rechts abzurücken und so den Amerikanern ungehinderte Controlle über die Straße vor ihrer Front zu geben. Dagegen wurden keine Einwendungen ge= macht, und General Greene's Brigade schob demgemäß eine starke Außenlinie auf den „Calle Real" und am Ufer vor und warf eine Schanze auf, in der ein Theil der Geschütze der Utah'er Batterie aufgestellt wurde.

„Die Spanier hatten unser Treiben beobachtet und machten am Abend des 31. Juli mit Infanterie und Artillerie einen heftigen Angriff. Unsere Truppen zeigten sich während dieses nächtlichen Angriffs allen Ansprüchen gewachsen; ich habe in Kabelbepeschen an das Kriegsdepartement Gelegenheit genommen, Die= jenigen zu empfehlen, welche ihres guten Verhaltens in dem Gefechte wegen be= sondere Erwähnung verdienten. Unsere Position wurde darnach erweitert und verstärkt und hat wiederholten nächtlichen Angriffen erfolgreichen Widerstand

geleistet; doch haben unsere Truppen beträchtliche Verluste an Todten und Verwundeten erlitten, während die Verluste des Feindes, der Dunkelheit wegen,
nicht festgestellt werden konnten.

Schwierige Landung der Truppen.

„In Folge der nächtlichen Gefechte und der starken Abcommandirungen für
Außenposten wurde es nothwendig, General Greene's Truppen durch General
MacArthur's Brigade zu verstärken, welche am 31. Juli in Transportschiffen
eingetroffen war. Die dabei zu überwindenden Schwierigkeiten können kaum
überschätzt werden. Fünf Meilen von einem Punkte an der Küste, wo die Leute
ausgeschifft werden sollten, auf der Höhe von Cavite lagen die Transportschiffe
vor Anker. Tag für Tag wüthete Sturm, von heftigen Regengüssen begleitet,
und die einzige Möglichkeit, Truppen und Vorräthe an Land zu bringen, war
die, sie von den Schiffen in Lichterfahrzeugen der Eingeborenen, „Cascos" genannt, oder kleinen Dampfern zu landen, sie nach einem dem Lager gegenüberliegenden Punkte zu bringen und dann sie in der Brandung in kleinen Booten
auszuschiffen, oder die Leichter mit dem Bug auf den Strand laufen zu lassen.
Nach tagelanger schwerer, mühsamer Arbeit war das Werk vollbracht, und ich
möchte hier wiederum meiner Bewunderung für die Tapferkeit und den willfähigen
Gehorsam der dabei betheiligten Mannschaften meines Commandos Ausdruck
geben.

„Nach Heranziehung von MacArthur's Brigade zur Unterstützung General
Greene's hatte ich etwa 8,500 Mann für den Angriff in Position; ich hielt nun
den Zeitpunkt zum Vorgehen für gekommen. Während der nächtlichen Angriffe
hatte ich Admiral Dewey ersucht, seine Schiffe auf die rechte Flanke der spanischen Verschanzungslinie Feuer eröffnen zu lassen, da ich glaubte, daß so dem
nächtlichen Feuer und den Verlusten ein Ende gemacht werden könnte. Der
Admiral hatte das aber abgelehnt, — falls unsere Position nicht durch einen
spanischen Angriff gefährdet würde, — und zwar weil das seiner Ansicht nach
ein allgemeines Gefecht veranlassen müßte, wofür er noch nicht vorbereitet war.
Inzwischen war General MacArthur's Brigade in die Stellung eingerückt und
der Monitor Monterey war angelangt, und Admiral Dewey ging nun am 6.
August auf meinen Vorschlag ein, in einem gemeinsamen Schreiben den Generalcapitän aufzufordern, alle Nichtcombattanten innerhalb von 48 Stunden aus
der Stadt zu entfernen, da die Operationen gegen die Befestigungen von Manila
jederzeit nach Ablauf jener Frist beginnen könnten. Dieses Schreiben wurde

am 7. August abgesandt; an demselben Tage kam die Antwort, die Spanier wüßten nicht, wohin sie die stetig wachsende Menge von Verwundeten, von kranken Frauen und Kindern schaffen sollten.

Aufforderung zur Uebergabe abgelehnt.

„Am 9. wurde eine gemeinsame formelle Aufforderung, die Stadt zu übergeben, abgesandt. Diese Aufforderung wurde mit der Hoffnungslosigkeit weiteren Widerstandes seitens der Spanier begründet, sowie damit, daß die Stadt aus Humanitätsrücksichten einem Bombardement unter solchen Umständen nicht ausgesetzt werden sollte. In seiner, an demselben Tage datirten Antwort erklärte der Generalcapitän, nach Entscheidung des Vertheidigungsraths sollte der Aufforderung zur Uebergabe nicht entsprochen werden, doch wolle er bei seiner Regierung anfragen, wenn wir ihm die nothwendige Frist, um sich mit derselben über Hongkong in Verbindung zu setzen, gewähren wollten.

„Das wurde unsererseits abgelehnt, aus dem Grunde weil nach meiner Ansicht, wie der des Admirals, dadurch nur die Entscheidung verschleppt werden würde, während es dringend nothwendig war, daß der Feind zum Aufgeben der Stadt gezwungen würde, damit unsere Truppen aus den Laufgräben herauskämen und nicht länger all dem ausgesetzt blieben, was in einem Bivouac während der Regenzeit unvermeidlich ist.

„Die Manila vertheidigenden Küstenbatterien sind so gelegen, daß Schiffe dieselben nicht angreifen können, ohne in die Stadt zu feuern, und da das Bombardement einer Stadt, die voll von Frauen und Kindern, von Kranken und Verwundeten war und große Massen neutralen Eigenthums enthielt, nur im äußersten Nothfalle sich rechtfertigen ließe, so beschloß ich mit Admiral Dewey, daß wir versuchen sollten, die äußerste rechte Flanke der spanischen Befestigungen gegenüber den von unseren Truppen damals eingenommenen Positionen zu nehmen, welche mit der Seite an der Seeküste dem Feuer unserer Schiffe offen ausgesetzt war.

„Es war nicht meine Absicht, falls der Feind jenen Punkt stark besetzt haben sollte, ihn mit Gewalt zu nehmen, so lange die Schiffe nicht genügende Bresche in die Werke geschossen und die Truppen in denselben erschüttert hätten. Durch die Truppen allein hätte das nicht geschehen können, da es an Belagerungsgeschützen fehlte. Im Einklang mit den Principien civilisirter Kriegsführung hielten wir es für wünschenswerth, zu versuchen, den Feind aus seinen Verschanzungen zu vertreiben, bevor wir zu dem Bombardement der Stadt schritten.

Eröffnung des Feuers auf die spanischen Verschanzungen.

„Nach den vorher erlassenen Befehlen bildeten MacArthur's und Greene's Brigaden die Zweite Division des achten Corps, unter Commando von Brigade-general Thomas Anderson. Derselbe hatte sein Hauptquartier von Cavite nach dem Brigadelager verlegt und das Commando übernommen. Abschriften der schriftlichen und mündlichen Instruktionen, auf welche oben Bezug genommen ist, wurden am 12. den Brigade- und Divisionscommandeurs übergeben und sämmtliche Truppen waren am 13. früh Morgens in Position.

„Gegen 9 Uhr Morgens an jenem Tage dampfte unser Geschwader von Cavite ab und hatte noch vor 10 Uhr ein heftiges und genau gezieltes Feuer aus schweren Geschützen und Schnellfeuerkanonen auf die Seeflanke der spanischen Befestigungen bei dem Pulvermagazin-Fort eröffnet; zu gleicher Zeit begann die, in unseren Verschanzungen an der „Calle Real" aufgestellten Utah'er Batterie, mit großer Genauigkeit zu feuern. Um 10 Uhr 25 Minuten stellten, auf ein vorher vereinbartes Zeichen von unseren Verschanzungen, daß ich glaubte, unsere Truppen könnten vorgehen, die Schiffe das Feuer ein, worauf sofort eine schmale Linie Leute des zu General Greene's Brigade gehörigen Colorado'er Regiments über unsere Schanzen vorrückten und rasch nach vorn deployirten, während eine zweite Linie von demselben Regiment von der linken Flanke unserer Erdwerke rasch am Seeufer in aufgelöster Ordnung vorging. Beide Abtheil-ungen erreichten das Pulvermagazin-Fort, fanden aber dasselbe und die es flankirenden Schanzen verlassen. Als sie jedoch über die spanischen Werke hin-ausgingen, empfing sie scharfes Feuer einer zweiten Vertheidigungslinie auf der Straße nach Malate. Eine Anzahl unserer Leute wurde hier getödtet resp. verwundet, unter ihnen der Soldat, welcher die auf dem Fort wehende spanische Flagge heruntergeholt und die unsrige aufgepflanzt hatte.

Heißer Kampf.

„Bald waren auch die Werke der zweiten Linie in den Händen von Greene's Brigade, die rasch durch Malate vorging und über die Brücken, um Binondo und San Miguel zu besetzen, wie es in der Instruction vorgesehen war. Inzwischen war General MacArthur, der zu gleicher Zeit auf der Straße nach Pasay vor-ging, von sehr heftigem Feuer empfangen worden, das aus Blockhäusern, aus Laufgräben und Gehölz vor seiner Front kam. Die Wegnahme dieser Posi-tionen war höchst schwierig, da der Boden zu beiden Seiten der Straße sumpfig ist und das starke Unterholz den Feind verbarg; aber diese Schwierigkeiten wurden mit großer Tapferkeit von den Truppen und in Folge der trefflichen Leitung des Gefechtes durch die Brigadecommandeure mit äußerst geringem Verlust überwunden und General MacArthur ging vor und besetzte die Brücke und die Ortschaft Malate, wie es nach seinen Instructionen beabsichtigt war.

„Die Stadt Manila war nun in unseren Händen, mit Ausnahme der umwallten Stadttheile; doch wurde bald nach dem Einzug unserer Truppen in Malate eine weiße Flagge auf dem Walle aufgezogen, worauf Oberstlieutenant C. A. Whittier von den Freiwilligen, von meinem Stabe, und Lieutenant Brumby von der Marine, als Vertreter Admiral Dewey's, an Land gesandt wurden, um mit dem Generalcapitän zu verhandeln. Ich selbst folgte diesen Offizieren bald darnach in die Stadt und begab mich sofort in das Palais des Generalgouverneurs, wo ein vorläufiges Uebereinkommen betreffs der Capitulationsbedingungen von dem Generalcapitän und mir unterzeichnet wurde. Später wurde dieses Uebereinkommen in die formellen Capitulationsbedingungen, welche von den, die beiderseitigen Streitkräfte repräsentirenden Offizieren abgemacht wurde, aufgenommen.

„Unmittelbar nach der Uebergabe wurde die spanische Flagge eingezogen und die amerikanische Flagge gehißt und von den Schiffen salutirt. Das Zweite Oregoner Regiment, das zur See von Cavite herangekommen war, wurde ausgeschifft und zog in die umwallte Stadt als Profoßgarde ein; der Oberst wurde angewiesen, die Waffen der Spanier in Empfang zu nehmen und sie in Sicherheit zu bringen.

„Indem hiermit mein Bericht über die Vorgänge am 13. abschließt, möchte ich meine vollste Anerkennung dafür aussprechen, daß der Angriff und die Einnahme der Stadt durch die Truppen mit so präciser Durchführung des Schlachtplanes geschah. In eine Stadt einrücken, die ein großes Areal bedeckt, unter dem Feuer des Feindes rasch beployiren und alle Hauptpunkte in den ausgedehnten Vorstädten besetzen, die nachdrängenden Insurgenten fern halten, eine an Zahl den amerikanischen Truppen mehr als gleichkommende spanische Armee zu entwaffnen, und schließlich so jeden Versuch von Unordnung, Plünderung ꝛc. zu vereiteln und vollkommene Controlle über eine Stadt mit 300,000 Einwohnern zu erlangen, ist eine That, welche den amerikanischen Soldaten und ihren Führern zur höchsten Ehre gereicht.

„An $900,000, ferner 13,000 Gefangene und 22,000 Gewehre ꝛc. waren die Trophäen von Manila."

Einstellung der Feindseligkeiten.

General Merritt beschreibt dann des weiteren die Einsetzung des Militär-gouvernements für Manila durch die Amerikaner und fährt fort: „Am 16. empfing ich eine Cabeldepesche mit der Proclamation des Präsidenten zur Ein-stellung der Feindseligkeiten und zugleich den Befehl, die Thatsache den spani-schen Behörden mitzutheilen, — was sofort geschah. Darauf erhob der General-capitän formell Protest gegen weitere Uebergabe öffentlicher Gelder, weil die Proclamation vor dem Tage der Uebergabe datirt sei. Ich antwortete darauf, der status quo bei Einstellung der Feindseligkeiten sei da zu der Zeit, da ich die officielle Mittheilung von dem Waffenstillstand erhalten, weshalb ich auf Ab-lieferung der Gelder bestehen müsse. Dieselbe geschah dann unter Protest

Reminiscenzen aus dem Kriege.

Cervera mußte das Wagestück versuchen.

Admiral Cervera hielt es nach dem Eintreffen einer starken amerikanischen Flotte nicht für angebracht, aus dem Hafen zu gehen und den Kampf auf- zunehmen. Seiner Ansicht nach war es die beste Politik für sein Geschwader, den Hafen gegen den Feind zu halten und eine etwa vorbringende Armee zurück zu treiben, indem er über die Hügel hinwegfeuerte. Anfänglich war man in San- tiago damit einverstanden, dann wurden Lebensmittel aber knapp. Eine Con- ferenz wurde an Bord der Maria Teresa einberufen, an der sämmtliche Offiziere des Geschwaders theilnahmen. Nachdem Admiral Cervera erklärt hatte, er wolle den Hafen verlassen, wurde beschlossen, das noch in jener Nacht zu ver- suchen. Aber kurz nach Eintreten der Dunkelheit, als die Schiffe bereits ihre Anker eingenommen hatten und zur Abfahrt bereit waren, wurden Signallichter auf dem westlichen Hügel bemerkt, weshalb man glaubte, die amerikanische Flotte sei gewarnt worden und würde sich sofort auf die herauskommenden spanischen Schiffe stürzen.

„Außerdem nahm man an, daß die von den amerikanischen Schiffen auf den Hafeneingang gerichteten Suchlichter die Spanier verhindern würden, an dem Wrack des Merrimac in dem sehr engen Kanal vorbei zu dampfen. Später, aber zu spät, wurde constatirt, daß die angeblichen Signallichter von Insurgen- ten herrührten, welche Blockhäuser niederbrannten. Die spanische Flotte sollte in folgender Ordnung herausgehen: Die Maria Teresa, welche Admiral Cer- vera's Flagge führte, zuerst, dann die Biscaya, die Oquendo und der Cristobal Colon. Die Torpedoboot-Zerstörer Furor und Pluton sollten auf der Innen- seite zwischen den Schiffen bleiben. Als Richtung für den Ausbruchsversuch war die westliche Küste vorgesehen, weil man glaubte, die im Gegensatz zu den andern amerikanischen Schiffen nur leicht gepanzerte Brooklyn würde bald zum Sinken gebracht werden können; da sie außerdem das schnellste Schiff des Blockadegeschwaders war, so wollte man sie vor Allem aus dem Wege haben."

Ein anderer spanischer Offizier fügte hinzu: „Wir haben nicht geglaubt, daß die Batterien der Brooklyn so Fürchterliches leisten können, oder daß das Schiff es mit all' unseren aufzunehmen versuchen würde. Es war ein furchtbarer An- blick, als seine sämmtlichen Geschütze in Thätigkeit waren!"

456

„Am Sonntag Morgen melbeten die Poſten, daß die Maſſachuſetts, die New Yort und die New Orleans nicht in Sicht ſeien, und es wurde beſchloſſen, daß der Augenblick zum Auslaufen günſtig ſei. Unſer Schiff war das letzte und wir ſahen ſofort, daß die Brooklyn, Oregon und Texas die beiden führenden ſpaniſchen Schiffe furchtbar zurichtete. Das iſt Alles, was ich von der Schlacht weiß, ausgenommen, daß zwei achtzöllige Geſchoſſe von der Brooklyn durch unſer Schiff gingen und ein dreizehnzölliges von der Oregon uns am Stern traf. Andere Schiffe, als dieſe genannten, haben wir in den letzten beiden Stunden nicht geſehen, aber da wir einen ſo großen Umweg hätten machen müſſen, um herauszukommen, hielten wir es für das beſte uns zu übergeben."

Der Erzähler ſchwieg einen Augenblick und ſagte dann: „Nach Brassey's Naval Annual ſoll die Oregon fünfzehn Knoten machen, aber ſie hat größere Schnelligkeit entwickelt, als ſie uns jagte!"

Durch Marinelieutenant Thomas S. Borden, der ſich in franzöſiſcher Sprache mit Capitän Eulate von dem ſpaniſchen Panzerkreuzer Biscaya unterhielt, theilt letzterer folgendes mit: „Das ganze Geſchwader war angewieſen worden, ſein Feuer auf die Brooklyn zu concentriren, weil angenommen wurde, daß ſie das einzige Schiff der amerikaniſchen Flotte ſei, das uns einholen könnte. Als wir aus dem Hafen herauskamen, war mein Schiff das zweite; ich ſah ſofort, daß das Flaggſchiff Maria Tereſa furchtbarem Feuer ausgeſetzt war. Die Texas und die Brooklyn überſchütteten die Maria Tereſa förmlich mit Geſchoſſen und innerhalb von fünfzehn Minuten ſtand ſie in Flammen. Jowa und Oregon feuerten auf die Oquendo; mein Schiff war bis dahin noch nicht ernſtlicher beſchädigt worden.

Die Spanier von Schrecken ergriffen.

„Die Brooklyn war eine halbe Meile näher an uns, als die anderen Schiffe; ich beſchloß daher, ſie zu rammen, damit der Colon und die Oquendo entkommen könnten. Mit ſeiner hohen Breitſeite war das Schiff eine gute Zielſcheibe, und ich glaubte, als ich auf daſſelbe losging, es faſſen zu können, aber augenſcheinlich hatte die Brooklyn unſer Manöver bemerkt, da ſie äußerſt raſch drehte, einen engen Kreis machte und dann auf unſerer Vordſeite auftauchte, ſo daß ich glaubte, daß ſie uns rammen wollte. Um ihr auszuweichen, drehte ich nach der Küſte zu und ſah dann, daß die Oquendo ebenfalls aufgelaufen war; ihre Dampfröhren waren augenſcheinlich von einem Schuß getroffen worden.

„Die Manöver der Brooklyn waren prächtig. Wir gaben mit allen unſeren großen Geſchützen Schnellfeuer auf ſie, aber ſie erwiderte daſſelbe mit furcht-

barem Erfolg. Auch die Oregon traf uns mehrmals, doch die in unsere Auf-
bauten hineindonnernden Breitseiten der Brooklyn erfüllten unsere Leute mit
panischem Schrecken. Alle unsere Geschütze wurden auf sie zu gleicher Zeit abgefeuert, und ich verstehe nicht, daß das Schiff uns entging. Aber dasselbe trieb
uns einfach an Land, während wir zeitweise nur 1100 Ellen auseinander waren.
Ein Schuß von der Oregon traf den Aufbau, und nun strich ich die Flagge und
fuhr auf den Strand los, selbst verwundet und überzeugt, daß wir nicht entkommen konnten.

„Die sämmtlichen Geschütze zu laden hatte ich nicht angeordnet und ich weiß
uicht, weshalb es geschah. Unser Schiff brannte stark; als die überlebenden
Mannschaften von der Besatzung aber an's Ufer schwimmen wollten, empfingen
die Cubaner sie mit Schüssen, bis die Amerikaner anlangten und dem ein Ende
machten. Die Brooklyn hat mich am Entkommen verhindert, da wir vor der
Oregon 2 Meilen Vorsprung hatten und sie uns nicht hätte einholen können.
Mir war befohlen worden, zu versuchen die Brooklyn zum Sinken zu bringen;
als ich den Versuch machte, glaubte ich nicht, daß ihre Batterie so fürchterliches
leisten könnte, wie sie es thatsächlich gethan hat!"

Cadet Powell's Versuch zur Rettung Hobson's.

Cadet Powell, der letzte, welcher Lieutenant Hobson vor seiner Abfahrt mit
dem Merrimac gesehen hatte, und eine Barkasse damals führte, erzählte folgendes: „Lieutenant Hobson schlief ein paar Stunden, wobei er oft gestört wurde.
Um 1 Uhr 45 Minuten Morgens kam er an Deck und gab seine letzten Anweisungen; dann aßen wir etwas. Hobson war bewundernswerth ruhig. Um 2
Uhr 31 Minuten nahm ich die Leute, welche die Fahrt nicht mitmachen sollten,
in die Barkasse und fuhr zur Texas, dem nächstliegenden Schiffe, ab; doch mußte
ich umkehren, um einen Hülfsmaschinisten aufzunehmen, den Hobson schließlich
bewogen hatte, die Merrimac zu verlassen. Als Letzter nahm ich von Hobson
Abschied, wobei er sagte: „Powell, passen Sie auf die Bootsmannschaft auf,
wenn wir aus dem Hafen herauskommen. Wir werden Wunder thun und
dreißig Ruderschläge in der Minute machen!" Als ich die Texas verlassen
hatte, sah ich die Merrimac langsam hineindampfen. Es war damals nicht sehr
dunkel und die Küste ziemlich sichtbar; in einer Entfernung von etwa ⅜ Meilen
folgten wir.

„Die Merrimac war etwa eine Meile westlich vom Hafen entfernt, und zuerst
schien man nicht recht Bescheid zu wissen, da das Schiff sich vollständig drehte.

Schließlich wandte es sich östlich und dampfte in die Einfahrt hinein. Als Hobson etwa 200 Ellen vom Hafen entfernt war, wurde vom östlichen Ufer der erste Schuß abgegeben. Mein Boot war damals eine halbe Meile vom Ufer entfernt, dicht unter den Batterien. Das Feuer wurde immer heftiger; wir dampften deßhalb langsamer und verloren bald die Merrimac in dem dichten Rauch aus den Augen.

„Ehe Hobson noch die Merrimac versinken konnte, begann auch die Westbatterie auf uns zu feuern. Da sie aber, ohne recht zu zielen, schoß und wir nur die Schüsse hörten, dampften wir immer näher an die Küste heran, bis die Artilleristen uns nicht mehr sahen. Dann hörten wir die Torpedos auf der Merrimac explodiren. Bis Tagesanbruch warteten wir gerade außerhalb der Wellenbrecher eine halbe Meile westlich von Morro Castle, und paßten scharf auf ein Boot oder Schwimmer auf; wir konnten aber nichts sehen. Hobson hatte uns an jenem Platze treffen wollen, da wir aber befürchteten, daß Jemand von seinen Leuten von der Strömung herausgetrieben sein mochte, kreuzten wir vor Morro Castle und am Hafeneingang in östlicher Richtung.

„Gegen 5 Uhr fuhren wir nochmals vor dem Hafen in einer Distanz von ¼ Meilen vorüber und wandten uns dann westlich. Beim Vorbeifahren sahen wir eine Sparre von der Merrimac aus dem Wasser hervorragen. Nochmals patrouillirten wir die Küste gerade außerhalb der Wellenbrecher eine Meile weit ab und steuerten dann auf die Texas zu, während die Batterien wieder auf uns feuerten. Es war nun heller Tag; der erste Schuß fiel nur etwa 30 Ellen vor uns ins Wasser, die andern waren gar nicht gezielt. Ich ließ die Barkasse mit Volldampf laufen und traf schließlich bei der New York ein. Die Mannschaft hat sich vortrefflich gehalten.“

Hobson's Erzählung von seinem Leben im Gefängnisse.

„Im Hospital fand ich u. A. aus, daß eine große Anzahl spanischer Offiziere in dem Gefecht am vorigen Freitag verwundet worden waren, da viele ins Hospital gebracht wurden. Am 1. Juli schlugen zahlreiche, schlecht gezielte Kugeln in die Fenster des Hospitals ein doch wurde, soviel ich weiß, Niemand getroffen. Unsere Räume waren äußerst sauber und behaglich; das Essen war recht gut. Thatsächlich habe ich keine Ursache mich über unsere Behandlung als Kriegsgefangene zu beklagen. Die Voreingenommenheit, welche die Spanier gegen uns in den ersten Tagen zeigten, schwand bald. Von der Vernichtung von Admiral Cervera's Flotte wußten wir nichts, bis wir es von unseren eigenen Leuten hörten. Freilich wurde die Haft sehr langweilig, und ich kann nicht sagen, wie wir aufathmeten, als wir wieder frei waren."

James J. McAleer, Corporal von Compagnie H des 4. Infanterie-Regiments, erzählte eine interessante Geschichte über die Wegnahme von El Caney, woran er hervorragenden Antheil nahm. Ueber die Gefechte vor Santiago theilt Corporal McAleer mit: „Wir griffen in den Kampf gegen 12 Uhr am ersten Schlachttage ein. Unser Bataillon hatte Befehl erhalten, die nördliche Seite des Hügels zu nehmen; wir machten eine ganze Strecke im Laufen, bis wir etwa 200 Ellen von dem Fort entfernt waren. Beim Vorgehen auf den Hügel stießen wir auf das 2. Massachusetts Freiwilligen-Regimen, das große Verluste erlitten, als es eine Straße zu halten hatte; was diese Freiwilligen erzählten, klang wenig ermuthigend für junge Soldaten, die zum ersten Male in die Schlacht gehen.

„Major Baker, unser Bataillonscommandeur, ging unverzüglich zum Angriff vor. Auf der ganzen Strecke bergauf hatten wir Stacheldrahtzäune zu passiren, die wir durchschneiden mußten, ehe wir weiter konnten. Mit Compagnie C, von unserem Bataillon folgte uns Hauptmann Lovering; er wurde nach links vorgesandt, um zu verhindern, daß die Spanier entkommen konnten, da er seine Leute zu sehr dem spanischen Feuer aussetzte, hatte er viele Todte und Verwundete.

Brillantes Vorgehen der Amerikaner.

„Die Spanier leisteten verzweifelten Widerstand, mußten aber um 3 Uhr 30 Minuten Nachmittags am ersten Kampstage die weiße Flagge aufziehen und sich ergeben. Wohl die glänzendste Attacke hatten vorher drei oder vier Compagnien des 25., aus Farbigen bestehenden Infanterie-Regiments gemacht. Sie stürmten gegen die Ostseite von El Caney vor, warfen Alles vor sich nieder, und sahen so frisch aus nach der Schlacht, wie wenn sie eben aus der Kaserne kämen; nur wenige von ihnen waren gefallen oder verwundet. Als wir selbst an das Fort herankamen, stürzten die Spanier in großer Anzahl heraus, aber wir mähten sie wie Gras nieder. Sobald eine Anzahl der Spanier gefallen war, füllten Andere die Lücken aus, und so hatten wir fast drei Stunden zu kämpfen. Schritt für Schritt drangen wir vor, auf den Leibern der gefallenen Spanier, die Schuhe und Beinkleider roth von Blut.

„Wohl am meisten hat sich Major Seton von unserem Bataillon ausgezeichnet. Mit gezogenem Säbel, den Oberkörper nur von einem leichten Unterhemd gegen die furchtbare Sonnenhitze geschützt, stand er vor der Front und trieb uns unabläſſig an, die Spanier den Hügel hinunterzuwerfen. Die Kugeln ſchwirrten um ihn herum, aber er wechſelte ſeine Stellung nicht ein einziges Mal während des Gefechtes. Unter Führung eines ſolchen Mannes ſteht Jeder. Als er einmal dicht an dem äußeren Wall der ſpaniſchen Werke ſtand, rief ihm ein Offizier zu: „Mein Gott, Seton, die werden Sie ſicherlich tödten!"

„Kümmert Euch nicht um mich, Jad," antwortete er, indem er ſeinen Säbel ſchwang, „bringt die Fahne her. Gott iſt heute mit uns!"

Furchtbare Verluſte der Spanier.

„Keiner von unſeren Leuten durfte die Befeſtigungen betreten; doch, wie einige Offiziere erzählten, waren die ſpaniſchen Verluſte ſo groß, daß die Todten einfach auf dem Boden liegen gelaſſen und nur mit loſer Erde und Blättern bedeckt wurden. Verzerrte Körper wurden mehrfach bemerkt unter ſolch' einer Decke, und es ſchien, daß viele verwundete Soldaten noch lebend begraben worden ſeien, da man ihnen ärztliche Hilfe nicht zu theil werden laſſen konnte.

„Die ſpaniſchen Scharfſchützen waren unſere ſchlimmſten Gegner; ſie malten ſich ſelbſt grün vom Kopf bis zu den Füßen an und konnten ſo, wenn ſie ſich an Bäume anſchmiegten, kaum entdeckt werden. Hunderte von unſeren Verwundeten ſind von ihnen niedergeſchoſſen worden; ein Arzt wurde erſchoſſen, während er ſich über einen Soldaten beugte, um deſſen Wunde zu verbinden. Wir bemerkten den betreffenden Schützen ſpäter und ſchoſſen ihn ſofort herunter."

„Unſere farbigen Truppen haben ſich bei Santiago vortrefflich gehalten und gezeigt, daß ſie in Bezug auf kriegeriſche Tüchtigkeit Niemandem nachſtänden. Lewis Bowman, vom 10. Cavallerie Regiment, dem vor San Juan von einem explodirenden ſpaniſchen Geſchoſſe zwei Rippen zerbrochen wurden, erzählte:

„Die Rauhen Reiter waren ſtolz vorgegangen, indem ſie ſich rühmten, daß ſie die Spanier ohne Mühe verhauen könnten, und uns riethen, zu bleiben, wo wir ſeien, bis ſie zurückkämen und einige ſpaniſche Köpfe als Trophäen mitbrächten. Als wir in einiger Entfernung ſchießen hörten, bemerkte unſer Rittmeiſter, vor uns ſcheine man ſich gehörig herumzuſchlagen. Das Feuer wurde ſo heftig und regelmäßig, daß unſere Offiziere, ohne den Befehl dazu abzuwarten, beſchloſſen, vorzugehen und zu recognosciren.

„Als wir ſo weit gelangt waren, daß wir ſehen konnten, was vorging, fanden wir, daß die Rauhen Reiter in einen Engpaß zwiſchen den Bergen hinuntergegangen waren. Die Spanier hatten Leute am Eingang poſtirt und, ſobald als die Rauhen Reiter im Engpaß waren, wurden ſie von hinten abgeſchnitten und erhielten vorn und im Rücken Feuer. Nun feuerten unſere Leute vom 10. Regiment ohne Commando eine Salve auf die Spanier ab. Letztere fürchteten, wir könnten ſie in der Flanke umgehen und kamen ſchnell aus ihrem Verſteck vor der Front der Rauhen Reiter heraus, wobei ſie ihre Hände in die Höhe hielten und riefen: „Schießt nicht, wir ſind Cubaner!"

Erbitterter Kampf.

„So ließen die Rauhen Reiter ſie entkommen und gaben ihnen eine Möglich-keit, eine beſſere Poſition nach vorn einzunehmen. Während all' dieſer Vorgänge befanden ſich die Leute alle im dichten Graſe, und ich fürchte deshalb, daß die hinten befindlichen Rauhen Reiter viele Kameraden vorn niedergeſchoſſen haben, weil ſie ſie für Spanier hielten. Das 10. Cavallerie-Regiment hatte inzwiſchen die Situation vollſtändig erfaßt und konnte nun, indem es die Methoden eines Indianer-Krieges anwandte, das Gefecht zum Stehen bringen und die Spanier zurücktreiben.

„Ich war in dem Gefecht am 1. Juli und erhielt dort meine Wunde. Wir waren damals etwa 48 Stunden lang im Feuer, hatten nichts zu eſſen und nur wenig Waſſer. Von unſerem Train waren wir abgeſchnitten worden, da die ſpaniſchen Scharfſchützen unſere Maulthiere niederſchoſſen, ſobald dieſelben ihren Linien näher kamen; und es war ſo unmöglich, Fourage heranzuſchaffen. Bald nach Beginn des Gefechts wurde unſer Oberſt getödtet, ebenſo wurden die meiſten anderen Offiziere getödtet oder verwundet, ſo daß das 9. und das 10. Cavallerie-Regiment jenen desperaten Kampf größtentheils ohne Offiziere ausfochten, — wenigſtens haben wir keine Offiziere geſehen noch auch Commandos gehört. Das Commando, welches ich unſeren Hauptmann geben hörte, lautete: „Jungens, wenn Ihr mein Pfeifen hört, legt euch platt auf die Erde!" Ob er gepfiffen hat oder nicht, weiß ich nicht. Wir ſtürmten dann, unter furchtbarem Geheul, die ſpaniſchen Schanzen hinauf und warfen die Spanier mit dem Bajonett und dem Kolben hinaus. Verſchiedene Leute von unſerem Regiment ſagen, das letzte Commando, welches ſie gehört ſei „zurück" geweſen. Aber ſie achteten darauf gar nicht, ſondern gingen vor, bis die Schlacht gewonnen war und die Spanier, welche nicht todt in den Schanzen lagen, nach der Stadt flohen.

Hißte die Sterne und Streifen.

„Bei San Juan hatte ich das Vergnügen, verſchiedene von den Blockhäuſern zu nehmen, von welchen ſo viel geſprochen wurde, und ich hatte auch die Ehre, die spanische Flagge herunterholen und die Sterne und Streifen hissen zu dürfen: Die Wände des Blockhauses gewährten absolut keinen Halt, um hinaufzusteigen oder sich mit der Hand heraufzuschwingen; ein Soldat vom 71. New Yorker Regiment ließ mich deshalb an seinem Gewehr, das er fest auf den Boden aufsetzte, zum Dach emporklettern. Als ich das Sternenbanner an Stelle der spanischen Flagge aufgezogen hatte, kam eine Kugel zischend herangeflogen und ging durch meinen Hut, meine Haare leicht versengend. Knappes Entkommen fürwahr! Mein Zwillingsbruder, der an meiner Seite focht, wurde bei San Juan verwundet, ich hatte gerade nur Zeit, ihn aus der Feuerlinie fortzuschaffen. Als ich zurückgekehrt war, explodirte einige Minuten später ein Geschoß direct zwischen uns und ein Sprengstück zerschmetterte mir zwei Rippen.

„Unsere Leute fürchteten nicht das spanische Gewehrfeuer, wohl aber die Granaten, und oft entstand lebhafter Streit betreffs eines Baumes, bei welchem mehrere Zuflucht suchen wollten. Auch die Scharfschützen machten uns viel zu schaffen. Beim Vorgehen sah ich, daß verschiedene Offiziere und Soldaten erschossen wurden, ohne daß man constatiren konnte, woher die Schüsse kamen. Ich schlug daher eine andere Richtung ein; als ich nahe an einen alten Baum kam, bemerkte ich, daß die Erde um seine Wurzeln herum weggespült war, und als ich näher zusah, fand ich, daß ein spanischer Scharfschütze sich dort verborgen hatte. Er hatte unsere Leute weggeschossen, that es aber nicht mehr, denn ich schlich mich von hinten an ihn, packte ihn am Genick und brach es ihm."

„Geht nicht jenen Hügel hinauf, um Himmels willen!"

William H. Brown vom 10. Cavallerie-Regiment erzählt: „Ein fremder Offizier, der in unserer Nähe stand, als wir jenen Angriff machten, rief aus: „Leute, um Himmels willen, geht nicht jenen Hügel hinauf! Es ist unmöglich, daß Menschen die Position nehmen. Ihr könnt das Feuer nicht aushalten!" Mit furchtbarem Geheul stürmten wir aber dennoch die feindlichen Verschanzungen, und Sie wissen, was das Resultat war! Als jener Offizier uns den Angriff machen sah, soll er sich umgewandt und geweint haben!"

Auf die Frage, welche Bewaffnung besser sei, die der Amerikaner oder die der Spanier, kam einer der Leute auf den Unterschied zwischen dem Springfield-, dem Krag-Jorgensen- und dem Mauser-Gewehr zu sprechen. „Wir waren in der Nähe des 71. New Yorker Regiment," erzählte er, „das sehr im Nachtheil war, weil es mit den alten Springfield-Gewehren kämpfte, — „alte Rauchflinten", wie wir sagten. Sobald sie eine Salve abgaben, konnten die Spanier nach dem

Rauch genau wissen, wo die Amerikaner standen. Und wie flogen die Mauser-Kugeln und richteten unter den Einundsiebzigern Verwüstung an! Doch konnten wir selbst Vortheil daraus ziehen, indem wir unter Deckung des Rauches der alten Flinten, auf welche die Spanier ihr Feuer concentrirten, fast bis an die spanischen Werke herankommen konnten, ehe wir Feuer erhielten."

Unter den von Cuba zurückgebrachten und nach dem Bellevue-Hospital in New York gesandten Verwundeten waren mehrere, die ergreifende Erlebnisse erzählen konnten. Oberstlientenant H. C. Egbert vom 6. Infanterie-Regiment hatte einen Schuß durch die linke Lunge erhalten. Er hatte, wie er sagte, manchen Sturm auf Verschanzungen im Bürgerkriege gesehen, aber niemals Derartiges, wie die Erstürmung der spanischen Schanzen vor Santiago.

Schossen auf Ambulanzen.

„Die Spanier waren wie gebannt," sagte der Oberstlieutenant, „sie waren an solche Gegner nicht gewöhnt. Sie waren unseren Soldaten, die sämmtlich Athleten sind, nicht ebenbürtig. Die Leute in der regulären Armee haben Mus-keln wie Eisen; Jahre lang sind sie ausgebildet worden, die Spanier aber nicht.

„Als die Kugel mich traf, fiel ich nieder, aber unsere Leute stürmten weiter. Das Gefühl, welches ich hatte, war ganz anders, als das bei meiner früheren Verwundung. Einige Minuten später schlief ich ein und hatte einen sehr hüb-schen Traum. Was ich träumte, weiß ich nicht, aber ich weiß, daß es hübsch war. Ich schlief etwa fünfzehn Minuten lang.

„In welcher Formation wir kämpften? In gar keiner. Jede Compagnie focht auf eigene Faust. Es war, wie in allen Schlachten, in welchen ich gewesen: Ueberall Verwirrung. Natürlich hat ein General seinen Schlachtplan und seine Untergebenen führen die Einzelheiten so gut wie möglich aus. Ueber die solda-tischen Eigenschaften der Cubaner zu urtheilen, hatte ich keine Gelegenheit. Ge-neral Garcia ist ein sehr höflicher Herr."

William Smith von Compagnie E vom 6. Regiment, wurde durch den Unter-leib geschossen. Wie er erzählte, hatte er achtzehn Jahre gedient. „Kein Offi-zier," sagte er, „wird mich wieder veranlassen können, mein Gepäck, Schappsack 2c. in die Schlacht mitzunehmen. Es ist heiß genug, ohne das. Wie ich getrof-fen wurde? Wir lagen alle auf der Erde und schossen, die Kugeln flogen um uns herum. „Dort drüben ist ein Zaun," sagte ich zu mir selbst, „ich werde dort den Spaniern näher sein und zugleich in Sicherheit." Kaum hatte ich mich

aber hinter den Zaun hingelegt, als ich den Schuß erhielt. Die Spanier schossen
auf das Rothe Kreuz, als ich fortgetragen wurde. Einer der Träger gab mir
ein Stück Kautaback und einen Schluck Wasser und im nächsten Augenblick erhielt
er einen Schuß durch den Kopf und war todt!"

Allerlei Episoden.

Der Fahnen-Sergeant J. C. Andrews von Trupp B des 3. Cavallerie-Regimentes wurde ebenfalls in den Unterleib geschossen, als sein Regiment den Hügel
bei San Juan stürmte. Er rollte mehrere Ellen weit hinunter und blieb in
einem Graben liegen, hielt die Fahne aber fest. Ein Offizier, dem er zurief, die
Fahne zu nehmen, hörte ihn im Schlachtgetöse nicht. „Ich war vor der Feuerlinie;" erzählte der Sergeant, „wir erhielten Befehl, zu avanciren und gingen
etwa 150 Ellen weit vor. Gegen 4 Uhr Nachmittags war der Hügel dann von
den Rauhen Reitern und dem 3. Cavallerie-Regiment genommen worden. Als
ich in den Graben gerollt war, richtete ich mich auf und konnte die Schlachtlinie
eine Meile weit sehen. Niemals werde ich vergessen, wie unsere Jungen jenen
Hügel hinaufstürmten, von dessen Spitze ein Hagel von Kugeln kam; ich verstehe
nicht, wie die Leute das durchführen konnten, und habe niemals Aehnliches gesehen. Während der ganzen Attacke stießen unsere Leute gellende Rufe aus.

„Die Stachelbrahtzäune machten große Schwierigkeiten, da die Zangen sie
nicht durchschnitten. Deshalb sprangen einzelne Leute auf die Drähte und hielten sie so lange herunter, bis die Andern darüber waren. Sergeant Mulhearn
pflanzte unsere Fahne auf den Gipfel des Hügels auf; einige Secunden später
flogen schon hunderte von Kugeln um dieselbe, so daß sie förmlich durchlöchert
wurde. Meine Kleider waren von Kugeln, welche mich nicht trafen, fast zerrissen; den Schuß durch den Unterleib erhielt ich auf einer Entfernung von dreihundert Ellen von den Schanzen. Dort erbeuteten unsere Jungens eine spanische Flagge mit dem Buchstaben K.

„Oberstlieutenant Roosevelt und Major Westervelt von den Rauhen Reitern
waren bei uns. Ich rief ihnen zu, sich niederzulegen, da sie sonst Schüsse erhalten würden, aber sie wollten es nicht thun. Major Westervelt wurde dann in
den Hals geschossen; er wurde hinter die Front getragen, und nachdem er verbunden war, saß er da und rauchte seine Pfeife. Die Aerzte wollten, daß er
dort bliebe; aber, als er seine Pfeife ausgeraucht hatte, sagte er: „ich denke, ich
bin mein eigener Herr, und ich gehe!" Er ließ sich nicht halten, ging zur Front
und wurde abermals verwundet."

30 G

Was ein Feld-Kaplan berichtete.

An fünfzehnhundert Personen waren an einem Sonntagabend in der Gnaden-Kirche in New York versammelt, um den Paſtor Henry W. Brown, Kaplan von Roojevelt's Rauhen Reitern, predigen zu hören. Herr Brown war der einzige Geiſtliche, der alle Schlachten vor Santiago mitgemacht hat: er hatte auch den Gottesdienſt abgehalten, als Hamilton Fiſh und mehr als vierzig andere Opfer des Krieges in die in aller Eile gegrabenen Gräber neben den Schanzen auf den Hügeln um die belagerte Stadt gelegt wurden.

„Als ich zuerſt das Lager betrat," ſagte Herr Brown, „war ich gänzlich un-bekannt; ich ging in der Uniform eines gemeinen Soldaten herum, legte mich an die Lagerfeuer nieder und lauſchte den Geſängen der Soldaten und ihrer Unter-haltung. Und ich muß offen ſagen, daß ich niemals einen dieſer Leute Unpaſ-ſendes habe erzählen hören. Stets zeigten ſie ſich als wahre Soldaten. Auch haben die Rauhen Reiter ſtets größte Achtung vor der Religion bewieſen, und dem Gottesdienſt haben oft an ſechshundert Mann zu gleicher Zeit beigewohnt. Welch' tiefes religiöſes Gefühl dieſe braven Burſchen beſitzen, zeigt folgendes: Als der arme Hamilton Fiſh mit vielen Anderen auf jenem Hügel begraben wurde und ich ſagte, „laßt uns beten," nahmen Alle ohne weiteres ihre Hüte ab und knieten in dem Moraſt nieder; ſo blieben ſie während des ganzen Gebets.

„Innerhalb von zwei Tagen fungirte ich bei 44 Begräbuiſſen, da ich meine Thätigkeit nicht auf mein eigenes Regiment beſchränkte. Den „Bloody Ben" nannten ſie mich. Mein Gepäck war in der Schlacht und auf dem Marſche ver-ſtreut worden, ſo daß ich bei Hamilton Fiſh's Begräbniß nur gewöhnliche „Overalls" und ein graues Hemd anhatte. Aber das machte mir und meinen Zuhörern nichts aus."

Gefährliche Expedition.

Herr Brown erzählte auch eine intereſſante Geſchichte betreffs des erſten Ge-ſechts bei La Cuaſima: „General Young's Papiere waren auf der Yucatan und Niemand war da, der ſie holen konnte. Er fragte mich deshalb, ob ich wohl zurückreiten würde, da ich einen guten Maulejel hatte. Als ich die Küſte er-reichte, war kein Boot dort und die Yucatan dampfte gerade ab. Trotzdem trieb ich doch noch ein Boot auf und ließ mich zu einem Preßdampfer bringen. Der mußte auf meinen Befehl der Yucatan nachdampfen; die Beſatzung gehorchte mir auch, da ſie nicht wußte, daß ich nur ein Kaplan war. So kounte ich die

Papiere noch holen und kam wieder zu General Young zurück, gerade als das Gefecht begann."

„Dann war ich volle drei Tage in den Feuerlinien. Als wir zwei lange Gräben zogen, um die Gefallenen zu begraben, wurden zwei Mann dicht neben mir erschossen. Spanische Scharfschützen, die in den Bäumen verborgen waren, hatten die tödtlichen Kugeln abgefeuert. Später machte ich mich nützlich, indem ich den Soldaten Rationen brachte; drei Tage hintereinander bin ich sechzehn Meilen nach und von dem Lager geritten mit 300 Pfund Zucker und je 150 Pfund Kaffee und Bohnen. Oberst Roosevelt und andere Offiziere gaben mir Geld, um von dem Quartiermeister sogenannte "sale rations " für ihre Leute zu kaufen, und viele Leute, die noch Geld hatten, kauften allerlei und theilten es mit ihren ärmeren Kameraden. Das muß vor Allem von den reichen New Yorkern gesagt werden, die bei dem Regiment standen.

Seeschlacht bei Manila.

Ganz besonders interessant ist der Bericht des spanischen Commandeurs über die Seeschlacht bei Manila. In seinem offiziellen Bericht sagt Admiral Montejo u. A.: „Die Amerikaner schossen ungeheuer rasch. Unzählige Geschosse hagelten auf uns herab, da die drei, an der Spitze fahrenden Kreuzer ihr Feuer fast gänzlich auf die Cristine, mein Flaggenschiff, concentrirten. Bald nach Beginn des Gefechtes explodirte eine Granate im Vordercastell, setzte die Bedienungsmannschaft der vier Schnellfeuergeschütze außer Gefecht und zersplitterte den Vordermast. Dabei wurde der Steuermann auf der Brücke verwundet, worauf Lieutenant Jose Nunez selbst an das Ruder trat und mit bewundernswerther Kaltblütigkeit bis zum Ende des Gefechtes steuerte.

„Eine andere Granate explodirte inzwischen im Schiffe und setzte die Sachen der Leute in Brand; doch konnten wir das Feuer unter Controlle bringen. Der Feind rückte nun immer näher heran und überschüttete uns, indem er die Richtung verbesserte, mit einem Hagel von Schnellfeuergeschossen. Um ½7 Uhr zerschmetterte ein Schuß den Steuerapparat vollständig; ich befahl an Land zu halten, so lange das Ruder nicht arbeitete. Dann explodirte ein anderes Geschoß und machte neun Mann kampfunfähig; ein weiteres zerschmetterte den oberen Theil des Mittelmastes, so daß die Flagge und mein Wimpel herunterfielen, die aber sofort wieder gehißt wurden.

Durch eine in der Offiziersmesse explodirten Granate wurde das Hospital mit Blut bedeckt, da die dort befindlichen Verwundeten getödtet wurden. Eine

weitere explodirte in den vorderen Munitionsräumen, füllte die Mannschafts-
quartiere mit Dampf und machte die Benutzung des Handsteuerapparates unmöglich. Da es unmöglich war, das Feuer zu unterdrücken, mußte ich das
Magazin unter Wasser setzen, als die Patronen zu explodiren begannen. Mehrere Geschosse kleineren Kalibers gingen durch den Schornstein; ein großes durch
den Feuerraum, das einen Oberartilleristen und zwölf Mann verwundete. Wieder ein anderes machte das Steuerbord-Buggeschütz unbrauchbar, und während
das Feuer hinten immer weiter sich verbreitete, zündete ein Geschoß, das durch
den Rumpf fuhr und auf Deck explodirte, vorn. Die Breitseitgeschütze blieben
unbeschädigt und feuerten, bis nur noch ein Artillerist und ein Matrose von
ihren Bedienungsmannschaften übrig waren. Da das Schiff nun gänzlich un-
controllirbar, der Rumpf, der Schornstein und die Masten von Kugeln durchlöchert, die Hälfte der Besatzung gefechtsunfähig gemacht war, worunter sieben
Offiziere, so gab ich Befehl, das Schiff zum Sinken zu bringen und zu verlassen,
ehe die Magazine explodirten; zugleich signalisirte ich der Cuba und der Luzon,
bei Rettung des Restes der Mannschaft Hilfe zu leisten, was dieselben auch
thaten, ebenso wie die Duro und des Arsenals.

Die Schiffe zum Sinken gebracht.

„Ich verließ die Cristine, nachdem ich befohlen hatte, ihre Flagge in Sicherheit zu bringen, und begab mich dann auf den Kreuzer Isle de Cuba, auf dem
ich meine Flagge führte. Der Commandant des unglücklichen Schiffes, Don
Luis Cabaraso, der die Rettungsarbeit geleitet hatte, wurde, als bereits viele
Leute geborgen war, von einem Geschosse getödtet. Auch die Ulloa, welche
tapferen Widerstand geleistet hatte, obwohl nur zwei Geschütze gebraucht werden
konnten, wurde durch einen Schuß zum Sinken gebracht, der sie an der Wasserlinie traf, den Commandanten und die Hälfte der übrig gebliebenen Besatzung
außer Gefecht setzte. Die Castilla, welche von ihrer Artillerie nur ein Geschütz
am Stern benutzen konnte, wurde förmlich von Kugeln durchlöchert und in
Brand gesetzt; als sie sank, verließ ihre Besatzung sie unter Führung des Commandanten Don Alonzo Algaro in guter Ordnung; 23 Mann wurden auf diesem Schiffe getödtet, 80 verwundet. Obwohl selbst sehr beschädigt und brennend,
eilte die Austria doch der Castilla zur Hilfe. Auf der Luzon wurden drei Geschütze unbrauchbar gemacht; ihr Rumpf war ebenfalls beschädigt. Die Duro
hielt Stand, aber eine ihrer Maschinen war unbrauchbar, und ebenso das Bug-
geschütz und eine der Batterien.

„Um 8 Uhr Morgens ließ ich, als das feindliche Geschwader das Feuer eingestellt hatte, die noch übrig gebliebenen Schiffe im Innern des Hafens Stellung nehmen und wies sie an, bis zum letzten Augenblicke Widerstand zu leisten; sie sollten eher zum Sinken gebracht, als übergeben werden.

„Um halb nach zehn Uhr kehrte der Feind zurück, indem er im Halbkreis herandampfte, um das Arsenal und unsere noch übrigen Schiffe zu zerstören. Sein wüthendes Feuer erwiderten wir so gut, wie möglich mit den wenigen Geschützen, die wir noch zur Verfügung hatten.

„Als letzte Zuflucht blieb uns nur, die Schiffe zum Sinken zu bringen, und das thaten wir, indem wir Sorge trugen die Flagge zu bergen, die verschiedenen Wimpel, das Geld in den Geldschränken, die Waffen, die Verschlußstücke der Geschütze und die Signalcodes. Ich begab mich dann mit meinem Stabe nach dem Kloster von Santo Domingo in Cavite, um meine Wunde am linken Bein heilen zu lassen, und einen kurzen Bericht über die Schlacht zu telegraphiren.

„Die Schwäche der Schiffe, welche mein kleines Geschwader bildeten, der Mangel an Mannschaft, besonders an Artilleristen, die Unzuverlässigkeit vieler der nur provisorisch angestellten Maschinisten, die geringe Anzahl von Schnellfeuergeschützen, der Umstand, daß unsere Schiffe keinen Panzerschutz hatten, die starken Besatzungen der feindlichen Schiffe andererseits — das Alles trug dazu bei, das Opfer, welches wir für unser Vaterland brachten, noch klarer zu machen!"

Bedingungen des Friedens mit Spanien.

Am 28. November 1898 gelangten die von der Regierung der Vereinigten Staaten und von Spanien ernannten Friedenskommissäre zu einem Einverständniß bezüglich der Bedingungen zur Wiederherstellung des Friedens zwischen den beiden Nationen. Die Kommissäre trafen am 1. Oktober in Paris zusammen und begannen sofort mit ihren Arbeiten. Berichte, die von Zeit zu Zeit in die Öffentlichkeit ihren Weg fanden, deuteten darauf hin, daß sich ernste Meinungsverschiedenheiten ergeben hätten und ein Gerücht ging selbst so weit, daß ein beide Theile befriedigendes Übereinkommen zu erzielen, eine Unmöglichkeit sein würde. Das Resultat der Verhandlungen strafte jedoch diese Gerüchte Lügen.

Die spanischen Kommissäre waren gezwungen sich der Gewalt der Thatsachen zu fügen, sahen die Hoffnungslosigkeit jedes weiteren Widerstandes ein und fügten sich in das Unvermeidliche. Mit anderen Worten, der Anspruch der Vereinigten Staaten auf den Besitz eines großen Kolonialgebietes wurde in der Sitzung der gemeinsamen Kommission zu Paris an dem erwähnten Tage bestätigt und ratificirt.

Was das Gebiet umfaßt.

Dieses Gebiet umfaßt Porto Rico, die Insel Guam und die Inselgruppe der Philippinen, in ihrem weitesten geographischen Sinne genommen — das heißt einschließlich des Sulu Archipels. Zu gleicher Zeit gaben die Spanier ihre Souveränitätsrechte über Cuba auf.

Schon die lange Dauer der Verhandlungen deutete darauf hin, daß jede einzelne Concession von den spanischen Delegirten nur mit Schwierigkeiten erkämpft werden konnte, während das schließliche Nachgeben derselben in allen Punkten die moralische Stärke der amerikanischen Position beweist. Zu einer Zeit schien es als ob die Verhandlungen sich ins Unendliche hinziehen sollten. Allein die amerikanischen Kommissäre wußten gewandt und schrittweise ihre Gegner zur Verhandlung der eigentlichen Streitpunkte zu bringen. Schließlich wurde es offenbar, daß der Zeitpunkt gekommen war, in welchem Spanien sich für die Annahme der wesentlichen Bedingungen der Vereinigten Staaten oder die Wiederaufnahme der Feindseligkeiten entschließen müsse. Die amerikanischen Kommissäre überreichten den spanischen Kommissären eine ausführliche, ins Einzelne eingehende Antwort auf alle ihre Einwendungen. Die Argumente der Letzteren wurden als unzulässig dargethan. Die verschiedenen Rechtsfragen, die Spanien aufs Tapet gebracht hatte,

wurden biscutirt und erledigt und die Amerikaner konnten schließlich darauf hin=
weisen, daß es mit Rücksicht auf die nahezu zweimonatliche Dauer der Verhand=
lungen, unmöglich sei, die auf die Spitze getriebene Situation, die jeden Augenblick
den allgemeinen Weltfrieden zu gefährden drohe, weiter zu verlängern. Sie gaben
deshalb Spanien in diplomatischer aber nicht mißzuverstehender Sprache kund, daß
ihm nur die Wahl zwischen der Annahme ihrer Bedingungen oder einem neuen
Appell zu den Waffen übrig bleibe.

Die Forderungen an Spanien.

Diese Bedingungen waren, erstens die Aufgabe der spanischen Souveränität in
Cuba; zweitens, die vollkommene und bedingungslose Abtretung von Porto Rico,
der Insel Guam und der Philippinen zwischen dem 5. und 20. nördlichen Breiten=
grad und dem 115. und 130. Meridian östlicher Länge an die Vereinigten Staaten.

Der Gedanke einer Abtretung der Philippinen an uns wurde von den Kommif=
sären nicht etwa nachträglich gefaßt, da ein sorgfältiger Vergleich der aus verschie=
denen Quellen stammenden Berichte darthut, daß sie von allem Anfang an den
Sulu Archipel in die Philippinen=Gruppe miteinbezogen wissen wollten, zu der er
sowohl im geographischen als auch im politischen Sinne gehört, da er stets von
Manila aus regiert wurde — eine Anschauung, die in der bekannten Aktion
Deutschlands und Englands vor ungefähr zwanzig Jahren ihre Bekräftigung
findet.

Unter der Bedingung, daß diese Präliminar=Forderungen angenommen werden,
erklärten sich die Vereinigten Staaten Kommissäre bereit, in freundschaftlicher
Weise über die Erledigung der verschiedenen Fragen zu unterhandeln, deren Rege=
lung durch den Regierungswechsel wünschenswerth geworden war.

Unter diesen Fragen befanden sich auch die wegen Ankaufs einer der Carolinen=
Inseln für eine Kabelstation, wobei die östlichste der Inselgruppe, Ualan, vorzugs=
weise in Aussicht genommen wurde; wegen Freilassung der politischen Häftlinge,
und Feststellung des Grundsatzes religiöser Freiheit auf den Carolinen=Inseln.
Von der Nothwendigkeit einer Insel zwischen Honolulu und Guam, die als Flotten=
station dienen sollte, kann man sich durch einen Blick auf die Karte überzeugen.
In Anbetracht des zweiten Punktes, der Freilassung der politischen Gefangenen,
konnten die Vereinigten Staaten humaner Weise keinen anderen Standpunkt ein=
nehmen, als den des mitleiderfüllten Interesses für diejenigen, die beim Kampfe
um die Zertrümmerung des spanischen Joches, auf Cuba, Porto Rico oder den
Philippinen in die Gefangenschaft der Spanier gefallen waren. Die Kommissare
verdienen daher dafür, daß sie diese Angelegenheit mit unter denjenigen einge=

schloſſen haben, deren Erledigung im Friedensvertrage wünſchenswerth erſcheine, die warme Anerkennung Aller. Die Feſtſtellung des Grundſaßes wahrer Religionsfreiheit für die Carolinen iſt eine Frage, welche die Vereinigten Staaten ſehr nahe berührt. Dieſe Inſeln boten ſeit jeher dem Werk der Miſſion ein großes und dankbares Feld. Die Mehrheit der Eingeborenen bekennt ſich zur chriſtlichen Religion und ihre Belehrung iſt vorzugsweiſe auf die Thätigkeit amerikaniſcher Miſſionare zurückzuführen. Deshalb haben die Vereinigten Staaten Kommiſſäre bei ihren Bemühungen um Erreichung wahrer Religionsfreiheit, und nicht blos einer rein theoretiſchen, im Intereſſe ihrer Landsleute gehandelt, um ihnen den friedlichen Genuß der Früchte ihrer Thätigkeit in Sachen des Chriſtenthums zu ſichern.

Die Verpflichtung der „offenen Thüren."

Die Kommiſſäre beſchäftigten ſich ſobannn mit der Frage der Behandlung ſpaniſcher Importe nach den Philippinen. Sie verſicherten die Spanier, daß die Politik der Vereinigten Staaten in betreff dieſer Inſeln die der „offenen Thüren" ſein werde und erboten ſich während eines beſtimmten Zeitraumes Spanien die gleichen Handelsprivilegien zu garantiren, die den Staaten Amerikas und natürlich auch des übrigen Europa eingeräumt werden würden. Dieſe Vereinbarung würde die Vereinigten Staaten ſelbſt dann binden, wenn ihre Handelspolitik betreffs der Inſeln inzwiſchen anderweitig modificirt werden würde.

Es ergiebt ſich, daß dieſer Zeitraum hinlänglich groß iſt, um Spaniens Erwägung zu verdienen, wenngleich derſelbe nicht derart ausgedehnt wurde, um die Vereinigten Staaten in ihrer Handelspolitik unbillig feſtzulegen. Die Kommiſſäre ließen ſich bei dem bezüglichen Anbote einerſeits von dem Wunſche leiten, die Politik der Vereinigten Staaten nicht für eine übermäßige Dauer nach einer beſtimmten Richtung zu binden, andererſeits von der Erwägung, daß das Anbieten eines lächerlich geringen kommerziellen Vortheiles an Spanien den Eindruck machen könnte, daß man mit den Gegnern ein loſes Spiel treibe.

Dies war im Weſen das Ultimatum, welches den ſpaniſchen Kommiſſären geſtellt wurde, worauf dann alsbald die Erwiederung der Spanier erfolgt iſt. Die ſpaniſchen Delegirten weigerten ſich, die Argumente der Vereinigten Staaten als begründet anzuerkennen und ſtellten die Richtigkeit ihrer Schlußfolgerungen in Frage, erklärten jedoch gleichzeitig, daß ſie ſich der Gewalt der Thatſachen fügen, das Unvermeidliche über ſich ergehen laſſen und die Bedingungen annehmen wollen.

Durch gegenſeitiges Einvernehmen wurde die von den Vereinigten Staaten an Spanien zu zahlende Entſchädigungsſumme, mit $20,000,000 feſtgeſetzt, von Spa-

nien angenommen und als integrirender Bestandtheil des Friedensübereinkom=
mens erklärt.

Die Urkunde, welche die Annahme unserer Bedingungen seitens der spanischen
Kommission enthielt, bestand blos aus 300 Worten. In derselben wurde zuerst
auf die endgiltigen Bedingungen der Vereinigten Staaten Bezug genommen und
weiters gesagt, daß die spanischen Kommissäre nach Kenntnißnahme dieser Bedin=
gungen der Amerikaner sich bemüht hätten, seitens ihrer Regierung eine so weit
als möglich genehme Antwort zu erlangen, daß sie jedoch nicht in der Lage wären,
ihrer Regierung die Anerkennung der in den Argumenten der Amerikaner nieder=
gelegten Grundsätze anzuempfehlen. Die Note schloß mit der Bemerkung, daß
Spanien diese Grundsätze verwerfe, „wie es sie immer verworfen habe.‟

Beharrt bei seinen Grundsätzen.

Weiters hieß es in der Note, daß die spanische Regierung ihre Haltung auf die
Gerechtigkeit ihrer Sache basire und an den grundsätzlichen Anschauungen festhal=
ten müsse, „denen sie bisher wiederholt Ausdruck gegeben habe.‟

Dessenungeachtet, hieß es weiter, sei die Regierung in ihrer Friedensliebe so
weit gegangen, um gewisse Kompromisse in Vorschlag zu bringen, welche jedoch von
den Amerikanern jedesmal abgelehnt worden seien. Sie habe auch den Versuch
gemacht, hieß es weiter, einige der wichtigsten Streitpunkte zwischen den beiden
Ländern der schiedsgerichtlichen Erledigung zuzuführen. Allein auch diese Vor=
schläge betreffs Einsetzung eines Schiedsgerichts seien von den Amerikanern gleich=
falls abgelehnt worden.

Diese Erwähnung des Versuches einer schiedsgerichtlichen Erledigung der Streit=
punkte in der spanischen Antwort bezog sich auf den Vorschlag, die Differenzen
wegen des dritten Artikels des Protokolls, wegen der allfälligen Übernahme der
spanischen Kolonialschuld auf Cuba und wegen der Philippinen der Entscheidung
eines Schiedsgerichts zu überlassen. Dieser letztere Vorschlag war den Amerika=
nern in einer Note zugegangen. Nach Übermittelung dieser Note erbot sich die
spanische Regierung, das bestrittene Territorium den Amerikanern abzutreten, wenn
diese auf den Vorschlag des Schiedsgerichtes eingehen würden. Die Amerikaner
lehnten jedoch beide Vorschläge betreffs Einsetzung eines Schiedsgerichts ab.

Das Wesentliche der spanischen Antwort bestand in der Erklärung, daß die
Vereinigten Staaten Spanien eine Kompensation für die Abtretung ihrer Kolonien
angeboten hätten, die außer allen Verhältnissen zu den von Spanien bisher gebrach=
ten Opfern stehe, und daß aus diesem Grunde Spanien diese Vorschläge nicht als
gerecht und billig ansehen könne.

In dem Versuche, ihre Haltung zu rechtfertigen, habe die spanische Regierung jedoch alle Ressourcen der Diplomatie erschöpft. Von der Überzeugung ausgehend, daß die Annahme der Bedingungen die nothwendige Voraussetzung einer Fortsetzung der Friedensunterhandlungen sei und daß die Hilfsmittel Spaniens es diesem nicht möglich machen, ben Krieg von neuem zu beginnen, habe sich die spanische Regierung entschlossen, zur Vermeidung unnützen Blutvergießens und aus Rücksichten der Menschlichkeit und des Patriotismus, die Bedingungen des Siegers anzunehmen. Sie sei daher bereit, die in der letzten Sitzung unterbreiteten Endvorschläge der amerikanischen Kommissäre zu acceptiren.

Die Verlesung und Übersetzung der Urkunde nahm weniger als fünf Minuten in Anspruch. Nach beendeter Übersetzung ermächtigten die Kommissäre den Sekretär der spanischen Kommission, Senor Ojeda, und den Sekretär der amerikanischen Kommission, Moore, Artikel zu entwerfen, in welchen das Aufgeben Cubas seitens Spani ns und die Abtretung von Porto Rico und den Philippinen entsprechenden Ausdruck finden sollte. Sobald die Sekretäre den Auftrag erhalten hatten, die Artikel des Friedensvertrages zu entwerfen, verließen die Kommissäre das auswärtige Amt. Die amerikanischen und spanischen Kommissäre tauschten nach der sodann erfolgten Vertagung kaum wenige Worte mit einander aus.

Das Ende eines langen Streites.

Das Gefühl der merikanischen Kommissäre für ihre spanischen Kollegen war das der ernstesten Antheilnahme. Die Spanier schienen froh, daß der langanhaltende Streit endlich einen Abschluß gefunden hatte.

Nachdem alle Fragen des Protokolls in die Friedensartikel aufgenommen worden waren, traten die beiden Kommissionen zu freundschaftlichen Verhandlungen über die in dem amerikanischen Ultimatum angedeuteten Fragen zusammen, welche im Hinblick auf die Hauptbestimmungen, die in dem Friedensvertrage Aufnahme finden mußten, als nebensächlich betrachtet werden durften.

Auf diese Weise wußte Spanien in allen Ehren der Situation Rechnung zu tragen und trotz des Protestes gegen die Forderungen der Vereinigten Staaten der Übermacht nachzugeben und den Frieden unter den ihm auferlegten Bedingungen zu acceptiren. Außer dem allgemeinen Gefühl der Befriedigung, daß der Krieg auf diese Weise endgiltig und erfolgreich zu Ende gebracht worden war, war bei den Amerikanern keine Geneigtheit zum besonderen Jubel über den zu Boden gestreckten Feind zu bemerken. Die vollständige Niederlage Spaniens und sein Zugeständnis seiner Hilflosigkeit appellirten, wenn nicht an die Sympathie, so doch an die Rücksichtnahme der Amerikaner und bestärkten allenthalben die Überzeugung von der Unvermeidlichkeit des Ergebnisses der Verhandlungen.

Endlich war im Laufe der Geschichte die Zeit gekommen, wo der Fehlschlag der spanischen Kolonialwirthschaft offenbar geworden und die Nothwendigkeit einge-treten war, die Kolonieen Spaniens im Interesse deren Bewohner und der Mensch-lichkeit unter die Kontrolle einer aufgeklärten Macht zu bringen. Die Verhält-nisse haben diese nothwendige Aufgabe den Vereinigten Staaten auferlegt und wir haben allen Grund, uns darob zu freuen, daß wir uns der Gelegenheit gewachsen erwiesen haben. Wir können jetzt sehen, daß die rasche und gründliche Nieder-werfung der spanischen Vormacht auf deffen Besitzungen in West und Oft, sowohl auf Spaniens Schwäche als auf unsere eigene Stärke zurückzuführen war und daß diese Besitzungen in unsere Hände übergegangen sind, weil Spanien nicht länger fähig war, dieselben zu halten und weil nach dem natürlichen Verlauf der Ereig-nisse die Kontrolle über diese Kolonieen uns zufallen mußte.

Das Resultat konnte kein anderes sein.

Auf diese Weise hat das Pariser Übereinkommen nicht blos die Bedeutung der Unterordnung einer besiegten Nation unter die Forderungen des Siegers, sondern auch die einer beiderseitigen Anerkennung eines historischen Ereignisses von großer Wichtigkeit, welches keiner der beiden Theile und auch nicht beide im Verein abzuwenden in der Lage gewesen wären, und das durch den Mangel eines Einvernehmens zwischen den beiden Staaten schlimmstenfalls aufgeschoben worden wäre. Die bedeutende Rolle, welche Spanien in der Entwicklung der neuen Welt gespielt hatte, war bereits lange zu Ende und die Macht, die es aufrecht zu erhalten nicht mehr im Stande war, entglitt definitiv seinen Händen. Daß Spanien dabei schließlich durch die Ermöglichung der Konzentration all seiner Energie auf die engere Heimath noch einen Vortheil davontragen dürfte, ist leicht denkbar. Ob aber die Vereinigten Staaten durch die Verwerthung all ihrer Energie auf neuen Gebieten an Macht und Bedeutung gewinnen werden, hängt ganz davon ab, ob wir die im Laufe der Weltgeschichte uns dargebotenen Gelegenheiten, bez. die uns auferlegten Verpflichtungen entsprechend auszunützen bez. zu erfüllen wissen werden. Nach der am 5. Dezember erfolgten Eröffnung der neuen Kongreß-Session zu Washington wurden Maßnahmen getroffen, um sich der Ansichten der Senatoren über die Bedingungen des Friedensvertrages zu vergewissern, wobei man zum Resultat gelangte, daß die Arbeit unserer Friedenskommissäre in Paris ohne Zweifel vom Senate indoffirt und der Friedensvertrag ratifizirt werden wird.

Die Mehrheit der Senatoren war der Anschauung, daß die von uns an Spanien gestellten Forderungen ganz den Umständen gemäß waren. Es gab jedoch andere, welche sich zu Wortführern einer gewissen öffentlichen Meinung machten und erklärten, daß uns die Philippinen um keinen Preis genehm sein sollten und daß wir ohne deren Besitz besser dran wären.

Inzwischen setzte die gemeinsame Kommission in Paris ihre Berathungen fort. Ein großer Theil derselben galt den Details der den spanischen Bürgern in den abgetretenen Kolonieen unsrerseits zu gewährleistenden Rechte. Die Debatte wurde zu Zeiten in sehr energischem Tone geführt und die Spanier schienen oft von Schwermuth überwältigt.

Die spanischen Kommissäre erhielten von ihrer Regierung die Ermächtigung, sie in bestimmten Fragen zu verpflichten; allein es gab wichtige Fragen, zu deren Regelung ihre Instruktionen nicht ausreichten, und man entschloß sich daher, viele der in Folge des Wechsels der Souveränität auf den spanischen Besitzungen aufgetauchten Detailfragen der Erledigung auf dem üblichen diplomatischen Wege zu überlassen, sobald die Beziehungen zwischen den beiden Mächten wieder aufgenommen sein werden.

Die Geschichte des Vertragsdokuments, welches den Zusammenbruch der ältesten Kolonialmacht der Welt und das Erscheinen der jüngsten auf dem Plane beglaubigt, wurde von Richter Day in einen einzigen Satz dahin zusammengefaßt: „Ein Friedensvertrag kann Alles enthalten, was der Sieger drin aufgenommen zu sehen wünscht."

Die Wünsche der spanischen Kommissäre.

Die Amerikaner lauschten mit gewohnter Geduld den technischen Einwendungen, welche die Spanier in ihrer üblichen Schlauheit und Beharrlichkeit gegen jede Forderung auf Abtretung eines Theils ihres Gebiets vorzubringen wußten.

Das Hauptargument der Spanier ging dahin, daß alle Angelegenheiten außer der einfachen Abtretung und Räumung der eroberten Gebiete, die in den Vertrag aufgenommen werden mußten, nicht in den üblichen und rechtlichen Rahmen von Friedensverhandlungen gehörten. Hinter diesem Bollwerk verschanzte sich Senor Montero Rios, der Präsident der spanischen Kommission, und bombardirte sodann seine Gegner mit einer wahren Fluth von Argumenten und Präcedenzfällen, die zwar die Bewunderung der Amerikaner erregte, allein auf sie keinen Eindruck machte. Schließlich sah sich Richter Day veranlaßt, den Standpunkt der Amerikaner in den vorhin erwähnten denkwürdigen Ausspruch zusammenzufassen. Derselbe war nicht übel gemeint und wurde auch nicht übel aufgenommen. Von dem Augenblicke an wurden die Verhandlungen wieder in freundschaftlicher Weise fortgeführt. Das Geschäft betreffs der Abtretung einer Kohlenstation auf den Carolinen wurde nicht abgeschlossen. Die Auffassung der Amerikaner in dieser

Frage ging dahin: Wir haben euch eine günstige Offerte für eine Insel gestellt. Ihr könnet sie annehmen oder ablehnen.

Die Spanier schienen nicht geneigt, die Offerte anzunehmen. Die Amerikaner betrachteten die Abtretung der Kohlenstation nicht als eine Forderung, die sie auf Grund des erfolgreichen Krieges zu stellen berechtigt wären, und die ganze Politik der Spanier ging wieder dahin, die Verhandlungen so viel wie möglich auf die in dem Protokoll behandelten Gegenstände zu beschränken und alle damit nicht zusammenhängenden Angelegenheiten auszuschließen. Das Resultat dieser Politik führte dazu, daß man viele der in Folge des Wechsels der Souveränität auf den spanischen Besitzungen aufgetauchte Detailfragen der Erledigung auf dem üblichen diplomatischen Wege vorzubehalten sich entschließen mußte, sobald die Beziehungen zwischen den beiden Mächten wieder aufgenommen sein werden.

Hauptbedingungen des Vertrages.

Der Friedensvertrag zwischen den Vereinigten Staaten und Spanien enthält in den folgenden acht Artikeln die nachstehenden Hauptbedingungen:

Erstens—Die übliche Einleitung bei Verträgen, in welcher den gegenseitigen freundschaftlichen Gefühlen und der Hoffnung auf dauernden Frieden Ausdruck gegeben wird.

Zweitens—Spanien gibt seine Souveränität über Cuba auf.

Drittens—Cuba wird von den spanischen Truppen geräumt.

Viertens—Spanien gibt seine Souveränität über Porto Rico auf.

Fünftens—Spanien tritt die Philippinen an die Vereinigten Staaten ab.

Sechstens—Betrifft die Räumung derselben von den spanischen Truppen.

Siebentens—Die Vereinigten Staaten zahlen an Spanien für die Abtretung der Philippinen den Betrag von $20,000,000.

Achtens—Betrifft die Bestimmung der „offenen Thüren" Handelspolitik auf den Philippinen.

Die spanischen Kommissäre setzten übrigens bis zum Schlusse der Verhandlungen ihren Kampf fort, um allfällige pekuniäre oder sonstige Konzessionen zu erlangen. Die Amerikaner hatten ihnen bereits vorher versprochen, die Freigabe der spanischen Gefangenen aus den Händen der Philippinos zu garantiren. Senor Montero Rios machte nun den Anspruch geltend, daß die Kosten der Transportirung der Gefangenen nach Spanien von den Vereinigten Staaten übernommen werden sollten, indem er die Behauptung aufstellte, daß die Amerikaner dazu rechtlich verpflichtet wären.

Der Friedensvertrag wurde um 8.45 Abends am 10. Dezember 1898 unter=
zeichnet.   Der Vertrag besteht aus siebzehn Artikeln, da man es für angemessen
hielt, mehrere der oben erwähnten bei der letzten Sitzung vereinbarten Artikel
unterzutheilen.
Die Kommissäre der beiden Staaten setzten ihre Unterschrift auf die zwei Aus=
fertigungen des Vertrages, von denen die Eine für die Archive bestimmt war. Die
Abfassung der Urkunde geschah für die Vereinigten Staaten durch Sekretär Moore,
und für Spanien durch Senor Villaurutia, der den erkrankten Sekretär der spani=
schen Kommission, Ojeda, vertrat.

Ausfertigung in zwei Sprachen.

Jede Ausfertigung enthielt den Text des Vertrages in englischer und spanischer
Sprache in parallelen Rubriken.   Der Wortlaut wurde vorher von den Kommis=
sären ohne gemeinschaftliche Sitzung genehmigt und für richtig erklärt, so daß es
aus diesem Grunde zu keinen Differenzen kam.

Unter den Freunden und Familien der amerikanischen Kommissäre fand ein
lebhafter Wetteifer um die Federn statt, mit welchen die Unterschriften auf den
V rtrag gesetzt wurden.   Einige der amerikanischen Kommissäre hatte sich zu die=
sem Zwecke hübsche Federn gekauft.   Die Spanier schienen durch diese Sucht nach
Souvenirs unberührt und begnügten sich mit ihren gewöhnlichen Kielfedern.

Arthur Ferguson, der Dolmetsch der amerikanischen Kommission, ersuchte Senor
Montero Rios, ihm seine Feder zu geben, mit den Worten: „Wünschen Sie die
Feder, mit der Sie unterzeichnen werden, aufzubewahren?"

„Keinesfalls," antwortete der Spanier mit einer höflichen Verbeugung.   Die
Unterzeichnung des Friedensvertrages würde einen Vorwurf für ein großes histori=
sch.s Gemälde abgegeben haben.   Die um den Tisch in dem prächtigen Saale des
französischen auswärtigen Amtes versammelte Gruppe bot einen großen Eindruck,
und der Umstand, daß sich auf den Gesichtern aller Betheiligten das Gefühl von
der Wichtigkeit der Fragen, die durch den Friedensvert ag geregelt wurden, deut=
lich ausprägte, verlieh dem Schauspiel einen besonders eindrucksvollen und feier=
lichen Ton.

Rund um den großen Mahogani Tisch saßen die Schiedsrichter über die Geschicke
einer alten und einer jungen Nation.   Die zahlreichen Attaches der amerikani=
sch n Kommission standen in Reihen hinter ihnen.   Das von den Krystall=Kande=
labern über die Köpfe der Anwesenden hinweg ausströmende Licht gab dem ganzen
Raume mit seinen in grün und scharlach gehaltenen Tapeten und Möbeln ein
prächtiges Aussehen.

Der Gegensatz zwischen den Schauspielern in ihrer schwarzen Kleidung und der prächtigen, farbenstrotzenden Umgebung war nahezu theatralisch. Für die Amerikaner war es der glückliche Ausgang eines Kriegsdramas; für die Spanier ein böses Trauerspiel, das durch den Umstand, daß das Ende lange voraus zu sehen war, von seiner Peinlichkeit nichts einbüßte. Sie saßen schweigend, fast niedergedrückt da, und Niemand konnte dem Senor Rios, dem Präsidenten der spanischen Kommission, sein Mitleid vorenthalten, der aus dem Bette kommend, in einem schweren Winterrock auf seinem Stuhle saß, obwohl das Feuer in dem in der Nähe befindlichen Kamin ganz lustig brannte.

Details der Vertragsunterzeichnung.

Die Stimmung der beiden Körperschaften war bereits durch die Kleidung der Mitglieder der Kommission gekennzeichnet, denn die Amerikaner hatten Gesellschafts-Toilette für das Dinner angelegt, welches ihnen zu Ehren sofort nach Schluß der Sitzung vom Herzog de Loubat gegeben wurde, während die Spanier in schwarzen Frackanzügen erschienen. Obwohl die Kommission bereits um halb vier Uhr die Sitzung in der Erwartung begann, ihre Arbeit binnen einer halben Stunde beendigen zu können, wurde doch die Unterzeichnung des Dokuments erst um 8.45 Abends vorgenommen, da die Einzeichnung des Wortlautes des Vertrages aufs Pergament sich als eine zeitraubende und mühselige Arbeit herausstellte. Clerk Martin von der amerikanischen Kommission arbeitete den ganzen Tag, ohne sich selbst eine Mittagspause zu gönnen. Als er mit dem fertigen Dokument um 7.30 den Saal betrat, fand er bereits die Kommissäre in ungeduldiger Spannung. Die spanische Ausfertigung war bereits eine halbe Stunde früher eingetroffen. Mr. Arthur Ferguson brachte alsdann zuerst den englischen Wortlaut und sodann den spanischen Wortlaut der Urkunde zur Verlesung. Nach Beendigung der Verlesung wurden die beiden Ausfertigungen rings um den Tisch herumgereicht, wobei die Kommissäre nach ihrer Rangordnung, William R. Day, Senator Cushman K. Davis, Senator William P. Frye, Whitelaw Reid und Senator George Gray; Senor Montero Rios, Senor Abarzuza, Senor Garnica, Senor Villaurutia und General Cerero y Saons ihre jeweilige Unterschrift auf die für den Gegner bestimmte Ausfertigung des Vertrages beisetzten. Beide Ausfertigungen wurden mit Schnüren in spanischen und amerikanischen Farben gebunden. Als die Siegel vorbereitet waren, sandte man noch rasch um Bänder in französischer Tricolore, die bei der Siegelung als eine Aufmerksamkeit für die von Frankreich gewährte Gastfreundschaft zur Verwendung gelangen sollten. Viele Beamte verfolgten die Vorgänge mit großem Interesse.

Nachdem das Siegel beigesetzt worden war, erhoben sich die Kommissäre und jeder von ihnen schüttelte ohne viele Ceremonie die Hände seiner Antagonisten, worauf Erklärungen der gegenseitigen persönlichen Hochschätzung ausgetauscht wurden.

Um 8.45 war die Unterzeichnung zu Ende. Um diese Zeit wurden die Thüren des Saales geöffnet. Senor Villaurutia verließ als Erster den Saal und rief den draußen harrenden Korrespondenten der Presse die Worte "C'est fini" (es ist zu Ende) zu. Die übrigen Mitglieder der spanischen Kommission folgten Senor Villaurutia und begaben sich rasch und schweigsam durch das Vestibule nach den ihrer harrenden Wagen. Die amerikanischen Kommissäre gingen gemächlich in lebhaftem Gespräch miteinander fort, worauf die Lichter in dem Verhandlungs= saale ausgelöscht wurden.

Erneuerung der Handelsbeziehungen.

Bald konnte man weitere Details über den Wortlaut des Vertrages in Erfah= rung bringen. Die Amerikaner haben alle Kosten der Rücktransportirung der spanischen Truppen aus den Kolonieen aus Eigenem zu bezahlen. Die Spanier haben alle Gefangenen auszuliefern. Sie verbleiben im Eigenthum aller Militär= vorräthe und Kriegsmunition auf den Philippinen und der nicht aufgebrachten Schiffe.

Die Handelsverträge zwischen den beiden Nationen, die durch den Ausbruch des Krieges außer Kraft kamen, sollen zu einer beiden Staaten genehmen Zeit erneuert werden.

Die Vereinigten Staaten Friedens=Kommissäre wußten das Ende der Mühsal der täglichen Verhandlungen und nahezu täglichen Sitzungen, deren Beschwerlich= keit erst, nachdem alles vorüber war, so recht empfunden wurde, vollauf zu würdigen. Warme Gefühle persönlicher Freundschaft und gegenseitiger Werthschätzung blieben als Resultat des langwierigen Streites zwischen den beiden Kommissionen übrig, und mehrere Mitglieder der beiden Kommissionen statteten nachher einander Be= suche ab. Die amerikanischen Kommissäre setzten ihre spanischen Kollegen in nicht offizieller Weise in Kenntniß, daß sie froh wären, zusammen ein Dinner einnehmen zu können. Die Antwort lautete dahin, daß die Spanier gerne der Einladung Folge leisten möchten, allein es doch nicht für rathsam hielten, weil es leicht in Madrid, wo bereits gegen die spanischen Kommissäre nicht die beste Stimmung herrsche, Anstoß erregen könnte.